首 钢 年 鉴

2018

首钢集团有限公司史志年鉴编委会　编

人民出版社

首钢集团有限公司史志年鉴编委会

编 辑 说 明

　　《首钢年鉴 2018》全面、系统、详实地记载了 2017 年首钢改革发展的新进展、新情况、新经验。国家主要领导人近年来关于修史修志方面语重心长的话语,鼓舞首钢数百位史志年鉴工作者,本着对工作负责、对首钢负责、对历史负责、对未来负责的态度,克服困难,兢兢业业,编纂完成《首钢年鉴 2018》。

　　《首钢年鉴》由首钢集团有限公司主办,首钢集团有限公司史志年鉴编委会组织编纂,首钢集团有限公司发展研究院负责组织协调编辑出版工作,史志年鉴办公室是首钢集团有限公司史志年鉴编委会日常工作机构。

　　《首钢年鉴》客观、及时地记载首钢集团及其主要单位基本情况、重要信息、重大变化、重大事件、各自特点,是反映首钢年度情况的资料性文献。编写《首钢年鉴》是首钢集团的一项基础性工作,《首钢年鉴》有利于集存信息;有利于全面展示形象;有利于相互学习借鉴;有利于观察自身变化;有利于查找努力方向。

　　《首钢年鉴》自 2003 年以来持续记载首钢集团的发展情况,具有资料权威、连续出版、功能齐全的特点。《首钢年鉴 2018》是连续出版的第 14 部年鉴,继续以书籍、光盘形式出版。

　　《首钢年鉴》按照分类编辑法编纂,设立栏目、分目、条目三个结构层次,以条目为基本单元。

　　《首钢年鉴 2018》共设置彩页、目录、十大新闻、特载、文选、专辑、组织机构、党群与战略管控、战略支撑、业务支持服务、钢铁业、股权投资管理、园区管理、直管单位、大事记、荣誉表彰、统计资料、制度目录、编纂人员、索引等 20 个栏目。

　　《首钢年鉴 2018》中【领导名录】内,无论是"任职"还是"离任",凡未标明年份、只标明月份的,都属于 2017 年之内的行为。

　　《首钢年鉴》的编纂,是一项浩瀚的系统工程。首钢集团所属各单位领导给予高度重视;年鉴编纂组织者以及编写者、摄影者,积极参与《首钢年鉴 2018》编纂工作;史志年鉴办公室承担全集团各单位材料收集、编审工作,全方位协调各项具体工作。众人拾柴,终修成本卷。

　　《首钢年鉴 2018》内容涉及面宽、文字处理量大,难免出现差错与纰漏,敬请各方人士不吝赐教。

首钢发展研究院史志年鉴办公室

2018 年 8 月 20 日

首钢园区北区效果图

　　首钢园区北区是百年首钢的发祥地，北拥石景山，西临永定河，内含秀池和群明湖，是自然山水和工业遗址相互交融辉映的特色空间区域。2017年10月18日，徐匡迪院士牵头、吴良镛等五位院士参与规划设计的《新首钢高端产业综合服务区北区详细规划》获北京市规划和国土资源管理委员会正式批复。

党建与贯彻十九大精神

图01：2月24日，首钢召开2017年党风廉洁建设工作会议。（摄影 张 雨）

图02：2月27日，首钢总公司领导班子民主生活会通报暨述职测评会召开。（摄影 乔智玮）

图03：4月25日，首钢环境公司组织相关人员参观石景山区反腐倡廉警示教育基地，实地接受廉政警示教育。（摄影 王京广）

图04：5月5日至11日，首钢青年干部特训班学员深入太行山，开启党性教育现场教学。（摄影 牛红岩）

图05：6月26日，首钢召开庆祝中国共产党成立96周年暨创先争优表彰大会。（摄影 王京广）

图06：9月26日，首钢集团20余家单位千名职工到北京展览馆参观"砥砺奋进的五年"大型成就展。（摄影 乔智玮）

图07：9月27～28日，首钢举行"砥砺奋进心向党，颂歌喜迎十九大"职工文艺汇演。（摄影　袁德祥）

图08：10月8日，央视新闻"喜迎十九大特别报道《还看今朝》"精彩展现首钢转型发展新成果。（首钢新闻中心提供）

图09：首钢党的十九大代表刘宏。（摄影　杨国东）

图10：首钢党的十九大代表丁宁。（摄影　袁德祥）

图11：首钢党的十九大代表王勇。（摄影　都秀萍）

图12：10月18日，首钢股份公司组织党员干部职工收看党的十九大开幕会。（首钢股份提供）

图13：10月18日，首钢集团领导班子成员，各部门负责人及部分管理人员，组宣部长，支部书记、党小组长200余人收看十九大开幕盛况。（摄影　王京广）

图14：10月18日，首钢香港首控党总支组织党员干部职工收看党的十九大开幕会。（香港首控提供）

图15：10月27日，首钢集团举行党委中心组党的十九大精神专题学习（扩大）会，学习贯彻十九大精神。（摄影　孙　力）

图16：10月31日，首钢举办党的十九大精神宣讲报告会，十九大代表首钢技术研究院刘宏、通钢公司王勇作精彩宣讲。（摄影　孙　力）

图17：11月20～24日，首钢举办学习贯彻党的十九大精神领导人员研修班。（首钢新闻中心提供）

图18：11月29日，《前线》等京津冀三地党刊聚焦首钢基层党建创新。（摄影　王京广）

上级关心与开放合作

图01：2月10日，唐山市市长丁绣峰到首钢股份公司调研，迁安市委书记张淑云、市长韩国强陪同。（摄影 赵成龙）

图03：4月7日，布雷卡集团联合董事长亚历克斯·福特·布雷西亚和佩德罗·布雷西亚·莫雷拉、秘鲁南方铜业公司首席执行官胡安·路易斯·克鲁格一行10人到京唐公司参观考察。（摄影 毕景志）

图05：4月21日，中国工程院院士毛新平一行到京唐公司调研。（摄影 杨立文）

图02：3月22日，国家民政部部长黄树贤等多部委领导一行20人到首钢医疗健康公司老年福敬老院参观调研。（摄影 王京广）

图04：4月18日，国家住房和城乡建设部副部长倪虹等40余名全国市长研修班学员到首钢参观调研。（摄影 王京广）

图06：4月28日，北京市政协党组书记、主席吉林，市人大常委会副主任、市总工会主席牛有成一行30人到首钢参观调研。（摄影 袁德祥）

图07：5月7日，吉林省省长刘国中到通钢炼铁厂、一钢轧厂现场调研。（摄影 李尚伦）

图08：6月10日，北京市委副书记景俊海等到首钢调研。（摄影 孙 力）

图09：6月13日，在第十七届中国国际冶金工业展览会上，首钢展示了打造城市综合服务商的新产业、新亮点，展台备受关注。（首钢新闻中心提供）

图10：6月15日，《西雅图时报》《波士顿环球报》《明尼苏达星坛报》《华盛顿邮报》及美国国家公共广播电台、美国全国广播公司、美国东西方中心7位资深记者编辑，到首钢北京园区参观采访。（摄影 孙 力）

图11：7月10日，欧洲科学计算研究与培训中心前主席，法兰西科学院、法国国家技术院院士 Andre Jean—Claude 等10余名海外院士专家到首钢参观。（摄影 王京广）

图12：7月18日，中冶集团独立董事任旭东一行5人到京唐公司参观。（摄影 毕景志）

图13：8月31日，房地产公司与北京华融基础设施投资有限责任公司签订项目合作协议，双方合作建设昌平区首钢一线材厂定向安置房项目。（摄影 孙 力）

图14：9月5日，第七届首钢集团与台湾中钢集团技术交流会开幕，首钢集团领导张功焰、赵民革、王涛，台湾中钢集团总经理刘季刚、助理副总经理常致泰等出席。（首钢新闻中心提供）

图15：9月13日，由中央组织部、全国妇联、国家行政学院共同举办的第七期厅局级干部女性领导力培训班60余名学员来到首钢园区参观调研。（摄影 孙 力）

图16：9月20日，首钢集团与柳工集团签署战略合作协议。首钢集团领导靳伟、张功焰、赵民革及有关部门负责人，柳工集团党委书记、董事长曾光安，柳工机械股份公司总裁黄海波等出席签约仪式。（摄影 孙 力）

图17：9月28日，百名海外著名侨领、高端科技界人才及知名侨商一行到首钢参观考察。（摄影 袁德祥）

图18：12月13日，首钢集团与中国船舶重工集团公司签署战略合作协议。（摄影 孙 力）

集团重要会议

图01：1月6日，首钢召开安全生产大会，总结2016年安全生产工作，部署2017年安全生产工作。（摄影 王京广）

图02：1月16日，中共首钢总公司十八届二次（扩大）会议开幕，靳伟作《加强党的建设，持续改革创新，在首钢新的长征路上矢志奋斗再创辉煌》报告。（摄影 王京广）

图03：1月16日，靳伟在中国共产党首钢总公司第十八届委员会第二次全体（扩大）会议上作报告。（摄影 王京广）

图04：1月17日，首钢集团十九届一次职代会召开，张功焰作《全面深化改革，加快创新驱动，打好健全管控体系提升管理能力攻坚战》报告。（摄影 袁德祥）

图05：1月17日，张功焰在首钢集团第十九届职工代表大会第一次会议上作报告。（摄影 王京广）

图06：4月1日，首钢召开科技大会。总公司领导为获首钢科学技术项目奖、第十七届首钢管理创新成果奖、第八批首钢技术专家、技术带头人代表颁奖。（摄影 王京广）

图07：4月26日，首钢召开2017年先进集体、先进个人表彰大会。（摄影 王京广）

图08：7月17日，首钢集团党委扩大会暨上半年经济活动分析会召开，分析和总结上半年集团经济活动，研究部署下半年工作。（摄影 王京广）

图09：8月26日，2017年首钢"创新创优创业"交流会在文馆召开。（摄影 孙 力）

图10：11月25日，共青团首钢集团有限公司第十六次代表大会开幕。共青团中央青年发展部副部长赵宝东等出席。（摄影 孙 力）

钢铁与矿产业

图01：7月17日中央电视台开播的大型政论专题片《将改革进行到底》第一集《时代之问》，展现了首钢股份公司产品创新升级镜头画面："我们的产品升级了！"（首钢新闻中心提供）

图02：首钢股份公司生产的高品质汽车板成为"绿色标杆"。（首钢新闻中心提供）

图03：首钢高磁感取向硅钢助力中国高铁发展。图为首钢股份公司取向硅钢脱碳退火生产线。（摄影　赵成龙）

图04：首钢股份公司大力推进本质化安全管理。图为硅钢生产现场实施隔离防护。（摄影　赵成龙）

图05：8月21日，首钢股份公司迁安地区300平方公里范围大型衡器实现统一管控。（摄影　王熹）

图06：12月21日，首钢股份向世界推介35SWYS900、35SW1700-H两款全球首发产品。（摄影　李旭龙）

图07：2017年初，首钢京唐公司超薄规格产品轧制取得新突破。（摄影　杨立文）

图08：京唐公司转炉出钢温度创历史最好水平。（京唐公司提供）

图09：首钢京唐公司炼铁部走智能绿色高效之路。图为烧结机区域作业通道。（摄影　杨立文）

图10：首钢京唐公司千兆级超高强汽车板产品成功下线。（摄影　杨立文）

图11：首钢钢铁板块一季度经济活动分析会暨首秦公司基层改革创新经验交流会参会人员，来到首秦公司现场感受基层改革创新成果。（摄影　王京广）

图12：首秦公司近万吨海工钢用于承担我国首次海域天然气水合物（可燃冰）试采任务的"蓝鲸1号"。（首钢新闻中心提供）

图13：首钢冷轧公司热处理作业区副首席作业长刘金生对大家进行了安全"十大禁令"培训。（摄影 宋洋阳）

图14：首钢冷轧公司组织完成了本年度OHSAS18001职业健康安全和ISO14001环境体系内部审核。（摄影 宋洋阳）

图15：首钢水钢公司炼铁厂四高炉检修更换风口现场。（摄影 杨兆芬）

图16：首钢水钢公司组织职工进行操检练兵。（摄影 杨艳 杨兆芬）

图17：7月7日，首钢长钢公司炼钢厂举行技能比武。（摄影 梁苗）

图18：9月22日，首钢钢铁板块召开长钢公司铁前管理创新变革经验交流会。（摄影 孙力）

图19：9月23日，首钢通钢公司1号高炉停炉，10月13日拆除动力装置，完成了向政府承诺的"去产能"任务。（摄影 李尚伦）

图20：12月6日，首钢通钢公司举行炼铁事业部启动大会暨授牌仪式，正式组建炼铁事业部，实现由生产型向经营型转化。（摄影 李尚伦）

图21：6月，首钢贵钢公司举办为期八天的青年员工素质提升培训班。（摄影 袁昆喜）

图22：首钢贵钢公司职工技能大赛落幕。（摄影 袁昆喜）

图23：首钢矿业公司下属速力公司云南普朗铜矿项目部团队在高原上树立首钢品牌。（摄影 李所牛）

图24：首钢矿业公司职工创新工作室在日常工作中开展课题研究。（摄影 井春苓）

图25：2月6日，《人民日报》要闻版刊发《经营秘铁25年，首钢采购近5亿美元国产设备"中国制造"闪耀秘鲁矿区》文章。（摄影 王海林）

图26：6月26日，首钢中首公司举行秘铁融资签约仪式。（中首公司提供）

图27：首钢销售公司冷轧销售处专用板科工作者，被称为"务实担当、主动作为的首钢营销人"，2017年获"首钢先进集体"称号。（摄影 黄克俭）

图28：2017年初，首钢汽车用钢及相关技术展示会在东风日产技术中心举行。（摄影 张迎春）

图29：由首钢技术研究院和首秦公司牵头完成的"大型水电站用高强度易焊接厚板与配套焊材焊接技术开发应用"，2017年通过中国金属学会成果鉴定。（摄影 张 熹）

图30：首钢矿投公司所属硼铁公司打造矿产资源综合利用示范基地和精品绿色矿山。（首钢矿投公司提供）

园区开发

图01：4月25日，首钢召开园区开发运营管理平台组建暨干部大会。（首钢新闻中心提供）

图02：6月，在英国皇家城市规划学会颁奖仪式上，新首钢高端产业综合服务区规划入选"2017国际卓越规划奖"。

图03：8月16日，由首钢老式火车改造而成的园服公司莲石湖火车主题餐厅开业。（首钢新闻中心提供）

图04：8月22日，"海外院士专家北京工作站"揭牌，落户首钢北京园区。（摄影 张 钢）

图05：8月23日，海外院士专家一行110余人走进首钢北京园区，共同见证海外院士专家北京工作站落地。（摄影 王京广）

图06：10月31日，"北京市新首钢城市更新改造项目"荣获住房城乡建设部"2017年中国人居环境范例奖"。图为远眺首钢园区北区。（摄影 袁德祥）

图07：首钢石景山老工业区3号高炉，将被改造成为一座现代化的博物馆。（摄影　袁德祥）

图08：首钢轧制、国内首条不锈钢复合管成功应用于首钢园区地下综合管沟市政水管项目。（摄影　王小勇）

图09：首钢国际工程公司总承包的首钢园区脱硫车间改造项目全力打造样板工程。（摄影　王京广）

图10：首钢首自信公司积极参与首钢智慧园区建设，扎实推进智能照明和道路智慧工程建设。（摄影　郭　川）

图11：首钢特钢公司落实集团"疏解整治促提升"行动要求。（首钢特钢公司提供）

图12：首钢曹建投公司开发的产城融合展示中心。（首钢曹建投公司提供）

图13：首钢曹建投公司与北京景山学校签约。（首钢曹建投公司提供）

图14：首钢曹建投公司与上海中鹰置业有限公司签约。（首钢曹建投公司提供）

图15：首钢曹建投公司引入落户企业城建重工。（首钢曹建投公司提供）

图16：12月，全国首创、北京市首条中低速磁浮列车S1线通过首钢北京园区全线试运行。（摄影 王京广）

图17：进入冬季，绿头鸭再度飞临位于首钢北京老工业区的群明湖。（摄影 王京广）

图18：首钢建设者发扬工匠精神，确保园区工程有序推进。（首钢新闻中心提供）

城市服务与产融结合

图 01：首钢首建集团参与"一带一路"沿线国家基础设施建设，位于阿联酋首都阿布扎比瑞姆岛的海景大厦项目进入主体结构施工收尾阶段。（摄影 蒋晓玲）

图 02：首钢首建集团承建装配式钢结构住宅主体封顶。（摄影 王京广）

图 03：8 月 29 日，首钢机电公司制造完成日处理 750 吨的生活垃圾焚烧炉核心设备炉排框架组架。（摄影 李磊）

图 04：首钢机电公司制造的直径达 13.1 米的管片模具应用于珠三角城际铁路佛莞项目狮子洋隧道。（首钢新闻中心提供）

图 05：3 月 30 日，首钢环境公司和长钢公司携手中标长治市主城区生活垃圾无害化处理项目。图片为焚烧厂效果图。（新闻中心提供）

图 06：首钢环境公司打造土壤修复产业，提升品牌影响力。图为首钢热脱附土壤修复项目。（摄影 王春亮）

图07：6月13日，北京大学首钢医院安宁疗护中心启动会在首钢医院举行。（摄影 孙 力）

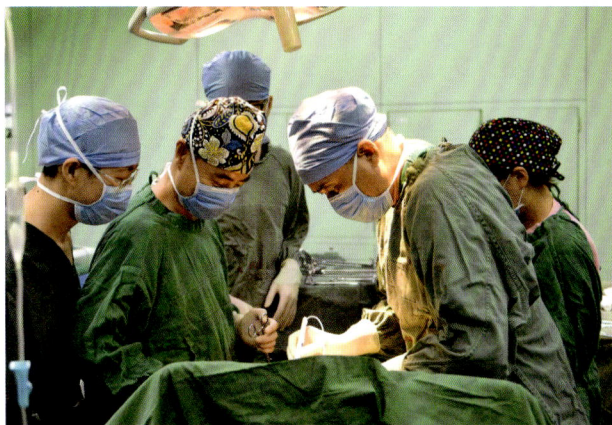

图08：首钢医院胃肠外科在我国著名肿瘤外科专家顾晋院长的带领下，已形成一支高素质的医护团队，年手术量达到1000余台。（摄影 孙 力）

图9：首钢文化公司出品的首钢工人话剧《实现·突围》新闻发布会在首钢举行。（摄影 孙 力）

图10：首钢京西重工积极参与"一带一路"建设，在捷克海布建设的工厂生产稳定顺行。4月，实现沃尔沃SPA项目被动式减震器产品首批供货。（首钢新闻中心提供）

图11：9月7日，首钢控股公司江苏首控公司携最新一代的"黑鸢"测绘无人机亮相中国（绵阳）科技城国际科技博览会。（摄影 陈 涛）

图12：8月16日，首钢自主研发、拥有28项国家专利、国内首个机械式公交立体停车楼项目开工。此为效果图。

图13：9月，首钢第二代公交车立体车库研发成功。（摄影　袁德祥）

图14：老年福敬老院举办厨师技能比赛。（摄影　乔智玮）

图16：4月7日，首钢基金公司与成都市政府签约设立"首钢一带一路"基金。（首钢基金提供）

图15：10月25日，首钢集团党委书记靳伟到财务公司调研。（财务公司提供）

图17：11月5日，首钢基金公司参与北京市政府投资设立北京静态交通投资运营公司。（首钢基金提供）

北京冬奥与首钢体育

图01：1月20日，首钢男篮坐镇主场，以116比94战胜江苏同曦队。（摄影　王京广）

图03：3月2日，北京首钢女篮获得2016—2017赛季中国女子篮球联赛（WCBA）总决赛冠军。（摄影　王京广）

图05：首钢冬奥训练中心项目效果图。（首钢新闻中心提供）

图02：2月28日，国家体育总局与首钢总公司共同签署《关于备战2022年冬季奥运会和建设国家体育产业示范区合作框架协议》。（摄影　袁德祥）

图4：2022年北京冬奥会单板滑雪大跳台比赛项目落户首钢北京园区，图为利用工业遗存改造的大跳台效果图。（首建投公司提供）

图06：5月，首钢北京园区西十冬奥广场停车楼投入使用。该工程总体建筑面积14500平方米，共四层，可提供停车位483个。（摄影　何志国）

图07：5月24日，北京首钢金鹰女垒出征美国职业联赛发布会在首钢体育大厦举行。（摄影　孙　力）

图08：6月4日，首钢乒乓球俱乐部队员丁宁第3次夺取世乒赛女单冠军。（首钢新闻中心提供）

图09：7月，首钢人不惧高温，坚守一线，高质量服务北京冬奥组委会。（摄影　孙　力）

图10：8月26日，国际奥委会主席巴赫称赞首钢北京园区保护性改造是极佳的示范。（摄影　王京广）

图11：9月7日，首钢展台亮相北京国际冬博会受关注，首钢与国际数据集团携手推进冬奥项目。（摄影　郭　川）

图12：9月8日，国际滑冰联盟主席德耶科玛盛赞首钢北京园区底蕴深厚、美景如画，是可持续发展的示范。（摄影　孙　力）

图13：9月，首钢西十冬奥广场项目包含的12个建筑单体子项相继改造完成，实现从工业建筑到绿色公共建筑的转型。（摄影　袁德祥）

图14：首钢昔日料仓改造成为今日北京 2022 年冬奥会和冬残奥会组委会办公地点。（摄影　袁德祥）

图15：昔日料仓成为今日北京冬奥会、冬残奥会组委会办公场所。（摄影　王京广）

图16：9 月 28 日，北京首钢冰球国家队俱乐部成立仪式在首钢体育大厦举行。（摄影　王京广）

图17：10月8日，中央电视台报道"首钢老厂房变身冬奥新场地"。（首钢新闻中心提供）

图18：首钢北京园区内把精煤车间等工业遗存改建为国家冬奥训练中心。（摄影　袁德祥）

企业社会责任

图01：1月7日，北大首钢医院举办肿瘤康复联谊活动，听众被癌症康复患者顽强、乐观的抗癌精神打动。（摄影　吴　憬）

图02：2月14日，京唐公司"青春有约·筑梦曹妃甸"青年职工联谊会举行，百名青工相聚。（摄影　毕景志）

图03：3月，首钢青年志愿者完成毛主席纪念堂志愿服务并合影留念。（首钢新闻中心提供）

图04：5月12日，首钢工会等联合举办"携手放飞中国梦、走好新的长征路"职工健步走活动，首钢内外2200多人参加。（摄影　孙　力）

图05：5月16日，首钢摄影爱好者协会举办摄影知识讲座，百名首钢摄影爱好者参加。（摄影 席 宁）

图06：5月26日，首钢园区服务公司"威风"锣鼓队亮相第二届京津冀端午节旅游文化活动。（摄影 秦俊彪）

图07：6月22日，通钢第一钢轧厂举办安全环保书画展，旨在提升全员安全环保意识。（摄影 都秀萍）

图08：6月30日，首钢幼教渤海幼儿园举行2017届毕业典礼活动。（摄影 刘 静）

图09：9月26日，京唐公司工会举办"快乐无极限、敢拼就会赢"职工趣味运动会，喜迎国庆，欢度中秋，600人参加活动。（摄影　杨立文）

图10：2017年，首钢团委开展系列青年志愿者活动。图为首钢青年参与捐赠活动。（首钢新闻中心提供）

图11：首钢民防救援队员演练掌握吹扫设备的技巧。（首钢新闻中心提供）

图12：北京市民走进首钢园，参观北京静态交通研发示范基地。（摄影　孙　力）

目　录

党群与战略管控

战略支撑

业务支持服务

钢 铁 业

股权投资管理

大　事　记

荣誉表彰

统计资料

制度目录

《首钢年鉴 2018》编辑人员

CONTENTS

十 大 新 闻

◎ 责任编辑：刘冰清

2017 年首钢十大新闻

首钢转型发展新长征迈出新步伐

1月16日、17日,首钢党委扩大会和集团职代会相继召开,发出走好首钢新长征路的动员令。一年来,集团党委牢固树立"四个意识",贯彻新发展理念,保持战略定力,深化改革创新,团结带领广大干部职工迎难而上开拓进取,保生存求发展,全力打好健全管控体系、提升管理能力的攻坚战,各方面发生深刻变化,全面超额完成首钢"两会"确定的各项目标任务,转型发展实现历史性突破。

首钢打造国家体育产业示范区

2月28日,国家体育总局与首钢签署《关于备战2022年冬季奥运会和建设国家体育产业示范区合作框架协议》。双方将高水平建设部分国家队冰上运动训练基地、冰雪运动赛场和冬奥广场,完善和提升冬奥核心区的综合服务功能,建设国家体育产业示范区,探索体育产业创新发展、集聚发展、高端发展、绿色发展的实践路径。一年来,在合作框架下,首钢组建冰球国家队俱乐部,支持棒、垒球国家队,冠名北京男子冰球队、组建北京首钢金鹰女垒俱乐部,启动"雏鹰计划"为中国篮球培养储备后备人才。篮球世界杯组委会、中篮联等一批机构入驻首钢体育大厦。

"首钢总公司"更名为"首钢集团有限公司"

6月9日,首钢集团发布《关于首钢总公司改制并更名为首钢集团有限公司的公告》。根据北京市人民政府国有资产监督管理委员会《关于首钢总公司公司制改革方案的批复》(京国资〔2017〕80号),首钢总公司由全民所有制企业整体改制为国有独资公司,企业名称由"首钢总公司"变更为"首钢集团有限公司"。公司于2017年5月27日完成工商变更登记并领取变更后的企业法人营业执照,被市国资委推荐为央企公司改制参考实例。公司制改革既是国资监管的要求,也是首钢自身发展的内在需要,首钢将形成更符合现代企业制度的公司法人治理结构,推进企业全面深化改革转型发展。

习近平总书记乘坐首钢汽车板制造的检阅车检阅部队

6月30日,在庆祝香港回归祖国20周年活动中,中共中央总书记、国家主席、中央军委主席习近平乘坐由首钢汽车板制造的检阅车,视察并检阅中国人民解放军驻香港部队。7月30日,庆祝中国人民解放军建军90周年阅兵在内蒙古朱日和训练基地举行,习主席再次乘坐由首钢汽车板制造的检阅车检阅部队。2017年首钢汽车板产量预计突破300万吨,产品在高端客户的推进实现突破,成为宝马国内最大供应商,实现向奔驰、一汽大众、福特、东风日产等高端客户商稳定供货,市场占有率跻身国内前列。

巴赫盛赞首钢园区保护性改造是极佳的示范

8月26日,国际奥委会主席巴赫到位于首钢北京园区内群明湖畔的单板大跳台选址地、北京冬奥组委首钢办公园区等地参观,他称赞说,首钢工业园区的保护性改造是很棒的一个想法,将老厂房、高炉等工业建筑变成体育、休闲设施,同时也作为博物馆,让人们记住首钢、北京和中国的一段历史,这是激动人心的做法。9月13日,在国际奥委会第131次全体会议上,他再次盛赞北京首钢园区工厂改建是奇迹,希望如果大家有时间,一定要去北京看看。首钢园区"金名片"吸引着世界的目光。一年来,首钢完成西十筒仓区域约10万平方米工业遗存改造,满足冬奥组委办公及会议、展示等功能性配套服务要求;加快建设国家队冬训及配套设施,利用老工业厂房改建国家队训练场地,保障短道速滑、花样滑冰、冰壶、冰球等项目的训练需求。

首钢兴起学习宣传贯彻党的十九大精神热潮

10月18日,党的十九大召开,首钢组织万名职工收听观看开幕式,集团党委研究制定了《关于深入学习宣传贯彻党的十九大精神的安排意见》,并请中央宣讲团成员辅导,领导班子成员深入基层党建联系点带头宣讲,党的十九大代表刘宏、王勇、丁宁进机关、到厂矿、入班组,带着责任和使命,积极当好"宣传员",传递了满满正能量。举办党的十九大精神研修班,领导干部带头,党员带动群众,在更大范围内推动党的十九大精神深入人心、深入实际。各单位结合实际通过多种方式和形式推动党的十九大精神进产线、进园区、进班组、进岗位,入脑入心,切实做到系统深入全覆盖,学用结合见行动见成效。

首钢园区北区详规获批复 园区规划获多项大奖

10月18日,《新首钢高端产业综合服务区北区详细规划》(首钢园区北区)获北京市规划和国土资源管理委员会正式批复。首钢园区北区详细规划是在"多规合一"理念下,以创新、修补、活力、绿色为核心理念和特色,整合控规、专项规划、设计导则、规建管数字化平台、项目深化设计等内容形成的"一张蓝图"。11月,首钢园区东南区土地一级开发项目获市发展改革委核准批复,正式立项。新首钢园区规划建设屡获国内外最高荣誉。北京园区规划获得英国皇家城市规划学会颁发的"2017国际卓越规划奖",在国际绿色建筑大会上获得"2017年绿色建筑先锋大奖",荣获"2017年中国人居环境范例奖"这个全国人居环境建设领域的最高荣誉奖项。

首钢职工当选全国"百姓学习之星"

10月30日,2017年度全国"百姓学习之星""首都市民学习之星"相继揭晓,首钢矿业公司计控检验中心马著获2017年度全国"百姓学习之星";首钢矿业公司水厂铁矿王文超、京唐公司胡娜获2017年度"首都市民学习之星"。2017年全国"百姓学习之星"有包括马著在内的143人当选,其中北京市共5人当选。"首都市民学习之星"有包括王文超、胡娜在内共100人当选。王文超还被确定为颁奖活动当天宣传展示的十名"学习之星"代表之一,其事迹在专题宣传短片中进行了宣传。

蔡奇勉励首钢打造北京城市复兴新地标

11月18日,北京市委书记蔡奇,市委副书记、代市长陈吉宁到位于首钢北京园区的冬奥组委调研,对首钢工作进行面对面的指导。蔡奇指出,筹办工作要与首钢转型发展结合起来,首钢是北京城市复兴新地标,要结合单板滑雪大跳台场馆建设,规划好、保护好、利用好工业遗存,首钢为冬奥筹办作出了重要贡献,冬奥筹办也要为首钢转型发展增添动力。一年来,其他北京市领导也多次到首钢调研指导工作。市领导和市委市政府对首钢的高度重视和大力支持,给首钢广大干部职工带来了极大的鼓舞,大家倍感温暖、倍感振奋、倍感激励,纷纷表示要把市领导的指示精神转化为实干动力,转化为全面深化改革、加快转型发展的行动和成效,推动各项工作迈出新步伐。

首钢成为北京市国有企业深化改革综合试点

经北京市政府批准,首钢成为北京市国有企业深化改革综合试点。12月19日,经市国资委第十三次主任办公会审议通过,并报经市政府同意,《市国资委关于首钢集团有限公司深化改革综合试点的方案》(以下简称"《方案》")的通知正式印发,要求首钢认真组织实施。首钢成为北京市唯一一家国有企业深化改革综合试点单位,这对于正大步行进在转型发展新长征路上的首钢来说,无疑具有里程碑式的重大意义。《方案》旨在贯彻落实国家和北京市关于全面深化国有企业改革的最新政策精神,加快推动首钢集团改革发展,包括背景意义、目标原则、工作措施、支持措施、组织保障五部分及附件《首钢改革发展需相关委办局支持事项及分工表》《首钢深化改革综合试点国资委内重点工作分工表》。推动首钢深化改革综合试点既是贯彻中央和国家以及本市全面深化国企改革政策的重要举措,也是落实市领导重要指示的积极探索,通过"综合试点、重点突破、以点促面",将全面带动我市国有企业改革发展工作。

特　载

◎ 责任编辑：刘冰清

央视新闻特别报道首钢转型发展新成果

中央电视台新闻频道"喜迎党的十九大特别报道《还看今朝》"播出后,在首钢广大干部职工中引起热烈反响,特别是最后一期播出的"北京篇"——《北京:大国首都千年之变》中,生动展现了"首钢老厂房变身冬奥新场地"、大城治理的"技术帖"——生物质能源项目等首钢转型发展新成果,使首钢人倍感自豪、倍感振奋、倍感激励。

为迎接党的十九大胜利召开,中央电视台携手全国省级电视机构,足迹遍布全国31个省市自治区,全媒体推出大型特别节目《还看今朝》,以习近平总书记治国理政新理念新思想新战略为主线,展现我国改革发展的非凡历程,逐省(自治区、直辖市)展示五年来各地社会、经济、文化、生态文明各方面发生的巨大历史性变化、取得的辉煌成就。其中"北京篇"——《北京:大国首都千年之变》作为压轴一期,展现了首都北京全面落实习近平总书记两次视察北京重要讲话和对北京工作的一系列重要指示精神,在"四个中心"建设等方面取得的突出成就。如此重大题材的专题片摄制组走进首钢拍摄,将雄姿再展的新首钢呈现在亿万观众面前,无疑是对首钢全面深化改革、加快转型发展所取得成就的充分肯定,必将激励首钢人在转型发展新长征路上矢志奋斗再创辉煌,以优异成绩迎接党的十九大胜利召开。

《还看今朝》"北京篇"——《北京:大国首都千年之变》在报道首钢北京园区时说:我们看完了新机场,再到北京首钢的老厂房去看一看,那里面发生了一些什么样的变化,又传递出什么样的发展理念呢?这六个一字排开的混凝土圆柱体,曾经是北京城西首钢用来储存炼铁原料的筒仓,就在2016年这里成了北京冬奥组委的入驻地,这里一下变身成了现代化的创意办公室。在这些筒仓表面开出了不同形状的孔,他们都是办公室里的采光窗,这让原来密不透风的原料筒有了时尚的元素。在这些筒仓顶端还安装了光伏发电板,发出的电全部用于筒仓的内部用电。在首钢老厂房的南边,四块冰场正在建设之中,这里将成为国家短道速滑、花滑、冰壶、冰球、雪车雪橇等项目的训练场地。这个冷塔将被改造为2022年冬奥会"单板滑雪大跳台"的赛道。今年8月26号,国际奥委会主席巴赫来到这里考察时称赞道:这个旧工业厂房和奥运结合的理念在全世界都是领先的。在这之后他在多个场合号召国际奥委会委员"有机会一定来这里看看"。

在报道生物质能源项目时说:在北京每人每天会产生1.1公斤垃圾,如果把这些垃圾装满载重2.5吨的垃圾车,车和车头尾相连可以排满整整一圈四环路。以前处理这些垃圾主要靠"埋",一年要浪费掉500亩土地,而现在主要靠"烧",垃圾也变成了能源和资源。这里是世界单体一次投运规模最大的垃圾焚烧发电厂,一天能处理垃圾3000吨,相当于北京垃圾总量的八分之一。我现在就来到了垃圾吊控制室,说实话,刚才一进这里,还以为是到了星际战舰的驾驶舱呢,在这个"太空椅"上布满了现代化的遥控装置,大家看,这一排神奇的按钮它们都是干嘛的呢?不过,由于我没有工作资质,是严格禁止去操作的,那么工作人员正在用这些装置调动着下面这些巨大的钢爪,它们一个高三米,一把就能抓起10吨垃圾,一般情况下,垃圾会被翻上五六天彻底发酵后,才能被倒进焚烧炉烧掉,炉火温度要长期保持在1000度以上,除了烧垃圾还在烧污染物二噁英,其实850度烧两秒以上就能将二噁英分解。烧完垃圾的余热主要用于发电和供暖,这里每年发电量3.8亿度,能满足20万用户的日常用电。

回忆中央电视台《还看今朝》摄制组在首钢拍摄的过程,参与配合拍摄的首钢干部职工仍然十分激动。首建投公司工程建设部职工王新说,9月7日,当得知中央电视台记者要来首钢北京园区拍摄后,心里特别激动。这个节目是为迎接党的十九大胜利召开而特别制作的,首钢北京园区被《还看今朝》摄制组确定为拍摄录制的对象,并在"北京篇"中播出,作为首钢北京园区的一名建设者,感到非常骄傲。当我看到以前炼铁原料的筒仓变成了现代化办公空间、利用节能技术在筒仓顶部安装的光伏发电板等画面时,感到无比光荣。

我们要认真做好冬奥组委办公区和国家速滑、冰球等训练场馆改造建设，精益求精、深耕细作，把首钢北京园区开发好、建设好，使之成为城市复兴新地标。首建投公司工程建设部职工汪平瞻说："我带着摄制组对冬奥广场各个单体进行了拍摄，他们边拍边问以前工厂生产时的情景，并且每完成一次拍摄就看回放，如果镜头不好就重来一次、二次、三次，如果天气不好，就再来第二天、第三天，直到满意为止。正是因为这种执着、这种敬业，才在《还看今朝》这部片子里呈现出了漂亮、大气、震撼的航拍镜头。"

中央电视台摄制组一行 14 人先后 3 次来到首钢鲁家山生物质能源项目现场，为拍摄《还看今朝》北京篇选取题材、录制节目，他们对这个世界单体一次投运规模最大的垃圾焚烧发电项目叹为观止，连连称奇。录播的一组组现场画面，采访职工的镜头以及先进的生产工艺和优美的现场环境，无不展示出首钢打造城市综合服务商的社会责任和担当。参与现场录制的首钢环境公司职工于凡淇说，首钢生物质能源项目能够在《还看今朝》播出，我倍感振奋和激励。我们要传承和发扬首钢精神，立志为保护北京市的蓝天白云、绿水青山，创建国际一流的和谐宜居之都做出新贡献。首钢环境公司职工李佳说，在特别报道《还看今朝》北京篇中，看到首钢生物质能源项目的镜头，非常骄傲和自豪。作为环境公司的一名职工，践行好绿色发展理念、运营好具有世界水平的垃圾焚烧工厂是我们的职责。首钢生物质能源项目运行以来，我们从逐步摸索到成为整体技术达到国内领先水平、成为行业运营的一面旗帜，凝聚着每一名职工的努力和付出。在垃圾焚烧发电二期项目建设中，我们将不辱使命，按照欧洲超净工厂的标准，通过国际领先技术的应用，继续有力提升北京市生活垃圾处理的整体技术水平，将行业推崇的"蓝色工厂"概念变为现实。

大家表示，中央电视台《还看今朝》中首钢转型发展新成果的画面，是首钢全面深化改革、加快转型发展的一个缩影，是首钢人"敢担当、敢创新、敢为天下先"的真实写照，要再接再厉抓好各项任务落实，以优异成绩迎接党的十九大胜利召开。首钢园区服务公司易自强自豪地说，《还看今朝》让人荡气回肠，彰显了北京这座千年古都的大气、灵气和人气，其中特别是展现了首钢老工业区停产以来发生的巨大变化：原先用来储存各种炼铁原料的西十筒仓，改造成了现代化的创意办公区域，迎来了北京冬奥组委的入驻。随着国家体育产业示范区落户首钢，四块冰场正在建设之中。还有利用电力厂冷却塔改造的滑雪大跳台项目，将成为 2022 年冬奥会正式项目的比赛场地，届时，世界的目光会聚焦首钢，作为一名首钢老人，感到非常光荣，我要加倍努力做好工作，为首钢转型发展做贡献。环境公司职工庄严说，当看到首钢北京园区、生物质能源项目在《还看今朝》中播出时，感到非常骄傲与自豪，幸福感满满。砥砺奋进的五年，切身感受到首钢转型发展取得的显著成果。作为一名首钢职工今后将继续传承发扬首钢精神，为首钢再创辉煌贡献自己的力量。

（党委宣传部供稿）

首钢园区西十筒仓：
寒风中打造冬奥精品工程

日前，气温骤降，冷风吹得人直打哆嗦。首钢园区西十筒仓冬奥广场项目工地上，几百名工人正忙得热火朝天。年底前，首钢建设公司将完成办公区所有建筑的单体改造建设，满足北京冬奥组委会 1500 人的入驻需求。

这片冬奥广场上的建筑物，是由老首钢以前存矿料的筒仓和料仓改造而成的。截至目前，冬奥组委办公区、宿舍区、配套区的基础结构基本完成，机电工程、室内外装修工程正在实施中。

"下个月，冬奥组委工作人员就会入驻这栋料仓改造成的办公楼。"工地入口处，顺着项目负责人段若非手指的方向，一座窗明几净的大楼矗立眼前，幕墙倒映着蓝天白云，钢铁结构成了装饰点缀，颇有工业韵味，工人们正进行最后的内装修。

办公楼身后是一片小广场,小路上铺着绿色的遮土布,这两天就要开始铺环保地砖了。天气再暖些时,这里将变身为一处花园景观。不远的工地旁,围挡里的铲车正轰隆着破土方。"挖土方、埋市政管线,保障园区的水暖电,收尾工程都到了最后冲刺阶段。"段若非说。

再往前走,六个大型筒仓改造的办公楼并排而立,其中的两栋在去年就已经迎来冬奥组委工作人员入驻,不过还空着的几栋筒仓也颇有"人气儿"。来到一座筒仓的顶楼,保洁员正在擦地,办公区内工位桌椅摆得整整齐齐,整个空间一尘不染,已经达到随时入驻的条件。

工业遗存"变身"的办公楼都已建好,可工地一角还在搭脚手架,一座建筑物刚立起了钢结构。原来,这是一处新建工程,将成为冬奥组委的档案室。"它的进度相比最慢,不过也要在9月底完工,我们正努力抢工期呢!"段若非介绍。

未来,这里还有一个广场和展览馆供市民参观游览。冬奥广场西南角,广场上土方作业正忙,三层的展览馆已主体完工,地下停车场刚刚开建。一旁有水塔点缀,对面望过去就是首钢人熟知的秀池。

"我们几百人的设计规划团队节后立马开工,工期进度不能耽误!"段若非鼻头冻得发红,他每天在工地上一"泡"起码四五个小时。"工业遗存改造的过程很复杂,经常要开会讨论,一个电话打过来我就得赶到工地,和驻场工作人员随时碰方案。"段若非说。

在西十筒仓冬奥广场,建设者们节后早早开工,已经连续奋战近一周,为完成高质量的冬奥工程挥洒着智慧和汗水。

(《北京日报》2017年2月9日,作者:潘福达)

变废为宝,中秘产能合作谱新篇

——中企投资的秘鲁第一个资源循环利用项目正式投产

11月3日,首信秘鲁矿业股份有限公司(简称"首信公司")尾矿综合开发项目在秘鲁马尔科纳市举行正式投产仪式。中国驻秘鲁使领馆和相关企业负责人出席活动,秘鲁能源矿业部部长卡耶塔娜转达了库琴斯基总统对项目投产的祝贺。

首信公司的尾矿加工就是从废弃的铁尾矿中回收铜、锌、铁等有价元素,是秘鲁国内第一个资源循环利用项目,起到了变废为宝、保护环境的作用。卡耶塔娜称首信公司是"秘鲁矿业综合回收尾矿资源的典范"。中国驻秘鲁大使贾桂德表示,11月2日是中秘两国建交46周年,该项目也是向中秘建交献上的一份大礼。

项目设计年处理矿量680万吨,带动当地2000多人就业

2011年白银有色集团股份有限公司(简称"白银集团")与首都钢铁公司①合作成立首信公司,共同开发和利用首钢秘鲁铁矿股份有限公司(简称"首钢秘铁")的尾矿资源。

首钢1992年成功并购秘鲁铁矿公司,成立了首钢秘铁,成为中国在南美洲投资的第一家矿业合资企业。25年来,其铁矿石产量从最初的285万吨提升到目前的约2000万吨规模,随之产生的尾矿量也越来越大,且不可避免地

---

① 首都钢铁公司现为首钢集团有限公司。

带来了污染。2001 年，首钢秘铁投资 6600 多万美元建成尾矿库、生活污水处理厂等环保设施，结束了 50 年来马尔科纳地区生产生活污水和尾矿直接排入大海的局面。

污染问题解决了，在如何处理尾矿这一世界性难题上，首钢秘铁将目光瞄向了白银集团。

尾矿并不是没有任何利用价值的废物，而是限于技术经济等条件未被挖潜的宝藏。白银集团在变废为宝方面，拥有成熟的多金属选矿工艺技术。该集团自主研发的独特选矿药剂，能够对有价元素进行最大化提取，其中铜回收率可达到 85% 以上；采用高浓度尾矿输送，生产用水循环使用，废水不外排，达到了节能、环保目的，总体上处于国际领先水平。

首信公司总经理袁积余告诉本报记者，首信尾矿综合开发项目总投资约 2.3 亿美金，2015 年 6 月动工，从动工到试生产用时仅 18 个月，创造了当地项目建设速度的新纪录。目前，基本设计年处理矿量 680 万吨，年产铜、锌金属 4.2 万吨，铁精矿 35 万吨，力争到 2019 年项目年处理能力达到 1000 万吨以上，实现年产铜、锌金属 5.8 万吨、铁精矿 59 万吨的目标。

目前，首信公司当地员工占 96%，在物流、加工、机械制造、物资供应、生活保障等方面带动 2000 多人就业。公司所在的伊卡大区主席费尔南多在投产仪式上对首信公司惠及当地发展深表谢意。

走出去的"领头羊"，带动多家中企和研究机构走进秘鲁

首钢秘铁是进入秘鲁较早的企业，25 年来，首钢秘铁采购的国产设备达 5 亿美元。记者去年底在该公司采访时，看到的大型设备就有六七种之多，如太原重工的大型电铲，自 2008 年以来首钢秘铁已累计采购 6 台，总价值约 2000 万美元，极大地推动了太原重工的设备出口。首钢秘铁总经理孔爱民在接受本报记者采访时表示："作为中国在南美投资的首家矿企，我们愿做中企走出去的'领头羊'，为中秘产能合作创造条件。"

在尾矿处理合作方面，首钢秘铁选择了国内企业白银集团。实际上，首信公司是白银集团直接投资合作建设的第一个国际项目。尾矿项目的投产，使白银集团不但获得了弥足珍贵的海外工作经验，而且也拥有了在南美洲进一步实施国际化经营的桥头堡和良好外部环境。以此为依托，白银集团 2016 年 2 月在秘鲁注册成立了富尔多纳公司，从事有色金属、矿产品及其他贸易、选矿技术咨询服务等。白银集团董事长廖明透露，目前该集团已与秘鲁能矿部达成了 3 个深度合作开发意向。

首信公司发扬了首钢秘铁传统，也带动了多家中企和研究机构走进秘鲁，如选矿设备制造业的中信重工、电器生产业的天水长城电气、设计科研单位的西北矿业研究院等 30 多家企事业单位。中国交建 2015 年 11 月中标首信公司项目合同额 2659 万美元，包括各类相关设备、管线及其配件、控制阀门、辅助工程管道等的制造和安装，中国交建从此正式进入了秘鲁市场。

克服诸多难题，为推进多种形式国际产能合作提供范本

尾矿处理是世界性难题。本报记者在采访中了解到，首信公司创造性地克服了诸多难题：

一是设备到位难。所有设备均要从中国运输，距离远（18000 公里）、数量大、中间环节繁多，运输保管难度大，还有一些所需急缺物资、小配件当地采购相当困难。对此，首信公司采用了加大提前量的做法，比如有些设备采购提前量从 3 个月提前到半年甚至更长时间，保证了生产之需。

二是进度协调难。项目共划分为 6 个标段，由中秘两国的 5 个建设单位同时交叉立体施工，互为条件、相互衔接，在中西语言不通、技术规范标准不统一的情况下，协调难度加大。与此同时，两国的工作理念也有所不同：中方团队善于创造性地开展工作，秘方团队则恪守步骤程序，不同的管理文化、制度、观念使得各标段对接起来十分吃力。为此，首信公司有针对性地编制了中西文工作手册，员工人手一册，同时约定了一些常用手语，大大减少了多次

语言转换导致的理解困难。

三是业务培训难。鉴于设备全部来自中国,首信公司将工作前期重点放在对秘方员工进行岗前操作培训,按照设备说明书认真讲解设备的性能、特点与操作事项。但囿于语言不同、文化差异和缺乏对中国生产设备的操作经验,秘方员工操作难以到位。对此,首信公司又及时进行一对一的岗位二次培训,为投产运营打下了坚实的基础。

秘鲁国立圣马尔克斯大学经济研究所所长阿基诺在接受本报记者采访时表示,"世上没有绝对的垃圾,只有放错位置的资源"。作为秘鲁国内第一个尾矿加工项目,首信公司为秘鲁深化循环经济、变废为宝、绿色环保建立了先例,也为中秘在"一带一路"倡议下推进多种形式国际产能合作提供了范本。

(《人民日报》2017 年 11 月 6 日,作者:陈效卫)

首钢牵手冬奥　打造体育产业综合体

因为 2008 年奥运会,首钢整体搬迁;因为 2022 年冬奥会,首钢重现生机。一个曾经辉煌的钢铁巨龙腾空飞去,一座充满活力的体育基地正在孕育重生。

伴随北京冬奥组委入驻和 2022 冬奥会单板大跳台比赛场地落户,与冬奥会和冰雪运动有关的项目相继落成,发展冰雪产业成为首钢产业转型的方向和定位之一。在日前举办的第二届冬博会上,首钢展台向社会各界展示了园区发挥自身独特优势,加快园区冬季运动项目、设施规划建设,推动园区转型发展升级的成果,吸引了众多参观者的目光。展会期间,首钢与国际数据集团签署合作协议,共同发起冰雪产业基金,成立冰雪产业创业孵化器,共同打造冰雪行业生态,以投资促行业创新,支持国家体育产业示范区建设、冰雪运动项目推广、奥运文化传播及体育创意产业培育发展。首钢距离与国家体育总局合作构建冬奥核心区、国家体育产业示范区、体育总部基地、体育产业自贸区、设立京冀协同发展体育产业基金等 5 个方向目标又近了一步。至此,首钢完成了组织入驻、场地建设、业态聚合、赛事引领等一系列转型构想。

首钢总公司副总经理梁捷在接受本报记者采访时表示,首钢将依托冬奥资源发展体育产业,加快"体育+"培育,整合科技、传媒、旅游、商业等业态,为冰雪产业领域高速成长的新兴企业提供发展空间,推动首钢的战略转型和体育产业快速发展。

今年,首钢在冰雪领域大动作不断。在场地建设方面,年初与国家体育总局签署了《关于备战 2022 年冬季奥运会和建设国家体育产业示范区合作框架协议》,首钢利用旧工业厂房改建国家队训练场地,保障短道速滑、花样滑冰、冰壶、冰球等项目的训练需求,其中冰球馆配有 3500 个座位,同时修建一个雪车起跑段的训练场地。所有场地按照计划年底将投入使用。2022 冬奥会新增的正式比赛项目单板大跳台的场地也正在上报方案的阶段,上报的方案还须通过国际奥委会的审核后实施,预计场馆主体在 2019 年竣工。

冬奥相关项目落地为产业转型升级提供了方向。关于场地的赛后利用,梁捷表示已有所考虑,场地和相关设施将在保证国家队的比赛训练之余,采取商业化运营,开展赛事、培训等,并向社会开放。引进高端赛事的同时打造原创 IP,除了冬季项目,还将涉及攀岩、滑板、轮滑、半程马拉松等充分发挥首钢园区道路、山水、高炉相间等特色的体育项目。为了打造冬奥为主题的运动休闲基地,首钢还在北区两个湖面附近的最好区域规划建设一个冬奥广场区,包括酒店、餐饮、商业、娱乐、公寓等综合配套服务功能,实现冬奥核心区建设。目前方案已经初步具备,即将开始建设,预计五年后投入使用。

2022 冬奥会是很好的窗口期。梁捷表示,体育对于首钢来说,已经成为一种新型的业态和城市的资产,目前首钢正在与国家体育总局探讨体育产业自贸区概念,希望所有的尝试能转化成现实的生产力,实现更强的带动作用,顺利完成首钢的转型升级,成为奥林匹克运动推动城市发展以及工业遗存再利用和复兴的典范,成为冬奥推动城市复兴的新地标。

(《中国体育报》2017 年 9 月 13 日,作者:王　静　傅潇雯)

"中国制造"闪耀秘鲁矿区

——经营秘铁 25 年,首钢采购近 5 亿美元国产设备

25 年前,首钢总公司竞标取得了秘鲁铁矿公司 98.4% 的股份及其所属 670.7 平方公里矿权区内矿产资源的永久性开采权、勘探权和经营权,成立首钢秘铁公司(简称"首钢秘铁")进行经营。25 年后,矿区所在地马尔科纳已从一个渔村小镇发展成为繁华城市。作为该市的支柱企业,首钢一直在为"中国制造"落户秘鲁铺路搭桥,也让众多中国企业得以"借船出海",成功进入拉美市场。

首钢秘铁——国产机械设备是企业采购的首选

一组数据见证首钢秘铁的发展:首钢先后投入近 15 亿美元用于秘铁公司的设备更新、技术改造、环境治理、生活区改善和扩建项目;秘铁产量从 1992 年刚接手时的不足 300 万吨增加到 2015 年的 1112 万吨;截至 2016 年 9 月,首钢秘铁累计完成产量 16623 万吨,实现销售收入 81.6 亿美元。这其中立下汗马功劳的设备不少是"中国制造",25 年来,他们采购的国产设备近 5 亿美元。首钢秘铁总经理孔爱民在接受本报记者采访时表示:"近年来,国产设备已成为我们采购的首选。作为中国在南美投资的首家矿企,我们愿做中企走出去的'孵化器',为中秘产能合作创造条件。"

记者看到,偌大的首钢秘铁矿山,俨然就是一家大型的中国设备展,来自太原重工的大型电铲、湖南衡阳机械厂的采矿钻机、上海振华港机的装船机、洛阳重型机械厂的球磨机、北京矿冶研究总院(简称"北矿院")的浮选机和磁选机等都在紧张工作着。指着"巨无霸"电铲,太原重工售后服务工程师石晋波告诉记者,自 2008 年以来首钢秘铁已累计采购 6 台这样的电铲,总价值约 2000 万美元,极大地推动了太原重工的设备出口。

目前首钢秘铁正在进行新区扩建。他们坚持高效、节能、环保理念,选用先进工艺技术,继续拉动中国设备出口。从中信重工、北矿院、淮北矿山机械等中国著名厂家采购的新选厂全部设备和海水淡化装置,总价值约 2.5 亿美元。采矿系统主体工程同样选用了中国生产的半移动式粗破机、利用落差势能发电的下山皮带机以及 9 公里长单体曲线皮带机等。

"利用较早进入秘鲁的优势,首钢以秘铁作为窗口,努力为中国产品和企业'走出去'创造条件。"2016 年 11 月在秘鲁参加亚太经合组织企业家峰会时,首钢集团董事长靳伟这样说。

中资企业——强强联手,积极参与中秘产能合作

与中国企业联手开发资源,是近年来首钢"传帮带"的新举措。2011 年,首钢秘铁与白银有色集团股份有限公司(简称"白银集团")优势互补、强强合作,合资成立首信秘鲁矿业股份有限公司,共同开发秘铁含铜、铁、金、银、钴等金属的尾矿,预计项目于今年上半年投产,可年产铜精粉 8 万吨、铁精粉 35 万吨。以此为依托,去年 2 月白银集团在秘鲁注册成立了富尔多纳公司,从事有色金属、矿产品及其他贸易、选矿技术咨询服务,生意做得

风生水起。

对于已在秘鲁注册的中资企业,首钢秘铁更是及时伸出援手。2014年首钢秘铁聘请中水电对外秘鲁公司参与新区土建和设备安装,从而使后者成功进入秘鲁矿业领域。

利用拥有秘铁矿权区土地和港口等区位优势,首钢积极参与中秘产能合作,带动更多中企走进秘鲁。2013年12月,中铝秘鲁特罗莫克铜矿项目启动试生产。在创业初期,铜矿项目负责人就曾专程至首钢秘铁来"取经"交流,首钢秘铁将自己的经验和盘托出。如今这一铜矿项目已成为中国在秘鲁开发建设的首个绿地矿山。作为中国在海外投资的最大铜矿项目,预计它将为当地提供约2400个就业机会,为当地在未来30年创造超过15亿美元的收益。

当地居民——"中国公司改变了我们的生活"

在生产方面,首钢秘铁坚持"三原则"。一是严格竞标,技术领先。为方便矿石运输,首钢秘铁整个矿区安装了总长达24.89公里的先进皮带运输系统,其主要设备都是"中国制造"。首钢秘铁副总经理李宝辉介绍了该系统在竞标中胜出的原因:采用光纤信号管理,自动化程度高;皮带呈曲线形,有利于减少矿石冲击的频次和降低磨耗。二是循序渐进,而不是一劳永逸。采购太原重工的6台电铲,前后经历了三个阶段。这既是矿厂实际的需要,也是出于设备改进的需要。为此,首钢秘铁与太原重工一起,根据当地铁矿石品位高、硬度大的特点,对电铲进行了反复适应性改进。三是对于先进设备和优秀企业,实时向其他国家企业推荐。由于首钢秘铁这位"伯乐"的重用和举荐,太原重工得以在秘鲁立足,此后又受到智利同类企业的青睐,很快成功打入智利市场。

首钢秘铁也以自身在当地耕耘多年的经验告诉后来企业,如何做会做得更好。一是注重惠及当地。截至2016年9月,首钢秘铁累计向秘鲁政府纳税13.4亿美元,创造直接间接就业岗位超过4500个。针对原秘鲁铁矿污染严重问题,首钢秘铁投资6600多万美元建设了尾矿库、生活污水处理厂等环保设施,结束了50年来马尔科纳地区生产生活污水和尾矿直接排入大海的局面。二是进行公益活动。包括为当地居民提供水、电、电信服务;为教师、医生和政府人员提供住房;支持赞助环保、医疗、教育及文化、体育活动;开设首个矿区中文学校,马尔科纳所有市民都可免费听课;积极参与抗震、抗洪救灾等。2010年以来首钢秘铁用于履行企业社会责任的开支累计超过1000万美元。

秘鲁太平洋大学经济学家冈萨雷斯接受本报记者采访时表示,首钢这些举措,很多堪称"创举",有助于企业与当地实现"心相通""民相亲"。

已经在马尔科纳生活了20多年的塞西莉亚告诉记者:"中国公司改变了我们的生活,不仅让我们远离污染,还给我们供电,让我们用上了淡水,有了免费的学校和现代化的住房,我希望自己的孩子将来也能够为中国公司工作。"

(《人民日报》2017年2月6日,作者:陈效卫　王海林)

从"山"到"海"的跨越

——"海上首钢"10年新生记

十年砥砺,山海作证。

从北京城西的石景山,到渤海之滨的曹妃甸,10年栉风沐雨,百年首钢实现了一次凤凰涅槃式的新生。

当京津冀协同发展成为国家战略后,首钢成为这一历史性战略的先行者。京冀协同共建曹妃甸,十年磨一剑的首钢,再次吸引了人们关注的目光。

搬 迁

这是首钢十余万职工难忘的日子——

2010 年 12 月 28 日,首钢北京石景山厂区涉钢系统全面停产。

依据活动设计方案,当公司领导宣布停产口令时,全体职工要喊一句响亮的口号:今日离别旧家园,明天开创新天地。然而却没有,没有人能喊出这个口号,取而代之的是职工们依依不舍的目光,和眼角难止的泪水。

旧业难弃!

首钢的搬迁,是中国钢铁史上最大的一次工业迁徙。从繁华大都市转移到 200 多公里外的不毛之地,一切从零开始,无论是首钢,还是首钢人,期间的艰辛,是局外人体会不到的。

"当通往曹妃甸的大巴即将开动时,车窗外的孩子看着我,车窗内的我看着孩子,直到我们彼此看不见。"一位首钢职工这样写道。

新旧交替,去留之间,有过彷徨,有过犹豫,最终还是选择了奔赴。

200 多公里之外的曹妃甸小岛,有一个新的战场等待去开辟。

蝶 变

从曹妃甸大陆零公里向深海推进 11 公里,曾经的汪洋大海现在是一座庞大的钢铁之城。从 2007 年破土动工到现在,仅仅过了 10 年时间,矗立起首钢人的新家园——首钢京唐公司。

2008 年,刚刚成为首钢人 3 年的董兵面临着人生中一个重大选择:留在北京还是去曹妃甸。北京是她从小生活了 20 多年的地方,而曹妃甸那个地方遥远而陌生。"我一度很犹豫,朋友们坚决劝我不要去,我说考虑考虑。"

最后董兵还是选择了去曹妃甸。原因是"舍不得离开首钢"。8 年过去了,董兵认为她这道单选题做对了。她和首钢一样,迸发出更大的活力。

"首钢大搬迁,并不是被动地撤退,而是一次华丽的转身,这是一次最彻底的脱胎换骨。"首钢京唐公司党委副书记王相禹说。

老首钢的主打产品为线材和长材,即低端的螺纹钢、盘条钢,被形象地戏称为"面条+裤腰带"。"仅仅是地理上的搬迁毫无意义,新钢厂就要瞄准世界一流钢铁企业,生产首屈一指的钢!"首钢京唐公司纪委书记邵文策说。

走进首钢京唐公司产品展览厅,汽车板材、家电板材、食品包装板材等部分样品琳琅满目。"到今天为止,京唐公司的全部产品均为高档钢材。名牌汽车的车身、海尔冰箱的外壳、西气东输的管道、知名品牌饮料的易拉罐,都是首钢京唐的拳头产品。像用于高端包装的镀锡板,实现了只有 0.14 毫米国内厚度最薄规格。"首钢京唐公司总工程师朱国森说,这只是首钢迈出的第一步。

按照循环经济理念建设的首钢京唐公司,成为中国新一代可循环钢铁制造流程的示范,被业界誉为中国钢铁的"梦工厂"。

典 范

"首钢一期造地大约 12 平方公里,需要的沙子可以使 1000 个标准足球场增高 9 米。我们来的时候,这里还是一片汪洋大海,罕见人烟。所以说首钢是曹妃甸开发的先行者,一点都不夸张。"王相禹说。

作为入驻曹妃甸第一个龙头企业,首钢的搬迁,极大地促进了曹妃甸矿石港、原油港、煤炭港等港口群的建设。它像一条项链,串起了千万吨精品钢、千万吨炼油、千万吨乙烯、千万吨原油储备,以及超大型造船等相关重化工产业竞相向曹妃甸集聚配套。

2015年8月,京唐钢铁项目二期工程正式开工建设。二期工程建成投产后,京唐首钢将成为国内单体年生产能力最大的钢厂。

沧海桑田,十年巨变。

首钢的搬迁已超越了搬迁的本身。今天回过头去看,首钢在京津冀协同发展中的示范引领作用,正在逐渐凸显出来。

2014年12月,首钢总公司设立首钢基金,引入了北京友谊医院、妇产医院等北京优质医疗资源到曹妃甸,支持了北京景山学校曹妃甸分校的建设,积极推进京冀优质教育资源的共享与合作。

2015年1月,京冀曹妃甸协同发展示范区建设投资有限公司成立,首钢占67%的股份,负责北京(曹妃甸)现代产业发展试验区及其先行启动区的投资、开发、建设、运营、管理,承载着配合两省市政府落实北京非首都功能疏解及产业转移的使命。

未　　来

每个周五下午,100多辆大巴从曹妃甸的首钢京唐大门口出发,浩浩荡荡地驶向北京。大巴里的乘客,是数千名北京籍的首钢人。

首钢京唐公司目前有职工8000人,近半数是北京籍。其中,除了多数候鸟式地往返于北京、曹妃甸外,有1000多人已经在曹妃甸买房定居,有的小伙子娶了当地的媳妇。

搬迁10年,曹妃甸发生翻天覆地的变化——从荒无人烟到商场、超市、电影院、商品房拔地而起,越来越有城市的味道。

尽管今日的曹妃甸和10年前已不可同日而语,但首钢职工王正新目前并没有在此买房定居的打算。"涉及很多问题,比如孩子上学问题、就医问题,曹妃甸的教育和医疗配套现在有了很大的起色,但毕竟和北京不能比,况且现在还有许多政策上的限制。"

这也是不少北京籍的首钢人的想法,也是诸多北京外迁企业面临的后顾之忧。

对于北京籍的首钢京唐职工来说,体会最深刻的非交通莫属。乘大巴往返面临很多潜在的问题,譬如安全,譬如堵车、晚点等。

"随着交通的发展,很多问题会缓解。明年唐曹铁路会开通,2020年京唐城际高铁也会通车。同时,随着京津冀协同发展的深入,我相信曹妃甸会发展得越来越好,城市设施会越来越齐全,公共服务会越来越完善,入驻企业会越来越多,相关政策也会越来越协同,到时候北京和曹妃甸可能会实现深度'同城化',企业和部分职工的后顾之忧会逐步得到解决。"王相禹说。

百年前北京往西100多公里的龙关山上发现铁矿石,才有了建在石景山的首钢;为了支持北京市的发展,10年前首钢搬迁到河北;如今,冬奥组委会已入驻位于首钢老厂区的高端产业综合服务区,首钢正为即将于北京和张家口召开的冬奥会作贡献。

首钢董事长靳伟感叹道,一个企业伴随着一个城市一个地区的发展,历史就是这么走过来的。未来首钢的命运依然与京津冀发展息息相关。

(《新华社》2017年2月19日,作者:李俊义　孔祥鑫　安　蓓)

首钢股份控股股东名称变更
首钢已改制为国有独资公司

16 日从北京首钢股份有限公司获悉,首钢股份控股股东名称由"首钢总公司"变更为"首钢集团有限公司"。首钢总公司已于近期改制成为国有独资公司,并完成了工商变更登记及新营业执照领取。

6 月 16 日,北京首钢股份有限公司发布公告表示,为贯彻落实国家关于国企改革部署,首钢总公司已由全民所有制企业改制为国有独资公司,企业名称由"首钢总公司"变更为"首钢集团有限公司",并已完成工商变更登记及新营业执照领取。

记者了解到,随着全国国有企业改革持续深化发展,北京市属国有企业改革力度不断加大。首钢总公司正式更名为"首钢集团有限公司",标志着首钢从全民所有制企业,改制成为依据《公司法》设立的国有独资公司,成为北京市推进国有企业构建现代企业制度改革探索的又一重要成果。

据介绍,首钢集团是北京市属国有企业,位列世界五百强,旗下上市公司首钢股份于 1999 年在深圳证券交易所上市,控股首钢京唐钢铁联合有限责任公司、北京首钢冷轧薄板有限公司等钢铁实体单位。

(《新华社》2017 年 6 月 16 日,作者:李 萌)

首钢冷轧将年发"绿电"819 万度

位于顺义区的北京首钢冷轧薄板有限公司,下半年就将用上太阳能绿色能源。2 月 10 日,首钢冷轧公司 8.3 兆瓦屋顶分布式光伏项目正式启动,这是目前北京最大的单体屋顶分布式太阳能光伏项目之一,预计上半年将建设完工。

走进厂区,一排排蓝色的厂房跃然眼前,这是首钢冷轧高端绿色汽车板生产基地。"10 万平方米的厂区和办公区屋顶,将马上安装太阳能光伏组件。"首钢冷轧公司副总经理孙贵锁介绍说,此项目利用冷轧厂区现有屋顶空闲空间资源,由中清能绿洲科技股份有限公司投资建设,总投资为 6424.43 万元。建成后,项目运营期为 25 年,每年约生产 819.09 万度清洁可靠的优质光伏"绿电",相当于每年节约标准煤 3276.36 吨,减排二氧化碳约 8166.33 吨、二氧化硫约 245.73 吨、氮氧化物约 122.86 吨、粉尘 2227.93 吨。

孙贵锁介绍,光伏发电项目能够补充首钢冷轧公司近 10% 的电力消耗。项目一部分电力以较为优惠的价格供给厂房,可以满足厂区内照明和办公所用;在工厂停产检修时,部分电量还将就地上传销售给电网。他说,通过应用光伏发电,厂区可以减少碳排放指标,降低发电用电成本,每年可以省下 300 万元。光伏发电的间接效益,还包括降低室内暖通能耗成本、维持室温冬暖夏凉、降低屋顶维修费用、延长屋顶防水层寿命等。下一步,首钢冷轧计划在厂区内设置太阳能车棚、太阳能热水器等设施。

分布式光伏发电是北京市绿色能源体系的重要内容,有利于提高清洁能源比重。2013 年,国务院、国家发展改革委出台系列文件,提出国家按照每千瓦时 0.42 元的标准,给予分布式光伏项目 20 年电价补贴。2015 年,市财政局、市发展改革委又联合发布实施了《北京市分布式光伏发电奖励资金管理办法》,规定对 2015 年 1 月 1 日至 2019

年12月31日期间并网发电的分布式光伏发电项目,按照实际发电量给予每千瓦时0.3元(含税)的奖励,连续奖励5年。也就是说,本市的分布式光伏项目能够拿到每千瓦时0.72元(0.42元+0.3元)的资金支持。据介绍,北京这一数字就全国来说,其支持力度是较大的。

在政策支持下,北京新能源和可再生能源开发利用规模显著提升。北京节能环保中心新能源促进部部长唐艳芬介绍,到2015年,本市新能源和可再生能源占比提升至6%,到2020年,这个数字争取在8%的基础上达到两位数。同时,新增电源建设以新能源和可再生能源为主,新增电力优先使用绿色电力。

根据北京市去年发布的《"十三五"时期新能源和可再生能源发展规划》,到2020年,北京新能源和可再生能源发电装机规模达到200万千瓦,占全市电力装机规模的比重达到15%左右,其中,新增光伏发电装机容量100万千瓦,加快分布式光伏在各领域应用,实施"阳光校园、阳光商业、阳光工业、阳光农业、阳光基础设施"五大阳光工程,重点建设顺义、海淀、亦庄等一批光伏集中应用地示范区。

(《北京日报》2017年2月11日,作者:潘福达)

首钢将建国家体育产业示范区

国家体育总局与首钢总公司近日签署《关于备战2022年冬季奥运会和建设国家体育产业示范区合作框架协议》,双方将利用首钢工业遗存和区位优势,通过老工业基地保护性开发利用,建立国家体育产业示范区。

双方将建设部分国家队冰上运动训练基地、冰雪运动赛场和冬奥广场,结合新首钢高端产业综合服务区的战略规划,整合首钢现有的体育产业业态和资源,打造运动健身、体育休闲、赛事服务、体育科技、体育商务、体育会展、体育金融、冰雪装备器械国产化等"体育+"产业,建设国家体育产业示范区,探索体育产业创新发展、集聚发展、高端发展、绿色发展的实践路径,推动首钢战略转型和体育产业快速发展。

具体来说,双方将利用首钢总公司废旧厂房改建国家队训练场地,保障短道速滑、花滑、冰壶、冰球等项目11支国家队45个小项的训练需求;探索奥运遗产地、工业遗存地创新发展体育产业的办法和路径,共建国家体育产业示范区;建设体育总部基地,引导国际体育机构、知名体育企业、社会体育组织、体育商业高端品牌机构等入驻园区;设立京冀协同发展体育产业基金,并争取体育产业自贸区专项政策,在首钢园区设立体育产业自贸区或自贸店,携手国际品牌的体育装备公司共建一流运动体验中心。

据介绍,首钢借势京津冀协同发展,集中力量加快北京园区转型升级。目前,园区开发建设进入全面实施阶段,相关项目纳入市政府绿色审批通道,长安街西延线、西十冬奥广场改造等重点项目正在加速推进。

(《北京日报》2017年3月7日,作者:潘福达)

共享单车"空中"放　首钢研制成功单车立体车库

在首钢城运公司,研发人员正在演示树状共享单车车库存取车辆。共享单车的出现有效解决了用户出行"最后一公里"的问题,但随之而来的停放问题也愈加凸显。单车乱停乱放影响了市容市貌和交通秩序,停放乱象亟待解决。近日,首钢集团自主研发和制造的三款单车立体车库在首钢园区亮相,提供了共享单车停放新模式,计划明年在京启动试点。

共享单车"树上放"

记者来到首钢园区北区的首钢城运公司"静态交通研发示范基地"一探究竟。

"单车立体车库相比传统地面存放,面积利用率至少可以提高十多倍。"在院子最里面,三款不同类型的单车立体车库前,工人们进行着紧张的调试工作,首钢城运公司技术总监肖树坤告诉记者,立体车库能有效解决单车停放难题,满足人流密集地区对单车停车位的需求。

一座树状外观的车库占地不大,大概只有粗树干的面积,抬头望去,16辆共享单车停在了有编码的"树杈"上。"我要取10号的单车。"工作人员在手机App上点击10号,单车缓缓落到地面,整个过程只有10秒钟。据介绍,"树桩车库"适用于景区、小区等场地,占地很小,人都可从"树"下穿行。"我们正在研发二代设备,让单车只从一面下降,减少对穿行人群的影响。"肖树坤说。

圆塔形车库"最能装"

另一款圆塔形单车立体车库则更能装,五层楼的空间能存200多辆单车。把单车放在门口的存车设施上,按下"OFO存车"按钮,单车就被自动放回了库里。透过窗户可以看到,单车进行着"乾坤大挪移",直到放进最近的空车位处。

"这款车库适用在地铁口周边,以后可以不用按钮,用户直接在手机上操作。"工作人员介绍,车库采用智能化操作,存车最快时间7秒,取车最快时间10秒。这款车库因直径近8米,因此占地面积50平方米,看起来稍大,但因其高9米共5层,因此能存更多单车。下一步,首钢还将研发占地面积更小的圆塔形车库,满足地铁周边停车设施面积资源有限的现状。

单车从"天上来"是什么感觉?另一款"云街库"为用户带来新体验。像一个过街天桥一样,单车停在"天桥"上,用户在路两侧的"天桥"脚下取还车,整个设施占地面积只有"天桥"脚下的区区几平方米,但可至少存放50多辆单车。按照设想,它将和天桥采取同样的景观风格设计,存取车处就设置在天桥旁,方便用户在此使用。

停车设施规范将起草

肖树坤介绍,为方便用户存取单车,共享单车App中或将新设停车车库的页面。首钢目前正在进行停车库的技术升级和产品更新,计划明年在京启动试点。

很多用户会心存疑虑,把车随意停路边就行了,又何必大费周章地存进车库?记者从首钢城运公司了解到,首钢将参与相关部门开展的非机动车停车管理规范的起草工作。

据悉,本市将出台鼓励规范发展共享单车的指导意见,并制定相关停放区设置技术导则和系统技术与服务规范,建设监管与服务平台,建立和完善承租人信用体系。

"如果规范得以实施,那么在一些地段,用户就必须把单车停进停车设施里,否则无法进行支付结算等操作。"肖树坤说,这还需要共享单车提供技术支持,具体方案仍在讨论中。

(《北京日报》2017年11月4日,作者:潘福达)

市新首钢综合服务区建设领导小组会议召开

日前,市新首钢高端产业综合服务区发展建设领导小组召开会议。市委副书记、市长蔡奇讲话。

蔡奇充分肯定首钢广大干部职工为转型发展付出的巨大心血,成绩来之不易。他说,首钢搬迁和新首钢地区发展建设是优化首都城市功能、调整重大生产力布局、促进首都人口资源环境协调发展的重大举措。习近平总书记两次视察北京并发表重要讲话,为北京发展指明了方向,更是新首钢地区发展建设的根本遵循。以疏解北京非首都功能为重点的京津冀协同发展战略,为首钢带来了更大的疏解和发展空间,也带来了难得的历史机遇,前景光明,我们充满信心。

蔡奇指出,新首钢地区位于长安街延长线,是重要的区域功能节点,关乎石景山、丰台、门头沟、首钢"三区一厂"联动协调发展,地位举足轻重。要牢牢把握新首钢地区发展定位,以新发展理念带动产业结构调整和城市功能再造;以首钢北京园区与曹妃甸园区"双园区"发展模式推动京津冀协同发展;以高水平发展建设为冬奥会筹办做好服务保障,让新首钢地区成为奥林匹克运动推动城市发展和老工业区复兴的生动实践。

蔡奇指出,要着眼首都城市战略定位和首钢自身发展,对新首钢地区规划建设高起点谋篇布局。要算好人口账,结合区位特点和功能定位,把握规模,做到职住平衡;算好产业账,坚持高精尖,大力发展与首都城市战略定位相匹配、能够带来明显效益的金融、科技、总部经济等生产性服务业;算好生态账,打造绿色生态环境,保护和利用好工业遗存;算好交通账,把握好开发和建设强度,减轻长安街交通流量压力;算好平衡账,统筹首钢自身发展利益和需要。

蔡奇强调,要以北区和东南区为重点,加快新首钢地区建设。东南区要统筹产业与居住,多措并举,解决职住平衡问题。北区要大力推广绿色建筑,建设精品工程。要精益求精,优先推进基础设施和生态环境建设;突出特色,全力做好工业遗存保护再利用;聚焦高端,抓好新首钢国际人才社区建设,努力把新首钢地区建成展现首都形象、体现现代城市理念的绿色转型示范区。

蔡奇指出,首钢创造了共和国钢铁冶金业的辉煌,奠定了北京工业的重要基础,做出了历史性贡献。当前,首钢正处于转型发展关键时期,各相关部门要全力支持新首钢地区建设。首钢也要自我加压,调整好产业结构。一方面要做好主业,坚持统筹兼顾、量力而行原则,推动"双园区"联动发展;另一方面要发展好非钢产业,该瘦身的瘦身,轻装上阵,积极参与城市建设与开发,并加强对城市资产的管理、经营力量,为建设国际一流的和谐宜居之都做出新的更大贡献。

市领导张工、阴和俊、隋振江、卢彦参加会议。

(《北京日报》2017 年 4 月 25 日,作者:徐飞鹏 高枝)

首钢在冀总投资超 1500 亿元

由中国海洋工程咨询协会和首钢集团共同主办的第二届海洋发展曹妃甸论坛近日举行。记者在论坛上了解到,从 2003 年以来,首钢集团累计在河北投资 1500 多亿元,在河北注册企业 50 多家,资产规模超 1700 亿元。首钢集团还通过产业基金等形式推动曹妃甸协同发展示范区建设,截至今年8月,示范区已签约18个产业项目,总投资约347亿元。

自2003年起,首钢集团开展了史无前例的钢厂大搬迁调整,由中心城市向环渤海经济圈进行战略转移,陆续在河北地区形成2000万吨钢生产能力。截至今年6月,首钢在河北省注册企业有50多家,资产规模1700多亿元,销售收入880亿元,职工3万多人,上缴税金280多亿元。

搬迁后,首钢的钢铁产业全面升级,产品由传统长材向高端板材转变、由低附加值向高附加值转变。目前,首钢集团钢铁产品已形成汽车板、电工钢、镀锡板、管线钢等为代表的14大产品集群,覆盖钢材品种全23类中的21类,特别是高端钢材海工钢和耐候钢达13大类95个牌号,累计供货600多万吨。今年5月,由首钢供应的约1万吨海工钢助力中集集团"蓝鲸1号"首次可燃冰试采成功。首钢耐候钢已覆盖集装箱、输电铁塔、桥梁、铁路货车等领域,市场占有率多年保持国内第一,供货已超过500万吨。

《京津冀协同发展规划纲要》提出,要将曹妃甸打造成北京疏解非首都功能的战略合作区,由首钢基金参与发起的曹妃甸发展基金总规模100亿元,主要投向示范区交通基础设施、医疗及公共服务事业、节能环保产业。下一步,基金还将根据示范区发展需求和北京市企业外迁需求逐步完善,为曹妃甸区基础设施建设和北京市外迁企业在曹妃甸区域发展提供长期支持。

目前,曹妃甸现代港口物流、钢铁、装备制造等主体框架基本建成,化工、再生资源等产业正在加速聚集,电力、海水淡化、建材、环保等关联产业初具规模。截至今年8月,园区已签约18个产业项目,总投资约347亿元,北京城建重工专用车及新能源汽车生产基地、北京中恒复印材料、北京君和相变循环控能等产业项目已开工建设。

（《北京日报》2017年9月9日,作者:潘福达）

首钢老高炉变身博物馆

走在首钢园区,最引人瞩目的景观之一便是正旧装换新颜的沧桑斑驳老厂房,目前各项工程正在有条不紊地推进中:原首钢炼铁厂3号高炉通过改造将变身为一座现代化的博物馆,近期已完成了外观修复;规划中的4座冬奥训练场馆工地现场正在进行基础设施的前期改造工作。

记者昨日走进首钢园区3号高炉改造项目现场,高炉身姿巍峨,脚手架纵横,安全网密布,工人们正繁忙施工,一侧还有塔吊伸着长臂传送着建材。高炉的施工单项工程量目前在园区建设中为最大。"先对外立面进行除锈防腐作业,然后再修旧利废,保留工业风格,近期外观修复工作都已完成。"现场工人介绍,下一步将对其内部进行加层改造,百年老高炉将变身为一座现代化博物馆,这座拥有厚重工业历史的遗址,将以博物馆的形式继续向世人讲述自己的故事,对百年首钢工业印记进行展示和传承。

3号高炉位于首钢西十冬奥广场南侧,与秀池东西并列,呈现着"一工业一自然"的美景,它们还是百年首钢发祥地的关键点,被喻为首钢的"后花园"。据了解,改造项目保留了3号高炉主体高炉部分、热风炉、重力除尘器和干法除尘器等核心工业构筑物,最大限度保留了高炉原有结构和外部风貌;对内部空间进行重新梳理,最终形成展示、展览、观景平台、玻璃观景台等不同功能区域。

园区老工厂中还将建起"冰雪新世界",精煤车间等工业遗存也正在加紧改造中,将建成速滑、花滑及冰壶3座国家队过渡期训练馆,同时在精煤车间北侧新建1座冰球训练馆。4座训练场馆不仅依山傍水,还有铭刻时代印记的首钢特色景观围绕四周,主体结构的改造施工近期已经完成。

紧邻阜石路,园区北部的西十冬奥广场近期又添了一栋造型独特、银灰色的独特建筑——立体停车楼。记者在一楼看到,停车楼设有电梯、公共卫生间等,每一层还设有无障碍停车位,并都设有车辆充电桩,充电车位按照总车位数的35%的比例设计,这个数字在北京首屈一指。

"停车楼共四层,提供停车位483个,每一层都设有车辆充电桩,充电车位总数有139个,完全可以满足新能源车辆的充电需求。"首建投公司电气工程师丁可介绍,停车楼顶部还设有光伏发电设施建设,一年发电量达11万千瓦,可满足停车楼三成左右的用电量。

首钢园区北区建设正酣,东南区也有了最新动态。首建投公司副总经理王达明称,首钢园区东南区土地一级开发项目取得重大进展,近期获市发改委核准批复并正式立项。该项目位于古城南街以东,总用地面积约103.36公顷,规划总建筑规模约127万平方米,用地性质主要为居住、商业金融、多功能等,缓解北京城区土地供应缺乏的现状。

除个别点位外,目前首钢已基本完成地上物拆除。征地工作已启动,各种评估正在加快推进,污染土治理和市政基础设施建设正在逐步实施,并已提前筹划成本审查认定等工作。

(《北京日报》2017年11月3日,作者:潘福达)

文　选

◎ 责任编辑：车宏卿

加强党的建设　持续改革创新
在首钢新的长征路上矢志奋斗再创辉煌

——在中共首钢总公司第十八届委员会第二次全体(扩大)会议上的报告

首钢党委书记、董事长　靳　伟

（2017 年 1 月 16 日）

同志们：

我们这次会议的主要任务是：深入贯彻党的十八届六中全会、中央经济工作会议、全国国有企业党的建设工作会议和市委全会精神，总结 2016 年工作，分析首钢面临的新形势，提出 2017 年工作思路和主要任务。下面，我受党委常委会委托，向党委(扩大)会报告工作，请予审议。

一　2016 年工作回顾

2016 年是贯彻首钢十八次党代会精神，全面开启"十三五"发展新征程的第一年。面对错综复杂的外部经济环境和艰巨繁重的改革发展任务，总公司党委牢固树立政治意识、大局意识、核心意识、看齐意识，自觉同以习近平同志为核心的党中央保持高度一致，积极践行新发展理念，推进供给侧结构性改革，团结带领广大党员和干部职工坚定信心保生存、攻坚克难求发展，实现了"十三五"良好开局。

全年集团预计销售收入 1330 亿元，在消化部分搬迁调整形成的土地成本后盈利 5 亿元，各方面工作取得了明显成效。一年来，总公司党委坚持把方向、管大局、保落实，重点做了以下工作。

（一）深化学习教育，加快知识更新，凝聚思想共识

总公司党委认为，面对首钢深化改革、转型发展的艰巨任务，必须不断加强学习，加快知识更新，统一思想，凝聚共识。"首钢永远做一个学习型企业"不断深入人心。

全年总公司党委中心组共组织学习 37 次，举办青训班、基层党委书记和董事长等培训班，在学习效果上取得以下变化。一是老师的水平高，讲理论接地气，讲马列用中国话，讲管理用家常话，把基本原理变成了生动道理，把根本方法变成了管用办法，大家听了解渴管用。二是学习的氛围好，"三创"会等课堂成为了使人心静下来的地方，成为消解躁气的空间，干部职工静下心来学习、沉下心来思考、提起神来学以致用。三是摆进去的效果实，领导干部把自己真正摆进去，同"两学一做"紧密结合起来，亲自上讲堂，交流心得体会，碰撞思想火花，带着问题来，带着收获走。一流的企业必然有良好的学风，我们要珍惜，我们要呵护，我们要坚持。

这一年，广大干部职工自觉把思想和行动统一到新的发展战略上来，统一到"十三五"规划上来，统一到完成全年目标任务上来，在思想观念上主动求变，在工作作风上主动求变，在工作方式上主动求变，在交账结果上主动求变，全力推进各项工作。

（二）坚持改革引领，坚定不移推进，激发内生动力

总公司党委认为，历史从不等待一切犹豫者、观望者、懈怠者、软弱者，只有与历史同步伐、与时代同命运、与改革同奋进的人，才能赢得光明的未来。"首钢人血液中流淌着改革的基因"成为企业烙印。

我们没有成为思想上的"僵尸企业"，新的管控体系正式运行，集团"十三五"发展规划和专项规划破茧而出，去行政化的职务职级改革革故立新，投资管理和领导人员任免权力清单破冰实施，风控体系建设扎实推进，领导人员薪酬和三支人才队伍试点有序开展，全面预算管理体系初步建立等夯基垒台、立柱架梁、厚积成势；我们用今天的快"小震"化解未来的强"大震"，扛住压力集团实现转型分流 2.6 万人，钢铁板块实物劳产率提高 20%，主动加压完成 19 家企业退出，钢铁板块创造性完成闭合 39 项"失血点"，推动长白、燕郊、马来西亚东钢退出等陆续实施、互相配合、落地生根；我们坚持差异化改革激发活力，股份公司全面承担钢铁板块管理职能，股权投资管理平台搭建完成，京西重工、房地产开展试点，首秦"自上而下"与"自下而上"相结合探索基层改革等渐成整体、次第开花、果实累累。

这一年，改革让职工精神面貌发生很大变化，面对严峻挑战，不怨天尤人、不靠天吃饭，人人思变，人人求进。改革让集团上下迸发出一种内生驱动、主动求变的势头，基层单位市场主体意识逐步树立，对进一步深化改革充满期盼。改革让党员干部对"啃硬骨头"、打持久战的反应更加从容，攻坚克难的正能量在互相传递影响和不断发酵变化。

（三）坚持创新驱动，聚焦重点难点，精准发力突破

总公司党委认为，从单一主钢产业到钢铁、城市服务双轮驱动，首钢的转型发展时时与国家、社会、市场的发展变化紧密结合在一起，从根本上讲就是一条认识市场、适应市场、引领市场，在市场中不断探索、淬炼、蜕变之路。"首钢人的判断力、决断力、创造力和执行力是实现首钢转型发展的核心能力"成为广泛共识。

聚焦钢铁业控亏减亏。年初没有受波动起伏的市场影响，坚持战略定力，干好自己认准的事。兑现社会承诺，全面完成水钢 150 万吨、通钢 60 万吨粗钢去产能工作，首秦 3300 毫米中板产线顺利停产。抓住控亏减亏这个中心，坚持把"三个跑赢"做细做实，针对 32 项重点任务，制定 14 个攻关方案稳步推进。全年钢铁业大幅度减亏，稳住了首钢的经营大局，钢铁基地经营状况的改善呈现你追我赶，一些特困企业阶段性实现了盈利，内部工作增效 52.5 亿元、吨钢 200 元，存货资金占用比年初降低 31.3 亿元。2016 年是首钢产品质量最稳定、客户最满意、调整最见效的一年。高端领先产品首次突破 500 万吨，三大战略产品品牌效应稳步提升。汽车板供宝马连续五个月质量零缺陷，供奔驰实现零突破，供长城保持一级供应商，中高端汽车用户实现了大幅度增长。电工钢攻克世界交流最高电压等级 1000 千伏特高压变压器，跻身世界第一梯队，在国网和三峡的认证工作顺利推进。镀锡板实现国内中高端客户的全覆盖，品牌效应初步建立。不锈钢复合桥梁板等 5 项新产品实现国内首发。外埠企业围绕区域市场直供比例大幅度提高。一切得益于产线制造能力和客户服务能力的提升。股份公司炼钢 1 号转炉实现全炉役复吹 100%，碳氧积水平全国领先。带出品率、一次通过率、整单兑现率等关键性指标创出了好水平，质量异议、质量赔付、处理时间等大幅度降低。

聚焦园区开发打造新亮点。推动市政府成功召开新首钢第三次领导小组会议，原则同意首钢的思路建议，排定任务安排，要求以冬奥组委入驻首钢为契机，集中力量加快北京园区转型升级，确保三年内区域环境面貌得到明显改观，成为奥林匹克运动城市发展的典范，成为世界遗产再利用和工业区复兴的典范；要求创新土地领域相关政策，支持利用首钢土地资源化解历史债务负担等。借势京津冀协同发展，紧抓冬奥组委入驻历史机遇，园区开发迅速升温，进入全面实施阶段。相关项目纳入市政府绿色审批通道，长安街西延线首钢段具备通车条件，西十冬奥广场改造工程全面加速，相关基础设施建设顺利推进，已建成的晾水池东路成为园区亮丽的风景线。冬奥组委入驻极大提升了园区品质、向社会释放了强烈信号、吸引了世界目光，相关单位在工程建设和保障服务等方面战胜自我、全力以赴，为首钢赢得了声誉。曹妃甸园区以承接非首都功能疏解为核心，以实现产业聚集、产城融合为重点，各项工作快

速推进。产业先行启动区达到九通一平条件,生态城先行启动区完成了总体概念规划和功能布局,举办"海洋发展曹妃甸论坛",狠抓招商引资项目落地,发挥平台作用服务企业,以景山学校分校开学为标志的一批优质社会服务资源开花结果。相关单位主动服务国家和省市重大活动,为首钢营造了良好的发展环境。

聚焦新产业培育新动能。紧紧围绕城市发展、政府所急、百姓所需、生态环境等方面寻找机遇,增强把机遇和优势转换成现实的能力,在打造城市综合服务商道路上迈出新步伐。仅用4个月时间建成国内首例静态交通研发示范基地,为城市停车难提供了解决方案,受到国家和社会的高度关注,全年承揽14300个车位建设合同。鲁家山基地创出良好社会效益和经济效益,得到外界充分认可,提升了"首钢环境"品牌形象,为项目推广复制奠定了基础,开展了二期准备工作。探索钢结构住宅产业化,铸造村4号、7号楼钢结构住宅项目被列为北京市住宅产业化试点工程。京西重工新产品研发成效显著,合同额大幅增长,捷克工厂投产运营。吉泰安"圆珠笔头用超易切削不锈钢材料",填补了国内空白。北冶精品材成功应用于长征系列运载火箭新型发动机制造,助力神舟飞天。东华军用野战输油管线经受了实战演练。实业公司、首钢医院等单位由于改革力度大,内生动力就强,企业变化就越大。

聚焦产融结合拓展新领域。整合金融资源,打造全新资本运营平台,围绕财务和基金公司两个核心业务主体,构建"双轮驱动"发展模式。下决心清理和规范银行账号,归集成员单位资金日均稳定在138亿元左右,推广商票使用35亿元,支持成员单位融资188亿元,降低银行利息16.9亿元,与市财政局协同配合降低贷款利率,基金管理规模达到11支480亿元,各项运作不断发力,金融服务成效开始显现,"产业+资本"事半功倍,取得国际评级机构惠誉A—评级和大公A评级,社会对首钢转型充满期待。创业公社在"双创"的时代潮流中走在了前列,成为国家级孵化器、众创空间,社会评价"首钢老树开新枝,焕发出勃勃生机"。

聚焦遗留问题理好旧账。坚持不躲不绕,尽最大可能、集最大智慧、调动一切社会资源全力突破。一揽子推动解决土地成本、首控在河南的投资、中首与博文公司合作、宝业项目土地和设备合同、挪宝新能源借款、东湖筑城等遗留问题。借助"两违"治理,敢于担当、严密组织拆除厂区违建面积3.5万平方米,规范土地和房屋管理,解决了"老大难"问题。设立首钢改制企业发展基金,解决改制过程中遗留的土地问题。争取政府支持解决设结医疗保险问题,保持了企业稳定。推动设立首钢唐山地区社保业务服务中心,方便了职工。

这一年,首钢人的辛苦不寻常,无论是传统产业还是全新领域,都在努力创新求变,都在全力攻坚克难,都在奋力突围前行,只有创新成为一种习惯,服务成为一种意识,应变成为一种本能,首钢的转型发展才能闯出一片新天地。

(四)发挥党建优势,集中各方力量,保证工作落实

总公司党委认为,坚持党的领导、加强党的建设是国有企业的"根"和"魂",必须紧紧围绕中心任务,把党要管党、从严治党落到实处,为推动首钢改革发展提供坚强保证。"首钢任何时候都坚持党的领导、加强党的建设"成为独特优势。

深入开展"两学一做"。认真分析党员和干部队伍状况,精心组织全体党员学党章、学讲话,紧紧把握基础在学、关键在做,在规范学习、提高实效上下功夫,完成补交党费等重点工作。完成了北京及河北地区109个基层党委、46个党总支、979个党支部和部分外埠单位换届选举。坚持按事业需要和能力素质选任领导人员,既严格用人标准,又大胆选拔培养人才,在不断优化考察评价方法和规范干部任免程序的基础上,调整交流直管领导人员367人次,其中提职晋级66人、免职3人、函询27人、谈话26人。强化"六好"班子、特色党支部、党员示范岗创建,深入开展"创先争优"等主题活动,努力打造"三级共创"党建品牌。新一届首钢党委和纪委肩负使命、扛起责任、以上率下,带领广大党员干部只争朝夕、奋发有为。干部职工对领导班子民主测评满意率达93.9%,比上年提高21.2个百分点。

落实全面从严治党。强化管党治党责任,积极实践"四种形态",通过三期"以案说纪"、剖析86个典型案例、基层干部交流研讨等,筑牢崇廉拒腐思想道德防线。强化"一岗双责",探索实施领导人员落实党风廉洁建设主体责

任全程记实管理,进一步健全完善党风廉洁建设责任体系。坚持挺纪在前、抓早抓小,定期研究党风廉洁建设、信访举报和执纪审查情况,批评教育60人,诫勉谈话14人,组织处理3人,行政警告以上处理14人,其他行政处理65人,党纪处分21人,推动正风肃纪持续深入。总公司党委积极探索监督执纪"四种形态"的做法受到上级部门肯定。

充分发挥监督作用。积极探索加强国有企业监督工作的新途径和新方法,改变力量分散、多头监督、"九龙治水"现象,加强联席会建设,通过联合谋划,严密组织,提高监督价值;通过联合议事,整合划一,提高监督效率;通过联合发力,推动落实,提高监督效益。基层反映,服务型监督意识在不断增强,希望多一些雪中送炭,少一些锦上添花。在长钢试行专职监事常驻制,为推广打下了基础。首钢内部监督检查发现问题的累计整改完成率达到86.5%,首钢内审检查发现问题的累计整改完成率达到90%,市委巡视和市审计局审计报告披露问题的整改完成率达到90%。

坚持党建带群建。制定下发《关于加强和改进党的群团工作的实施意见》,召开会议,落实责任,完善体制,推动群团组织发挥各自优势创造性开展工作。各级群团组织心里装着职工、眼里看着职工、双手拉紧职工、身子贴紧职工,切实发挥党联系职工群众的桥梁和纽带作用。完成工会换届工作。结合试点制定了《关于加强各级职代会制度建设的指导意见》,通过分类管理,明确职权,健全机构,推进厂务公开和业务公开,把职工的知情权、参与权、表达权、监督权落到实处,倒逼集团各项管理制度的健全和完善,夯实管理基础。明天的职代会,是按照新制度运行的第一次集团型职工代表大会。

大力弘扬首钢精神。坚持文化引领,媒体舆论引导不断创新,首钢新闻中心公众号成为"微信头条","首钢之星"评选表彰影响广泛,"首钢人的故事"讲出了士气、讲出了干劲,一线职工亲身经历的故事和感悟原汁原味登上了《首办通报》。新总结提炼的"首钢精神"从历史中来、从实践中来、从使命中来,很快得到干部职工普遍接受和内心认同,来自不同地域、行业和历史背景的首钢人,从来没有像今天这样凝聚在同一个首钢、同一个梦想的"大家庭"之中,营造了正气候,集聚了正能量,更加坚定了我们的文化自信。首秦"真学真比真改"、水钢"清车底如镜面"、京唐"严格管理手机"等在潜移默化中成为了首钢工作标准。总工室张福明、京唐吴礼云、迁钢王瑞、矿业马著、通钢初建军等一大批先进个人,获得国家、行业、省市表彰,在默默奉献中成为了首钢大工匠。女乒队员丁宁夺得奥运金牌,首钢女篮问鼎联赛冠军。京唐荣获第四届"中国工业大奖表彰奖"、第九届中华环境优秀奖,首钢居中国企业专利奖排行榜行业首位、跻身中国大陆创新企业百强,在不断创新中展示了首钢新形象。伟大的实践孕育伟大的精神,伟大的精神推动伟大的实践。

这一年,在首钢的历史坐标上是极为关键的一年。首钢践行新发展理念,全面深化改革、加快转型发展在艰难中动力越来越足,集团正在发生深刻的、广泛的、积极的变化,得到了广大干部职工的充分理解和支持,受到了上级领导和社会各界的高度认可。市委市政府主要领导多次到首钢调研指导工作,郭金龙书记称赞"首钢是好样的,走在了改革发展的前列"。市委强力推出《西望首钢》和《抉择》《转身》《心路》专题片,选择重要时点频道播出,展示首钢在供给侧结构性改革中的示范引领作用。社会各界高度关注、反响热烈,首钢职工和家属备受鼓舞、倍感自豪,释放了满满的正能量。

首钢2016年取得的成绩,体现着党中央、国务院及市委市政府的亲切关怀和大力支持,凝聚着首钢广大党员和干部职工的心血和汗水。我代表首钢总公司党委,向各级党委、政府和社会各界,向首钢全体党员、干部职工及家属,向始终关心首钢的离退休老同志,表示衷心感谢和崇高敬意!

成绩面前,我们要始终保持清醒头脑。虽然取得了"十三五"的良好开局,但很多工作还只是刚刚起步,基础还不牢固。目前最突出的问题是基础管理薄弱、盈利能力不强、劳动效率低、负债高、低效资产多和党建工作需进一步加强等。一是管理上纵向不深、横向失联。专业管理在纵向上没有真正延伸下去,存在着原地"划圈子"现象,基层情况调研不够,制度闭门造车;在横向上没有真正协同起来,缺乏网格化的系统思维,很多事情口径不一、对应不上。二是与行业比、与先进企业比盈利能力差。钢铁业去年突出反映在高炉顺稳水平有所退步,四地生铁成本进一步扩差;销售综合单价与宝钢等比较差距较大;库存资金占用中备件、半成品居高不下;对质量、供销和物流中的隐性成本认识不够。新产业市场主体意识差,把产业当项目做。三是转型提效的压力在集团没有全部传导下去,继续开展转型提效存在畏难情绪。很多企业在劳动效率上没有达到保生存的基本要求,没有具备用快"小震"化强"大震"的能力,稍有松劲就会半途而废、前功尽弃。四是搬迁调整以来一直靠举债投资,债多、杠杆率高、财务负担重,"重投入轻效益"、"花钱大于挣钱"长期存在。五是对低效资产给企业带来的影响认识不深,有进有退特别是"退"上不主动,决心不大,办法不多,协同不够。六是全面从严治党还需进一步强化。有的单位党组织把方向、管大局、保落实的意识不强,不同程度存在党的领导、党的建设弱化、淡化、虚化、边缘化问题。

二　2017 年首钢面临的形势和工作思路

2017 年是迎接党的十九大、首钢实施"十三五"规划的重要一年,是健全管控体系、提升管理能力的攻坚之年。确定首钢 2017 年的工作思路,首先要认清形势、发现机遇、明辨风险、未雨绸缪、从容不迫,不断开创改革发展新局面。

从宏观形势看,2017 年世界经济仍将处于缓慢复苏的进程中,复杂性、不稳定性、不确定性将进一步凸显。传统经济增长模式动力减弱,新的增长引擎尚不强劲,"逆全球化"思潮明显上扬,贸易保护和摩擦可能频发,整体形势不容乐观,世界正处于百年不遇的大变局之中。我国经济运行实现了缓中趋稳、稳中向好,但经济增长的压力仍然较大,存在的矛盾和问题主要是产能过剩和需求结构升级矛盾、经济增长内生动力不足、金融风险积聚等,虽然有周期性、总量性因素,但根源是实体经济结构性供需失衡、金融和实体经济失衡、房地产和实体经济失衡等重大结构性失衡,导致经济循环不畅。中央经济工作会议把"稳中求进"提升到"治国理政的重要原则"和"做好经济工作的方法论",强调供给侧结构性改革是在全面分析国内经济阶段性特征基础上调整经济结构、转变经济发展方式的治本良方。我们要自觉从供给侧结构性改革的角度深入思考问题,研究对策措施,主动积极应对。

从钢铁行业看,远未走出困境,仍将面临巨大压力。产能过剩、产业集中度低、销售利润率低、负债率高的状况没有实质性改变。政府执法力度加严加大,环境污染、安全事故和"地条钢"都变成零容忍。上游供需矛盾变数较多,铁矿石、焦煤、铁合金等主要原燃料价格和物流成本影响因素增多,市场风险加大。下游传统行业对钢材需求强度可能下降,新兴产业用钢需求可能增长,消长间蕴藏挑战和机遇。国家鼓励绿色制造,鼓励智能制造,鼓励由中低端产品向适应需求变化的中高端产品转变。我们要适应这种新变化、把握这种新变化、抓住并利用这种新变化。

从京津冀协同发展看,北京市将进一步提升首都核心功能,加大非首都功能疏解力度,加快和谐宜居之都建设速度,加快构建高精尖经济结构,引导产业项目向曹妃甸园区等地转移集聚。我们要高度认识京津冀协同发展对首钢转型发展是历史性机遇。但随着协同发展规划纲要加速落地实施,我们的能力和水平将面临巨大挑战。考验我们能否用城市建设的新标准开发好、管理好、服务好园区,能否聚集一流企业打造高精尖产业结构,能否把两个园区开发的机遇转化为首钢转型的竞争力。

习总书记指出:"一代人要走好一代人的长征路"。一个有理想、有信念、有追求的企业,也有自己要走的长征路。多少年来,首钢人始终秉承"强企报国"使命,一直行进在改革发展的长征路上。"雄关漫道真如铁,而今迈步从头越",我们紧跟着中华民族的伟大复兴,期盼着全面建成小康社会的千年梦想,全面开启了实现转型发展、再创首钢辉煌的新征程,这就是我们这一代首钢人正在走的新长征路。既然是长征,就不可避免要"爬雪山""过草地",什么时候都不要想象可以敲锣打鼓、欢天喜地完成长征般的伟大壮举。10 年前,面对搬迁调整的长征,总公司党委号召弘扬长征精神,推进创新创优创业;今天,转型发展的新长征同样充满挑战、充满希望,同样需要"爬雪山""过草地",总公司党委号召广大干部职工继续弘扬伟大的长征精神,践行首钢精神,全面深化改革,持续创新驱动,共同走向建设有世界影响力的综合性大型企业集团的新胜利!

2017 年首钢总体工作思路是:认真贯彻落实党的十八届六中全会、中央经济工作会议、全国国有企业党的建设工作会议精神和北京市各项工作要求,坚定战略定力,以保生存求发展为总基调,以改革创新为工作主线,以更全面、更协调、更可持续为基本遵循,加强党的建设,打好健全管控体系和提升管理能力的攻坚战,在首钢转型发展的新长征路上矢志奋斗、再创辉煌。

(一)坚持在谋划工作上要更全面

习总书记指出:"四个全面战略布局是一种很全面的观点,不是单打一"。唯物辩证法强调全面地、系统地、普遍联系地观察事物。我们要自觉在首钢战略全局下思考和解决问题,在工作统领上更有全局性,在工作审视上更有全维度,在工作安排上更有全口径,在工作发力上更有全要素。

对坚持党的领导、建立现代企业制度两个"一以贯之"的认识和把握要更全面。我们深刻认识到,两个"一以贯之"的有机统一体现在,国有企业党组织发挥领导核心和政治核心作用,就是把方向、管大局、保落实;建立现代企业制度,关键是提升董事会的战略决策能力,提高经理层的战略执行能力,强化监事会的监督能力。要结合每个企业的实际情况,把功夫下在各负其责、各有侧重、无缝衔接上;把功夫下在以党章为基本大法狠抓《条例》《准则》等党内法规的落实上;把功夫下在以公司章程为企业内部根本法狠抓议事规则的落实上;把功夫下在用好考核评价这个指挥棒上。已有的优势坚决不能丢,该补的短板要坚决补起来,既交好经济账,又交好党建账。

对市场规律、行业规律、企业规律的认识和把握要更全面。核心是对市场经济竞争规律、行业发展兴衰规律、企业成长阶段性规律的认识和把握。首钢各单位所处行业、发展阶段、发展规模不同,不能指望用一个办法、一个政策、一个模式去解决所有企业的问题。既要遵循优胜劣汰竞争法则,以行业规模、竞争态势、典型企业的数据积累和对标分析为基础,逐步建立起相对统一、口径一致、面向市场的外向型评价体系;又要坚持具体情况具体分析,根据各自的战略定位、业务策略和发展阶段,在建立经营指标体系、激励约束、评价考核等问题上,尽可能做到抓住关键,避免"一般粗""一刀切"。

对提高效率、提高效益、提升价值的认识和把握要更全面。中央提出深化国企改革的目标是增强活力、控制力、影响力和抗风险能力,落实到首钢改革上,就是要紧紧把握提高效率、提高效益、提升价值。我们之所以高度重视授权管理,特别是"投资权力管理清单"的设计,就是要找到一个结合点,通过投资的授权管理,把激发活力的问题解决好;通过投资的效益回报,把增强控制力的问题解决好;通过投资的价值创造,把影响力解决好;通过投资的风控管理,把抗风险能力解决好。改革的关键是激发活力,一定要在激发活力的前提下设计好体制机制,否则光说控制力、抗风险能力不会有活力、影响力。

对"十三五"期间保生存、求发展的认识和把握要更全面。这是贯彻中央"稳中求进"要求的具体体现,也是做好首钢工作的定力所在,两件事都要全面考虑。"保生存"侧重于稳,核心是钢铁业要提高综合竞争力,全力控亏减亏,确保今年在去年基础上再减亏一半,明年实现持平,这是稳定首钢大局的基础;"求发展"侧重于进,核心是城市服务业要进,园区开发要进,产融结合要进,这是实现首钢华丽转身的新动能。我们保持战略定力,无论是钢铁业还是新产业,都要把"三个跑赢"理念牢固树立起来,进一步建立健全指标体系,在"三个跑赢"上更细、更实、更有效。

对全面预算管理的认识和把握要更全面。健全预算管理体系是一场脱胎换骨的改造。要做到年度预算与战略规划紧密衔接,经营计划与经营预算相互支撑,集团总预算、专项预算和平台公司分预算相辅相成。要坚决摒弃撇开财务账只谈业务账,一切经营活动都要体现在财务账上,把财务"三张表"作为预算管理的"总纲"扭住不放,挖掘财务数据价值,提升财务驱动能力。要坚持量入为出和适度从紧,逐项清理存量投资项目,强化资金支出管理,加大项目过程评价,今后不允许再出现"开口"的工程。要建立健全全口径全要素的人工成本预算管理体系。要强化对预算的交账和考核,坚持年度预算编制要上年完成,年度预考核当年完成。

(二)坚持在治企有方上要更协调

习总书记指出:"下好十三五时期发展的全国一盘棋,协调发展是制胜要诀。"今天治企有方在首钢的核心是要更协调。要在体系建设上更加注重纵向贯通、横向协同,在资源配置要素流动上更加注重市场化、区域化和国际化,在价值创造上更加注重有进有退、产融结合,使首钢全局"一盘棋"上升到新层次、新水平。

在管控体系和管理能力建设上要更协调。推进管控体系和管理能力现代化具有重要意义。首钢搬迁基本完成后,干部职工翘首盼望建立新的管控体系,今天已初步形成。同时我们强调健全管理体系但一刻也不能放松管理能力的提升。必须提高聚集一流人才干成事的能力,提高用世界眼光找准自身坐标位置的能力,提高熟悉新行业规律把握本质的能力,提高强化市场主体意识提升盈利水平的能力,提高按照体系思维统筹谋划的能力,提高加快资源配置和要素流动的能力,提高计划安排有条不紊的能力,提高下笨功夫反复锤打炼成好钢的能力,提高凡举措行动在基层落地生根开花结果的能力。能力的不足对我们是大考,是苦活、是硬仗,我们要打好健全管控体系和提升管理能力的攻坚战。

在市场化、区域化、国际化上要更协调。要积极做好市场协同,产品研发与市场开拓的协同,通过"产供销研用"一体化联动,开拓市场、站稳市场、扩大市场;充分运用老市场的政府、土地、品牌资源和影响力,为新产品、新工程、新服务进入创造条件;充分认识发挥大企业创新发展对小企业的带动作用核心在市场,向园区入驻企业优先开放市场,提升服务,创业公社先行一步,它服务的企业发展质量好、创业公社就更好、园区才能更好。要积极做好区域协同,把区域内生产、检修、物流、库存等潜力充分发挥出来,迁安、唐山、京冀地区以及外埠区域内的各单位,要自觉打破"一亩三分地",真正实现作用互补,1+1>2,实现单个强、区域更强、首钢更强。要积极做好海内外协同,充分借助首钢资源优势和品牌影响力,秘鲁铁矿已成为首钢战略名片,要不断发掘其战略价值和经济价值,香港首控和京西重工等要加强自身能力建设,为首钢的转型发展和"一带一路"加油助力。

在企业的有进有退上要更协调。去年企业退出工作和钢铁板块闭合"失血点"的创新实践,增添了我们加大"退出"工作力度的信心,深刻认识到了"退出"也是竞争力、生产力。要更进一步下好"应退尽退"这盘棋,对与主营业务关联度不高、缺乏市场潜力、长期亏损且扭亏无望等劣势企业、低效无效资产要坚决退出;对纳入推进计划的67家和退出计划的18家企业、27个"失血点",要明确责任和时间表,领导挂帅、定期调度、共同推进,确保退得早退得好。要加快剥离企业办社会职能,抓住"三供一业"移交等政策机遇,实现早移交早主动。同时要瞄准提供有效和中高端供给,结合禀赋条件创新创造,往高端方向做、往深加工方向做、往配套服务方向做、往整体运营方向做,不断增强对需求变化的适应性和灵活性。

在产融结合上要更协调。产融结合是首钢转型发展的必然选择,没有首钢的产业就没有首钢的金融。产融结合更协调,首先要求金融一定要为产业服务,真正树立共生共赢的理念,努力为实体经济减轻财务负担,帮助实体经济把"蛋糕"做好做大,从而实现金融资金更多、效率更高、能力更强的良性循环。财务公司要把服务放在第一位,主动为各单位提供低成本金融产品,多做雪中送炭的事。推行首钢商票能大幅度缓解资金占用,但本质上是提高首钢市场信誉度的过程,要像爱护眼睛一样,让首钢商票信誉度更好、价值更坚挺,流通领域更广。基金公司要对标行业内同类型企业,更多地吸引人才打造团队,更多地服务首钢园区,更多地支持首钢转型升级,更好地提升自身竞争能力。进一步唱好资本市场的连续剧,小步快跑,运用多种工具,依托多种政策,争取在资本市场的直接融资上打上一场漂亮仗。

(三)坚持在兴企有为上要更可持续

习总书记指出:"一定要树立长远观,不能因小失大、顾此失彼、寅吃卯粮、急功近利"。首钢必须把目光聚焦到打基础、利长远上来,在爬坡过坎的持续攻坚上不松气、不歇脚,在新动能的厚积薄发上不摇摆、不浮躁,在安身立命的关键点上不短视、不含糊,千方百计卸掉包袱、打好底子、养足精神,使企业发展更有底气、更有耐力、更有后劲。

坚定不移提高劳动效率实现更可持续。首钢早人一步的转型提效,已转化为上下共识、内生动力和强大正能量。未来的钢铁行业必然是强者恒强、优者恒优,持续转型提效是保生存、求发展的基础,必须坚定不移。"十三五"规划确定的劳产率指标是衡量各个单位是否具备生存能力的重要标志,一定要头脑清醒、决心更大,看一看浦项、看一看宝钢,再看一看自己、看一看规划,"没潜力"就会变成"有潜力";一定要解放思想、力度更大,咬紧牙关按照力争前三年达到五年规划目标努力,"没办法"才会变成"有办法"。转型提效必须从改革入手,只能进不能退,只能快不能慢,这一思想不仅钢铁板块要牢固树立,其他板块和非生产性单位都要增强危机感、紧迫感,早认识、早行动。

静下心来走稳走好新产业实现更可持续。新动能并不都是高大上的,大多与公共服务密切相关,这里面有大市场、大文章。我们转进城市服务新产业,很多涉足都是小产业大市场,都是多样化个性化。任何一项都不是一朝一夕就能够成功的,它的背后一定是观念的竞争、能力的竞争、体系的竞争。历史上我们很多转型没有坚持下来、没有做强做优做大,教训极其深刻。要认识到我们的服务对象是政府、是社区、是老百姓,善于用不同的方式、不同的语言同时跟不同的部门、不同的人打交道,能够在同样的功能上满足不同区域、不同形态乃至不同习惯、不同审美等个性化需求。要大力"增品种、提品质、创品牌",在"思想上进中关村",更加开放地运用社会创新资源,开发出一代接一代的新产品,培育出一项接一项的新服务。要力戒浮躁,多做少说,久久为功,善作善成,时刻提醒自己不要因为暂时一片光明而看不到背光的地方,希望能够在多少年后回头看时不再有遗憾。

下定决心缓解债务负担实现更可持续。"去杠杆"是今年供给侧结构性改革的重中之重,对首钢来说同样刻不容缓。今年一定要形成拐点,朝着集团减债70亿元以上规模努力,争取用几年时间使杠杆率降到合理区间。要思考如何利用财务公司增加资本金获取更多资金规模,用于高息贷款置换;思考如何通过延伸供应链的金融改革,提升增值服务等;思考如何实现海外资金归集使用。借助集团化改革的机会,把公司改制和资产优化、土地增值、税收筹划、解决遗留问题等一系列工作通盘考虑,统筹运作,降低负债率,提高资产质量,为实现首钢长治久安奠定基础。外埠钢铁企业要抓住国家对实体经济降杠杆的机遇,争取通过债转股等方式解决自身问题。

高度重视安全环保实现更可持续。中央经济工作会议要求坚决守住生态环境底线,地方政府都要绿水青山,对环境治理呈现出更大的区域、更大的力度,标准只会越来越高、督查只会越来越严、处罚只会越来越重。首钢地处北京,重要会议多、重大活动多,今年将召开党的十九大、举办"一带一路"国际合作高峰论坛;首钢园区有冬奥组委入驻,各方面备受关注;各钢铁基地条件不同,所处环境不同,地方政府的政策存在不确定性。每名领导干部都要战战兢兢、如履薄冰,把本单位工作做到极致。围绕保生产、保建设,要超前预判、提前准备,通过系统保障能力支撑环境治理、预警响应、阶段性停产等带来的常态化考验。安全生产同样是底线,必须警钟长鸣,各单位一定要强化"党政同责、一岗双责",坚决杜绝各类安全生产事故,维护首钢安全稳定的大局。

(四)坚持全面深化改革,不断激发企业活力

当前,干部职工高度认同改革、积极参与改革、热切期盼改革。供给侧结构性改革,根本途径是深化改革。气可鼓而不可泄,要积极争取成为北京市深化国有企业改革综合性试点,以更大的决心、更实的举措将改革向纵深推进。

在机制的改革上要加力。首钢的历史证明,改革的政策最能"四两拨千斤",最能产生红利,最能赢得获得感。要在市场主体的授权上加力。对股份公司、股权投资公司、房地产、京西重工等单位进一步授权。特别对首钢转型进入的新产业要彻底摒弃钢铁思维和工厂化管理思维,要充分授权,推动各主体加快形成市场化机制。要在攻坚克难的政策上加力。在转型提效上对部分困难企业由资金支持调整为奖补、对技术改造给予资金支持、对完成奋斗目标的单位由"两家抬"转为"一家担"、鼓励进入创业中心的职工多创多得。按照提效目标核定工资总额,早提效早受益,完不成降收入。对企业退出带来的损益影响等集团单独考虑。一拉一推、两手同时发力,强化导向作用。要在以增加知识价值为导向的分配政策上加力。股份公司"三支人才队伍"试点,对鼓励一线劳动密集型岗位向知识密集型转变取得了很好效果,应复制推广。要借助财务共享等中心的建设,鼓励管理人员向全面型、知识型、价值型转变。在技术研究院、人才开发院等科研教育单位,探索并实施中关村已有的最新激励政策。要优化集团绩效考核,鼓励实体单位完成任期任务。要在服务改革让改革更接地气上加力。领导和专业部门要加大调查研究力度,特别是利益关联度高、牵涉面广、动"奶酪"的改革,切忌高高在上脱离实际。要主动跟踪和服务改革,把让基层单位

改革的政策更具体化、目标更清晰化、效果更明显化扛在肩上、视为己任。

在体制的改革上要做实。要在"立柱架梁"的基础上"建房子"、"精装修"。一方面要以完成总部管控清单为主线,进一步清晰总部与平台公司、平台公司与授权管理单位的管理界面,推进决策重心下移,充分释放活力。另一方面要以做实平台公司为主线,全面承担板块职能,打造自身能力。股份公司要借鉴先进企业经验,加快业务流程再造,推进产供销信息化系统升级。尽快组建北京园区管理平台。探索构建金融服务平台、矿产资源平台。要下力气逐步解决好集团内资产关系和管理关系不对应的问题。要建立"无会周"并在集团推广,鼓励领导人员带头休年假。

在信息化建设上要更快。没有信息化,目前的管控体系就最容易反复。管理信息化要高效,业务工作首先要纵向贯通、横向协同。要进一步优化部门职责、固化业务流程,健全完善管理制度,夯实基础管理,提高对决策的支撑能力。坚持业务牵头、业务驱动和领导负责,加速推进信息平台建设,使信息系统能够有效支撑战略管控、板块协同和业务共享。以促进财务转型为重点,优先投入资源,推进财务共享、全面预算、投资管理等平台建设,提升经营管理效率。

(五)坚持创新驱动发展,加速培育新动能

供给侧结构性改革,最终目的是满足需求,主攻方向是提高供给质量。要坚持创新驱动,把全面提高产品和服务质量作为中心任务,大力推进首钢传统动能焕发生机、新动能更加强劲。

深入思考和构建钢铁质量优势。中央要求着力提升整个供给体系质量,用质量优势对冲成本上升劣势。我们认识到,"质量优势"不是单一性能、板型、表面等好坏,要从全体系、全流程、全要素上形成质量优势。首钢搬迁形成了大高炉、大转炉、大连铸、大轧机的高效思维,但碰到了多用户、多品种、小批量、小订单的差异化需求,以往注重多成分体系、多牌号叠加、多品种规程、多操作要点,注重在炼钢前道工序满足用户需求,形成了"补炼、补浇、补轧"的高成本体系。要加快深层次协同创新,在标准、技术、要点、工序功能侧重、产线专业分工、产销深度结合等方面下功夫。要加快重大技术创新,在世界钢铁技术创新体系上找准坐标,不断推出在行业内有影响力的首创工艺技术和首发产品。下决心突破汽车板新工艺、大比例球团等技术。要加快智能制造,推进冷轧智能工厂、智能仓库,推广无人天车、集中监磅等一批技术应用,用新技术、新业态全面改造提升传统产业。在确保安全、稳定、经济的前提下,做好首秦整体搬迁至京唐的各项准备和职工转型分流工作。

加快园区开发形成示范。园区开发的核心是服务京津冀协同发展国家战略,说到底是一个提供有效和中高端供给的问题,最终取胜于高质量、高水平的服务。北京园区要围绕工业遗存利用开发和产业用地服务科技创新与商务经济的要求,加快基础设施建设,重点抓好冬奥组委办公区所有项目和国家速滑、冰球等训练场馆改造建设,特别要在提高施工质量、绿色生态、服务质量上下功夫,能够经得起世界目光的检验,为首钢赢得尊重、赢得口碑;同步启动和开工石景山和遗址公园、冬奥大跳台、侨商中心、五一剧场、群明湖景观改造等项目,打造城市发展新亮点。曹妃甸园区要围绕疏解非首都功能的要求,坚持学习、开放、合作,实现双赢多赢,与管委会形成合力,争取优惠政策,发挥好平台作用,加快招商引资项目落地。推进基础设施建设,适当开发配套住宅,争取公共服务资源,推动园区开发。

不断激发职工创新活力。基层职工中蕴藏着巨大的创新力。要重视基层职工创新,鼓励基层职工创新,组织基层职工创新,建立健全突出不同行业、不同企业特点的创新管理体系,深入开展群众性经济技术创新活动。要大力弘扬工匠精神,让职工创新工作室、专家工作站、特色班组等在基层工作中唱主角,成为团结职工的核心、培训职工的课堂、攻坚克难的堡垒,不断出成果、出效益、出人才、出工匠。

(六)切实加强党的建设,为改革发展提供坚强保证

做好新的一年工作,要坚持从严治党不动摇,把加强党的建设贯穿始终,确保首钢深化改革、转型发展方向正、

目标明、步子大、效果好。

加强党组织建设。落实党组织发挥领导和政治核心作用的要求,从公司治理结构层面,指导基层单位修订公司章程、议事规则,完善基层党组织发挥作用的途径和方法。制定基层党建工作责任体系实施方案,以京唐为试点探索建立基层党建工作考评机制。修订完善《首钢党的组织专业制度》,严肃开展"三会一课"等基层党组织生活。要调研和总结境外单位、境外项目党组织活动,探索协力用工单位党组织建设,实现全覆盖。坚持党建带群建,做好团委换届等工作。

加强思想政治建设。落实党委抓意识形态工作主体责任,深入开展"践行首钢精神、推动转型发展"主题活动,引导干部职工走好新的长征路。天边不如身边、身边不如故事,要广泛开展"首钢人的故事"宣讲活动,组织"首钢之星"等评选表彰。跟上新媒体发展趋势,弘扬主旋律,传播正能量。要发挥首钢思想政治工作的传统和优势,特别是针对搬迁以来,职工长时间异地工作,家庭生活面临许多新的情况和新的问题,要耐心倾听职工诉求,深入细致做好工作,在思想上解惑、在精神上解忧、在文化上解渴、在心理上解压。按照北京市相关政策的最新精神,探索解决职工住房新模式。坚持职工收入水平和企业效益同步增长,通过多种方式解决好职工关心的实际问题,确保企业和谐稳定。

加强领导人员和人才队伍建设。抓住想干事、敢干事、干成事的关键点,完善考核评价体系。研究外派领导人员管理办法。完善职业经理人从选人、考察、聘任到激励约束、考核评价的系统方式方法,以更开放的视野在新的领域中引进更多专业人才从事专业的事业,以更信任的态度为职业经理人充分发挥作用创造良好环境。组织好各层次领导人员培训和骨干人才培养,举办二级单位领导人员等培训班,使干部培训更解渴、更管用。

加强党风廉洁建设。要始终保持真管真严、敢管敢严、长管长严,把严的要求落实到各项工作的全过程。要抓好组织领导、分工负责、工作报告、工作约谈、检查考核等制度向下延伸工作,完善党风廉洁建设责任制检查考核评估体系,全面推进领导人员落实党风廉洁建设主体责任全程记实工作,进一步压实"两个责任"。要完善监督执纪"四种形态"运用机制,加强风险防控管理,推动廉洁风险防控精准到位。将职工民主监督引入监督工作联席会,健全审计、监事等工作体系,实现事后向事前、事中的转变。

同志们,走好首钢新的长征路,是时代赋予我们的使命。我们要始终保持千磨万击还坚劲的信念,人人争当新长征路上的时代尖兵,为再创首钢新辉煌而矢志奋斗,以崭新业绩迎接党的十九大胜利召开!

名词解释:

1. 两个"一以贯之":习近平总书记在 2016 年 10 月召开的全国国有企业党的建设工作会议上强调,坚持党对国有企业的领导是重大政治原则,必须一以贯之;建立现代企业制度是国有企业改革的方向,也必须一以贯之。要把加强党的领导和完善公司治理统一起来,建设中国特色现代国有企业制度。

2. 供给侧结构性改革:中央经济工作会议明确把坚持推进供给侧结构性改革作为 2017 年经济工作的主线。习近平总书记在讲话中强调,供给侧结构性改革,说到底最终目的是满足需求,主攻方向是提高供给质量,根本途径是深化改革。讲最终目的是满足需求,就是要深入研究市场变化,理解现实需求和潜在需求,在解放和发展社会生产力中更好满足人民日益增长的物质文化需要。讲主攻方向是提高供给质量,就是要减少无效供给,扩大有效供给,着力提升整个供给体系质量,提高供给结构对需求结构的适应性。讲根本途径是深化改革,就是要完善市场在资源配置中起决定性作用的体制机制,深化行政管理体制改革,打破垄断,健全要素市场,使价格机制真正引导资源配置,同时要加强激励、鼓励创新,增强微观主体内生动力,提高盈利能力,提高劳动生产率,提高全要素生产率,提高潜在增长率。

3. 治企有方、兴企有为:习近平总书记在 2016 年 10 月召开的全国国有企业党的建设工作会议的讲话中强调,国有企业领导人员必须做到对党忠诚、勇于创新、治企有方、兴企有为、清正廉洁。这 20 个字,是对国有企业领导人员提出的标准和要求。对党忠诚，就是要心中有党，坚定理想信念，坚持党对国有企业的领导，坚决贯彻党中央决策部署。勇于创新，就是要敢为人先、锐意进取，善于在风险漩涡中捕捉商机，把创新创业同市场需求结合起来，不断提高企业核心竞争力。治企有方，就是要把握市场经济规律和企业发展规律，懂经营会管理善决策，有国际视野、战略思维、专业能力，能够调动方方面面积极性办好企业。兴企有为，就是要有搞好国有企业的精气神、勇担当、善作为，勤奋敬业、真抓实干，迎难而上、百折不挠，努力创造优异业绩。清正廉洁，就是要牢记谨慎用权，严守底线，公私分明，诚实守信，有良好职业操守和个人品行，做国有资产的忠诚卫士。

3. 逆全球化：逆全球化就是与全球化相反的过程，也就是指一个把全世界各国及地区因为全球化而导致的相互依赖及整合回退的过程。

4. 监督执纪"四种形态"：2015年9月，中央政治局常委、中央纪委书记王岐山同志在福建调研时提出，要把握运用监督执纪"四种形态"，经常开展批评和自我批评、约谈函询，让"红红脸、出出汗"成为常态；党纪轻处分、组织调整的成为违纪处理的大多数；党纪重处分、重大职务调整的成为少数；严重违纪涉嫌违法立案审查的成为极少数。2016年，"四种形态"由理论走向现实，成为反腐败标本兼治的有效举措。最新颁布的《中国共产党党内监督条例》，将"四种形态"作为重要的实践成果，固化为制度，成为新时期开展党内监督的基本遵循。

全面深化改革　加快创新驱动
打好健全管控体系提升管理能力攻坚战

——在首钢集团第十九届职工代表大会第一次会议上的报告

首钢党委副书记、总经理　张功焰

（2017年1月17日）

各位代表，同志们：

现在我向大会报告工作，请予审议。

一　2016年任务完成情况

2016年是贯彻首钢十八次党代会精神，全面开启"十三五"发展新征程的第一年。面对错综复杂的外部经济环境和艰巨繁重的改革发展任务，广大干部职工在总公司党委和董事会领导下，坚定信心保生存、攻坚克难求发展，集团预计销售收入1330亿元，在消化部分搬迁调整形成的土地成本后盈利5亿元，全面完成了年初"两会"确定的各项目标任务，实现了良好开局，一年来主要做了以下工作。

（一）集团改革逐步深入

落实总公司党委全面深化改革指导意见，发挥牵引作用，扭住关键环节，细化改革任务，集团改革取得阶段性成效，基层单位市场主体意识逐步树立，干部职工精神面貌发生很大变化，攻坚克难的正能量在互相传递影响和不断发酵。

集团管控体系不断完善。一是集团新的组织架构体系正式运行，总部战略管控、战略支撑和业务支持服务部门职能定位不断整合和完善,成员单位管理关系逐步规范。二是对管控实行清单管理,投资和领导人员管理权力清单破冰实施,明确传递了放权搞活、激发活力的信号。三是推进公司制改革,股权投资管理平台搭建完成,新闻中心、人才开发院成立,京西重工探索国际化试验田改革,房地产开展中层领导人员全员竞聘,实业公司启动董事会改革试点,首秦"自上而下"与"自下而上"相结合探索基层改革,管控体系改革向纵深推进。年底开展的集团管控体系摸底调研显示,干部职工对集团改革认同感明显增强。

干部人事改革持续深化。一是去行政化的职务职级改革革故立新,破除领导人员行政级别障碍,建立首钢内部职务职级体系,形成人岗相适、能上能下、薪随岗变的机制,营造干事创业的氛围。在财务公司、房地产等单位关键领导岗位引进职业经理人。二是加强57家基层单位年度和任期目标评价考核,发挥导向和激励作用。钢铁板块试行工资总额与转型提效挂钩办法,实现通过存量调整增加职工收入。三是股份公司开展三支人才队伍建设试点工作,解决关键技术、技能岗位人员发展空间不足的问题,拓展技术系列人才发展通道,形成有岗、有位、有为的良性机制,得到职工认可。四是用薪酬改革倒逼集团总部效率提升,对领导人员和主要部门的薪酬设计方案进行规范并启动实施。

转型提效工作全力攻坚。一是兑现社会承诺,全面完成水钢150万吨、通钢60万吨粗钢去产能工作,首秦3300毫米中板产线顺利停产。二是在提高全要素生产率上下功夫,全年集团实现转型分流2.6万人,在册职工比上年末减少1.4万人。钢铁板块实物劳产率提高20%,在岗职工6万人,比上年末减少1.2万人。三是主动加压推进企业退出和闭合"失血点"经营实践,全年完成19家企业退出,是"十二五"以来最有成效的一年,完成长白股权退出和燕郊股份制改造,钢铁板块闭合39项"失血点"。四是基层单位创造性开展工作,京唐压缩管理层级,取消29个分厂建制,整合撤消96个作业区。通钢面对异常复杂的矛盾和问题,不甘落后,迎头赶上,全年转型分流6000人。股份公司实施产线智能化改造,矿业开拓外部市场,水钢推进非钢单位市场化改革,长钢开展全员竞争上岗等,取得了可复制可推广的宝贵经验。

"十三五"规划破茧而出。坚持战略规划管全局、管根本、管方向、管长远,制定工作方案,成立领导小组,建立例会制度,专题研究100余次,组织专家和职工代表打分评议,全面完成"十三五"规划编制。坚持战略导向,按照"自上而下定方针,自下而上定措施"原则,初步建立从中长期发展战略贯穿到年度经营计划的分解落实体系,实施经营预算、财务预算、投资预算、融资预算的全面预算管理。战略规划成为集团上下各项工作的根本遵循和行动纲领。

(二)钢铁板块奋发作为

钢铁板块干部职工直面"寒冬"、担当有为、抓铁有痕、创新求变,在发展目标上敢于定硬指标,在攻坚克难上敢于抢硬任务,在责任落实上敢于抓硬考核,实现大幅减亏,为集团整体效益提升做出重大贡献。

立足"三个跑赢"。抓住控亏减亏这个中心,"经营止血、改革造血、转型补血"三条战线同时发力,针对32项重点任务,制定了14个攻关方案并稳步推进。完善"三个跑赢"评价体系,固定对标对象、清晰对标数据、明确对标方法,使对标更加科学客观。各单位认同感越来越强,按月点评成为常态,自觉将"三个跑赢"作为标尺,工作上你追我赶。全年钢铁板块"三个跑赢"完成78%,同比提高9个百分点,通钢、水钢跑赢率100%。实现内部增效52.5亿元、吨钢200元。中首进口矿把握销售节奏,采取灵活多样的销售策略;矿业开展"三个彻底改变"大讨论,主动求变,用自身更高的工作标准克服自然禀赋的先天不足。钢铁板块大幅减亏,稳住了首钢的经营大局,京唐、贵钢实现盈利,一些特困企业阶段性实现盈利。

强化内部协同。股份公司发挥板块管理职能,强化全局统筹,一是围绕生产协同,与京唐、首秦开展坯卷互调3.8万吨,实现进口矿串换货20.2万吨。二是围绕检修协同,积极协调内部队伍524人次,协同检修15次。三是围绕库存协同,搭建备件联储信息化平台,实现联储联备,板块存货资金占用比年初降低31.3亿元。四是围绕物流协同,实现股份公司产品从京唐自有码头下水60万吨,四地降低运输费用0.7亿元。五是围绕技术协同,成立工序攻关组,特别是围绕高炉热风炉集体攻关,形成共识。

优化产品结构。坚持以市场为导向,以产线为中心,以效益为标尺,推进产品结构调整工作。一是全年高端领先产品完成 542 万吨,汽车结构钢、家电板、桥梁钢国内市场占有率居行业第一,超高强钢 Q960E 成为国内货车轻量化的标杆产品,5 项新产品国内首发,第三代核电站安全壳用钢获核电供应商资质。二是战略产品完成 420 万吨。其中汽车板完成 245 万吨,以宝马、奔驰、菲亚特等为代表的中高端客户比例大幅增加,以北汽、长城为代表的客户市场占有率大幅增加;电工钢完成 143 万吨,500 千伏以上变压器完成 35 台,攻克世界交流最高电压等级 1000 千伏特高压变压器,跻身世界第一梯队,在国网和三峡的认证工作顺利推进;镀锡板完成 32 万吨,实现国内高端客户全覆盖,在奥瑞金和中粮的供货份额国内第一。三是技术创新对产品结构的支撑作用初步显现,并向新产业延伸。全年完成专利申请 696 件,其中发明专利 409 件;获专利授权 409 件,制修订国内外标准 58 项,其中国际标准 5 项,1 项荣获中国标准创新贡献奖。

提高产品质量。2016 年是首钢产品质量最稳定、客户最满意、调整最见效的一年。一是产线制造能力明显增强,股份公司全炉役终点碳氧积、高磁感取向硅钢实物质量、京唐连退机组极薄带高速稳定生产工艺技术均达到国际先进水平。二是质量稳定性明显提高,供宝马汽车板质量连续五个月零缺陷,高强汽车板因色差缺陷降级带出品率由 45% 降至 2.4%。三是面向客户服务定制化,充实汽车板客服团队实现重点客户全覆盖;完成 5 款新车型 EVI 服务,全部 EVI 产品达到 67 万吨;首条激光拼焊生产线投产。四是本着"不质疑、不辩解、先整改、先提高"的态度,股份公司坚持"天天读",京唐做实做细质量异议闭环管理,营销体系敏捷响应,质量异议下降 1/3,处理周期缩短 1/5,带出品率降低 0.4 个百分点。

狠抓安全环保。在四地推广"把隐患当事故处理"试点工作经验,推进安全生产标准化创建工作。加强联系确认、设备操作牌及相关方专项治理,开展危险化学品、矿山、特种设备等安全专项整治工作。全年集团各级下发安全检查通知书 4959 份,查处违规行为 2015 起,对检查发现的 48291 项隐患、问题,全部落实整改。积极推进绿色行动计划,实施一批节能项目,严格落实减排措施,开展环保专项督查,完成污染治理项目 24 项,完成环保手续办理 10 项。圆满完成唐山世园会、中东欧国家地方领导人会议等重要活动及重污染天气期间的环境质量保障工作,为区域环境改善做出了重大贡献。集团烟粉尘排放总量 20863 吨,比计划降低 808 吨;二氧化硫排放总量 19119 吨,比计划降低 2445 吨。

(三)园区开发稳步推进

认真落实市新首钢领导小组第三次会议精神,北京园区紧抓冬奥组委入驻机遇,坚持基础设施先行,工业遗存利用优先,全力启动北区建设,与石景山区打造发展共同体;曹妃甸园区积极招商引资,加快公共服务建设,打好承接非首都功能疏解的基础。

北京园区进入全面实施阶段。作为园区第一个重要项目,冬奥组委顺利入驻,成功召开国际奥委会冬奥协调委员会新闻发布会、冬奥组委主席会等重要会议,极大提升了园区的影响力,向社会释放了强烈信号,吸引了世界目光。相关单位发扬工匠精神,按照千年大计、国家大事的要求,以最高的标准、最好的质量、最优的服务,在工程建设和服务保障等方面为首钢赢得了声誉。加快提升基础设施承载能力,长安街西延首钢段主辅路通车,建成的晾水池东路成为园区亮丽的风景线,相关 12 条道路启动方案设计,与国网北京电力公司签订协议启动电站规划建设;北区"多规合一"规划方案通过市规划国土委动态维护会审核,园区规划环评获批;东南区收储进展顺利,冬奥广场、侨商中心等 16 项重点项目纳入市政府绿色审批通道,特钢园区取得控制性详规调整批复、16 号地项目已与光大银行签约;成功与 C40 国际组织合作,在园区内建设国内首个正气候零碳排放示范区。

曹妃甸园区开发建设有序开展。成功举办"海洋发展曹妃甸论坛"。积极打造曹建投综合开发运营平台,狠抓招商引资项目落地和入驻企业服务,新签约 8 个项目 178 亿元,开工 7 个总投资 136 亿元。产业先行启动区达到"九通一平"条件,生态城先行启动区完成土地整理、整体规划。一批优质社会服务资源开花结果,北京景山学校分校顺利开学,友谊医院曹妃甸合作医院、安贞医院曹妃甸诊疗中心正式挂牌,北京妇产医院合作项目进展顺利。首钢与景山学校建立校企合作关系。首钢基金京冀资本完成三期投资,已在交通、医疗、产业科技等领域投资 11.6 亿元。相关单位主动服务国家和省市重大活动,为首钢营造了良好发展环境。

(四)新动能加速培育

紧紧围绕城市发展、政府所急、百姓所需、生态环境等寻找机遇,加大创新要素集聚,强化市场和服务意识,增强把机遇和优势转换成现实的能力,在打造城市综合服务商上迈出新步伐。

发挥协同效应,仅用 4 个月时间建成国内首例静态交通研发示范基地,成为首家获得"公交立体车库制造许可"的企业,为城市停车难题提供了解决方案,受到国家和社会高度关注,取得北京新机场、北京儿童医院、贵州省六盘水市等重点停车项目,全年承揽 14300 个车位建设合同。鲁家山基地创造出良好的社会效益和经济效益,完善了相关手续,开展了二期准备工作,餐厨垃圾、残渣暂存场项目开工建设,提升了"首钢环境"品牌形象。探索钢结构住宅产业化,铸造村 4 号、7 号楼钢结构住宅项目被列为北京市住宅产业化试点工程。京西重工新产品研发成效显著,合同额大幅增长,捷克工厂投产运营。首钢医院推行核心医疗专家制,引进高水平人才,多项业务指标显著改善,内部活力明显提升。实业公司加强内部管理,外部市场同比增幅 28%。吉泰安成功研制"圆珠笔头用超易切削不锈钢材料",填补了国内空白。北冶精品材成功应用于长征系列运载火箭新型发动机制造,助力神舟飞天。东华自主研制的军用野战输油管线,经受了实战演练考验。

(五)产融结合快速拓展

构建"双轮驱动"发展模式,对标先进企业,弥补管理短板,提升资金效率,优化负债结构,各项运作不断发力,基金助推产业发展意识明显增强,产融结合初见成效。

金融服务成效显现。下决心清理关闭成员单位银行账户 626 个,规范银行账号管理,资金归集率超过 90%,日均稳定在 138 亿元左右,实现年末资产规模和资金归集均突破 200 亿元。全年结算 10.1 万笔,资金总量 7609 亿元,日均 30 亿元。提供贷款票据融资 188 亿元,降低银行利息 16.9 亿元,办理商票 35 亿元,争取票据再贴现额度 40 亿元。财务公司为集团稳定资金链、提升价值链打下了基础。

"产业+资本"事半功倍。基金公司设立园区基础设施基金,完成向首建投融资 15 亿元;借助产业延伸,与吉林省、迁安市等政府部门合作设立和管理 3 支政府引导基金 17.5 亿元;深耕细分领域,聚焦节能环保等 7 个重点产业,设立医疗产业投资基金 10 亿元,稳步推进水钢医院改制工作;吸引社会资本,联合顶级投资机构设立行业基金,管理规模达到 11 支 480 亿元。打造了一个充满活力的专业化团队,形成了一定的品牌影响力。创业公社在大众创业、万众创新的时代潮流中走在前列,运营场地面积达到 13 万平方米,入驻服务企业超过 1500 余家,成为国家级孵化器、国家级众创空间,焕发出勃勃生机。

企业信誉逐步增强。依托战略转型成效积极推动国际信用评级,取得国际评级机构惠誉 A—评级,大公香港 A 评级,国际评级结果显著高于同类型企业。成功发行 4 亿美元债券,得到国际投资者认可。优化债务结构,完成 5 期共计 220 亿元超短融发行,12 亿元停车场专项企业债获得国家发改委核准,产品出口和进口矿贸易融资 16.8 亿美元。信誉增强的根本原因在于社会各界对首钢转型发展的充分认同、充满期待。

(六)基础管理不断夯实

我们深刻认识到提升管理能力比建设管控体系更困难、更迫切、更重要,在抓好管控体系改革的同时,一刻都没有放松管理能力的提升。我们把管理能力的提升聚焦在夯实基础管理上,坚持问题导向,着力补齐短板。

加强制度建设。一是完善治理结构,全面修订公司章程和董事会、党委会、经理层工作规则,明确权力清单。二是全面梳理制度和流程,坚持分级分类管理,制定《首钢总公司规章制度管理办法》。三是提高决策效率,减少会议次数,全年召开党委常委会13次,审议并通过议题54项;董事会5次,审议并通过议案76项;经理办公会14次,审议并通过议题131项。四是整合集团会议,基本取消会议纸质材料,广泛采用视频会议。集团增强统筹、提高效率、转变作风,得到基层单位普遍认同。

健全风控体系。"三创"会聚焦风控体系建设,统一思想,凝聚共识。在总部、股份公司、京唐开展试点,从流程入手,识别风险,确定关键控制点,明确控制措施,完善规章制度,做到管理制度化、制度流程化、流程表单化。加强宣传培训,举办三期培训班,培训专业人员104人,干部职工风险防控意识不断增强。集团和京唐的风控体系评价被市国资委评为优秀等级。

解决遗留问题。我们不躲不绕、坚持实事求是,硬碰硬地解决了一批历史遗留问题。一是借助北京市"两违"治理,敢于担当、严密组织,拆除厂区违建3.5万平方米,收回土地54.7万平方米。规范土地房屋租赁管理,解决了微电子土地证等一批"老大难"问题。二是争取政府支持,解决设结医疗保险问题。设结被矿业托管后发生了积极变化。三是设立首钢转型发展基金,解决改制过程中遗留的土地问题。四是一揽子推动土地成本、首控在河南的投资、中首与博文公司的合作、宝业项目遗留的土地和设备合同问题、挪宝新能源借款、马来西亚东钢股权退出、东湖筑城等遗留问题的解决。

形成监督合力。运用监督工作联席会机制,采取联合检查、联席议事、联动监管方式,组织13项联合检查,披露重大风险67项,指出问题174项,提出建议251条。开展效能监察65项,提出建议443条,建立完善制度178项。在长钢试行专职监事常驻制。强化巡视整改力度,坚持立行立改、持续整改,首钢内部监督检查发现问题的累计整改完成率达到86.5%,首钢内审检查发现问题的累计整改完成率达到90%,市委巡视和市审计局审计报告披露问题的整改完成率达到90%。

(七)职工队伍凝心聚力

以习近平总书记系列重要讲话和中央、市委各项方针政策统领首钢全局工作,用先进思想武装职工,用首钢精神凝聚职工,为实现首钢"十三五"良好开局提供了强大力量源泉。

加强党的建设。在全体党员中认真组织开展"两学一做"学习教育,努力提高党员思想觉悟水平,充分发挥基层党组织战斗堡垒和党员先锋模范作用,团结带领广大职工攻坚克难。全年举办党委中心组学习37次。组织完成青年干部特训班、首期党委书记、董事长培训班,筹办首期青年干部海外研修班。举办各类职工培训班170个,参训职工14049人次,4名青年科技人才获北京市优秀人才资助。结合试点制定了《关于加强各级职代会制度建设的指导意见》。广泛开展送温暖活动,加大帮困救助力度,采取多种方式继续改善职工工作生活条件,促进和谐企业建设。

弘扬首钢精神。媒体舆论引导不断创新,首钢新闻中心公众号成为"微信头条","首钢之星"评选表彰影响广泛,"首钢人的故事"讲出了士气、讲出了干劲,一线职工亲身经历的故事和感悟原汁原味登上了《首办通报》。首秦"真学真比真改"、水钢"清车底如镜面"、京唐"严格管理手机"等在潜移默化中成为首钢工作标准。总工室张福明、京唐吴礼云、迁钢王瑞、矿业马著、通钢初建军等一大批先进个人获得国家、行业、省市表彰,在默默奉献中成为了首钢大工匠。首钢女乒球员丁宁获得里约奥运会女单金牌,首钢女篮夺得联赛总冠军。京唐荣获第四届"中国工业大奖表彰奖"、第九届中华环境优秀奖。在中国钢铁协会质量评比中,首钢三项产品获"特优质量奖"、四项产品获"金杯奖"。首钢居中国企业专利奖排行榜行业首位、跻身中国大陆创新企业百强,在不断创新中展示了首钢新形象。市委选择首钢作为典型,推出《西望首钢》系列报道,展示首钢在供给侧结构性改革中的示范引领作用,社会各界高度关注、反响热烈,首钢职工和家属备受鼓舞、倍感自豪,释放了满满的正能量。

在首钢的历史坐标上,2016年无疑是极为关键的一年。经过全体干部职工共同奋斗,我们啃下了一个个硬骨头、闯过了一道道险难关、培育了一张张新名片,为"十三五"起好了步、开好了头,在攻坚克难中信心和正能量呈现出集中释放的良好态势。我们取得的成绩,体现着党中央、国务院及市委市政府的亲切关怀和大力支持,凝聚着首钢广大党员和干部职工的心血和汗水,我代表首钢集团向各级党委、政府和社会各界,向首钢全体干部职工及家属,向始终关心首钢的离退休老同志,表示衷心的感谢和崇高的敬意!

成绩面前,我们要始终保持清醒头脑。虽然取得"十三五"良好开局,但很多工作还只是刚刚起步,基础还不牢固。目前最突出的问题是基础管理薄弱、盈利能力不强、劳动效率低、负债高和低效资产多等。一是管理上纵向不深、横向失联。专业管理在纵向上没有真正延伸下去,存在着原地"划圈子"现象,基层情况调研不够,制度闭门造车;在横向上没有真正协同起来,缺乏网格化的系统思维,很多事情口径不一、对应不上。二是与行业比、与先进企业比盈利能力差。钢铁板块去年突出反映在高炉顺稳水平有所退步,四地生铁成本进一步扩差;销售综合单价与宝钢等比较差距较大;库存资金占用中备件、半成品居高不下;对质量、供销和物流中的隐性成本认识不够。新产业市场主体意识差,把产业当项目做。三是转型提效的压力在集团没有全部传导下去,继续开展转型提效存在畏难情绪。很多企业在劳动效率上没有达到保生存的基本要求,没有具备用快"小震"化强"大震"的能力,稍有松劲就会半途而废、前功尽弃。四是搬迁调整以来一直靠举债投资,债多、杠杆率高、财务负担重,"重投入轻效益""花钱大于挣钱"长期存在。五是对低效资产给企业带来的影响认识不深,有进有退特别是"退"上不主动,决心不大,办法不多,协同不够。

二　2017 年工作思路和计划指标

2017 年是迎接党的十九大、首钢实施"十三五"规划的重要一年,是健全管控体系、提升管理能力的攻坚之年,我们要按照总公司党委确定的目标思路,坚持深化改革、加快创新驱动,全力做好各项工作。

总体工作思路是:认真贯彻落实党的十八届六中全会、中央经济工作会议、全国国有企业党的建设工作会议精神和北京市各项工作要求,坚定战略定力,以保生存求发展为总基调,以改革创新为工作主线,以更全面、更协调、更可持续为基本遵循,加强党的建设,打好健全管控体系和提升管理能力的攻坚战,在首钢转型发展的新长征路上矢志奋斗、再创辉煌。

根据总体工作思路,全年主要计划指标安排如下:

集团主要指标:销售收入 1430 亿元,在消化部分搬迁调整形成的土地成本后实现利润 10 亿元,资产负债率 70.7%。烟粉尘排放量 21683 吨,二氧化硫排放量 22880 吨。

钢铁板块销售收入 1054 亿元,控亏 11.1 亿元,资产负债率 83.5%。生铁产量 2874 万吨,钢 2849 万吨,钢材 2646 万吨。高端领先产品 550 万吨,战略产品 460 万吨。汽车板 280 万吨,电工钢 140 万吨,镀锡板 40 万吨。股权投资平台销售收入 172 亿元,实现利润 3.9 亿元,资产负债率 80.5%。北京园区销售收入 4.6 亿元,控亏 0.4 亿元。曹妃甸园区销售收入 4 亿元,实现利润 0.2 亿元。直管单位销售收入 254 亿元,实现利润 16.1 亿元,资产负债率 64%。总公司销售收入 179 亿元,实现利润 17.5 亿元,资产负债率 56.5%。

三　2017 年重点工作任务

(一)坚定战略定力,认清形势直面挑战

科学认识当前,准确研判未来,是我们做好 2017 年各项工作的前提条件。经济新常态,是一种大格局、大趋势,我们必须善观大势、抢抓机遇、谋定而动、顺势而为,在发展变化的形势中求新、求进、求突破,推动深化改革和转型发展迈上新台阶。

从宏观形势看,2017 年世界经济仍将处于缓慢复苏的进程中,复杂性、不稳定性、不确定性将进一步凸显。传统经济增长模式动力减弱,新的增长引擎尚不强劲,"逆全球化"思潮明显上扬,贸易保护和摩擦可能频发,整体形

势不容乐观,世界正处于百年不遇的大变局之中。我国经济运行实现了缓中趋稳、稳中向好,但经济增长的压力仍然较大,存在的矛盾和问题主要是产能过剩和需求结构升级矛盾、经济增长内生动力不足、金融风险积聚等,虽然有周期性、总量性因素,但根源是实体经济结构性供需失衡、金融和实体经济失衡、房地产和实体经济失衡等重大结构性失衡,导致经济循环不畅。中央经济工作会议把"稳中求进"提升到"治国理政的重要原则"和"做好经济工作的方法论",强调供给侧结构性改革是在全面分析国内经济阶段性特征基础上调整经济结构、转变经济发展方式的治本良方。我们要自觉从供给侧结构性改革的角度深入思考问题,研究对策措施,主动积极应对。

从钢铁行业看,远未走出困境,仍将面临巨大压力。产能过剩、产业集中度低、销售利润率低、负债率高的状况没有实质性改变。政府执法力度加严加大,环境污染、安全事故和"地条钢"都变成零容忍。上游供需矛盾变数较多,铁矿石、焦煤、铁合金等主要原燃料价格和物流成本影响因素增多,市场风险加大。下游传统行业对钢材需求强度可能下降,新兴产业用钢需求可能增长,消长间蕴藏挑战和机遇。国家鼓励绿色制造,鼓励智能制造,鼓励由中低端产品向适应需求变化的中高端产品转变。我们要适应这种新变化、把握这种新变化、抓住并利用这种新变化。

从京津冀协同发展看,北京市将进一步提升首都核心功能,加大非首都功能疏解力度,加快和谐宜居之都建设速度,加快构建高精尖经济结构,引导产业项目向曹妃甸园区等地转移集聚。我们要高度认识京津冀协同发展对首钢转型发展是历史性机遇。但随着协同发展规划纲要加速落地实施,我们的能力和水平将面临巨大挑战。考验我们能否用城市建设的新标准开发好、管理好、服务好园区,能否聚集一流企业打造高精尖产业结构,能否把园区开发的机遇转化为首钢转型的竞争力。

当前,首钢深化改革、转型发展步入"深水区"和攻坚期,新旧难题交织、矛盾错综复杂、风险挑战重重。集团新的管控体系正式运行,只是万里长征走完了第一步。持续推进改革,尽快在重要领域和关键环节上取得新成效、新突破,使集团管控体系更加科学规范,管理能力更加协同高效,是遵循市场经济规律和企业发展规律,落实国有企业改革要求的必然选择;是增强活力、控制力、影响力和抗风险能力,实现企业战略目标的重要保障。我们必须弘扬长征精神,以更加坚定的信念、更加有力的措施、更加务实的作风和更加昂扬的斗志,全面深化改革,加快创新驱动,打好健全管控体系提升管理能力攻坚战。

(二)加快深化改革,健全完善管控体系

当前,首钢全面深化改革的任务依然繁重。要充分认识条件变化的客观性,老路既行不通,又走不远,还会付出极大代价,必须开辟新的发展路径,更加全面、更加协调、更可持续地推进改革创新,激发发展潜力。

坚持全局性。一是进一步清晰总部与平台公司、平台公司与授权管理单位的管理界面,一季度完成总部管控清单,上半年完成平台公司管控清单。加快向板块化经营转变,推进决策重心下移,充分释放活力。二是做实股份和股权投资两个平台公司,为年底全面承接领导人员管理做好准备。平台公司要打造自身能力,总结运营经验,发挥协同效应,全面承担板块管理职能。股份公司要通过信息化建设倒逼流程再造,产线合理分工、内部资源协同。三是遵循园区开发规律,上半年完成北京园区管理平台组建,加强开发建设、招商引资、运营服务的统筹协调。四是探索构建金融服务平台、矿产资源平台,逐步解决集团内资产关系和管理关系不对应的问题。五是落实好集团签订的各项战略合作协议,实现双赢多赢。

坚持全维度。一是积极争取成为北京市深化国有企业改革综合性试点单位,最大限度争取政策支持。二是全面完成公司制改革,一季度完成土地评估工作。三是选择有条件的二级公司、要素管理单位开展董事会行使高级管理人员选聘、业绩考核和薪酬管理职权的改革试点。不断总结京西重工和房地产改革试点经验。四是探索以增加知识价值为导向的分配政策,尽快出台技术研究院、人才开发院等单位激励机制。五是优化集团绩效考核,加大三年任期考核激励力度,鼓励实体单位交好账,并做好2018—2020年任期激励目标工作。

坚持全口径。一是建立规范的全口径集团人工费用管理体系,上半年完成钢铁板块,下半年覆盖到全集团。总结推广钢铁板块工资总额管理经验,逐步建立工资总额管理机制。二是坚持力度更大,办法更多,措施更实,完成转

型提效既定目标。集团在原有政策基础上,对部分外埠企业的解合费用由资金支持调整为奖补支持。对困难企业针对提高劳动效率实施的技术改造给予资金支持。对完成奋斗目标的单位,支持政策由"两家抬"转为"一家担"。鼓励进入创业中心的职工多干多得、多超多得。建立以转型提效目标核定工资总额、早提效早受益、完不成提效降收入的约束激励机制,确保转型提效目标早实现。

坚持全要素。一是坚决退出与主营业务关联度不高、缺乏市场潜力、长期亏损且扭亏无望等劣势企业和低效无效资产。对纳入推进计划的67家和退出计划的18家企业要明确责任和时间表,领导挂帅、定期调度、共同推进,确保退得早退得好。二是推广钢铁板块闭合"失血点"工作经验,全年要闭合27个项目。三是继续推进六秦、东钢、宝业、首矿大昌、首黔等项目处置。四是加快剥离企业办社会职能,抓住"三供一业"移交等政策机遇,实现早移交早主动。

(三)提升交账能力,钢铁板块大幅减亏

钢铁板块的核心是顺应供给侧结构性改革要求,增强市场主体意识,提高综合竞争力,确保今年在去年基础上再减亏一半,这是稳定首钢大局的基础,是化解市场风险、提高生存发展能力的关键。各单位必须牢固树立交账意识,把改革创新贯穿始终,把精细管理贯穿始终,把行动落实贯穿始终,确保全年任务完成。

注重全面协调。一是推行"双百工程",实现"三个跑赢"的新突破。跑赢市场,销售跑赢2%,国内原燃料跑赢5%,进口矿跑赢4美元/吨;跑赢同行,以降低铁成本为主攻方向,实现生铁成本和钢材单利比行业水平分别缩差100元的"双百工程";跑赢自己,内部工作比上年增效35亿元、吨钢126元。各单位在"三个跑赢"上要做得更细、更实、更有效。二是关注资金效率,2017年要由关注存货向注重"两金"管理转变,"两金"周转率5.6次,同比加快1.2次。要下大力气减少备件、半成品占用资金。三是铁前要认真吸取教训,实现稳产顺产,铁成本要达到"十三五"确定的行业内排名目标,矿业要提高资源保障能力,中首要做好进口矿服务基地工作。四是做好产线分工,加大坯卷互调力度,大幅度减少短浇次。五是研究好降低隐性成本的措施,特别是进一步加大物流协同力度。

全面提升质量。一是树立全员质量第一的强烈意识,下大力气从全体系、全流程、全要素上形成质量优势,用质量优势对冲成本上升劣势。要全面加强质量管理,提高精益管理和过程管控能力,强化带出品率、合同兑现率、合同一次通过率等指标管控,增强产品竞争力。二是把全面提升产品和服务质量作为供给体系的中心任务,提高质量标准,弘扬"工匠精神",打造"百年首钢"品牌。以柔性制造技术为突破口,实现中高端客户小批量定制化生产组织模式。以EVI为重点实现敏捷用户开发,EVI产品供货量达到85万吨。三是加大研发投入力度,鼓励首创工艺、首套设备和国内首发新产品开发,加强核心关键技术研究,钢铁板块研发投入比例要达到2.3%,四地企业研发投入比例要达到2.5%。四是提高智能化、自动化水平,加速推进球团智能工序、冷轧智能工厂、智能仓库,加快推广无人天车、集中监磅等一批技术应用。既要重视推动新产业蓬勃发展,又要注重运用新技术、新业态全面改造提升传统产业。

扩大有效供给。一是继续扩大高端领先产品规模,提高中高端产品在关键客户中的市场占有率,实现耐火耐候钢等5项新产品国内首发。二是稳步推进三大战略产品,汽车板以宝马、奔驰、大众及日系品牌等高端车企为目标,倒逼产品升级和质量提升;电工钢瞄准国际领先企业打造国际领先品牌,加快1000千伏特高压变压器和新能源汽车电机用电工钢市场开拓;镀锡板提高高端客户供货份额和薄规格产品比例,实现海外市场突破。三是提高服务质量,使服务成为粘结高端客户、深化战略合作、提高产品盈利能力的重要途径。完善加工配送中心布局,推进海外营销网络建设,坚持差异化、专业化服务理念,向战略客户提供贴身服务。四是外埠钢铁企业要努力提高产品附加值和市场营销能力,不断建立产品区域优势,努力提高经营效益。

推进重点项目。积极推进京唐二期一步工程建设,确保6月底前3号干熄焦工程竣工,3500毫米中板产线建成投产,年底前主要工序进入设备安装阶段。秘铁新区采破运矿系统要实现稳定运行,选矿系统要倒排工期节点,确保2018年7月份投入运行。马城铁矿项目力争年底取得采矿许可证,完成2条副井掘砌到底,1号副井开展井塔

建安施工。在确保安全、稳定、经济的前提下,做好首秦整体搬迁至京唐的各项准备和职工转型分流工作。

(四)提升创新能力,园区开发形成示范

北京园区要落实市领导提出的做好工业遗存利用开发和产业用地要多服务首都战略定位,服务科技创新与商务经济的要求,织补优化城市功能,打造城市发展新亮点。曹妃甸园区要抓住疏解非首都功能机遇,与管委会形成合力,发挥好平台作用,加快招商引资项目落地,推动园区开发。

北京园区加快开发步伐。确保上半年高质量、高水平完成冬奥组委办公区所有改造建设,做好物业、安保、餐饮、通勤等各项服务保障,满足冬奥组委办公需求。建成国家速滑、冰球等训练场馆,确保按期投入满足国家队使用。这是今年园区开发头等大事,不能有丝毫懈怠。要同步在周边环境上取得突破性进展,启动石景山和遗址公园改造项目,优先打造以"一山两湖"为主的大尺度绿色开放空间和视觉廊道,提升区域环境品质。加快前期手续办理,开工建设冬奥大跳台、侨商中心、五一剧场、群明湖景观改造等项目。完成"侨梦苑"示范展示中心,具备入驻条件。加快周边道路、电力等基础设施建设,建成首钢管廊示范项目,营造宜居宜业环境。打造招商核心团队,系统研究招商政策,高标准遴选金融投资、物联网、智能制造服务业及节能环保等附加值高、聚人少的高精尖产业及业态。完成东南区域项目用地收储和上市,确保6月底完成拆迁。推动召开新首钢高端产业综合服务区发展建设领导小组第四次会议。

曹妃甸园区加大招商引资力度。充分发挥"管委会+建投公司"的体制机制优势,紧盯北京非首都功能疏解产业项目,与政府部门和企业高效对接,争取优惠政策,做好服务工作,推动示范区加速发展。要利用各种形式宣传推介提升园区影响力,引进有实力的企业共同参与园区开发建设,坚持学习、开放、合作,实现双赢多赢。要与京唐紧密协同,吸引下游产业链企业入驻园区。产业先行启动区要以满足北京产业转移落地对基础设施的需求为主要目标,完善配套建设。生态城先行启动区要按照低碳低能耗的绿色科技住宅标准,适当开发配套住宅,满足市场需求。积极争取医疗、体育文化娱乐等公共服务资源落地,服务产业转移。

(五)提升创造能力,新产业抢抓机遇

借助京津冀协同发展机遇,以市场为导向,以客户为中心,狠抓项目示范,增强服务城市、服务政府、服务民生的意识,提升新产业创造能力,加快向城市综合服务商转型。

房地产要结合行业形势变化准确定位,利用自身条件培育发展比较优势,提升总部管控和项目运行能力;加快一线材前期手续办理,确保二通按进度实施,最大限度回笼资金,千方百计争取北京市政策性住房建设规模;稳步推进贵钢老厂区开发建设,精心设计、精密组织,加大营销力度;要带动集团相关资源,利用自有项目,推广建设钢结构住宅,摸索经验为下一步资源整合创造条件。静态交通核心是打造自身体系能力,加强研发设计、市场营销、公共事务、项目组织、运营服务、商业模式等管理工作,持续改进升级形成迭代产品。要狠抓设计质量、狠抓制造质量、狠抓服务质量,用心抓,用力抓,一个一个项目抓,一个一个环节抓,直到抓出成效抓出品牌。要确保全年承揽车位两万个以上,力争年内建成2—3个综合立体停车楼。节能环保要加快上市进程,加快办理生物质二期项目前期手续,推进长治生活垃圾焚烧发电项目开工建设,建筑垃圾和污染土治理满足园区开发要求,加快外部市场开拓。体育文化要借力国家体育示范园建设,加快新场馆建设运营,利用首钢篮球、乒乓球的影响力,加速体育大厦招商运营工作,打造北京体育产业新坐标。首钢建设系统相关单位要珍惜京唐二期、园区开发等宝贵机遇,加强自身核心能力建设,着力开拓外部市场。钢结构住宅和地下管廊等其他产业要抓住政策窗口期,立足自身,不等不靠,尽快见形象、成规模。

(六)提升协同能力,促进产融深度结合

没有首钢的产业就没有首钢的金融。产融结合更协同,金融一定要为产业服务,真正树立共生共赢理念,努力

为实体企业减轻财务负担,帮助实体企业把"蛋糕"做好做大,从而实现金融资金更多、效率更高、能力更强的良性循环。

完善金融服务功能。财务公司要积极争取延伸产业链金融服务试点,完善同业拆借、外汇资金集中、固定收益投资等金融服务功能。加大商票使用推广力度,为成员单位开立承兑汇票余额100亿元,为股份公司和京唐商票推广创造条件。通过低成本贷款、票据、贴现等方式完成集团内部融资330亿元,置换高息贷款,降低不可归集资金,最大限度减少外部贴现。推进票据电子化进程,盘活存量票据,树立集团现金加票据一盘棋意识。探索海外资金归集等工作。牢固树立首钢信誉意识,做好自身风险防范。

提升服务产业水平。基金公司要做好产业投资运作,支持园区开发建设,探索采用项目开发不动产模式,完成曹妃甸基金二期投资和协同发展示范区产业基金设立。聚焦新金融、医疗养老等领域,积极寻找行业并购机会,加强基础资产获取和培育。加快京西人寿相互保险总社设立工作,筹备设立公募基金管理公司。做优做强各子公司业务,推动各子公司进入细分行业第一梯队。创业公社要充分利用首钢大企业的市场和平台,增强专业化差异化服务能力,带动入孵中小微企业发展,提升自身核心竞争力。

持续开展资本运作。提高直接融资能力,完成发行可交换公司债60亿元,实现境外上市融资20亿港元。深入开展汇率研究,合理调度使用外汇资金。2017年集团有息负债总额要控制在2400亿元以内,对外利息支出控制在110亿元以内。提升税收筹划能力,重点加强园区土地开发和新业务的税收筹划,妥善处理历史遗留问题。借助国家降杠杆和地方支持政策机遇,推进债转股试点。结合集团公司制改革,把集团资产负债率降低到合理水平。

(七)提升执行能力,做好基础管理工作

基础管理是管控体系的根基,形成的机制要扎根落地,已经取得的成效要巩固发展,关键是要在抓常、抓细、抓长上下功夫。

坚持持续改善。一是在业务工作纵向贯通、横向协同上下功夫,进一步优化部门职责、固化业务流程,切实提高管理效率和服务水平,提高对企业决策的支撑能力。二是建立与管控体系相适应的制度体系,注重与风控体系的融合,完成投资管理、全面预算等制度修订。三是推进集团信息化建设。以强化财务驱动为中心,实施财务共享、全面预算、投资管理等十个应用系统建设。四是加强投资执行过程监控,逐项清理存量项目,摸清底数,完善制度,建立投资项目库,加强后评价,实现全生命周期管理,要在投资项目上坚持量入为出、适度从紧的原则。五是进一步转变作风,精简会议,信息共享,提高效率。

加强企业监督。一是充分发挥集团监督工作联席会作用,提升监督效能。二是强化集团内部监事会建设,推广以全过程、重要事项和动态监管为主要方式的常驻企业监管和事中监管。三是健全审计管控体系,协同利用集团审计资源,从事后向事前、事中转变,开展内部控制审计评价。四是推进集团及二级单位风控体系建设,上半年中首、房地产等六家单位要完成体系建设,各单位要聚焦自身高风险业务,针对性开展风控专项工作。

抓好安全环保。牢固树立发展决不能以牺牲安全为代价的红线意识,坚持党政同责、一岗双责、齐抓共管、失职追责,狠抓主体责任落实。通过全面推行安全风险分级管控,进一步强化隐患排查治理工作,努力实现把风险控制在隐患形成之前、把隐患消灭在事故前面的奋斗目标。坚持迎难而上,主动出击,不断把安全生产工作做严、做细、做实。增强环境保护工作的责任感和紧迫感,全面落实环保法律法规,滚动实施绿色行动计划。健全应急管理体系,强化重要活动及重污染天气期间环境质量保障措施落实情况督查。严格执行国家、地方排放标准,强化企业污染源达标工作。全力推进首钢环境责任报告体系建设,坚决杜绝因环保问题被曝光、被处罚情况的发生,全面提升绿色发展形象。

(八)提升学习能力,打造高素质职工队伍

首钢创新发展需要全体干部职工上下同欲、凝神聚力,首先要求领导人员必须做到对党忠诚、勇于创新、治企有

方、兴企有为、清正廉洁。要以高度的政治意识、大局意识、核心意识、看齐意识,认真学习贯彻习近平总书记重要讲话精神和上级决策部署。要以职工为中心,调动一切积极因素,使广大干部职工真正成为首钢全面深化改革事业的实践者、参与者、受益者。要切实发挥党组织领导核心、政治核心作用和党支部战斗堡垒作用、党员先锋模范作用,为打好健全管控体系、提升管理能力攻坚战提供坚强保证。要加强领导班子、领导人员队伍建设和骨干人才能力建设,推进高端人才培养工程,继续举办青训班、二级单位领导人员培训班,选拔青年后备人才到海外研修,加强三支人才队伍"绿色通道"建设,推广股份公司试点经验,为各类人才的成长和发展注入动力、释放活力。坚持完善以职工代表大会为基本形式的民主管理制度,依法保障职工的知情权、参与权、表达权和监督权。深入开展"送温暖"和有益于职工身心健康的文体活动,做好帮困救助工作,构建和谐劳动关系,维护企业稳定。大力开展"职工创新工作室"等群众性经济技术创新活动,激发职工的主动性和创造力。践行"首钢精神",加强典型选树,引导干部职工担当尽责、忠诚奉献,增强凝聚力和自豪感。坚持职工收入水平和企业效益同步增长,通过多种方式解决好职工关心的实际问题。要建立"无会周"并在集团推广,鼓励领导人员带头休年假,引导干部职工形成健康的工作和生活方式。

同志们,今年的目标和任务已经明确,挑战与机遇并存,困难与希望同在。"惟其艰难,方显勇毅;惟其笃行,弥足珍贵;惟其磨砺,始得玉成"。让我们在总公司党委带领下,奋发有为,开拓进取,在首钢新的长征路上阔步前行,书写新的篇章!

专　辑

◎ 责任编辑：刘冰清、车宏卿

关于首钢管理能力建设的思考

——在 2017 年首钢"创新创优创业"交流会上的讲话

首钢党委书记、董事长　靳　伟

（2016 年 8 月 25 日）

　　首钢"创新创优创业"交流会从 2002 年至今，已连续举办了 15 年，今年是第 16 次。"三创"已成为首钢的一个文化品牌，在广大干部职工中产生了深刻影响。党的十八大以来，在五大发展理念、创新驱动战略和"大众创业、万众创新"为引领的时代潮流中，首钢"三创"历久弥新，显示出强大生命力，不仅说明首钢党委提出"三创"具有前瞻性，也说明我们持之以恒坚持"三创"具有战略性。看清来路是为了更好地激励我们前行。过去，"三创"为首钢的搬迁调整和转型发展不断注入新的动力；今天，同样需要"三创"为走好首钢新的长征路不断注入新的动力。我们要聚焦时代主题，持续深化"三创"，不断丰富"首钢精神"内涵，推动我们奋力开创首钢改革发展新局面。

　　年初的首钢党委扩大会报告指出，我们在强调健全管控体系的同时，一刻也不能放松管理能力的提升，能力不足对我们是大考、是苦活、是硬仗，并提出当前迫切需要提升的 9 个管理能力。随着管控体系改革不断深化，管理能力问题日益突出。如何迅速提升管理能力，关系到管控体系的有效运行，关系到首钢转型发展的成败。集团党委一直在深入思考，今天利用这次会议，重点围绕如何提升 9 个能力，把我们的思考与大家进行交流，目的是启发大家产生共鸣、产生碰撞，统一思想、凝聚共识，为打好健全管控体系提升管理能力攻坚战加油蓄力。

一、提高聚集一流人才干成事的能力

　　千秋基业，人才为先。古往今来，人才都是富国之本、兴邦大计。毛泽东同志曾经讲过，领导工作概括起来有两件事：一是出主意，二是用干部。出主意，就是科学决策；用干部就是广纳群贤。党的十八大以来，习近平总书记反复强调，要把我们的事业发展好，就要聚天下英才而用之。首钢能否转型成功，关键在人，关键看我们有没有聚集一流人才干成事的能力。"聚才"是为了干成事，干成事必须用好人，两者之间有着内在联系，这也是一门大学问。对于我们领导班子特别是主要领导人员来说，提高这一能力要注意把握好以下几点。

（一）要"低头弯腰"

　　"低头弯腰"不是低人一等，而是对人才的尊重，是爱才的感情，是领导者的气度和胸襟。萧何月下追韩信、刘备三顾茅庐，这些脍炙人口的求贤佳话大家耳熟能详，故事告诉我们的就是如何对待人才的道理。古人说，"士为知己者死"，聚才的关键在于聚心，得人心者得人才。我刚进厂的时候就听说，石景山上有个功碑阁，那是在周冠五书记的倡议下建的，准备把为首钢发展做出贡献的历代劳动模范的名字刻上去，让人们永远铭记。这就是对人才的尊重。当年首钢为实现向板材转型，聚集了大批人才，引进了周良俊、王新华等一大批专家。我至今还记得在迁钢工作的时候，为了迎接周良俊这位老专家，我凌晨爬起床顶着寒风到火车站，让老专家非常感动。我们以诚相待，人家才真心相报,后来帮助我们解决了很多技术难题。对待人才就要高看一眼、厚爱一层,要放下身段,才能赢得人才,才能更好地激发人才的自豪感、荣誉感和奉献精神。

(二)要用人之长

"金无足赤,人无完人"。思想僵化发现不了人才,观念落后就会埋没人才。人才不等于全才,不能求全责备。再优秀、再特殊的人才也是人,是人就会存在缺点与不足,往往有才能的人也是有个性的人。他们讲道理,不讲面子;他们讲客观规律,不盲从"专家""权威";他们积极进取、奋发有为,不庸庸无能、碌碌无为;他们敢说真话,敢讲实话,不是你好我好他也好。评价他们关键看本质、看主流,只要有真本事,就算有些"毛病",我们也要有包容的雅量,否则什么样的人才都会与己无缘。人才的成长是有规律性的,在不同的成长阶段会有不同的表现。我们在座的各位都有自己的过去,大家可以回想一下,我们自己走到今天也不是一下子就到了现在这个程度,都经历过摔打的过程,对大家的评价也是褒贬不一的。一个人从单纯、青涩走向成熟、理性必然存在一个过程。用人之长、容人之短,作为领导就要时常关注一起干事业的骨干们的情况,分析他们的特点,发挥他们的长处。既看其长,又看其短,避其所短或补其所短,让人才各得其所,各展所长。这里还要提醒大家,爱才不能护短,包容不能纵容,放手不能放任,对他们自身的缺点和问题要及时提醒,批评也是帮助,也是对人才的关心爱护,对原则性问题更要把握好,坚决守住底线。

(三)要内外并举

功以才成,业由才广;不拒众流,方为江海。就像何文波同志讲的:第一,事对不对? 第二,谁给你干成这个事? 首钢的历史经验表明,找出干成事的人最重要,这也是我们现在体会最深的。当年周书记在的时候,专门成立了"双考委",成立了卢沟工校,发现、培养了一大批人才,至今我们还有很多领导是通过双考、通过卢沟工校走上来的。这两年,我们举办特训班、短训班、海外研修班,就是要去发现和挖掘人才。当年我们建京唐,专门成立专家咨询委员会,请徐匡迪主席坐镇,聚集一批国内外院士专家帮助把关,才有了中国钢铁人的"梦工厂"。近两年我们加强集团公司董事会建设,在国资委支持下,请来了时玉宝、刘景伟、范勇宏几位业界知名的专家担任外部董事,为董事会科学高效决策起到了"贤人护航"的作用。首钢转型发展面对的很多是全新领域,很多是陌生产业。我们现在纠结的是,干部职工存在两种认识倾向:一是认为老首钢人不服输,什么都能干;二是认为老首钢人对新事物是外行,只能请外来的和尚来念经。这两种认识都是片面的、狭隘的、封闭的。聚集一流人才就要拓宽视野、内外并举、为我所用,干成事才是评价工作的唯一标准。我们要坚持寻觅人才求贤若渴、发现人才如获至宝、举荐人才不拘一格、使用人才各尽其能。大家来到首钢工作就是首钢人,就要承载起历史的使命、转型的责任,凝心聚力,把事干成。

(四)要营造环境

环境好,则人才聚、事业兴;环境不好,则人才散、事业衰。好的环境需要沟通无障碍。在上月召开的党委扩大会暨上半年经济活动分析会上,房地产公司总经理韩俊峰讲述了自己以职业经理人身份入职首钢以来的体会和感受,引起了良好反响。我们看到作为党委书记的吴林起到了关键作用,用韩俊峰的话说:吴林就像个老班长,非常注重沟通和交流,无论大事小事,都会通过沟通交流达成一致意见,共同想出解决问题的办法,对外传递一种声音,两人沟通无障碍,产生了化学反应。我们也看到了有的单位没有催生出这样的化学反应。

好的环境需要领导干部当好"后勤部长"。改革开放之初,百废待兴,人才难得,邓小平同志说"我愿意当好大家的后勤部长",使我们国家迎来了科技界的春天。今天,我们要求在座的各位争做好的"后勤部长",要视才如金,倍加呵护,经常"浇水施肥"。工作上要大力支持,既鼓励探索、爱护创新,又容许试错,使各类人才在轻松愉悦的氛围中尽情发挥聪明才智。生活上要加强服务,深入体察各类人才的所思、所想、所盼,千方百计为他们排忧解难,解除他们的后顾之忧,让他们能够专心致志地干事创业。我们要进一步解放思想,开阔眼界、开阔思路、开阔胸襟,激活首钢人才发展的"一池春水",让各类人才的创造活力充分涌流,使各单位的创新动力竞相迸发,汇集成首钢转型发展的巨大动能。

二、提高用世界眼光找准自身坐标位置的能力

什么是世界眼光?我理解,世界眼光就是要有更加开放的视野、更加开放的姿态,向世界上的最高标准看齐,置身于世界发展潮流和趋势中思考问题,在科学观察世界中找准自己的位置。世界眼光是望远镜,也是显微镜,能观照自己,也能观照世界,还能观照出发展的规律和方法。今天我们提出要把首钢建设成为有世界影响力的综合性大型企业集团,各级领导干部都要加强学习,努力培养自己的世界眼光,正确把握发展大势,增强分析复杂形势的战略思维能力,让它成为我们谋事创业的思维习惯和行动自觉。

(一)要把世界眼光做实

做实就是要变成具体行动,时刻关注了解国际上先进企业是什么样子,产业发展是什么趋势,自觉地去分析、去比较、去研究,才能看清自身的差距,在世界坐标系上找准自身位置,才能真正融入到市场竞争。

这方面首钢历史上有着成功的经验,当年收购秘鲁铁矿、购买比利时塞兰钢厂、建设京唐等,都是鲜活的例证。当年首钢坚持把一批干部送到国外培训,人数虽然不多,但也许是机缘巧合,我和张总都是那时被送到国外学习了半年,今天在集团担任了主要领导。这段经历让我们终身受益,现在决策一些事项时,都会自觉不自觉地拿世界先进企业做比较,这也成为了一种思维习惯。当年朱总让王总带队去蒂森长时间实地学习,并建立起了与德国蒂森、台湾中钢的年度交流机制,就是要深入了解世界上最先进的企业发展动态。

正是有了这种思考,党委才决策每年选派20几名特训班的学员赴美学习,要力度更大、时间更长、人数更多。我们也看到了这方面还存在很大差距,我们要坚定不移做优做强钢铁业,但是,落实到行动上,班子还没有养成习惯,定期对新日铁、浦项等世界一流企业进行研究,定期研究世界钢铁业的发展趋势,我们与世界一流钢铁企业的交流还停留在原来的范围上。我们参加世界钢铁协会的年会,人数也少,论文也少,交流不多,共享不够。我们要坚定不移转型发展,抢抓了停车产业这个机遇,我们有钢铁延伸的技术优势,但我们的管理优势在哪儿?新的首都机场停车位的管理能做到世界一流吗?我们必须去主动了解世界一流的停车管理公司。于是,我们让基金公司去欧洲参与收购一流的停车管理公司,就是为了补上我们的短板。我们发展体育产业,建设国内一流的篮球俱乐部,那就要清楚国际顶级的篮球NBA又是怎么回事。我们坚持产融结合,取得了惠誉A—和大公A评级,拿到了海外低成本资金,就是要到世界的资本舞台上去展示,就是要把世界眼光做实。

(二)要按国际标准做事

我们立志建设有世界影响力的企业集团,那就要向世界一流水平看齐,时刻比照世界最先进的理念、标准和要求来做事。只有这样,才能真正进入世界一流企业行列。

两年前京唐二期的规划设计中,炼铁工艺借鉴了欧洲钢铁成熟的工艺,采取了大比例球团技术,环保排放标准达到世界领先。今天,我们面临京津冀最严厉、最苛刻的环保形势,更加体会到按国际标准做事有多么重要。

首钢生物质能源公司一期项目建成后,环保排放优于当时的北京市标准,整体技术达到国内领先水平,得到了社会各界的一致好评。在进行二期工程设计中,他们自觉按照欧洲超净工厂的标准,二恶英、粉尘和二氧化硫等排放量大幅度降低。试想,坚持这么做下去,必然给产业的发展打下一个坚实的基础,必然成为首钢的一张金名片。

北京要建设成国际一流的和谐宜居之都,我们在园区建设上,从2014年联合中国工程院、清华大学,由徐匡迪主席牵头,吴良镛、程泰宁等五位院士共同开展城市风貌专题研究,将织补城市、海绵城市、城市复兴等理念运用到园区规划中,研究成果达到国际先进水平。2017年园区获得英国皇家城市规划学会颁发的"国际卓越规划奖",为

我国老工业区转型规划事业在国际上争得了荣誉,进一步提高了首钢园区规划的国际知名度。

(三)要与一流企业共舞

与一流企业共舞,才能使企业站在高端、服务高端、成就高端。与一流企业共舞,必须提升和打造过硬的素质和能力,必须不断提升自身管理水平。与一流企业共舞,过程是痛苦的、艰辛的,但最终结果是破茧成蝶、化鱼为龙。

首钢搬迁调整,实现产品转型升级,由长材为主转变为以板材为主,这是一个艰难的跨跃。首钢汽车板供货在国外品牌上选择了宝马,引入了质量零缺陷管理,产线制造能力和客户服务能力大幅提升,成为宝马(中国)最大的供应商;在国内品牌上选择了最苛刻的长城,几进几出,锻炼了队伍,稳定了产品质量和服务水平,市场占有率大幅提升。首钢 MA 金属公司坚持产品定位高标准、高起点,一开始就把北京奔驰作为核心客户来进行攻关,以高等级的质量和服务让公司的产品打入奔驰,目前已成为北京奔驰的一级供应商,产品让客户满意。首钢房地产在秦皇岛开发项目选择与碧桂园合作,借助碧桂园品牌、设计和开发经验,抓住上半年的市场机遇,快速实现了资产盘活和效益增长。首建这几年海外市场的开拓得益于与中信这样的企业深入合作,借船出海。

三、提高遵循规律把握本质的能力

党的思想路线的实质和核心是实事求是。毛泽东同志指出:"'实事'就是客观存在着的一切事物,'是'就是客观事物的内部联系,即规律性,'求'就是我们去研究"。在新的历史条件下,习近平总书记反复要求各级领导干部始终按照实事求是的要求办事,不断深化对共产党执政规律、社会主义建设规律、人类社会发展规律的认识。作为企业领导,坚持实事求是的思想路线,还要不断深化对市场经济规律、行业发展规律、企业发展规律的认识,提高遵循规律的能力。

(一)要自觉遵循规律

市场经济、行业发展和企业发展都有一定的规律性。这些规律并非神秘莫测、高不可攀,通过不断总结成功经验和失败教训,有许多规律已经成为大家的共识。只有自觉地认识、遵循这些客观规律,才能搞好经营管理,实现企业更可持续发展。

长钢今年上半年实现利润 3 亿元,固然有行业转好的客观因素,但绝不是偶然的,与领导班子带领职工不断深化企业改革、强化管理、转型提效、降低库存、减少应收、增加直销等工作密不可分,本质上都体现了遵循规律。在岗职工总数由 2014 年底的 13498 人减少到 2017 年 7 月底的 6710 人,减幅达 50%;7 月份应收账款占营业收入比仅为7.3%;存货周转天数只有 22 天;区域市场在省内销售量就达到 96%、直销比例达到 47% 等。持之以恒地在这些点上做文章,企业必然会转好。拿长钢的这些指标作为尺子量一量,我们有些企业对高应收、不合理库存、低效率等还缺乏清醒的认识,更缺乏壮士断腕的行动。

首钢历史上在转型发展中选择的芯片和机器人,至今也是国家迫切需要和重点发展的产业。但我们转得不成功,根子上也是不自觉遵循规律。这些技术更新快、研发要求高、资金投入大等等,并不是今天才认识到的,是我们在实施的过程中,把产业的培育发展当成了某一个工厂、某一个项目,今天不得已芯片要退出市场、机器人由于核心技术不掌握而受制于人。今天我们在城市综合服务新产业的转型中,要高度重视对行业基本规律的认识,深入学习借鉴行业先行者的成功经验,认真分析汲取失败教训,自觉地按照客观规律办事。

我们现在理解,党的十八大以来中央反复提的按规律办事,体现在抓从严治党就是从最根本的党章党规抓起,体现在抓依法治国就是从学习贯彻最根本的《宪法》抓起,落实到企业按规律办事,也应该从最根本的公司章程抓起。我们现有的章程各种各样,对各类企业没有一个规范的样本,在管理中往往是定章程时不认真,出了问题再找章程才发现漏洞百出。集团在章程的管理体系和管理能力上都存在较大差距,亟需改进。再比如,现在集团企业管理层级多达 10 级,其中 6—10 级的企业有 40 家,产权登记率仅 42%;又比如,最近在审计中发现,有一家子公司注册成立了 100 多家企业、有 300 多个银行账户,重"生"轻管、只"生"不管。这么长的层级、这么多的账户、这么低的产权登记率,都是不按规律办事造成的,大家都要认真反思。

(二)要积极探索规律

随着经济社会的不断发展和科学技术的日益进步,行业发展和企业发展中的一些内部联系出现了新的变化。我们只有积极探索这些新变化、新规律,才能顺应时代潮流,把握发展机遇,打造新的竞争优势。近几年来,我们在探索新规律、提升新能力上取得了一些成绩,但是,许多工作还刚刚起步,任重而道远,要进一步深化认识,坚定不移地积极探索、勇于实践。

要深化对"产业+服务"规律的认识,在提升"制造+服务""园区+服务"能力上下功夫。在"制造+服务"上,如首秦公司借助刘宏工作室,通过实施"先期介入"(EVI)满足客户的个性化要求,联合开发配套焊材焊接技术,提供钢板、焊材、配套焊接工艺等一体化解决方案,产品竞争力明显增强。在"园区+服务"上,创业公社以"孵化+投行+投资+创业互助社区"的运营模式,为园区先行先试,给入驻企业提供政策服务、公关服务、融资服务、咨询服务等配套增值服务,成为国家级孵化基地。首钢园区未来不能只盯着当房东,要借助为冬奥服务的契机,学习借鉴先进经验,加快提高服务能力和水平,为入园企业提供全方位贴心服务,在服务中寻找商机提升价值。

要深化对"产业+智能"规律的认识,在提升"制造+智能""园区+智能"能力上下功夫。在"制造+智能"上,股份公司硅钢冷轧智能化工厂列入工信部"2016 年智能制造综合标准化及新模式应用项目",顺义冷轧产线机器人投入使用,京唐公司推进铁前系统综合智能化。未来我们要大力推进智能化工厂建设,加速推进球团智能工序、冷轧智能工厂、智能仓库,加快推广无人天车、集中监磅等一批技术应用,并进一步把首钢智能制造技术向社会推广应用。在"园区+智能"上,首钢园区已纳入第三批国家级智慧城市试点,成为国内首个 C40 正气候近零碳排放示范区。我们要发挥在工业循环利用方面形成的技术优势和管理经验,实现园区能源管理、物业服务等的智能化,提升园区的品质。

要深化对"产业+金融"规律的认识,在提升产融结合能力上下功夫。加快产融结合是实现首钢钢铁业和城市综合服务业协同发展的必然要求。近年来,我们在产融结合上取得了一些成绩,但是,也存在一些惯性思维和认识误区,实体单位简单地把财务公司和基金公司当成以前的财务部,习惯于"缺钱就伸手";财务公司和基金公司要把服务首钢转型发展摆在首位,不能简单把自己当成市场的银行和金融机构。产融双方要通过换位思考,树立共生共赢理念,在提高质量和效率上狠下功夫。

四、提高强化市场主体意识主动适应市场变化的能力

强化国有企业市场主体意识,是发展社会主义市场经济的要求,是深化国有企业改革的要求。《中共中央、国务院关于深化国有企业改革的指导意见》指出,国有企业要真正成为依法自主经营、自负盈亏、自担风险、自我约束、自我发展的独立市场主体。对于首钢各级领导而言,强化市场主体意识、提高适应市场变化能力,具有很强的针对性和紧迫性。

(一)总部要做好"放管服"

这几年我们推进集团管控体系改革,坚持做好"放管服",就是要推动各子公司强化市场主体意识、加快形成市场化机制。

处理好放权和管理的关系,核心是防止出现"一管就死、一放就乱"。我们从权力清单入手,抓住投资和领导人员任免两个关键事项开展试点,为全面编制集团管控权力清单探索经验;选择市场化程度高、行业特点鲜明的房地

产公司、京西重工等单位先行先试,进一步扩大授权。实践证明,抓权力清单就是为了"管住、管好、管活",强化基层单位主体意识。自去年下半年试行投资清单以来,各单位自行决策 500 项,占集团总立项 92%,投资额仅为 27 亿元,这说明各单位市场主体意识明显增强,从原来的"花大钱"到现在的"慎花钱",投资决策更加谨慎。近期,有关部门对基层 42 家单位进行调研,大家普遍感到权力清单的运行,抓住了企业管理的关键,工作的着力点更加明确,行权流程更加清晰,既激发了活力,又提升了效率。集团管控权力清单已通过董事会批准试行,各单位要认真贯彻执行好,最大程度地发挥其功效。

管理与服务是相辅相成、互相促进的,集团总部要把管理和服务结合起来,积极为基层服务。一是要提升服务意识,主动运用总部在政府关系、社会资源、战略决策、研发培训等方面优势,为基层提供支撑。二是要深入调查研究,了解基层所思、所想、所需、所盼,增强服务的针对性和有效性。三是要强化共享意识,部门协同,上下联动,提高效率。比如在推动企业退出和闭合"失血点"过程中,多个部门和单位协同工作,组织专题培训,加强指导,提升了基层办事人员的专业水平。这种服务就是总部价值的体现。未来要建立基层对总部服务的评价机制。

(二)子公司要破除"等靠要"

集团总部下放权力,为子公司成为独立的市场主体创造了有利条件,同时,对子公司领导班子强化市场主体意识、提高"用权履职"能力提出了更高要求。

要牢固树立"五自"意识。自主经营,就要主动谋划,系统思考,独立做好企业运营管理;自负盈亏,就要对自己的经营成果承担责任;自担风险,就要对自己的投资和经营风险承担责任;自我约束,就要严格遵守法律法规和市场经济规则;自我发展,就要重视研发投入、市场培育、人才培养,努力实现可持续发展。目前看,我们有的单位还是依赖性强,在长期工厂式管理模式下形成了"交办型""任务型"被动思维方式和行为习惯等,事实上不可能在残酷的市场竞争中生存和发展。

要实现转变,必须加快提升"用权履职"能力。新型的管控体系要求大家独立承担相应的决策、运营、用人等责任,这是一个重大转变,也是一个严峻考验。上半年,我们按照国资委要求,对集团副职以上领导兼职工作进行了清理规范。新的规定要求集团公司领导原则上不允许在二级单位兼职,确需兼职的不能超过 1 项,这项工作目前正向各级领导人员延伸。这对我们基层单位领导独立开展工作提出了更高、更紧迫的要求。各单位领导要强化责任担当,加快提升能力,切实解决"事业大于能力""权责与能力不匹配"的问题。要按照现代企业制度要求,完善法人治理结构,加强规划、财务、安全、环保、信息化等企业管理工作,加强人才培养、队伍建设,加快形成市场化的体制机制,提高驾驭市场的能力。

(三)要主动适应市场变化

近年来,铁矿石市场、钢材市场、房地产市场、金融市场的变化巨大,只有主动研究分析市场,准确把握市场变化趋势,才能踩准节奏、抓住商机、跑赢市场。

今年上半年,我们钢材销售、国内原燃料采购和进口矿采购都取得了好的成绩,但是要清醒地看到,我们在主动研判市场的意识和能力上还有很大差距。比如,这两年我们主要是通过降低库存、提高"两金"周转率,来应对钢材和铁矿石市场的变化。这些手段还算不上是在主动研判市场的基础上进行的积极应对,在应对利率和汇率的变化上,我们的认识和能力差距更大。下一步要加强对钢材、煤炭、铁矿石、房地产等市场的分析研究,超前谋划,主动制定相应对策;对利率、汇率市场,要加强学习积累,尽快找到适合的应对措施。

五、提高按照体系思维统筹谋划的能力

最近,集团领导班子在学习收看《将改革进行到底》时,大家对习近平总书记治国理政新理念新思想新战略从

内心深处产生了高度认同,这种高度认同既源于"四个全面"战略布局科学回答了一个大国"时代之问"的高超思维谋划能力,也源于我们"自觉学习、自信运用"习近平总书记重要思想解决首钢问题的实践感悟。大家感到,体系思维统筹谋划是思考问题、谋划工作的一把"金钥匙",掌握了这把"金钥匙",就有了将复杂局面化繁为简的思维能力,更能坚定我们"一张蓝图干到底"的战略定力。

(一)要有统筹谋划的全面观

首钢全面深化改革走到今天,我们回过头来审视前期爬过的坡、迈过的坎,最为深刻的体会就是能够自觉站在战略大局上思考问题,自觉用体系思维来统筹谋划,进一步形成了首钢全面深化改革的"全面观"。这个"全面观"主要体现在:

一是体现在对矛盾问题的全面把握上。坚持问题导向,得出首钢的问题是"发展中的问题和发展后的问题、一般矛盾和深层次矛盾、有待完成的任务和新提出的任务多重叠加、错综复杂"。二是体现在战略引领的通盘谋划上。坚持观大势、谋大事,把解决首钢的问题自觉放在京津冀协同发展等国家重大战略背景中去思考,以"六个必须"战略思路为引领,形成了《首钢全面深化改革的指导意见》。三是体现在抓纲举目的一体贯通上。在战略定位、"十三五"发展规划、年度经营计划、全面预算管理体系上实现贯通;在集团治理结构、总部管控、板块管理、权力清单、风控体系上实现贯通;在经营目标、任期责任制、薪酬体系、强化交账上实现贯通等。四是体现在点面结合的整体成势上。在转型提效、干部人事、三支人才队伍上;在产融协同、区域协同上;在制度体系、信息化建设上,都是着眼整体、试点先行、持续发力、水到渠成。五是体现在上下互动的全员参与上。从自上而下的顶层设计、注重协同的组织实施,到让一线更有活力、让基层更精彩,到引导广大干部职工共同为改革想招、一起为改革发力,充分调动各方面积极性。

这些都是我们这几年走过的历程,大家都亲历其中,相信有着很多深切的感受,容易引发共鸣。当前,面对首钢转型发展的艰巨任务,我们各级领导干部要把统筹谋划的"全面观",作为一种思维方式、工作方法和管理能力,更加善于站在战略大局上思考问题,做到谋划工作更全面。

(二)要注重"一揽子"解决问题

首钢全面深化改革走到今天,破解了很多难题,特别通过一些历史遗留问题的解决,我们从中深刻体会到,越是情况复杂,越要系统思考,越要"一揽子"思考问题、解决问题,自己创造条件、自己赢得机遇。

比如,在京唐公司的发展问题上,围绕二期项目建设,我们通盘考虑了多种因素,包括:充分考虑首钢钢铁战略资源的可靠性,促成河北省政府将马城铁矿10亿吨资源配置给首钢;充分考虑区域的协同性,及早推动首秦整体搬迁到曹妃甸,同时解决好二期与曹妃甸产业园形成产产融合、产城融合的未来发展问题;充分考虑投资的经济性,统筹解决好北京老厂区炼钢厂利旧、宝业设备合同和京唐一期工程吨钢成本偏高等问题。基于大范围、大周期、大尺度上的系统思考,京唐二期项目的建设,将把首钢历史、现实和未来的诸多问题"一揽子"解决。

按照"一揽子"解决问题的思路和方法,我们还先后形成了解决首钢在黔企业生存发展问题、首控在南阳地区退出问题、宝业项目历史遗留问题等"一揽子"方案,尽管实施过程中并不是一帆风顺,但正确的思路和方法我们一定要坚持。面对各种复杂问题的解决,我们不能简单从事,一定要在系统思考的基础上,对问题形成的历史背景、其中的复杂情况、解决的艰难程度有一个准确的把握,更加自觉地运用"一揽子"解决问题的思维和方法去解决复杂问题。

一是要辩证思维。善于把点上的问题拿到面上来研究,善于把局部的问题放在全局中去思考,善于把条块的问题作为整体的问题求破解,这样才能柳暗花明,促成问题的解决。二是"新官要理旧账"。这几年最大变化是"交账大于说账",但还存在着"交新账意识强、解旧账意识弱",对旧账说得多、解得少。要坚持"一揽子"思路理旧账、解旧账,对已初步形成思路的,一定要朝着既定方向往前走,一定要有耐心,尽可能争取好的结果;对尚未形成思路的,一定要创造条件去突破,尽可能找到解决问题的最好办法。评价干部不仅要看交新账的能力,还要看解旧账的能力。三是要科学决策。本着对历史、对现在、对将来高度负责的精神,避免今天做的事情演变成未来新的历史遗留问题。

六、提高加快资源配置和要素流动的能力

北京市委在学习贯彻习近平总书记关于北京城市规划重要讲话精神时,明确提出要更加自觉把握好"都"与"城"的关系,更加自觉把握好"舍"与"得"的关系,更加自觉把握好"一核"与"两翼"的关系,实质是要进一步解决好思想认识问题,能够辩证地看待北京城市转型中的资源配置和要素流动问题,在更高水平上做好资源配置和要素流动的大文章。加快资源配置和要素流动是供给侧结构性改革的必然要求,也是首钢实现转型发展的治企之方、兴企之举。

(一)要在"变"上发力

提升资源配置和要素流动能力,核心要靠改革,不断在改革中求变、促变。无论是成为京津冀协同发展的平台、打造北京城市复兴新地标,还是做优做强钢铁业、打造城市综合服务商、推进产融结合发展,都需要在"变"上发力,在"变"中突破。

在人力资源配置方面,顺应转型发展要求。今天重点讲一讲集团公司领导班子的配备问题。应该说,这是首钢最高层次的人力资源配置,事关领导核心作用的发挥、事关首钢的转型发展事业。这几年首先是平稳完成领导班子新老交替。前两年班子成员有多一半退出领导岗位,这在首钢历史上是没有过的,而且这些领导同志长期在首钢担任领导工作,熟悉首钢、了解首钢,能力强、阅历深、经验丰富。能不能完成好领导班子新老平稳交替,对首钢来说是一个重大的考验。我们始终坚持建设团结、高效、有战斗力、有凝聚力的领导班子,在全集团党员领导干部的支持和共同努力下,平稳完成了新老交替。其次是进一步改善领导班子结构。为适应转型需要,先后引入多位在园区开发和运营等方面的领导人才,改善班子的专业结构。他们以高度的事业心、责任感,很快融入首钢,首钢各级领导干部给予了他们大力支持。目前,集团领导班子成为带领首钢干部职工实现转型发展、完成市委市政府交给的任务、不辜负首钢干部职工和社会各界希望的重要组织保证,也向全社会传递了满满的正能量。去年领导班子民主测评的结果也是近几年最好的,要感谢干部职工对我们的充分信任,更激励我们领导班子要更加团结、攻坚克难,带领大家走好首钢的新长征路。

在资金集中管理方面,我们之所以下决心成立财务公司,是因为资金是资源配置和要素流动的"牛鼻子",是企业运营的血脉。围绕构建首钢"资金归集平台、资金结算平台、资金监控平台、金融服务平台",财务公司开业不到两年时间,通过成员单位账户清理,成立票据中心,服务集团财务管理;通过发挥金融优势,拓展融资渠道,降低成本,服务集团资本运作;通过提供低成本信贷支持,服务成员单位效益提升;通过商业票据推广,服务成员单位运营资金需求。资金归集开业当年突破150亿元、第二年突破200亿元,资金归集率达到行业先进水平。一个资金平台建立,带动集团逐步形成上下"一个目标、一本账、一盘棋"的资金集中管理机制,今年上半年为成员单位发放贷款228亿元、票据直贴56亿元、签发承兑61亿元、降低财务费用2.56亿元,成为集团稳定资金链、提升价值链的助推器,这在过去是难以想象的。

在内部监督检查方面,针对多头监督、力量分散、"九龙治水"现象,积极探索加强国有企业监督工作的新途径和新方法,并不断拓展深化。今年以来,在原有纪检监察、监事会、审计、财务等8个部门基础上,将工会和职工代表纳入联席会,形成"9+1"工作模式;在监督内容上,进一步扩展到企业的重要改革事项、职工关注的切身利益和管理的更深层面;在监督方式上更加注重服务,帮助基层发现问题、解决问题,受到基层单位的肯定。监督资源由"散"到"合",监督工作由"虚"到"实",监督内容由"浅"到"深",效率提升,效果改善。

（二）要在"快"上见功

我们通过改革,在资源配置和要素流动上做了一些工作,见到了一些成效,得到了干部职工的认同。集团党委深刻认识到,这远远不够,我们还面临的一些问题纠结复杂,干部职工对改革的期望值很高。这就要求我们进一步解放思想,敢于打破原有的利益藩篱,敢于在更深层次上破题,加快资源配置和要素流动。我们要始终坚持和牢牢把握"提高效率、提高效益、提升价值"这一改革的基本原则。

党委在思考人力资源配置上,将出台外派人员管理办法。这既是首钢转型发展的迫切需要,也是落实中央在基层一线和艰苦环境中培养锻炼干部的要求。我们的干部要适应长期外派工作的新形势,主动到首钢最需要的地方、艰苦的地方去历练、去建功立业。正如全国优秀县委书记廖俊波同志讲的那样:"组织把我放在哪里都是信任,让我做更多的事就是重用",真正以进取之心对待事业,把组织信任作为最大信任,把职工赞誉作为最大荣誉,把提升能力作为最大进步。

在思考资金的有效配置上,下半年财务公司将实现电票直联、隔夜拆借等业务功能,构建资金归集率分析系统,建立健全成员单位评价体系,提供产品差异化服务,推进适用境外机构业务的系统建设等等,确保集团实现海外资金、各种票据的集中归集,大幅降低不可归集率,提升信贷能力,降低资金成本。我们要坚持财务"三张表"意识,不断提升财务挖掘和驱动能力,特别是要在资金的存量管理上找准差距、找到办法、补上短板。

在思考区域协同上,特别是唐山地区股份和京唐,要认真总结这几年在两地协同、产线分工、检修物流等方面所做的工作,也要借助大家对协同参与未来竞争越来越深刻、越来越趋同的共识,特别是结合已经启动的产销一体化信息平台建设刻不容缓,要在体制机制上彻底理顺。另外,这几年各基地围绕保生存、求发展,探索出了很多可以复制、可以推广的好经验、好技术、好做法,要通过板块管理加快推广。

在思考市场协同上,比如在去年完成股权投资平台整合的基础上要做实公司、做实主体;比如实业公司、园区服务公司同质化发展的问题要进一步理顺;比如停车产业,在补上管理短板的基础上,要从设计、钢结构、自动化、城市景观等资源要素上做好整合,深耕细作,不断开发出一代又一代满足城市和百姓需求的个性化产品,提升竞争力。

七、提高计划安排有条不紊的能力

当前,首钢全面深化改革进入深水区,转型发展任务繁重,面临许多难啃的硬骨头。在这种情况下,能不能提高效率,是对我们领导干部的基本要求,也是检验我们领导干部工作能力的一个重要方面。我们提出要提高计划安排有条不紊的能力,实质上就是要在提高效率上下功夫。

（一）要坚持抓重点带全局

习近平总书记指出,抓住重点带动面上工作,是唯物辩证法的要求,也是我们党在革命、建设、改革进程中一贯倡导和坚持的方法。当前,我们的工作千头万绪,怎样做到有条有理、忙而不乱,一个十分有效的工作方法就是抓住重点带动全局,也就是我们常说的要抓主要矛盾和矛盾的主要方面,来带动全局性的工作,改变看似辛辛苦苦、忙忙碌碌反而成效不高的局面。这些年,我们注重在这方面不断加以改进。

以前在"工厂化"管理的惯性下,我们对战略性、前瞻性工作研究不够,主要精力花在具体运营管理上。近年来,我们抓住建设决策型董事会这个重点,把董事会主要精力放在谋大势、把方向、管全局上,着重研究涉及集团战略规划、重大投资等长远发展的重大议题上,效果明显。我们做了一个统计,2015年召开董事会10次、研究119项议题,2016年召开董事会5次、研究76项议题,说明我们集团公司董事会逐渐从纷繁的具体事务中解脱出来,有了更多的精力思考研究企业的重大问题。决策效率的提高,也带动了其他工作顺利展开、同步推进。

提高劳动效率是首钢应对严峻形势、保生存求发展的一项事关全局的重点工作。这几年,我们在认识上不断深化，在目标上坚定不移，在政策上配套完善，在工作上持续加力，取得了明显成效。到今年上半年，集团累计转岗分流6.25万人，钢铁板块实物劳产率比2014年提高了49%，集团在岗人数由2014年末的11.2万人减少到7.9万人，对集团瘦身健体、提高效率、增强竞争力起到了巨大的推动作用。回过头来看，如果没有这几年持续的转型提效，就不会有今天的良好局面，我们要坚持不懈地抓下去。

（二）要立足一个"早"字

所谓"早"就是要早安排、早实施、早落地、早见效。"早"可以使我们从容不迫，"早"可以使我们先人一步、快人一拍，"早"可以使我们抢得先机、赢得主动。

过去我们在这方面存在着一些问题。比如，过去集团年度预算安排一般要到当年4月份才上董事会，年度的考核兑现要等到下半年，工作时效性和指导性太差，激励约束效果打了折扣。去年，我们在推行全面预算管理中，提出年底前必须提交董事会审定，确保实现了"两会"下发年度预算、发布上年度考核结果、1月份兑现上年度领导人员绩效年薪，受到大家的好评。

干部和人才队伍梯队建设同样如此。如果我们现在不早做谋划、不早做准备，5年、10年后的首钢又会面临领导骨干和技术人才青黄不接问题，这方面我们是有教训的。这几年，我们先后举办多期培训班，在一定程度上缓解了眼前的矛盾。但要清醒地看到，目前领导人员队伍平均年龄48岁左右，依然偏大，梯队建设跟不上，许多单位班子的年龄结构、专业结构不合理；有潜质的优秀年轻干部和骨干人才缺乏实际锻炼的机会和充分发挥作用的平台；大学生引进的质量和结构不能适应未来首钢战略发展的需要；对年轻骨干的关怀、指导不够，导致人才流失现象普遍等等。近期，集团党委着眼未来五至十年，全面考虑各领域、各专业、各层次、各梯队的人才培养，正在研究一批优秀年轻干部到关键领导岗位锻炼和任职问题，同时考虑干部交流和新老交替，从而为未来打好基础。我们要求各单位都要深入思考自己内部的人才梯队建设。

（三）要在强化执行力上下功夫

有执行力才有效率，执行力越强效率越高。这些年，我们反复强调"言必行、行必果"，反复强调按时交账，核心是检验执行力和工作效率。

提高执行力的方法有很多，我们每个同志都能说出三条、五条，那么哪一种最管用呢？我觉得，这方面习近平总书记早已经对我们提出了明确要求，这就是要养成"真抓实干、马上就办"的作风。当年，习近平同志任福州市委书记，上任的第九天就提出"马上就办"的要求，随后在主政福州期间先后讲过或写过八段针对"马上就办"的话。这里给大家列举几段：

——要大力提倡"马上就办"的工作精神，讲求工作时效，提高办事效率，使少讲空话、狠抓落实在全市进一步形成风气、形成习惯、形成规矩。

——要抓住那些急需解决而又有能力解决的事进行研究，并且本着"马上就办"的精神，组织实施。

——"马上就办"加上"真抓实干"，我们就能切实转变作风，把工作落到实处，开创新局面。

——"马上就办"的关键，就是要抓好督查工作，要"回头看"。只有督促检查，才能真抓实干，否则就是"稻草人"。

这几年，我们不仅在全集团大力倡导交账文化、树立交账意识，还针对重点工作制定专项计划，加强"两会"重点任务完成情况的监督检查，定期进行发布，对完成任务好的亮绿灯，对完成差的亮红灯，起到了红红脸、出出汗的作用，各单位的执行力和交账意识明显增强。今天，我们学习习近平总书记20多年前的话，感到结合首钢实际仍具有深刻的理论价值和现实的指导意义。它不仅是一种工作理念，更是一种精神和作风。"真抓实干、马上就办"应当成为我们每一名干部的座右铭，以拼搏为美，向行动致敬。

八、提高下笨功夫反复锤打炼成好钢的能力

首钢的转型不可能一帆风顺,既然是新的长征,就必然会遇到各种考验和选择,既会有风浪和险滩,也会有迷茫和失望。凡成功者,无捷径可走,肯下笨功夫,才是真聪明,百炼才能成好钢。"笨"看起来慢,其实却是快。这就需要我们不忘初心,心无旁骛,执着坚守,脚踏实地,打牢基础。这样,我们才能走得更扎实更长远。

(一)要注重从最基础抓起

我经常爱讲八个字:基础不牢,地动山摇。当年我在首钢的时候这么讲,在经信委也是这么讲,回首钢我还是这么讲。大家对基础工作要有足够的认识,这是做好一切工作的基础,要成为打在我们内心深处的烙印。

前段时间我们对集团的制度进行了全面梳理,集团公司现行的 375 项制度中约有一半以上需要修订,甚至有的还是 20 世纪八九十年代的,这明显与首钢这样一个现代企业极不相称。为此我们下了不少"笨功夫",做了许多艰苦细致的工作,开展了固定资产和投资项目清理等基础工作,先后组织调研 41 次,召开专题会 49 次,组织集团成员单位 162 轮次、征求意见 347 条,形成草案 48 稿,目前已初步形成以权力清单为引领,规章制度和风控手册为支撑的"三位一体"的制度体系。我们不要小看基础工作,认为无关大局,抓不抓两可;也不要认为基础工作不容易出成绩,就不愿意、不自觉、不主动去抓,这些都是不对的。我们要大力提倡多做不显眼的工作,多做领导看不着的工作,多做短期内不容易出成绩的工作,形成一种文化和氛围。这样,我们的基础工作才能强起来。

(二)要有长期坚持的韧劲

"板凳坐得十年冷",要想成功,就得有坐十年冷板凳的功夫。在当今充满各种诱惑的环境中,只有耐得住寂寞,瞄准方向目标,踏踏实实去做,始终坚持不放弃,才能到达成功的彼岸。

首钢有个全国劳模叫郭玉明,是迁钢公司首席技能操作专家。他参加工作 30 年,潜心做好一件事,这就是转炉炼钢。为了实现转炉全炉役复吹比 100%、全炉役碳氧积 0.002 以下的目标,他每天坚持早五、晚六看手机"转炉复吹微信群",根据每班提供的信息,及时对炼钢参数进行微调。1 号转炉全炉役一年多的时间,不论什么日子,郭玉明一直在坚持,正是这种坚持让他们创出一项历史纪录,今年 7 月 25 日实现了转炉全炉役复吹比 100%,全炉役碳氧积 0.00195,这个水平世界先进、国内同行业第一。他们的做法成为我们首钢独有的技术秘密。股份公司将 1 号转炉命名为"郭玉明炉"。

技术研究院薄板研究所的于洋博士,带领团队瞄准高硅高强汽车板色差缺陷等难题进行攻关,一干就是 6 年,他们的工作就是日复一日、年复一年地查资料、跑现场、做试验,终于解决了全流程表面质量控制的难题,表面质量达到了最高级别的 O5 汽车板水平。这 6 年,他们可以说是全身心投入、甘于寂寞、不懈坚守,用于洋自己的话说,在技术创新的路上,我们没有捷径可走,只能比别人更勤奋,工作更扎实。首钢各个单位都有这样的典型,应该成为我们学习的榜样。

(三)要发扬工匠精神

工匠精神体现的是一种做事态度,它的内涵是把事做细、做实、做透,天下大事必作于细,世界上没有孤立抽象的大事,大事都是由小事积累起来的。今天我们国家提倡发扬工匠精神,我们首钢既需要技能操作方面的工匠,同样需要专业管理方面的工匠。像中华技能大奖获得者技术研究院焊工刘宏、中国大能手比赛冠军股份公司挖掘机司机王瑞,他们都是从细微之处做起,把工作做到了极致,从量变发展到质变,最终取得成功。这些年,各单位的职工创新工作室在培育工匠精神上发挥了重要作用。目前,全集团共建有职工创新工作室 255 个,团队成员 3100 多人,这里培养出了一大批具有工匠精神的技能人才。

矿业公司杏山铁矿是首钢第一座地下开采的矿山,这里的自动化研发负责人马著就是一位具有工匠精神的人物。他带领创新团队3名成员瞄准"电机车自动运行"目标,先后走访800多人次,每人井下步行2000多公里,编写修改完善程序代码近10万条,并进行了上百次运行试验。经过两年多的努力终获成功。这一项目的实施,打破国外技术的封锁,形成自主知识产权,荣获2014年冶金矿山科学技术一等奖。去年,他们成功中标近2亿元的中铝云铜普朗铜矿井下电机车自动运行项目,实现了对外技术输出,引领了行业技术进步。最近,我们有4名职工入围北京"大工匠"评选。我们要认真贯彻国家《新时期产业工人队伍建设改革方案》,大力培养各方面的能工巧匠,希望今后在国家级的"大工匠"中有首钢职工。

九、提高凡举措行动在基层落地生根开花结果的能力

习近平总书记指出,要"心里装着群众,凡事想着群众,工作依靠群众,一切为了群众,切实解决好相信谁、依靠谁、为了谁的根本政治问题。"这些年,我们始终遵循的基本原则就是充分相信和依靠职工,组织和发动职工,共同奋斗实现我们的目标。

(一)要始终心里装着职工

我这次在党校学习期间,来到习近平总书记60年代末插队的陕西延安市梁家河参观学习,深刻地感受到,正是有当年在梁家河跟老百姓一起苦战7年的经历,让习近平总书记对老百姓的生活、对中国社会有了深刻的认识和理解,有了那种埋在心底的对人民群众的深厚情感。我们在企业工作就是为职工服务,这与为民服务的道理是一样的。

让许多首钢职工记忆犹新的是,首钢厂东门曾经有两块标语牌,一边是"承包为本",另一边是"人民为本"。它充分表达了首钢党委浓浓的为民情怀。正是因为有了"人民为本",才有了首钢的承包制成为一面旗帜,才有了当时首钢的快速发展。去年的首钢第十八次党代会报告,在总结前些年工作的启示时讲到了六个"必须坚持",其中一个是"必须坚持以人为本,自觉地把推动企业发展和维护职工根本利益相统一"。

我体会,职工群众能不能拥护你,关键是看你心中有谁,心中有谁眼中就有谁,行动中就能体现出为了谁。如果没有为基层服务的思想,别人就会对你行之渐远;如果心中没有职工,你也得不到职工的拥护和支持。我们要尊重基层、敬畏职工。老百姓最知道领导干部跟他们的距离有多远,基层单位最知道集团公司的距离跟他们有多远,他们心中都有一把尺子。我们只有一心为基层服务、一心为职工服务,职工才能拥护你,才会跟着你干;只有始终和职工想在一起,干在一起,各项规划举措才能够真正落实在基层。

(二)要善于发挥职工聪明才智

习近平总书记指出,"在困难面前,是束手无策、畏缩不前,还是克难攻坚、奋然前行? 作为领导干部理所应当选择后者,应该千方百计采取切实可行的好措施、好办法,努力解决困难。好措施、好办法哪里来? 答案是从群众中来"。周冠五书记曾经讲:"一个人的脑袋再灵也是有限的,18万人的脑袋加在一起就是你的18万倍。"

首秦公司领导在围绕推进基层改革到基层调研时,听到职工普遍的反映是,大家都想为公司做贡献,可是又不知道该怎么去做。职工的这一表达,对首秦公司领导触动很大,他们从中感受到了蕴藏在职工中的巨大力量,由此更坚定了他们搞改革的决心。他们迅速实施了事业部、作业区、一线班组的基层改革,把指标、任务的压力传导到每一名职工,把权力交给职工,让职工自己做主,让每个人成为改革的发动机、每个班组成为改革的主战场,激发每一名职工的创新活力,从而涌现出许多职工创新的感人故事。在首秦,职工的创新活动已经成为一种习惯、一种自觉。职工的智慧是无穷的,就看我们以什么样的态度对待职工、用什么样的方法发动职工,态度不同、方法不同,效果会大不一样。"从群众中来,到群众中去"是我们始终要遵循的一条基本原则和工作方法。基层蕴藏着极大的改革动

力和创新智慧,我们要千方百计地激发和调动职工的积极性,充分发挥职工的聪明才智。

(三)要让基层声音更响亮

天边不如身边,身边不如故事。近年来,我们坚持用职工的语言,讲职工的故事,讲基层的精彩,集团方方面面的正能量在一线不断传递不断发酵,来自基层的声音越来越响亮,来自基层的精彩越来越鲜活。

首钢新闻中心微信公众号舆论引导不断创新,成为"微信头条"。最近推送的《"战狼2"吴京战车撞不坏 首钢有话说》,阅读人数一天内就突破2.6万多人。广大职工对身边的故事和首钢的变化深感自豪,纷纷点赞留言,做正能量的传播者。职工在《习主席检阅驻港部队检阅车钢板首钢造》微信留言中表示:"检阅车钢板首钢造,这是全体首钢人的骄傲""为首钢点赞,我们的努力得到认可,首钢明天会更好"。《首钢公司制改革》微信阅读人数达2.9万多人,职工在留言中说:"百折不挠,挺拔屹立首钢人;历经风雨,砥砺铸就首钢魂。"职工的心声、一线的声音,营造了正气候,集聚了正能量,极大地增强了我们做好工作的底气。

今年上半年,由一线职工组成的"践行首钢精神"宣讲团先后深入到全集团25家单位累计宣讲35场,直接受众5000多人。在广大职工中引发热烈反响。有的职工说,每个故事看似平凡,但平凡中带着首钢人的坚韧和追求,展现了普通人心中的大抱负。有的职工说,整场宣讲听下来,始终被一种积极向上的正能量包围着,身边有这么多优秀的同事做榜样,我们没有理由不把工作干好。还有《长征组歌》在全集团巡回演出17场,观众达上万人,效果非常好,把职工的工作激情激发出来了,把职工走好新的长征路的信心树立起来了,把职工工作的劲头调动起来了,在全集团形成了满满的正能量。许多职工感言,与当年红军长征相比,我们现在还有什么克服不了的困难。我们还要多讲这样的故事,多演这样的节目,多宣传这样的典型,在全集团形成浓厚的氛围,为首钢转型发展汇聚和传递更多的正能量。

(四)要维护职工切身利益

实现好维护好人民群众的根本利益是我们党的根本宗旨,各级党组织和每名领导干部要始终把职工群众的利益放在心上。首钢在这方面有好的传统,在当年首钢搬迁调整、职工分流安置中得到了充分体现。

现在还有许多人问,首钢大搬迁史无前例,其中涉及诸多不可回避的大问题,特别是有近十万人需要分流安置,有数万人要离开北京、离开家园、离开亲人到条件相对艰苦的外地去创业,为什么能够这么风平浪静?国务院国资委党建局姚焕局长去年来首钢讲课时一语中的。他认为,最重要的原因是首钢有坚强的党组织,紧紧依靠职工群众办企业。近年来,水钢紧紧围绕打赢"减亏、止血、扭亏"三大战役,以文化凝神铸魂做好人的工作,引领干部职工面对困难不等待、不观望,筑牢扭亏图存的思想根基,一步一个脚印开展"八个流程再造",今年整体工作从量变到质变,经营生产实现扭亏为盈,厂区环境由"脏黑粗"转变为"美亮彩",干部职工面貌焕然一新,从根本上维护了职工利益。今天,在首钢全面深化改革、转型发展的关键时期,这种好的传统更需要继承和发扬光大。

首钢改革取得的成绩充分说明,党的领导是国有企业独特的政治优势,党组织要始终把职工群众的利益放在心上。下一步,我们要按照"两学一做"常态化、制度化的要求,进一步树立党的一切工作到支部的鲜明导向,把基层党组织建设好,把党员队伍建设好,把职工利益发展好、维护好,做到全员统一思想,上下齐心,推动首钢深化改革、转型发展取得更大成绩。

这里需要强调的是,领导干部的这些能力是建立在讲政治的基础上的。政治能力是领导干部的第一能力、核心能力。政治能力不具备,其他能力都等于零。每名领导干部在讲政治上要有更高标准,在"四个意识"上有更严要求。要自觉把讲政治贯穿于党性锻炼和提升能力的全过程,努力使自己的政治能力与领导职责相匹配,发挥好"关键少数"的关键作用。这里我还要特别强调一下,我们各级领导干部要自觉接受班子、职工、社会的监督。上周在中心组学习的时候我也专门讲了,你的职务越高越要坦诚接受监督,要深刻认识到监督是"政治医生""政治体检",是给你打"政治疫苗"。大家要习惯在监督的环境下工作、生活,敢于、乐于自觉接受监督。不自觉接受监督肯定吃亏,今天不吃亏,明天也会吃大亏,这方面不要要任何小聪明。

　　以上是我今天跟大家交流的内容,主要是围绕加强管理能力建设,谈了一些思考。我们要认识到,管控体系和管理能力相辅相成,是不可分割的有机整体。有了好的管控体系,才能提高管理能力;提高管理能力,才能发挥管控体系的效能。健全管控体系、提升管理能力是一个持续深化的过程,关键要有高度的思想自觉和行动自觉。各级领导干部要把健全管控体系、提升管理能力建设作为紧迫而长期的任务,一刻不停地抓紧抓好,为实现首钢转型发展、再创首钢辉煌提供强有力的支撑。

持续推进科技创新
为提升转型发展质量和效益提供动力

——2018年科技工作报告

赵民革

（2018年3月9日）

同志们：

本次大会主要任务是：全面落实集团"两会"精神，着力推动质量变革、效率变革、动力变革，在新的历史起点上，确立首钢转型发展新的坐标。以科技创新带动全面创新，为首钢转型发展的质量和效益提升提供动力，全面完成2018年科技创新工作任务。下面我向大会报告工作。

一、2017年科技创新工作回顾

2017年首钢在转型发展的长征路上攻坚克难、砥砺奋进，交出了一份提气的成绩单。首钢人开拓进取、真抓实干，坚持依靠科技创新推进集团转型发展。钢铁业紧抓市场机遇、苦练内功，盈利能力大幅提升；园区开发厚积薄发、主动作为，实现质的突破；新产业加快拓展、创立品牌，形成新亮点。集团科技创新工作取得新进展。

（一）钢铁业效益提升

以"三个跑赢""双百工程"为抓手，持续推进产品结构优化、工艺技术创新，提升精益制造能力。2017年钢铁业在保生存中"稳"更有耐力。

1.产品结构持续优化

高端领先产品、战略产品、EVI产量全面完成任务。全年完成高端领先产品631万吨，战略产品汽车板305万吨，其中镀锌板116万吨、高强钢96万吨、外板73万吨、合资品牌63万吨，电工钢150万吨，其中无取向高牌号电工钢31万吨、取向电工钢15万吨，镀锡板42万吨，EVI产品116万吨。四地开发新产品93项32万吨，2项新能源汽车用无取向电工钢产品全球首发，电力塔架用耐候钢等7项新产品国内首发，最高等级1000千伏特高压变压器用钢批量供货，千兆级超高强汽车板成功下线。家电板、桥梁钢、车轮钢国内占有率第一，汽车板、电工钢国内占有率第二，镀锡板实现高端客户全覆盖。

首钢产品助力国家重大工程和重点项目。汽车板应用于朱日和阅兵检阅车，薄规格取向电工钢应用于高铁首套智能化变电站，管线钢中标中俄东线，桥梁钢独家供货世界第一高桥北盘江大桥，海工钢用于"蓝鲸1号"钻井平台，船板独家供应世界最大散货船"新一代超大型40万吨矿砂船"。贵钢动车组车轴钢取得动车组车轴国产材料的首件认证通过书。初步建立汽车板三级客户服务体系，成为宝马、吉利、北汽、长城等第一供应商，获海信、中粮等优秀供应商。

高端客户认证取得突破。汽车板在奔驰、上汽大众、一汽大众等高端客户认证取得新进展，获零件认证机会

1820 个,认证备料一次合格率 99.5%,备料准时率 96.5%,股份、京唐认证产品转化率分别达 86.5%、92.3%。在日产、本田、丰田等日系车企认证取得全面突破,争取到 16 种材料和 58 个零件认证机会,全年供货 1 万吨。其他产品累计开展认证 175 项。

2. 工艺技术创新取得突破

突破一批关键工艺技术。碱性球团研发取得进展,球团碱度达到 1.25,质量满足京唐二期球团生产的要求;长钢全面实施铁前一体化管理,铁水成本位居行业第八,高炉实现 970 余天无事故稳定运行,在集团内推广经验;股份公司 3 号转炉全炉役碳氧积 0.00188,行业领先;京唐公司、股份公司降低以 IF 钢为代表的冷轧品种转炉出钢温度约 20 摄氏度,为汽车板大幅增量提供保障;股份公司 IF 钢热轧≤1220 摄氏度低温出炉比例达到 90% 以上,≤810 摄氏度低温退火比例达到 80% 以上;京唐公司形成成套铁素体轧制技术,含钛 IF 钢成材率提高约 0.34%;京唐二期进一步主动作为,发挥集成创新优势,3500 毫米中板利旧改造按期投产,为首秦停产搬迁奠定基础。

提升 EVI 技术服务能力。持续推进 42 项 EVI 项目,涵盖范围由汽车板、电工钢拓展到所有重点产品;EVI 实践类型由"技术专项"向"整车多项"拓展,车型从燃油乘用车向新能源汽车拓展,成形、焊接、腐蚀与涂装等 EVI 技术能力明显提升;在国内已设立 12 家钢材加工配送中心,具备 165 万吨高端冷轧板材加工配送能力和激光拼焊等生产加工能力;与中集、中国电科院等下游战略用户和知名院所新增共建联合实验室 7 个,联合实验室累计达到 15 个;加强客户交流,强化战略、重点客户的高层走访,举办产品与技术展示会、客户技术研讨会等,在日本东京日产汽车技术中心开展首届"首钢日"活动,与东风日产、吉利等车企联合举办技术展览和技术论坛,增强了客户粘性。

提高智能制造水平。股份公司完成了硅钢一冷轧智能工厂建设;完成 72 台天车地操改造;原燃料检验全自动系统投入使用,实现 43 个点位原燃料样品送样及检测自动化,检验效率提高 30%,为国内首创。京唐公司烧结、混匀料场智能控制项目投用,实现远程操控;球团智能过程控制系统上线运行,填补了国内技术空白;工程信息管理平台全面上线,实现对工程进度的实时监控和分析;标准成本预测系统完成搭建,为经营决策提供了数据支撑。

3. 精益制造能力持续提升

强化过程管控,稳定产品质量。股份公司着力质量工作一次性干好、干到位,深化"天天读、周周碰",将 32 个工艺指标和 29 个质量指标列入模板,每周点评,持续改善,获评全国钢铁企业链汽车板优秀制造商 3A 级企业;京唐公司围绕产品制造、产品交付、客户服务、工序重点、质量成本五方面共设立 32 个评价指标,健全一贯制过程管理体系,热轧关键过程参数达标率较上年提升 10%。四地质量异议同比减少 17.2%;重点客户整单兑现率达 91.8%,同比进步 4.9 个百分点;到货准时率达 88.1%,同比提高 5.8 个百分点。

(二)园区开发主动作为

贯彻落实北京城市新总规、京津冀协同发展、筹办冬奥会等重大决策部署,双园区开发在求发展中"进"更有作为。

北京园区结合首钢城市风貌、城市设计、绿色生态等专项规划研究成果及北区实施情况编制了"多规合一"的设计导则,《新首钢高端产业综合服务区北区详细规划》获市政府肯定。初步搭建智慧建筑管控平台、大数据平台和综合运营管理平台、GIS&BIM 规划建设管理平台。完成西十筒仓区域 10 万平米工业遗存改造,启动了冬运中心训练基地建设,争取了单板大跳台项目落户。厚积薄发,先后获英国皇家城市规划学会颁发的"2017 国际卓越规划奖",获国际绿色建筑大会"2017 年绿色建筑先锋大奖","北京市新首钢城市更新改造项目"获全国人居环境建设领域的最高荣誉奖项住房城乡建设部"2017 年中国人居环境示范奖"。

曹妃甸园区聚焦推进产城融合先行启动区开发建设,借鉴欧洲低碳环保及中鹰黑森林绿色科技住宅理念,打造 15 万平超低能耗被动式示范住宅项目,纳入住建部"十大绿色科技示范项目"。大力引进和推广智能住宅产品,建立整合安防系统、视频监控系统、门禁系统、消防报警系统、智能照明于一体的办公楼宇智能系统。合作开发装配式建筑生态小镇示范项目,建设零能耗被动式幼儿园,与曹妃甸景山学校合作,积极承接非首都功能疏解企业落户,打造高品质城市配套生活设施。

（三）新产业加快拓展

发挥集团资源优势,加强对外开放合作,巩固已有基础,提质量、创品牌,探索新路径,开拓新市场,新产业在求发展中"进"更有亮点。

创新能力持续提升。环境产业:环境公司鲁家山餐厨垃圾收运处一体化项目开始运营,二期工程按照欧洲超净工厂的标准设计,打造国内环保产业新标杆。静态交通:城运公司开发的第二代公交车立体停车库平面移动类机械式停车设备取得特种设备型式试验合格证,并设计研发树状、云街型及圆塔型等类型自行车停车库。首自信公司自主研发的交流充电桩通过认证,同时开发了具备光纤到杆、供电到杆、智能应用搭载平台等多功能智能路灯杆。装配式建筑:首建公司获批住建部第一批"国家装配式建筑产业基地",研发了业内首创的"工具式安全防护、定位系统""自密实砼工法"用于4号、7号装配式住宅建设。体育文化:与体育总局共同打造国内首家"国家体育产业示范区"。

市场开发取得突破。国际工程公司承建的埃塞俄比亚阿瓦萨工业园项目荣获"全球建筑峰会"工业类"全球最佳工程奖",开发的世界首例超能电池重载运输车在山钢日照精品钢基地投入工业化应用,承揽秘铁和日照海水淡化工程。首自信中标城市副中心行政办公区综合管理服务平台项目。京西重工开发的车辆前盘高度调节系统正在通用公司进行验证,捷克工厂产品供货沃尔沃。北冶公司开发的超超临界燃煤电站用BYH1焊丝等新产品,填补国内空白、替代进口。吉泰安公司"圆珠笔头用超易切钢材料"产线开始量产。老年福养老模式得到国家民政部高度认可,一耐养老项目获得世行支持。

（四）科技创新取得新成效

1.科技创新能力稳步提升

全年完成科技成果验收评价136项,其中"基于商用车正向设计轻量化用钢的开发与应用技术"等20项成果达到国际先进水平。获上级科学技术奖励12项次,其中集团公司参与完成的"热轧板带钢新一代控轧控冷技术及应用"获国家科学技术进步二等奖;集团公司牵头完成的"大型水电站用高强度易焊接厚板与配套焊材焊接技术开发应用"获得冶金科学技术一等奖和北京市科学技术一等奖,是集团公司板带类产品近十年以来首次获行业一等奖。12项产品上榜2017年"冶金行业品质卓越产品"名单。

全年完成专利申请849件,其中发明专利503件;获专利授权522件,其中发明专利262件;形成企业技术秘密296项。集团公司被国家知识产权局授予"国家知识产权示范企业"称号。制修订各类标准58项,其中主持修订国际标准1项,在"国家标准研制贡献指数"大数据分析报告中,首钢名列冶金行业第一位。新承担"钢铁流程绿色化关键技术"等14项国家及北京市等科技计划项目,获财政资金支持2833万元。

初步建立起钢铁业研发投入预算管理体系,实现预算管理由"事后管控"向"过程管控"转变,提高科研资金利用效率;鼓励科技创新,加大新产品的开发力度及工艺技术研究的投入。全年首钢钢铁业研发投入22.2亿元,占销售收入比例2.3%。其中,四地钢铁业研发投入18.0亿元,占销售收入比例2.8%;外埠钢铁业研发投入4.3亿元,占销售收入比例1.2%。

2.基层群众性创新活动充满活力

不断发挥创新工作室的示范、引领和辐射作用。股份公司注重发挥各类创新团队的攻关生力军作用,形成了全员学习创新的浓厚氛围,培养技术领军人才,打造转炉复吹攻关"金牌团队"。京唐公司统筹推进"蓝精灵"、职工创新工作室、合理化建议等创新活动,资源共享、优势互补的全员创新平台初步建立,按"六有标准"和"六个特色活动"要求扎实推进。首秦公司备件和工装设备自主修复,高炉炉况量化评价,众创空间名副其实。矿业公司进一步探索实践了"四个结合、两个延伸"的全员创新模式,形成"人人是创新主体、处处有创新课题"的氛围。创业公社入驻和服务企业已超过一万家,出孵企业估值超过 200 亿元,真正成为了国家"双创"优质平台。

3.科技人才队伍建设稳步推进

拓展科技人才晋升空间,技研院建立了以知识价值为导向的薪酬激励政策,对技术领军人物的突出贡献在薪酬上体现激励,打通成长通道。"聚集一流人才干成事"不断深化,持续实施高端人才素质提升工程,选派优秀科技人员赴国内外知名院校进修深造。培育选树先进典型,矿业马著获"全国百姓学习之星"称号,技研院刘李斌获"全国五一劳动奖章",京唐吴礼云获北京市"国企楷模·北京榜样"十大人物,总工室张福明获"魏寿昆科技教育奖"。矿业齐宝军入选国家级百千万人才工程、与机电公司卫建平同时获批国务院政府特殊津贴,技研院邝霜入选"北京市2017 年科技新星培养计划",股份安冬洋等 3 人获得北京市优秀人才培养资助,成为科技工作者学习的榜样。"海外院士专家北京工作站"正式授牌落户首钢。

2017 年科技创新工作取得了一定成绩,这是集团各级领导、广大职工和科技工作者付出艰辛劳动的结果,是大家智慧的结晶,我代表集团公司向大家表示衷心的感谢!

在总结成绩的同时,必须清醒看到,在推动集团科技进步的过程中还面临不少困难和挑战,创新体系、创新能力与在新的历史起点上加快首钢转型发展的要求还存在较大差距。同时,我们的工作也存在着许多不足。一是产品结构调整"不到位"。无论是产品的综合价格、单利,还是产品的用户结构、"粘性",都与标杆企业存在全方位的差距。"把产品开发出来、在下游用得上去、在经营中拿得到订单、在财务账上看得见效益"还没有成为广泛的共识。二是工艺技术攻关"不深入"。主要表现在钢铁产品开发和工艺研究不平衡。一些影响产品质量的瓶颈工艺问题久攻不克,如汽车外板的针尖、脱锌、夹杂,热轧高强钢残余应力和冷轧双相钢的边裂和山峰纹缺陷等。多数研究工作虽然解决了问题,但是却不能回答"为什么?"和"什么是平衡态?"等科学问题。三是科技创新体制机制建设方面还"不高效"。部门之间、部门与企业之间、企业与企业之间协同效率不高;非钢产业研发体系发展不充分,研发投入预算管理体系还不能覆盖到集团。税收筹划意识不强,在国家税收优惠政策的利用方面差距较大;信息化建设对科技创新的支撑作用亟待提高。

二、2018 年科技创新工作思路和目标

2018 年首钢科技创新重点做好以下工作:

(一)总体思路

深入学习贯彻党的十九大精神,落实集团"两会"要求,以科技创新带动全面创新,着力推动质量变革、效率变革、动力变革,全面提高质量和效益;进一步优化集团科技创新体系,强化创新资源配置,提高协同效率,在新的历史起点上加快转型发展。

(二)科技进步主要目标任务

1.研发投入预算目标

钢铁业研发投入 25.3 亿元,占销售收入比例 2.5%,其中四地钢铁业研发投入 20.0 亿元,占销售收入比例 2.9%;外埠钢铁业研发投入 5.3 亿元,占销售收入比例 1.5%。

城市综合服务业要确定研发投入统计范围,制定出符合实际的研发投入的统计及管理体系,力争 2018 年下半年纳入集团研发投入预算管理范畴。

2.科技项目计划目标

2018 年计划开展科技项目 648 项,安排资金 6.13 亿元。钢铁业科技项目 469 项,安排资金 2.62 亿元,其中:四地钢铁业科技项目 393 项,安排资金 2.06 亿元,外埠钢铁业科技项目 76 项,安排资金 0.56 亿元。

3.产品结构优化目标

高端领先产品安排 585 万吨,三大战略产品中汽车板安排 315 万吨,电工钢安排 150 万吨,镀锡板安排 42 万吨;新产品产量 34 万吨,力争实现 6 项新产品国内首发;完成 4 款新车型技术支持,EVI 供货量计划 130 万吨。

4.园区与新产业科技进步目标

两大园区要统筹谋划规划、设计、建设、招商、运营、服务等多项工作,北京园区要做好首钢工业遗址公园、冬奥广场等项目建设和南区控规优化,曹妃甸园区要做好社会优质产业资源引进工作;新产业要整合内外部资源,重点搭建静态交通、装配式建筑、能源环保等产业链系统平台。

三、2018 年首钢科技创新重点工作

(一)认清形势,开创科技创新新局面

党的十九大指出"我国社会主要矛盾已经转化为人民日益增长的美好生活需要和不平衡不充分的发展之间的矛盾。"我们要深刻认识这一历史性变化所产生的深远影响、所带来的机遇挑战;深刻认识稳中求进成为治国理政的重要原则,不仅是经济工作总基调,也是各项工作总基调,主动在思想方法上求新求变。

从宏观形势看,世界经济短期企稳向好,中期挑战较多。中国经济由高速增长阶段转向高质量发展阶段,必须跨越非常规的发展现阶段特有的关口,要大力转变发展方式、优化经济结构、转换增长动力。这意味着必须坚持质量第一、效益优先,坚定不移推进供给侧结构性改革,坚决推动质量变革、效率变革、动力变革,坚定信心打赢三大攻坚战倒逼高质量发展。

从钢铁行业看,我国钢铁行业进入了深度调整期,比以往任何时候更加需要满足国家和社会对供给质量、服务质量、生态环境质量日益增长的新需求,比以往任何时候更加需要技术蕴含的巨大潜能和通过创新来孕育新动力。我们要深刻认识首钢钢铁业"稳"的基础远未牢固,绝不可以歇歇脚、松口气。

从京津冀协同发展看,疏解北京非首都功能是重中之重,北京副中心、雄安新区、以曹妃甸示范区为首的四个功能区建设充满了机遇和挑战。北京城市发展要求园区建设越来越宜居宜业;职工对美好生活的向往对企业转型成功越来越期盼。我们要深刻认识首钢转型发展"进"的能力还不强,还没有把市场机遇转变为自身的竞争能力。

从首钢自身看,我们面临的新矛盾是把首钢建设成为有世界影响力的综合性大型企业集团与当前转型发展质量不高之间的矛盾。面对新矛盾,必须坚持科技创新是引领发展的第一动力,为全面提升转型发展质量和效益提供强大支撑。然而我们自身还存在多种不平衡不充分的问题,面临艰巨的挑战,我们要深刻认识到解决新矛盾的关键是提高发展质量,根本出路在改革创新。

新起点开启新征程。在新的长征路上我们要应对更为艰巨的挑战、经历更为艰辛的过程、付出更为艰苦的努力,紧盯重要的时间节点和工作坐标,一步一个脚印地做实做好各项工作,开创科技创新新局面。

(二)抓住新矛盾,释放科技创新活力

面对新矛盾,我们必须破除思想观念束缚和体制机制障碍,聚焦科技创新,推动质量变革、效率变革和动力变革,解决发展不平衡、不充分的问题,实现产品质量更好、创新效率更高、创新动力更足。

推动质量变革。一是提升产品质量。充分发挥标准提对质量变革的引领作用,强化与先进企业对标,致力于提升产品质量的一致性,开展质量提升行动。充分发挥科技创新对质量变革的支撑作用,坚持用质量优势对冲成本上升的劣势,在全体系、全流程、全要素上下功夫,健全产品质量一贯制管理体系。二是提升工作质量。产品开发要以形成订单和利润为目标,工艺研究要以解决质量瓶颈问题为重点,全部科研工作要注重回答好"为什么?什么是平衡态?"等科学问题。通过科学、工艺、技术、设备和控制的完美结合,提升科技成果档次,在逐步彰显原创能力的

同时,获得更高档次的科技奖、形成更有影响力的国际标准和专利、在更高影响因子的期刊上发表论文。三是提升人才质量。注重人才的培养和使用,以"首席技术专家、首席研究员"团队建设为抓手,构建同一技术领域有共同梦想、共同利益、高效协同的"四同"团队,培养出能漫步国际舞台的领军人才和有行业影响力的科研骨干。拓展人才培养渠道,通过赴外学习、参加学术会议、挂职锻炼等多种形式,确保人才持续提素。

推动效率变革。一是提高科技创新效率。重点是加强顶层设计和系统安排,整合科技创新资源配置;提高研发资金的使用效率,加快钢铁新产品开发,缩短研发周期,加大科技成果的推广应用;试点科研项目招投标模式,直接引进社会成熟优势技术,提高新产业研发效率。二是提高协同效率。强化不同专业之间、单位部门之间、不同板块之间科技资源的高效协同;设立重大项目,确立同一目标、固化同一团队、建立同一机制;配置优质资源,加快要素集聚,激发创新潜力,抢攀科技高峰。三是提高流程效率。以产品制造和应用流程为研究对象,聚焦全流程高效运行的薄弱环节,找准突破点精准发力,实现全流程"动态有序、协同连续"。聚焦业务流程的重点问题,充分借助信息化手段,推动工作效率大幅提高。

推动动力变革。一是改革体制机制。探索建立"一院多中心"的钢铁板块研发体系,以研发投入预算为抓手完善非钢产业研发体系建设。探索建立科技成果转化、股权和分红等以增加知识价值为导向的激励机制;完善科技创新制度体系,通过对科技项目、专利、标准、科技奖励等管理办法的修订完善,形成更加系统、更有活力、更为高效的创新制度体系。加快高新技术企业申请、研发费用加计扣除等税收优惠政策的利用。二是推动原始创新。聚焦新技术、新材料发展,把握形势机遇,提前构思谋划,探索互联网、大数据、人工智能和首钢钢铁业的深度融合。以"首发产品、首创工艺、首开设备"为抓手,提升原始创新能力,突出重大工艺技术、关键共性技术创新。三是寻找新动能。进一步解放思想,拓展对外开放合作,充分借助内外部两个智力资源,寻找科技发展新动能,开创集团技术进步新局面,为钢铁业做优做强、园区开发和新产业发展提供科技支撑。

(三)构筑新优势,实现钢铁业新突破

钢铁业要坚持以市场化改革为中心,突出发挥机制作用;坚持以提高管理能力为中心,突出全要素生产力提高;坚持加强管控体系为中心,突出运行质量提升;坚持对标找差,突出持续改进。

强化精品制造。坚持"以市场为导向、以产线为中心、以效益为标尺",强化销售技术部的组织协调,持续优化产品结构,形成高效、优质、定制化的产品体系。大批量产品核心是高效,必须聚焦高端镀锌汽车外板关键缺陷、冷轧高强汽车板生产稳定性、薄规格酸洗板表面质量及板形等共性技术攻关,改善产品质量一致性,提高合同一次通过率,实现标准化生产。股份、京唐公司汽车板全流程合同一次通过率要分别达到60.5%和62.0%。高端化产品核心是优质,必须聚焦材料的多相组织调控、超高强钢残余应力控制、GA镀层结构优化等关键技术攻关,培育原创能力,实现980MPa级增强塑性双相钢等6项以上新产品国内首发,实现市场高端引领。小批量产品核心是定制,必须聚焦优化排程、敏捷制造、高精度柔性轧制等专有技术攻关,不断满足客户需求变化,实现低成本生产,提高产品交期水平,四地到货准时率要达到89.1%以上。围绕京唐二期工程进展,深化在工艺技术和产品市场等方面的转移和无缝对接。聚焦原始创新,加强转炉炉底快换、RH加铝吹氧高效升温技术等首创工艺、冷轧带钢翘曲在线检测等首开设备的培育。

推进智能制造。股份公司要完善总结硅钢一冷轧智能工厂建设经验,具备推广条件;高标准建设热轧板卷全自动智能检测实验室,争创国际先进。组织推进新数据中心、硅钢酸轧智能原料库等信息化、智能化项目,提高"互联网+制造"现实保证能力。京唐公司要完成运输部5#库智能仓储建设,推进MCCR板坯及成品卷库、冷轧和镀锡原料库库区的智能化建设;实施2230连退产线智能拆捆带项目;推进铁水智能调度系统建设,改造升级铁包跟踪系统并启动二期扩展工作;改造一期MES系统,同步完成二期铁前PES等信息化系统配套建设。

开展流程再造。以产销一体化经营管理系统建设为推手,整合产供销研及财务、成本、设备等组织机构与核心业务流程,统一各基地规则体系与代码体系,重构制度管控体系与绩效考核体系,提升首钢"制造+服务"的核心竞

争力,实现产销一体化、管控一体化、业财一体化。2018年4月份要完成业务详细设计,10月份要完成工程项目管理系统上线,年底要实现采购、设备、能源管理系统上线。2019年上半年完成销售、生产、质量、成本、物流管理系统上线。

加强持续改进。一是对标先进缩差。建立四地与宝钢、外埠与区域先进、板块与行业的全方位对标体系,制定全方位缩差赶超路线图、时间表,以"功成不必在我"的定力,持续攻关、不断改进,实现经济效益"比去年、比计划、比规化、比行业、比同类企业"稳步提升,钢铁板块销售价格要跑赢市场指标达到2%以上。二是持续成本改善。实施精益成本管理,依靠科技进步降低专项成本和费用,推进全流程工序降本。以铁前"降百"工程为抓手,特别是提高大型高炉科学管理水平,保持高炉顺稳局面;继续推广铁前一体化管控经验,实现铁成本对标行业先进企业,铁成本要比行业平均缩差100元/吨。三是强化精益制造。聚焦流程优化、质量改善、现场提升,深化六西格玛、TPM等精益管理工具运用;开展精益制造探索,导入准时化生产、标准化作业、设备综合效率评价等新理念、新方法。钢铁板块质量成本要比2017年降低15%。四是确保生产顺稳。要树立更高的有挑战性的产量目标,消化环保限产等不利因素,确保完成挑战性的生产效率指标。股份、京唐劳产率力争达到1000吨/人·年和1278吨/人·年的目标。推广设备实时监测预警App做法,点巡检与精密点检相结合,设备劣化趋势分析与快速隐患排查治理相结合,实现产线故障有效掌控;以TPM为抓手,持续优化功能精度等管理,保持设备良好运行状态。

践行首钢服务。着力管控合同节点兑现率、合同整单兑现率等关键指标,四地整体合同兑现率达到96.0%,重点客户整单兑现率达到90.9%;加快构建钢铁产品"一站式"信息化服务平台,提升"一揽子"服务能力;完善以客户代表为中心的"产销研一体化"服务协作模式,拓展服务领域;实施客户服务"分类、分区、分级"管理,提高服务效率;优化钢材配送加工中心布局与建设,加快宁波、株洲等项目的实施,强化贴身服务;提高服务质量,使EVI成为粘结高端客户、深化战略合作、提高产品盈利能力的最重要途径,推进与一汽、吉利等客户应用技术实验室联合共建力度,持续提升用户服务能力;加强认证能力建设,推进实验室国际化、专业化进程,再启动1家合资品牌焊接实验室认证授权。

(四)打造新名片,建设城市复兴新地标

园区建设要坚持"双园区"协同联动,面对多线布局、多点开花、多面挑战,盯住时间节点,顺势而为,向社会展示首钢园区新形象。

北京园区要加快开发步伐,高质量、高水平完成冬运中心训练基地建设。启动石景山景观公园和首钢工业遗址公园项目,完成北区路网建设,打好绿色环境基础,快速提升园区品质。全面启动冬奥广场及金安桥交通一体化工业遗存改造项目,同步做好招商工作,吸引高端产业要素集聚。做好城市织补创新工场功能区和公共服务配套区方案设计,完成南区控规优化。推进C40正气候项目第二阶段认证和美国社区规划与发展评估认证,推进园区BIM标准研究和园区大数据平台建设。曹妃甸园区要继续落实北京制造业疏解地的功能定位,在节能环保、绿色低能耗、智能办公、智能销售等方面开展科技创新,培育一批绿色节能建筑高新技术企业。加强与上下游企业对接联系,争取引入更多钢铁产业链企业。与京冀教育、医疗、体育规划布局对接,引导一批北京市医疗、教育及体育资源向曹妃甸转移,推进零能耗被动式幼儿园申报国家级示范项目。

(五)培育新产业,形成转型发展新亮点

新产业要充分发挥首钢在转型发展实践中已形成的综合优势,破瓶颈、补短板,抢抓发展机遇,打好组合拳,形成模块化解决方案和标准化推介宣传,尽快打开市场开发新局面。

环境产业:环境公司要继续做好鲁家山园区规划,推进生物质二期各项工作,做好北京市餐厨垃圾收运处一体化项目;精心做好北京园区土壤治理工作,拓展建筑垃圾市场应用。静态交通:城运公司要以"智能库"的研发为着力点,进一步拓展自行车库的研发;首自信公司重点开展智慧建筑技术研发,将物联网技术应用于智能家居。装配

式建筑;首建公司要构建装配式钢框架支撑结构住宅技术体系,在铸造村一区开工建设箱板装配式钢结构住宅示范楼;国际工程公司要形成一整套绿色装配式钢结构住宅建筑及结构设计体系及施工技术集成。特种材料方面:北冶公司要推进丝材生产线升级改造、战斗机和燃气轮机用高温合金纯净化冶炼技术研究;吉泰安公司要完成机动车排气管焊接用特殊焊丝的开发。健康医疗产业方面:首钢医院要稳步推动中心实验室发展;医疗产业公司要进一步完善智慧养老信息化系统,将系统全面落地。

同志们,2018 年是首钢推进"十三五"规划、迎接建厂百年承上启下的关键一年。我们要深刻领会"十九大"精神和集团"两会"要求,站在新起点,开启新征程,把科技创新作为引领发展的第一动力,敢于攀登、勇于担当、凝心聚力、只争朝夕,开创首钢转型发展新局面,为完成今年各项任务而奋勇前进!

2017 年度首钢科学技术特殊贡献奖名单

周德光　秦皇岛首秦金属材料有限公司
李海波　首钢集团有限公司技术研究院

2017 年首钢获得上级奖励项目

序号	项目名称	主要完成单位	获奖等级
1	热轧板带钢新一代控轧控冷技术及应用	东北大学 鞍钢股份有限公司 首钢总公司(首钢集团有限公司) 南京钢铁股份有限公司 湖南华菱涟源钢铁有限公司 福建省三钢(集团)有限责任公司 新余钢铁股份有限公司	国家科学技术进步二等奖
2	大型水电站用高强度易焊接厚板与配套焊材焊接技术开发应用	首钢集团有限公司 秦皇岛首秦金属材料有限公司 北京科技大学 中国水利水电第七工程局有限公司机电安装分局 中国水利水电夹江水工机械有限公司 中国电建集团华东勘测设计研究院有限公司 中国葛洲坝集团机械船舶有限公司 天津大桥焊材集团有限公司	冶金科学技术一等奖
3	煤—煤气混烧锅炉双尺度低 NO_x 燃烧技术的研究与应用	首钢京唐钢铁联合有限责任公司 烟台龙源电力技术股份有限公司	冶金科学技术二等奖

序号	项目名称	主要完成单位	获奖等级
4	ISO5003"铁路用热轧钢轨"等 7 项冶金优势领域国际标准研制	冶金工业信息标准研究院 中冶建筑研究总院有限公司 攀钢集团研究院有限公司 首钢集团有限公司	冶金科学技术二等奖
5	首钢烧结高温烟气循环提质节能减排新工艺	首钢集团有限公司 北京首钢股份有限公司 北京科技大学	冶金科学技术三等奖
6	大型 KR 高效低耗智能化铁水脱硫成套技术集成与创新	首钢京唐钢铁联合有限责任公司 首钢集团有限公司 北京首钢自动化信息技术有限公司 中冶京诚工程技术有限公司 北京科技大学	冶金科学技术三等奖
7	钢铁材料的高温氧化特性及其在碳钢板带表面质量控制中的应用	首钢集团有限公司 首钢京唐钢铁联合有限责任公司 北京首钢股份有限公司 北京科技大学	冶金科学技术三等奖
8	冷轧处理线自动化控制系统的研发与应用	北京首钢自动化信息技术有限公司 首钢京唐钢铁联合有限责任公司	冶金科学技术三等奖
9	特高压变压器用高磁感取向硅钢全流程板形控制技术研究与应用	北京首钢股份有限公司	冶金科学技术三等奖
10	大型水电站用高强度易焊接厚板与配套焊材焊接技术开发应用	首钢集团有限公司 秦皇岛首秦金属材料有限公司 北京科技大学 中国水利水电第七工程局有限公司机电安装分局 中国水利水电夹江水工机械有限公司 中国电建集团华东勘测设计研究院有限公司 中国葛洲坝集团机械船舶有限公司 天津大桥焊材集团有限公司	北京市科学技术一等奖
11	首钢烧结高温烟气循环提质节能减排新工艺	首钢集团有限公司 北京首钢股份有限公司 北京科技大学	北京市科学技术三等奖
12	首钢 3000 吨天生活垃圾焚烧发电项目集成工艺开发与优化	首钢环境产业有限公司 北京首钢生物质能源科技有限公司	北京市科学技术二等奖
13	大型水电站用高强度易焊接厚板与配套焊材焊接技术开发应用	首钢总公司 秦皇岛首秦金属材料有限公司 北京科技大学 中国水利水电第七工程局有限公司机电安装分局 中国水利水电夹江水工机械有限公司 中国电建集团华东勘测设计研究院有限公司 中国葛洲坝集团机械船舶有限公司 天津大桥焊材集团有限公司	石景山科学技术二等奖
14	京唐镀铝锌生产线控制系统的研究与应用	北京首钢自动化信息技术有限公司	石景山科学技术二等奖

序号	项目名称	主要完成单位	获奖等级
15	首钢烧结高温烟气循环提质节能减排新工艺及工业化应用研究	首钢总公司 北京首钢股份有限公司 北京科技大学	石景山科学技术三等奖

2017 年度首钢科学技术奖获奖项目

序号	项目名称	主要完成单位	获奖等级
1	首钢水厂铁矿尾矿一体化处置全流程技术与装备研究	首钢集团有限公司矿业公司	一等奖
2	首钢京唐炼钢高效化生产技术研究	首钢京唐钢铁联合有限责任公司 首钢集团有限公司技术研究院	一等奖
3	首钢高品质汽车板冶金工艺技术研发与创新	首钢集团有限公司技术研究院 北京首钢股份有限公司 首钢京唐钢铁联合有限责任公司	一等奖
4	大跨度重载荷钢桥用高性能桥梁钢的开发与应用	首钢集团有限公司技术研究院 秦皇岛首秦金属材料有限公司	一等奖
5	基于商用车正向设计轻量化用钢的开发与应用技术	首钢集团有限公司技术研究院 首钢京唐钢铁联合有限责任公司 北京首钢股份有限公司	一等奖
6	先进高强钢关键轧制技术开发	首钢京唐钢铁联合有限责任公司 首钢集团有限公司技术研究院	一等奖
7	硅钢退火炉工艺技术集成创新与应用	北京首钢股份有限公司	一等奖
8	烧结料面喷吹蒸汽机理研究及应用	首钢集团有限公司技术研究院 首钢京唐钢铁联合有限责任公司	一等奖
9	机械式立体停车设备研发设计与应用	北京首钢城运控股有限公司	一等奖
10	杏山地采最佳截止品位的研究与实践	首钢集团有限公司矿业公司	二等奖
11	高阶段运输在超大规模充填矿山的研究与应用	首钢滦南马城矿业有限责任公司 首钢集团有限公司矿业公司	二等奖
12	长钢铁前流程一体化降本研究与实践	首钢长治钢铁有限公司 首钢集团有限公司技术研究院	二等奖
13	富矿用于球团生产技术研究与应用	首钢集团有限公司技术研究院 首钢京唐钢铁联合有限责任公司	二等奖
14	烧结智能控制无人操作研发与应用	首钢京唐钢铁联合有限责任公司 北京首钢自动化信息技术有限公司 首钢集团有限公司技术研究院	二等奖
15	大型高炉铜冷却壁长寿技术研究	北京首钢股份有限公司 首钢集团有限公司技术研究院	二等奖

续表

序号	项目名称	主要完成单位	获奖等级
16	提高加盖钢包自开率的研究	首钢京唐钢铁联合有限责任公司 首钢集团有限公司技术研究院	二等奖
17	高品质高合金连铸坯冶炼控制与用户服务技术开发与应用	首钢集团有限公司技术研究院 秦皇岛首秦金属材料有限公司	二等奖
18	首钢京唐 FC 结晶器应用技术研究	首钢集团有限公司技术研究院 首钢京唐钢铁联合有限责任公司	二等奖
19	首钢股份关键品种钢连铸保护渣的研究与开发	北京首钢股份有限公司 首钢集团有限公司技术研究院	二等奖
20	IF 钢 LTH&A 工艺技术研发及应用	北京首钢股份有限公司 首钢京唐钢铁联合有限责任公司 首钢集团有限公司技术研究院	二等奖
21	水钢二棒控轧控冷装备技术改造及低成本工艺研究	首钢集团有限公司技术研究院 首钢水城钢铁（集团）有限责任公司	二等奖
22	高性能奥氏体不锈钢轧制复合板的开发及应用研究	首钢集团有限公司技术研究院 秦皇岛首秦金属材料有限公司 首秦钢材加工配送有限公司	二等奖
23	首钢三片罐和旋盖用二次冷轧镀锡板开发及应用	首钢集团有限公司技术研究院 首钢京唐钢铁联合有限责任公司	二等奖
24	首钢耐指纹板开发及生产控制技术研究	首钢京唐钢铁联合有限责任公司 首钢集团有限公司技术研究院	二等奖
25	高强一次冷轧镀锡板 MR T—5 CA 开发及生产技术研究	首钢京唐钢铁联合有限责任公司 首钢集团有限公司技术研究院	二等奖
26	铌钛微合金化用于改善冷轧高强汽车板的综合性能及其作用机理	首钢集团有限公司技术研究院 首钢京唐钢铁联合有限责任公司 北京首钢股份有限公司	二等奖
27	车身覆盖件抗凹性优化及控制技术研究	首钢集团有限公司技术研究院	二等奖
28	中厚板轧机系统搬迁工程综合施工技术	北京首钢建设有限公司	二等奖
29	京唐 7.63 米焦炉四大机车远程操控技术研究与应用	唐山首钢京唐西山焦化有限责任公司 首钢京唐钢铁联合有限责任公司 首钢集团有限公司技术研究院	二等奖
30	股份公司一炼钢转炉一次除尘半干法环保达标改造技术研究与应用	北京首钢股份有限公司 北京首钢国际工程技术有限公司	二等奖
31	首钢京唐公司实现氧气"基本零放散"综合节能调配技术	首钢京唐钢铁联合有限责任公司	二等奖
32	首钢京唐公司污水高效集成再生技术应用	首钢京唐钢铁联合有限责任公司	二等奖
33	大型垃圾焚烧发电工程综合建造技术	北京首钢建设有限公司	二等奖
34	磁流变技术在凯迪拉克 CT6 减震器项目中的应用	北京首钢西重工有限公司	二等奖
35	露天矿燃油智能管控系统及管件技术研究	首钢集团有限公司矿业公司	三等奖
36	预裂爆破方法研究与实践	首钢集团有限公司矿业公司	三等奖
37	低品位硼镁铁矿镁资源回收利用工艺研究与应用	辽宁首钢硼铁有限责任公司	三等奖

序号	项目名称	主要完成单位	获奖等级
38	首秦高炉高生矿比冶炼研究与应用	秦皇岛首秦金属材料有限公司 首钢集团有限公司技术研究院	三等奖
39	焦化废水分段进水工艺研究与应用	唐山首钢京唐西山焦化有限责任公司 首钢京唐钢铁联合有限责任公司 首钢集团有限公司技术研究院	三等奖
40	京唐7.63米焦炉加热制度优化研究	唐山首钢京唐西山焦化有限责任公司 首钢京唐钢铁联合有限责任公司 首钢集团有限公司技术研究院	三等奖
41	烧结篦条粘结和烧损机理研究及防治应用	首钢集团有限公司技术研究院 首钢京唐钢铁联合有限责任公司	三等奖
42	烧结点火节能降耗技术集成与应用	首钢集团有限公司技术研究院 北京首钢股份有限公司 首钢京唐钢铁联合有限责任公司	三等奖
43	球团用往复布料器的研究开发与创新应用	北京首钢国际工程技术有限公司 首钢京唐钢铁联合有限责任公司	三等奖
44	新太新材料公司铬矿球团预还原工程新工艺技术创新与应用	北京首钢国际工程技术有限公司	三等奖
45	烧结厂改球团厂的集成开发研究与应用	北京首钢国际工程技术有限公司	三等奖
46	股份公司KR脱硫脱钛综合技术开发与优化	北京首钢股份有限公司 首钢集团有限公司技术研究院 北京首钢自动化信息技术有限公司	三等奖
47	中俄东线X80无缺陷板坯质量控制技术研究	首钢京唐钢铁联合有限责任公司 首钢集团有限公司技术研究院	三等奖
48	钢渣资源化处理及再生利用技术的研究应用	首钢水城钢铁(集团)有限责任公司	三等奖
49	转炉高位辅原料料仓"一键式"上料系统的开发	首钢京唐钢铁联合有限责任公司 北京首钢自动化信息技术有限公司	三等奖
50	镀锡板炼钢过程微小夹杂物控制技术及应用	首钢集团有限公司技术研究院 首钢京唐钢铁联合有限责任公司	三等奖
51	优化铸机辊缝控制提升板坯内部质量的技术开发	首钢集团有限公司技术研究院 北京首钢股份有限公司	三等奖
52	低碳钢拉丝线材系列品种开发与质量提升	通化钢铁集团股份有限公司 首钢集团有限公司技术研究院	三等奖
53	首秦4300mm轧机力能力参数研究优化及在产品开发中的应用	秦皇岛首秦金属材料有限公司 首钢集团有限公司技术研究院	三等奖
54	迁钢一热轧精轧控制模型的解析、优化与应用	北京首钢股份有限公司 首钢集团有限公司技术研究院 北京首钢自动化信息技术有限公司	三等奖
55	首钢股份一热轧粗轧镰刀弯控制新技术研究和应用	北京首钢股份有限公司 首钢集团有限公司技术研究院 北京首钢自动化信息技术有限公司	三等奖
56	热轧电工钢边部缺陷控制技术研究	北京首钢股份有限公司 首钢集团有限公司技术研究院	三等奖

序号	项目名称	主要完成单位	获奖等级
57	高品质纯铁系列产品的研制与开发	首钢集团有限公司技术研究院 北京首钢股份有限公司	三等奖
58	汽车热轧板横向断面轮廓控制研究及配套技术开发	首钢集团有限公司技术研究院 北京首钢股份有限公司 北京首钢自动化信息技术有限公司	三等奖
59	HFW 制管用薄规格 X70 管线钢产品研发及性能稳定性研究	首钢集团有限公司技术研究院 北京首钢股份有限公司	三等奖
60	LNG 接收站配套管线及外输干线用低温管线钢的研发	首钢集团有限公司技术研究院 秦皇岛首秦金属材料有限公司	三等奖
61	高等级冶金锯片用钢的研制与开发	首钢集团有限公司技术研究院 秦皇岛首秦金属材料有限公司	三等奖
62	离线拉矫技术在酸洗板关键质量控制中的研究及应用	首钢集团有限公司技术研究院 北京首钢股份有限公司	三等奖
63	制定国标 GB/T 20887.6—2017《汽车用高强度热连轧钢板及钢带　第 6 部分:复相钢》	首钢集团有限公司技术研究院	三等奖
64	首钢新型高效无取向 R 系列产品开发及应用	北京首钢股份有限公司	三等奖
65	连退炉内加湿控制炉辊结瘤技术研发及应用	北京首钢冷轧薄板有限公司 首钢京唐钢铁联合有限责任公司 首钢集团有限公司技术研究院	三等奖
66	顺义冷轧镀锌汽车板表面锌灰锌渣消除技术	北京首钢冷轧薄板有限公司 首钢集团有限公司技术研究院	三等奖
67	首钢镀锡板板形控制技术研究与应用	首钢集团有限公司技术研究院 首钢京唐钢铁联合有限责任公司	三等奖
68	冷轧 HSLA 钢关键生产控制技术研究	首钢集团有限公司技术研究院 首钢京唐钢铁联合有限责任公司	三等奖
69	满足复杂成形及深拉延需求的冷轧连退双相钢产品开发	首钢集团有限公司技术研究院 首钢京唐钢铁联合有限责任公司	三等奖
70	IF 钢激光拼焊关键技术研究	首钢集团有限公司技术研究院	三等奖
71	基于降成本的车身选材优化技术研究	首钢集团有限公司技术研究院	三等奖
72	首钢冷轧冲压型搪瓷钢研制与开发	首钢集团有限公司技术研究院 首钢京唐钢铁联合有限责任公司	三等奖
73	含磷高强汽车板全流程磷偏析的危害及控制技术研究	首钢集团有限公司技术研究院 北京首钢股份有限公司	三等奖
74	制定国标 GB/T 20564.11—2017《汽车用高强度冷连轧钢板及钢带　第 11 部分:碳锰钢》	首钢集团有限公司技术研究院	三等奖
75	露天采矿辅助工程设备改进研究与应用	首钢集团有限公司矿业公司	三等奖
76	迁钢二连轧轧线电气传动新技术开发与应用	北京首钢股份有限公司	三等奖
77	5#重卷机组生产高端汽车板升级改造	北京首钢冷轧薄板有限公司 首钢集团有限公司技术研究院	三等奖

序号	项目名称	主要完成单位	获奖等级
78	基于改善热轧原料板型和提升酸洗质量的拉矫机国产化升级改造	北京首钢冷轧薄板有限公司	三等奖
79	硅钢动态质量设计平台自主研发与应用	北京首钢自动化信息技术有限公司 北京首钢股份有限公司	三等奖
80	京唐热轧 2250 产线加热炉余热回收技术研究及应用	首钢京唐钢铁联合有限责任公司 首钢集团有限公司技术研究院	三等奖
81	降低炼钢系统能源消耗技术	首钢京唐钢铁联合有限责任公司	三等奖
82	综合体建筑内部分段预留后置施工技术	北京首钢建设有限公司	三等奖
83	面向北京冬奥会的智慧路灯杆 窨井盖在线监管系统	北京首钢自动化信息技术有限公司	三等奖
84	建筑垃圾再生骨料在干混砂浆中的应用技术研究	首钢环境产业有限公司 北京首钢资源综合利用科技开发公司	三等奖

管理创新

2017 年首钢第十八届管理创新成果获奖项目

序号	主创单位	成果名称	获奖等级
1	京唐公司	冶金企业智慧能源体系的构建	一等奖
2	京唐公司	面向市场一贯制钢铁产品推进管理体系构建与实施	一等奖
3	人力资源部	大型国有企业深化干部人事制度改革的创新实践	一等奖
4	发展研究院	综合性大型企业集团管控体系的构建与实施	一等奖
5	技术研究院	钢铁产品结构调整管理体系的构建与实施	一等奖
6	战略发展部	大型国有企业战略退出实现结构优化的实践	一等奖
7	医疗健康公司	运用物联网和互联网+养老服务,打造智慧养老服务模式	一等奖
8	股份公司	大型钢铁企业创建现场问题管理体系的实践	一等奖
9	水钢公司	以优化产能提升效益为中心的流程再造管控体系构建	一等奖
10	审计部	多方面、多角度构建混合所有制企业监管体系	一等奖
11	经营财务部	钢铁业"三个跑赢"评价工具的形成与应用	一等奖
12	资产管理中心	大型钢铁企业搬迁调整中资产处置体系的构建与实施	一等奖
13	股份公司	大型钢铁企业板块协同体系的构建与实施	一等奖

续表

序号	主创单位	成果名称	获奖等级
14	京西重工	国际并购企业产融结合的创新与实践	一等奖
15	首秦公司	"自下而上"基层改革的构建与实施	一等奖
16	人事服务中心	企业补充医疗保险管理模式的探索和实践	二等奖
17	京唐公司	基于大型高炉检测控制可靠性的高效化管理	二等奖
18	监察部	创新监督机制推动企业转型	二等奖
19	股份公司	新形势下三支人才队伍激励机制构建与实施	二等奖
20	股权投资管理公司	钢铁企业转型新动能培育体系的构建与实施	二等奖
21	办公厅	大型企业集团战略决策型董事会建设的创新与实践	二等奖
22	资产管理中心	政企协同模式下的企业拆违治乱创新与实践	二等奖
23	国际业务部	集团企业汇率风险防控管理方法的创新与实践	二等奖
24	实业公司	混合所有制企业体制机制改革创新的实践	二等奖
25	曹建投公司	大型企业创新体制服务京津冀协同发展的实践	二等奖
26	实业公司	创新市场开发模式,走共享共赢的市场开发之路	二等奖
27	首建集团	创建人才开发新体系,促进企业转型发展	二等奖
28	系统优化部	大型企业推进转型提效工作的实践	二等奖
29	销售公司	基于与家电客户开展EVI合作模式的技术型营销探索	二等奖
30	长钢公司	原燃料检验双随机作业模式防控岗位风险	二等奖
31	矿业公司	超大规模深部地采矿山建设的创新与实践	二等奖
32	股份公司	大型钢铁企业基于"两化融合"的质量过程管理	二等奖
33	审计部	国有大型企业集团内部审计体系建设——以首钢集团内部审计为例	二等奖
34	京唐公司	大型板材钢铁企业基于目标导向的带出品精细管理创新与实践	二等奖
35	矿业公司	大型非煤矿山安全管理模式的创新与实践	二等奖
36	国际业务部	开创钢材出口贸易融资新模式——实现成本降低新渠道	三等奖
37	首秦公司	中厚板钢轧全流程管控体系的构建与实施	三等奖
38	北冶公司	优化流程强化管控,创新材料研发新模式	三等奖
39	股份公司	大型钢铁企业特种设备标准化管理的构建与实施	三等奖
40	监事会办公室	大型国有企业集团内部监事会专职监事常驻制的探索与实践	三等奖
41	国际工程公司	大型企业"三标一体化"管理体系的建立与实施	三等奖
42	顺义冷轧	"把隐患当事故处理"隐患排查治理信息化管控体系	三等奖
43	顺义冷轧	钢铁企业高端镀锌汽车外板精益化生产管理实践	三等奖
44	首建集团	建筑施工企业项目成本控制体系的创新与实践	三等奖
45	矿业公司	整合信息资源,实现固定资产全寿命管控的探索与实践	三等奖
46	贵钢公司	城市钢厂非钢产业整合增效的摸索与实践	三等奖

序号	主创单位	成果名称	获奖等级
47	安全环保部	创建以全员隐患排查治理为核心的全新安全生产管理体系	三等奖
48	园区管理部	供水系统节能降耗的探索与实践	三等奖
49	环境公司	生物能源发电厂生产工艺控制优化管理的实践与创新	三等奖
50	中首公司	挖掘新品种、优化进口煤配置、降低生产成本	三等奖
51	中首公司	出口贸易流程功能化的研究与创新	三等奖
52	首控公司	大型煤矿合作建设开发模式的探索与实施	三等奖
53	园服公司	构建"订制标准化"管理体系探索服务冬奥新模式	三等奖
54	园服公司	创新培训模式，促进转型提效	三等奖
55	首钢医院	基于社区骨关节疾病防治的科普宣教与管理实践探索	三等奖
56	培训中心	公共实训基地共享机制研究与实践	三等奖
57	机电公司	企业管理信息平台建设的探索与实践	提名奖
58	顺义冷轧	能源系统模拟市场化运行机制的探索与实践	提名奖
59	通钢公司	钢铁企业电量管理系统的开发及应用	提名奖
60	通钢公司	构建特色主动维护设备管理模式	提名奖
61	矿业公司	矿山企业传导市场压力的绩效管理创新与实践	提名奖
62	首秦公司	铁前成本系统优化的实践	提名奖
63	水钢公司	以经济用料为核心的生产经营体系的构建与实践	提名奖

组织机构

◎ 责任编辑：车宏卿、关佳洁

集团成员单位管理关系图（1）

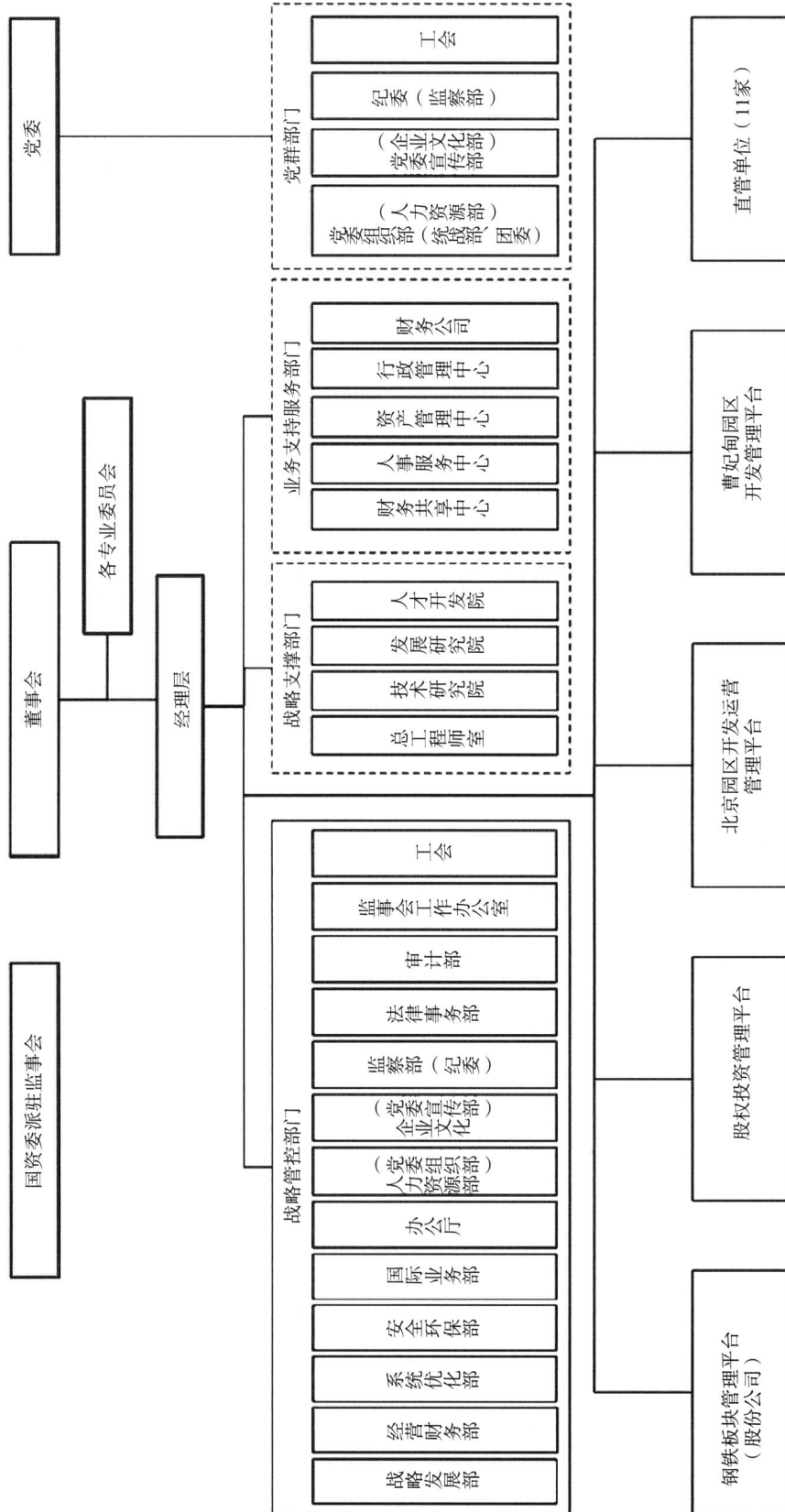

国资委派驻监事会

董事会 —— 各专业委员会

经理层

党委

党群部门
- 工会
- 纪委（监察部）
- 党委宣传部（企业文化部）
- 党委组织部（人力资源部）统战部（团委）

业务支持服务部门
- 财务公司
- 行政管理中心
- 资产管理中心
- 人事服务中心
- 财务共享中心

战略支撑部门
- 人才开发院
- 发展研究院
- 技术研究院
- 总工程师室

战略管控部门
- 工会
- 监事会工作办公室
- 审计部
- 法律事务部
- 监察部（纪委）
- 企业文化部（党委宣传部）
- 人力资源部（党委组织部）
- 办公厅
- 国际业务部
- 安全环保部
- 系统优化部
- 经营财务部
- 战略发展部

钢铁板块管理平台（股份公司）

股权投资管理平台

北京园区开发运营管理平台

曹妃甸园区开发管理平台

直管单位（11家）

集团成员单位管理关系图（2）

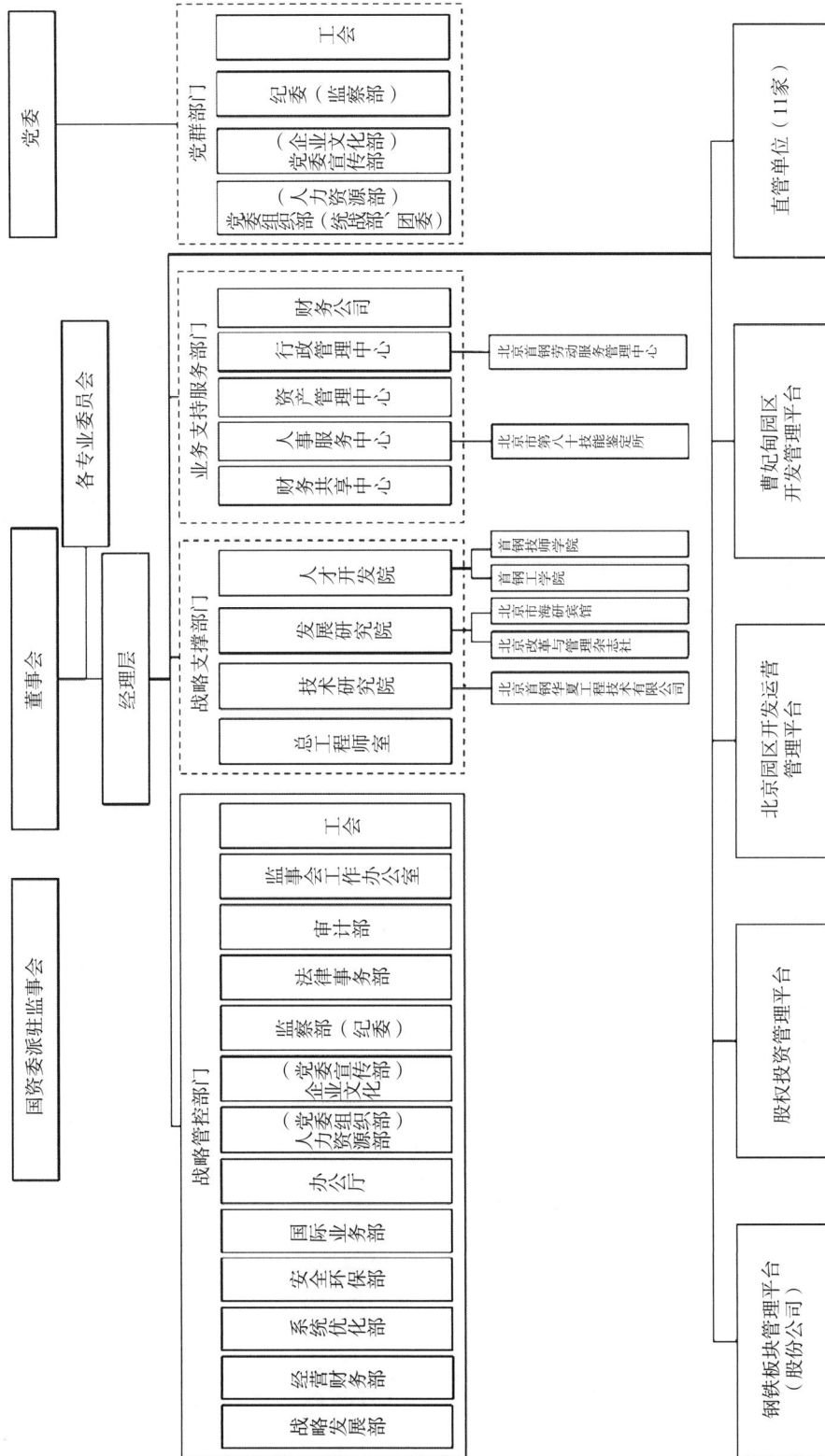

集团成员单位管理关系图（3）

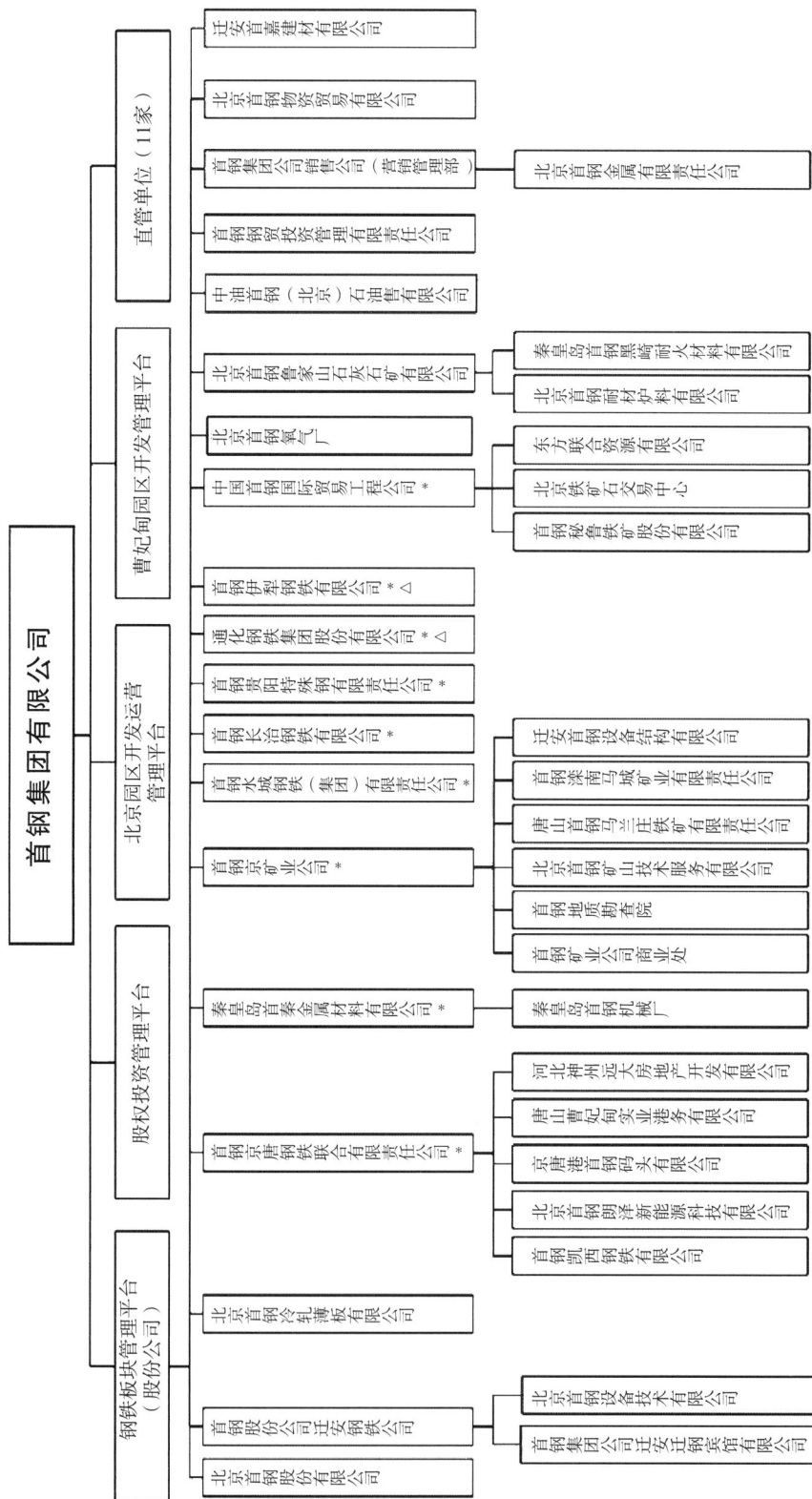

首钢集团有限公司

钢铁板块管理平台（股份公司）
- 北京首钢股份有限公司
  - 首钢股份公司迁安钢铁公司
    - 北京首钢设备技术有限公司
    - 首钢集团公司迁安迁钢宾馆有限公司
- 北京首钢冷轧薄板有限公司

股权投资管理平台
- 首钢京唐钢铁联合有限责任公司 *
  - 河北神州远大房地产开发有限公司
  - 唐山曹妃甸实业港务有限公司
  - 京唐港首钢码头有限公司
  - 北京首钢朗泽新能源科技有限公司
  - 首钢凯西西山铁矿有限公司
- 秦皇岛首秦金属材料有限公司 *
  - 秦皇岛首钢机械厂

北京园区开发运营管理平台
- 首钢京矿业公司 *
  - 迁安首钢设备结构有限公司
  - 首钢滦南马城矿业有限责任公司
  - 唐山首钢马兰庄铁矿有限责任公司
  - 北京首钢矿山技术服务有限公司
  - 首钢地质勘查院
  - 首钢矿业公司商业处
- 首钢水城钢铁（集团）有限责任公司 *
- 首钢长治钢铁有限公司 *
- 首钢贵阳特殊钢有限责任公司 *
- 通化钢铁集团股份有限公司 * △
- 首钢伊犁钢铁有限公司 * △

曹妃甸园区开发管理平台
- 中国首钢国际贸易工程公司 *
  - 东方联合资源有限公司
  - 北京铁矿石交易中心
  - 首钢秘鲁铁矿股份有限公司
- 北京首钢氧气厂
- 北京首钢鲁家山石灰石矿有限公司
  - 秦皇岛首钢燕崎耐火材料有限公司
  - 北京首钢耐火材料有限公司

直管单位（11家）
- 中油首钢（北京）石油销售有限公司
- 首钢贸投资管理有限责任公司
- 首钢集团公司销售公司（营销管理部）
  - 北京首钢金属有限责任公司
- 北京首钢物资贸易有限公司
- 迁安首嘉建材有限公司

注1：标*企业为总公司实行关键要素管理的企业。
注2：标△企业为非总公司直接投资企业，考虑其生产经营范围，划入钢铁板块管理平台范畴。

集团成员单位管理关系图（4）

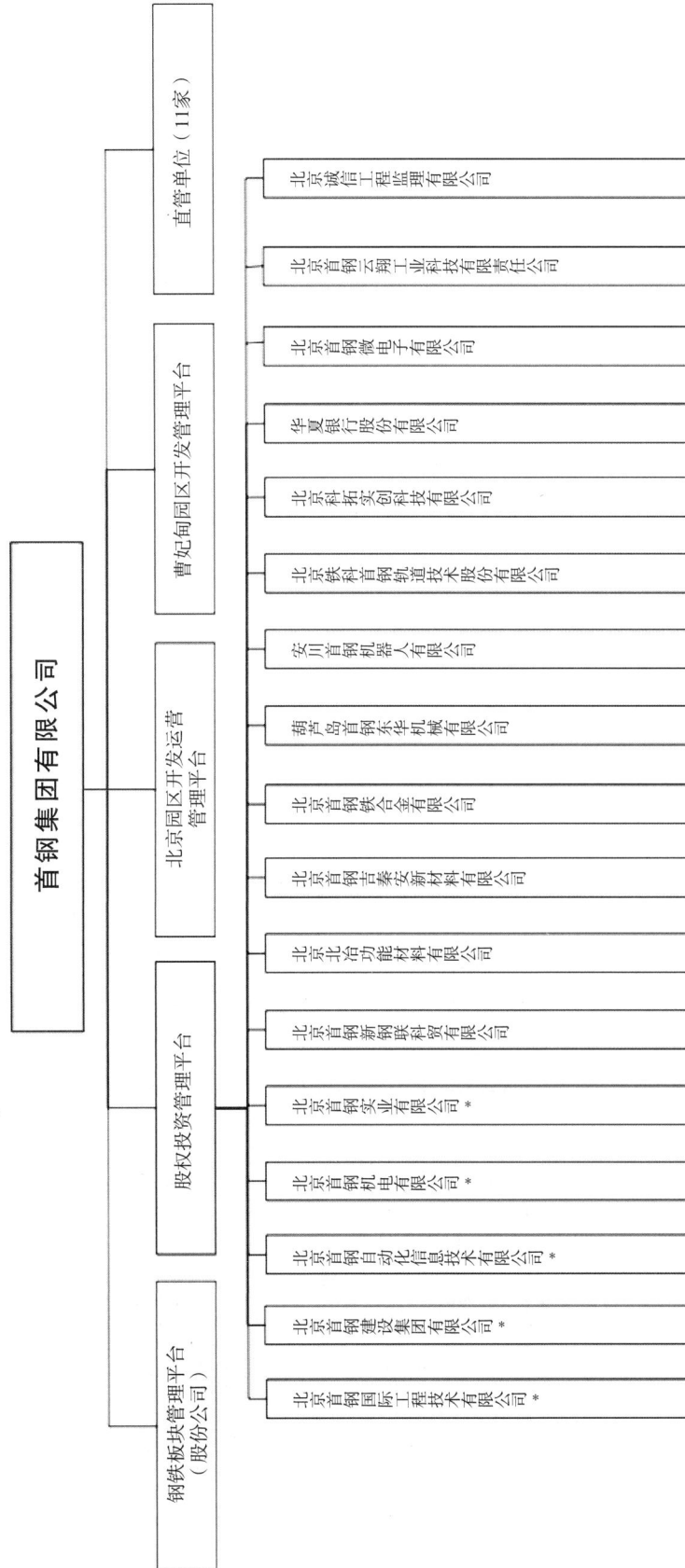

首钢集团有限公司

- 钢铁板块管理平台（股份公司）
  - 北京首钢国际工程技术有限公司 *
  - 北京首钢建设集团有限公司 *
  - 北京首钢自动化信息技术有限公司 *
  - 北京首钢机电有限公司 *
  - 北京首钢实业有限公司 *

- 股权投资管理平台
  - 北京首钢新钢联科贸有限公司
  - 北京北冶功能材料有限公司
  - 北京首钢吉泰安新材料有限公司
  - 北京首钢铁合金有限公司
  - 葫芦岛首钢东华机械有限公司
  - 安川首钢机器人有限公司

- 北京园区开发运营管理平台
  - 北京铁科首钢轨道技术股份有限公司
  - 北京科拓实创科技有限公司
  - 华夏银行股份有限公司

- 曹妃甸园区开发管理平台
  - 北京首钢微电子有限公司
  - 北京首钢云翔工业科技有限责任公司

- 直管单位（11家）
  - 北京诚信工程监理有限公司

注：标*企业为总公司实行关键要素管理的企业。

集团成员单位管理关系图（5）

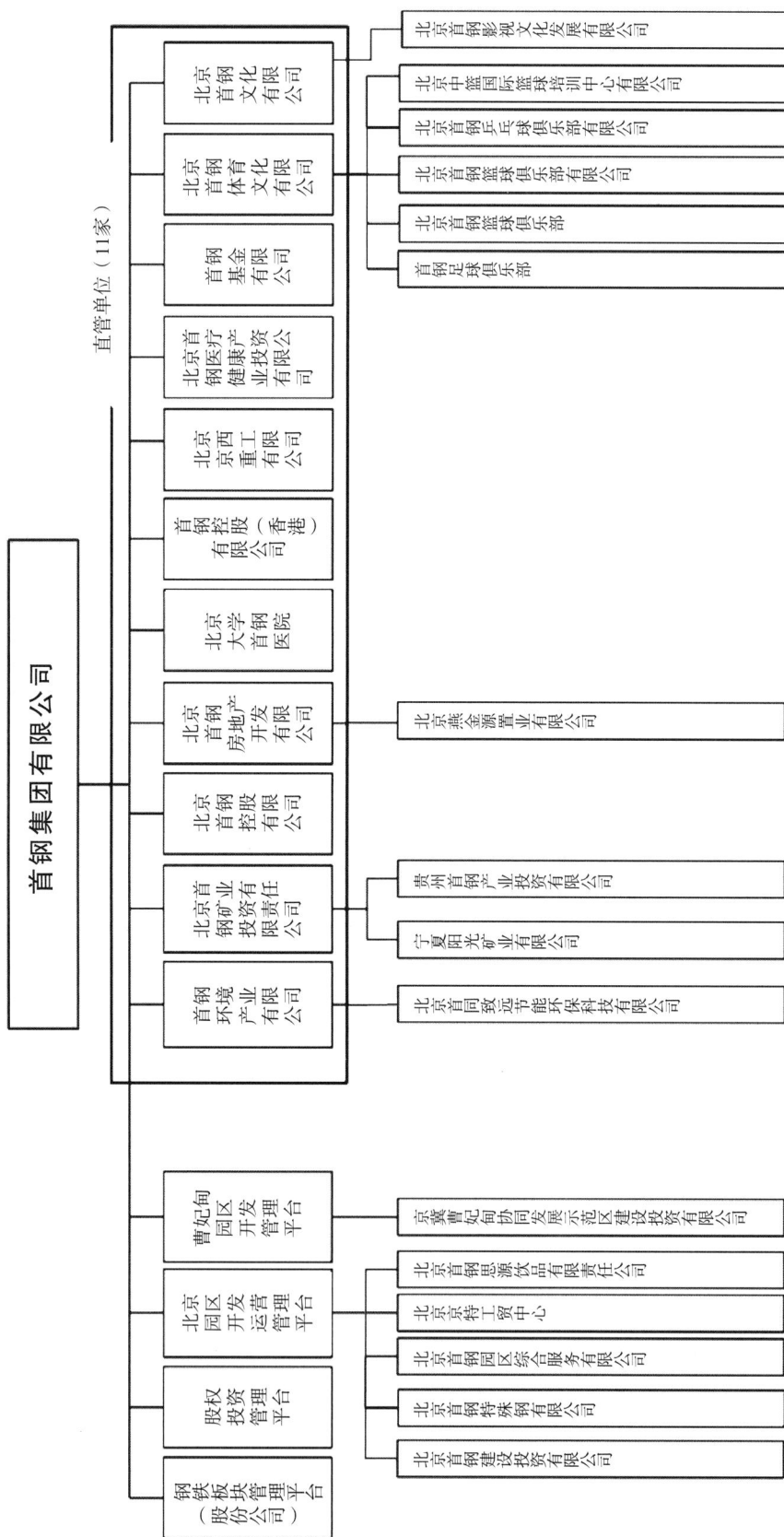

首钢集团有限公司

直管单位（11家）

- 北京首钢文化有限公司
  - 北京首钢影视文化发展有限公司
- 北京首钢体育文化有限公司
  - 北京中篮国际篮球训练中心有限公司
  - 北京首钢乒乓球俱乐部有限公司
  - 北京首钢篮球俱乐部有限公司
  - 北京首钢篮球俱乐部
  - 首钢足球俱乐部
- 首钢基金有限公司
- 北京首钢医疗健康产业投资有限公司
- 北京西京重工有限公司
- 首钢控股（香港）有限公司
- 北京大学首钢医院
- 北京首钢房地产开发有限公司
  - 北京燕金源置业有限公司
- 北京首钢控股有限公司
- 北京首钢矿业投资有限责任公司
  - 贵州首钢产业投资有限公司
  - 宁夏阳光矿业有限公司
- 首钢环境产业有限公司
  - 北京首同致远节能环保科技有限公司

- 曹妃甸园区开发管理平台
  - 京冀曹妃甸协同发展示范区建设投资有限公司
- 北京园区开发运营管理平台
  - 北京首钢思源饮品有限责任公司
  - 北京京特工贸中心
  - 北京首钢园区综合服务有限公司
  - 北京首钢特殊钢有限公司
  - 北京首钢建设投资有限公司
- 股权投资管理平台
- 钢铁板块管理平台（股份公司）

2017 年首钢集团有限公司领导

中共首钢集团有限公司委员会

党 委 书 记：靳 伟

党 委 副书记：张功焰 何 巍

纪 委 书 记：许建国

党 委 常 委：靳 伟 张功焰 许建国 何 巍 梁宗平
　　　　　　赵民革 白 新 孙永刚(5 月离任) 吴 平

首钢集团有限公司董事会

董 事 长：靳 伟

董 事：张功焰 许建国 何 巍 梁宗平 赵民革

首钢集团有限公司

总 经 理：张功焰

副总经理：赵民革 白 新 孙永刚(5 月离任)
　　　　　王世忠 胡雄光 韩 庆 梁 捷

工 会 主 席：梁宗平

财 务 总 监：王洪军

总法律顾问：孙永刚(5 月离任) 梁 捷(7 月任职)

总经理助理：刘 桦 顾章飞(10 月离任) 王 涛
赵天旸 卢正春(11 月任职)

党群与战略管控

◎ 责任编辑：关佳洁、车宏卿

人力资源部（党委组织部、党委统战部）

【人力资源部领导名录】

部　长：吴　平

副部长：孙　炜　刘洪祥

（亢天明）

【综述】　首钢集团有限公司人力资源部（党委组织部、党委统战部）是首钢集团公司党委的组织职能部门、统战职能部门，首钢集团人力资源职能部门。人力资源部（党委组织部、党委统战部）负责领导人员队伍建设和领导班子、直管领导人员、后备领导人员管理；负责党组织、党员队伍建设和基层党委、支部、党员、党费管理；负责集团人力资源规划、关键人才队伍建设，人才引进、招聘、调配、培训专业管理；负责集团薪酬绩效制度体系建设，直管领导人员、集团总部人员薪酬管理；负责统战工作和党外代表人士队伍建设，负责民主党派、民族团结、党外知识分子有关工作和人大代表、政协委员参政议政的服务工作。下设领导人员管理、党建管理、薪酬与员工绩效、人才发展4个业务模块，与首钢集团团委、机关党委合署办公。在岗职工21人，其中研究生14人，本科7人；高级职称8人，中级职称11人。

2017年，党委组织部以习近平新时代中国特色社会主义思想为指导，学习贯彻党的十九大及全国、北京市国有企业党建工作会议、北京市第十二次党代会精神，围绕集团深化改革转型发展战略定位和首钢"两会"确定的目标任务，全面落实集团党委各项指示要求，不断开创组织工作新局面，为推进首钢改革创新，打好健全管控体系、提升管理能力攻坚战提供组织保证。

（亢天明）

【开展"两学一做"】　党委组织部按照中央、北京市委和市国资委党委要求，总结首钢"两学一做"工作经验，结合首钢实际，制定下发《关于推进"两学一做"学习教育常态化制度化的通知》，明确从"深化真学实做、做到知行合一、坚持问题导向、坚决立行立改"等四个方面推进学习教育常态化制度化。组织完成各级领导班子民主生活会和基层组织生活会，建立领导人员基层联系点指导机制，283个基层党支部试点规范化建设，推动基层党组织全面进步、全面过硬、全面加强。

（亢天明）

【干部队伍建设】　党委组织部学习贯彻党的干部路线方针政策，以集团党委新思路、新要求为统领，坚持按事业需要和能力素质选任领导人员，既严格用人标准，又大胆选拔培养人才，优化考察评价方法和规范干部任免程序，加强干部轮岗交流力度，培养适应集团转型发展的复合型领军人才。年内调整交流直管领导人员288人次，加大基层单位党政一把手交流调整力度，年内调整22个基层单位党政一把手31人次；加大年轻一把手选拔使用力度，年内配备经营实体单位70后党委书记、董事长、总经理8人。

（亢天明）

【干部培训】　人力资源部会同人才开发院开办2017年首钢青年干部特训班和海外研修班，择优选拔60人参加全脱产培训，平均年龄33岁。特训班结业后，择优选拔外语基础好、综合素质高的学员20人开展英语强化培训，11月4日赴美国参加首钢青年干部海外研修班学习，形成青年干部特训班、海外研修班、挂职锻炼、交流轮岗的人才培训工作机制。

（亢天明）

【规范兼职管理】　党委组织部按照市国资委党委要求，坚持党委通盘筹划，清理规范集团直管领导兼职，明确清理范围，确保兼职调整既依法合规，又满足企业经营和风险防控需要。清理规范集团副职以上领导社会兼职11人70项，企业兼职13人31项；集团L3、L4职级领导社会兼职34人83项，企业兼职48人129项。

（亢天明）

【专项考察调研】　党委组织部配合完成集团领导试用期满考察、晋级民主推荐及考察工作、党的十九大代表、北京市第十二次党代会代表、北京市十五届人大代表候选人考察对象考察工作。配合完成市委组织部规范干部选拔任用、防止"带病提拔"研究课题访谈、市属国有企业重要子企业优秀年轻领导人员选拔培养队伍建设调研、《关于加强领导班子和干部队伍建设的意见》书面访谈等工作。

（亢天明）

【党内制度建设】　党委组织部制定《关于健全完善基层党建工作责任体系的实施意见》、修订《首钢党的组织专业制度》17个，为建立健全首钢党建工作责任体系提供制度、机制保证。逐级推进党建责任落实，3月10日，首钢党委组织专题会，听取贵钢公司、中首公司、房地产公司、首钢医院等 4 家单位党委书记党建工作述职,进行点评与测评,将述职党建工作向基层延伸,基层党委书记、支部书记分别向上级党委述职抓党建工作情况,做到全覆盖。

(元天明)

【推荐提名党代表】 党委组织部按照市国资委党委工作部署,采取自下而上、上下结合、反复酝酿、逐级遴选的办法,推荐提名首钢出席党的十九大、北京市第十二次党代会代表推荐提名工作,并召开首钢党代会,选举产生首钢出席北京市第十二次党代会代表 8 人,完成上级党委交给首钢的重要政治任务。

(元天明)

【创先争优主题活动】 党委组织部在全集团开展"矢志奋斗新长征、改革创新我争先"主题创先争优活动,集团公司党员共建立党员责任区 4380 个,创建党员示范岗 3380 个,兑现承诺 152339 项,提出实施合理化建议 30874 个,开展课题攻关 2435 项,完成急难险重任务 1315 项,为完成全年任务评选奠定基础。修订《首钢集团"创先争优"评选表彰指导意见》,适应集团化管控变化,明确首钢党委、直管党委评选表彰项目、范围及比例,规范党内评选表彰工作。集团公司党委共评选表彰"六好"班子 12 个、模范基层党委 20 个、模范党支部 51 个、模范共产党员 135 人,编发《首钢创先争优经验交流材料》,抓好典型宣传。

(元天明)

【基层党组织建设】 党委组织部健全基层党组织,逐级理顺党组织关系,组建首建投公司党委和金融纪委、首控公司纪委,理顺园区板块组织体系,推进基层党组织按照规定届期应换尽换,实行常态化管理。开展党支部"达晋创"等级评定,946 个参评党支部,一级 468 个、二级 475 个。开展民主评议党员,推进党员承诺践诺,党员 25368 人参加评议,优秀 6400 人、合格 18107 人。

(元天明)

【党建创新项目】 党委组织部围绕重点难点开展党建项目创新,组织各单位坚持问题导向,针对境外企业党建工作、党建量化考评、推进"两学一做"学习教育常态化等重点工作,向市国企党建研究会申报 11 个党建创新项目,获得一等奖 1 个,二等奖 2 个,三等奖 1 个。推广矿业公司特色党支部建设、首建集团党员活动室建设等项目,对首钢立项的党建工作评价考核指标体系的构

建与实践等 6 个项目给予资金支持,推动基层党建创新积极性。

(元天明)

【薪酬分配制度改革】 人力资源部为指导集团成员单位深化薪酬分配制度改革,在调研分析的基础上,坚持问题导向,提出集团成员单位深化薪酬分配制度改革指导意见。针对集团成员单位所处的不同行业、不同发展阶段,对薪酬分配进行分类指导,推进企业全面、协调、可持续发展。

(元天明)

【薪酬考核分配激励机制】 人力资源部为构建适应社会主义市场经济要求、符合行业规律、体现企业特点的薪酬考核分配机制,在分析学习借鉴新兴际华改革经验的基础上,提出完善薪酬考核分配机制实施方案,完善领导人员薪酬考核分配激励机制,完善在岗职工工效挂钩联动机制和工资总额管理长效机制,按照"一企一策"的方式确定挂钩工资总额。

(元天明)

【建立人工费预算管理体系】 人力资源部按照首钢"两会"要求,建立健全全口径全要素人工费预算管理体系,上半年完成钢铁板块单位试点,下半年在总结试点经验的基础上,在集团公司全面推开,完成集团公司人工费专项预算编制,集团公司初步建立全口径全要素人工费预算管理体系。

(元天明)

【规范单项奖管理】 人力资源部规范单项奖管理,发挥单项奖导向性、及时性和有效性的激励作用,把有效激励与合理约束结合起来,按照"该管住的要管住、还要管好,该下放权力的要下放权力,激发活力"的原则,修改完善《集团公司单项奖管理办法》。规范首钢外部奖励、内部奖励、直接到人的奖励,以及按项目实施的奖励;清理首钢内部奖励项目,合并或取消部分奖励项目;明确规定二级单位内部单项奖励的项目、额度、审批程序及权限。

(元天明)

【关键人才队伍建设】 人力资源部遵循"高端引领、整体开发"人才培养规律,加强内部人才梯队建设,加强专家带头人队伍建设,评选表彰第八批"首钢技术专家"39 人、"首钢技术带头人"52 人。实施高端人才培养工程,"北京学者"1 人获第二笔 100 万元培养资金、

获"魏寿昆科技教育奖",科技领军人才1人入选国家级百千万人才工程,科技领军人才1人和技能操作专家1人获批享受国务院政府特殊津贴,并由市委市政府领导亲自颁奖,青年骨干人才1人获"北京市优秀青年人才",青年骨干人才1人入选"北京市2017年科技新星培养计划",获培养经费10万元。

（亢天明）

【专业人才培训】 人力资源部强化专业技术人才海外培训工作,争取上级政府部门支持,专业技术骨干7人的7项重点研究课题获批列入国家外专局2017年出国（境）培训项目计划,其中4项课题获国家境外50%经费资助。

（亢天明）

企业文化部
（党委宣传部）

【企业文化部领导名录】

部　长:郭　庆

副部长:贺蓬勃

（郑　昕）

【综述】 首钢集团有限公司企业文化部（党委宣传部）,以下简称"企业文化部（党委宣传部）"。它是首钢集团战略管控部门之一,兼首钢思想政治工作研究会、首钢企业文化建设协会办公室职能,负责宣传思想教育管理、企业文化建设、品牌与公共关系管理、授权管理首钢新闻中心。企业文化部（党委宣传部）岗位编制7人:部长1人、副部长兼新闻中心主任1人、品牌与公关管理总监1人、宣传教育处长1人、企业文化建设处长1人、宣传教育主任1人、企业文化建设主任1人。授权管理的首钢新闻中心下设:总编室、电视新闻室、记者室、新媒体工作室、专题室、网媒管理及舆情监控室、经营和技术部7个科室,共49人。

2017年是首钢在转型发展新的长征路上攻坚克难、砥砺奋进的一年。企业文化部（党委宣传部）围绕首钢全面深化改革、转型发展各项任务,开展多种形式、富有成效的宣传思想和企业文化建设工作,发挥了统一思想、凝聚力量、团结鼓劲、树立形象的作用,为首钢全面深化改革、转型发展提供了思想保证、精神动力和舆论支持。

首钢新闻中心围绕"大力开展优化提效、大力推进媒体融合、大力提高舆论引导力",通过媒体做好舆论引导和宣传报道工作。报纸、电视、网络和首钢新闻中心微信公众号总计宣传典型200多个;《首钢日报》出版正刊280期,全年刊登文章9800余篇,图片1900余幅,文字约490万字。首钢电视运行模式调整初见成效,实施视频上微信、上App、上网站、上报纸项目,实现"一次采集,多元发布,交互传播,叠加共鸣"的目标。首钢新闻中心微信公众号关注人数达14469人,微信总发布条数639条,总阅读量113万人次,总点赞量16438人次。首钢集团门户网站月均访问量7.5万人次。全年播发中文新闻1011条,英文新闻96条,十九大新闻88条。

（郑　昕）

【学习宣传贯彻党的十九大精神】 企业文化部（党委宣传部）组织全集团收听收看党的十九大会议盛况,印发《中共首钢集团有限公司委员会关于深入学习宣传贯彻党的十九大精神的安排意见》,部署安排全集团学习宣传贯彻工作。集团党委举办学习贯彻党的十九大精神领导人员研修班、集团领导班子成员深入基层联系点带头宣讲党的十九大精神、党代表发挥作用宣讲党的十九大精神。要求各单位坚持领导带头做好示范,通过党委中心组学习、领导干部宣讲,举办宣讲报告会、培训班、研讨班,组织知识竞赛、演讲比赛、展览演出等多种方式、多种形式抓好学习宣传贯彻工作,推动党的十九大精神进产线、进园区、进班组、进岗位。全集团各二级党委中心组（领导班子）专题学习73次,1794人次参加;领导班子成员到基层宣讲206次,受众6628人;举办辅导讲座、报告会56场次,受众6354人;举办培训班、研讨班37次,1509人参加;组织座谈会、交流会319次,7315人参加;15个单位组织知识竞赛。首钢日报、首钢新闻中心微信公众号开设"首钢兴起学习宣传贯彻十九大热潮"专栏,刊发12期系列报道,宣传学习贯彻党的十九大精神的新思路、新举措、新进展。组织首钢职工近万人参观"砥砺奋进的五年"大型成就展。

（郑　昕）

【党委中心组理论学习】 企业文化部（党委宣传部）贯彻落实《首钢总公司党委中心组理论学习管理办法》,发挥集团党委中心组学习秘书作用,联系首钢实际,制定印发集团党委中心组2017年度学习计划、专题学习方案等,抓好落实,组织好每一次集中学习。坚持集体学习研讨、个人自学和专题调研相结合,坚持每月至少集中学习1次,全年集团党委中心组集中学习22次。通过强化基层单位党委中心组年度学习计划备案、深化集团党委中心组理论学习报道、制作下发集团党委中心组理论学习实况光盘、用好首钢日报"理论版"刊发学习体会文章等方式,引导推动干部职工采取多种形式开展学习。

(郑 昕)

【召开三创交流会】 8月25日~26日,首钢"创新创优创业"交流会召开,会议主题是"健全管控体系、提升管理能力",围绕会议主题,集团党委书记、董事长靳伟作《关于首钢管理能力建设的思考》报告,邀请国务院国资委副秘书长彭华岗就国资国企改革重大而现实的问题作《建设中国特色现代企业制度》专题辅导;邀请中国一重集团董事长、党委书记,原新兴际华集团董事长、党委书记刘明忠围绕战略引领下的企业管控体系管理能力建设,介绍新兴际华集团改革创新经验;观看反映国有企业中核钛白改革纪录片《绝境求生》;与会人员进行深入讨论交流。6个讨论组的代表作大会交流发言,靳伟作总结讲话。会后,根据集团党委安排,党委宣传部印发《通知》,提出学习宣传贯彻"三创"交流会精神明确要求,强调统一思想、提高认识,增强学习宣传贯彻的自觉性。

(郑 昕)

【"首钢人的故事"宣传活动】 企业文化部(党委宣传部)筹备组建"践行首钢精神 助推转型发展"职工宣讲团,到首钢北京地区、河北地区和外埠单位巡回宣讲,累计宣讲35场,直接受众5000余人,在职工中引起强烈反响。组织集团各单位结合自身特点,开展不同形式的宣讲活动,全集团各单位共组织宣讲536场次,宣讲员476人登台演讲,受众人数达38477人。首秦公司杨光、股份公司王瑞、园服公司李红继入选北京市百姓宣讲团参加全市巡回宣讲。首钢获市国资委宣讲工作先进单位。在首钢"两会"召开期间,举行践行首钢精神、走好新的长征路"首钢之星"表彰暨演讲报告会,表彰首钢之星15人及入围人员。首钢新闻中心通过首钢日报、首钢电视、微信、网络等媒体宣传先进典型人物192人;各单位结合实际组织先进典型评选表彰活动。

(郑 昕)

【形势任务宣传】 年初,企业文化部(党委宣传部)宣传贯彻首钢十八届二次党委扩大会和首钢十九届一次职代会暨集团工作会议精神,运用报纸、电视、微信公众号、网络等媒体,围绕首钢改革发展任务,牢固树立"四个意识",贯彻新发展理念,保持战略定力,深化改革创新,宣传集团党委带领广大党员和干部职工,打好健全管控体系、提升管理能力攻坚战,各方面取得新成就、新气象、新进展。开设《精彩开局"十三五"》《贯彻首钢"两会"精神》《学讲话、当主体、做示范、见行动》《走好新的长征路,改革创新纵深行》《喜迎十九大 提能力创佳绩》等栏目,围绕贯彻落实"两会"精神,刊发重点深度报道97篇。

(郑 昕)

【宣传专业会议】 3月27日,首钢宣传专业工作会议召开。集团党委副书记何巍出席会议并讲话,他强调,一是紧紧抓住学习宣传贯彻习近平总书记系列重要讲话精神这个第一位的政治任务,在提高政治站位、理论武装、推动发展上下功夫。二是紧紧抓住走好首钢新的长征路、打好健全管控体系和提升管理能力攻坚战这一党委中心工作,在创新宣传思想和舆论引导工作上下功夫。三是紧紧抓住真正使宣传思想工作队伍强起来这一关键环节,在讲政治、强起来、敢担当上下功夫。会议传达了全国、北京市宣传部长会议精神,总结一年来学习贯彻习近平总书记系列讲话精神、推进首钢宣传工作创新的情况,股份、京唐、矿业、水钢、新闻中心作交流发言;解读了相关制度,围绕落实首钢"两会"目标任务,推进首钢宣传思想文化工作创新,对全年的宣传工作作出重点提示。

(郑 昕)

【品牌宣传】 1月,《中国冶金报》刊登《首钢"两会"指出——打好健全管控体系和提升管理能力攻坚战》《世界第一高桥打上首钢印记》等18篇文章及图片新闻;《首都建设报》刊登《"国企楷模 北京榜样"》首钢职工典型事迹;《北京晨报》刊发《2017北京两会聚焦:首钢搬迁为石景山转型发展奠定基础》。

2月,《人民日报》刊登《"中国制造"闪耀秘鲁矿区》、新华社刊登《从"山"到"海"的跨越——"海上"首钢10年新生记》《"车轮上"的周末——首钢职工有望坐上高铁》等文章;中央人民广播电台、人民网、人民日报客户端、《北京日报》、千龙网等发布《体育总局与首钢签订合作框架》等新闻报道;《北京日报》报道《首钢冷轧将年发"绿电"819万度》;《中国冶金报》刊发《供给侧改革中的首钢股份》系列报道3篇;《首都建设报》刊发《岗位上的青春——首钢京唐公司炼铁部一高炉作业长李宏伟》等新闻4篇;《北京晨报》整篇刊发《习近平总书记视察北京三周年专刊之"新路这三年":从山到海 老国企首钢转型》《海边炼钢工(首钢京唐公司)》新闻报道2篇;《北京青年报》刊登《首钢职工李红继和首钢一起"转型"从炼铁工人到冬奥组委安保员》。

3月,新华社刊发《11支冬季项目国家队训练场地将落户首钢废旧厂房》;中央人民广播电台、《北京日报》报道《首钢将建国家体育产业示范区》新闻;《中国冶金报》刊登《北京首钢体育冠名赞助北京男子冰球队》《首钢股份冷轧公司8.3兆瓦屋顶分布式光伏项目启动》《2016年首钢长钢电费支出同比降低32.07%》《国家体育总局与首钢签署框架协议》《首钢布局体育产业》等新闻报道21篇;《首都建设报》刊发《首钢老厂房改建冬奥训练场》《于洋:为汽车钢板祛"红鳞"》等新闻;《北京青年报》、《北京晨报》报道《首钢老厂房变身国家队训练场地》新闻。

4月,《北京日报》刊登《施工省时30%,房间布局调整更自由,得房率提高3%到5%,本市首推绿色装配式钢构住宅》;《首都建设报》头版头条刊登《"首钢版"钢构住宅有望全市推广》;《中国冶金报》报道《首钢无人机揭开面纱》《废钢堆里把"金"淘》《首钢超高热成形汽车钢项目通过验收》《首钢:深入学习 加快转型》等新闻报道23篇;《北京晨报》刊发《"80后"小伙钟情冷轧11年》。

5月,《中国冶金报》刊发《首钢北京园区开发运营管理平台组建成立》《提升服务能力 叫响"首钢制造"》《首钢股权投资公司一季度经营分析会提出新要求》《首钢硅钢:听客户怎么说》等报道33篇。

6月5日,《经济日报》刊发《京西重工:新兵闯天下》文章,从中西合璧谋融合、产融结合促发展、"一带一路"中占先机等方面报道京西重工凭借成功的跨国非同业并购,巩固全球汽车零部件顶级供应商领导地位的情况。随文配发的记者采访手记认为,京西重工制定了符合企业实际的发展目标,高度重视技术创新,"产"和"融"深度结合,培育独具特色的企业文化、加强风险防控体系建设等做法切中跨国并购"要害",为国有企业海外并购探索出一条可借鉴的道路。10日,第二届"国企开放日"市民走进首钢园区参观北京静态交通研发示范基地,北京市民200人来到位于首钢园区的北京静态交通研发示范基地,参观城运公司在研发基地展示的六大系列十四种立体车库,感受首钢在解决城市停车难题上的技术研发优势,新华网、《北京晨报》、《首都建设报》予以报道。13日~16日,首钢集团作为参展方参加2017上海第十七届中国冶金工业展览会,展示了循环经济、环保产业、静态交通立体车库、城市基础设施、新型钢结构住宅、高端金属材料、汽车零部件等新产业、新亮点,体现了"城市因我们更美好更便捷更宜居"的理念,受到主办方和参观人员好评,首钢集团获展会"最佳展示奖"。当月,《北京日报》报道《首钢总公司改制国有独资》《参会手记:最期待科技创新转化结硕果 访首钢技术研究院用户技术研究所焊工刘宏》等新闻;《中国日报》刊登《美国记者来首钢参观后撰写的京津冀方面报道》;《中国冶金报》刊登《首钢总公司改制》《首钢京唐:将品牌作为拓市法宝》《新首钢国内领先 80后职工屡获殊荣》等新闻报道18篇;《首都建设报》报道《高端板材"撑住"重点工程(记首钢集团技术研究院用户研究所焊工刘宏)》新闻;《北京晨报》刊发《首钢更名改制为国有独资公司》新闻。

7月,《北京日报》刊登《新首钢规划公布 建设五大功能区》;《中国冶金报》报道《首钢京西重工美国建厂》《强"根"固"魂" 引领转型发展——首钢集团党委加强党建工作推进改革发展综述》《首钢上半年盈利水平超预期》等新闻报道19篇;《首都建设报》刊发《京西重工:新兵闯天下》《国企楷模·北京榜样 候选人物:首钢集团吴礼云 海水淡化"领军人"》等文章;《北京青年报》报道《冬奥单板大跳台落户首钢园区》《首钢"雏鹰计划"吸引各地篮球苗子》等新闻;《北京晨报》刊登《冬奥单板大跳台落户首钢园区 首钢将建国家体育产业示范区》《首钢推广青训计划》等新闻;《北京晚报》报道《首钢将建体育产业示范区 冬奥单板跳台将落户》。

8月,《北京日报》刊发《蔡奇陈吉宁会见国际奥委会主席巴赫》《巴赫高度评价北京冬奥会筹办工作》等;《中国冶金报》报道《把握机遇 乘势而上 加快钢铁行业转型升级——靳伟在中国钢铁工业协会五届六次常务理事(扩大)会议上的讲话》《首钢:坚决支持国家取缔"地条钢"》《首钢这个规划入选"2017 国际卓越规划奖"》等新闻报道 24 篇;《首都建设报》报道《国企楷模·北京榜样 候选人物:首钢集团 王瑞 挖掘机"大能手"》《国内首个机械式公交立体停车楼开工 大公共坐电梯住楼房(二通)》《国企楷模·北京榜样 候选人物:首钢集团 于洋 让汽车板走向高端》等文章;《北京晚报》刊发《首钢园区又见"厂东门" 整体样貌与原门相似》报道。

9月,《工人日报》刊登《钢铁工人题材话剧将巡演》;《北京日报》刊发《首钢在冀总投资超 1500 亿元》;人民网刊发《打造京津冀滨海示范城市 第二届海洋发展曹妃甸论坛举办》新闻;千龙网刊发《14 年在冀投资超 1500 亿元 首钢助力京津冀协同发展》报道;《中国冶金报》刊发《巴赫称赞首钢园区保护性改造理念》《首钢不锈钢复合板获两大船级社认证》《首钢提高"9 个能力"加快转型发展》《第二届海洋发展论坛召开 首钢助推京津冀协同发展》等文章 30 篇;《首都建设报》报道《首钢在冀投资超 1500 亿元》《"钢铁故事"将走出去巡演》等;《北京晨报》刊发《人工智能进入钢铁行业 钢材质检准确率达 99.98%》新闻;《北京晚报》整版刊登《百年老首钢,转身为何如此优雅?》报道。

10月,《北京日报》报道《北京市代表团讨论情况(刘宏代表发言)》;《中国冶金报》刊发《首钢京唐拿下钢铁业首张新版汽车质量管理体系证书》《首钢高磁感取向硅钢助力中国高铁发展(图片新闻)》《首钢欢送十九大代表》《党的十九大代表刘宏 建睿智之言 献务实之策》《党的十九大代表王勇 豪情赴盛会 痴情铸钢魂》等文章 15 篇;《首都建设报》刊登《十九大代表风采:刘宏 焊花中绽放女性之美》《首都国企收听收看十九大开幕(首钢集团)》《牢记使命 新时代要有新作为 首钢站在新起点 开创新局面》等;《北京晨报》报道《十九大代表报到(刘宏代表:永葆劳模本色党员本色)》《首钢老厂区将变身文创园》《聚焦十九大:刘宏,成为钢铁大国需要技术工人》等新闻。

11月,《北京日报》刊发《蔡奇到北京冬奥组委调研时强调(首钢厂区介绍)》《首钢老高炉变身博物馆》《首钢研制成功单车立体车库》《党代表社区宣讲十九大(首钢刘宏)》等报道 5 篇;《中国冶金报》报道《拨开云雾见青云——首钢京唐公司全面推进精益六西格玛管理纪实》《我国首个自主高铁变压器用上"首钢芯"》

《首钢鲁家山餐厨垃圾收运处一体化项目开始运营》《首钢园区北区规划获北京市正式批复》等报道 17 篇;《首都建设报》报道《首钢老年福养老院让老人"老有所乐"》《首钢青年干部研修班赴美》等;《北京晨报》刊发《首钢女焊花刘宏:让"90 后"成为新一代工匠》。

12月,《中国冶金报》刊发《首钢基金公司名列创新性产融结合投资机构 10 名》《让创新之树汇成茂密森林——首钢京唐公司开展群众性创新实践活动纪实》《钢企担纲国家重点研发计划 首钢牵头 钢铁流程绿色化关键技术项目启动》等报道 14 篇;《首都建设报》刊登《坚持全面观系统观融合观 在首钢改革发展中发挥好舆论引导作用》《党建引领 垃圾变能源——记首钢集团环境产业公司生物质公司发电作业区党支部》《首钢股份高端钢产量同比增 23%》等新闻 5 篇。

年内,中央电视台大型特别节目《还看今朝》"北京篇"——《北京:大国首都千年之变》展现了"首钢老厂房变身冬奥新场地"、大城治理的"技术帖"——生物质能源项目等,将新首钢呈现在亿万观众面前;中央电视台十集大型政论专题片《将改革进行到底》第 1 集《时代之问》有首钢产品创新升级的镜头,呈现的是跻身世界第一梯队的首钢电工钢画面;首钢集团品牌价值以 331.68 亿元,入围中国最具价值品牌 500 强,总排名 107 位,在钢铁企业中排名第 2。

(刘 娜)

【企业文化活动】 1月,践行首钢精神走好新的长征路"首钢之星"表彰暨演讲报告会召开,会上播放了反映首钢之星风采的宣传片《首钢精神,凝心聚力》和 15 个"首钢之星"视频短片。上一届"首钢之星"国际工程公司俞斌、机电公司郑琦、京唐公司荣彦明为"担当之星""创新之星""争先之星"颁奖。"担当之星"代表高俊朴、"创新之星"代表于洋、"争先之星"代表李娜从担当、创新、争先的角度讲述了"首钢人的故事"。首钢总公司党委书记、董事长靳伟代表总公司党委向受表彰者表示祝贺,并向一年来辛勤付出的首钢干部职工表示感谢。他号召广大干部职工要进一步弘扬长征精神,发扬首钢精神,为走好首钢转型发展新的长征路凝聚力量。

5月,为规范使用首钢品牌标识,结合首钢公司制改革,经公司研究同意,在全集团范围内启用修订完善后的首钢品牌标识,31 日,党委宣传部印发首党宣发[2017]6 号文件,包括修订完善说明、首钢品牌标识示例和有关要求三个部分,要求各单位启用修订完善后的首钢品牌标识,并作为加强企业文化建设的重点工作抓好落实。

10月,"走近高端用户,服务销售一线"联合采访暨第十八届记者节座谈会活动举行,集团党委宣传部领导、销售公司领导、首钢新闻中心及各基层单位新闻工作者代表参加活动。活动旨在深入学习宣传贯彻党的十九大精神,增强"四个意识",做好舆论宣传工作,贴近职工、贴近一线,讲好首钢故事,传播正能量,激发干部职工全面深化改革、加快转型发展新活力。围绕创新营销体系、提升营销能力以及一线销售人员服务用户、开拓市场等,深入销售公司山东分公司一线及重点客户进行采访。

11月,以首党发〔2017〕137号文件形式下发中共首钢集团有限公司委员会关于颁发《首钢建厂100周年纪念活动方案》的通知,《通知》分:重要意义、指导思想和目标要求、阶段安排和主要内容、组织机构和工作职责、工作要求四个部分,对开展纪念活动进行部署。同月,以首发〔2017〕293号文件形式下发首钢集团有限公司关于颁发《首钢集团品牌形象手册》的通知,规范首钢品牌标志、标识、色彩,要求全集团各单位以《手册》内容为范本对首钢品牌标识使用情况进行检查和整改。

(郑　昕)

【宣传专业培训工作】　企业文化部(党委宣传部)组织思想政治工作人员心理咨询和心理辅导培训班,邀请中国科学院心理研究所专家,为股份公司、京唐公司、首秦公司、机电公司大厂基地等异地单位的基层党委书记、党支部书记、宣传干部200余人进行专业培训,拓展视野,掌握心理咨询和心理辅导的基本方法,提升开展思想政治工作的能力水平。邀请北京市网信办专业人员作网络舆情管理工作专题培训,使相关人员了解掌握舆情处置工作的方法和途径。

11月10日,企业文化部(党委宣传部)邀请北京市网信办专业人员辅导"如何做好网络舆情管理工作",培训围绕学习贯彻党的十九大精神,加强互联网内容建设,营造清朗的网络空间,有关单位网管人员参加培训。培训采取讲课与座谈结合的方式,旨在增强利用互联网为企业改革发展服务的自觉性,了解掌握当前网络舆论生态的主要特征和发展趋势,提高做好网络宣传思想工作的能力和水平。

12月8日,企业文化部(党委宣传部)组织召开专业工作会,培训《首钢集团品牌形象手册》;部署首钢建厂100周年纪念活动相关工作并就宣传系统深入学习宣传贯彻党的十九大精神做出安排。

(郑　昕)

【首钢十大新闻评选】　1月17日,企业文化部(党委宣传部)、首钢新闻中心、股权投资公司举办的"首钢股权投资杯"2016年首钢十大新闻评选结果揭晓,分别是总公司党委颁发"关于大力传承和发扬首钢精神的决定"、中国共产党首钢总公司第十八次代表大会召开、郭金龙等市领导到首钢调研勉励首钢抢抓机遇加快转型发展、冬奥组委入驻首钢园区为转型发展带来新机遇、首钢跻身变压器材料供应商世界第一梯队、首钢"十三五"规划出台、北京静态交通研发示范基地在首钢园区建成、首钢实施职务职级改革推进用人机制市场化去行政化、《西望首钢》电视系列报道展现首钢转型发展新变化、首钢回答总理关切破解圆珠笔头用材料制造难题。

(肖　巍)

【首钢网络宣传管理】　3月15日,首钢集团新版门户网站上线。改版升级的首钢门户网站正式上线运行,为社会和用户提供了解首钢的平台和窗口。新网站设有新闻中心、业务板块、投资者关系、人才发展、企业文化、社会责任、党的建设等一级栏目9个,首钢集团门户网站有中文简体、中文繁体、英文3种版本。

首钢网络管理办公室加强网络舆情信息监测,做好节假日、重要活动期间的网络舆情监测工作。加强网络正面宣传,利用百度贴吧、个人微博等互联网平台发布关于首钢改革发展成果、首钢人的故事等,年内保持每月发帖40条以上,通过积极发声和传播正能量,提升首钢集团整体形象。

(侯雅丽)

【获奖与荣誉】　企业文化部(党委宣传部)组织集团1篇、基层单位5篇论文报送中国冶金政研会参加2017年行业思想政治工作优秀论文评选,集团1篇获一等奖,基层3篇获二等奖、2篇获三等奖;组织基层单位10篇研究成果申报北京市思想政治工作研究会"丹柯杯"优秀研究成果评选。在第十三届北京市"双优"推荐评选工作中,王相禹被评为北京市优秀思想工作者。

首钢集团在中外企业文化2017年长沙峰会对

2012~2017年度品牌文化建设和企业文化建设调研活动中获"品牌文化建设十大典范组织",《坚定文化自信,培育品牌文化,在转型发展中实现企业文化升级》实践成果入选中国企业文化研究会《优秀成果文集》。

首钢集团选送的3部微电影作品在北京市国资委系统"砥砺奋进　放飞梦想"微电影大赛中入围,首钢集团获大赛优秀组织单位奖。

首钢选送的宣讲稿《是党员就要做块好钢》宣讲稿入选2016年北京市百姓宣讲优秀作品集《身边的正能量》。

首钢获2016~2017年度市国资委系统宣讲工作先进单位;首秦公司杨光、股份公司王瑞、园服公司李红继入选北京市百姓宣讲团。京唐公司获全国"文明单位"称号。矿业公司职工马著获"全国百姓学习之星"称号。推荐7人参评"首都市民学习之星",矿业公司王文超、京唐公司胡娜被评为"2017年首都市民学习之星"。京唐公司吴礼云获2017年"国企楷模·北京榜样"十大人物。股份公司王瑞获2017年"国企楷模·北京榜样"优秀人物。4篇新闻入围国务院国资委新闻中心组织的"第四届国企好新闻"评选,贺蓬勃当选"全国十大国企新闻创客"。首钢电视台获"2017年度全国最佳企业电视台"。

（郑　昕）

纪委（监察部）

【纪委（监察部）领导名录】

纪委书记:许建国

纪委副书记、监察部部长:王传雪

监察部副部长:姜　宏(11月任职)

　　　　　　　周少华(11月离任)

（陈东兴）

【综述】　首钢集团公司纪委与首钢集团公司监察部合署办公,以下简称"纪委(监察部)";承担所辖范围内党组织和党员干部遵守党章党规党纪、贯彻执行党的路线方针政策情况的监督检查任务,协助党的委员会推进全面从严治党、加强党风建设和组织协调反腐败工作,履行监督执纪问责职责,负责党风监督、信访举报、纪律审查、案件审理与管理、监察监督等工作,承担首钢集团公司反腐倡廉建设领导小组办公室、首钢集团公司监督工作联席会办公室职责。纪委(监察部)定员编制11人,设岗位10个:纪委副书记、监察部部长,监察部副部长,党风检查处长,纪律审查处长,案件审理处长(监察部副部长兼任),监察处长,党风检查干事,纪律审查干事,案件审理干事,监察干事。

2017年,纪委(监察部)以习近平新时代中国特色社会主义思想为指导,贯彻落实党的十九大和北京市第十二次党代会精神,按照中央纪委七次全会、市纪委六次全会和首钢"两会"工作部署,履行党章赋予的职责,强化监督执纪问责,推动全面从严治党、党风廉政建设和反腐败工作取得新成效。

（陈东兴）

【党内监督】　纪委(监察部)发挥党内监督专责机关作用,强化监督执纪问责,压实管党治党政治责任。协助集团党委召开党风廉政建设工作会议,总结部署反腐倡廉工作。研究制定加强基层党风廉政建设的实施意见,着力解决基层存在问题。开展全面从严治党突出问题专项整治,自查的19个问题中8个问题完成整改。督促各级党组织逐级签订党风廉政建设目标责任书,实行清单化明责;领导人员对落实主体责任情况全程记实,实行痕迹化履责;运用述责述廉、检查考评机制,对管党治党不力的进行约谈问责。专项检查全程记实管理,纠正把记实笔记当成会议记录和学习笔记的问题。协助集团领导班子成员带队检查党风廉政建设责任制落实情况,约谈有差距单位领导,督促整改问题。在市属国有企业党风廉政建设责任制检查考评中,首钢连续三年排首位。

（王国安）

【联合监督】　纪委(监察部)贯彻集团党委决策部署,深化联合监督检查。以党内监督带动联合监督,将职工民主监督引入监督工作联席会,形成"9+1"工作模式。发挥联合监督作用,揭示问题和风险342项,提出整改建议282条。首钢监督工作联席会的做法得到上级肯定,《是与非》杂志、《清风北京》进行报道,获北京市第三十二届企业管理现代化创新成果二等奖。

（赵新文）

【效能监察】　纪委(监察部)修订效能监察管理办法,突出重点强化监督检查。加强对冬奥项目的监督检查,以专报形式指出问题17项,提出建议19条。围绕京津冀协同发展项目、疏解整治促提升专项行动以及集团

"两会"重点任务,实施立项监察64项,提出建议408条,完善制度166项,处理违规人员66人,增加经济效益9743万元,避免和挽回经济损失8954万元。

(董光宇)

【巡视整改】 纪委(监察部)履行巡视反馈问题整改监督责任,推动延伸整改。落实习近平总书记对巡视发现问题"必须件件有着落、事事有交待"的重要指示,全面清点截至2016年底市委巡视及内部审计和监督检查发现的问题,梳理整改事项281项,明确23家整改责任单位,印发整改工作计划,推进问题整改。截至年底,市委巡视反馈7个方面20个问题完成整改18个、2个持续整改。市审计局审计问题整改完成率100%;首钢内部审计问题整改完成率96.8%;首钢内部监督检查发现问题整改完成率99.4%。

(赵新文)

【纠正"四风"】 纪委(监察部)紧盯重要时点,抓住元旦、春节等"四风"问题易发多发期,重申纪律要求,完善防范措施,加强执纪监督,查处操办婚丧喜庆事宜违规收受礼金以及公车私用问题。围绕14项整治重点,推进"为官不为""为官乱为""严肃查处职工群众身边不正之风和腐败问题"专项治理。集中排查整治违规公款购买消费高档白酒问题,处理、通报责任者7人。加强源头控制,组织集团各部门做好财务日常检查"公共题",及时查纠"四风"和苗头性、倾向性问题。通过专项检查11家单位财务,发现管理问题41个,经济处罚41人,谈话提醒9人。坚持立行立改,修订完善制度14项。

(王国安)

【执纪审查】 纪委(监察部)坚持挺纪在前、抓早抓小,保持正风肃纪高压态势。研究制定加强谈话函询工作实施办法,强化第一种形态运用。实施以来,对9个单位、27人次开展谈话函询36件、了结26件。综合运用"四种形态"处理87人,其中运用第一种形态处理51人,占58.6%。强化执纪审查,全面核查2016年以来基层自办和承办的信访线索,完成十八大以来信访举报件"大起底"。严把结办审理关,对12件调查报告退回补充调查。年内共获取问题线索188件,办结147件。立案审查涉嫌违纪党员36人,年内办结32件,给予党纪处分32人,其中开除党籍18人。

(王爱武)

【廉政风险防控】 纪委(监察部)以领导班子成员、有业务处置权岗位人员为重点,围绕采购、投资等11项重点业务,对廉政风险点再排查再梳理。聚焦新产业、新领域,开展薄弱环节专题调研和交流研讨,推动廉政风险防控步步深入。利用正风肃纪教育片、李伟严重违纪案、高立平贪污案对党员干部进行警示教育。集团领导班子带头学习,主要负责人深入基层带头讲党课。组织参观反腐倡廉警示教育基地,征集表彰廉洁文化作品,使反腐倡廉教育内化于心、外化于行。开发应用廉洁档案管理系统,规范审核工作程序,严把选风廉洁审核关。针对选人用人、评优评先,回复党风廉洁意见768人次,提出取消资格等意见8条。

(王国安)

【自我监督】 纪委(监察部)自觉接受党内和社会监督,强化自我监督。落实党内监督条例、监督执纪工作规则,梳理监督执纪关键点和风险点,制定权力清单,改进问题线索集体研判机制。修订纪委会工作规则,建立履行监督责任半年和年度报告制度、纪委书记述责述廉制度,制定开展问责工作程序规定,不断完善内控机制、压实监督责任。

(姜 宏)

【队伍建设】 纪委(监察部)突出好干部标准,拓宽选人用人视野,加强纪检监察干部锻炼和培养,年内交流调整48人次,把一批政治强、作风硬、德才兼备、敢于担当的优秀人才选拔到纪检监察队伍中来。选派骨干参加中央纪委培训班;抽调基层纪检监察干部到集团公司纪委以干代训、以案代培;聚焦监督执纪工作规则,集中脱产培训纪检监察干部70人;建立首钢纪委同事群,加强信息共享,促进工作交流。组织开展调查研究,表彰优秀调研成果23个。承担上级机关调研课题10项,3篇论文在全国钢铁企业纪检监察工作研究会第十三次年会论文评选中获奖。

(史玉君)

工 会

【首钢工会领导名录】

工会主席:梁宗平

副主席:陈克欣 刘 宏(兼)

常　委:梁宗平　陈克欣　刘　宏(兼)　聂桂馥
　　　　秦　勇　邱银富(兼)　刘　燕(兼)

(谭　颖)

【综述】　首钢集团有限公司工会(以下简称"工会")是依法维护职工合法权益的群众组织。负责全系统工会专业管理制度和专业工作标准、规范的制定、修订与指导、监督、检查。负责集团工会系统组织建设;负责职代会组织工作和闭会期间的民主管理、厂务公开工作;依法维护职工的合法权益;开展劳动争议调解管理、劳动法律监督管理、劳动法律普法与职工法律援助。组织开展各类有益于职工身心健康的文化体育活动。

2017年,工会落实首钢"两会"和群团工作会议精神,以推进首钢全面深化改革、加快转型发展为中心,以为职工群众服务为宗旨,以构建和谐劳动关系、维护职工合法权益为主线,以创建学习型、创新型、服务型工会组织为抓手,围绕首钢发展战略,把握大局,找准位置,创出特色。在促进首钢转型提效、构建和谐劳动关系、推进民主化进程、维护职工合法权益、丰富职工文化生活、推进工会自身建设等方面取得成效。

首钢集团现有基层工会302个、工会分会930个,会员83892人,工会专兼职干部627人。

(谭　颖)

【厂务公开民主管理】　1月17日~18日,按照首钢集团型职代会的组织形式和代表结构,选出职工代表284人,召开首钢集团第十九届一次职代会。职代会提案工作委员会研读全部提案,登记、汇总,将提案发至受理单位进行受理,并做好督办工作;同时修订下发《首钢集团职工代表大会提案工作委员会工作细则》。

首钢作为北京市职代会制度建设试点单位,集团型职代会制度建设工作在北京市厂务公开民主管理工作会议进行经验交流,受到关注和肯定。

按照国家、北京市有关国企改革和公司制改革的政策精神,首钢集团有限公司结合实际情况,实施公司制改革。依据《中华人民共和国工会法》《中华人民共和国公司法》以及公司制改革后新修订的《首钢集团有限公司章程》规定,8月24日召开首钢集团第十九届职工代表大会第二次会议,选举首钢集团有限公司职工董事、职工监事。

为维护企业和职工的合法权益,建立和谐稳定的劳动关系,在行政方面与职工方面进行协商,达成一致意见的前提下,在首钢集团十九届二次会议上签订《首钢集团有限公司集体合同》。

落实北京市厂务公开民主管理工作会议精神,组织"民主管理及专项协商培训班"。健全和完善公开机制,注重公开过程的规范性和实效性,厂务公开、民主管理工作得到强化,首钢集团被推荐为"全国厂务公开民主管理示范单位"。

(聂桂馥)

【群众性经济技术创新】　根据《关于开展"践行新理念、建功十三五"主题劳动竞赛和职工技术创新活动的指导意见》,工会组织开展多种劳动竞赛活动。在"全国重点大型耗能钢铁生产设备节能降耗对标竞赛"活动中,首钢参赛设备全部获奖:3座全国冠军炉首钢夺得2座,12座优胜炉首钢夺得2座,24座创先炉首钢夺得2座。组织开展"职工网上练兵"活动,共有职工6401人参加"网上练兵",攻关达448993人次。

工会组织选派焊工选手3人随北京代表团赴德国参加中德"北京·南图林根"职工焊接对抗赛,首秦公司刘少鹏获钨极氩弧焊组第二名,首秦公司果志伟获焊条电弧焊组第二名,京唐公司王海龙获熔化极气体保护焊组第二名,三人都取得德国焊接协会颁发的DVS焊接证书,为首钢争得荣誉。

工会组织推荐申报职工创新工作室3家,2家入围参加创新工作室评审答辩交流会,1家获市级"职工创新工作室"称号。技术研究院王坤创新工作室被授予市级职工创新工作室。推荐申报首都职工自主创新成果6项,首建公司、技术研究院2个项目获三等奖。推荐申报3家职工创新工作室开展专家进工作室活动,市总批准秦涛等3个职工创新工作室为北京市"专家走进职工创新工作室"项目,对3个职工创新工作室实施项目助推,对19项职工创新发明专利实施助推,共获得市总工会资金支持29.35万元。工会在市总职工创新工作交流大会上作《发挥才智搭平台,个人企业共发展》经验交流,受到好评。

(于远东)

【选树"大工匠"】　首钢集团党委修订颁发《关于首钢集团先进评比的指导意见》,集团年度先进评比表彰2016年度首钢先进单位10个,首钢先进集体118个,首钢劳动模范143人。

按照市总工会文件要求,工会组织开展"北京大工匠"推荐申报工作。在入围"北京大工匠"候选人 28 人中,首钢刘宏、卫建平、秦涛、龙明华(北冶公司)4 人入围。同时工会组织承办"北京大工匠"选树——数控机床操作工比武活动,首钢卫建平、秦涛等选手参加比武。首钢工会选派刘宏参加全国机械冶金建材系统"讲工匠故事 展劳模风采"展示交流活动,引起强烈反响。

完成全国和首都五一劳动奖状、奖章、工人先锋号评比推荐工作:1 人获全国五一劳动奖章,2 个集体获全国工人先锋号,1 个单位获首都劳动奖状,4 人获首都劳动奖章,1 个集体获北京市工人先锋号,分别受到全总和市总表彰。

(于远东)

【"送温暖"工程】 "两节"期间,工会筹集拨付送温暖资金 955.99 万元,同比增加 109.16 万元。各级领导走访慰问职工 1.7 万余人次;为首钢困难职工 325 人发放节日慰问金、生活补助金等 309.35 万元;为劳动模范发放补助金和慰问金 60 万元;为因病致困 67 人和医药费负担过重职工 112 人,申请北京市"互助互济"帮扶资金 56.94 万元;为困难职工 225 人的子女 267 人审核发放帮困助学金 61.26 万元。组织"心系职工、共筑和谐"献爱心募捐活动,筹集爱心捐款 301.05 万元。为因意外事件、重大疾病等情况造成特殊生活困难的职工 56 人,发放帮困基金 36.01 万元。

组织开展暑季送凉爽活动,以为职工"送凉爽、送健康、送安全"为主题,以多业多地一线职工和园区冬奥会工程建设一线生产操作岗位职工为重点。工会为基层工会拨付慰问金 70 万元,用于支持各单位开展送凉爽工作。

提高帮困救助实效性。针对困难职工进行日常管理,组织开展困难职工摸底调查工作。通过"三查一访"掌握困难职工家庭状况、致困原因以及子女就学的第一手材料,实现困难职工电子档案库平台化管理。通过突出困难职工的困难状况、致困原因,帮扶需求,帮扶主体,帮扶措施,实现困难职工脱困的目标化管理。年内,首钢困难职工 336 人(特困 28 人、困难 249 人、意外之困 59 人)全部建立脱困建档卡,达到"一户一档案、一户一计划、一户一措施"总体要求。

修订完善《首钢帮困基金管理委员会章程》和《首钢帮困基金管理办法》,提高职工抵御意外风险的能力,为实现精细化、精准化帮扶奠定制度基础。

(秦 勇)

【职工互助保险】 工会开展职工互助保险工作,落实职工健康关爱行动。组织开展在职职工互助保险续保工作,集团职工 55348 人续保,参保率达 96% 以上。1 月~11 月,职工互助保险 2129 人次,理赔 334.91 万元。其中职工医疗互助保险 1857 人次,理赔 207.05 万元;职工意外保险 178 人,理赔 51.98 万元;重大疾病保险 82 人,理赔 64.82 万元;女工保险 12 人,理赔 11.06 万元。

(秦 勇)

【弘扬长征精神】 为弘扬伟大的长征精神,走好首钢转型发展新的长征路,工会策划并由股份公司牵头组织,相关单位职工参加,联合排练演出大型红色声乐史诗《长征组歌》。先后为集团职代会、北京地区、迁安地区、京唐、首秦、长钢、贵钢、水钢、通钢等单位演出 17 场,职工和家属及当地群众两万余人观看了演出。

(席 宁)

【颂歌喜迎十九大】 为迎接党的十九大胜利召开,展示各单位干部职工的精神风貌,唱响主旋律、传播正能量,工会组织集团 25 家单位,职工 300 余人排演了"砥砺奋进心向党,颂歌喜迎十九大"首钢职工文艺汇演活动,为首钢北京地区干部职工 3000 余人演出 4 场。通过歌舞、舞蹈、表演唱、诗歌朗诵等艺术形式,展现出首钢职工昂扬的精神风貌。

(席 宁)

【职工心灵驿站】 工会落实党委扩大会上提出的"要耐心倾听职工诉求,深入细致做好工作,在思想上解惑、在精神上解忧、在文化上解渴、在心理上解压"的要求,下发《关于实施首钢职工心理关爱服务的指导意见》,组织工会干部参加市总"职工心理关爱服务"体验活动,在矿业公司创建"职工心灵驿站",拓宽心理关爱渠道,提高关爱服务能力和水平,做到更广泛更有针对性地服务职工。

(席 宁)

【全民健身活动】 工会通过组织首钢职工歌手大赛、首钢职工乒乓球、羽毛球比赛、职工健步走等活动,使广大职工陶冶了情操,强健了体魄,提升了生活品质。在组织参加的钢铁行业围棋大赛、中国冶金职工歌手比赛、"河钢唐钢杯"乒乓球比赛等赛事中,取得优异成绩,为首钢争得荣誉。在国家体育总局进行的群众体育先进评选表彰活动中，首钢集团被评为"全国群众体育先进单位"。

（席　宁）

【组织建设】　工会推进系统能力建设，组织开展首钢工会系统贯彻党的十九大精神工会主席培训班，通过专家授课、观摩研讨、试点引路等教学形式，统一思想，提升工会系统整体队伍素质。组织开展"两模一优"评选工作，首钢国际贸易工程公司工会、首钢园区服务综合有限公司工会被评为北京市模范之家，首钢京唐公司炼钢作业部分会被评为北京市模范职工小家，首钢矿业公司郑建锋被评为优秀工会工作者。根据北京市总工会等部门联合下发的文件精神，结合首钢实际情况，工会组织制定下发《关于服务职工工作经费使用管理办法（试行稿）》，规范职工福利费、职工教育经费、劳动保护费、工会经费等使用问题，为基层单位开展好服务职工工作奠定基础。工会工作得到上级肯定，在2017年度北京市总工会组织的群众满意度调查中，首钢职工满意度显著提升，工会被评为北京市工会标兵单位。年内，《工会博览》《劳动午报》等刊物宣传报道首钢各级工会工作30余篇。

（谭　颖）

【重要会议活动】

1月17日～18日，召开首钢集团第十九届职工代表大会第一次会议。会议听取张功焰《全面深化改革，加快创新驱动，打好健全管控体系提升管理能力攻坚战》的工作报告。

1月24日，主题为"心系职工，共筑和谐"的2017年首钢总公司"献爱心"募捐活动在首钢文馆举行。

4月26日，首钢召开2017年先进集体、先进个人表彰大会，表彰获全国、北京市、首钢总公司以及共青团系统的先进集体和先进个人，张功焰作重要讲话，何巍主持会议，梁宗平宣读表彰决定。

5月12日，首钢党委常委、纪委书记许建国与北京市物业管理行业协会会长刘刚共同为"携手放飞中国梦，走好新的长征路"职工健步走活动鸣枪发命。

6月27日，为期2天的2017年首钢集团民主管理及工资集体协商专项培训班开班。首钢集团领导梁宗平出席开班仪式并讲话。

8月24日，首钢集团第十九届职工代表大会第二次会议在首钢文馆隆重召开，职工代表266人出席会议。企业方首席代表张功焰与职工方首席代表梁宗平签订集体合同；代表们举手表决通过《首钢集团有限公司劳动合同管理办法》；以无记名投票方式选举产生首钢集团有限公司职工董事，首钢集团有限公司职工监事。

11月13日～15日，首钢在矿业公司举办学习宣传贯彻党的十九大精神工会主席培训班，首钢20余家单位的工会主席、副主席参加。

（金志先）

战略发展部

【战略发展部领导名录】

　部　长：朱启建

　副部长：张国春

（陈　宏）

【综述】　按照首钢集团总部管控体系改革方案，战略发展部定位于战略规划和执行控制专家、投资资源配置专家、新业务孵化器、内联外合平台和专项课题决策支持平台。部门职责包括战略规划、经营计划、投资管理、新产业开发和战略合作领域业务。战略规划管理主要负责组织编制集团中长期战略发展规划，对执行情况进行定期检查、评估、调整等动态管理；围绕集团发展的全局性、战略性和前瞻性重大课题开展产业政策研究；开展企业改革改制分析研究，提出集团改革战略和方向建议。经营计划管理主要负责集团所处行业与市场竞争地位分析，集团经营现状分析；提出集团年度经营目标和年度经营重点，分析、评估年度经营计划执行情况；配合系统优化部开展组织绩效监控分析工作。投资管理主要负责集团投资分类分级和全生命周期专业管理；负责确定集团投资方向和原则，明确投资重点；组织编制集团中长期投资规划和年度投资计划，负责具体编制境内非金融类中长期投资规划和年度投资计划，跟踪执行情况并做好评估调整。新业务开发主要负责围绕战略规划目标，收集、研究、分析国家和地方政府有关的高新项目的产业发展政策和规定等，提出新业务发展方向，开展新业务培育管理。战略合作主要负责与上级政府部门对接，集团争取政府专项资金支持的专业管理，争取产业振兴、重大项目专项资金支持；负责集团对外战略合作协议专业管理，协调和推进集团公司对外战略合作。战略发展部于 2016 年 1 月起正式运行，现有职工 20 人，其中高级职称 7 人，中级职称 11 人。

（陈 宏）

【强化过程管控推动规划顺利实施】 完善规划动态管理体系，强化执行过程管控，以评价促落实。2017 年组织对集团 37 篇规划进行年度评价，规划执行情况整体符合预期。下发规划执行情况评价意见，与相关单位进行沟通，针对未完成短板事项，制定整改措施，反馈落实到 2018 年度经营计划和三年任期目标中，促进集团规划目标的达成。"十三五"规划顺利实施，反映出集团各单位战略思维逐步建立，战略自觉逐渐养成，"战略导向、规划引领"的意识增强，"规划是规划、干是干"的局面得以扭转，实现从战略规划到经营计划、预算管理的衔接以及各项战略任务到日常经营活动的分解落实。

（马力深）

【完成 2018 年经营计划编制、颁发工作】 按照"以行业规模、竞争态势、典型企业的数据积累和对标分析为基础，逐步建立起相对统一、口径一致、面向市场的外向型评价体系"的总体要求，以集团和各单位"十三五"规划明确的战略定位、主营业务为导向，逐步建立反映各产业竞争环境和绩效评价指标数据库。围绕体现经营结果的利润总额、体现竞争力的利润率及体现成长性的利润增长率指标，建立经营结果与计划、与规划、与自身、与行业、与同类企业比的"五比"分析评价方法及分析模型，推动集团各经营主体找问题、定措施、补短板，不断提升自身市场竞争能力，推动集团"十三五"规划和年度经营计划的有效实施。7 月份完成集团上半年经营计划完成情况分析报告，12 月 26 日，董事会审议通过 2018 年度集团经营计划安排，2018 年 1 月 25 日，正式下发集团年度经营计划。

（江华南）

【颁发集团公司投资管理制度】 10 月 13 日，正式颁发《首钢集团有限公司投资管理制度》（首董发〔2017〕17 号）并执行。该制度适应国资监管新趋势，结合权力清单和风控体系，创新设计制度文本、投资项目负面清单、业务流程、业务表单模板等内容，并以信息化系统为实施保障，既是新管控实践的全面总结，也满足集团投资补短板的需要。组织开展集团投资管理业务培训，及时做好制度宣贯，提升执行效果。根据一年试行情况，对投资管理权力清单进行修订，随《首钢集团管控权力清单》（首发〔2017〕138 号）于 2017 年 7 月 10 日颁发执行。优化投资分类、完善管控环节。加大对固定资产投资授权，体现释放活力、提高效率、落实责任的集团改革方向。收紧股权投资授权，适应上级政府最新要求，符合国资监管改革方向。

（张连生、胡欣怡）

【制定 2018 年集团投资计划】 以战略为导向，以资源匹配、规模可控、统筹安排为原则编制 2018 年集团投资计划。2018 年共安排投资 177.4 亿元。其中，对外股权投资 13.8 亿元，固定资产投资 151.6 亿元，其他安排固定资产项目尾款支出 12.0 亿元。其中"十三五"重大产业项目投资 124 亿元，占比 69.9%。另安排对内股权投资 80.5 亿元。制定 2018 年后评价计划，集团组织对迁钢 1#3# 高炉冲渣水余热供暖项目、长钢 4#5# 烧结环冷机烟气余热发电项目、京唐灰石料场封闭工程、矿业南区供暖改造等 9 个项目后评价。各单位自行组织开展 15 个项目后评。

（张连生、胡欣怡）

【启动集团投资信息化项目建设】 作为集团流程管控信息化重点项目之一，投资管理系统项目于 6 月 19 日召开启动会，正式进入实施阶段。计划 2019 年 4 月 30 日前试点单位上线。2018 年完成业务调研、业务蓝图设计、技术蓝图设计、投资计划模块开发测试培训等工作。集团 2018 年投资计划通过系统完成编制平衡，为投资管理体系深化、细化、优化、固化提供手段支撑。

（张连生、胡欣怡）

【推进企业退出工作取得成效】 2017 年，战略发展部协同各专业和责任单位，根据集团坚持有进有退、不断优化资源配置的战略规划重点任务要求，组织建立健全企业退出管控体系，明确退出标准，界定职责分工，理顺工作程序，构建协同机制，推出配套政策，开展专题培训，推进企业退出工作取得成效。2017 年组织完成 27 家企业退出，首钢被评为北京市企业退出工作成绩突出单位。组织完成闭合"失血点"23 项，通过闭合"失血点"测算减亏 3679 万元。

（李春东）

【开展首钢总公司改制工作】 5 月 27 日，首钢总公司完成改制工商变更登记。对总公司名称变更所涉及的各类事项进行全面梳理，共梳理出涉及工商、财务、资产权属、组织人事、经营活动和综合等 6 大类、51 小类事项,形成《首钢总公司改制后续工作安排方案》,就变更事项的变更方式、时限要求、负责单位等做出总体安排,指导、督查各相关部门开展变更工作,确保首钢总公司名称变更后内外业务有序衔接。按照《国务院办公厅关于进一步完善国有企业法人治理结构的指导意见》和北京市国资委关于国有企业公司制改革的要求,组织集团公司下属全民所有制企业全面开展公司制改革工作。截至2017年年底,除北京企业改革与管理杂志社因需要新闻出版管理机关前置审批,正在处理遗留问题,其他计划改制企业已基本进入工商变更阶段。

(王瑞祥)

【成功获批国企深化改革综合试点】 围绕"两会"提出的首钢要积极争取成为北京市深化国有企业改革综合性试点单位,最大限度争取政府相关政策支持的要求,在去年上报市国资委首钢深化国有企业改革综合性试点实施方案后,主动与市国资委多次对接,反复完善试点方案。《首钢集团有限公司深化改革综合试点方案》经市国资委第十三次主任办公会审议通过,并报经市政府同意,于2017年12月19日正式下发执行,对推动首钢改革创新和转型发展意义重大。

(王瑞祥)

【推动首钢剥离企业办社会职能工作】 按照国家、北京市相关政策要求,牵头组织首钢剥离企业办社会职能工作。组织制定首钢剥离企业办社会职能的组织机构,明确分工、职责,研究任务、目标及工作安排。督促各专项小组完成"三供一业"、退休人员、医疗、教育等的摸底调查等工作,组织各专项小组研究和完善工作安排。目前,各项剥离工作正按要求有序推进。

(王瑞祥)

【开展新业务开发与培育工作】 以区域转型、新业务项目开发为基础,推进首钢高精尖产业发展。牵头研究首秦转型与新产业规划布局问题。跟进新业务项目推进情况,重点了解城市静态交通、综合管廊、钢结构住宅、节能环保、海水淡化、健康养老医疗、体育产业等重点业务的开发思路和阶段性进展。完成新业务项目储备任务,共甄选符合集团中长期规划方向、具备基础培育条件的智慧城市、城市云平台、城市垃圾处理产业化等12个项目。

(王瑞祥、严 慧)

【加强战略合作协议管理】 2017年,集团公司不断深化和拓展对外战略合作,先后与国家体育总局、西城区政府等政府机构,建设银行、中集集团、中船重工、广西柳工等企业,新签订战略合作协议6项。这些战略合作协议的签订和执行促进了首钢对外交流合作,扩大了首钢的影响力,提升了首钢的资源整合能力和综合竞争力。加强与规范管理,2017年组织修订颁发《首钢集团有限公司对外战略合作协议管理办法》。

(李春东)

【多渠道争取政策资金支持】 加强业务流程全过程管理,搭建项目储备—争取—使用—评价的业务体系,初步形成谋划一批、储备一批、落实一批的良性循环,在政府专项资金争取工作上积累新经验,开拓新途径,取得新成效。园区开发、城市综合服务、两化融合、科技成果转化等重点项目,积极争取中央预算内投资、中国制造2025等政府专项支持资金,集团全年获批资金项目115项。建立完善并动态管理首钢争取政府资金项目储备库,完成112个项目的甄选,细分为63项"重点申报"项目和49项"持续完善"项目,有计划、有步骤地对接各级政府主管部门争取支持。组织申报镀锌高强度汽车板专用生产线等42个项目进入国家发改委、工信部等的重大项目储备库。

(严 慧)

经营财务部

【经营财务部领导名录】

部　　长:邹立宾

副部长:白 超

【综述】 经营财务部负责财务与会计专业管理制度和专业工作标准、规范的制定、修订与指导、监督、检查,建立集团统一规范的会计政策和财务管理制度;组织建立健全专业管理体系和专业评价指标,开展指标评价,推进持续运营改善;策划专业管理能力体系建设,组织推进能力培育与提升。

全面预算管理,负责中长期财务规划、年度目标设定、预算编制、预算执行与控制、预算调整、经济运行评价。资金管理,负责资金预算管理、资金动态管理、筹融资管理、担保及内部借款管理、外汇及专项资金管理、资金风险管理、金融业务管理。财务管理,负责财务报告管理、财务状况分析、利润收益收缴管理、财务管理评价、财务信息化建设、会计内控管理、外部审计、委派财务总监管理。资本运营,负责资本市场政策研究、上市方案策划与实施、上市公司资产重组业务、金融类投资项目规划与计划、金融类投资项目管理、并购与重组业务。产权管理,负责产权管理、资产价值管理、专项资金管理。税务管理,负责税务政策研究、税务筹划、税务风险管理、关联交易管理。

岗位设置:预算管理总监、资金管理总监、财务管理总监、资本运营管理总监、税务管理总监。定员编制25人,部长1人,副部长1人,总监5人。

(张宝华)

【制度建设工作】 修订颁发《首钢集团有限公司全面预算管理制度(试行)》(首董发〔2017〕6号)、《首钢集团有限公司担保管理办法》(首发〔2017〕140号)、《首钢集团有限公司内部借款管理办法》(首发〔2017〕211号)、《首钢集团有限公司税务管理办法(试行)》(首发〔2017〕244号)4个核心财务管理制度。修订《首钢集团有限公司会计制度》、制定《首钢集团有限公司钢铁业产品成本核算办法》、《首钢集团有限公司幼教服务业产品成本核算办法》、《首钢集团有限公司房地产业产品成本核算办法》等9个分行业会计核算办法和会计科目体系、财务报告编制、主要经济业务账务处理3个专项操作规范,2017年审议通过,2018年颁布实施。

(张宝华)

【风控体系、信息化建设 权力清单工作】 一是坚持逐级传导集团总部管理意志的同时,规范管控流程权限和各级出资人角色,科学下放权力,激发成员单位活力。二是按照财务专业信息化规划,集团财务专业信息化系统将实现对集团成员单位的全覆盖。2017年底全面预算管理信息系统实现线上编制功能;产权管理信息系统、核算信息系统项目启动,财务共享中心应用信息平台在集团公司范围实现上线试运行,费用报销业务实现流程标准化和表单化,为全集团范围推广财务共享服务奠定基础。三是探索集团公司财务管理权力清单建设实践,围绕预算管理、资金管理、筹融资管理、金融业务管理、会计基础管理、财务报告管理、财务管理评价、税务管理、资本运营等9项关键业务,梳理规范19个关键事项和45个关键环节。

(张宝华)

【财务管理工作】 一是夯实专业基础管理工作。组织建立财务管理权力清单,对集团会计制度修订,开展财务人员专业培训等工作。二是组织集团预算决算工作。完成年度财务年终决算、财务绩效定量评价和年度预算编制等工作。三是组织专业监督检查工作。完成年度专项监督检查工作、巡视整改事项督办工作和财务专业自查自纠工作。

(张宝华)

【资金管理工作】 一是加强资金管控,精准平衡资金。强化月度资金计划编制与刚性执行,完善资金管理基础数据库,构建全面的现金流分析体系。统筹集团资金筹措与平衡,全年刚性兑付到期融资款1013亿元,保证集团资金链安全顺稳运行。二是创新融资渠道,降低融资成本。完成十年期11.8亿元停车场专项债、60亿元可交换债券发行,完成100亿元中期票据和290亿元超短期融资券发行;成功发行4亿欧元和4亿美元境外债券,统筹在境内境外参与集团资金平衡运用。集团全年利息支出119.4亿元,比上年127.7亿元压缩8.3亿元。三是强化集团资金集中统一管理,统筹总部、财务公司和板块直管单位的资金平衡,通过财务公司协调各单位内部贷款和贸易融资,组织开展资金归集和账户清理。四是组织加强与战略合作银行和大型上市、股份制银行的合作,按照"总、分、支三级联动"的合作模式,维系集团与银行的合作,避免、减少压贷抽贷问题,落实贷款和债券接续,提高了整体授信规模,组织完成东南区土地开发银团贷款,总规模达到235亿元,在2017年末资金高度紧张的形势下,落实了一期143亿元融资到位。五是坚持问题导向开展集团资金运行分析,揭示资金运行矛盾,建立并坚持集团月度资金协调会机制。六是全面完成2017年度资金预算及融资专项预算。

(刘同合)

【预算管理工作】 一是完善和强化财务预算分析。组织完成2017年预算编制,完善和创新集团季度和半年分析内容和模式,重点强化资金分析、财务状况分析和对标分析。二是修订颁发《首钢集团有限公司全面预算管理制度(试行)》,形成年度预算与战略规划紧密衔接,经营计划与经营预算相互支撑,集团总预算、专项预算和平台公司分预算相辅相成的科学规范的集团全面预算管理体系。三是积极推进预算管理信息化建设,完成集团全范围预算编制系统的搭建,初步实现线上编制。四是深耕"三个跑赢"。持续开展"三个跑赢"对标评价,使"三个跑赢"成为钢铁板块评价市场运作水平、内部挖潜力度以及与行业对标的主要工具,该评价机制获中国钢铁工业协会管理创新成果二等奖。

(赵进平)

【资产价值管理工作】 一是组织开展资产价值管理。完成巡视整改工作,解决历史遗留问题。二是协调推动首钢总公司公司制改革相关工作,组织完成对集团整体资产的改制评估工作,评估结果获得市国资委核准批复。组织完成首矿大昌、矿业公司、销售公司等多家单位资产、股权处置评估,推动相关单位资产重组和多年遗留问题解决。三是加强产权管理,提高产权登记比例。组织开展全面、系统、彻底地清理集团股权投资和产权登记,协调市国资委成立首钢产权登记审核小组,对集团产权登记情况进行全面的审核,产权申报登记比例由 57% 提高到 83.5%。四是规范集团资产评估工作。五是落实国拨资金和财政专项拨款,推进高新产业升级。组织实施国有资本经营预算项目和一般财政预算项目资金的申领工作,冬奥宿舍区项目、首自信公司集团管控平台、首钢医院生命科学研发中心等 8 个项目获得国有资本经营预算项目资金支持。

(何 俊)

【税收管理工作】 一是搭建集团分层分级良性运转的税务管理环境,集团公司通过监督、指导、协调、服务,帮助成员单位树立纳税人身份意识,提升独立管理涉税事务的能力。二是建立税务政策跟踪工作制度。形成集团涉税信息服务立体架构,形成集团公司、板块、下属单位税收政策推送和分税种、税收筹划培训体系。三是探索自我防范风险的工作机制。开展重点单位税务风险排查工作。通过巡检排查,对 8 家单位在收入、筹资、成本费用归集、固定资产及在建工程等方面共清理出 27 项重要风险,提出管理建议,并制定实施了四个专项筹划方案。四是重点项目尝试开展税务筹划,提出税务管理水平和价值创造力。对贵钢开发项目的研究与跟踪、北辛安拆迁补偿收入的处理、公司改制过程中涉税问题研究、侨商项目税务方案设计、体育事业涉税情况调研、中首利润平衡方案设计、技研院研发费筹划等。

(田 原)

【加强党风廉政建设工作】 经营财务部深入开展学习贯彻党的十九大精神活动,以习近平新时代中国特色社会主义思想为指导,按照集团公司党委的工作部署,切实加强党风廉洁建设,把落实党建主体主责与具体业务工作开展相结合,学以致用、善作善成,压实"一岗双责",对所在岗位应当承担的具体业务工作负责,又对所在岗位应当承担的党风廉政建设责任制负责,做到"两手抓、两手都要硬"。全面树立讲规矩、守纪律意识,坚决维护党的纪律特别是政治纪律、政治规矩,切实管好班子带好队伍,模范遵守党纪国法、带头廉洁自律,为财务管理工作创新发展领航引路。

(张宝龙)

系统优化部

【系统优化部领导名录】
部　长:杨木林
副部长:高福文

(哈铁柱)

【综述】 2016 年 1 月,首钢系统优化部正式运行,为首钢集团 13 个战略管控部门之一,负责全集团运营治理管理、组织绩效管理、流程风控管理、业务与系统管理、信息技术管理。运营治理管理主要负责集团治理体系管理、权力清单管理、组织功能定位与管控模式管理、组织机构与定岗定编管理、劳动效率管理;组织绩效管理主要负责组织绩效指标体系建设、组织绩效考核、企业领导人员任期绩效目标考核;流程风控管理主要负责运营改善与管理创新、流程管理、风险与内控管理、制度管理;业务与系统管理主要负责业务需求管理、数据管理、系统建设管理、系统应用评价与优化;信息技术管理主要负责 IT 治理与信息化规划管理、信息安全管理、技术架构管理、运维服务管理。定员编制 19 人,在册职工 16 人,硕士以上学历 8 人,本科学历 7 人,大专学历 1 人;高级职称 10 人,中级职称 6 人。

(哈铁柱)

【规范治理体系】 2017 年,系统优化部健全集团管控体系,规范集团治理体系。一是持续完善组织架构,推进人才开发院二步机构整合,组建北京园区平台,并根据国家要求研究完善板块安全、环保等内部机构设置,北京园区开发、招商与产业发展、运营服务三大体系初步构建。做实板块功能,股份公司、股权公司逐步承担起钢铁板块、股权平台各项管理职能,板块协同取得实效。二是规范公司治理结构,坚持依法治企,参与修订集团公司章程、制定章程管理办法。根据运行实际，调整集团成员单位管理关系，优化产权与管理关系，规范公司治理结构。

（张建军）

【制定权力清单】 2017年7月，系统优化部组织制定下发集团公司《首钢集团管控权力清单》，通过合理授权，推进业务决策重心合理下移，实现板块的专业化、集中化管理，全面推进风控建设。指导钢铁板块、股权平台梳理对上对下关键业务，制定下发板块管理权力清单，与集团管控清单衔接，形成权力清单管理体系。

（徐　波）

【转型提效出现双降双升】 2017年，系统优化部组织推进转型提效，强化目标导向。分解2017年~2019年指标，强化机制引导，建立工资总额预算机制，鼓励早提效、早受益，多提效、多受益；部分外埠企业协商解合资金由借款调整为奖补以及由两家抬改为一家担；引导各单位向技术提效转变。按照北京疏解非首都功能产业要求，推进微电子产线停产、首建西集搬迁人员安置工作。调研督导转型提效关键节点，组织推广首秦基层改革经验，总结股份创业中心典型做法，整理交流转型提效措施。2017年末，集团在册职工8.9万人，三年内转型分流6.8万人，钢铁实物劳产率提高60%，呈现出职工人数和人工费双下降、职工收入和劳产率双上升的势头。

（魏云胜）

【年度绩效考核及目标制定】 2017年，系统优化部组织集团年度经营目标责任书制定、督导和考核。年初组织发布上一年度考核结果。组织55家单位签订2017年《经营目标责任书》。开展半年绩效目标完成情况检查督导，通过亮灯风险提示，促进各单位加大执行力度。完成2017年度绩效考核评价工作，2018年1月份，根据财务快报核实考核数据，通过集团党委常委会审议。集团总部部门考核首次应用OA在线管理评价方式，各部门在线查找管理问题短板，推动绩效改进。组织制定2018年经营目标责任书，研究经营计划、预算目标。针对问题短板增加资金风控等考核项目；结合加强党建工作要求，增加党建考核项目。

（郭晓民）

【第一任期目标考核评价】 2017年，系统优化部组织集团52家二级单位开展第一任期考核评价工作。上半

年形成第二次评价报告，督促各单位树立交账意识，加大执行力度，采取应对措施；11月，组织开展任期绩效考评工作，制定评价规则，组织自检评价、专业确认和考评、评价小组评议、专题会审议，通过常委会、董事会审议批准。第一任期52家单位中，17家被评为A级，32家为B级，3家为C级。通过开展任期考核，强化领导人员长远发展意识，推动解决短板问题。

（郭晓民）

【第二任期目标考核制定】 2017年，系统优化部通过调研借鉴部分央企经验，调研走访首钢集团17家子公司、访谈集团公司9位分管领导，组织第二任期目标制定工作。分行业、分单位提出第二任期目标导向，指导各单位做好指标提报工作。制定指标提报规范，要求各单位对整体工作全面分析，提报指标现状、目标、分解进度安排，说明提报理由。组织钢铁板块召开会议，研究同类型单位指标的确定。各单位任期目标建议汇总后，分别提报分管领导，采取专题讨论等方式进行指导。11月底，完成第一轮指标汇总，12月12提交集团投票，46家单位的任期目标通过投票，2家单位暂缓执行。第二任期目标12月17日通过集团党委常委会前置审议，12月26日通过集团董事会审议。

（郭晓民）

【集团领导人考核管理】 2017年，系统优化部组织集团领导人员年度考核相关工作。完成2016年度考核清算报告工作，组织考核指标任务涉及的相关单位提报完成情况，组织汇总和专业讨论确认，报公司主管领导审阅，5月18日向市国资委报送《首钢企业负责人2016年度考核清算报告》，2016年首钢领导人年度考核评定为A级。完成2017年度经营业绩考核责任书建议的提报工作，9月份完成首钢集团领导人经营业绩考核责任书签订。

（郭晓民）

【构建集团管控制度体系】 2017年，系统优化部组织完善集团公司基本管理制度体系。颁发"两会一层"工作规则、"三重一大"决策、公司章程管理、法人授权、投资管理、全面预算管理、资金管理、内部审计管理、党建等50项制度。组织建立清晰的分层分级制度体系。形成基本管理制度、业务基础制度、具体操作规范逐级延展、功能合理分担的分级体系；参照内控指引，与集团管控权力清单职能领域划分及风控手册三级流程框架保

持一致,实现权力清单、规章制度、风控手册的协调统一。全面完成集团管控权力清单的制定,做到党委会、董事会、经理层的职责界面清晰,理清集团管控的主要职责权限,总部与平台公司、平台公司与授权管理单位的权责界面清晰,体现充分放权、激发动力,释放活力导向,强化集团成员单位市场主体地位。

(张焕友)

【提升管理制度质量】 2017年,集团公司提出"制度的灵魂在质量,制度的生命在执行",系统优化部组织制定方针政策、目标方向、体系建设等工作要求;各级领导组织多项制度专题讨论。各部门从剖析业务入手,吸取先进经验,把握业务规律。制定前,注重调查研究;制定中,注重基层参与和专业沟通;制度执行,注重执行效果的持续跟踪评价与改进。树立业务主导、业务驱动的理念。业务规划、流程优化、制度建设和业务标准化建设成为各系统实施单位实施的基础。

(张焕友)

【风控体系建设】 2017年,系统优化部按照稳健、审慎原则,推进中首公司、基金公司等6个单位风控体系建设,形成风控流程体系框架、风控手册、评价手册、问题缺陷清单,问题缺陷得到整改,风险防控能力提高。利用联合监督检查机制,检查、评价各单位风控体系建设情况。中首公司内控体系建设获市国资委肯定。按照监督联席会工作计划,检查、评价财务公司、基金公司、京西重工的风控体系建设情况。

(黄海峰)

【风控与制度管理知识培训】 2017年,系统优化部积极组织开展风控与制度管理知识培训工作。制度主责部门组织适用单位开展宣贯培训。在集团公司领导干部研修班上宣讲集团公司出台的部分重要制度。通过集团领导指导、审核授课内容、课件,主责部门领导上台宣讲,学员评判打分等方式强化学习效果。组织集中培训,举办首钢集团风险控制及制度管理知识培训班,培训教材和课件自主完成。开展基层培训服务,为成员单位开展风控体系建设举办专题讲座。

(张焕友)

【管理创新活动】 系统优化部和发展研究院联合总结首秦公司基层改革创新经验并召开交流会、联合组织管理创新活动及评定。确定深化改革,开展体制机制创新,提升管理能力;结合钢铁行业供给侧改革,围绕实现钢铁业控亏减亏,全力抓好减亏增效,完善"制造+服务"能力;打造城市综合服务商,推进北京和曹妃甸两大园区建设;加强内控体系建设,推动转型提效,深化薪酬分配制度改革,加快改制企业改革;完善基础管理,推进信息化建设;推进本单位发展战略等管理创新活动六大重点领域。首钢集团29个单位申报93项成果,评审首钢管理创新成果60项,其中获国家管理创新成果二等奖2项,获北京市管理创新成果奖19项,获钢协管理创新成果奖16项。

(张焕友)

【集团公司信息化水平达到A级】 2017年,北京市国资委组织对52家市属国有企业开展信息化水平测评,在保证测评过程客观、测评结果准确的前提下,依据企业填报的数据,经过初评、复评,首钢集团2017年度企业信息化水平的最终得分为83.80分,较2015年提升11.13分,在52家参评企业中的总体排名第8名,行业排名第2名,评定级别为B级。其中,集团公司2017年信息化水平最终得分为90.93分,较2015年提升10.9分,信息化水平达到A级。

(温立文)

【集团管控信息化项目建设】 系统优化部组织制定下发2017年首钢流程信息化重点项目工作计划和项目管理规范,建立项目组织体系和工作机制,组织9个重点流程信息化项目推进。组织完成全面预算管理、核算管理、投资管理、资产管理、核心人力资源管理、主数据管理及钢铁产销一体化经营管理平台项目可研报告、立项和招标等前期筹备工作。坚持领导负责、业务驱动和流程优化,组织集团管控项目优化业务流程,提升业务价值。统筹组织集团协同工作平台、财务共享、预算管理、投资管理、核算管理项目、资产管理项目、核心人力资源管理项目、主数据项目、钢铁产销一体化经营管理平台9个重点流程信息化项目推进。

(汪国栋)

【集团协同工作平台】 集团协同工作平台完成系统上线及集团部分成员单位推广工作。实现统一身份认证及单点登录整合、集团个人办公门户及战略管控、战略支撑、支持服务共22个信息门户上线;实现集团与股份系统集团发文、收文、请示报告、文件传阅、汇报与反馈、上报总公司领导信息6个公文流程互联互通;实现集团统一通讯录、移动办公和即时通讯;完成规章制度管理、领导日程管理、催办督办、会议管理、管理评价、师资库等主要功能上线运行;实现与集团管控相关系统单点登录、流程贯穿和数据集成;实现系统优化部、行政管理中心、财务公司、技术研究院、发展研究院等成员单位主要业务的流程化应用;完成集团公司发展研究院、技术研究院、财务公司3家单位及首控公司、实业公司、首自信公司、水钢公司等4家成员单位系统推广。

（刘　京）

【集团主数据管理平台】　7月,系统优化部启动集团主数据管理项目建设,在集团构建主数据管理体系1套、建立主数据标准1套、搭建集团主数据管理平台,横向部门间实现系统集成,板块内公司间实现业务协同、信息共享,整体效益和效率提升;统一纵向业务规则、数据标准,实现重要数据共享,支撑高效决策。12月底,完成项目需求调研、整体规划、蓝图设计、系统集成与测试、关键用户培训等阶段性目标,集团主数据管理平台一期一阶段上线试运行,组织范围为集团总部各部门,数据范围包括组织机构、员工、资产分类、项目分类、会计科目、客商、用户标识及通用基础类等16项集团级主数据,集成范围包括财务共享系统、预算管理系统、投资系统、协同平台、统一身份认证系统,集团主数据管理体系初步构建。

（郭素云）

【信息化项目管理】　系统优化部组织完成职工健康平台项目、客户营销服务平台二期项目、集团协同平台项目档案管理升级和无线网络覆盖及技术服务合同等3个结转项目的阶段验收、竣工总结、项目资金计划编制及支付工作。完成首钢资金管理平台的项目合同付款及全额交接财务公司的工作。完成职工健康平台项目、客户营销服务平台二期项目审计。

（梁丽亚）

【信息系统运维管理】　系统优化部组织加强集团信息系统运维管理,完善信息化运维管理体系,加强对首自信及外部供应商资质及服务保障标准管理;优化信息中心机房软硬件环境和集团总部网络架构,为集团管控类应用系统提供可靠运行环境;组织完成SAP系统硬件升级、测试和系统迁移工作,确保系统稳定运行;统一软件采购,统一集团总部宽带购买,加强运维合同签订及资金支付工作,降低运维成本,集团总部互联网带宽由130兆提高到200兆,费用支出降低63.7万元。全年信息系统维护费用降低103.86万元。

（哈铁柱）

【信息安全管理】　在国家和北京市重要会议和活动期间,系统优化部组织做好集团网络安全保障工作,组织集团72家单位落实正版化工作;组织开展信息安全培训、等级保护培训,参加国家注册信息安全专业培训、工信部组织的工控系统信息安全培训;建立信息系统漏洞扫描检测机制,对新上信息化系统、集团各单位网站、总部及四地应用系统开展安全检测、评估及整改;完善信息安全防护体系,加强病毒防护和监控,保证集团未发生大规模病毒事件;建立网络安全领域监测预警和工作协调机制,提升网络安全预警和管控处置能力;健全信息安全管理体系,组织开展集团信息系统应急演练。

（哈铁柱）

【视频会议系统】　系统优化部组织完成集团公司内部视频会议需求调研,开办视频会议管理线上申请工作,12月1日上线试运行,集团视频会议召开密度大幅增加及线下沟通过程耗费精力情况缓解。2017年全年,组织视频会议1167次,完成销售公司各加工厂、京唐、股份公司、财务公司项目部等单位新增视频会议终端实施工作。

（方红华）

【国资预算资金项目】　系统优化部组织完成申报2017年度国有资本经营预算资金支持企业信息化项目申报材料的起草、提报和答辩,包括提交项目申报书、项目可行性研究报告等材料。组织股份公司、实业公司、矿业公司等申报的三个项目通过北京市国资委初审,其中矿业公司数据分析信息化项目获90万元资金支持,首自信公司申报的集团管控信息化项目获860万元资金支持。

（温立文）

国际业务部

【国际业务部领导名录】
副部长:孙亚杰

（方瑜仁）

【综述】　国际业务部是集团境外资产管理的主责部门。负责海外战略规划与评估、境外投资管理、境外融资管理、境外企业管理和海外业务协同与服务。海外战略规划与评估,负责组织编制集团海外战略规划;组织对海外战略规划执行情况进行定期检查、评估和指导。境外投资,负责集团境外投资的全生命周期管理;组织编制集团境外投资规划及年度投资计划;指导和审核涉外业务单位编制其境外投资规划和计划。境外企业,负责平台公司、直管单位境外资产管理、重大事项管理和股东事务管理。境外融资管理,负责境外金融市场研究,包括相关经济发展状况、货币政策、财政政策、汇率、资金与资本市场;配合制定集团境外融资计划、境外融资方案并组织实施。海外业务协同与服务,负责境内外公司之间战略、业务、要素协同管理;海外工程承揽及实施业务协同;海外业务服务与支持。部门设置海外战略、境外投资和境外融资三个主要业务模块,定编10人,在岗8人,副部长1人、总监1人、高级经理1人、专业员5人。

2017年,国际业务部严格履行境外管控职能,积极拓展集团降低财务费用渠道,并在境外投资制度建设、境外投融资管理和海外人才队伍建设方面取得有效进展、海外工程协同不断深化、境外企业管理顺稳进行,逐步推动集团向国际化运营迈进。

(方瑜仁)

【党建工作】 国际业务部加强"两学一做"活动的落实。组织全体党员学党章、学讲话,部门领导带头加强理论学习,带头做批评与自我批评,带动党支部的理论学习氛围。不断深入贯彻学习党的十九大精神,多次组织讨论。党支部组织党员积极主动学习习总书记在"三严三实"教育实践活动中的精神,学习《中国共产党廉洁自律准则》和《中国共产党纪律处分条例》,把学习体会和自身工作与首钢转型发展战略紧密结合,明确自我要求。严格落实党风廉政建设责任制,对重点方面进行重点防控,细化管控措施。党支部成员5人。

(李 帆)

【制度建设】 国际业务部结合集团境外管理实际情况,对境外投资管控体系进行了完善,强化境外投资信息化建设。会同战略发展部完成《首钢集团管控权力清单(试行)》的境外管控权力清单部分,于2017年10月12日与战略发展部联合下发《首钢集团有限公司投资管理制度》(首董发[2017]17号)。

(李 帆)

【境外投资管理】 国际业务部组织各平台公司/直管单位提报境外投资计划,对预期投资的秘铁二期海水淡化项目的投资规模和可行性进行提前预判,通过方案优化,最终确定投资概算4187.1万美元,较投资估算降低514.7万美元,降低率11%。对计划外的京西重工投资北美工厂项目可行性研究报告进行审核,按年平均净资产回报率高于8%的原则进行财务模型测算,从项目必要性、战略发展规划、项目选址、政治环境以及项目投资情况等维度进行详细分析,并提出建议。

(陈铭哲)

【秘铁项目】 国际业务部按照秘铁公司专题会精神要求,建立项目月度例会制,督导中首公司、秘铁公司、首钢国际工程公司、首矿建公司按网络进度节点对秘铁选矿厂及海水淡化项目组织施工。克服时差困难与各家保持密切沟通,及时督导工程进度,解决中冶北方的设计出图进度严重拖期,导致后续工程招标、采购以及现场施工存在的一系列滞后问题。

(郭 佳)

【境外企业管理】 国际业务部完成年度境外资产、机构和人员情况梳理分析并提出优化建议。建立和完善境外上市公司财务报表分析体系,完成集团重点境外机构和境外控股及相对控股上市公司的2016年度及2017年前三季度财务分析,并提出问题和改善建议。积极督导香港首控和京西重工加强自身能力建设,完善自身组织架构、章程及各项制度。

(陈铭哲)

【资本运作】 国际业务部完成郭家沟煤矿股权转让工作和首秦公司韩方股权购买工作。5月25日将首钢资源金山能源27%的股份转让与北京首控,完成工商变更登记;6月19日,韩国现代完成出让其持有首秦公司20%股权的国内行政审批工作,相关资产置换工作按照预定计划推进。

(陈铭哲)

【境外融资】 国际业务部完成全年共完成境外融资金额74.5亿元人民币,超额完成年度融资计划44.5亿元人民币。其中,完成钢材出口贸易融资26亿元人民币、外埠钢厂融资租赁2.5亿元人民币、秘铁新区扩建项目境外融资46亿人民币。会同经营财务部完成4亿欧元和4亿美元债券发行工作。

(陶钱武)

【汇率分析】 国际业务部赴京西重工调研,研究2017

年外汇波动对其汇兑损益的影响及成因,向总公司领导提报《京西重工汇率调研》报告。结合汇率走势及企业对冲策略向集团研判上报《汇率分析报告》3篇。管理创新成果《集团企业汇率风险防控管理方法的研究与实践》获第32届北京市企业管理现代化创新成果二等奖。

（闫　明）

【工程协同】　国际业务部充分发掘秘鲁铁矿战略价值和经济价值,按期推动秘铁新区项目实施。统计更新平直单位承揽海外工项目信息2000余项,调研中首、国际工程公司、首建集团等单位,提交完成《首钢集团海外工程业务调研报告》,为集团海外工程协同提供战略思路。

（方瑜仁）

【海外人才建设】　国际业务部与人力资源部共同组织首批首钢海外青年干部培训工作,并选派优秀学员20人赴海外进行为期100天的培训,国际业务部安排专人随班管理,负责与培训机构的协调沟通,同时保障学员境外学习生活的安全。目前,学员已被安排在相关涉外岗位挂职和实习。

（李　帆）

安全环保部

【安全环保部领导名录】
　　部　　长:刘丙臣
　　副部长:吴光蜀　穆怀明(11月离任)

（刘军利、吴　刚）

【综述】　首钢集团有限公司安全环保部(简称"安环部")于2016年1月1日成立并正式运行。2017年6月,根据首钢集团有限公司下发的关于《首钢集团有限公司关于调整内部机构名称的通知》(首发〔2017〕108号),首钢总公司更名为首钢集团有限公司,首钢总公司安全环保部变更为首钢集团有限公司安全环保部。安环部主要负责集团安全、环保、能源专业管理工作,下设安全、环保、能源三个专业管理模块,定员编制11人,实有员工13人(矿山安全管理1人,兼矿业公司安全处长,不占安环部职数及定员;调研员1人,不占职数及定员),其中研究生5人,本科8人;高级职称8人,中级职称5人。

2017年,集团各单位认真贯彻国家、地方政府安全生产工作要求,落实首钢"两会"精神,落实安全生产主体责任,强化隐患排查治理体系建设,开展特种设备、危险化学品等专项整治工作;以落实环保法律法规为主线,环保专业组织加大绿色行动计划实施力度,全面完成重要活动及重污染天气期间环境质量保障任务,积极落实排污许可制相关工作;能源方面,以降低工序能耗、提升二次能源发电为抓手,推进能源精细化管理,涉碳单位全面完成碳排放报告报送及履约工作。重点污染物排放总量指标及主要能源指标全面完成计划。

（刘军利、吴　刚）

【落实安全生产主体责任】　2017年1月6日集团公司召开安全生产大会,对全年安全工作全面部署。党委书记、董事长靳伟,党委副书记、总经理张功焰多次组织研究安全生产工作,作出指示批示并带队开展安全生产检查。各单位按照集团公司安全生产大会和《关于切实加强2017年安全生产工作的通知》精神,加大隐患排查治理工作力度,并由主要领导带队深入开展春节前、五一前安全生产大检查,为保证"一带一路"国际合作高峰论坛等重点关键时期首钢安全生产提供有力支撑。为做好首钢安全生产工作,为党的十九大胜利召开营造稳定的安全生产环境,集团公司7月12日召开安委会视频会议,对利用4个月时间在全集团开展安全生产大检查工作提出明确要求,随后下发《关于开展全集团安全生产大检查工作的通知》,编制集团公司《开展安全、环保大检查工作安排》。集团公司领导亲自带队,按照"四不两直"工作原则,每周开展督查。11月18日北京大兴区发生重大火灾事故后,按照北京市统一部署,集团公司深入开展安全隐患大排查大清理大整治专项行动,集团公司领导分6个组深入现场及时分析解决各类问题,确保专项行动落实到位。

（叶　凯、宋永胜）

【强化隐患排查治理体系建设】　在首钢京冀地区钢铁业推广"把隐患当事故处理",建立隐患排查治理体系取得经验基础上,向钢铁板块外埠单位及非钢实体单位推广。股份公司通过定期召开视频会、组织督导组检查督促等方式推进外埠单位按计划节点落实。首建、实业、京西重工等28个非钢实体单位,按照"要求统一、流程统一、数据统一"的原则,建立起隐患排查治理信息系统。11月份集团公司完成隐患排查治理信息系统建设并实现与北京市安监局相关信息系统的对接。从集团应用、完善隐患排查治理信息系统的管理实践看,信息化技术改变了传统的安全管理方式,实现了安全生产管理的实时化、动态化、痕迹化、精细化,做到"隐患不排查,系统能觉察;隐患不整改,系统有记载;整改不及时,系统有警示;工作不到位,系统有评估"。首钢隐患排查治理信息系统的建成投用,标志着集团安全生产管理向标准化、科学化、信息化迈出坚实一步。

(叶 凯、宋永胜)

【安全生产专项整治】 全面开展危险化学品、矿山、特种设备等安全专项整治工作,推进专项整治向纵深发展。结合暑期、汛期等季节变化及重点特殊时期安全生产特点,组织各单位深入辨识安全风险,完善控制防范措施,先后编制"冶金企业煤气、天然气等燃气系统""制氧、制氢系统""焦化生产"等安全生产专项整治工作方案,下发有限空间、涉爆粉尘、特种设备专项整治通知,全面推进专项整治工作向纵深发展。对首钢矿山企业,制定下发《首钢矿山企业事故隐患排查治理工作标准》,并对"标准"的贯彻落实情况、规章制度健全完善情况、安全投入情况及防雨防汛工作落实情况等进行专项督查。继续强化联系确认、设备操作牌及相关方管理,下发《关于全面深入开展联系确认和设备操作牌及相关方管理"回头看"工作的通知》,持续开展专项督查。在全集团推广股份公司特种设备标准化管理经验。组织对北京园区西十冬奥广场、冬训中心及周边配套工程、原二炼钢拆迁工程多次开展专项督查。

(叶 凯、宋永胜)

【重点污染物排放总量指标】 2017 年集团烟(粉)尘排放总量计划 21683 吨,完成 17054 吨,比计划降低 4629 吨。集团二氧化硫排放总量计划 22880 吨,完成 17416 吨,比计划降低 5464 吨。集团氮氧化物排放总量计划 33437 吨,完成 30583 吨,比计划降低 2854 吨。集团化学需氧量排放总量计划 866 吨,完成 694.4 吨,比计划降低 171.6 吨。集团氨氮排放总量计划 119.3 吨,完成 92.4 吨,比计划降低 26.9 吨。

(刘玉忠、耿培君)

【环保管理】 安环部组织各单位积极落实各级政府对环保工作的更高标准和要求,继续滚动实施绿色行动计划,集团 2017 年完成环保治理项目 42 项,其中钢铁板块完成 40 项。通钢取得 2680 立方米高炉配套项目中高炉分项的环保验收批复、伊钢公司取得 100 万吨/年钢铁项目环评批复,贵钢公司城市钢厂搬迁项目及长钢公司 200 万吨焦化一期工程完成环保验收备案工作。

(刘玉忠、耿培君)

【落实排污许可制】 组织落实排污许可制相关工作,继京唐公司成为国内钢铁行业首家取得新版本排污许可证单位后,股份迁钢公司(含球烧)、首秦公司、长钢公司、顺义冷轧公司、北冶公司、吉泰安公司、通钢公司、伊钢公司于年底前相继取证。

(刘玉忠、耿培君)

【环境责任报告体系建设】 2017 年 5 月,组织发布《北京首钢股份有限公司 2016 年度环境责任报告书》(含京唐),作为集团首份环境责任报告,对提升绿色发展形象起到引领示范作用。

(刘玉忠、耿培君)

【环境质量保障工作】 2017 年,集团重点单位接受中央环保督察组、国家环保部等各级检查 681 次(其中省级及以上 185 次、钢铁板块 276 次)。唐山市共启动 26 次重污染天气橙色及以上级别预警和紧急减排措施,总限产时间 2056 小时;北京市共启动 6 次重污染天气限产措施,累计限产 568 小时,"一带一路"国际合作高峰论坛期间限产 360 小时,总限产时间 928 小时。通过采取集团公司有针对性地部署并持续组织开展环保隐患排查、股份公司加强对钢铁板块各单位动态跟踪指导、园区单位强化抑尘管理、集团公司领导带队按照"三不三直"原则开展检查等措施,全面完成全国"两会"、"一带一路"高峰论坛、党的十九大等重大活动期间的环境质量保障任务。

(刘玉忠、耿培君)

【主要能源指标】 2017 年集团吨钢综合能耗(不含贵钢)计划 638 千克标准煤,完成 627 千克标准煤,比计划降低 11 千克标准煤。集团吨钢耗新水(不含贵钢、伊钢)计划 3.19 立方米,完成 3.07 立方米,比计划降低 0.12 立方米。

(刘军利、吴 刚)

【节能管理】 面对严峻的市场形势,安环部组织相关单位扎实开展能源精细化管理工作,着力推进二次能源发电水平的提升和工序节能降耗,不断提高能源系统运行质量,助力企业降本增效。集团钢铁业二次能源发电量同比增加 8.7%,吨钢综合能耗同比降低 9 公斤标准煤,吨钢新水消耗同比降低0.1立方米。积极推进节能技改项目的实施,持续提升能源利用效率,2017年完成重点节能项目16项,预计年实现节能量约44072吨标准煤。积极发挥钢厂服务社会功能,不断延伸钢铁业能源产业链,扎实推进能源产品市场化营销,钢铁业主要单位能源外销创收25507万元。积极参与大用户直供电交易,努力争取电改政策红利,钢铁业主要单位当年减少电费支出6514万元。

(刘军利、吴　刚)

【碳排放管理】　安环部组织北京地区13家涉碳单位全面完成碳排放报告报送、履约等工作。探索、利用碳排放抵消机制,顺义冷轧公司与股份迁钢公司完成集团第一单国家核证自愿减排量(CCER)交易,在降低企业履约成本的同时,起到创新示范作用。积极发挥集团内部协同优势开展交易,完成北京地区碳排放重点单位间的碳配额调剂,并净出售富余碳配额创效191万元。

(刘军利、吴　刚)

办　公　厅

【办公厅领导名录】

主　任:梁宗平(兼)

董事会秘书、副主任:杨　鹏

(韩　乐)

【综述】　首钢集团有限公司办公厅是首钢党委和行政日常办公的综合协调部门。负责集团公司党委、董事会、经理层重要文件的起草、印发和会议组织工作;负责决定事项的催办反馈、综合调研、党政系统信息收集、编报和大事记管理;负责集团公司领导公务活动、商务活动、大型会议和重要活动的安排协调和组织落实,日常公文处理,党委、董事会、集团公司印鉴管理,集团公司机要管理工作;负责集团公司对外联络接待;负责集团公司派出董事管理。办公厅下设党委办公室、董事会办公室、经理办公室、秘书处、联络接待处,定员28人。

(桑娟喜)

【文稿起草】　办公厅完成各类文稿的起草工作,主要包括:围绕开展"两学一做"学习教育,起草总公司领导班子对照检查材料、民主生活会整改方案等;围绕全面从严治党,修定《首钢集团有限公司党委常委会带头落实全面从严治党主体责任的实施意见》等;围绕集团重

大会议,起草工作报告或领导讲话;根据上级有关部门要求,完成首钢年度工作总结及工作计划、首钢董事会年度工作报告等材料的起草;围绕总公司领导对外交往、调研等活动,起草领导致辞、讲话等;围绕完善法人治理结构,修订颁发《首钢集团有限公司章程》《首钢集团有限公司党委会工作规则》《首钢集团有限公司董事会工作规则》《首钢集团有限公司经理层工作规则》《首钢集团有限公司"三重一大"管理办法》,制定颁发《首钢集团有限公司章程管理办法》等制度性文件;围绕保密及印章管理,制定颁发《首钢"七五"保密法治宣传教育规划》《首钢总公司"十三五"时期保密工作规划》,修订颁发《首钢集团有限公司印章管理办法》。

(桑娟喜)

【会议管理】　集团公司召开党委书记办公会43次、党委常委会16次、董事会4次、经理办公会16次、专题会219次,编发会议纪要156期。完成集团公司党委扩大会、职工代表大会、经营活动分析会和"三创"交流会、党风廉政建设工作会等重大会议的组织工作。加强会议管理,按照会议管理办法规定,落实会议计划、审批、组织等工作。

(桑娟喜)

【督办工作】　围绕集团公司各类会议决定事项、集团公司领导批示,强化集团公司决策事项的监督检查,做好集团公司部署的各项工作任务执行情况的跟踪、检查、反馈等工作,向集团公司领导报送《催办与反馈》41期。

(桑娟喜)

【信息工作】　向市委市政府办公厅、市国资委、钢铁协会报送《首钢集团有限公司信息》78期;向市国资委、钢协报送《首钢年鉴》。编写向集团公司党委领导报送基层党委书记《汇报摘编》30期;编发《首办通报》25期;编发首钢大事记4期。全面、准确、及时地报送信息,全年信息数量和质量达到北京市、行业协会和集团公司的要求。

(桑娟喜)

【文秘与保密工作】　全年处理上级来文1900余件;移交档案处文书档案2356件,办理首钢集团有限公司(总公司)发文312件、首钢党委发文件172件、首钢董事会发文件21件、首钢集团有限公司(总公司)函文件75件、办公厅发文7件、办公厅请示报告26件,发文清样、原稿归档率达到100%;全年刻制并启用印章68枚,办理首钢集

团公司印章使用 1235 项 21262 件、首钢党委印章使用 164 项 1544 件、董事会及法人印章使用 216 项 1140 件、首钢办公厅印章使用 200 项 715 件、首钢秘书处印章使用 17 项 60 件。集团公司公文处理及时准确率 100%。

（韩　乐）

【对外交往】　办公厅接待内宾 99 起 955 人次，外宾 19 起 151 人次。接待内宾主要有：中央政治局委员、北京市委书记蔡奇；民政部党组书记、部长黄树贤；国务院侨务办公室主任裘援平；国家体育总局局长、党组书记苟仲文；国家体育总局副局长、党组成员赵勇；国家体育总局局长助理、党组成员李颖川；北京市委副书记、市长陈吉宁；北京市人大主任、党组书记李伟；北京市政协党组书记、主席吉林；北京市委副书记景俊海；北京市委常委、副市长阴和俊；北京市副市长王宁；北京市委常委、市纪委书记、市监委主任张硕辅；北京市委常委、宣传部部长杜飞进；北京市侨办党组书记、主任刘春锋；北京市卫生计生委主任雷海潮；东北大学党委书记孙家学；北京科技大学党委书记武贵龙；国家电网公司副总工程师兼国网北京市电力公司董事长、党委书记李同智；国网北京市电力公司总经理万志军；北汽集团党委书记、董事长徐和谊；中铝集团董事长、党组书记葛红林；中冶南方工程技术有限公司总经理臧中海；中国银行北京分行行长王建宏；建设银行北京分行行长袁桂军；台湾中钢公司董事长翁朝栋；特变电工总裁黄汉杰；德龙集团董事局主席丁立国；上海中鹰置业有限公司董事长芮永祥等。外宾主要有：宝马集团高级副总裁、华晨宝马总裁兼首席执行官 Dr. Johann Wieland（魏岚德博士）；美国 Wasserman（沃瑟曼）体育公司董事长兼首席执行官、2028 年洛杉矶奥运会组委会主席 Casey Wasserman（凯西·沃瑟曼）；蒂森克虏伯材料贸易集团董事长 Wolfgang Schnittker（沃夫冈）；铁狮门集团全球总裁 Rob Speyer（徐瑞柏）；布雷卡集团联合董事长 Alex Fort Brescia（亚历克斯·福特·布雷西亚）；巴西矿冶公司总裁 Eduardo Ribeiro（瑞贝罗）等。

（孙健瑀）

法律事务部

【法律事务部领导名录】

　　部　　长：腾亦农

　　副部长：张　清

（韩　蕾）

【综述】　法律事务部是首钢集团有限公司法律事务的管理部门。负责集团法律事务的专业管理；负责参与集团公司重要规章制度的制定；负责参与提出集团普法方案，策划方案的实施；指导平台公司和直管单位开展普法建设；负责参与组织集团公司的法制宣传，指导平台公司和直管单位开展法制宣传工作；负责提供集团公司与生产经营有关的法律咨询；协助、指导平台公司和直管单位进行法律咨询；负责在集团建立总法律顾问制度，组织企业法律顾问职业资格评审；负责集团公司诉讼、非诉讼业务律师的选聘和律师管理工作，并对其工作进行监督和评价；协助、指导平台公司和直管单位开展律师管理工作；负责集团公司律师管理工作；负责参与集团公司重大经营决策，保证决策的合法性，并对相关法律风险提出防范意见；负责参与集团的分立、合并、破产、解散、投融资、担保、租赁、产权转让、招投标及改制、重组、兼并、公司上市等重大经济活动，处理有关法律事务；对平台公司、直管单位重大经济活动进行法律专业指导；负责集团公司经济合同的管理和审核，参加集团公司重大合同的谈判和起草工作；协助、指导平台公司和直管单位经济合同的管理；负责集团公司重大项目法律事项尽职调查，提供调查报告，指导平台公司和直管单位开展法律事项尽职调查管理；负责组织处理集团公司的诉讼法律事务；指导平台公司和直管单位重大诉讼案件的处理；负责组织处理集团公司的仲裁、行政复议、听证等非诉讼法律事务；指导平台公司和直管单位重大非诉讼法律事务的处理；负责协调、处理涉及集团公司的商标、专利、商业秘密等知识产权保护；指导平台公司、直管单位开展知识产权保护工作；负责参与协调集团内部成员间经济纠纷的处理；负责集团公司、平台公司和直管单位诉讼、仲裁案件的统计；组织平台公司、直管单位进行重大诉讼、仲裁案件的备案工作；办理其他法律事务。法律事务部目前在岗职工 10 人，其中，部长 1 人，副部长 1 人，总监 2 人，法律顾问（高级经理）2 人，高级法律顾问 1 人，法律顾问 3 人。

（韩　蕾）

【方案颁发】　制订颁发《首钢全面推进法治首钢建设实施方案》（以下简称"方案"），将法治首钢建设工作与首钢"十三五"规划相衔接，同步实施、同步推进。集团总法律顾问梁捷亲自组织召开"集团法治工作会暨法治首钢建设推进会",在集团范围内启动法治首钢建设实施工作。"方案"明确了集团主要负责人对法治首钢建设工作中的重点难点问题,亲自研究、亲自部署、亲自督办,充分发挥"关键少数"作用。成立全面推进法治首钢建设领导小组,形成董事长、总经理负总责、总法律顾问牵头推进、法律事务机构具体实施、各部门共同参与的工作机制。明确了集团董事会战略与风险管理委员会负责推进企业法治建设,对经理层依法治企情况进行监督,将首钢法治建设情况作为董事会年度工作报告的重要内容。明确了将法治首钢建设作为重要内容,纳入首钢领导班子和领导人员综合考核评价。按照现代企业制度的要求,"方案"作为首钢基础性制度应全面贯穿到集团各管理层级、各业务板块、各工作岗位,努力实现法治工作全流程、全覆盖。

（韩 蕾）

【总法建设】　推行总法律顾问制度。集团公司和市国资委认定的五家重要子企业完成总法律顾问调整、补充工作。集团公司由分管法律专业的副总经理梁捷兼任总法律顾问。股份公司由董事会秘书陈益兼任法务总监;房地产公司由副总经理马滨兼任总法律顾问;京西重工由人力资源副总裁赵子健兼任总法律顾问;京唐公司由副总经理杜朝辉兼任总法律顾问;中首公司由总经理助理朱振财兼任总法律顾问;股权投资公司由副总经理朱从军兼任总法律顾问。首建投公司推荐副总经理付晓明为总法律顾问人选,待首建投董事会通过后正式任命,并报集团公司备案。

（韩 蕾）

【机构建设】　集团公司和市国资委认定的重要子企业设立总法律顾问和法律事务机构,配备专职的法律专业人员。集团法律事务部作为集团管控部门在集团领导的高度重视、相关部门大力帮助下,通过市场化运作方式招聘、引进法律专业人员,补充人员缺编,现在岗 10 人。平台公司管理的单位中,9 家单位设立单独法律事务机构、配备专职法律工作人员、7 家单位配备专职法律专业人员。

（韩 蕾）

【制度建设】　随着国家、政府对依法治国、依法治企要求的不断深入和集团深化改革,公司制、集团管控体系变革,法治首钢建设的持续推进,围绕"提升价值,提高

效率"重新构建放权彻底、管控到位的法律事务制度体系。针对集团现有法人授权管理制度中存在的过度集权、颗粒度不均衡、流程单一等问题,修订完成《首钢法人授权管理制度》。整合现行《首钢总公司法律事务管理制度》和《首钢法律事务审核管理办法》,修订完成《首钢集团有限公司法律事务管理办法》。

（韩 蕾）

【公司律师】　推行公司律师制度。根据市国资委要求,认真研究政策,启动推进公司律师工作,完成集团内法律人员情况摸底、单位信息备案、公司律师个人申报等工作。明确法律事务部承担集团公司律师办公室工作,负责公司律师(在京)的审查、申报、日常业务统筹管理和投诉查办工作,协助组织人事部门对公司律师(在京)开展遴选、培训、考核和奖惩工作;对自行开展公司律师工作的单位进行指导、协调、监督和检查。

（韩 蕾）

【参与决策】　法律事务部始终坚持参与集团战略性经营管理事项的决策,参与集团公司重大经营决策的审核、论证,参与董事会、经理办公会、各级各类专题会议的讨论,参与集团重大投资、改制重组、股权转让、技术引进等项目评审工作。2017 年度,法律事务部参加集团公司各类会议 43 次,积极参与各项议题的决策讨论,履行法律审核、监督职责。

（韩 蕾）

【参与谈判】　2017 年度,法律事务部参与项目组共计22 个。参与首矿大昌股权转让、集团境外投资、水曹铁路、宁夏阳光和首黔股权转让、首钢退出燕郊公司等集团重点项目。积极参加重大项目专题会议,参与谈判,就重大项目决策事项的合法合规性出具论证意见,从项目尽职调查、可行性研究、法律文件起草、商务谈判、项目文件审查到出具法律意见书等提供全过程的法律服务。

（韩 蕾）

【合同审查】　加强合同审查,将法律审核嵌入集团经营管理中。2017 年度,法律事务部共计审查各类合同、协议及授权申请等 600 余项,出具法律意见书。审核范围覆盖集团园区开发、园区管理、各平台板块、直管单位以及集团公司各部门。很多文件都是一稿多审,或者多稿多审,确保项目文件的合法性达到100%。目前,总公司重点项目、重点事项的授权文件都经法律事务部审

查,充分做到对下把关、对上负责,有效地防范了法律风险。

（韩 蕾）

【重大案件】 组织办理集团公司重大诉讼和仲裁案件10件,其中3件为主动维权案件。集团公司与美钢联的337案件,取得重大突破,原告三个诉点中,商业秘密和原产地诉点已经完全胜诉,反垄断诉点也被行政法官决定终止调查。集团公司与工商银行大同南郊支行合同纠纷案件,首钢胜诉,避免损失4100万元。集团公司与山西立恒公司买卖合同纠纷案件,首钢通过主动起诉,解决了历时13年的历史遗留问题,并收回款项7962万元。集团公司通过主动起诉以解决首钢宝业公司项目投资纠纷,法院已终审判决首钢宝业公司解散,为项目公司的依法清算创造了有利条件。重大案件的成果多次得到集团公司领导表扬。

（韩 蕾）

【主动维权】 为服务首钢疏解整治促提升专项行动大局,指导各责任单位以集团公司名义提起诉讼17件。定期跟踪、指导各单位起诉的案件,定期向有关部门和公司领导汇报,及时提示风险。配合各单位做好与相关法院审判庭、执行庭的沟通、协调工作。绝大部分案件均能取得预期诉讼效果。指导实业公司、园区服务公司等单位做好物业费收缴相关起诉案件的管理,及时维护首钢合法权益。

（韩 蕾）

【人才引进】 创新人才引进机制。法律事务部通过市场化运作方式招聘、引进法律专业人员,引进具有法律从业经验的专业人员2人。

（韩 蕾）

【普法工作】 加强专业培训。通过多种形式的培训,不断强化各层级从法治管理的视角,提升集团法律风险防控能力。在集团领导干部研修班上,对新修订的首钢集团有限公司法人授权管理制度进行宣讲;组织集团各管控部门、平台公司、直管单位等领导和专业人员参加市国资委举办的"京企云帆"视频讲座、中钢协组织的法治专题培训等;聘请专家学者、法官、专业律师进行专题授课;组织开展法律顾问继续教育;为集团所属平台公司进行法律专业培训,结合平台公司经营业务实际进行授课,为基层单位提供法律指导。京唐公司加大与唐山市、曹妃甸区两级人民法院和检察院的沟通联系力

度,邀请两级司法机关不定期对公司相关人员开展法律咨询和培训,增强公司法律风险防控能力,提升依法治理水平。基金公司针对京津冀一体化协同发展、疏解非首都功能和"一带一路"建设等公司投资业务的方向和领域,开展内部培训,解读政策,分析形势,提升全员对政策内涵的深入了解和运用能力。定期发布对公司经营有指导意义的司法判例和案例分析,总结案件胜诉经验,查找管理漏洞,发布法律风险提示4期,并通过协同办公系统持续分享法律风险防范方面的最新案例和研究成果。其中,《防范伪造印章给企业造成损失的法律风险提示》得到领导高度重视,并通过《首办通报》在全集团分享。

（韩 蕾）

【监督指导二级单位】 2017年,根据集团公司管控体系改革的要求,着力建立分层管理、逐级负责的法律事务管理体系,平台公司、关键要素管理单位、直管单位的法律事务管理工作接受集团法律事务部的指导管理,实现管控、监督、指导、服务等职能的有机统一。

促使二级单位落实法治首钢方案。要求集团成员单位对全面推进法治首钢建设给予高度重视,并结合自身实际开展相应工作,健全法律事务机构,配备法律专业人员,开展法律专业工作,不断提升本单位法律管理水平。股份公司依据"首钢全面推进法治首钢建设实施方案",结合股份公司改革发展和法治工作实际,制订《北京首钢股份有限公司全面推进法治股份建设实施方案》。

指导修订二级单位章程。根据国家法律法规和市国资委有关规定,结合首钢实际,依法完善公司章程,明确议事规则和决策机制。配合集团公司开展二级单位章程模板制定工作,落实章程的统领作用。制定完成首钢全资公司、首钢控股公司、首钢参股公司三个章程范本并完成下发。集团所属二级公司目前已按照范本内容全面组织开展本单位章程修订工作,对二级公司修订章程进行具体指导。首控公司根据集团公司章程修订要求,对本单位公司章程进行修订,针对公司无职工董事、职工监事等相关问题及时向集团公司反馈,在章程修订中予以明确。

督导二级单位重大案件管理。树立主动维权意识,加大主动维权力度,督促并指导股份公司、首控公司、特钢公司、通钢公司、长钢公司、首建公司等单位办理重大

法律纠纷案件。指导中首公司加强案件管理工作力度,特别是重大案件、新发案件,认真分析研究案件特点,研究制订措施,及时与相关部门沟通,提出合理解决方案,对关键岗位、重点人员、薄弱环节重点监控,降低大案、要案发生率。

加强对二级单位法律工作的指导监督。充分发挥集团管控部门监督、指导职能,在加强法律专业检查方面下功夫。按照监督联席会计划安排,对股份公司法律专业工作进行检查;在集团范围内开展印章管理工作检查。结合集团公司法人授权制度修订,系统梳理集团公司法人授权情况,加强、规范和提升法人授权管理,并在制度修订中予以落实。

为二级单位提供法律咨询。对曹建投公司、文化公司、销售公司、股权投资公司、技术研究院、体育公司等相关单位日常生产经营中涉及的法律事项提供多种形式的法律业务咨询,促进其依法合规经营。

审 计 部

【审计部领导名录】

部　长:郭丽燕

（宁伟明）

【综述】　审计部贯彻党的十九大精神,落实集团公司"两会"部署,围绕中心工作,履行内部审计职责,健全管控体系,提高工作实效,充分发挥监督、服务、评价职能。强化审计问题的整改,促进被审计单位提高经营管理水平。审计部获2014年至2016年度"全国内部审计先进集体"称号。2017年,开展经营目标责任审计、领导人员离任和任期经济责任审计、工程项目审计、专项审计工作。

审计部定员编制18人,其中部长1人,经济责任审计总监、财务审计总监、工程投资审计总监、审计复核总监、内控评价及管理审计总监各1人,审计经理12人。审计部主要职责:负责本专业管理制度和专业工作标准、规范的制定、修订与指导、监督、检查;负责组织建立健全专业管理体系和专业评价体系,开展指标评价,并推进持续运营改善;负责策划专业管理能力体系建设,组织推进能力培育与提升;负责完成上级部门和上级领导交办工作。审计体系管理包括:统筹制订集团审计工作计划;负责推荐平台公司和直管单位审计负责人;负

责统筹调动平台公司和直管单位审计资源;负责组织集团审计专业培训。

（宁伟明）

【经济责任审计】　2017年,根据《首钢经济责任审计管理办法》和集团公司党委组织部的委托,审计部组织实施领导人员8人任职期间的经济责任审计,分别是北京首钢园林绿化有限公司董事长杨长林、秦皇岛首钢黑崎耐火材料公司总经理陶绍平、首钢秘鲁铁矿有限公司党委书记董事长陶仲毅、北京首钢国际工程公司原董事长张福明、首钢伊犁钢铁有限公司总经理王金波、首钢贵阳特殊钢有限责任公司总经理侯羽卒、首钢矿业投资有限公司董事长胡军、北京首钢实业有限公司董事长刘刚。

（宁伟明）

【经营目标责任审计】　年内,审计部结合领导人员经济责任审计组织实施经营目标责任审计6项,分别是北京首钢国际工程技术有限公司、首钢控股（香港）有限公司、首钢贵阳特殊钢有限责任公司、首钢伊犁钢铁有限公司、首钢矿业投资有限公司、北京首钢实业有限公司。

（宁伟明）

【工程项目审计】　年内,审计部组织实施工程审计28项,分别是首钢氧气厂露天看台工程项目、首秦公司4300毫米宽厚板车间外成品库项目、首钢技术研究院300公斤级实验焦炉项目、首钢伊钢技改5个项目、京唐公司一期热电项目、首钢职工健康管理信息系统项目、首钢营销服务平台功能扩展及优化项目、首房公司首钢厂史博物馆改造项目、首钢矿业公司杏林铁矿一期倒段延伸工程项目、首钢矿业公司矿山机械厂捆带生产线项目、重庆首钢武中汽车白车身零件加工项目、首钢文化公司群明湖灯光艺术广场等5个项目、首钢医院立体停车库及营养食堂项目、京唐公司1700冷轧工程项目、京唐公司铁路工程项目、京唐公司制氧新增外置氮气压缩机项目、京唐公司桥梁工程项目、迁钢公司二冷轧项目、首钢贵阳特殊钢有限责任公司河道改造项目及精品线材等项目。审计工程报审额150.08亿元,审减额1.24亿元。

（宁伟明）

【重点工程全过程跟踪审计】　年内,根据集团公司提出的工程审计要从事后审计向事前介入、事中监督转变

的要求,审计部落实工程全过程跟踪审计工作,选取西十筒仓、京唐二期原料和马城铁矿地采项目等开展全过程跟踪审计。依据国家相关法律法规及集团公司管理制度,参考国家审计署《重大公共工程项目跟踪审计指南》,结合首钢实际,制定颁发《首钢集团有限公司全过程跟踪审计实施细则》,主要包括工程项目的内部控制、招投标管理、合同管理、监理管理、材料设备采购管理、财务核算管理、结算和决算等内容,从源头上加强风险控制,规范工程项目管理。

(宁伟明)

【专项审计】 年内,审计部组织开展专项审计10项,分别是2016年首钢总公司国有资本经营预算资金使用情况审计、首钢体育文化公司专项检查、首钢控股(香港)有限公司财务及经营状况专项审计、香港新(老)国贸公司财务及经营状况专项审计、供应公司2014年至2016年度采购供应管理专项审计、首钢贵阳房地产开发公司运营状况及经营管理情况专项审计、水曹铁路专项审计、首钢一线材劳服公司专项审计、销售公司及下属钢贸公司专项审计、业务招待费专项审计。

(宁伟明)

【内部控制审计】 年内,结合集团风控体系建设,联合社会中介机构开展内部控制审计。通过对总公司内控制度的审查、分析测试、评价,对内部控制是否有效作出鉴定,形成内部控制审计报告,经主要领导审批后报北京市国资委。

(宁伟明)

【强化巡视整改力度见实效】 落实集团党委《首钢落实市委巡视反馈及内部检查发现问题整改工作计划》,审计部强化巡视及内部审计整改工作力度,督促各有关单位认真组织整改,定期检查整改工作进展情况,对已完成整改的问题实行对账销号。截至2017年末,巡视整改披露审计问题完成792项,综合整改率99.75%,其中,市审计局整改率100%;2010年至2014年内部审计报告问题整改率99.63%。2015年和2016年内部审计问题整改率分别为85.71%和89.41%。

(宁伟明)

【实施联合监督检查】 年内,审计部牵头和参与的联合检查项目共9项,其中:牵头6项,涉及首钢国际工程公司、首控(香港)公司、实业公司、马城铁矿地采项目、水曹铁路项目、首钢伊钢公司;参与3项,涉及首矿投公司、园区开发项目、京唐二期项目。在联合监督检查中,审计部强化监管部门间的工作协调,提高协同能力和工作实效。对北京首钢国际工程技术有限公司、首钢贵阳特殊钢有限责任公司、首钢伊犁钢铁有限公司、首钢矿业投资有限公司4家单位开展财务专项检查。

(宁伟明)

【健全审计管控体系】 年内,审计部构建集团审计专业管控模式。结合2017年审计项目调研相关单位,总结与推广审计工作成果和经验,推动各单位内部审计体系建设,构建"1+N"集团审计制度体系,初步实现集团审计"上下一盘棋"。

(宁伟明)

【内部审计质量评估通过初审】 年内,审计部聘请中国内部审计协会认可的外部质量评估机构,从内部审计环境和审计业务两方面,对审计组织架构健全性、审计管理规范性、审计技术和方法适用性以及审计流程的标准化等进行初评,并通过初审。内部审计质量评估初审评估得分82分,达到AA等级标准。

(宁伟明)

【创建学习型审计团队】 年内,审计部党支部组织全体党员学习十九大报告、党章党规、习近平总书记系列讲话、赴革命教育基地接受红色教育、参加学习讲座等,把党组织建立在审计项目中,把理想信念的坚定性体现在做好本职工作中。加强党风廉政建设,打造遵纪守法的审计铁军。创建学习型审计团队,组织开展多种形式业务培训、交流学习,安排人员参加市审计局组织的审计项目,提高审计人员知识结构,丰富审计方法和技巧,培养业务骨干,审计队伍整体素质提升。

(宁伟明)

监事会工作办公室

【监事会工作办公室领导名录】
常务副主任:邵文策(5月任职)
张福杰(5月离任)

(温立文)

【综述】 首钢集团有限公司监事会工作办公室由集团公司董事会领导,重点负责对首钢集团所辖平台公司、关键要素管理单位、直管单位等37家企业的监管工作,负责集团公司派驻各监管企业监事会、委派监事等日常管理工作,履行集团公司对监管企业的监督管理职责。负责监督检查重点监管企业执行国家法律法规、首钢规章制度情况,掌握企业重大决策、改革方案落实情况,监督检查企业中长期规划、年度计划完成情况和"三重一大"决策及执行情况、企业生产经营重大问题及财务活动,定期向集团公司董事会提出监督检查报告;监督检查企业董事会经营决策和领导班子、主要负责人的履职行为,向集团公司董事会提出业绩考评、任免、奖惩意见及建议。监事会工作办公室设有4个检查组、1个管理组,职工27人,研究生以上学历16人,大学本科学历11人;高级职称17人,中级职称10人。

(温立文)

【体系建设】 监事会工作办公室落实2016年集团第五次董事会精神,根据"下管一级、逐级监管、系统受控"原则及"放管结合、优化管控"总体要求,按钢铁、园区、股权、直管企业业务板块调整分组分工,划分监管范围,明确监管职责,研究分析监事会成员任职现状,与人力资源部、股权投资公司等有关部门及单位沟通,调整监管企业监事会成员,优化结构,37家重点监管企业中已有17家健全完善监事会,3家已委派监事。

(初德和)

【能力建设】 监事会工作办公室围绕深入学习党的十九大精神,贯彻落实集团"三创"会关于提升管理能力的总体要求,着眼于监事会工作人员能力建设,结合监督检查报告评比,先后组织召开内部交流会、研讨会4次,通过微信平台编发国资监管有关政策知识培训33期107条,营造相互学习交流、共同进步提高的良好氛围。

(初德和)

【监督检查】 监事会工作办公室牵头组织对京唐公司、首建投公司、房地产公司、股份公司、中首公司5家企业开展监督检查,谈话469人次,阅研资料5800余份,围绕生产经营、财务管理、重大决策及领导班子履职等情况开展检查,涉及资产总额2392亿元,总结35个方面127个成绩,揭示29个方面88个问题,提建议79条;披露需重点关注事项8个,提建议5条,分别形成监督检查报告。

(王素玲)

【项目后评价】 监事会工作办公室围绕项目建设过程、经营生产过程、综合评价等多个角度,组织对生物质能源项目开展项目后评价,谈话90余人次,阅研资料430余份,披露6个方面问题,对项目二期工程等方面提出5条建议,形成项目后评价报告。

(王素玲)

【专题调研】 监事会工作办公室组织对曹建投公司、股权投资公司执行集团董事会决议、转型发展、体制机制创新等方面开展调研,涉及资产总额45.08亿元,谈话220余人次,召开座谈会22个,发放收回调查问卷206份,查阅资料1350余份,总结归纳12个方面38个成绩,揭示10个方面29个问题,提建议19条;提出需关注事项7个方面,提建议7条,分别形成调研报告。

(王素玲)

【财务专项检查】 按照集团公司统一部署,监事会工作办公室在牵头组织监督检查、专题调研、项目后评价期间,还同步组织对房地产公司等7家企业及所属32个单位开展财务专项检查,下发《关于规范财务专项检查有关问题的通知》,制定《财务专项检查工作内容与步骤方案》,编制《财务专项检查报告(模板)》;下发《落实"违规公款购买消费高档白酒问题专项整治部署会"精神的通知》等,共检查银行账户128个,抽查备用金借款267笔、会议费支出73笔、劳务费支出152笔、业务招待费346笔、履职业务支出75笔、差旅费22笔、科研开发费104项;突击盘点保险柜44个,涉及金额568144.09元。揭示问题38个,提建议24条,分别形成财务专项检查报告;完成对生物质能源公司财务专项检查揭示问题整改情况的复查,并形成复查报告。

(王素玲)

【动态反馈】 监事会工作办公室通过列席会议、听取汇报、查阅资料、访谈座谈等方法,分析掌握监管企业重大经营事项及决策环节可能存在的问题和风险,先后向集团公司领导呈报《关于首钢贵钢老厂区污染场地修复项目被举报有关问题的反馈》等21期动态反馈。

(王素玲)

【过程监管】 监事会工作办公室积极探索对37家重点监管企业规范化、常态化监管,掌握运营动态,主动服务企业,努力做到不缺位、不越位、监管到位。

向37家重点监管企业下发《关于加强集团内部监事会建设的通知》,向全过程、重要事项监管的13家企业下发《关于加强集团内部监事会建设强化监督职能有关工作的通知》,建立日常联系沟通渠道。规范事中监督,下发《关于规范监事会事中监督有关问题的通知》《监事会事中监督列席"三会"记实表》,建立事中监督工作台账,及时统计梳理有关事项。参加重点监管企业重要会议,列席常驻、全过程、重要事项监管企业董事会等重要会议180余次,及时掌握监管企业工作动态,监督决策过程,促进规范治理。强化过程监管,开展对环境公司、财务公司等4家企业综合评价工作,形成年度综合评价报告。

（王素玲）

【常驻制】 监事会工作办公室在2016年专职监事常驻长钢公司试点的基础上,2017年10月向水钢公司、贵钢公司委派常驻监事会主席、专职监事。探索专职监事常驻制的实现形式,一是修订颁发《首钢集团有限公司派出监事常驻钢铁企业实施细则》;二是编制常驻企业监事周反馈、月工作总结模板;三是在长钢公司设立"监事会意见建议箱",多渠道收集职工意见,发挥桥梁纽带作用;四是通过深入现场巡查,了解生产经营等情况,及时向集团反馈诸如"在经营持续向好的情况下,职工工资'不升反降',存在'倒挂'现象,影响职工思想稳定"的问题等;五是下发6份咨询函、4份建议函,促进长钢公司持续改善管理,提高效率与效益;六是常驻水钢、贵钢人员已建立与企业的联系渠道,为实现有效监管创造条件。落实集团公司第一次董事会精神,召开长钢公司监督检查整改工作通报视频会,下发整改通知,围绕监督检查揭示出的8个方面13个问题,督促指导长钢公司按照"四明确"要求研究制定整改方案,已完成整改问题10个。常驻人员完成对长钢公司2017年度检查工作,形成《关于首钢长钢公司监督检查报告》。

（王素玲）

【整改帮促】 监事会工作办公室将整改帮促纳入当期重点工作,做到同部署、同安排、同落实、同检查,实现监督检查、整改帮促"两手抓,两手硬",努力提高监管效能。一是规范整改帮促工作流程,下发《关于监督检查整改帮促工作指导意见》,明确整改分板块责任人与联系人、整改方案审核、认定完成整改标准,固化整改工作流程,将集团公司整改计划作为整改帮促的责任清单严格落实。二是持续抓好市巡视涉及21家企业162个问题的整改工作,围绕"难啃的硬骨头"开展有针对性的帮促,完成整改问题161个,1个问题持续推进,整改完

成率达99.38%。三是按《首钢落实市委巡视反馈和首钢内部检查问题整改工作计划》,强力推进涉及监事会工作办公室帮促的21家企业174个问题整改,完成整改问题136个,整改完成率78.16%。四是及时与受检单位沟通交流监督检查情况,针对具备条件可立即整改的问题,帮促立行立改或限时整改;召开监督检查整改工作通报会7次,通报检查情况,下发整改通知,提出整改要求。2017年第一批监督检查揭示的65个问题完成整改34个,占52.31%。

（王素玲）

【管理创新】 监事会工作办公室完成《大型国有企业集团内部监事会专职监事常驻制的探索与实践》管理创新课题,获得首钢第十八届管理创新成果三等奖。

（温立文）

【监事会工作培训班】 11月29日~12月1日,监事会工作办公室与人才开发院联合举办首钢集团监事会工作培训班。监事会工作办公室全体人员,各平台公司监事会工作负责人、专兼职监事,37家重点监管企业监事会工作负责人、职工监事,人才开发院教师和管理人员等90余人参加。培训采取全脱产集中授课学习方式进行,为期三天。培训期间,集团公司领导许建国以"贯彻落实十九大精神,全面提高首钢国资监管工作能力和水平"为题作专题辅导、开班动员,邀请国务院国资委监事会、北京市国资委监事会的专家领导、集团法律事务部部长、监事会工作办公室检查组组长等,综合运用讲授、案例分析等多种手段,围绕新时期对监事会履职的新要求、在企业法人治理结构中如何发挥好监事会作用、监事会在监督检查过程中如何做到依法监督及监督检查具体方法等内容进行授课与辅导。培训结束后,组织培训内容测试。通过培训,专兼职监事会成员的业务素质、政策水平及履职能力提高。

（王素玲）

【主题党日活动】 监事会工作办公室党支部为深入学习贯彻党的十九大精神,于11月4日,组织全体党员开展了"不忘初心,牢记使命"主题党日活动,全体党员赴狼牙山抗日红色基地接受革命先烈英雄事迹教育并重温入党誓词,引导全体党员不忘初心,牢记使命,更好地发挥党员在国资监管中的模范带头作用。

（王素玲）

【支部换届】 监事会工作办公室党支部根据《中国共

产党章程》《中国共产党基层组织选举工作暂行条例》的规定,按照集团公司党委、机关党委的统一安排部署,在前期按规定程序、步骤认真做好党支部换届选举各项准备工作的基础上,于11月28日,完成党支部换届选举工作,7人当选为监事会工作办公室党支部新一届支部委员会委员,选举产生支部书记,明确各位委员的分工。在第一次支委会上,新当选党支部书记从履行党支部职责、落实委员分工责任、加强支部班子自身建设等方面提出明确要求;新当选支部委员表态发言,决心努力把监事会工作办公室党支部打造成为素质高、业务精、作风优、能打硬仗胜仗的战斗堡垒。

(王素玲)

战略支撑

◎ 责任编辑：车宏卿

总工程师室

【总工程师室领导名录】

副总工程师兼总工程师室主任:李　杨(10月离任)

张福明(10月任职)

副总工程师兼总工程师室副主任:刘英杰(10月任职)

副总工程师:李　杨(10月离任)

董　钢(12月退休)

许晓东　王　庆　陈汉宇　王全礼

刘英杰　张福明　胡　军(兼职)

杨春政(兼职)　王新华(外聘)

返聘专家:由文泉(8月离任)　苏显华　李永东

滑铁钢　杨安时　付建国　李　岩

陶仲毅　董　钢(12月任职)

(魏松民)

【综述】　首钢集团有限公司总工程师室(原首钢总公司总工程师室,2017年5月更改为现名称,简称"总工室")1995年5月成立,是首钢重大技术决策参谋部门,负责组织首钢重大项目技术方案审查,对重大项目方案实施进行技术指导;负责集团科技发展规划、科技工作计划、科技项目方案审查,组织、指导、协调重点科技项目研究攻关和技术开发;开展工艺技术运转情况、技术改造情况调研,针对关键、疑难重大技术问题组织专题研究,推进工艺技术进步和节能、降成本、增效;组织或参与重大生产技术问题的处理和攻关。2017年年底总工程师室全职副总工程师6人,返聘专家8人,兼职及外聘副总工程师3人;下设技术室配备技术专家成员2人,办公室配备调研员4人,协助副总工程师和返聘专家开展工作;全职副总工程师、返聘专家及技术室和办公室人员正高级职称10人、高级职称8人、中级职称2人。

2017年,总工室围绕首钢钢铁业发展、北京园区及新产业开发,组织了重大工程项目技术方案研究审查;围绕集团科技进步组织了科技项目方案审查和重大科技项目组织协调;围绕集团工艺技术进步、品种开发、重大生产技术问题处理进行了专题调研和指导;为首钢建设及生产经营发展做出努力。

(魏松民)

【钢铁工程项目方案研究及审查】　2017年,总工室围

绕首钢钢铁业项目建设及技术改造组织和参与技术方案研究、审查涉及项目30余项,在充分调研、交流、研讨的基础上,针对项目方案提出了大量修改完善意见和建议,促进了项目方案的完善和优化;协助项目实施。具体情况如下:

京唐迁钢项目工作。参加集团公司关于京唐二期相关工作专题研究,跟踪二期项目进展情况,参与京唐二期高炉热风炉系统优化、薄板坯连铸连轧、短流程品种线、3500毫米中厚板轧钢试车、首秦4300毫米轧机搬迁、原二炼钢设备拆迁等项目方案研究、指导、协助等工作。组织、参与京唐镀锌高强度汽车板专用生产线项目技术方案研究、可行性研究报告审查及引进设备招标。组织酸洗板市场调研,结合通钢冷轧酸洗线利用等问题组织迁钢、京唐增建酸洗线工艺配置研究及迁钢基地深加工项目、京唐单机架项目方案专题研究,提出具体意见建议提请集团决策。组织、参与京唐公司转底炉固废处理、迁钢炼铁料仓除尘、迁钢99平方米烧结机改造、迁钢2高炉料罐均压煤气全量回收改造、京唐迁钢转炉快换炉底改造、迁钢一热轧1号加热炉改造、迁钢4000立方米高炉主风机节能改造等方案研究及项目实施指导工作。组织水曹铁路迁安地区及京唐地区微循环方案、京唐地区水曹铁路南部引入方案专题研究,指导推进京唐码头智能库建设工作;组织依托水曹铁路项目同步建设曹妃甸至迁安输水管道、光缆线路及马城铁矿至迁安输矿管道专题研究,组织开展项目可行性研究工作。组织对股份公司二热轧二级控制系统升级改造立项方案、迁安中化煤化工有限责任公司煤场封闭改造项目建议书审查,提出具体审查意见建议。

外埠钢铁企业项目工作。对通钢公司启动板石矿接续工程投资申请立项方案进行了审查;与通钢公司就通钢二炼钢除尘改造进行交流并对3号转炉OG除尘改塔文除尘方案提出指导意见和建议。对伊钢技术改造项目进行交流指导,对烧结、球团、炼铁项目问题进行了具体讨论,研究推进伊钢生产碱性球团改造方案。对长钢应对长治市化解钢铁过剩产能实施炼铁、炼钢等升级改造方案进行了研究讨论,参加集团公司专题研究并提出具体建议。

矿产项目工作。对首钢马兰庄铁矿有限责任公司地下开采项目申请立项方案进行了审查,参加项目初步设计审查;组织杏山铁矿深度开采方案研讨,指导推进

项目初步设计工作。参加公司关于马城铁矿项目专题研究并按照会议精神指导和协助进一步调整优化项目初步设计;组织马城铁矿输矿管道方案研究。组织秘铁新区海水淡化项目可行性研究报告审查并提出审查意见建议,参加项目初步设计审查;随团赴秘鲁铁矿新区建设项目进行考察,并对项目实施进行了指导;研究首钢秘铁老选厂改造项目可行性研究报告。协助首钢香港控股公司研究参股澳大利亚煤矿项目有关工作,随团赴澳大利亚考察并就考察情况向公司进行了专题汇报,提出具体建议。配合首控香港对欧亚资源集团巴西铁矿项目进行分析并提出建议。协助首钢建设集团公司承建哈萨克斯坦矿山建设项目工作,对项目建设方案提出系统调整意见建议,赴哈萨克斯坦进行现场考察,组织选矿试验。

(魏松民)

【园区开发项目方案研究及审查】 2017年,总工室围绕园区开发项目、冬奥项目、园区污染土治理等,组织参与技术方案研究、审查涉及项目近30项。具体工作开展情况如下:

参与集团公司及集团相关部门组织的园区开发项目专题研究及方案研讨论证。主要包括:首钢园区北区重点项目技术方案研究、集团公司内部立项项目(长安街西延线两侧绿地景观、焦化厂生态修复公园、群明湖景观改造项目、市政道路、市政管线预埋及过渡期工程、市政厂站、世界侨商创新中心一期项目等)专题研究、侨商创新中心项目内部立项前期讨论、侨商项目迁改移方案研究、侨商中心项目35千瓦与10千瓦电缆采用同杆架设计论证、侨商项目拆改移电信网络路由选择专题研究、园区三高炉改造方案评审、群明湖西侧冷却塔改造可行性分析专家研讨、园区综合管廊成本和实施区域讨论、与区电力公司签订补充协议事宜专题研究、首钢九总降接入永定站相关问题专题研究、长安街西延门头沟区域高钢一线25号塔改移及白热线拆迁尾工专题讨论、S1线项目涉首钢工作专题研究、S1线工程石景山隧道爆破施工方案专题研究、园区东南区土地一级开发和园区北区项目(五一剧场及制粉车间、首钢工业遗址公园、石景山)专题研究、群明110千瓦变电站站址拆改移方案研究等,结合具体项目提出意见建议。

组织园区开发项目方案审查。在组织、参与方案研究的基础上对北区重点项目、首钢世界侨商创新中心地

块拆改移项目、丰沙线沿线雨水及下穿电力管涵工程、首钢园区45~46线切改工程项目、首钢园区小西门迁建及配套工程项目、首钢园区小西门铁路道口迁建项目、园区过渡期电力工程、园区污水干线工程、群名站站址拆迁改移工程、首钢园区焦化厂(绿轴)地块污染治理项目、首特绿能港科技中心16号地项目、首钢园区门禁管理系统工程、文馆食堂消防系统完善及修缮工程等相关技术方案进行了审核、审查,提出了具体审查意见和建议;参加首钢建设投资公司召开的炼钢110千瓦站站址拆改移初步设计审查。审查《新首钢高端产业综合服务区智能电网规划建设合作协议》补充协议、《群明110千伏输变电工程投资划分协议》并提出建议。

园区环境风险评价工作。对首钢建设投资公司提出的"冬季奥运会冰上项目训练中心场地""世界侨商创新中心一期项目及周边道路场地""脱硫车间地块及周边道路场地""制氧厂改造(冷却塔)地块场地""冬季奥运会单板滑雪大跳台项目""三号、四号高炉地块及周边道路场地""五一剧场(制粉车间)改造项目地块场地"等环境调查与风险评估报告及"首钢园区北区地下水专项调查报告"进行了审查;参加园区焦化厂(绿轴)地块污染场地治理项目专家咨询论证,组织对项目可行性研究报告进行了审查并提出审查意见建议。

(魏松民)

【新产业项目方案研究及审查】 2017年,总工室围绕集团新产业发展组织、参与了立体车库产业化项目、垃圾焚烧发电等项目技术方案研究和审查,协助推进了立体车库项目、垃圾焚烧发电项目工作开展。具体情况如下:

组织首钢100吨/天餐厨垃圾收运处一体化项目可行性研究报告、初步设计审查并提出具体审查意见;参加了首钢生物质餐厨一体化工程、二期工程地基处理方案论证,组织长治市主城区生活垃圾无害化处理项目可行性研究报告、初步设计审查并提出了具体审查意见和建议;参加项目落地动员大会及后续方案研讨,对项目开展情况进行了跟踪指导,协助项目推进工作。参加首钢建设葫芦岛市垃圾焚烧发电厂项目研讨,对项目开展情况进行了跟踪指导。

组织首钢立体车库示范基地新样机项目、新库型立体停车库钢结构材料选型研讨,提出指导意见建议;参加公交车库存在问题现场专题研究、公交立体车库消防

设计方案研讨,提出改进措施等意见建议;协助推进首钢承建北京、深圳公交立体车库竞标及方案改进工作。

参加集团公司对环境公司产业发展情况专题研究;组织首钢一线材家属区锅炉排放环保治理方案审查、一线材家属区宿舍锅炉清洁能源改造工程方案审查,提出具体审查意见;落实集团"三供一业"和退休人员社会化管理工作会议有关园区水井停用环境影响分析工作,指导和协助提出研究分析报告报集团公司决策。

(魏松民)

【科技项目工作】 2017年,总工室围绕集团科技进步重点工作年度计划,组织对集团公司科技项目方案进行了审查论证,对重点科技项目进行了方案研究、方案制定和实施组织;完成科技成果验收评价工作。具体情况如下:

对技术研究院等提出的近50项2017年工艺技术改进、新产品开发等新立项科技项目方案进行了审查论证,提出了项目及方案调整、修改、完善意见建议;在充分论证的基础上对其中37项进行了正式立项审查;对集团四地钢铁业2018年80项拟新立科技项目进行初步筛查。

组织国家十三五重点研发计划项目"钢铁流程绿色化关键技术"、"基于钢铁流程余热利用的海水淡化技术研发及示范"课题方案研讨交流、立项申请编制及申报工作,参加课题答辩,项目获得国家科技部立项。

组织、跟踪迁钢中包全保护浇铸、迁钢大板坯结晶器电磁搅拌、湿式静电除尘项目、RH—KTB研发等重大科技项目研究开发工作,对项目有关问题进行协调指导,推进项目工作开展。

对技术研究院等提出的130余项提请集团公司科技成果验收评价报告、行业技术鉴定报告进行了审查,提出了审查会签意见。参加了技术研究院、股份公司20余项科技项目结题验收及集团单位100余项科技成果的验收评价。参加了集团公司年度首钢科技奖评审工作。

(魏松民)

【专题研究及调研指导】 2017年,总工室根据集团转型发展、扭亏提效等工作要求,发挥部门优势,围绕集团工艺技术进步、品种开发、重大生产技术问题处理开展专题调研和指导,为集团生产运营、产品推进、系统优化、降本增效工作开展做出努力。具体工作情况如下:

对集团相关钢铁基地铁前降成本、年度技术攻关计划制定进行了指导。组织参与高炉炼铁生产技术攻关,对迁钢、京唐、首秦高炉炉况失常等问题进行多次现场指导,促进了高炉炉况的恢复;现场组织伊钢炼铁系统工艺及高炉炉况治理攻关,针对烧结能力不足问题提出并推进碱性球团生产改造;现场对通钢高炉炉缸炉体及高炉炉况问题进行指导并协助制定措施和技术攻关;对迁钢、京唐、首秦、通钢、水钢等高炉检修停炉、检修、烘炉、复风工作组织进行了现场指导和协助;组织集团大型高炉热风炉课题研究,指导大型高炉热风炉炉皮开裂问题处理工作。组织秘鲁铁矿球团粉质量及精矿粉Zn含量问题专题研究并提出解决问题措施建议。

现场对京唐炼钢增加出钢量、降低出钢温度、提高连铸拉速、转炉底吹技术改进、转炉混喷二氧化碳及迁钢炼钢技术进步进行交流指导,组织首秦铁水预处理能力与转炉产能匹配问题讨论及首秦脱硫扒渣及转炉复吹技术方案研究;结合水钢使用当地低价钒钛矿冶炼对水钢钒钛铁水炼钢工艺进行调研并提出指导意见建议;组织炼钢炉料结构动态优化讨论并对动态优化工作进行指导。

现场对贵钢发展规划、降成本工作及产线、生产组织优化进行调研和研讨,结合新区项目建设实施情况及生产组织情况和问题提出优化改进措施意见建议。对贵钢车轴钢、中空钎具钢、易切钢等品种冶炼及轧制进行现场指导,提出改进冶炼工艺、改善产品质量、减少轧制缺陷等指导意见建议,对电炉喷吹煤粉增碳提高废钢加入量进行研讨和技术支持。现场指导伊钢电解铝阴极钢板产品开发及生产试制工作,针对伊钢热轧带钢边部齿状裂纹问题组织现场研究查找原因、制定解决措施并进行技术指导支持。

组织耐蚀钢产品开发调研和技术交流,提出首钢耐蚀钢系列产品开发建议及首钢耐蚀钢产品开发计划;开展钢结构用钢国内外发展情况及国内政策调研和研讨,对立体车库用结构钢提出建议;开展电镀锌产品调研分析并进行了专题汇报。

组织产品推进工作。组织产品推进计划及方案制定落实、工作协调、阶段性分析总结、产品盈利结构分析等工作;组织推进电工钢、汽车板等重点产品开发工作和协调;结合"十三五"任务落实研究2018年汽车板工作推进方案。组织产品推进有关产品质量问题、连铸坯在线表面质量检测、钢板大线焊接水平提升、首秦复合板制造工艺及转移京唐生产、无涂装耐候钢应用、首钢汽车零部件扩大生产规模、首钢介入军民融合产业等专题研究和工作推进。组织参加基地产品规划、用户技术交流研讨等；开展客户服务工作，组织对山东齐鲁恒业、海尔集团、长春一汽、中国水电公司装备公司、电力科学院、吉林松原农机市场等用户走访调研、产品应用及合作交流。

结合长钢新建焦炉投产后富裕煤气及煤气发电项目等，对长钢能源系统优化、煤气发电项目增设废气脱硫脱硝方案进行交流指导。结合通钢2高炉投产后煤气富余问题组织能源系统平衡分析，现场组织系统提出近远期能源平衡改进及优化完善措施及分步实施方案。对伊钢高炉风机能力不足问题，提出重新测绘风机特性曲线及改进措施建议。

参加集团钢铁产销一体化经营管理系统项目推进工作专题研究、技术方案讨论、项目招标、合同签约等工作，提出指导意见建议。围绕股份产销一体化，组织有关单位讨论"十三五"智能制造规划及技术创新工作。为保证财务共享及核算系统和股份公司产销一体化系统的对接，与宝钢有关人员进行交流。

组织参与集团管控信息化平台方案、信息化主数据管理平台方案、财务共享中心平台方案、全面预算管理系统、人力资源管理信息化、投资管理信息化、资产管理信息化、协同办公平台、商务智能整体方案、商旅管理方案、ERP硬件升级、首自信数据中心建设等信息化项目专题研究、技术考察交流、方案审查、招投标等工作，针对具体项目提出系统指导意见建议。落实公司专题会要求组织完成《首钢集团有限公司流程信息化建设项目人员管理办法(试行)》初稿。

对京唐码头方案及智能库建设、京唐物流信息化、唐曹水曹铁路引入及对接等有关工作进行调研、专题研究和技术指导；组织参与首钢与中集公司物流合作工作；会同京唐公司赴宝钢湛江项目进行码头运行方式考察、调研和交流。

开展电力体制改革工作，与中能联合售电公司等进行电改工作交流。参加技术服务团工作，对首秦、通钢、长钢等企业进行现场技术指导服务，协助服务团就水钢低价钒钛矿应用、通钢能源平衡等进行技术支持。

（魏松民）

【基础工作及技术研讨交流】 2017年，总工室组织、参与了集团重大专业技术工作会议、行业学术交流、集团技能竞赛组织等相关工作，具体如下：

参加集团经济活动分析、钢铁板块质量提升方案及绿色行动计划、钢铁板块降成本、电工钢工作年会等工作会议及集团钢铁板块技术交流会、钢铁板块长钢铁前管理创新变革经验交流会、炼钢科技创新发展高级研讨会、首钢中钢第七届技术交流会等技术交流研讨。参加津巴布韦代表团及富力集团、台湾中钢集团代表团、普锐特冶金技术公司、SAP公司、中冶南方工程技术有限公司、法孚集团等客人接待及交流活动，陪同中央党校学员赴京唐，迁安地区调研。

参加中国金属学会炼铁、轧钢、能源、冶金运输等专业年度学术会议，参加钢铁协会等举办的烧结烟气脱硫脱硝研讨会、炼铁关键技术研讨会、冶金用水节水与废水综合利用技术研讨会、国际钢铁行业二氧化碳减排专题会议、全国工程哲学学术研讨会、全国工业互联网联盟会议、钢筋新标准研讨会、免涂漆输电杆塔技术交流会、国际矿物冶金材料会议、IT行业技术交流会、道路用钢技术交流等专题交流研讨。组织国际工程公司设计创新中心接受北京市复审，参加北京市国资委创新团队评审；组织国际工程公司三维冶金仿真设计工程中心报北京市复审答辩验收工作；编撰工程方法论、冶金学科发展路线图、冶金工程学科预测路线图报告、唐山地区钢铁行业转型发展调研报告、唐山地区资源循环利用调研报告。

对北京市国资委《关于推动市属国有企业加快创新驱动发展的指导意见(征求意见稿)》、首钢集团《投资管理制度》等相关制度修订征求意见稿进行内部讨论并提出意见。组织本部门职责修订工作。

参加首钢2017年职业技能竞赛相关工作、首钢杯"第九届钢铁行业职业技能竞赛筹备及竞赛大纲编制、首钢技术专家技术评审、首钢管理创新成果评审等工作。对首钢科技领军人才培训工作、首钢集团管控体系改革后评价工作等提供了咨询。

参加国家科协科技进步奖、全国总工会科技奖、钢铁行业科技进步奖、冶金管理创新成果奖、北京市职称评审等评审工作；参加中咨公司组织亚投行贷款项目评估、工信部电子一所组织的河北省两化融合专家咨询等。

（魏松民）

技术研究院

【技术研究院领导名录】

院　长：赵民革（6月兼职）　张功焰（6月离任）

第一副院长：朱国森（11月任职）

　　　　　　王立峰（11月离任）

副院长：张卫东　章　军　陈凌峰（11月离任）

副总工程师：罗家明

院长助理：李　飞　田志红

党委书记、纪委书记、工会主席：王立峰（11月任职）

党委副书记：朱国森（11月任职）

（张树根）

【综述】　首钢集团有限公司技术研究院（以下简称"技术研究院"）是1995年国家认定的国家级企业技术中心，是首钢科技创新的组织管理中心、研发推广中心和高素质人才培养输送基地。技术研究院负责全面推进集团公司科技进步和技术创新，负责新技术、新产品、新工艺、新材料和新装备的研究开发与成果转化。技术研究院下设科研管理处、产品推进处、科研条件处、知识产权处、信息化管理处等职能处室，设有钢铁技术研究所、薄板研究所、宽厚板研究所、特殊钢研究所、用户技术研究所、冶金过程研究所、信息研究所、检测中心。在股份公司、首秦公司、首钢京唐公司等基地派驻支撑技术进步的研发力量，按照多地生产和研发的需要，在长钢、水钢、贵钢成立首钢技术中心分中心，统一组织科技研发工作，提供技术支持。随着首钢钢铁业"一业多地"的发展布局，形成"一级研发、多地分布"的研发体系。技术研究院在岗543人，拥有首钢专家62人、专业技术带头人73人、博士116人、硕士262人、本科99人、高级职称180人。

（付百林）

【重要会议】

1月13日，召开院安全生产大会。

1月18日，召开了院党委扩大会，会议传达了总公司2017年"两会"精神。

1月23日，技术研究院召开第六届职工代表大会第一次会议。

2月20日，召开2016年度领导班子民主生活会。

3月6日，召开技术研究院2017年党风廉洁建设大会。

3月7日，召开座谈会庆祝"三八"国际妇女节。

3月27日，召开领导班子及成员、领导人员述职测评会暨领导班子民主生活通报会。

4月10日，召开外事工作会议，强调外事纪律。

7月14日，召开上半年产品推进工作总结会。

7月21日，召开创先争优表彰会。

7月21日，召开2017年上半年工作总结会。

8月28日，组织召开党委中心组扩大会，传达了集团"三创"会有关精神。

9月25日，召开干部大会，集团党委宣布技术研究院领导班子调整方案。

10月27日，召开座谈会，欢迎第十九次全国代表大会代表刘宏参会归来。

11月3日，靳伟、张功焰、赵民革等集团领导到技术研究院宣讲党的十九大精神并开展调研。

12月25日，召开第六届职工代表大会第二次会议。

（付百林）

【新产品开发】　2017年，坚持"以市场为导向、以产线为中心、以效益为标尺"，加快产品开发节奏，产品结构调整的年度任务全面胜利完成。高端领先产品完成631万吨，战略产品完成497万吨，汽车板305万吨，其中镀锌板116万吨、高强钢96万吨、外板73万吨、合资品牌64万吨；电工钢150万吨，其中无取向高牌号电工钢31万吨、取向电工钢15万吨；镀锡板42万吨，EVI产品完成116万吨。7项产品实现国内首发，累计供货1.72万吨。开发新产品93项，累计供货32万吨。产品品牌形象稳步提升。汽车板在奔驰、上汽大众、一汽大众等高端用户认证均取得新进展，在本田、东风日产等日系品牌认证取得全面突破，获零件认证机会1820个，成为宝马、长城等第一供应商。新能源汽车用无取向电工钢认证达到3个系列11个牌号，市场占有率国内第二。镀锡板实现高端客户全覆盖，出口意大利、泰国等行业龙头企业，获评中粮优秀供应商。贵钢EA4T车轴钢顺利通过欧盟铁路TSI认证。重大工程展现首钢风采。汽车板应用于朱日和阅兵检阅车，取向硅钢应用于中国高铁首套智能化变电站，管线钢中标中俄东线，桥梁板独家供货世界第一高桥北盘江大桥、海工钢用于"蓝鲸1号"钻井平台、船板独家供应国产世界最大散货船"新一代超大型40万吨矿砂船"、高强抗震钢筋应用于平塘特大桥的世界第一高混凝土桥塔等,国家重大工程中展现出首钢人奋斗的身影。

(付百林)

【科技成果】 技术研究院全年完成科技成果验收评价136项,20项成果达到国际先进水平。获上级科学技术奖励12项次,其中"热轧板带钢新一代控轧控冷技术及应用"获国家科学技术进步二等奖;"大型水电站用高强度易焊接厚板与配套焊材焊接技术开发应用"获得冶金科学技术一等奖和北京市科学技术一等奖,是集团公司板带类产品近十年以来首次获行业一等奖。完成专利申请849件,其中发明专利503件。获专利授权522件,其中发明专利262件。形成企业技术秘密296项。被国家知识产权局授予"国家知识产权示范企业"称号,1项专利获北京市发明专利奖。制修订各类标准58项,其中主持修订国际标准1项,在"国家标准研制贡献指数"大数据分析报告中,首钢名列冶金行业第一位。

(付百林)

【降本增效】 坚持以提升制造能力为目标,强化工艺攻关,支撑"三个跑赢"和"双百"工程。以提升原始创新能力为目标,着力开展"首创工艺、首开设备"的培育。在炼铁领域,烧结智能化迈出坚实步伐,劳动效率提升了21.3%、吨烧结矿固体燃料消耗降低1.8千克、返矿率降低2.9个百分点;在炼钢领域,SVDC技术取得重大进展,股份公司、京唐公司汽车板用钢RH真空处理周期分别降至26分钟、25分钟,均降低8分钟。京唐公司高效化冶炼取得新成绩。连铸平均提速11.5%、转炉平均出钢温度降至1652℃、IF钢出钢至开浇时间缩短13.1%。SEBC技术得到推广,指标持续进步;在轧钢领域,成功开发先进高强钢轧制关键技术,微合金化DP780冷轧轧制速度提高至400米/分以上,DP980的规格拓展至最薄0.77毫米、最宽1522毫米。IF钢LTRH&A(低温加热和退火)工艺技术取得重要进展,股份IF钢加热炉出钢温度≤1220℃、退火温度≤810℃的比例分别达到90%、80%以上。

(付百林)

【用户技术领域】 完成42个EVI项目,能力明显提升。建立商用车整车轻量化用钢正向开发体系,实现整车减重10.2%;基于降成本的车身选材优化技术效果

显著,北汽和东风小康单车型供货零件数分别增加23件和40件;建立车身覆盖件抗凹性评价体系,在福特等车企得到认可和应用;开发大差厚比IF钢激光拼焊技术,差厚比2.0以上拼焊合格率达到100%。低表面处理钢结构用透明涂料、耐候钢锈层稳定化技术应用于首钢园区3高炉博物馆、冬奥组委办公楼等建设项目,施工面积超过30万平方米。

(付百林)

【国家重点新产品计划项目】 2017年主动融入国家创新体系,策划、组织国家、北京市科技计划项目的申报,14个项目获得支持,获财政资金支持2832.82万元,获批的国家重点研发计划项目涉及重点基础材料技术提升与产业化、数字诊疗装备研发和绿色建筑及建筑工业化等多个专项领域,其中牵头负责"钢铁流程绿色化关键技术"1个项目,负责课题7个。

(付百林)

【对外开放合作】 技术研究院继续拓展开放合作。推进在研横向科技项目5项,2项完成结题。与中汽中心、山东冠洲、普锐特(德国)、天津大桥焊材、中集等下游用户新增共建联合实验室7个。建立海外院士专家北京工作站首钢集团有限公司技术研究院分站。组织科研骨干4人赴澳大利亚昆士兰大学、澳大利亚卧龙岗大学、瑞典皇家工学院、比利时鲁汶大学进行海外深造。北京金属学会在281个市级社会组织评比中位列最高5A级。

(付百林)

【科技信息工作】 围绕产品市场预警、先进技术追踪以及竞争环境分析,完成了《国内电镀锌板供需现状分析》《新日铁住金、浦项和宝武研发体系情况》《我国钢结构建筑发展趋势分析》等45项调研报告。推送《钢铁信息》等4个专刊48期;"钢铁情报"微信公众号关注度和阅读量大幅提升,关注用户同比提高300%,单篇文章阅览量最多达到2万人次。

(代云红)

【国内外学术交流】 技术研究院组织交流和赴外参会共176场次,连续两年增长超过30%。被学术会议录用征文198篇,同比增加63%,5篇获作特邀报告。邀请41位专家学者技术交流。圆满完成第七届首钢—台湾中钢技术交流。全年发表科技论文241篇,其中高水平国际论文16篇,包括1篇ISIJ。

（代云红）

【改善科研条件与科研基地建设】 技术研究院科研条件支撑和检测实力日趋完善，新增西门子一级 PLC、二级服务器及传动设备等 11 台（套），新建搪瓷实验室等 4 个。实现扫描电镜、电化学工作站等 12 台检测和制样设备的开放管理。中试冶炼 398 炉，热轧 675 块，300 千克小焦炉完成 124 炉，同比分别增长 35%、20%、13%。新开发双相钢马氏体的扫描定量等 4 项检测新方法。实现泵房、盐雾、周浸等无人值守试验室的远程监控。

（付百林）

【人才队伍建设】 技术研究院新增首钢技术专家 9 人、技术带头人 11 人。1 人赴销售公司挂职锻炼。2 人完成日本东京大学、澳大利亚昆士兰大学访问学习。刘李斌获得全国五一劳动奖章荣誉称号、邝霜被评为北京市科技新星、张熹被评为北京优秀青年工程师标兵、青格勒被评为北京优秀青年工程师、刘宏被选为党的十九大代表，他们为研究院争得了荣誉，成为职工学习的榜样。

（付百林）

【凝聚力工程建设】 抓文化建设，保障职工权益。充分利用《首钢日报》、协同工作平台等手段大力宣传典型人物和事迹 40 次。成功举办了"践行首钢精神、助推转型发展"专场宣讲会，于洋参加了公司的宣讲。开展募捐活动，帮扶困难职工，共计 163580 元；通过组织离休干部座谈会、文体活动以及职工体检等，保障了职工权益。

（付百林）

发展研究院

【发展研究院领导名录】

党委书记：徐建华

副院长：徐建华　费凡

纪委书记：徐建华

工会主席：徐建华

（郭　锋）

【综述】 首钢集团有限公司发展研究院（以下简称"发展研究院"）为首钢集团发展战略研究咨询机构，承担集团战略性、全局性、超前性发展问题的研究，为集团领导决策提供智力支持。设钢铁产业研究所、城市服务研究所、改革创新研究所、政策情报研究所和《企业改革与管理》杂志社、史志年鉴办公室、综合管理室，另代管北京海研宾馆。截至 2017 年底，在册员工 44 人，其中博士（后）4 人，硕士 18 人；高级职称 12 人，中级职称 9 人。

（郭　锋）

【科研成果】 2017 年，发展研究院向集团报送《首钢集团"一带一路"海外拓展战略研究》《首钢集团"管控体系改革"后评价项目》两个合作研究项目，同时强化决策支持，牵头或参与集团重要文稿编写，完成新首钢高端产业综合服务区发展建设领导小组第四次会议汇报材料编写工作，完成向陈吉宁市长、阴和俊副市长汇报材料的起草工作，参与集团"两会"报告及"三创"会材料起草工作；向集团公司报送《宏观经济与钢铁产业分析及预测》及《房地产行业运行分析与预测》研究报告 8 篇；组织完成《城市复兴有关资料整理分析》《集团战略规划阶段评估宏观经济及八大产业发展环境分析报告》《集团 2018 年财务预算编制宏观经济及六大产业外部环境分析报告》《我国停车产业政策及产业现状简要分析》《首秦园区转型案例支撑材料分析》《新能源汽车给钢铁行业带来的机遇分析》《中粮集团国有资本投资公司试点工作案例分析》《浦项创新营销模式案例分析》《浦项实施全球化战略及启示》等报告；全年共编发《每日信息》249 期，《国内外主要钢铁企业信息》12 期，完成《国内大型钢铁集团 2016 年经营情况及 2017 年目标跟踪分析》《世界钢铁统计数据 2017》《关于首钢园区申请 2018 年数字经济试点重点工程的建议》等多篇信息情报分析报告，向集团公司及二级单位转发新华社专供信息资料 60 余篇。

（郭　锋）

【管理创新】 落实《首钢总公司管理创新活动管理办法》，积极适应中钢协和北企联 2017 年评选工作的新变化，完成了首钢第十八届管理创新成果的评审和外评推荐工作。集团 38 家单位申报了 95 项成果，其中 63 项获得首钢第十八届管理创新成果奖，16 项获 2017 年冶金企业管理现代化创新成果奖，19 项获第三十二届北京市企业管理现代化创新成果奖。配合中钢协完成京唐公司《冶金企业智慧能源体系的构建》项目参加第二十四届全国企业管理现代化创新成果评审工作，并荣获二等奖。期间,完成首钢管理创新成果评审专家库及优秀成果库的建设工作,确定 33 个单位和部门的专家 200 人。此外,还与系统优化部共同完成了首钢第十七届管理创新成果的汇报、表彰奖励等工作。

(郭 锋)

【党的建设】 坚持政治引领、思想先行。院领导认真参加集团党委组织的党委中心组(扩大)学习和学习贯彻党的十九大精神领导人员研修班。全年组织院党委中心组(扩大)学习 27 次,组织全体党员和职工观看党的十九大开幕会,认真学习贯彻党的十九大、市委十二次党代会和集团"两会"精神,参观"砥砺奋进的 5 年"主题展览;坚持把方向、管大局、保落实。院党委制定落实《党委会议事规则》,组织起草《院长层议事规则》,把科研、管理中的重大决策前置党委会研究,全年召开党委会 30 次。组织杂志社和海研宾馆修改企业章程,把党建工作要求纳入其中;加强党支部和党员队伍建设。结合党支部换届,为加强相关业务协同,将党支部数量从原来的 5 个调整为 4 个。推进"两学一做"常态化制度化,落实"三会一课一汇报"等组织制度,开展"创先争优"和"达晋创"等主题活动,钢铁所党支部获集团党委年度表彰。完成失联党员 2 人组织关系转出,做好入党积极分子 2 人考察培养。

(郭 锋)

【人才管理】 完成中层领导 4 人交流调整,提拔 1 人。推荐 1 人参加特训班,1 人获集团青年先锋荣誉。结合党支部换届,选举年轻干部 2 人兼任党支部书记。先后派出 10 人研究人员参与埃森哲公司、德勤公司的合作课题,进一步开阔视野,培养和提升研究能力。

(郭 锋)

【党风廉洁】 加强党风廉洁建设,强化各级领导人员的主体责任和"一岗双责",建设廉洁文化,防控廉洁风险,努力打造一支忠诚、担当、干净的人才队伍。

(郭 锋)

【费用管理】 贯彻集团公司要求,加强预算管理和费用管理,厉行节约,全年共发生管理费 1345.1 万元,比计划降低近 10%。业务招待费全年支出 1903 元,为计划的 35.7%。同时,认真落实集团公司《职工工作经费使用管理细则》,在费用允许范围内,为员工购买意外伤害保险、生日蛋糕和公园年票,做好慰问工作。

(郭 锋)

【整体搬迁】 1988 年 10 月,首钢软科学研究机构首钢研究与开发公司在北京市海淀区学院南路 32 号院挂牌;2017 年 9 月,作为新时期首钢智囊机构的首钢发展研究院,完成从海淀区学院南路 32 号院到石景山区首钢集团总部的整体搬迁。

(郭 锋)

【转型提效】 优化组织结构和岗位设置,缩减内设部门 1 个,内部人员交流 7 人;同时,围绕优化流程制定下发了《发展研究院部门岗位职责》,成立了新一届院级学术委员会,完善和制定了《科研管理办法》。完成薪酬制度改革,完善配套制度。起草《员工绩效考核管理办法》《员工职业发展及职务聘任管理办法》以及《科研项目管理细则》。

(郭 锋)

【史志年鉴】 《首钢年鉴 2015》获 2016 年全国年鉴编校质量检查评比一等奖。《首钢年鉴 2017》编纂提前两个月交付出版印刷,实现年底前出版发行。《北京工业志(首钢篇)》《石景山年鉴(首钢篇)》完成供稿。与首钢组织部联合召开全集团组织史视频培训会议,请何灿泉讲授组织史编纂工作要领;首钢组织史材料收集工作取得突破性进展;首钢组织史研究编写工作按计划推进。承担国家工程《中国工业史》(钢铁卷·首钢篇)编写工作。

(郭 锋)

【杂志与内刊工作】 全年共编辑《企业改革与管理》杂志 24 期,刊登文章 3000 多篇、600 多万字,并与北京市报刊发行局合作从纸媒发展成为纸媒、网媒融合期刊。《首钢发展研究(内刊)》电子版共编辑发行 6 期,刊登文章 100 余篇、70 余万字,并增加了"管理创新成果"栏目。

(郭 锋)

人才开发院(党校)

【人才开发院领导名录】
人才开发院领导名录
院 长:何 巍(兼)
党委书记、常务副院长:黄吴兵
副院长:郭 伟
副院长兼培训中心副主任(主持工作):段宏韬

副院长、首钢党校副校长：王洪骥

（师　兵）

培训中心领导名录

副主任：段宏韬（主持工作）　王　林　胡立柱
主任助理：张百岐　周伯久

（徐　励）

首钢工学院领导名录

党委书记：黄吴兵
院　　长：胡雄光（7月离任）　段宏韬（11月任职）
副院长：段宏韬（11月离任）　王　林　胡立柱
院长助理：周伯久　张　毅

（徐　励）

首钢技师学院领导名录

党委书记：黄吴兵
院　　长：段宏韬（11月任职）
副院长：段宏韬（11月离任）　王　林
　　　　胡立柱　张百岐
院长助理：周伯久　张　毅

（徐　励）

【综述】　首钢集团有限公司人才开发院（党校），简称"人才开发院（党校）"，成立于2016年3月，是首钢集团有限公司直接管理的以人才培养为目标、以能力提升为重点的企业内部培训机构，是首钢集团有限公司战略支撑部门，与首钢党校为一套机构、两块牌子。人才开发院（党校）按照"服务首钢、面向高端、能力为本、辐射全员"的指导原则，建设成为支撑首钢集团战略发展的人才培养基地，开展人才能力评价的人才评价中心，总结首钢优秀管理经验的知识沉淀平台。主要职责包括：培训需求与计划管理、培训效果评估与管理、培训体系建设与管理、人才测评管理、知识共享体系建设与管理、学习系统平台建设与管理和运营管理。人才开发院（党校）位于北京市石景山区晋元庄路11号，占地面积8237平方米，建筑面积5255.5平方米。院长由首钢集团有限公司领导兼任，设党委书记、常务副院长1人，副院长3人；下设内训管理部、运营服务部2个业务部门和党建文化培训中心、领导人员培训中心、专业人才培训中心、技能人才培训中心和人才测评中心5个培训实施部门。教职工34人，其中，硕士研究生以上17人，本科13人；高级以上职称8人，中级职称14人，教学与教学管理，直接从事教学管理的23人。人才开发院（党

校）负责管理首钢集团有限公司培训中心（首钢工学院、首钢技师学院）。

首钢集团有限公司培训中心（以下简称"培训中心"）成立于1996年2月，前身是首钢总公司教育委员会。培训中心是首钢教育培训办学实体，与首钢工学院、首钢技师学院实行一体化管理，开展全日制中等高等职业教育、成人学历教育、专业技术人员继续教育、高技能人才培养、职业技能鉴定培训和面向社会的资质培训等。地址在石景山区晋元庄路6号。首钢工学院、首钢技师学院（以下简称"两校"）占地面积16.75万平方米，建筑面积13.37万平方米，固定资产原值1.76亿元。设有党群工作部、办公室、教务处（教育督导室）、学生处（团委）、招生就业办公室、职业教育培训处、实习实训中心、人事处、计财处、总务处、保卫处等11个处室，设继续教育学院、经济管理系、信息工程系、机电工程系、建筑与环保工程系、基础部、机电技术系、安全工程系、健康与公共服务系、基础学部等10个教学单位，以及网管中心和图书馆。2017年底在册教职工439人，其中：研究生以上学历123人、大学本科学历253人；高级职称133人，中级职称163人。信息化职工培训系统平台有1024门课程（其中：技能类204门、管理类820门），课件资源27998GB。

2017年11月15日，集团公司下发《首钢集团有限公司关于调整人才开发院组织机构暨取消培训中心名称的通知》（首发〔2017〕278号），调整人才开发院组织机构，并取消"首钢集团有限公司培训中心"机构名称。人才开发院与党校、工学院、技师学院为一套机构、四块牌子，实行一体化管理，社会办学职能相对独立。

2017年是首钢实施"十三五"规划关键之年，也是人才开发院开拓创新、砥砺奋进的一年。院党委带领广大教职员工坚定信心、真抓实干，果硕花香。出色完成首钢集团学习贯彻党的十九大精神领导人员研修班，圆满完成首钢青年干部特训班及赴美研修班；工学院获批北京市职工继续教育基地，并成为中钢协推荐的第七批国家级专业技术人员继续教育基地唯一候选单位；技师学院经北京市安科院批准建立了北京市唯一一所"防爆电工考试中心"，获得人社部授予的首批"阳光德育校创建活动宣传校"称号。首钢工学院圆满完成北京市高职院校课堂教学诊断迎检。全面完成教职工物业服务费和采暖费补贴货币化改革。两校与石景山区体

育局签订战略合作框架协议。

（师 兵、徐 励）

【主要指标】 人才开发院年重点培训项目兑现率计划指标90%,实际完成91.43%;现场教学、案例式教学、研究式教学课时占比指标25%,实际完成27%;重点中长期培训的理论教育和党性教育课时占比指标25%,实际完成29.21%;首钢内部兼职教师讲课课时占比指标50%,实际完成75.28%。两校各类职工教育培训计划20000人次,实际完成28518人次,超计划42.6%;外部收入计划8070万元,实际完成9750万元,超计划20.8%。完成中高职和成人学历教育在校注册学生8120人(其中:技师学院在校生3060人、工学院全日制在校生2770人、成人本专科在册生537人、合作办学网络教育在册生1753人)的教学任务。首钢技师学院招生1219人,首钢工学院全日制高职招生978人,成人学历教育招生924人。工学院全日制招生计划800人,实际录取1028人,超计划28.5%;成人学历招生计划900人,实际录取924人,超计划2.7%。技师学院招收京籍生源计划1050人,实际录取1065人,超计划1.4%,其中招收初中京籍生源计划260人,实际录取918人,名列北京市19所技工院校第一。工学院高职毕业生就业率99.8%,技师学院本部毕业生就业率99%,均超过北京市同类院校平均水平。

（师 兵、徐 励）

【重要会议】

1月20日,召开中层干部大会,传达中共首钢第十八届委员会第三次全体(扩大)会议和首钢集团第十九届职工代表大会第三次会议有关精神。

2月17日,召开人才开发院第一届教职工代表大会第一次(首钢工学院、技师学院八届一次)会议,65名教职工代表、15名列席和3名特约代表参加了会议。大会听取并审议段宏韬所做《开拓创新 转型发展 攻坚克难 努力创建国内一流人才开发院》工作报告,报告总结了2016年工作,提出2017年总体工作思路、主要任务目标和工作要求。

3月9日,按照人才开发院党委"出实招、展亮点、比成果"创新实践活动安排,人才开发院组织召开"出实招"创新工作汇报会。全体党委班子成员、各部门领导人员60余人参会。

5月5日,召开2016年度先进表彰大会,对7个先进集体、25名先进个人进行表彰。人才开发院领导、中层干部、教师和管理人员代表、先进集体代表、全体先进教职工、学生党员代表300人参加会议。

6月30日,召开庆祝中国共产党成立96周年暨表彰先进大会。6个先进党组织和16名优秀共产党员受到表彰。人才开发院全体党员、教职工入党积极分子代表和学生入党积极分子代表近300人出席会议。会上,36名新党员在关工委老领导远泽明同志的带领下,面对党旗庄严宣誓。

8月28日,召开干部大会,传达贯彻首钢集团第十九届职工代表大会第二次会议和"创新创优创业"交流会精神。

9月8日,召开庆祝教师节座谈会,领导班子成员、先进教师和先进教育工作者代表、中层领导人员和教职员工代表40多人参加会议。

10月18日,各党支部组织收听收看党的十九大开幕盛况,认真聆听了习近平总书记代表第十八届中央委员会向大会作的报告。

11月1日,聘请首钢党的十九大代表刘宏,宣讲党的十九大精神,全体领导人员、教职工和学生代表1100余人参加报告会。

（师 兵）

【开展人才开发院第二步机构整合】 为完善集团人才培养体系,建立企业内部培训与社会学历教育管理统一、优势互补、运行高效的组织体系,按照集团公司要求,成立人才开发院机构整合工作组。通过长达半年的调研、讨论、研究,提出《人才开发院第二步机构整合方案建议》,经集团党委研究通过,《首钢集团有限公司关于调整人才开发院组织机构暨取消培训中心名称的通知》于11月份颁发实施,相关工作正在落实之中。

（师 兵）

【首钢集团学习贯彻党的十九大精神领导人员培训】 11月20日至24日,举办了集团领导班子成员,总部部门主要负责人,基层单位党委书记、董事长、总经理,首钢两会报告起草调研组成员研修班,共计123人参加为期一周的准军事化封闭式研修。此次研修班从层次、规模到质量,在首钢历史上属首次,是继年初集团"两会"、年中集团"三创"会后,集团层面的又一项重大活动。它是在党的十九大召开以后,首钢主要高层管理人员全体集中深入学习党的十九大精神及上级党委重要文件和重要制度,深入学习理解集团出台的重大制度和体系建设相关文件,深入学习研讨年度预算编制和任期目标制定工作中的重点难点问题。集团党委书记、董事长靳伟以《关于加强基层党建和当好一把手的若干思考》为题作了辅导,邀请到十九大报告起草人、中央委员到首钢讲课。此次培训是一次突出问题导向、弘扬改革创新精神的培训,凝聚了思想共识,明确了工作目标,提升了专业素养和履职能力,为集团2018年改革发展奠定了坚实基础。此次研修班也是对人才开发院的一次全方位检验,是人才开发院功能的拓展和深化,得到集团公司领导及学员的高度评价和充分肯定。

(师 兵)

【青年干部培训及赴美研修培训】 3月27日至8月11日,举办了2017年首钢青年干部特训班,历时5个月,学员60人,完成了各项教学任务。组织到新开辟的山西长治党性教育基地、河南林州"红旗渠精神"诞生地进行革命传统和党性教育;首次组织赴清华大学驻校培训,体验校园文化、领悟清华精神、聆听名师名课;大胆将结构化研讨方式应用于特训班结业论文写作中,引导学员对问题进行深入研究和探讨。6月16日,集团公司党委书记、董事长靳伟为特训班学员亲自授课。8月8日,集团党委书记、董事长靳伟,党委常委、副总经理赵民革及集团有关部门负责人到人才开发院,与青年干部特训班学员进行座谈交流。为适应首钢国际化经营、海外事业发展需要,从2016年及2017年两期特训班各选拔20人,于2月11日至5月21日,11月4日至2018年2月4日分两批赴美国研修,走出国门向世界一流企业学习。利用国外优质教育培训资源,实现了首钢干部培训在培训班次、办学方式、教学布局、培训地域等方面的诸多创新,培养储备了一批国际化经营管理人才。

(师 兵)

【党建人员培训】 以"时事政治""党史党建""企业文化""党章党纪国法""党群工作方法与艺术"等为主要内容,配合集团公司党委组织部、纪检委和各基层党委,先后举办了党支部书记、党小组长、入党积极分子、纪检监察干部等培训班,共计29期,培训学员2060人次。培训面广、内容新、质量高,深受欢迎。

(师 兵)

【领导人员培训】 举办2017年首钢集团监事会工作培训班。先后为股份公司领导干部素质能力提升研修

班、京唐公司青年骨干培训班、京唐公司新任职领导人员培训班、京唐公司定向作业长培训班、实业集团青年骨干特训班、机电公司后备干部培训班等班次,提供了多种方式指导和服务,引导二级单位提高培训能力,满足二级单位的培训需求,实现了双赢。

(师 兵)

【专业技术人员培训】 为进一步适应集团深化改革需要,专业技术人员培训项目策划更加聚焦战略管控,培训目标更加聚焦能力提升,培训内容更加聚焦问题导向,培训师资更加聚焦首钢内外名师。先后举办了税务管理、企业退出管理、投资决策与管理、政府专项资金申请、风控体系建设及制度体系建设等专项培训班,多数培训项目为首次举办,不断适应新形势、满足新需要。是年,专业技术人员培训计划34项、培训12000人,实际完成40项、培训13408人次。

(师 兵)

【技能人员培训】 经市人社局批准,举办了轧钢、炼钢、维修电工、机修钳工等4个北京市技师研修班,为高技能人才培养做出贡献。全面完成北京市企业新型学徒制试点工作,取证率96.2%,175人获得双证书,为集团公司争取到市财政补助80.357万元。先后举办首钢技能人才工匠精神研修班、操作专家创新能力培训班、大师工作室、首席技师工作室研修班,培育首钢工匠精神,锤炼精湛技能。利用互联网采取"线上学习、线下辅导"的培训方式,大力开展职业技能取证培训,其中完成技师、高级技师取证培训751人次。是年,技能人员培训计划18项、培训5516人次,实际完成18项、培训9118人次,其中高技能人员3568人次。

(师 兵)

【安全生产人员培训】 与北京市安监局合作,高标准完成北京市安监执法综合实训基地(一期)建设任务。6月6日,北京市副市长王宁,市政府副秘书长尹培彦,市安监局局长张树森等领导到首钢技师学院调研位于校内的"北京市安全生产实训基地"建设情况,集团公司领导张功焰、胡雄光陪同。王宁副市长等领导首先参观了安全生产实训基地,一边聆听工作人员讲解,一边询问开展培训项目和培训人员范围等基本情况,对学校在2016年完成本市3600人安全生产执法与专职安全员培训任务表示赞许。在随后召开的安全生产座谈上,王宁副市长指出,建设北京市安全生产实训基地为安全

生产执法人员培训提供了必要的条件,要在前期基地建设工作的基础上进一步完善软硬件建设,增加培训内容,扩大培训范围和覆盖人群,满足企业和社会的不同需求,为首都安全生产培训工作发挥作用。是年,承接政府、社会、企业安全生产培训5047人次。其中,为市安监系统专职安全员初任人员、执法人员、乡镇街道领导干部、专职安全员领军人才等培训3191人次,为首钢集团各厂矿安全生产培训1856人次。

（徐　励）

【人才素质测评】　先后对宝武管理学院、倍智公司等10余家知名企业、机构进行调研,走访集团内部数十个单位征求需求意向,提出首钢人才测评体系建设规划,并以2017年首钢青年干部特训班为试点,探索人才评价工作标准与流程。同时,应用互联网技术搭建人才测评平台,对北京市人才素质测评考试中心人才测评系统单机版进行升级改造,使之实现了在线测评,已为京唐公司、长钢公司测评200余人。

（师　兵）

【职业技能竞赛】　6月起,人才开发院协同集团公司有关部门,组织开展首钢2017年职业技能竞赛,竞赛以"学习提升技能,竞赛铸就梦想"为主题,组织11家单位的14600人参加了257个工种的初赛,187人参加了股份、京唐、技师学院三个赛区7个工种的决赛。12月22日,组织召开了首钢2017年职业技能竞赛总结表彰暨中钢协第九届"首钢杯"技能竞赛动员大会,表彰了2017年度职业技能竞赛先进,多名选手获技术能手称号并受到表彰。此外,为办好2018年中钢协第九届"首钢杯"技能竞赛,制定下发了筹备工作安排和选手选拔培训考核方案,成立了竞赛机构,完成了竞赛大纲编写、裁判员培训,正稳步推进备选选手集训与选拔、竞赛场地建设和仿真软件开发等工作。

（师　兵）

【"教师节"评选表彰】　8月,组织全集团开展第33个"教师节"先进评选表彰工作,协调集团各单位开展先进教师、先进教育工作者、兼职教师和尊师重教优秀领导人员推荐工作,共评出先进教师41人,先进教育工作者84人,尊师重教优秀领导人员15人,同时完成有关奖励表彰工作。

（师　兵）

【首钢师资库建设】　采取全集团自荐、组织推荐、重点

单位走访等方式,初步形成首钢师资库信息管理体系,师资库教师已达300人以上,其中首钢各级领导、技术和技能操作专家等内部兼职教师226人,高等院校、政府机关、先进企业等首钢外部师资88人。完成师资库在集团协同办公系统上线,实现了师资库资源共享、统一管理、动态运营的阶段性目标。

（师　兵）

【社会教育培训】　首钢技师学院毕业生1106人,首钢工学院全日制高职毕业生859人,成人教育本专科毕业生194人,合作办学网络教育毕业生519人。两校全日制毕业生就业率达到99%。全年完成社会培训3382人次。学生教育与管理坚持"育人为本,立德树人"的理念,坚持全面育人方向。一是制度建设。首钢工学院按照教育部41号令要求,全面修订学生管理制度19项;首钢技师学院按照北京市学生资助管理规范年要求,修订资助管理相应制度6项。二是学风建设。首钢工学院结合市高职院校开展课堂教学诊断和现状调研活动,重点抓学生到课率、课上纪律、行为规范、控烟等项工作,学生月度出勤率超过90%。首钢技师学院在2017级新生管理中采取集中管理模式,实施专职班主任制度,按照一日常规标准开展行为习惯养成教育,取得良好效果。三是创新创业教育。首次开出《大学生创新创业基础》公选课,把创新意识和创新能力培养渗透到教学内容和教学过程中,突出学生素质教育和创新能力培养。组织参加全国"互联网+"大学生创新创业大赛,获得北京赛区比赛1个二等奖、3个三等奖。四是选优推优。两校发展学生党员75人。首钢工学院推选出北京市级优秀班集体1个、优秀团支部5个、三好生4人、优秀团学干部5人,有2人获国家奖学金、102人获国家励志奖学金。首钢技师学院推选出北京市级三好学生7人,有30人获政府奖学金。五是文体活动。举办了学生文化艺术节和科技体育节,每月围绕一个主题开展丰富多彩的文体活动,组织学生志愿者参加学雷锋、助老助残等社会服务与实践活动;组织学生参加市高校普法活动、市大学生田径运动会、市技工院校各类竞赛活动等。

（徐　励）

【教学成果】　两校深入推进教学改革,取得成绩和实效。一是申报新项目获批。首钢工学院申请获得市财政500万专项经费,用于学校"人工智能创新工作室"

建设项目。二是专业调整。成功申办了护理、社区康复等 7 个新专业或提升专业培养层次,向现代服务业、高端技能培养转型调整。三是课程改革。完成 9 个专业 11 门载体化课程建设和 5 个专业的 10 门信息化课程建设,通过课改实施促进学生综合能力提升。四是校企合作。搭建"产—学—研—用—创"工作平台,与中关村石景山园、航空科工集团等 53 个知名企业建立校企合作关系。五是师生参赛获奖。两校教师共获得全国职教行业和北京市级各类教学成果 90 余项,其中获一等奖 13 项。两校学生参加全国行业和北京市级技能竞赛获奖 70 项,其中:首钢工学院学生在全国高校数字艺术作品大赛中获 2 个一等奖,在全国职业院校信息系统项目策划大赛中获 1 个一等奖。

（徐 励）

【人才工作】 获"北京市优秀教师"称号 2 人。在北京市职业院校教师素质提升计划年度评选中,有 1 人获得专业带头人资助资格、4 人获得优秀青年骨干教师资助资格。1 人获得北京市职业院校信息化课堂教学赛项一等奖,入选代表北京市参加全国职业院校信息化教学大赛并荣获三等奖。

（徐 励）

【校园硬件建设】 完成两个专业实训基地建设项目。一是利用市财政专项资金 1300 万元完成了"护理实训基地"建设项目,新增实训面积 1500 平方米,涵盖模拟病房、急救、内外科、妇产科、儿科、中医科护理,康复护理和老年护理等 14 个实训室和 2 个操作教室,配置相关实训设施价值 1000 余万元。二是利用市财政专项资金 2500 万元完成"虚拟现实技术实训基地"建设项目。实训面积 1790 平方米,功能涵盖动作捕捉系统、动态表情捕捉系统、多人交互系统、多曲面投影图像校正系统等 20 大类系统,构建成虚拟现实公共技术平台,配置相关实训设施价值 2460 余万元。

（徐 励）

业务支持服务

◎ 责任编辑：车宏卿

财务共享中心

【财务共享中心领导名录】

主　任：王　健

副主任：高　静

（王　俊）

【综述】

财务共享中心是集团财务核算、会计处理的中心，是为集团和各级子公司战略决策提供财务数据的支持服务部门和共享平台。财务共享中心主要职责：负责编制集团合并报表，完善报表核算体系，出具年度财务决算报告；负责组织协调财务决算审计问题及落实审计问题整改，建立并更新首钢集团会计师事务所备选库；负责纳入财务共享中心范围单位财务档案管理及成员单位财务报告归档。负责建立集团财务共享信息化项目，配合集团信息化建设工作，完成共享信息化平台管理与维护。负责收入、成本等账务处理，负责税务核算及纳税申报管理，负责进出口业务核算、存货核算，负责工会、党团费用、技协等业务委托核算，负责集团成员单位 ERP 主数据维护管理。负责编制集团公司总部部门费用预算，根据年度费用预算指标组织分解落实；协调解决预算执行过程中出现的问题，负责备用金借款、相关费用核算及报销（核销）等。负责集团各单位银行账户管理，收付款结算，票据业务，银行日记账的记账和对账，承兑汇票结算，财务费用、内部借款本金及利息，进出口业务结算等。负责核算集团公司对外股权投资、政府补贴及权益项目；负责集团公司在建工程的核算；负责组织集团公司园区开发项目的拆迁补偿费核算及开发前期费用的核算；负责集团产权信息登记、变更、注销等工作；负责集团公司研发项目的核算；负责集团公司专项资金的核算；负责集团公司工商变更登记的备案业务等。负责集团统计专业的归口管理，组织集团公司统计核算，实施各项统计调查，编制及对外披露统计年报和定期统计报表；负责编制集团生产经营指标快报和月度统计公报；按公司要求提供相关管理口径的数据或报表，统计资料管理等。财务共享中心机构设置：总账报表室、会计核算室、费用核算室、资金结算室、资产核算室和数据信息室 6 个业务部门。定员暂编 78 人，主任 1 人，副主任 1 人，部门经理 6 人，专业技术人员 70 人。

（袁　琳、王　俊）

【信息化建设工作】

围绕"集团财务核算、会计处理中心"定位，按照"一个中心、四阶五步"的建设思路和推广策略，组织完成了"18+13"单位的业务调研。按"提高效率、控制风险"原则，设计流程及系统，开展上线前培训与宣贯，同步与投资、资产、预算、主数据、产销等集团其他管控信息化项目协同对接。遵照设计目标、原则，按照确定的业务关键点，开展集团财务共享业务流程设计工作，累计梳理业务流程 827 个，制度文件 177 个，表单数量 669 个。财务共享平台费用报销系统、直报系统准时按照"6·30"、"9·30"推进节点要求上线，其他非费用类流程同时具备上线条件。在开展财务共享平台业务设计和系统实施过程中，与投资、资产、预算、主数据、产销项目开展沟通、讨论，积极推动并制定下一步工作方案。

（李圆博）

【制度建设工作】

组织修订《首钢集团有限公司业务活动费用管理办法》并颁布执行；下发《关于规范集团公司职工交通费管理的通知》；对《首钢中介机构管理办法》《首钢集团有限公司会计档案管理办法》《首钢集团有限公司统计管理办法》等制度继续组织修订完善。按照财务系统年度重点工作要求，配合经营财务部开展会计核算制度修订工作，修订和完善包括《关于规范应交税费会计处理的通知》《关于执行增值税发票税收政策的通知》《关于规范首钢集团解合补偿金、会计处理的通知》等六项内部处理规范。

（张永卫、李圆博、袁　琳、杨　巍）

【任期目标责任书】

2018～2020 年任期目标任务：一是持续推进财务共享标准化建设，优化业务处置流程，提升业务处理效率。（1）组织财务共享中心制度体系建设。制定财务共享平台管理规范、备用金业务规范、集团合并报表规范、现金收支管理细则、账户及预留印鉴管理细则、货币资金结算管理细则，逐步完善财务核算及结算业务、财务报告列示规范等。（2）随着分行业核算制度标准化固化落地，对集团公司不断产生的新业务建立相应的财务核算实施规则，实现标准化和表单化。（3）随着上线业务的优化调整完善中心的风控管理流程，对纳入共享的单位统一风控管理流程。二是全面开展共享信息化建设，共享平台持续优化、完善，逐步推广应用财务共享平台。（1）完成股份公司共享平台的上线试运行，随着核算系统信息化项目建设，2020 年底前向集团内部适合共享的单位财务共享业务的推广，共享覆盖率100%，逐步完成集团财务共享体系的建设，持续完善共享平台功能，提升用户体验。(2)结合集团预算计划及公司管理需求，优化集团内部财务、统计管理指标，进一步完善报表直报系统，做好支持服务工作。(3)搭建集团发票管理系统。(4)完成集团公司核算系统改造。三是建立和完善集团内部对账、抵账机制，逐年清理历史遗留账务，实现集团债权债务工作管理常态化。(1)持续做好集团闭环债权债务的倒抵账工作，逐步清理、处理历史遗留债权债务事项，降低集团内资金占用和企业资产负债率。(2)紧密依托合同、主数据管理系统，搭建集团成员单位间债权债务对账、抵账机制，落实年度集团内"三角债"抵账工作，统筹集团债权债务工作管理。四是组织完成首钢集团投入产出调查和经济普查。

(袁　琳)

【总账报表工作】　按照市国资委财务决算工作总体要求，组织集团成员单位开展年度财务决算工作。克服时间紧、任务重等困难，试点新的决算会审模式，按时、高质完成财务报告、专项审计报告的编制工作，并一次性通过市国资委历年财务决算现场的会审初审和复审。一是梳理集团财务报表内容，修订完善了集团报表体系、公式，完成了国资委监管及内部管理两套、295张报表编制和审核，并且同时满足了中介和审计及对外披露双方面要求，共完成向北京市国资委、市财政局和钢协上报275户企业数据。二是积极组织相关处室及子公司协助、配合中介机构进行审计，密切追踪审计进度，及时发现和协调解决审计过程出现的问题。对股份重组、永续债等新生业务确定核算方法、列示方式，获得中介审计的认同，并对首钢集团及总部出具了无保留的审计意见。三是创新会审模式，提高成员单位财务报告质量。首次试点集中会审的方式，分期分批安排成员单位及主审会计师事务所进行现场会审，无效沟通减少、工作效率提高。四是根据市国资委决算复核小组对集团年度决算提出的问题，收集整理上报证明材料，并结合会计准则内容逐条分析，形成完整材料上报市国资委。五是落实"交账工作"，完成向审计委员会、董事会汇报数据准备工作，完成集团年度实际经营状况、现金流状况汇报工作。

(李圆博)

【资金结算工作】　加强资金基础管理，做好债权债务清理及账户移交等各项工作。一是完善票据管理，开通电子票据，按照人民银行2017年最新要求，办理电子票据的开立与收付，先后开通光大银行、北京银行、民生银行、杭州银行电子票据系统，完成业务人员的使用权限的设置，实现电票正常收付与贴现，全年累计开立银行承兑汇票86.1亿元。二是完成代管账户移交工作，对集团公司代管的首秦、迁钢、股份、冷轧等9个单位的15个账户涉及的账目、支票、电汇、银行密码器、银行预留印鉴章等资料进行全面清理，完成银企对账、清理未达账项。7月份，全面完成了代管账户的移交。三是完成外债相关工作，配合经营财务部开展外债发行工作，开立外债专户，美元户两个，人民币户两个，欧元户两个，及时与银行沟通，完成外管备案，保证外债款项及时入账。四是协助财务公司办理外汇业务，取得外汇登记备案，并开立外币归集账户，美元和欧元各1个，累计办理外币资金归集6298.52万美元、180.22万欧元，充盈财务公司外汇业务。五是开拓新业务，办理票据质押，为满足集团公司资金阶段性不平衡，与经营财务部一起办理电子票据质押13.34亿元，取得流动贷款12.95亿元，解决资金临时性不足。六是按照公司风控项目组进度安排，完成对一期风控流程的评价，结合共享中心重新修订制度与业务流程的梳理，对风控手册的三级流程重新进行确认，并按要求完成风控手册修订。

(苏　红)

【费用管理工作】　按照费用预算全覆盖、专业化、明细化的管控要求，在费用执行过程中，依托预算严格审核，保证年度任务完成。一是预算分解及管控工作，组织部门及相关单位对2017年核心指标任务进行分解，按照"月保季、季保年"的原则，考虑项目进度，分解落实季、月计划；定期统计分析部门费用完成，反馈责任单位，对矛盾点进行专门沟通，将业务开展与控制费用结合并重，达到费用管控的共同目标。2017年部门管理费预计完成10.13亿元，其中管控指标行政费用预计完成2397万元，较年度计划降低53万元；二是组织2018年预算编制，按照集团2018年预算编制大纲要求，以"提高效率、提高效益、提升价值"为目标，突出强调"专项预算"和"信息化"两个内容，认真组织2018年度预算编制；三是摸索预算管控新方法，参照北京市部门公用经费预算方法，引入定额标准管理试点方案，选择办公费、招待费建立定额标准,预算标准、额度将固化到预算信息系统中,通过技术手段支持预算执行。

(张永卫)

【统计管理工作】 一是组织完成统计局布置的 2016 年度统计年报任务,中国钢铁工业协会布置的首钢集团、首钢总公司(四地)两套口径年报的编制上报任务,北京市冶金行业年报数据的收集、汇审工作,对国务院国资委上报的重点企业主要指标年报。完成财富世界 500 强、中国企业 500 强的申报工作,集团名列中国 500 强第 121 名。集团公司被评为石景山区统计诚信企业。二是组织开展《集团统计资料》的编制工作,集中力量组织统计专业以及其他各专业处室、有关专业部厅,着手编制 2016 年度《首钢统计资料》,涵盖集团主要效益指标、生产、销售、库存、安全、环保、能源等十五个方面的内容。三是结合集团预算计划,对统计指标手册各项指标进行修订增减,增加了领导关注的带息负债、财务费用、人工成本等指标,并对公司领导关心的主要指标分别按照分地区、分产业进行汇总统计,全面反映了首钢集团"一业多地"的生产经营状况。四是结合北京市统计条例颁布执行和集团管控改革,为夯实统计基础,与人才开发院、成教中心、国家统计局继续教育中心等研讨,组织完成 2017 年度统计继续教育工作。

(袁 琳)

【会计核算工作】 一是完成 2016 年度所得税汇算清缴及税审工作。组织开展 2016 年度汇算清缴税审工作,配合提供资料、抽凭,对税审数据进行核对,完成税审工作;按时按质完成 2016 年企业所得税年度申报工作。二是配合税收筹划工作、落实业务处理。根据北辛安拆迁补偿款协议预付条款及正式协议条款内容,提出税收筹划建议意见,并最终取得区房屋征收中心的收储证明;根据经理办公会要求,对吉泰安土地转让涉及的税收筹划进行反馈,从适用政策角度对转让土地涉及的税负进行测算,提出四种建议转让方式。三是规范税务核算流程、加强税务管理。组织集团公司相关单位进行个税业务宣讲,规范个税业务前端计算、代扣、申报流程;配合做好税务巡查工作,自查集团公司 2014~2016 年税务工作。四是开展集团内部相关单位债权债务对账工作。针对集团内部各单位资金紧张、付款难度加大的现状,组织清理集团内部三角债工作,通过倒抵账方式共完成 20 多家单位、50 笔倒抵账、总金额达到 28.68

亿元,通过倒抵账降低集团内部各单位债权债务水平;五是配合落实巡视整改工作,完成实业公司欠缴电费分摊反馈,配合完成 14 家改制企业租用集团公司土地、房屋租金倒、抵账工作;配合完成东星巡视整改使用集团公司土地使用费倒、抵账工作。

(杨 巍)

【资产核算工作】 完成公司制改革及资产评估工作。根据市国资委对首钢总公司公司制改革、资产评估工作的指示精神,对首钢总公司投资范围的 600 多家单位进行分类分析,组织中介机构确认评估基准日、范围和方法、时间安排、后期处理问题,提出资产评估及专项审计细化方案。克服专业新、头绪多、难度大等困难,成立专项小组,盯紧工作节点和业务环节,全力推进工作的开展和落实,协调各方资源,准时完成总公司改制工商登记工作,被市国资委推荐为央企公司改制参考实例。同时,按要求组织完成资产评估报告,针对评审意见进行修改完善,得到评审专家的认可,圆满完成评估评审工作。产权登记工作取得进展,全力推进产权登记工作的开展和落实,一是规范业务流程,对申请办理产权登记企业的工作流程进行核对和修正;二是做好日常产权登记备案;三是进行信息清理分析。经过与经营财务部协力配合,对集团成员单位进行协调和督办,对各公司上交资料审核、登记汇总。截至 2017 年底,集团应产权登记单位 670 家已上报登记 553 家,产权登记上报率完成 83%。

(张 鹏)

人事服务中心

【人事服务中心领导名录】

中心主任:吴 涛

(张英明)

【综述】 首钢集团有限公司人事服务中心(以下简称"人事中心")是集团公司人力资源领域行政事务类工作集中处理和为员工提供人事服务单位,既是集团总部的业务支持服务类部门,同时又是人力资源信息集中管理单位,具有管理与服务双重职能,2015 年 10 月成立。

2017 年,人事服务中心学习贯彻党的十九大、首钢"两会""三创会"和集团公司一系列会议精神,抓管控,促提升,重创新,扎实推进业务优化主数据梳理、风控和满意度评价体系建设,人事服务工作取得新成绩。

(张英明)

【核心人力资源管理信息化建设】 参加核心人力资源管理信息化建设项目实施组,学习调研借鉴先进企业案例,与用友、东软、金蝶、SAP、浪潮、宏景等软件公司充分沟通交流,研究解决方案,完善流程信息化项目建设工作方案。建立沟通机制,编制"双周滚动计划",每月总结报告。通过内外调研,起草核心人力资源管理信息化建设项目立项报告,经集团公司经理办公会审议通过并立项。

(韩立功)

【业务优化梳理主数据】 按照信息化建设与优化流程、整合业务相结合的原则,人事中心对97项业务流程进行优化、整合、再造,形成业务项流程信息化清单。规范人力资源主数据项名称、存储长度、数值精度、取数规则、所属业务等,整理信息集92个(1050个不重复信息项),形成集团人力资源主数据标准文档。

(张景森)

【人事档案数字化】 主动作为,提出并经集团公司批准,人事档案数字化通过立项并启动。人事中心先后八次调研北京市和石景山区社保局及迁钢公司人事档案数字化管理情况,分析企业和社会发展趋势,形成《首钢总部机关人事档案数字化实施方案》及7个配套标准规范文件,购置设备自行开发研制出系统管理软件平台和生产流程控制系统软件,开展人事档案数字化试生产工作。

(韩立功)

【总部机关考勤电子化】 启用总部机关电子化考勤。实现职工使用指纹机或手机微信签到和请假,并将电子考勤作为工资支付依据,解决了原始请假考勤方式效率低、不便保存、收集汇总方式繁琐等问题。实现电子工资条推送。制定颁发《首钢总公司机关电子请假考勤实施细则(试行)》。

(朱军)

【风控及制度修订】 人事中心查找并落实好各业务链条业务环节的关键点、风险点,持续完善制度体系,用制度推进和保障风控体系建设。根据集团公司的部署,制定年度制度建设工作安排,明确制度修订任务、修订标准、协同分工、完成时间节点等,2017年完成12项制度修订。在制度修订中,坚持做好两方面工作,一方面召开集团内部座谈研讨交流收集意见建议。另一方面,走出去到住总集团、京煤集团、中海油等市企央企单位进行调研交流,努力做好制度修订工作。集团公司非常重视制度修订工作,在《首钢集团有限公司因公出国(赴港澳)管理办法》修订中,主管领导亲自参与修改,集团公司党委常委会专题研究。在《首钢集团有限公司劳动合同管理办法》的修订工作中,集团公司领导张功焰、梁宗平、胡雄光等领导亲自组织研究,经过集团公司党委常委和经理办公会审议。8月24日,首钢集团第十九届二次职代会会议对该项制度进行审议并一致通过。8月31日,《首钢集团有限公司劳动合同管理办法》(首发〔2017〕202号)正式颁发执行;9月4日,《首钢集团有限公司劳动合同管理实施细则》(首发〔2017〕204号)正式颁发执行。制度颁发后,组织开展多种形式的宣贯工作,规范专业管理。

(张风光)

【满意度评价】 人事中心以不断提升服务水平、增强服务意识、提高服务满意度为目标,初步完成满意度评价体系的设计搭建工作。制定《人事服务中心满意度评价管理办法》《人事服务中心满意度评价实施细则》。在办公场所安放满意度评价意见箱,方便收集服务对象意见建议。制定人事中心各室年度工作的评价打分办法,开展季度"服务之星"评比,促进业务改进和员工服务素质的提升。

(郭伟)

【解决职工切身利益问题】 人事中心自成立以来,发挥维稳应急机制,耐心细致做好职工、企业、政府三方沟通协调工作,以政策为依据,寻求解决问题途径,努力化解矛盾。2017年,一批涉及职工利益的历史遗留问题得到解决。其中设结厂职工医疗保险补缴惠及1013人;北京援秦职工特殊工种认定实现突破;迁安矿子弟毕业生143人在京就业落户;京籍农合工工龄认定问题,征得市人社局同意,已提交报告;北京地区退休职教幼教生活补贴申领工作按期完成;争取到为1997年划转的原首钢子弟学校教师不加系数补缴社保政策,为首钢集团节约200多万元。由人事中心与石景山区和唐山市人社局三方共建的社会保障事务服务中心成立一年来,开展集中咨询服务,为职工解答社会保险政策,为企业上门办理社保业务、进行退休待遇核准、完成工伤认定等工作,排查化解矛盾,为维护首钢唐山地区企业与职工劳动关系和谐稳定发挥积极作用,受到国家人社部、北京市人社局和河北省人社厅关注,2017 年 11 月份,河北省与北京市在曹妃甸工业区成立京冀社会保障事务服务中心,推进京冀社保业务工作,使驻区单位和广大职工广泛受益。

(郭　伟)

【退休人员社会化管理】　为做好退休人员社会化管理的准备工作,人事中心在调研学习北汽集团、北京电控、京煤集团等外部企业管理经验,摸清集团各单位退休人员管理现状的基础上,提出《首钢集团退休人员社会化管理工作实施方案》,得到集团公司常委会原则通过,并报市国资委。12 月份集团董事会审议通过《首钢集团退休人员社会化管理工作实施方案》。

(张连永)

【争取财政资金支持】　人事中心申请政策支持资金达 2100 余万元。其中:稳岗补贴 213 万元、市财政支持困难企业离休干部医疗费统筹金 1863 万元及物业费取暖费近 100 万元,为首钢转型发展节约了资金。

(张英明)

【外事管理】　人事中心持续加强外事管理工作,提高外事服务效率。深入京西重工开展外事管理国际化"试验田"调研,提出外事出访试验方案。为方便科研人员因公临时出国开展学术交流合作,制定颁发《首钢总公司关于因公出国开展学术交流合作的通知》。严肃外事纪律,制定《首钢护照管理和防逃预警的措施》《首钢总公司关于加强因公护照管理的通知》。修订《首钢集团有限公司因公出国(赴港澳)管理办法》。坚持外事红线守则,明确外事责任,认真落实集团领导关于北京电视台因公出访团组违规违纪问题通报的批示,迅速转发通报并下发通知。要求各单位对违纪案例引以为戒。对外事管理关键管控事项进行优化梳理,优化管控事项,编制形成权力清单,理清管控事项。在公开办事流程的前提下,做到审批流程模板化、审核材料清单化、外事信息专栏化,服务效率提升。坚持分类管理,做好团组出访前的服务、派驻人员的领事保护服务,发挥外事优势,为首钢老工业基地调整改造及转型升级做贡献。2017 年共办理完成出国(赴港澳)团组 185 批 953 人次,比 2016 年团组 128 批增长 45%;比 2016 年出访人次 526 人次增长 81%。

(郝　玉)

【推进全要素人工成本预算】　人事中心及时做好数据分析,为总部机关做好支持服务工作。定期进行各类人员收入情况分析,完成 2016 年内退增长机制调整增资情况分析、2016 年钢铁板块工资总额清算等汇报材料 20 余份并报送总部机关有关部门。完成《钢铁板块工资总额预算管理办法》和《钢铁业人工成本预算管理办法》的制定上报工作。参与集团全口径全要素人工成本七大构成项统计规则的制定和人工成本钢铁板块调研及试点工作。对集团公司管理的 15 个法人企业的出资情况、经营状况、管理关系等进行梳理,确定人工费预算范围,完成 2018 年总部机关人工费预算及人工成本预算编制工作。全面完成北京市有关部门和中钢协劳动工资专业统计报表及专项统计调查任务。主要有:市统计局《从业人员及工资总额年、季报》;市人社局《人才资源统计年报》《人工成本及职工薪酬调查年报》及《北京市单位用人需求调查年报、半年报》;中钢协《钢铁工业企业人事劳资情况统计年表》。严格依法统计,集团数据统计工作获中钢协先进单位。

(朱　军)

【人员招聘】　根据集团公司确定的高校毕业生招聘计划,人事中心组织技术研究院等单位,参加全国 13 所重点高校毕业生"双向选择"招聘会及北京地区高校毕业生"就业服务"招聘等活动。2017 年,首钢四地招收高校毕业生 411 人,为首钢改革发展选聘和积蓄人才。

(韩立功)

【工伤保险管理】　2017 年,按规定时限完成工伤认定 18 起,确保工伤职工及时享受各项工伤待遇。按市人社局通知要求,完成集团公司 1～4 级工伤人员 91 人及工亡职工 30 人亲属工伤定期待遇的调整,保障因工作遭受事故伤害的工伤职工及工亡家属及时获得医疗救治及经济补偿,减轻企业经济负担,促进社会稳定。2017 年,集团公司共缴纳工伤保险费 100.99 万元,社保工伤基金向集团公司实际支付各项工伤保险待遇 687.24 万余元(含:伤残津贴、护理费、供养亲属抚恤金、一次性伤残补助金、辅助器具费、工伤医疗费、住院伙食费等)。2017 年 8 月,"首钢总公司"更名为"首钢集团有限公司",为保证工伤职工正常的就医诊治,及时享受各项工伤保险待遇,组织工伤职工及工伤退休人员 560 多人的《工伤证》信息变更。

(李海明)

【工会会员管理】 人事中心负责管理和维护首钢集团52家单位工会会员5.5万人的数据库系统管理。2017年以来，根据首钢集团机构调整变化情况，及时对会员系统进行相应的调整和会员会籍的划转。指导并协助首建投、诚信监理公司等多家单位办理数字证书和解决数字证书更新以及权限开通等问题。在京卡办理方面，全年共为首自信、环境公司等11家单位269人办理京卡。

（杨英旗）

【职业资格管理】 围绕首钢职工队伍建设，以提升技能人才和专业人才素质为导向，以"优秀评委会建设""优秀鉴定所建设"和"标准化考点建设"为抓手，规范、有序开展首钢四地职称评审、技能鉴定、特种作业（设备）取证和复审工作。一是严格标准、规范流程、精细服务。组织54人参加北京市政工职称审定和推荐；组织211人参加冶金专业高、中级职称评审；组织5167人参加初级工、中级工、高级工、技师和高级技师鉴定和考评；组织4483人参加特种作业取证和复审考试；组织2151人参加特种设备作业取证、复审和增项考试。二是夯实基础、苦练内功、提升管理。撰写的《构建简洁、高效、规范的冶金职称评审管理平台》成果获北京市第三十一届企业管理现代化创新成果一等奖；北京市第八十职业技能鉴定所通过国家人力资源和社会保障部质量认证机构外部复审预审，在2015～2016年度"双百分"考核活动中被评为"北京市优秀职业技能鉴定所"。

（刘经耀）

【职工互助保险】 作为首钢职工互助保险的具体操作机构，人事中心立足职工权益，提升互助保障服务水平。秉持"普惠制，广覆盖"原则，认真细致做好职工互助保险的参保和理赔工作，全年缴纳保费778.76万元，办理职工赔付2531人次，共计374.14万元。另外非工伤意外赔付73人，共计62550元、火灾赔付4人，共计1.05万元、水灾赔付6人，共计1.6万元。2017年在中国和北京市职工保险互助会基层职工互助保障工作考核中被评为"优秀"。

（付 强）

【老干部服务】 老干部服务中心负责直管离休干部132人，同时管理服务集团退休助理级以上领导23人、处级以上领导700余人。

集团公司党委高度重视离退休干部工作，认真落实《北京市离退休干部工作领导责任制》。集团公司党委专门听取老干部工作情况汇报，对老干部工作思路、服务场地、服务内容、服务方式等方面做出具体指导。党委班子成员采取走访慰问、召开座谈会等形式与离退休干部沟通情况、交流思想、听取意见建议和推进老干部工作。为做好老干部工作，调整首钢老干部工作领导小组成员，修订完善党政领导干部和工作小组成员联系老干部制度。按照北京市对离休干部物业费、取暖费采取补贴形式逐月兑现的要求，集团公司党委书记靳伟主持召开专题会，组织财务、物业管理等部门专题研究补贴兑现工作，全面细致做好各环节工作，细心耐心做好对离休干部的解释工作，积极稳妥落实好老干部待遇。

落实离退休干部政治待遇。采取组织离退休老领导读书班，参加市老干部党校学习或报告会、座谈会等多种形式，先后组织老干部学习党的十八届六中全会、党的十九大和首钢"两会"精神。及时向离退休干部传达中央、北京市和首钢集团党委会议精神，为离退休干部购买书籍、印制学习材料等10余种，共计2000多本。

落实老干部生活及医疗待遇。利用元旦、春节和中秋、国庆节期间走访慰问，对有特殊困难的老干部给予困难补助。传递关爱加深情感，表达党组织对老同志的深情问候。面对离休干部高龄化的情况，推行个性化服务，及时走访看望，解决问题、送去关怀，全年共采取多种形式走访慰问离退休干部800多人次。

开展丰富活动，展现老干部精神风采。结合离退休干部业余文化生活爱好及个人特长，组建合唱、舞蹈、时装、书画、摄影、民乐等艺术团队，并完善管理，为老干部团队提供演出及展示平台，先后获得北京市合唱协会合唱大赛铜奖、北京市百姓森林合唱大赛金奖，在市书画摄影比赛中，多幅书画、摄影作品入围并获奖，在市老干部局、首钢集团组织的各项文艺活动中频繁有好的作品展演。

申请争取财政支持。为集团公司申请离休干部医疗费统筹金财政拨款1863万元，物业费和取暖费补贴100万元，减轻企业负担。

首钢老干部服务中心被授予"北京市老干部工作先进集体"称号。

（程金花）

【退休人员服务和不在岗管理】 人事中心负责首钢集团48家单位退休人员11337人、园区范围内各单位及股份公司北京地区内退人员 418 人的集中管理工作。

做好历史遗留问题、工伤、特殊人员的服务工作。围绕职工队伍稳定和特殊群体来访，建立"维稳应急单元"做好职工来访工作，做到神态亲切自然、形态举止得体、语言礼貌周到。对遇到的一些特殊人员做到平稳心态接待，耐心做好解释工作，忍辱负重，避免激发矛盾。对于工伤、精神等原因造成身体残疾、行动不便的人员，完善"特殊人员"基础工作，建立健全特殊人员"一人一档"的资料档案，做到底数清。坚持经常与"特殊人员"及家属电话沟通联系、定期进行家访慰问，勤沟通、勤了解他们的健康情况、生活情况、心理动态，发现问题及时予以妥善解决，耐心做好解释工作。做好"特殊人员"的治疗费、护理费、困补、医疗费等各种补助金的计划安排及发放工作，对于因病住院需要单位出面帮助的及时与医院联系沟通。通过积极工作，"特殊人员"队伍保持基本稳定。

强化服务，为退休人员服务室编制《服务手册》，发放到退休人员手中，编制出"一清单"，将办理各项业务所需提供的材料清单，书面提供给职工，避免因材料缺失造成往返跑路，减少不必要的纠纷。仔细核查信息，完善供暖档案，优化供暖费报销业务流程，提高服务效率。设立意见箱，放置评价表，建立满意度评价奖惩机制和服务监督电话等，发放并收回评价表 262 份，满意度 100%。丰富退休职工文化，提高生活质量。组织召开座谈会，组织"喜迎十九大，共抒爱国情"主题系列活动，举办退休职工棋类球类比赛，组织摄影绘画采风，组织四批退休人员 400 人赴北京职工疗养院休养，丰富退休职工的文化生活。"两节"期间慰问退休职工418 人。

按集团公司要求，二次为内退职工调整基本退养费，涉及人数 1168 人次，补发 210.69 万元。组织内退人员 428 人体检。做好内退党员队伍管理。结合内退职工"离岗、分散、居家、休养"的实际情况，按居住地等成立党小组，建立党员微信群，组织内退党员通过网络信息化进行党课学习。

（张连永）

【2017 年人事中心大事记】

1 月 10 日，市人力资源和社会保障局副局长孙美玲带领局相关部门负责人、石景山区人力社保局领导及相关部门负责人来到位于矿山街委的首钢唐山地区社会保障事务服务中心调研。集团公司领导胡雄光、人事服务中心主任吴涛及股份公司、矿业公司领导参加接待。

1 月 19 日，设结厂职工基本医疗保险问题在市区两级人力社保部门的大力推动下，已经基本得到解决。为表达广大职工对市区人社局各级领导的感激之情，中心主任吴涛带队，到区人社局赠送书有"协同发展秉承高效服务，体恤民情心系国企职工"的锦旗和感谢信，登门答谢并送去新春的祝福。双方还就共同关心的话题进行座谈。

1 月 25 日，首钢离退休老领导座谈会召开，集团公司领导与老领导们欢聚畅谈，共谋首钢全面深化改革转型发展大计。集团公司领导靳伟、张功焰、许建国、何巍、梁宗平参加座谈会。高伯聪等 11 位离退休老领导及相关单位负责人出席座谈会。

2 月 14 日，中心员工服务室、退休人员服务室和社保业务室专业人员一行 6 人，到石景山区人社局职业介绍服务中心对人事档案数字化管理情况进行调研。通过调研汲取经验，为首钢人事档案数字化管理提供借鉴，逐步形成首钢集团人事档案数字化管理实施方案。

2 月 22 日上午，市人社局养老处处长李勇、处级调研员赵新华到首钢就农合工问题了解情况。集团公司党委副书记何巍接待，人事服务中心、集团公司稳定办公室领导和专业人员参加座谈。

2 月，在全市老干部工作会上，老干部服务中心获颁北京市老干部工作先进集体，调研员孙玉霞荣获先进工作者光荣称号。首钢成为国资委系统中唯一一家集体和个人同时受到表彰的企业。

3 月 1 日，市人社局就业促进处副处长张征宇、社会保险基金管理中心副主任王占军等一行 7 人，来到首钢就矿业公司失业保险问题进行调研，石景山区人社局副局长田明将及社保中心副主任刘浩参与调研，集团公司副总经理胡雄光进行了接待，人事服务中心、矿业公司领导和专业人员全程陪同调研。

3 月 7 日，市职业技能鉴定工作会上，人事服务中心所属的八十职业技能鉴定所被评为市"优秀职业技能鉴定所"。

3 月 14 日，中心领导带领社保业务室、退休人员服务室、员工服务室专业人员，赴京煤集团进行企业补充医疗保险等方面内容的调研，借鉴兄弟企业管理经验。

随后,中心专业人员还赴中海油等单位就劳动合同管理等工作进行调研,为专业制度的修订广开思路,寻求借鉴。

3月9日和15日,中心主任吴涛就实业公司特殊工种、矿业公司失业保险问题,分别与两家单位领导和专业人员进行了座谈研讨,了解具体情况,并提出专业意见建议。

4月20日和27日,外事办就"首钢外事管理体系进一步完善"及《首钢集团公司因公出国(境)管理办法》修订,先后向党委副书记何巍和副总经理胡雄光作了专题汇报。按照集团公司领导和专业部门对制度修订工作提出的意见和要求,进一步完善外事管理制度。分别针对制度适用范围与系统优化部进行细致讨论,针对外事审批涉及委托事项与办公厅、法务部等部门进行了详细了解和协商,力求制度修订工作覆盖全面,实时有效。

5月2日,集团公司机关党委颁发《关于人事服务中心党总支及所属党支部大会和支部委员会第一次会议选举结果的批复》(首机党发【2017】15号)。明确:

中共首钢总公司人事服务中心总支部委员会由5人组成:朱军、吴涛、张连永、张英明、程金花。

中共首钢总公司人事服务中心第一支部委员会由5人组成:朱军、刘经耀、郝玉、郭伟、韩立功。

中共首钢总公司人事服务中心第二支部委员会由3人组成:刘杰、张连永、赵东强。

中共首钢总公司人事服务中心第三支部委员会由3人组成:王永光、梁东、程金花。

6月13、14日,中心领导带队赴浪潮集团学习调研人事共享中心运行情况,并于23日邀请首自信顾问团队为全员讲解浪潮集团信息化建设经验,借鉴先进企业的成功案例,研究推进首钢人力资源信息化建设方案。

6月16日,根据首发【2017】118号文,启用"首钢集团有限公司人事服务中心、首钢集团有限公司外事办公室"印章。

6月,首钢政工专业中评委员会调整:按照北京市政工专业职务评定工作规定,经集团公司批准,人事服务中心完成了首钢政工专业中级职称评审委员会的调整工作。调整后的首钢政工专业中评委由9人组成,由集团党委常委、党委组织部长吴平担任主任委员。新一届委员会于9日召开了会议,审定政工师3人,审议并向北京市推荐高级政工师人选1人。

6月,人事档案数字化获批立项。经过先后八次调研,分析企业和社会发展趋势,中心形成的《首钢总部机关人事档案数字化实施方案》及7个配套标准规范文件,得到集团主管领导批准立项实施。

7月15日,国家人保部职业技能鉴定中心朱兵处长、市鉴定管理中心蔡云晴科长对80所质量体系进行外部认证预审。专家对80所2014~2017年以来质量体系运行和改进情况给予肯定。

7月18~20日,市老干部局在老干部党校举办全市老干部工作先进集体和先进工作者交流研讨班,来自全市2016年受表彰的老干部工作先进集体代表和先进工作者110余人参加了研讨班。首钢作为北京市老干部工作先进集体,代表国资委系统在大会上进行发言。

8月,2017年度首钢四地共招收毕业生411人,其中博士研究生10人,硕士研究生160人,本科生208人,专科生33人。招收的硕士及以上研究生中,国家985、211工程院校的占78%,学生党员占72%,获各种奖励的占85%。首钢专业人才队伍得到充实。

8月,首钢集团有限公司被北京市人力资源和社会保障局推选为"全国工伤保险专业委员会"单位会员。

9月2日,北京市工程技术系列冶金高级职称答辩评审工作圆满完成,本年度共有132人参评冶金高级职称。

9月4日,《首钢集团有限公司劳动合同管理实施细则》正式下发各单位执行。为进一步规范劳动合同管理,人事服务中心于8日、21日两次召开视频会议,对管理办法和实施细则进行了专题讲解。

9月14日,中心主任吴涛带领外事办人员一行,到市外办与出入境管理处及出入境服务中心领导进行座谈。

9月26日,由发展研究院研究人员和德勤咨询顾问组成的联合项目组到中心开展《首钢集团"管控体系改革项目"后评价项目》课题调研访谈工作。

9月27日,人事服务中心参加了中国医疗保险研究会工伤保险专业委员会第一届会员代表大会暨成立大会、工伤保险研讨会。首钢作为单位会员参与审议了专业委员会工作规则和会员、会籍管理办法,选举第一届理事、常务理事和领导机构成员,并围绕"完善、创新、发展"开展工伤保险专题研讨。

9月,喜迎十九大、"两节"走访慰问离休老干部和退休职工:国庆、中秋"两节"来临之际,老干部服务中心组织走访慰问了老干部,送去了集团党委的祝福和问候,赠送了慰问品,向老同志宣传党的政策,通报了"三创"交流会精神,了解了老干部们的生活和身体情况,为有特殊困难的离休干部18人发放困难补助金。开展以"喜迎'十九大',共抒爱国情"为主题的集团离退休人员系列活动。9月~11月期间,举办象棋和乒乓球比赛、趣味运动会,组织老干部徒步活动、摄影和书画爱好者采风、摄影作品展、书画笔会、书画摄影作品评比。同时,参观革命老区。通过丰富多彩的文化活动,展现首钢离退休人员昂扬的精神、奋进的姿态,营造欢乐祥和的氛围,迎接党的十九大胜利召开。

10月17~18日,中心领导带领有关专业人员先后来到迁钢公司、京唐公司、矿业公司,分别围绕首秦转移京唐职工参保地、矿业公司失业保险、迁安矿子弟在京就业落户等问题进展情况开展现场调研。18日,党的十九大开幕会当天到位于矿山街委的"服务中心"开展集中咨询服务,为职工解答社保经办、退休核准待遇、工伤认定等问题,排查化解矛盾。

11月9日,京冀(曹妃甸)人力资源和社会保障服务中心在曹妃甸工业区正式成立,首钢集团党委书记、董事长靳伟,副总经理胡雄光会同国家人社部和京冀人社部门主要领导共同为新中心揭牌。自此,京冀两地人力社保部门形成"一个整体",首钢将会有更多基层单位、更多职工受益,在曹妃甸就能享受到原来需往返北京办理的社保经办、退休审核、工伤认定、定点医疗机构管理、劳动能力鉴定、就业指导等公共领域服务。同时,也更有利于首钢加快曹妃甸园区开发建设、招商引资等工作。

12月8日,中钢协召开人力资源与劳动保障工作年会。人事中心总结的《企业补充医疗保险管理模式信息化、智能化的探索和实践》获得中钢协管理创新成果二等奖,并在会年上交流发言。

12月11日,首钢集团副总经理胡雄光与石景山区区委副书记、常务副区长田利跃等领导,围绕共同推进首钢唐山地区企业人力社保公共服务发展进行座谈,总结一年来的成绩,对下一步工作提出具体要求。中心主任吴涛就矿业公司失业保险等当前仍需人社部门协调解决的一些首钢历史遗留问题进行了沟通交流。

12月22日,中国劳动学会冶金分会领导带领成员单位到中心进行调研交流。双方重点就人力资源共享服务平台建设等内容进行沟通,并围绕人事共享服务的发展趋势进行了探讨。

当日,南京钢铁集团公司人力资源部领导及专业人员到访中心,围绕企业补充医疗保险管理进行业务交流学习。中心专业人员向客人介绍了首钢企业补充医疗保险管理模式信息化、智能化的探索和实践,并现场进行了流程演示。

12月27日,首钢退休人员社会化管理方案获集团公司董事会审议通过。

(张英明)

资产管理中心

【资产管理中心领导名录】

中心主任:卢贵军

(杨明娟)

【综述】 首钢集团有限公司资产管理中心(以下简称"资产中心")是集团有形资产和无形资产的专业管理部门,通过掌握集团资产信息,以资产价值管理为核心,加强资产使用效率分析,挖掘资产潜在价值,实现分散式管理到高效集约的转变、事务性管理到价值管理的转变和资产保值增值目标。负责不动产价值与业务的管理,负责集团新建项目用地专业审核、土地征购工作,办理北京市政及外单位拆迁补偿工作,处理土地权属纠纷和违章占地等。负责指导、监督集团不动产使用和各单位房地产权属、登记、资产产权转移登记等专业管理。负责集团国有土地纳免税、对外租赁项目管理。负责总图管理。负责资产管理体系建设;负责提出存量资产管理优化建议或方案、配合提出资产证券化和固定资产投资规划建议或方案;负责集团资产数据的收集及持续更新,组织集团资产盘点。负责办理集团相关实物资产的验收、转固、登记录入等工作,负责集团运营资产实物资产异动、调配调拨、投资租赁等实物核实和审批工作,配合财务共享中心进行资产核算。负责首钢商标、字号等无形资产管理,负责收集首钢商标、字号等无形资产数据信息。负责集团固定资产处置(集团内部利旧、对外转让、报废等)专业管理。包括:审核资产处置申请备案,组织开展资产处置统计、分析,制定资产处置计划方案,配合建立、更新资产评估机构备选库及资产评估工作,办理在北交所上市交易手续;负责组织集团权属闲置资产处置工作。资产管理中心设不动产管理室、资产运营管理室和资产处置管理室,职工 25 人,其中高级职称 8 人,中级职称 7 人。

(杨明娟)

【管控体系建设】 规范固定资产及无形资产分类,资产管理中心组织对集团固定资产和无形资产分类进行了制(修)定。组织集团 63 家主要单位对集团原有固定资产分类进行修订,形成了包括 21 项大类、159 项中类、912 项小类在内共 1092 项分类的新版集团固定资产分类目录,覆盖范围扩大到集团现有所有行业固定资产,涵盖范围包括集团近年来新增加的立体车库、生物质能源、海水淡化及体育产业等固定资产。集团固定资产分类目录经集团经理办公会审议后已在集团范围内下发执行。根据无形资产分类管理需求,结合集团无形资产清查类型现状,在集团第一次组织制定集团无形资产 11 大类 39 小类分类目录,为资产信息化无形资产模块提供了数据标准。按照系统优化部构建集团管控权力清单的统一安排,资产管理中心组织对固定资产管控权力清单进行优化,按照集团无形资产管控要求,制定无形资产管控权力清单。集团资产管控权力清单按照固定资产、无形资产、不动产三大主业务流程进行梳理,以流程所有者进行集成,涉及固定资产运营及处置、无形资产管控、不动产管控等 3 项关键业务、9 项关键事项、25 项关键环节,涉及系统优化部、技术研究院和资产管理中心 3 个部门。优化后的集团资产管控权力清单,在明确集团各管理层级资产管理职责的基础上,按照不同资产类型和资产寿命周期不同管控阶段,有针对性的设置关键管控事项权力,进而实现提高资产专业管理效率,最大限度规避管控风险。

(傅建忠)

【制度流程建设】 在集团长期历史积淀过程中形成了多种类型的无形资产,随着集团加速深化改革转型发展,无形资产规范化、精细化管理及保护越发重要。为保证集团无形资产不流失、不受侵害,资产管理中心组织开展了制度的制(修)订工作,在前期对集团无形资产清查的基础上,按照无形资产分类管理、职责优化原则制定了集团无形资产管理制度制定和修订首钢字号商标管理办法。

(傅建忠)

【资产盘点】 按照"家底常清"的原则组织集团 453 家单位进行年度资产盘点统计,截至 2017 年年底,固定资产账面原值 2970.17 亿元,净值 2054.43 亿元;无形资产账面原值 682.25 亿元,净值 629.12 亿元;集团土地总面积 15331 万平方米,房屋建筑面积 1532.16 万平方米。此次清查对集团资产使用效能、地域分布、资产类别进行了分析,形成了《2017 年首钢集团固定资产及无形资产年度报告》。

(傅建忠)

【土地房屋使用管理】 资产管理中心组织首钢北京地区"疏解整治促提升"及"两违"治理工作,解决历史遗留问题,累计治理"两违"及大杂院点位 307 处,拆除各类违法建设面积约 17.06 万平方米,棚户区、工业厂房改造及厂中村拆迁拆除面积约 71.99 万平方米,疏解人口 5200 余人;组织完成北辛安棚改区首钢土地房屋的腾退,共腾退土地面积约 21.34 万平方米,房屋建筑面积 10.22 万平方米,取得土地及地上物补偿约 40 亿元。顺利完成首钢石景山地区违建拆除和全年大杂院治理任务,确保了新增"两违"零增长。

资产管理中心组织首钢古城东南区域一级开发重点项目的土地腾退工作,制定了《首钢古城东南区域"两违"治理及腾退拆除实施方案》和《首钢古城东南区域地上物腾退补偿实施方案》,稳步推进腾退拆除工作,共腾退 46 处院落,完成开发区域 23 万平方米建构筑物的腾退拆除,为土地一级开发上市创造了条件。

(王 磊)

【资产处置】 从制度规范、基础数据、分类审批等多方面、多种模式加快组织集团存量低效资产盘活,以股份公司线材、方坯连铸生产线对外转让、京唐二期工程利旧首秦公司资产、贵钢老厂区搬迁设备资产及土地处置为重点,为钢铁板块低效、无效资产处置提供指导和服务。结合集团钢铁战略布局调整,以首秦公司停产搬迁资产处置为重点,提早做好首秦公司 4300mm 生产线整体搬迁和资产处置准备工作,结合资产清查数据系统梳理分析首秦公司资产状况,组织编制了详细的资产处置工程流程说明和资产处置制度培训材料。就首秦公司停产后资产处置事宜进行服务交流,并开展了资产处置业务讲解指导及资产处置制度培训工作。结合北京园区北区冬奥项目、东南区域土地一级开发腾退等项目组织园区停产资产及闲置备品备件等利旧和上市交易。

2017年组织完成对外转让上市交易15次,现场实物展示30场,进行资产报废现场核实40项,对外发布利旧公示17项。实现集团闲置资产处置金额1.36亿元。

（李明霞）

【土地房屋租赁管理】 组织集团各相关单位结合疏解整治促提升和安全隐患大排查大清理大整治专项行动,对照负面清单、区域指导价格对现有合同未到期的出租项目进行排查,对不符合出租业态、安全消防、环保要求,低价、长期出租项目进行集中清理整治。在集团公司备案的827项出租土地房屋项目已按照大排查大清理大整治专项行动要求全部完成低端业态、安全消防、环保不达标整治。对历史遗留存量出租房屋出租价格低于1元/平方米/天、土地出租价格低于0.2元/平方米/天,租期超过5年的项目继续进行清理整治。2017年,长期出租已整改8项,低价出租已整改20项。目前,剩余长期出租31项、低价出租30项已建立专门台账。按照集团要求,组织改制企业签署有偿使用集团公司土地房屋协议,共涉及北京地区改制企业14家。组织推进完成13家单位64.44万平方米土地、11.3万平方米房屋有偿使用协议签订工作,费用共计3920.27万元。

（王磊）

【资产管理信息系统建设】 按照集团信息化建设统一安排,先后组织完成了与汉得、用友、久其、浪潮4家供应商开展了以"资产管理系统架构、系统功能及系统间集成关系"为重点的解决方案交流。对首旅集团、东方航空、郑州地铁三家案例企业开展了企业资产管理信息化建设和实施策略调研及经验交流。共向集团35家重点二级单位发放调研问卷,初步了解了集团成员单位资产信息化现状及需求,重点与股份公司、首建投公司、首钢总医院、实业公司进行了专业对接,对未来集团资产管理系统可落地、可操作性进行了专业探讨。在调研交流的基础上,协同系统优化部、首自信形成了集团资产信息化系统项目可研报告,完成了资产管理信息系统蓝图设计。

（傅建忠）

行政管理中心

【行政管理中心领导名录】

　　主　任:韩瑞峰

　　副主任:陈　波

　　　　　薛　伟

（董晓明）

【综述】 行政管理中心是集团总部的业务支持服务类部门,同时具有管理与服务双重职能,直属首钢集团有限公司领导。行政管理中心作为集团总部行政与后勤等专业的职能管理部门,主要是承担政府赋予企业的社会管理职能,为总部提供行政办公和后勤保障的服务实体,为员工提供生活服务管理。

行政管理中心设置三室一部即行政管理室、档案管理室（档案馆）、保卫武装部（人民武装部、信访处、维稳办,610办公室）和生活管理室。授权管理北京首钢劳动服务管理中心。至2017年末,在册115人,其中,管理岗49人,占43%,操作岗66人,占57%。

2017年行政管理中心以"分离、继承、收缩、社会化"为发展路径,树立进取意识、责任意识、机遇意识、危机意识和交账意识,不断优化内部职责流程,完成集团总部和所属各级子属企业车改、规范履职待遇支出、通讯费管理、挖掘档案价值,保障支持集团总部各项行政办公服务;推进集团家属区"三供一业"移交,上报移交方案和市财政补助资金计划,积极主动争取政策支持。推进武器装备管理社会化;不断完善信访、维稳、武装保卫工作机制,夯实逐级管控责任根基,努力化解历史积案;完善职工家属后勤生活服务保障,落实家属区大修福措办实事项目,不断提升服务满意度,实现服务创造价值。为集团改革发展提供高效后勤服务保证,为首钢转型发展护航。

（董晓明）

【公务用车改革】 按照北京市的总体要求和北京市公务用车制度改革领导小组《关于首钢总公司公务用车制度改革实施工作的批复》精神,完成集团公司总部的市属国有企业公务用车制度改革工作,2017年8月完成了对集团公司总部保留公务用车49辆标识化管理。

2017年12月完成集团所属各级子企业230家（含本地109家,外埠121家）进行了车改工作,共涉及车改的一般公务用车和业务保障用车1420辆（一般公务用车284辆,业务保障用车1136辆）。车改后,保留一般公务用车、业务保障用车共1049辆,取消371辆,缩减车辆26.13%;保留司勤人员588人,分流安置的司勤人员共计172人,减少司勤人员22.63%;企业公务交通总支出由 21789.0563 万元降到 14572.0538 万元,总体节支率为 33%。确保按质、按量、按时限完成下属企业车改工作,达到减人减车减费用和规范用车的管理目标。12 月 29 日组织对保留的 1049 辆一般公务用车和业务保障用车全部进行了标识化管理。

2017 年 9 月按照市国资委关于"做好本部车改后续工作继续完善公务用车管理相关规定"的要求,修订了《首钢集团有限公司领导公务用车配备和使用管理规定》,对标识化管理、节假日车辆封存、日常车辆停放地点实行备案等敏感问题进行明确要求。为了进一步落实《规定》组织车队细化了《客车队节假日期间公务用车管理规定》,明确节假日期间公务用车的管理及相关责任,节假日除保留必要的值班备勤车辆外,没有任务的车辆全部实行封存管理,严格规定车辆不得出入八项禁令限制的场所和范围,杜绝公车私用;制定《客车队驾驶员行为规范》,进一步强化管理、规范服务。完善集团领导用车制度,规范车辆使用、提高集团总部用车服务水平。

利用国 I 国 II 汽车淘汰更新的契机,结合首钢汽车用钢战略用户产品、适度选购自主品牌及适用品牌,同时还要体现服务奥运和未来园区进驻客户的用车要求,组织统一车型集中采购,通过与一汽大众、上海通用、北汽集团利用政府采购价格和协议价格方式,最大限度取得优惠降低价格。2017 年通过上述方式集团公司及各单位购置 73 辆车,降低费用 180.83 万元

(董晓明)

【集团差旅管理平台构建】 按照集团公司提出实现差旅报销"无纸化"要求,组织系统优化部、人事服务中心、首自信、首钢国旅等单位在对兄弟企业先进经验和内部企业管理现状及需求调研的基础上,提出了利用首钢国旅的差旅平台,植入首钢差旅管理政策,对接集团公司 OA、HR 和财务共享系统,实现全集团差旅全流程服务和管理实施方案。实施后差旅平台既是"互联网+差旅",也是"平台+服务"。员工可通过 PC 端或移动客户端实现差旅申请—预订机票、火车票、出租汽车—酒店住宿—补单—费用报销"服务规范化、流程标准化、应用自动化"的差旅保障新模式。通过完善差旅管理制度和差旅平台建设,规范差旅行为,整合差旅资源,优化流程,发挥规模优势,降低差旅成本,使首钢差旅管理的科学化、规范化水平进一步提升。同时为员工

出行提供高效、便捷、优质的差旅服务的同时,降低差旅出行成本,发挥集团规模优势,与乘坐较为集中的中国国际航空股份有限公司、中国东方航空公司、中国南方航空公司签订了大客户协议,实现在市场价格基础上国内航线给予 1~8% 价格优惠,国际航线 4%~10% 价格优惠。差旅管理平台已于 6 月 6 日在集团总部试运行,6 月 30 日正式上线运行。运行以来,共为 1054 人次职工出行服务,差旅金额 101.46 万元。便捷的出行方式,简洁审批流程,透明的费用管理,受到的职工的一致好评。

(董晓明)

【"三供一业"分离移交】 按照国务院颁布《关于加快剥离国有企业办社会职能和解决历史遗留问题工作方案的通知》,根据北京市和市国资委文件要求,首钢集团将"三供一业"剥离纳入到深化改革工作范围,行政管理中心紧抓国家剥离企业办社会职能政策的机遇期和窗口期全力推进职工家属区"三供一业"分离移交。在市国资委的大力支持和全面协调下,首钢"三供一业"分离移交工作得以稳步推进。完成向市国资委上报《首钢集团北京地区非经营资产和外埠单位职工家属区"三供一业"分离移交工作方案》;完成《首钢职工家属区非经营性资产剥离移交宣传方案》及《首钢北京地区职工家属区非经营性资产剥离移交工作安排》制定工作。北京地区:完成首钢与房地集团签订北京地区移交接收框架协议;完成填报首钢直管 34 个小区非经资产移交清册;组织配合房地集团完成尽职调研工作,涉及 84 个家属区及 10 个行政区,完成产权产籍、土地、住房信息、房改资料、公共维修基金等 20 大项、2369 份移交清册填报工作;实施试点先行,完成首钢东城区东直门外斜街 12 号楼、西城区真武庙四里 4 号楼和门头沟区信园小区 3 个试点小区共 12 栋楼、938 户的非经营性资产移交房地集团。配合市自来水集团、国网市电力公司完成家属区供水、供电现场勘查工作。外埠地区:指导外埠单位按照属地政策积极推进移交工作;完成首钢 12 家外埠单位移交改造费用的测算工作;已签订"三供一业"整体移交框架协议的有:通钢、秦皇岛板材、秦皇岛机械厂、长白、燕郊。已签订供水、供电等部分项目移交框架协议的有:水钢、东华、中勘;通钢已完成供水和供热整体改造,秦皇岛板材、秦皇岛机械厂已完成供水移交,东华完成供暖移交。

（毛　波、徐建立、董晓明）

【行政管理室】　2017年，行政管理中心行政管理室围绕首钢集团有限公司的转型发展和集团总部改革做好各项行政管理与服务保障，为首钢集团有限公司领导、首钢集团有限公司总部和基层单位做好服务，降低各项费用、支出，取得明显成效。提升集团总部大型会议、行政办公、办公用品、办公设备采购、劳保用品等服务能力，保障优化集团总部重大会议、行政办公服务。最大限度利用现有行政办公资源，全力支撑总部办公服务。将办公大楼整体腾退交基金公司改造建设侨梦苑院士工作站，用集团办公用楼转型为对外招商经营项目创造了条件。为更好地贴近总部充分发挥发展研究院的战略支撑作用，多方协调园区内的办公用房资源，将发展研究院迁入园区办公。为配合冬奥冰上项目场馆建设，及时有效组织完成五一剧场单身宿舍5号、7号、8号、9号楼机关120间资料室、库房、生活室和办公大楼的腾迁和固定资产转移相关工作。完成北辛安棚户区改造客车队房屋土地的评估和拆除及腾迁。完善行政办公系统信息化，会议室管理、办公用预定系统已上线，办公用品系统已基本完成流程设计，待财务共享系统上线后进一步完善系统，用车服务系统已完成。完成集团领导和机关办公家具的更新和调剂使用，新购置办公家具32件，调剂使用办公家具251件，回收办公家具132件。组织完成总部机关空调安装、清理空调室外机、月季园空调清洗。完成公文收发、劳保用品发放、办公用品集中购置计划审核和统一结算等其他行政后勤服务工作。

（董晓明）

【社会职能工作】　完成北京市、石景山区绿化委员会下达的各项绿化专业工作任务。在保护绿树的提前下，配合北区重点工程改造项目，审核批复冬训中心、北区市政基础设施、秀池改造、秀池南街及秀池西路、侨商创新中心1824株苗木移植手续。组织下发2017年首都义务植树日集团公司工作安排，组织完成集团公司领导及机关30人参加石景山区义务植树现场活动。组织园区管理部对北京地区厂容厂貌、绿地及养护工作进行全面检查。审核批复冬训中心、北区市政基础设施、秀池改造、秀池南街及秀池西路、侨商创新中心绿化移植手续等工作。组织各单位开展了第29个全国"爱国卫生月"，每月最后一个周五组织各单位开展北京市"城市清洁日"活动，对11个单位的爱国卫生工作进行了检查，共组织开展6次卫生清扫活动，有23700人次参加卫生清扫活动，清除卫生死角432处，出动汽车393辆、清运垃圾1674吨。部署完成献血工作，共组织14个单位的349人参加了无偿献血体检，合格的193人共献血284袋；为5人协调临床用血：血浆3000毫升、红细胞1400毫升。

（董晓明）

【客车队服务】　强化车队管理水平，确保全年行车车辆安全和集团总部用车服务工作。组织开展了百日"安全无事故，服务无差错"劳动竞赛活动，活动坚持以"安全第一，服务至上"为指导思想，以遵章守制、落实责任、从严管理、明确标准为重点，以全面提升车队管理水平，提高全员安全意识、服务意识，消除事故隐患，杜绝个人不文明行为，实现安全行车无事故、服务无差错为目标，营造更加安全、畅通、和谐、稳定的工作环境。组织职工"讲安全促服务"交流会2次，先后与14人进行交流。针对车队行车任务大幅增加的实际修订完善了《车队考核管理办法》，在加强对长途行车安全教育的同时，加大了考核力度，拉大奖励差距，最大限度地调动职工积极性。全年累计考核112人次，考核差距近千元。客车队全年行驶总里程达到156.8万公里，未出现任何安全事故，其中：执行长途行车任务306次，长途天数689天，长途行驶总里程23.8万公里，圆满完成任务，服务满意率100%。

（陈丹伟）

【档案管理室】　2017年，行政管理中心档案管理室（首钢档案馆）完善档案管理规章制度、推进档案信息化建设、开发利用档案信息资源，全面为企业发展做好服务。

（武志辉）

【集团领导调研】　首钢集团领导高度重视档案工作的发展。2017年2月15日，首钢集团党委书记、董事长靳伟到行政管理中心档案管理室（首钢档案馆）调研、指导工作。靳伟首先参观了档案库房，查看和翻阅了部分历史档案资料，了解档案归类和整理组卷的基本情况，到计算机房查看首钢档案管理信息系统，进一步了解档案计算机管理全过程，并对档案工作提出了明确要求。

（武志辉）

【档案规章制度管理】　完善档案管理制度的修订工作。按照首钢集团的总体要求，修订完善了《首钢集团有限公司档案管理办法》《首钢集团有限公司档案保管期限表》。

接受北京市档案局档案行政执法检查。为进一步贯彻执行《档案法》《北京市实施〈档案法〉办法》等法律法规，北京市档案局组成 3 人检查组，对首钢档案工作开展情况进行了档案行政执法检查。北京市档案局对首钢档案管理工作给予了高度评价，认为首钢建立完善了档案管理规章制度，集中统一管理各类档案，档案安全管理设施完备，档案数字化工作超前，档案人员稳定、具备专业知识，符合国家法律法规对档案工作的要求。

（武志辉）

【档案收集与保管】

全面完成首钢集团总部集团文件的收集归档工作。档案管理室工作人员加强与总部机关的沟通、指导，深入现场做好文件的收集、归档工作，共完成机关文件归档 9193 件。

全面完成向北京市档案馆移交档案的整理工作。按照北京市档案馆接收计划，组织全体人员对 1995～2000 年向北京市档案馆移交档案进行整理、核对 1371 卷，并接受北京市档案局对移交档案进行检查、验收。

加强档案安全防护工作，确保档案保管万无一失。对档案管理室一楼进行整修、粉刷；投资近万元对楼内消防器材、监控设备进行检修、维护；修订了档案管理室安全制度；进行了消防演练，使每名工作人员熟悉消防器材的使用。

（武志辉）

【档案利用与编研】　积极开展档案提供利用工作，为总部机关、各子公司做好服务工作。档案利用 221 个单位，共利用 5236 卷/件档案。重点做好文书、董事会纪要、首钢日报、专利证书、房地产等档案的查询工作，各级领导、人员对档案馆保管的档案齐全、完整，查询及时表示赞赏，满意度 100%。

编纂《首钢档案今昔》宣传手册，积极开展"国际档案日"宣传活动。在 2017 年国际档案日暨北京市第九届档案馆日宣传活动中，编纂印刷了《首钢档案今昔》宣传手册，通过挖掘档案部门保管的历史档案，图文并茂的展示了首钢在近百年建设过程中，发生的巨大变化和取得的突出成就，文字 1.1 万字、照片 70 幅。首钢集团领导非常重视宣传手册的编写工作，党委书记、董事长靳伟题写了卷首语。宣传手册印刷 500 册，在公司内部发放，并通过首钢 OA 系统、办公室主任微信群推送。《首钢档案今昔》宣传刊物获得国家档案局开展的全国企业档案资源开发利用优秀案例评选三等奖。

在"档案见证北京"文化讲堂举办"档案新证据——日军侵占下的石钢"讲座。2017 年 8 月 15 日，在由北京市档案局、北京市社科联和中国档案学会主办，北京市档案学会和北京市东城区图书馆承办的"档案见证北京"文化讲堂上，举办了"档案新证据——日军侵占下的石钢"讲座，讲述作为首钢的前身——石景山钢铁厂以及中国劳动人民在被日军侵占期间所遭受的压迫、掠夺和苦难，列举日本军国主义穷兵黩武、实施国家犯罪的铁证和侵华的新证据。

（武志辉）

【档案现代化管理与管控】

积极推进档案信息化建设。对首钢电子档案管理系统进行了升级改造，对现有系统中 60 万条档案数据进行了数据迁移，并与集团统一认证平台进行集成，实现用户统一认证、单点登录。

加强子公司档案专业管控，提高档案人员的业务水平。积极与房地产、中首公司、微电子公司、首建集团、首建投、京唐公司、首秦公司等档案部门沟通、联系，做好档案工作的监督、检查、指导工作，解决工作中的疑难问题。

（武志辉）

【生活管理室】　行政管理中心生活管理室负责制定首钢住房制度改革相关政策；负责首钢职工住房分配及出售方案的制定、立项报批和组织实施工作；负责审核自管房单位房改方案，指导和协调一业多地单位开展房管、房改业务工作；负责首钢公有住房租金管理和租金减免审批工作。负责生活类土地、房屋、设备、设施等资产的管理；负责首钢家属区房屋建筑及设备设施大修改造福措工程管理。负责家属区物业服务、单身宿舍服务的监督管理；负责制定厂区职工餐饮、浴室、通勤班车管理办法，对服务单位的服务质量等情况进行监督、检查、考核和评比，做好生活后勤保障。负责制定集团供暖费报销制度，指导各单位开展供暖费报销工作，负责集团总部部门供暖费报销审核工作。负责食品卫生安全、饮用水卫生、各类公共场所卫生管理。负责家属区有线电视网络运行维护工作。

（毛　波、翟　艳）

【维修改造】 开展北京地区首钢家属区大修福措改造项目,全年共完成家属区环境综合治理、防水大修、板缝大修、电梯更新、电梯大修、电气系统大修、部分技防监控系统更新、室内上水管道大修、室内外排水管道大修、部分消防系统更新及信园小区公共设施大修等11个项目的大修更新改造工程。

（杨星奎）

【生活服务】 开展厂区食堂、浴室服务质量监督。完成2017年厂区47个就餐单位4097人工作餐补助汇集、审核、发放工作。开展通勤班车管理,通勤班车累计出车18.06万车次,安全运送职工907.4万人次。全年处理有线电视用户报修22296户,上门为用户更换标清、高清机顶盒1589台;前端客服电话解决2445个,上门为用户更换终端盒、分配器、接线10931次;二次安装机顶盒934台;网络开通和关断1094户;电视机视频转换2489次;机顶盒升级及重新启动2222次;完成处理歌华光机排噪单28张;完成处理干线故障96处。

（董林迎、张道胜）

【房管房改工作】 办理职工房改购房、标准价改成本价等房改业务266件;开展金顶街二区集资建房763户个人不动产权证书登记工作,已完成683户个人不动产证办理。开展2018年首钢家属区公有住房租金减免审批工作,共有64户困难家庭享受租金减免政策。完成2017~2018年度集团总部22家单位593人次职工供暖费审核报销工作,审批报销金额119.62万元。

（李晓波、李燕红）

【公共卫生管理】 全年共进行食品安全卫生、生活饮用水卫生、各类公共场所卫生检查328户次。开展2017年度"春季食品卫生达标"活动,对北京及河北地区110个食品经营单位食品安全情况进行检查验收;按照《食品安全法》及相关规定要求,制定《食品安全工作方案》,为集团公司大型会议、大型活动食品卫生安全提供保障。协同石景山区食品药品监督管理局对首钢矿业公司食品卫生安全工作进行督查;对首钢新建、改建、扩建的食堂、公寓、二次供水泵站进行预防性卫生审查;配合石景山区卫计委对厂区新建生活水供水泵站进行竣工验收,出厂水各项指标均达到国家生活饮用水卫生标准,并取得自备供水"卫生许可证";对绥中疗养院开园前的公共卫生工作进行监督检查;督导北京市"阳光餐饮"工作在集团公司的落实,北京地区及矿业公司

的职工食堂、中央厨房、集体用餐配送单位、学生食堂、托幼机构食堂、养老机构食堂等餐饮服务机构已全部完成可视化改造工作,在石景山食品药品监督管理局的检查验收中受到好评。

（宋立宁）

【保卫武装部】 行政管理中心保卫武装部是首钢保卫及武装工作管理职能部门,主要负责首钢集团保卫、人民武装、人民防空、双拥等专业管理工作,制定专业管理制度、工作计划和措施;负责治安防范管理,协助公安机关调查处理破坏事故;负责集团公司危险物品管理,治安危险人员、重点防范部位、公共场所等治安管理;配合公安机关完成有关重大活动的保卫工作;负责集团公司交通安全管理;负责搜集掌握集团公司敌社情动态和不稳定因素等信息,制订保稳定工作方案,协助国家安全机关侦破危害国家安全案件和反奸防特工作;负责治保会建设,协助公安机关管理本企业暂住人口和其他外来人员;负责对集团保卫专业工作检查、监督、指导工作;掌握、协调、处置政治保卫、治安防范、交通安全等专业重大事项。

人民武装部是首钢党委的军事参谋部,是首钢民兵、预备役部队、人民防空工作职能管理机构,负责贯彻落实人民武装、人民防空政策法规,执行石景山区人民武装部、北京陆军预备役高炮师第四团上级军事机关下达的军事任务;负责民兵和预备役部队建设,民兵武器装备的管理和战备工作;负责兵役登记和征兵工作;负责组织民兵完成急难险重突击性任务;同时,负责集团公司拥军优属,国防教育领导小组办公室日常工作;组织开展拥军优属、军民共建、国防教育活动;负责人民防空防灾管理工作。北京陆军预备役高炮师第四团一营营部设在该部。

首钢集团有限公司维稳办、信访处行政隶属于首钢集团有限公司行政管理中心管理,与保卫武装部合署办公,是首钢信访维稳主管部门,主要负责集团公司信访管理,推进信访问题的调处解决;负责开展维护稳定工作,应急处置突发不稳定问题;负责集团公司信访维稳工作领导小组办公室日常管理职能,负责对所属单位信访维稳工作的督导检查和考核考评,推进重点矛盾纠纷的排查化解工作;负责集团公司综治管理工作,负责集团公司重点决策社会稳定风险评估推进工作;负责集团公司防范和处理邪教工作,落实"610"工作各项要求,

开展反邪教工作;负责"五七"退队家属工保险及后续相关工作,负责劳服中心的管控工作。

(秦 巍)

【荣誉称号】 首钢总公司荣获北京市 2017 年度国家安全人民防线建设工作先进集体、北京市交通安全管理先进单位、北京市交通安全先进系统,石景山区征兵工作先进单位等荣誉称号。

(秦 巍)

【治安管理】 治安工作坚持以群防群治为主,充分发挥人防、物防、技防的"三位一体"的防控体系,一类的技防设施到位率达到 100%,二类的达到 80%。结合不同时期、不同季节的特点,对集团内部重点部位、易发案部位、公共场所等开展了治安防范大检查 5 次,抽查单位 7 家,检查部位 17 处。对精神病患者 93 人逐一制定监护措施,掌握每个人的病情,与患者居住地所在的派出所取得联系,确保可控。组织各单位加强防范工作力度,为法定节假日、"两会"、"一带一路"峰会、党的十九大等期间集团内部政治治安稳定作出贡献。

(秦 巍)

【制度管理】 进一步建立健全首钢国家安全人民防线组织体系,推动首钢各级党委切实增强政治意识、大局意识、核心意识、看齐意识,以首善标准承担维护本单位、本部门国家安全的主体责任,按照北京市国家安全工作领导小组会议精神和相关要求,首钢总公司国家安全领导小组制定了《首钢总公司国家安全领导小组工作规定》。

(秦 巍)

【国家安全管理】 按照北京市国家安全局关于企业对外投资合作项目调研的有关要求,针对集团境外单位进行了细致调研。共调研重点境外单位 4 家,确定对外投资合作项目 8 项,并及时向市安全局进行了反馈。同时,组建 56 人信息员网络;围绕重大节日、"4·15 全民国家安全教育日"等重要时间节点,采取多种渠道开展形式多样的国家安全宣传教育活动。通过法律法规宣传,在增强依法办事意识和出国(境)人员管理方面取得成效。

(秦 巍)

【交通绿色出行效能监管】 2017 年,保卫武装部以常态化的精准施策,营造首钢交通安全系统。举办驾驶员培训 5 次,年培训率达到 95%。交通安全环评,每季参评单位达到 30%,北京地区首钢甲方责任交通死亡事故为 0;首钢单位车辆交通违法率控制在 12% 以内,违法率与上年同期减少 4.9%。一是为提高单位和职工文明出行、遵章守纪、杜绝违章、减少事故的自觉性,集团分别与 30 个二级单位逐一签订了《交通安全责任书》,与司机签订安全行车保证书,签订率达到两个 100%。二是会同区安办,每月定期举行交通安全专业月例会,传达市、区两级安委会工作精神,总结和讲评月度工作;部署下月任务计划安排;通报交通严重违法车辆和近期交通事故,分析事故原因,总结事故教训。三是以宣教为中心,助力业务管控。开展 122 交通安全宣传日活动,印发各种宣传材料 1500 份。组织播放交通安全录像、视频 20 场次。交通事故展板和交通安全漫画展板巡展 6 次、召开经验交流会 1 次。根据季节、雨雪天气、节假日等 6 次在《首钢日报》刊登交通安全提示。四是根据空气重污染预警,落实企业公务用车在单双号行驶措施的基础上,再停驶车辆总数的 30%,并对停驶车辆集中封存。五是采取排查和消除事故隐患、整治"一牌、两闯、三乱"(涉牌、闯禁行、闯红灯、乱停、乱行、乱放)6 类违法问题专项行动,组织《北京市道路交通安全防范责任制管理办法》执法案卷,限改卷 32 份,禁驶卷 12 份,对严重违法单位办理车辆停驶 12 部,提出合理化建议 20 条。对 24 家重点单位进行督查,发现并整改隐患 25 个。专业监管举措得到石景山区安办的肯定和推广。全年未发生甲方责任交通伤亡事故,兑现了"甲方责任交通死亡事故不超标"的承诺。

(秦 巍)

【国防后备力量政治建设】 不断探索党管武装的工作方法,一是继承传统,发挥表率作用。集团武装工作均由集团党委书记或副书记担任领导小组组长或副组长,集团的武装工作向党委负责。二是坚持党管武装具体化,要求各所属单位党委不仅管政治建设方向,而且要管政治教育的具体内容与实施办法,明确党管武装工作责任制;三是明确党委书记是武装工作的第一责任人。

在后备力量建设中,学习贯彻习主席关于国防和军队建设的重要论述。组织开展"改革强军"的主题教育,"两学一做"学习教育,以建军 90 周年为契机,宣传党领导人民军队建设的成就,探究国防教育理论,传播国防基本知识,在全体职工,尤其是各级领导干部中掀起关注国家安全形势,增强国防意识的良好环境。在喜迎党的十九大和学习贯彻十九大精神宣传教育中,以"砥砺前行的五年"为载体,组织学习、参观展览等活动,歌颂党的十八大以来取得的辉煌业绩,及时将新时代思想、新思想、新论断、新提法、新举措总结归纳,形成文字资料提供给各单位学习。全年共发政治教育、理论学习课件各12期,有力地促进了学习的内容落实、课时落实。

严把政治考核关。对民兵预备役官兵入队、应征青年、参加建军节阅兵人员及各自家庭进行组织审查,确保每名人员政治合格。

(马长江)

【国防后备力量组织建设】 2017年,实施整组。整组前,组织对适龄人员现存情况进行调查摸底,及时掌握适龄青年的分布、数量、质量。编制了《首钢集团2017年整组方案》,细化调整编制,涉及7个单位,出队56人,入队56人。形成《首钢民兵队伍预备役部队编制表》,以及整组各种空白表格。召开专业会议,学文件精神,培训整组方式方法,为做好今年的整组工作打下坚实基础。整组中,将民兵预备役整组同时进行,专业人员及时跟进,现场指导服务,帮助基层单位实施整组,传授编组技法,坚持规范编组,最大限度挖掘兵员,将服军官和士兵预备役的一、二类复转军人全部编入预备役部队,不足部分由基干民兵补充。实现预任军官均为中共党员或共青团员,具有大专以上学历,正连职以上职务的预备役军官,全部由担任领导职务,并体现了从复转军人、武装干部中优先选拔的原则,确保整组任务高质量地在首钢全部落实。通过整组,编组民兵710人,预备役593人,共计1303人。编实区级民兵应急分队,出入队60人,党团员比例76.9%,高出文件规定17个百分点。市级民兵649人和预备役官兵593人分别输入数据库,并且每人有数码照片。圆满完成兵员调整为主的整组工作,实现满编满员,一兵一职无交叉。

(马长江)

【国防教育】 2017年,自编《国防教育》专刊24期34.42万字,配图片383幅,其中发表国防理论12篇,国防讲堂12篇,军事要闻推荐108篇,军事春秋抗战主题和长征宣传12篇,国防参考21篇,传播尚武文化11篇,军队模范事迹12篇,兵器知识12篇,专业动态11篇,两会专题2篇。首钢OA办公系统浏览量达12480人次。受到大家的喜爱和好评。形成具有特色的国防宣传形式和阵地。

(马长江)

【双拥活动】 2017年,组织全集团在春节、八一期间开展了双拥月活动。与北京卫戍区、八十二集团军、北京军区善后办机关和预备役高炮师等5家单位进行了互访和座谈。全年,进户走访军属19户,烈军属32户、44位荣残军人等优抚对象,为他们办实事、献爱心、送温暖,切实帮助他们解决各种实际困难和问题;举办了复转军人座谈会、联谊会及国防教育报告讲座等活动;全公司慰问品价值8万余元。到共建部队慰问,赠送慰问品价值27万元。

(张燕)

【兵役工作】 2017年,根据北京市和石景山区两级征兵办公室的命令,组织首钢驻区单位开展2017年夏秋季征兵工作。从7月中旬开始,经过宣传发动,组织适龄青年上站体格检查,政治审查等准备、实施、总结三个阶段工作,首钢适龄青年35人被批准应征入伍,其中:在校大学生32人,职工1人,应届毕业生2人,大学生占97%,超额完成征兵任务。

(马长江)

【军事训练工作】 2017年,按照石景山区武装部要求,3月27日至4月6日,抽调现役官兵6人,对首钢第四期青年后备干部特训班的学员60人进行为期10天的军训,为每名学员配备07式作训服、鞋帽、体能服;先后完成单兵队列动作、集体军体拳、分列式等科目训练,并组织完成军训成果汇报演示。

6月,从11个单位抽组民兵骨干40人进行为期15天的应急处突军事训练。先后完成单兵基础训练、盾棍术、应急抢险、救援设备实操、应急作战队形、突发事件处置、人员救护等科目。通过考核40人合格率达到100%,其中38人成绩在良好以上,占95%,提升民兵应急分队处置突发应急事件作战能力。

(张俊卿)

【防汛工作】 2017年,组织对驻区19个单位进行调研走访,摸清底数基数;筹划任务调整方案;组建两个民兵防汛抢险梯队共计1250人,其中民兵第一梯队400人(35岁以下)第二梯队850人。组建由19个单位专业员组成的19人联络员队伍。组织对永定河防洪抢险预案进行修订完善。将永定河3475米堤坝划分为11个防守地段,配备19个任务单位梯队编成,在大堤上召开现场会,参照任务分工、集结路线和防汛方案,逐一部署安排工作,逐一划定任务区域,逐一现场受理任务,逐一确立集结地点,逐一更新责任区段标识牌。组织民兵维护保养闸门,清理闸区废物和卫生环境,确保闸门关启畅通无阻。

(张俊卿)

【民防管理】 2017年,以防空防灾一体化为平台,贯彻平战结合,防空防灾同步建设,蹄疾步稳推进工程开发和救援队伍建设。一是在5·12第九个全国"防灾减灾日",组织首钢民防救援队部分队员,携带专业设备,参加石景山区在八角社区举行的防灾减灾主题宣传活动。通过应急救援装备的操演、防震减灾和应急防灾知识视频的播放、宣传材料的发放,传授了防灾减灾知识,唤醒了人们防灾减灾的意识,掌握了应对自然灾害和各类突发事件时的自救及逃生避险方法。二是组织开展人防工程在用地下空间安全防火大检查工作。分别到老山东里、金顶街二区、金顶街五区、苹果园四区在用地下人防工程检查防火安全工作。对金顶街五区地下车库消防栓破损问题提出整改意见并限期整改。三是首钢老古城及杨庄4处人防地下工程修缮复原工作目前已基本结束。杨庄26栋北侧地下工程已与物业交接。十万平3处待安装抽水泵后统一上交。四是组织防空警报器各设点单位的专职维护人员17人,参加石景山区民防局为期两天的防空警报器培训工作。同时完成与区民防局签订年度责任书等相关事宜。强化警报器的维检,配属设施工作状态性能良好,完好率达到100%,参与第17个全民国防教育日警报鸣放。五是会同市民防局、首建投对26号人防指挥所开发利用进行工程功能设计并形成可研报告,目前正在推进首钢老厂区人防工程开发相关工作;同时结合S1线爆破施工,强化洞体检测。六是撰写26人防指挥所脱密申请上报北京市民防局。七是开展雨季防汛工作,确保平安度汛。八是组织首钢民防救援队日常训练,参加石景山区防灾减灾主题宣传和应急救援装备的操演,传授了防灾减灾、自救、逃生避险方法。九是组织对位于老山、金顶街、模式口、古城、八角等地区的130处首钢厂区及家属区人防工程安全隐患大检查工作。共查出9处违规使用且存在安全隐患问题(实业公司7处、特钢1处、工贸公司1处),并对责任单位下发《人防工程检查情况的通告》,提出整改意见,部署整改工作。

(张 燕)

【制度管理】 2017年,维稳办、信访处梳理规章制度,全年新建制度3项,编写下发《信访工作制度选编》,其中涵盖从中央、市委到首钢集团各层级制度文件55项。通过制度的梳理、编制、培训,逐步完善了制度体系,形成了规范化的信访维稳工作格局。

(张 丽)

【信访维稳工作】 2017年,首钢集团以"责任落实年"为工作主线,强化信访维稳责任体系建设,全年处理信访总量1606件次。把66件重点矛盾纠纷纳入领导包案,严格按照"三到位一处理"原则,落实项目化管理,通过多方施策,促进2项历史遗留问题得到有效化解,其他重点矛盾纠纷得到有效管控,确保了首钢及首都安全稳定。

(张 丽)

【信息化建设】 2017年,按照"阳光信访、责任信访、法治信访"工作要求,不断推进信访信息化建设,对16家信访维稳重点单位开通网上信访信息系统管理权限,提升信访办理效率和职工满意度。

【2017年大事记】

2月4日,制定、下发《首钢总公司国家安全领导小组工作规定》。

3月2日,首钢集团召开2017年信访维稳工作会议,总结部署信访维稳工作。

3月28日~4月28日,实施首钢集团2017年度民兵整组。

5月2日~6月30日,实施首钢集团2017年度兵役登记。

5月11日,北京市国资委到首钢集团开展信访维稳安全运营工作第一次督导检查。

6月5~9日,首钢集团维稳办、信访处与人才开发院联合举办2017年信访维稳干部培训班,系统培训法律法规和专业知识。

7月5日,首钢协助石景山公安交通支队开展"路口秩序环境综合治理宣传日"启动仪式活动。

7月~8月,维稳办、信访处组织上半年信访维稳工作督查督导,落实目标考核。

8月~9月,开展2017年夏秋季征兵工作。

9月4日,北京市国资委到首钢集团开展信访维稳安全运营工作第二次督导检查。

9月12日,下发《关于做好十九大期间交通安全工作的通知》。

9月13日,首钢集团召开党的十九大期间重点矛盾纠纷协调会。

9月16日,首钢参加"全民国防教育日"北京市五环以外区域防空警报鸣响活动。

10月16日,北京市国资委到首钢集团开展信访维稳安全运营工作第三次督导检查。

10月19日,首钢集团召开党的十九大期间信访维稳工作汇报会。

12月2日,首钢协助石景山区开展"122"全国交通日活动。

(秦　巍、张　丽)

【授权管理劳服中心】　梳理劳服中心历史演变过程及现状、问题,切实加强劳服中心的管理,查找风险点,堵塞管理漏洞,在日常管理中强化监管力度,加强廉洁教育,坚持依法依规经营,做好经营管理各项工作。

(朱　强、董晓明)

集团财务有限公司

【财务公司领导名录】

董事长:王洪军(8月离任)　邹立宾(8月任职)

总经理:姜在国

副总经理:聂秀峰(7月离任)　朱　挺
　　　　　张　帆(7月任职)

财务总监:王群英(7月任职)

支部书记:王群英

工会主席:王群英

(朱晓未)

【综述】　首钢集团财务有限公司(以下简称"财务公司")位于石景山区古城路36号院1号楼,于2015年6月经中国银行监督管理委员会批准设立,是由首钢集团有限公司、北京首钢建设投资有限公司出资设立的非银行金融机构。初期注册资本金20亿元人民币,经过2016年、2017年两次股东增资后,现注册资本为100亿元人民币。财务公司实行独立核算、自主经营、自负盈亏,具有独立法人地位,行政上隶属于首钢集团有限公司,业务上接受中国银行业监督管理委员会、中国人民银行的指导、监督和稽核。财务公司按金融监管要求,设立了股东会、董事会、监事会,实行董事会领导下的总经理负责制,并建立了"三会一层"的法人治理结构和内控体系,下设风险控制、审计以及信贷审查三个专业委员会以及综合管理部、审计稽核部、信息管理部、结算业务部、信贷管理部、票据中心、风险管理部、计划财务部、党群工作部等九个职能部门。截至2017年12月,财务公司在册45人,本科以上43人,中、高级职称以上24人。

财务公司秉承"依托集团、立足服务、助推转型、发挥引领、合规经营、稳健发展"的宗旨,以持续提高集团资金集中管理水平为发展核心;以依托集团、立足集团、服务集团为发展动力;以合规经营、稳健发展为发展准则;构建集团"资金归集平台、资金结算平台、资金监控平台、金融服务平台",助推集团转型发展,配合集团战略实施,提升集团资本运营、风险防控以及资金管控能力。

(朱晓未)

【主要指标】　2017年财务公司增资至100亿元,2017年实现营业收入10.68亿元,实现拨备前利润5.9亿元;服务集团成员单位降本增效,通过"两降一提"等手段,实现信贷投放余额264.2亿元,置换二级单位的高息贷款27亿元,有效降低财务费用超过5亿元;初步搭建票据池,实现一业四地票据集中管理,全年累计开立财票154亿元,年末余额83.36亿元,落实银行累计保贴财票金额57.36亿元;积极争取延伸产业链金融服务试点,取得同业拆借资格、外汇业务经营资质;对新取得资质已开展新业务,分别于2017年5月开展境内外汇资金归集工作、2017年9月开展同业拆借业务;成员单位可归集资金集中度高于90%;资金充足率、流动性等风险监管指标均符合监管规定。

(朱晓未)

【结算业务】　财务公司切实提高资金集约化能力。实施存款市场化举措和差异化服务,增强客户粘性,日均存款规模较上一年度增长31%,有效支撑信贷规模增长;加强结算资金监控,重视资金计划管理,优化结算业务结构,提高结算效率和结算量;明确资金下拨用途,加强指令用途监测,提升财务公司结算比例;摸索资金流转规律,疏通资金流转环节,提升大额支付速度;2017年结算业务总量迅速增长,达到19.4万笔,增幅达到91%,结算业务总额达到13425亿元,增幅达到76%;成员单位内部转账和对外支付总量达到13万笔,两项指标合计增幅达 90% 以上,年末吸收外币存款 2.39 亿美元,有效提升集团归集率,将存款结算业务从本币扩展到外币,财务公司已逐渐替代银行成为集团公司和成员单位主要结算渠道。

(张秀惠)

【融资服务】 财务公司采取多种方式扩大融资渠道,增加资金来源,降低成员单位对外融资成本。2017 年累计再贴现 12.4 亿元;取得同业授信 25 家,授信额度 247.45 亿元,授信品种包括商票保贴、同业拆借、转贴现等;7 月 28 日获准进入并正式接入同业拆借市场,9 月 26 日与京能财务公司成功办理首笔同业拆借业务,融入资金 1 亿元,有利于拓宽短期融资渠道和提高资金使用效率;流动性比例呈稳定上升趋势,且争取到 7 家银行调高利率。

(李 丹)

【票据管理】 财务公司不断加强票据管理。3 月,集团公司召开票据集中管理工作专题会,明确票据集中管理工作总体要求和实施步骤;4 月,财务公司启动票据管理系统项目建设,整合纸票与电票。在各试点单位大力支持下,财务公司形成具有首钢特色的票据集中管理模式,基本实现票据贴现在财务公司办理,票据资金归集率不断提升;通过采取减免保证金、短期票据换取长期财票、大票拆小票、积极与同业机构合作以扩大保贴额度等方式,财票市场流通性逐步增强。全年累计开立财票 154 亿元,年末财票余额 83.4 亿元,落实银行累计保贴财票金额 57.36 亿元,贴现费用降低 2.3 亿元。

(林凡彬)

【风控建设】 财务公司大力夯实风险管理,全面建设风险防控体系。2016 年 11 月财务公司提前启动风控体系建设,是集团第二批试点单位之一;经过四个月项目建设期,财务公司搭建完成全面风险防控体系:梳理 25 个一级流程、84 个二级流程和 207 个三级流程,查找风险点 390 个,识别 239 条岗位和系统职责分离规则,确保业务决策、业务执行的管理权限不交叉,操作、复核、审批三类业务操作权限不重合;风控手册和内控评价手册已经年中董事会审批后正式颁发,内部控制已经建立并有效执行。同时开展全面修编工作,全年修订制度 79 项,新增 20 项,共计 123 项,基本覆盖全部业务流程。编制完成 2017 年业务规范手册,为员工规范开展业务提供依据。

(朱 瑜)

【信息化建设】 2017 年,财务公司从升级改造资金管理系统、完善网络基础环境、健全运维保障体系等方面进一步提升系统建设能力。一是优化改进,积极完善资金管理系统功能。重点对网银业务、结算业务、贷前管理、信贷合同管理、贷后管理、价格管理、监管报送、资金归集率统计等七个业务模块进行功能优化完善,功能优化类占系统变更总项 47.92%。开发实现增值税专用发票自动打印、票据分类统计等业务功能,新接入民生银行银财直连、人行电票和同业拆借等 6 条业务专线。二是深化网络基础环境优化改造,做好与集团公司互联网接入端口的拆分工作,提高网络互联抗风险能力。三是理顺集团公司与财务公司之间信息化资产权属关系,实现信息化资产科学管理,提高信息化资产使用效率。四是提前谋划,启动财务公司灾备建设,提升财务公司业务连续性保障水平,确保业务数据安全和完整。五是聘请专业机构对财务公司全面开展信息系统风险评估并完成整改,对照等级保护评分标准已达到国家公安部等级保护三级标准,同时顺利取得北京市公安局颁发的信息系统安全等级保护备案证明。

(董 猛)

【企业文化】 根据集团薪酬改革有关精神,财务公司结合实际并广泛征求广大职工意见后,制定下发《薪酬管理办法》《绩效考核和薪酬体系说明》,完善了财务公司绩效管理和薪酬分配体系,提升了激励效能;在考核执行上,则强调制度的刚性原则,弱化人治成分,基本实现薪酬兑现、职级晋升与绩效考核的挂钩;制定下发《职工考勤管理办法》《劳动合同管理办法》《劳动纪律管理办法》《5S 管理办法》等制度,促进财务公司管理规范化和标准化;2017 年度招收外汇经理 1 人,招收应届硕士毕业生 3 人。

(朱晓未)

【党群工作】 在党委指导下,财务公司成立党支部,共有党员 30 人。2017 年,支部书记带头加强学习,参加示范培训班;公司党支部设置纪检委员,将强化党风廉洁建设工作落实到基层组织;组织开展警示教育;对办公用车进行调查摸底、登记造册,加强日常监管;推进党员示范岗创建活动;开展形式多样、内容丰富的主题党日活动:如组织参观"砥砺奋进的五年"大型成就展、参观首钢陶楼北京园区规划沙盘、静态交通产业示范基地,登顶石景山俯瞰首钢老厂区全貌;坚定党员理想信念,增强担当意识,推动产融结合,服务集团转型发展。

（周迎春）

【大事记】

1月4日,财务公司召开第一届监事会第四次会议。

2月28日,国家外汇管理局北京外汇管理部下发《关于首钢总公司外汇资金集中运营管理业务的备案通知书》(京汇备[2017]3号),财务公司获得外汇资金集中运营管理主办企业资格。

4月28日,财务公司召开第一届监事会第一次临时会议。

5月22日,财务公司召开第一届董事会第五次会议、第一届监事会第五次会议。

6月22日,财务公司召开2017年第一次股东会议。

7月3日,财务公司召开第一届董事会第六次会议。

7月6日,财务公司召开职工大会第二次会议。

7月27日,全国银行间同业拆借中心下发《首钢集团财务有限公司拆借市场开户通知书》,财务公司获准入市开展拆借交易。

7月28日,财务公司召开2017年第二次股东会议。

8月4日,中国银行业监督管理委员会北京监管局下发《核准邹立宾首钢集团财务有限公司董事长任职资格的批复》,核准邹立宾财务公司董事长的资格。

9月4日,中国银行业监督管理委员会北京监管局下发《中国银行业监督管理委员会北京监管局关于首钢集团财务有限公司变更注册资本的批复》,批准财务公司注册资本从50亿增至100亿元。

9月8日,中国银行业监督管理委员会北京监管局下发《中国银行业监督管理委员会北京监管局关于核准姜在国首钢集团财务有限公司董事任职资格的批复》《中国银行业监督管理委员会北京监管局关于核准刘同合首钢集团财务有限公司董事任职资格的批复》《中国银行业监督管理委员会北京监管局关于核准张秀惠首钢集团财务有限公司董事任职资格的批复》。

9月25日,财务公司完成注册资本增至100亿元的工商备案手续,完成董事长由王洪军变更为邹立宾的工商备案手续。

10月23日,财务公司完成部分董事变更的工商备案手续,由王洪军、赵天旸、张帆变更为姜在国、刘同合、张秀惠。

12月8日,财务公司召开第一届董事会第七次会议。

（朱晓未）

钢 铁 业

◎ 责任编辑：车宏卿

北京首钢股份有限公司

【首钢股份领导名录】

1. 董事、监事和高级管理人员

姓　名	职　务	任职状态	性　别	任期起始日期	任期终止日期
赵民革	董事长	现任	男	2013 年 5 月 16 日	2019 年 6 月 21 日
刘建辉	董事	现任	男	2014 年 9 月 19 日	2019 年 6 月 21 日
邱银富	董事	现任	男	2014 年 9 月 19 日	2019 年 6 月 21 日
王相禹	董事	现任	男	2017 年 12 月 26 日	2019 年 6 月 21 日
李　明	董事	现任	男	2017 年 12 月 26 日	2019 年 6 月 21 日
唐　荻	独立董事	现任	男	2014 年 6 月 27 日	2019 年 6 月 21 日
尹　田	独立董事	现任	男	2016 年 1 月 7 日	2019 年 6 月 21 日
张　斌	独立董事	现任	男	2014 年 9 月 19 日	2019 年 6 月 21 日
叶　林	独立董事	现任	男	2017 年 12 月 26 日	2019 年 6 月 21 日
杨贵鹏	独立董事	现任	男	2016 年 1 月 7 日	2019 年 6 月 21 日
许建国	监事会主席	现任	男	2014 年 9 月 19 日	2019 年 6 月 21 日
王志安	职工代表监事	现任	男	2014 年 9 月 19 日	2019 年 6 月 21 日
郭丽燕	监事	现任	女	2016 年 1 月 7 日	2019 年 6 月 21 日
崔爱民	职工代表监事	现任	女	2014 年 9 月 19 日	2019 年 6 月 21 日
刘建辉	总经理	现任	男	2014 年 8 月 29 日	2019 年 6 月 21 日
王相禹	副总经理	现任	男	2017 年 10 月 25 日	2019 年 6 月 21 日
李　明	副总经理	现任	男	2015 年 1 月 27 日	2019 年 9 月 21 日
孙茂林	副总经理	现任	男	2017 年 10 月 25 日	2019 年 6 月 21 日
李景超	副总经理	现任	男	2017 年 10 月 25 日	2019 年 6 月 21 日
李百征	总会计师	现任	男	2015 年 10 月 28 日	2019 年 6 月 21 日
陈　益	董事会秘书	现任	男	2015 年 8 月 26 日	2019 年 6 月 21 日

2. 公司董事、监事、高级管理人员变动情况

姓　名	担任职务	类　型	日　期	原　因
靳　伟	董事长	离任	2017 年 8 月 21 日	因工作原因主动离职
张功焰	副董事长	离任	2017 年 8 月 21 日	因工作原因主动离职
王洪军	董事	离任	2017 年 8 月 21 日	因工作原因主动离职

续表

姓　名	担任职务	类　型	日　期	原　因
王　涛	董事	离任	2017 年 12 月 26 日	因工作原因主动离职
张福杰	监事	离任	2017 年 8 月 21 日	因工作原因主动离职
邱银富	副总经理	离任	2017 年 10 月 25 日	因工作原因主动离职
王建伟	副总经理	离任	2017 年 10 月 25 日	因工作原因主动离职
马金芳	副总经理	离任	2017 年 6 月 20 日	因工作原因主动离职
魏国友	副总经理	离任	2017 年 10 月 25 日	因工作原因主动离职

【综述】　北京首钢股份有限公司（以下简称"首钢股份"）是由首钢总公司独家发起，以社会募集方式设立，在深圳证券市场上市的股份有限公司。

1999 年 10 月 15 日，经北京市工商行政管理局核准，首钢股份正式设立。12 月 16 日，首钢股份（000959）股票在深圳证券交易所上市。

2010 年底公司位于石景山区的钢铁主流程停产。2013 年 1 月 16 日中国证监会重组委审核通过与首钢总公司进行的"北京首钢股份有限公司重大资产置换及发行股份购买资产暨关联交易的相关事项"。2014 年 1 月 29 日，首钢股份收到中国证券监督管理委员会《关于核准北京首钢股份有限公司重大资产重组及向首钢总公司发行股份购买资产的批复》文件。2014 年 4 月 25 日，重组工作完成。

2015 年 4 月 23 日，首钢股份公司股票停牌，启动重大资产置换。置换方案主要内容：以贵州投资 100% 的股权置换京唐钢铁 51% 股权，不足部分以现金形式补足。2015 年底，重大资产置换交割完成。2016 年 4 月京唐公司完成董事会改选及章程修订，首钢股份具备合并其会计报表的条件，重大资产置换完成。

首钢股份公司建立股东大会、董事会、监事会的法人治理结构，现设有董事会秘书室、制造部、设备部、计财部、营销管理部、物资供应公司和人力资源部等职能部门。拥有首钢股份迁安会议中心有限公司、首钢京唐钢铁联合有限责任公司、北京首钢冷轧薄板有限公司等三家重要子公司。

2017 年是股份公司资产重组以来产线运行稳定且高效的一年。面对环保加严、采暖期限产等多重困难和挑战，各单位坚持稳中求进、稳扎稳打，实现稳产高产、增产增效。全年完成铁 742 万吨、钢 750 万吨、材 708 万吨，除铁产量受限产直接影响较大比计划减少 10 万

吨外，钢、材分别超产 13 万吨和 34 万吨。2017 年，营业收入 602.5 亿元，利润总额 33.45 亿元。

（崔爱民）

【主要指标】　2017 年完成铁产量 742.3 万吨；钢产量 750.3 万吨（其中：板坯 748 万吨，方坯 2.3 万吨）；钢材产量完成 705 万吨，其中：热卷 502.1 万吨（含供顺义冷轧 180.7 万吨），开平板 6.9 万吨，热轧酸洗卷 53.1 万吨，冷轧硅钢 142.9 万吨。入炉焦比 335.91 千克/吨，喷煤比 143.44 千克/吨，转炉钢铁料消耗 1060.72 千克/吨，吨钢综合能耗 551.50 千克标煤，钢材综合成材率 95.86%。

（聂智蕊）

【重要会议】
1 月 2 日，首钢股份举办"基层的精彩"——北京首钢股份有限公司 2016 年度党支部、班组建设成果展示暨颁奖典礼。

1 月 12 日，首钢股份召开 2017 年电工钢工作年会。

1 月 13 日，首钢股份召开安全生产大会。

1 月 23 日，中国共产党北京首钢股份有限公司第一届委员会扩大会议隆重开幕。

1 月 24 日，首钢股份召开第一届职工代表大会第二次会议。

2 月 9 日，首钢股份召开转型提效专题大会。

2 月 18 日，首钢股份召开一季度经营活动分析暨表彰大会。

2 月 20~21 日，首钢股份召开首钢钢铁板块一季度经济活动分析会暨首秦公司基层改革创新经验交流会。

2 月 7 日，首钢股份召开 2017 年先进集体、先进个人表彰大会。

5 月 26~27 日，首钢股份召开新时期炼钢科技创新

发展高级研讨会。

6月23日，首钢股份召开庆祝中国共产党成立96周年暨创先争优表彰大会。

7月19日，首钢股份召开联合检查组进驻北京首钢股份有限公司监督检查动员会。

7月27日，首钢钢铁产销一体化经营管理系统项目合同签约仪式暨项目启动会在首钢股份召开。

7月25~26日，首钢股份召开上半年经济活动分析暨表彰大会。

8月16日，首钢股份召开"郭玉明炉"命名暨转炉复吹攻关团队表彰会。

8月23日，首钢股份召开转型提效推进大会。

8月29日，共青团北京首钢股份有限公司第一次代表大会隆重召开。

10月9日，首钢股份召开干部大会。

10月14日，首钢股份召开首钢钢铁板块本质化安全管理经验交流会暨三季度经营活动分析会。

10月26日，首钢股份召开"践行卓越、合力共赢"——2017年首钢汽车酸洗板用户技术研讨会。

11月8日，首钢股份召开第二届"基层的精彩"班组建设成果展示活动。

11月30日，北京首钢股份有限公司召开党委中心组学习扩大会。

12月21日，首钢股份召开"创新创优，共享共赢"——2017年首钢无取向电工钢用户技术研讨会。

12月27日，首钢股份召开2018年预算及转型提效工作安排说明会。

（吴　伟）

【专利技术及科技成果】　2017年获得专利授权73项，其中发明专利37项，实用新型36项；专利受理100项，其中发明专利49项，实用新型51项。2017年共17项科技成果通过首钢科技成果验收评价，其中"硅钢退火炉工艺技术集成创新与应用"获得一等奖，"大型高炉铜冷却壁长寿技术研究"等16项科技成果获得二、三等奖。

（陆　晔、潘明铭）

【推进TPM自主提升管理】　2017年TPM管理坚持"以精细化管理理念为指导，以设备提升和现场提升为目标，以发现问题和解决问题为突破口"的工作方针，开展重要设备星级达标验收工作，全年169台套设备通过验收，其中四星级139台套，五星级30台套；通过现场物品定置规范化、标准化管理，完成治理点位655处，形成可视化标准424项；开展五项专项活动，制作阀门标识4987个、介质和流向标识2657个、药品及药剂治理点位105处、加油标尺点位49处、防护丝杠阀门2290处、治理能源浪费点位879处，产生效益901万元；开展设备清扫活动6165次，解决不合理问题64103项，形成微创新改善项目6814项；实施焦点课题攻关项目57项，产生效益1515万元。

（霍有亮）

【推进六西格玛管理】　2017年结题六西格玛DMAIC项目和DFSS项目37项，产生经济效益6800余万元；开展9个阶段、120学时培训和7次辅导工作，整改落实9个阶段300余条辅导意见；1个项目获得中国质量协会质量技术优秀奖，3个项目被评为中国质量协会优秀六西格玛项目，2人通过中国质量协会注册黑带考试，2人通过中国质量协会注册黑带。

（霍有亮）

【推进全员自主创新管理】　2017年共提报合理化提案2628项、合理化成果446项，累计创效近1.6亿元；获得专利局受理专利100项，获得授权专利83项，向北京市知识产权局申请专利资助金8.6万元，累计获得专利资助金52.29万元；申请通过2017年、2018年专利费用减缴85%政策，节省申请费、登记费、年费等费用103.02万元。

（霍有亮）

【加强板块运营】　结合集团"两会"确定的涉及钢铁板块的17项重点任务，统筹制定14项专项方案，通过加强督导督办，持续进度跟踪、效果评价，2017年板块两金周转率6.91次，比预算提高1.27次；总资产报酬率1.13%，比预算提高0.46%。2017年末主业库存资金占用93.37亿元，同比降低14.3亿元；应收账款29.7亿元，同比降低10.4亿元。

（叶　迪）

【加强财务管控】　从上市公司的视角系统思考、统筹、解决问题，深入挖掘成本潜力、资金潜力、资产保值增值潜力，经营效率和效益创出好水平。全年股份公司两金周转率7.05次，同比提高1.96次；总资产报酬率1.84%，同比提高0.83%。全年通过加强内部挖潜降本增效实现增利7.25亿元，自身努力成果在总利润增长中占比达到67%。

（叶 迪）

【加强资金管理】 以资金流稳定受控为前提,提高资金使用效率。一是严控库存资金占用。坚持刚性降库与经营库存相结合,扎实推进采购节奏、营销策略调整、进口矿、备品备件联备联储等措施,年末库存资金占用26.33亿元,实现降库目标,全年存货资金周转率8.62次,同比提高2.66次;二是加强产业链金融运作,全年新开首钢财票21.17亿元,偿还银行贷款8.16亿元,实现资金运作综合收益4亿元;三是加强税务筹划,合理利用税收优惠政策,实现减免退税金5300万元。

（王永光）

【加强资产管理】 强化投资主体责任、规范固定资产投资流程,全年审核上报集团公司、钢铁板块、股份公司投资项目共计137项,涉及资金41.88亿元。组织开展钢铁板块及股份公司存量固定资产投资项目梳理,完成存量投资128个项目、298.78亿元固定资产清理;完成34个、总计14.84亿元投资项目后评价。积极开展项目审计及资产转固,完成4个单项工程、总投资131亿元项目审计,实现硅钢一冷、公辅及自有资金建设项目38项资产转固;开展进口设备贴息办理,整理上报资料6卷册,预计申请贴息资金510万元。

（赵忠义）

【加强资本运作】 积极推进公司资本运作,2017年度公司营业收入完成602.77亿元,同比增加184.27亿元、增长44%,比股东大会批准的预算增加154亿元、增长34%;按上市公司披露的盈利能力指标归属上市公司股东的净利润、每股收益、净资产收益率,同比分别增长4.56倍、4.54倍、4.29倍,公司盈利能力显著提升;股份公司获得2017年大公信用评级公司AAA评级,企业形象提升。

（叶 迪）

【进口矿资源运作】 2017年,首钢钢铁板块共采购进口矿3221.05万吨,采购价格65.96美元,跑赢市场5.36美元,降低采购成本11.69亿元。其中,首钢四地共采购进口矿2169.00万吨,采购价格66.39美元,跑赢市场4.93美元,降低采购成本7.25亿元;外埠单位共采购进口矿1052.41万吨,采购价格65.09美元,跑赢市场6.23美元,降低采购成本4.44亿元。股份公司共采购进口矿587.77万吨,采购价格65.91美元,跑赢市场5.41美元,比年计划目标4.00美元超出1.41美元,共降低采购成本2.15亿元。2017年陆续组织开发出塞拉利昂粉、澳洲加工精粉、巴西BRBF粉等多种进口矿新资源。

（李培养）

【炼铁生产组织】 综合入炉品位:2017年为应对严峻的市场环境,降低炼铁成本,股份公司适当的提高经济料配吃比例,综合入炉品位58.74%。在高炉顺行的基础上,技术经济指标较上年有不同程度的下降。焦比:2017年三座高炉总体顺行平稳,焦比完成335.9千克/吨,比上年升高6.05千克/吨,主要是股份公司应对环保限产,频繁变料,退焦炭负荷适应。煤比:2017年股份公司以降低生铁成本为目标,大力降低燃料比,2017年喷煤比完成143.44千克/吨,较上年降低5.68千克/吨。

（李培养）

【技术开发】 2017年,炼钢转炉再一次刷新首钢炼钢历史新纪录,实现全炉役复吹比100%,引领行业先进,转炉终点碳氧积控制水平持续提高,破3进2再破2,比肩浦项、世界领先;IF钢≤1200℃出炉比例90%以上,达到世界先进水平;2017年汽车板共开展七个大类、14个牌号的新产品开发,其中先进高强钢DH780+Z实现MA金属公司向北京奔驰小批量供货;借助MA产线成功开发CP980复相钢;顺利通过雷诺—日产联盟全球平台认证;实现汽车外板常态化生产,具备双面O5板制造能力。

（商光鹏）

【用户技术服务】 2017年汽车板销量134万吨,再创新高;其中,镀锌、外板、高强同比提高37%、78%和23%。持续客户认证,汽车板EVI供货同比增加49%,先后通过27家主机及配套厂297个零件认证,其中213个形成正式订单,顺利通过雷诺—日产联盟全球平台认证5个钢种13个规格;宝马通过一系、新五系,外板4个零件;一汽大众宝来发动机罩外板认证正式通过;一汽奥迪Q5NF车型左右后侧地板认证通过;同时加大对重点客户的客户服务工作,宝马同比增加37.2%,供货份额达到30%;奔驰同比增加103.35%;吉利汽车增量明显,同比增加96.42%,是吉利、长城、宝马、北汽、长丰猎豹的主要供货商。

（商光鹏）

【扒料精神】 5月25日炼铁一高炉检修,需对高炉炉墙粘结物、炉体喷涂反弹料和炉缸积存残渣铁以及碎焦进行清理。为节省扒料外委费用,组织全公司机关人员共同参与扒料工作。成立三个工作小组:炉内扒料组制定《一高炉检修炉内扒料工作方案》;炉外扒料工作组制定《一高炉检修炉外扒料工作方案》;后勤保障工作组制定《一高炉检修炉外扒料后勤保障工作方案》。6月3日凌晨开始扒料攻坚战,400人参加,其中:中层以上领导18人,基层领导45人,党员和管理以上职工占80%。经过全体人员共同努力,提前四个小时完成任务,充分展现出"担当、协作、团队、奉献"的扒料精神。

（杨丽丽）

【钢轧系统打产出色】 炼钢系统环保限产期间,铁耗控制再创新低,12月份达到943.3千克/吨,2160产线投产后因品种结构和设计品种结构的差异,加上限产等原因,未达到过设计产能。2017年首次达到设计产能402.6万吨,两条轧线7月份达到70.65万吨产能,刷新月产能纪录。

（郭同柱）

【产品推进】 2017年,酸洗板实现对奔驰、长城等车企批量供应,盈利能力进入全系列产品前三甲;管线钢成功中标中俄东线21.4毫米X80供应合同,并结合中俄输气项目终端移动罐车的制造,新开发低温容器用钢户;成功开发出连续油管用钢CT80;积极推进高冲压、轻量化集装箱板开发,实现市场供应0.7万吨;精冲产品开启日新华新顿、威尔斯、NSK、中山庆琏等企业的认证,实现链条用钢45Mn、园艺剪用55MnB、链锯原料OCS1、工具用钢SK85和SK95等系列产品的批量生产,年销量达6000吨以上。

（周 娜）

【提升质量水平】 2017年,首钢股份被中汽中心车用材料技术工作组评定为"绿色标杆企业"。炼钢3号转炉在服役冶炼6303炉后,再一次刷新首钢炼钢历史新纪录,实现全炉役复吹比100%,全炉役碳氧积0.00188,引领行业先进;IF钢热轧低温出炉比例达到90%以上,低温退火比例达到80%以上,稳定的"双低温"IF钢批量生产工艺达到国际先进水平。

（元小敏）

【钢铁板块设备管理】 2017年钢铁板块设备管理以"协同和共享"为目标,逐步推行"专业管控+技术服务"模式。组织完成首钢迁安地区所有大型衡器整合,实现迁钢、矿业公司和迁焦公司汽车衡和轨道衡35台套统一管理,实现首钢迁安地区所有衡器的无人值守和集中远程管控。精减77人,减少计量操作电脑及视频监控设备24台,降低成本579.2万元,计量效率提高40%;组织10个钢铁基地、80人对8类备件进行协同采购,形成有效项目6222项,涉及供应商207家,划分83标段,报价较历史价降低12.79%;逐步实现"检修协同+技术服务"检修模式,组织7家单位开展25次检修协同工作,涉及人员1379人,节约外委费用836万元,组织专业技术人员赴伊钢、通钢、京唐等单位提供技术服务。

（杨 宏、杨绵军）

【设备新技术应用】 2017年完成股份公司20台套永磁调速装置应用,实现节电量3057万度,节省电费1548.68万元,节电率30%,并在钢铁板块推广应用8台;完成51台天车遥控改造,遥控天车数量达到152台,占所有桥式起重机数量的41.1%,有效推进公司减员增效工作,并在钢铁板块推广应用22台;在高炉鼓风机、发电、制氧等大型关键设备投入大型旋转机械在线监测与故障诊断系统,发现故障早期征兆,及早消除故障隐患,降低维修成本。

（杨 宏、王利军）

【设备管理创新】 2017年对钢铁板块各基地开展特种设备标准化管理,股份公司特种设备管理专门编写《特种设备标准化管理实施导则》,并下发《关于推广特种设备标准化管理的通知》,对特种设备标准化管理工作进行安排部署;持续推进设备全优润滑管理,完成5465台套润滑基准书修改完善工作,开展全优润滑"回头看"活动,并对检查发现的2761项问题进行全部整改,开展油品再生、国产化和降库存管理,降低油品采购成本783.8万元;开展进口轴承国产化,完成62项进口轴承国产化改造工作,节约轴承采购资金129.45万元。

（杨 宏、王利军）

【设备检修管理】 2017年共组织系列检修8次,重点为以炼铁高炉例修、炼钢转炉炉役、热轧轧线中修、硅钢酸轧中修、顺冷年修为主线的系列检修和采暖季环保限产系列检修。各单位积极组织,提前谋划,抓实准备环节、抓实协同创效,落实备材准备、施工方案、检修过程控制、试车验收等多个环节,明确责任,层层落实。检修过程采用隐患闭环管理及风险辨识、TPM 管理、人员封闭管理等标准化管理模式。

(杨 宏、陈 涛)

【优化安全管理体系建设】 坚持全员参与、全员共建，深入推进安全标准化建设，创造性实施安全管理标准化班组创建，炼铁、炼钢、热轧、硅钢、煤气等 5 个单元通过一级标准化评审，标准化考评达标班组 641 个、相关方班组 209 个，考评通过率分别达到 98% 和 96%，54 个班组被评为安全管理标准化示范班组。深入推进安全文化建设，全面提升全员安全素质，以安全塑文化、用文化保安全，在厂区主干道、生产作业现场、班车站点设置宣传横幅、展板、LED 显示屏 296 处。深入推进本质化安全管理经验，在硅钢事业部推行本质化安全管理经验基础上，将本质化安全管理辐射推广至 3 号高炉、二炼钢、2160 热轧产线等区域。3 号高炉、二炼钢、2160 热轧产线等区域本质化安全管理项目已进入施工阶段，辨识各类风险点位 6137 项，通过能源隔离、机械防护等本质化安全管理手段降低安全风险 30%。

(樊瑞稠)

【消防隐患清查治理】 2017 年底，北京市大兴区、天津市河西区及其他省市连续发生多起重大、较大火灾事故，为深刻汲取事故教训，认真贯彻落实两地政府和两级公司指示精神，在全公司范围内开展消防安全隐患清查整治行动，对公司内部单位及北京地区代管单位的火药库、地下油库、易燃易爆区域、电缆隧道及彩钢板建筑等点位进行督导检查，共查出并整改消防安全隐患问题 127 项，下发《隐患问题整改通知》13 份，各类潜在事故有效遏制，为全公司营造稳定的生产环境。将 109 万平方米绿化地枯草落叶，生活小区住宅楼、宿舍楼等公共区域内杂物进行集中清理、外运；对不符合要求的 168 处泡沫彩钢板建(构)筑物进行全面清查整治。

(苏雪冰)

【外围治安防范管理】 全方位治理球团、烧结、物资场等外围区域技防、物防设施、设备老化、防范功能薄弱等隐患问题，完善治安防范管理措施。将原经一路北门搬至 30 万立煤气柜北路丁字路口处，设立柜区北门；在球团成品仓、中速磨区域围砌实体墙安装铁丝网；将粗破料场西围墙、南围墙加高，并安装刺网和彩板进行加固，在烧结厂外露天皮带区域增加防护网；将 112 台套生产、安防摄像头接入公司大联网系统，进行集中管理、集中监控。

(籍东慧)

【重点工程】 迁钢南料场封闭及配套完善项目 2016 年 9 月 28 日开工建设，2017 年 5 月 3 日完工投入生产使用；热轧 1 号加热炉改造项目 2016 年 9 月 5 日开工建设，2017 年 2 月 14 日完工投入生产使用；迁钢再生水循环利用工程 2017 年 8 月 28 日开工建设，2017 年 9 月 20 日完工投入生产；首钢股份公司迁安地区粗破料场物流通道、粗破料场新建磅道及附属设施 2016 年 5 月 28 日开工建设，2017 年 3 月 13 日完工投入生产。

(刘陈刚)

【地产管理】 迁钢生活小区(以下简称"小区")房产证一直不能及时办理。2017 年迁安市政府新一届领导班子对股份公司需政府协调解决的问题非常重视，于 3 月 15 日由副市长组织专题会研究，6 月 29 日成立"迁安市处置房地产遗留问题办公室"(以下简称"处遗办")。在处遗办协调下，小区不动产登记办理工作按进度要求顺利开展。9 月 13 日股份公司向首钢集团上报《关于解决"迁钢生活小区"土地、房产问题的请示》；10 月 25 日申请批复，标志着小区不动产登记工作正式全面启动。在迁安市国土局、住建局配合下，先后完成小区土地评估、规划条件核实、修规等工作；12 月 11 日补交土地出让金 9956 万元(含税费)；21 日完成小区 100 亩土地划拨变出让工作；22 日完成土地证合证工作，并办理土地证；同日完成小区集资建房 8~11 号楼初始登记工作，8~11 号楼不动产正式登记在首钢集团名下。

(王铁凝)

【项目立项】 高炉冲渣水余热回收供暖项目为迁安市核准项目，9 月 29 日完成该项目核准立项工作，获得《关于北京首钢股份有限公司首钢股份公司迁安钢铁公司高炉冲渣水余热回收供暖项目核准的批复》。10 月 11 日迁安市人民政府颁发《关于调整首钢股份公司迁安钢铁公司取暖季停限产措施执行标准的批复》，为迁钢公司、矿业公司办公区域和生活区域的冬季供暖提供保障，并降低环保部门要求的冬季限产措施影响。

(王铁凝)

【产销一体化】 2017 年 7 月产销一体化项目正式启动，根据首钢发展战略，形成适配首钢需求的建设模式，促进首钢钢铁管理变革。按照项目推进计划，截至

2017年底完成业务现状梳理、管理导入培训、对标差异分析、概要设计与评审四个阶段工作。项目初期,为保证项目顺利推进,8月份由迁钢公司和京唐公司相关专业人员49人成立系统创新部参与项目推进工作。业务现状分析阶段梳理完成流程1847个、代码446个、制度947个、表单2340个、绩效指标988个。对标分析阶段,遵循"内外兼顾"原则,共识别组织机构、关键业务流程差异点194个。结合环境与发展因素,形成并通过适配首钢建设模式的优化建议358项,并形成概要设计需求分析规格书38份。同时明确集团财务共享、核算系统、主数据系统以及PES系统的目标、计划以及与产销系统功能分摊,确保外围系统对产销一体化系统顺利上线的有效支撑。

（毛志敏）

【智能工厂】 首钢一冷轧智能工厂项目将以"产品研发、精准服务、协同制造"为核心,以"生产、能源、设备、安全、环保、智能装备"为支撑,构建"智能决策、智能协同、智能感知"的智能工厂架构。首钢股份公司联合北科大、仪综所、自动化院、首自信等单位,按照"先进、自主、可控、实用、实效"的原则对顶层设计进行优化,形成项目任务32项,其中咨询设计类3项、基础平台类3项、软件系统类12项、智能装备类12项、节能改造类2项,该项目方案和投资于3月24日通过首钢集团董事会审议。截至2017年12月,硅钢一冷轧智能工厂项目已完成整体进度的50%。

（张 磊）

【智能仓储】 智能仓储系统由首钢自主研发,也是国内首套自主研发的智能仓储示范库,硅钢事业部一冷轧酸轧轧后库开展库区天车无人化和仓储智能化方面的设计和改造工作。该系统根据酸轧、连退生产计划,成功实现自动向天车分配任务和下发运行指令、规划天车运行路径、实时跟踪处理钢卷信息。库区生产管理全自动运行,降低劳动强度,保障产线库区钢卷信息的准确性。系统每个功能都配置相应安全防护措施,同时增加设备在线监控模块,随时发现设备故障。此外,系统可以将任务的分配执行情况实时反馈,实现运行信息一目了然。首钢股份公司硅钢事业部酸轧轧后库智能仓储系统于2017年12月20日正式投入生产使用。

（崔广建）

【协同办公平台】 首钢股份公司协同办公项目分两阶段上线,第一阶段于2017年1月10日上线,第二阶段于2017年4月27日上线。截至2017年底,在硬件及环境部署方面,完成2台负载均衡器、13台服务器、1台存储及相关配套设施安装,完成6套基础应用平台部署;在软件实施方面,完成3套公司级门户、22项公文业务、46项事务性流程、8项集团公文贯通业务、协同办公移动门、首钢通即时通讯、档案管理、文档管理以及邮件、一卡通等4套业务系统集成等建设;在业务方面,完成76项业务梳理优化,完成1584个组织机构、1.1万个用户、172个职务级别收集与业务规范,完成4.1万份档案、8千条网站信息的数据迁移,开辟协作交流、群话题等业务协作新方式。

（崔永欢）

【人工费预算体系建设】 3月,结合集团建立人工费预算管理体系的工作要求,配合集团人力资源部制定并修改完善《钢铁板块人工费预算管理办法》及《钢铁板块人工费预算管理方案》。同时,按要求完成2017年股份公司人工费预算的编制。历经5个月的时间,经过制度完善和预算材料修改完善,7月底全面完成钢铁板块9家试点单位(股份公司、京唐公司、矿业公司、首秦公司、长钢公司、水钢公司、贵钢公司、通钢公司、伊钢公司)2017年人工费预算工作。股份公司对材料进行审核,并汇总形成《钢铁板块试点单位2017年人工费预算汇报材料》,人工费预算体系初步建立。

（王晓娜）

【领导人员板块管控】 按照总公司要求,股份公司全力做好钢铁板块领导人员管理工作,梳理工作职责,熟悉工作业务,建立工作流程,规范工作秩序,建立与体制相适应的管控模式。2017年,依据权力清单,股份公司党委开展对代管企业的领导人员任免、董事、监事人选推荐工作,促进相关企业经营管理工作的开展。同时,深入日常管理,积极参与到板块企业领导人员一报告两评议、民主测评等工作当中,认真履行钢铁板块管理职责。另外,股份公司充分利用板块管理全产业链优势,积极推动青年人才拓展培养,组织人员跨企业交流,进一步为青年人才创造平台,促进丰富工作阅历、拓宽管理视野,不断提高履职尽责能力。

（李宗鸿）

【三支人才队伍建设】 为进一步加强人才队伍建设,持续优化人才体系,构建更适合人才成长的多元化发展平台,经股份公司党委审议通过,于 10 月底制定下发《股份公司三支人才激励机制实施方案》,11 月份组织开展具体的实施工作。职务、职级、工资共激励 3014人。职务晋升:管理序列晋升 124 人,技能序列晋升 457 人。职级晋升:管理序列晋升 109 人,技能序列晋升 7 人。工资晋升:管理序列晋升 454 人,技能序列晋升 1863 人。

(种祥浩、范 斌)

【股份之星】 为全面加强人才队伍建设,按照《北京首钢股份有限公司第二届"股份之星"评选方案》,公司自下而上组织开展"股份之星"评选活动,经基层推荐及逐级审核,评选出 90 人。其中股份之星 6 人、科技之星 31 人、希望之星 53 人。

(范 斌)

【薪酬改革】 2017 年对钢铁板块单位以转型提效目标核定工资总额,根据年度钢铁板块单位转型提效任务及挂钩分配政策,按在岗职工、不在岗职工和领导人员分别进行 2017 年工资基数核定及总额结算,鼓励各单位早提效、早受益。

(种祥浩)

【转型提效】 2 月 9 日,股份公司召开转型提效专题大会,总结前转型提效工作,分析股份公司人力资源状况,部署启动 2017～2018 年转型提效工作,下发《北京首钢股份有限公司 2017—2018 年转型提效规划方案》。8 月 18 日,根据"首钢股份公司 2017～2018 年转型提效规划方案"确定的工作目标和钢铁板块管控的要求,调整部分单位内部机构设置并批复下达各单位定员编制,下发《关于调整组织机构及定员编制的通知》。8 月 23 日,股份公司召开转型提效推进大会,总结分析今年前期转型提效工作,动员推进后期重点工作,达到博采众长、互动学习、持续进步的目的。2017 年全年平均人数实现 9481 人,全年累计劳产率预计为 791 吨/人·年。股份公司全年压缩中层机构 2 个,基层机构 13 个,全年转型分流 1066 人,全面完成两级公司下达的任务目标。

(胡冬阳)

【机构调整】 6 月 6 日下发《关于调整人力资源部及党群工作部内部组织机构的通知》(北首股发〔2017〕121号)。将党群工作部组织室与人力资源部干部室整合,成立组织干部室;组织干部室设在人力资源部。设立中国共产党北京首钢股份有限公司委员会组织部。党委组织部与人力资源部实行一套机构两块牌子。7 月 3日下发《北京首钢股份有限公司关于设立系统创新部的通知》(北首股人发〔2017〕133 号)。为进一步适应国家及政府部门对企业环境保护的监管要求,进一步完善环境保护管理工作体系,加强环境保护专业管理,撤销能源环保部,分别设立能源部和环境保护部,下发《关于撤销能源环保部,分别设立能源部和环境保护部的通知》(北首股人发〔2017〕167 号)。

(胡冬阳)

【职工培训】 为推进能力提升,强化全员提素,构建高效优质首钢钢铁板块,努力提高劳动效率,发挥职业技能竞赛在高技能人才培养、选拔、激励等方面的积极作用,3 月份人力资源部制订下发《北京首钢股份有限公司第三届职业技能竞赛活动方案》。股份公司第三届职业技能竞赛活动以"造就精湛技艺,助力提质增效"为主题,竞赛活动分为初赛、复赛、决赛三个级别。初赛范围覆盖各作业部主要技术工种,复赛工种涉及转炉炼钢工、轧钢工等 18 个工种,初赛优秀选手 380 人参加,选拔出 57 人参加首钢 2017 年 7 个决赛工种比赛,5 个工种的第一名花落股份,12 人获得前三甲,20 人获得"首钢技术能手"称号,在所有参赛单位中名列第一。

(李培娟)

【审计专业基础制度通过审批】 审计部结合《内部控制评价手册》,制定《北京首钢股份有限公司内部审计管理制度》,新制度作为首钢股份审计专业的基础管理制度,完善审计部的职责、权限,细化审计工作流程及工作要求,增加内部审计质量控制的要求,规范内部控制评价程序。该制度于 2017 年 1 月份通过股份公司董事会的审批,于 2 月份正式发文执行。

(范韶静)

【强化督促力度,提高整改实效】 按照首钢集团公司党委关于推进市委巡视反馈及内部检查发现问题整改工作的有关要求和中共首钢集团公司党委、首钢集团公司下发的《首钢落实市委巡视反馈及内部检查发现问题整改工作计划》(首党发〔2017〕33 号)文件精神,股份公司作为首钢钢铁板块平台公司负责督促钢铁板块各单位开展整改工作。审计部作为工作牵头部门,及时督促各有关单位认真组织整改,定期检查、汇报整改工作进展情况,并加强与集团审计部、监事会的沟通,确保已完成整改的问题实行"对账销号"。截至 2017 年末,钢铁板块巡视整改披露审计问题 35 项,整改完成率 91.4%。

(苑韶静)

【内部控制自我评价及审计工作】 2017 年股份公司审计部在初步构建的内控体系基础上,开展"内控手册"内容完善、提交董事会审议批准、落实总公司专项计划、聘请社会中介机构开展内控审计等工作。股份公司董事会于 4 月 26 日审议批准《北京首钢股份有限公司关于编制"风险控制手册"和"内部控制手册"的议案》,5 月社会中介机构按照上市公司要求,对股份公司内部控制体系进行审计,通过对公司内控制度的审查、分析、测试、评价,对内部控制是否有效做出鉴定,形成内部控制审计报告,经股份公司董事会审批后进行对外披露。

(苑韶静)

【内部审计】 2017 年股份公司审计部认真履行内部审计职责,开展内部审计工作。经济责任审计方面,开展氧气厂厂长任期经济责任审计;专项审计方面,开展备品备件零星固定资产采购专项审计以及业务招待费专项审计;工程审计方面,开展炼铁抑尘设施项目、迁钢公司炼钢 RH 炉蒸汽系统改造和迁钢 3 号 RH 炉、4 号 RH 炉蒸汽系统改造结算审计。

(苑韶静)

【党建工作】 试点推动党组织规范化建设,建立"两学一做"常态化制度化机制,着力提升"三会一课"规范化、实效化、常态化水平,夯实党建基础;注重支部创新,着力打造特色党支部建设,连续两年组织"基层的精彩"党支部建设成果评比、展示,68 个党支部参加,20 个党支部获得表彰,用"品牌效应"提升党支部工作绩效、初步实现"一支部一特色"目标;在炼钢作业部率先实现基层党支部书记专职配备,对加强基层党支部规范化建设起到引领示范作用;鼓励党支部运用"互联网+"、微信平台等创新教育形式,使理论学习更富时代性,增强基层党组织凝聚力和战斗力。创新党建形式,组织开展"我为转型发展献一策""党员课题攻关"等主题活动,激励党员在岗位上亮身份、做表率,把党组织的思想优势、政治优势转化为创新发展的强大动力;运用"互联网+党建"模式,引进建设银行党费云业务,实现党费收缴管理的信息化、高效化、规范化;股份公司党委撰写的《结合"两学一做"专题探索党员队伍现状及存在的突出问题和新时期合格党员标准》获得 2016 年北京市国企党建研究会课题研究一等奖。

(苗文霞)

【党内监督】 纪委(监察部)发挥党内监督专责机关作用,履行监督执纪问责职责,协助首钢股份公司党委加强党风建设和组织协调反腐败工作。对党风廉政建设和信访举报、执纪审查工作进行半年和年度总结分析,向党委汇报。组织签订领导班子党风廉政建设责任书,提出党风廉政建设明责清单化、领导人员履责痕迹化、党委班子记责台账化的主要目标,记实工作落实到 L9 以上领导人员,推动全面从严治党延伸到基层支部。纪委(监察部)获"首钢先进纪检监察组织"称号,纪检监察干部 3 人、有功集体 4 个受到集团公司党委表彰。

(杨海东)

【党风廉洁教育】 组织观看正风肃纪专题教育片,通报集团内部的典型案例,内网"廉政建设"专栏刊发警示案例 61 个,转发违反中央八项规定精神问题通报 8 期;组织有业务处置权人员到冀东分局南堡监狱聆听职务犯罪人员忏悔;在集团公司开展的"我的家规家训家风"主题活动中,股份公司 7 篇作品分获一、二、三等奖,被评为优秀组织单位,2 篇入选北京市国资委廉洁文化优秀作品集。

(焦 焱)

【廉洁风险防控】 围绕采购、投资、财务管理等重点业务开展调研,针对 90 个重点业务流程,645 个廉政风险点,制订防范措施 645 条,编制完成重点业务廉政风险防控手册;深化"人防+技防+机制"管控模式,实现首钢迁安地区所有大型衡器远程集中监磅,实现原燃料全过程自动化检验,推进遥控天车改造,推进网上公开竞拍销售平台,从源头上防控廉政风险;对 91 人次进行廉洁自律情况审查,防止带病提拔、带病表彰;岗位轮换在同一岗位工作满 5 年、有业务处置权人员 145 人,廉政风险有效降低;与股权投资公司建立廉洁共建、监督联动机制,携手打造集团内部单位业务往来廉洁环境。

(周纪维)

【执纪审查】 纪委(监察部)加强执纪审查,保持正风肃纪高压态势。坚持挺纪在前,抓早抓小,运用第一种形态对 31 人进行批评教育、考核扣减绩效工资;运用第二种形态,给予党内警告处分 1 人,行政警告处理 1 人;根据生效的司法判决,给予开除党籍处分 2 人。

(胡 楠)

【效能监察】 围绕"三重一大"制度执行、"两会"确定的 20 个方面 48 项重点工作落实以及重点工程建设、物资采购、招投标、成本管理和安全、环保、防汛工作等方面开展监督检查,实施立项监察 25 项,提出改进管理建议 53 条,建立和完善规章制度 12 项;助推责任落实、提升管控效能,增加经济效益 5460 万元,避免经济损失 340 万元。

(赵连生)

【监督执纪问责能力建设】 纪委(监察部)选派人员到集团公司纪委参与执纪审查,锻炼提升能力水平;赴长城汽车进行交流学习,开展招投标监督检查知识培训,提高有关业务人员招投标管理水平和纪检监察干部监督检查能力;组织首钢钢铁板块管理平台问题线索排查会,纪检监察干部发现问题线索和查办问题的能力提升。组织纪检监察系统工作调研,有 4 篇调研报告在首钢纪检监察系统优秀调研成果评选活动中获奖,首钢股份公司获优秀组织奖。

(周纪维)

【党群工作】 加强典型宣传,统一思想、凝聚力量、鼓舞干劲。强化宣传,内网共发布宣传文章 658 篇,首钢报刊登 184 篇,其中头版 90 余篇,头版头条 20 余篇。《中国冶金报》头版连续刊登《供给侧改革中的首钢股份》系列报道,首钢股份亮相中央电视台《将改革进行到底》专题片,使首钢人倍感骄傲、倍感自豪。提高新媒体创新水平。全年发布 193 期微信,阅读量 418347 次、305556 人,树立起股份良好形象。增强群团组织战斗力。各级群团组织以"心里装着职工、眼里看着职工、双手拉紧职工、身子贴紧职工"的真情挚爱,切实发挥党联系职工群众桥梁和纽带作用。工会重点推进职工创新工作室和专家工作站建设,开展"两节"送温暖和职工健康体检、疗休养等工作。丰富群众性文体生活,举办首钢迁安地区职工迎新年晚会,牵头排演《长征组歌》,巡回演出 17 场,职工和家属两万人及当地群众观看,反响强烈。共青团贴近现场,努力提高团组织的吸引力和凝聚力,硅钢事业部"8020 青工创新工作站"获首批"市级创新工作站";青年思想调研、安全知识竞赛等各类活动有效推进重点工作开展。

(王雪冬)

【专家领导指导工作】

1 月 5 日,迁安市委副书记、市长韩国强,市委常委、常务副市长董志毅,副市长郎文昌等一行到首钢股份调研。

2 月 10 日,唐山市长丁绣峰,迁安市委书记张淑云,市长韩国强到首钢股份调研。

3 月 3 日,国家环保部华北督查中心副主任刘传义一行 4 人到首钢股份视察指导工作。

3 月 3 日,北京市安全监管局副局长唐明明等领导及市、区安全监管局协调处相关人员一行,到首钢股份调研。

3 月 7 日,原河北省委书记、推进津冀协同发展专家咨询委员会组长叶连松率领河北专咨委一行 17 人到首钢股份进行调研。

3 月 10 日,日产总部研发中心技术部领导及其配套钢材加工企业负责人一行到首钢股份参观交流。

3 月 14 日,在青岛海利尔集团董事长唐学书、首钢(青岛)钢业公司高管张奇和于兴君陪同下,中国成都海外交流协会副会长万禾到首钢股份考察交流。

3 月 22 日,安德里茨金属集团总裁 Dr.Heinz Autischer 一行 8 人到首钢股份进行交流。

3 月 24 日,北京市顺义区经信委领导及经济运行科、综合产业科相关人员一行到首钢股份调研。

4 月 12 日,北京市国资委监事会第九办事处主席王笑君、主任芦淑芳等一行 4 人到首钢股份调研。

5 月 10 日,现代制铁投资(中国)有限公司采购部经理李雨锺到首钢股份参观交流。

5 月 26 日,河北省地税局规划处处长葛亚萍、唐山市地税局局长张福军一行到首钢股份调研。

6 月 14 日,华晨宝马汽车有限公司高级副总裁恩格尔霍恩博士、间接采购高级经理艾什曼、间接采购经理徐哲夫等客人到首钢股份参观交流。

7 月 18 日,河北省安监局局长宋文玲一行到首钢股份视察指导工作。

7 月 22 日,国务院第二督察组陈儒茂一行到首钢股份调研。

7 月 31 日,河北省环保厅大气污染防治处副处长谢文勇一行四人到首钢股份调研。

8 月 22 日,唐山市政府党组成员王久宗,迁安市委书记张淑云,市委常委、常务副市长董志毅到首钢股份调研。

8 月 29 日,河北省委常委、唐山市委书记焦彦龙到首钢股份参观调研。

9月13日,包钢钢联股份公司副总经理杨永义一行到首钢股份交流访问。

9月25日,苏州大金总经理井形先生一行10人到首钢股份交流访问。

11月3日,河北省地税局党组成员、副局长王文涛一行到首钢股份参观调研。

11月10日,北京市人大代表、东城区东花市街道南里社区党委书记杨立新,率领该社区100人党员到首钢股份参观。

11月14日,中国机械冶金建材工会主席陈杰平一行到首钢股份参观。

11月21日,保定市徐水区政协考察团,迁安市领导李维林到首钢股份参观考察。

12月1日,水利部海河委水政水资源处副处长陈秋然一行5人到首钢股份检查指导工作。

12月12日,北京市石景山区区委副书记、常务副区长田利跃率该区党政部门相关领导一行7人,到首钢股份参观。

12月12日,日本株式会社美达王东亚总代表赤阪太郎一行19人到首钢股份参观交流。

12月28日,河北省人大副主任、财经委主任委员王雪峰一行8人到首钢股份调研。

(吴 伟)

首钢股份炼铁作业部

【炼铁作业部领导名录】

党委书记:康大鹏

部　　长:刘国友(6月任职)　马金芳(6月离任)

副部长:龚卫民　杨金保　刘占江　焦月生

部长助理:刘　斌　贾国利(1月任职)

　　　　吴桂辑(1月任职)

(陈俊生)

【概况】　炼铁作业部现拥有三座大型高炉,设计年产铁825万吨。拥有1台360平方米和6台110.5平方米烧结机,烧结矿产能1150万吨。拥有2条氧化球团生产线,设计年产球团矿300万吨。

炼铁作业部下设综合办公室、政工室、生产技术室、资源经营室、成本核算室、安全管理室、设备管理室等7个科室和一高炉、二高炉、三高炉、烧结、球团、运料、供排、动力等8个作业区90个班组,在册职工1517人,其中:内退19人、不在岗15人、外派10人;有研究生学历36人,大专以上学历998人;岗位操作人员1274人,其中高级技师13人,技师100人,高级工664人。

(陈俊生)

【技术指标】　2017年多次大幅度的环保限产和高频次、长时间流程检修严重影响高炉产能的发挥,通过强化组织协调,全力以赴保顺稳,全年生铁产量742.3万吨、烧结矿产量857.2万吨、球团矿产量356.62万吨,高炉利用系数2.234吨/立方米·天,入炉焦比335.91千克/吨,煤比143.441千克/吨,燃料比521.863千克/吨,累计焦炭负荷4.852,铁水一级品率71.65%。

(张海滨)

【成本指标】　2017年,生铁成本2095.44元/吨(原料费1079.12元/吨,冶炼费1016.32元/吨),其中,一高炉2138.83元/吨,二高炉2051.46元/吨,三高炉2096.72元/吨。烧结矿成本642.85元/吨,其中一烧642.64元/吨,二烧643.19元/吨。球团矿成本698.05元/吨,其中一系列699.43元/吨,二系列697.27元/吨。通过一系列降本措施的开展,铁成本与国内同行业平均水平高77.47元/吨,比2016年缩小57.25元/吨,行业排名从48位上升到46位。

(杜丽霞)

【党组织建设】　发展党员11人,预备党员转正17人。3月份试行党员个人网上缴纳党费。开展"特色党支部"创建、"基层的精彩"党支部和班组成果展示,球团作业区党支部、动力作业区党支部等获得网络评选、支部展示荣誉。

(胡 刚)

【宣传工作】　以"传承首钢精神、走好炼铁人新的长征路""降本进行时""铁人风采"等系列报道为载体进行实时报道,其中,《股份公司发挥铁前协同优势　助力生产经营》《挖掘降本潜力,全力攻关"降百"》《工厂到工序的巨变》《提高效率保供应》等多篇文章登上《首钢日报》头版。

(胡 刚)

【工会工作】　2017年评选股份公司级季度竞赛标兵130人次、股份公司月度小指标优胜班组312个次、优胜个人123人次,组织职工参加在职职工住院医疗、意外伤害和重大疾病三项互助保险,三项保险报销92人次;开展"心系职工,共筑和谐"为主题的送温暖活动,合计捐款 59140 元;为困难职工 60 人发放慰问金,为退休劳模 2 人、在职劳模 3 人发放慰问品;举办游泳、乒乓球等文体活动 20 余场,参与人数 1200 余人次。

(胡 刚)

【廉政建设】 加强对党风廉洁建设工作的领导,注重学习与计划并行,将学习贯彻到全年工作计划中,确保领导干部和有业务处置权人员时时有理论指导,处处有行动纲领。通过党委班子会、党委中心组理论学习、党支部书记会、早调会等会议宣贯学习内容,全年共召开党委中心组理论学习 12 次,党委班子专题讨论 12 次。约谈干部职工 164 人次,其中:L7 以上人员 8 人次,L9 以上人员 69 人次,重点岗位人员 87 人次,为实现领导干部及有业务处置权人员依法从业奠定基础。

(胡 刚)

【共青团建设】 申报青年"双争"课题 44 项,结题 25 项,并首次举办炼铁专场答辩会,4 个课题获得最佳课题,4 个课题获得优秀课题,创效百万元。组织创建球团"筑梦空间"首钢青年创新工作站。申报全国钢铁冶金行业优秀共青团员 1 人、首钢"五四"红旗团支部 1 个、首钢优秀团员 1 人、首钢青年创新先锋 2 人、股份优秀共青团员 7 人、股份优秀青年志愿者 6 人、股份"五四"红旗团总支 1 个、股份优秀团干部 1 人,激发广大团员青年干事创业热情。

(胡 刚)

【安全管理】 落实安全生产责任和措施,持续强化安全基础管理。推广本质化安全管理经验,推进"三重"预防性工作体系建设。依法健全完善管理体系,加强相关方管理,确保技改工程和检修施工安全顺利进行。全年未发生一般及以上事故和职业病;发生二起轻伤事故,百万工时伤害率 0.64,比年计划 0.85 低 24.7%。

(赵 坤)

【环保管理】 认真贯彻落实政府环保政策,积极制定环保设施改造项目方案,完成"烧结老系统环境除尘 40 平、双 50 平(含 F4)电改袋改造""球团氧化球料场封闭""烧结老系统 6*185 平静电除尘器升级改造""炼铁区域环境除尘达标排放材质布袋升级实验""烧结老系统脱硫烟气深度净化治理"等项目;积极推进料场封闭改造,烧结 250 立、500 立窑石灰石料场封闭项目启动;执行 2017~2018 年采暖季错峰生产方案,并接受国家环保部、河北省环保厅、唐山市发改委等部门现场检查,受到良好评价。

(张玉宝)

【炼铁系统检修和恢复】 随着地区环保政策日趋严格,临时性环保限产与固定时间段限产并存。年内高炉共计划检修 12 次,因配合钢轧检修安排 1 号高炉降料面停炉 1 次、因采暖季限产安排 2 号高炉闷炉停炉 1 次,多次大幅度的环保限产和长时间流程检修,增加检修组织难度,还对铁前原燃料组织造成严重影响。炼铁作业部克服困难,圆满完成各阶段系列检修任务和高炉恢复工作。

(李志海)

【球团攻关打产】 通过优化主枪结构,缓解窑况控制难题;摸索最佳操作控制方法,降低多品种配矿对生产的影响;强化设备使、管、修管理,实现设备长周期稳定运行等措施,全年球团矿超产 24.32 万吨,创脱硫系统投产以来较好水平。

(刘长江)

【中钛球生产】 根据高炉炉料需求,开展中钛球团矿生产,原料成球性差、生球质量偏低、窑内焙烧气氛不好、成品球抗压不稳定等难题得到解决,成功生产出含钛量大于 6% 的中钛球团矿,成品质量达到技术标准要求。

(刘长江)

【提高烟煤比例攻关】 从安全保障和技术攻关两方面入手,对设备进行改造,全厂烟煤配比单月达到 55.3%,为国内领先水平。

(王宇哲)

【机械化更换冷却设备】 采用新型"全液压风口、中缸装卸机",换风口时间由 60 分钟下降到 35 分钟,卸中缸在 10 分钟以内,成功率高达 95%,有效减少因破拆带来的环保问题,工作效率提高。"全液压吹管装卸机"加紧装置使用后,平口垫发红跑风现象消失。

(石存广)

【配合硅钢冶炼】 本着工序服从、硅钢优先的生产组织原则,针对不同牌号的品种对铁水质量的不同需求,积极与下道工序沟通,控制好铁水中 Ti、S、Mn 等元素的含量,全年冶炼硅钢 7560 炉(约 1587600 吨),其中取向硅钢共 921 炉(约 193410 吨),无取向硅钢共 6639 炉(约 1394190 吨)。

(赵京雁)

【烧结工序配吃固废】 根据不同固废烧结性能及对烧结实物质量、冶金性能指标的影响,合理匹配一烧、二烧配加品种和比例,正常生产瓦斯灰、炼铁灰和轧皮在一烧配加,原料灰在二烧配加,实现固废长周期稳定配加,全年合计配加固废 43.99 万吨(干量)。

（张志东）

【科研项目】 开展实施"3 号高炉增加炉缸水温差自动检测和智能预警系统""二号高炉增加热流及渣皮可视化模型""高炉增加降料面自动化控制系统"等 3 项科研项目。

（杨晓婷）

【进口矿经营取得新突破】 开发出罗伊山粉、罗伊山块、澳洲加工精粉、巴精粉等四种新资源,全年完成贸易矿采购 146.13 万吨,占进口矿总量的 24.86%,对比当期普氏指数降低 14.04 美元/吨,降低采购成本 1.39 亿元。全年进口矿采购矿价跑赢市场 5.41 美元,降低采购成本 2.15 亿元。

（高新洲）

【创新自产矿粉定价模式】 对自产粉定价规则进行大量测算分析,与矿业公司沟通,确定以"进口矿实际采购价格代替原普氏指数"作为自产粉定价依据,自 8 月实施,降低采购成本 2248 万元,自产矿粉价格对比同期降低 12.9 元/吨。

（高新洲）

【工程改造】 组织实施设备技术改造 10 项,6 项已投入生产运行,4 项正在组织实施。1 月完成烧结金属料场改造、一系列烧结老系统脱硫烟气深度治理,3 月完成 45 平电除尘改造,4 月完成老系统成品仓增加仓储,7 月完成 4 号机头电除尘材质升级改造,12 月完成 6 台烧结老系统机尾除尘器改造。堆取料机共轨改造、石灰石料场封闭、供料作业区新增地表给料装置、球团磨煤系统改造等正在组织实施。

（王焕云）

【节能项目】 组织实施节能项目 4 项。8 月完成二号高炉热风炉煤气预热器改造,煤气预热温度比改造前提高 40℃;7 月完成 4 号冷风机、三冲渣 1 号助冲泵永磁涡流柔性传动改造;12 月完成球团一系列环冷机 2 台鼓风机永磁涡流柔性传动改造,电能消耗降低。

（薛理政）

【集中操控改造】 5 月完成一制粉、二制粉的集中操控改造,9 月完成一冲渣、二冲渣、三冲渣及其皮带系统的集中操作监控改造。

（薛理政）

【TPM 管理】 围绕"设备星级管理"和"现场环境提升"开展专项活动 11 个;小组活动 1008 次,查找问题点 10180 项,整改率 99.1%;小组自主培训 985 次、制作改善亮点 991 个、OPL 课件 489 件。炼铁作业部获公司"金牛奖"1 次,球团、料场作业区获公司"TPM 管理创新示范区"称号;炼铁作业部内部评出金牛奖 3 个、优秀活动小组 18 个、优秀改善亮点 23 个、优秀焦点课题 7 个。

（刘晓磊）

首钢股份炼钢作业部

【炼钢作业部领导名录】

    书　　记:王铁良(6 月任职)　张　涛(6 月离任)
    部　　长:彭开玉(6 月任职)
    副部长:黄怀富
    副部长:刘凤刚(6 月任职)
    首席工程师:郝殿国
    首席工程师:成天兵(10 月份)
    首席技术专家:黄福祥(10 月任职)

（刘子龙）

【概况】 炼钢作业部始建于 2003 年 6 月份,2010 年配套项目全面投产稳定运行,具有 800 万吨的生产能力。设 5 个专业科室、11 个作业区。2017 年底,在册职工 1563 人(其中:中层领导 4 人,基层领导 41 人,一般管理人员 173 人,生产操作人员 1345 人)。在册职工中,党员 506 人、团员 18 人,党团员占在岗职工的 33.52%。

2017 年炼钢作业部克服环保限产、品种钢提量、品种钢多、设备检修频繁、外部铁水供应波动大等困难,以稳定生产为原则,围绕降本增效,展开各项生产、技术工作。通过加强对生产态势变化的预研预判和生产组织模式的动态调整,适应新变化、明确新思路、制定新措施,整体生产保持安全稳定顺行的良好局面,全面完成公司下达的任务。在完成各项生产任务及技术指标的同时,结合品种钢及生产条件,逐步展开方坯生产、飞包、一炼钢 RH 专线化生产等试验,同时加大配吃废钢量、降低铁耗,从而降低炼钢成本。

（刘子龙）

【安全管理】 2017年炼钢作业部始终坚持两条主线和一个重点(两条主线:一是美铝安全管理模式推广;二是安全生产标准化建设。一个重点:坚持相关方管理为重点)安全管理思路。加强安全风险分级管控、隐患排查治理和事故应急救援预防工作体系建设,强化安全生产主体责任落实。积极开展煤气系统、有限空间、起重设备、盛钢容器以及相关方管理等专项检查。建立起炼钢作业部安全生产问责问效积分管理规定、安全臂章使用管理规定等相关制度。按照"统一协调、统一管理"工作思路,建立健全外埠单位安全基础档案,强化检修前安全风险安全交底和安全告知,加强检修过程安全管控和检修后安全总结发布,实现2017年相关方安全管理"零"事故目标。

(李志泉)

【产量和指标】 2017年钢产量计划737万吨,实际完成750.31万吨,对照计划产量超产13.31万吨。在重点指标的管控上取得显著效果,钢铁料消耗1079千克/吨,副枪自动化炼钢命中率平均90.6%,继续保持较高水平,板坯综合合格率保持在99.94%以上,恒拉速指标继续保持在98%以上;铸坯O5板判成率为87.34%,汽车外板中包全氧($\leq$23ppm)合格率98.04%。

(张立国)

【降成本工作】 面对市场持续低迷、成本压力加大局面,2017年围绕公司年度预算安排,为降低炼钢工序成本,炼钢作业部特制定《2017年炼钢系统降本增效工作方案》,作业部积极开展优化废钢结构、复吹攻关、降低出钢温度以及渣跨、套筒窑、钢坯精整区域外包降低劳务费等措施,并按照每季度目标稳步推进各项措施,2017年实际降本总额达到1.096亿元。

(贾 毅)

【品种钢生产】 2017年炼钢作业部品种以汽车板、管线钢、耐候钢、高强钢、焊瓶钢等系列为主。汽车板完成产量134.5万吨,其中全年累计产出外板量36.68万吨,炼成率99.05%,10级坯比例50.82%,铸坯产出率49.59%;其中BH钢产量7.2万吨,BH钢过剩碳合格率98.82%;无堵塞水口11级比例28.29%,11+12级87.21%。汽车外板钢包顶渣TFe<6%合格率79.06%;RH-SVDC工艺开发,2017年SVDC快速脱碳得到突破,IF钢13min[C]含量$\leq$15ppm的比例86%。其中高级别管线钢夹杂物一检合格率达到99.2%,高品质钢内

部质量稳步提升,中心偏析$\leq$C类1.0级比例达到93.8%。

(刘道正)

【硅钢生产】 2017年,炼钢作业部取向硅钢产量19.63万吨,综合炼成率99.31%。无取向硅钢144.36万吨,炼成率达到99.79%。取向硅钢窄成分攻关取得进展,HiB取向硅钢铝满足±10ppm的比例由2016年的94.5%提高至2017年的96.15%,HiB取向硅钢氮满足±3ppm的比例由2016年的90.5%提高至2017年的95.28%,HiB取向硅钢Ti$\leq$20ppm的比例由2016年的91.67%提高至2017年的96.16%。细分取向硅钢钢种牌号,较2016年新增5个钢种,市场竞争力提高。

(赵艳宇)

【规程管理】 2017年结合公司规制整改炼钢作业部对80个岗位作业规程及126个相关方岗位规程进行梳理修订。根据公司有岗有规、岗位规程和岗位名称严格对应的要求进行细致梳理,规程中安全规程变为安全操作规程,安全操作规程由六要素组成,作业部内部职工规程正在审核中,结合本次修订将对原规程中不合理的内容一起进行修订,均已报公司审核。

(杨晓艳)

【转炉复吹效果】 自2014年开始进行复吹攻关,几年来,复吹工艺技术突飞猛进,从转炉复吹比100%、碳氧积0.0021到0.00195再到0.00188,从跨越式进步到突破再突破精进每一小步的步履维艰,炼钢转炉复吹攻关团队始终瞄准世界顶尖技术,坚持不懈开展攻关,永不满足,持续突破,复吹工艺技术突飞猛进,质量控制水平大幅提升,实现一次又一次的高水平突破,助推股份公司炼钢技术从跟随向引领的新跨越。

(郭玉明)

【工程技改】 2017年设备管理室组织完成1号KR脱硫工程投产,1号、2号板坯铸机切割改用天然气,一、二炼钢转炉煤气放散点火系统工程,天车遥控改造,18台天车在线监控投入等工程技改项目,满足生产工艺要求,达到安全环保要求。

(马 银)

【设备管理】 设备管理室组织转炉烟道长寿命运行攻关、板坯结晶器锥度控制攻关、一次除尘风机漏煤气处理、天车裂纹处理、提高板坯基弧辊缝精度管理水平等

项目,消除设备隐患,确保设备稳定顺行。

（马 银）

【人才培养】 3月15日,王新华专家工作站揭牌仪式在炼钢作业部隆重举行。王新华专家工作站是围绕股份公司战略发展定位,发挥技术技能人才队伍创新作用,不断创新科技驱动发展战略,解放和激发科技作为第一生产力所蕴藏的巨大潜能,让越来越多的技术创新走进公司生产研发过程,借助技术带动整体产品体系不断升级的一次积极探索和实践。工作站作为炼钢技术人员和专家之间长期合作交流的平台和载体,将以炼钢需求为基础、以项目为核心、以实效为根本,以现场的工艺、技术难题为依托,以每周三召开例会为组织形式,结合具体试验和数据分析,在解决问题的同时,全面提升学员的各项能力。为加强人才梯队建设,在各作业区设立专职党支部书记,并设立首席作业长（主任）助理。

（耿 翔、侯友松）

【职工创新】 3月31日,具有炼钢作业部特色的"双师工作站"在炼钢作业部成立,工作站将设备管理室的主任师和设备点检的高级技师有效结合,在发挥各自特点的同时相互促进、相互学习、相互补充,为炼钢作业部的设备管理奠定人员基础。

（耿 翔）

【企业文化】 8月23日,炼钢作业部"恋钢"职工文艺晚会在迁钢小区多功能厅隆重举办,原首钢集团老领导、股份公司领导、各专业部室、作业部领导及职工朋友们共计300余人观看了晚会。11月16日,炼钢男篮在股份公司第三届篮球联赛决赛中卫冕冠军。2017年炼钢作业部团总支被共青团中央、国家安全监督总局授予"全国青年安全生产示范岗"称号。

（耿 翔）

【职业技能竞赛】 2017年组织承办首钢总公司职业技能竞赛转炉炼钢工、天车工技能竞赛决赛。组织成立转炉炼钢工、天车工工作组,全面负责参赛选手的赛前理论知识培训、实操练习辅导及赛事组织工作。在转炉炼钢工比赛中,股份公司炼钢作业部获得第一、二、三名,二炼钢作业区选手杨欢获得最高分95.59分,摘得冠军;天车工比赛中,获得第三、四名,分别由炼钢天车作业区选手张浩、李纲获得。

（李 涛）

首钢股份热轧作业部

【热轧作业部领导名录】
党委书记、部长:蔡耀清（6月任职）
党委副书记:陈小伟（6月离任）
　　　　　　郑佳伟（6月任职,9月离任）
副部长:周 阳 王 伦 李文晖（10月离任）
党委书记助理、纪委书记:刘志民（10月任职）
部长助理兼设备管理室主任:周广成（10月任职）
首席工程师:兰代旺 刘世赤 陈 波（10月任职）

（张来忠、赵 阳）

【概况】 热轧作业部拥有热连轧生产线2条。一热轧主体设备是1套德国西马克、西门子公司与首钢合作设计制造,辊身长2250毫米的半连续热轧带钢轧机（简称"2160轧机"）,2006年12月23日建成投产;二热轧主轧线设备设计及制造者为中国一重集团,主轧线电气自动化系统、高温感应加热炉、边部加热器设计及供货者为TMEIC公司,加热炉蓄热式烧嘴、燃烧控制系统及二级系统设计及供货者为ROZAI公司,侧压机设计及供货者为德国西马克公司,其他设备及配套设计和供货者均为首钢国际工程公司,2009年12月14日投产。

有两条热卷开平生产线、一条罩式炉生产线、一条热轧酸洗生产线、一条酸洗卷破鳞拉矫生产线、一条酸洗卷开平生产线。其中1号开平生产线为进口生产线,年设计产能45万吨;2号开平生产线为国内设计制造,年生产能力20万吨。罩式退火线于2011年6月28日投产,年设计产能12万吨;热轧酸洗生产线于2012年9月28日正式投产,年设计产能77万吨。酸洗卷破鳞拉矫线年设计产能30万吨;酸洗卷开平线年设计产能12万吨。

热轧作业部下设综合办公室、政工室、生产技术室、设备管理室、安全管理室、一热轧轧钢作业区、二热轧轧钢作业区、精整作业区、酸洗板材作业区9个科级单位。共有在册职工848人,协力职工148人。在册人员中,男职工741人,女职工107人,35岁以下职工554人,占职工总数的65.25%,全厂职工平均年龄35岁。管理岗位180人,其中作业部领导8人、科级25人、一般管理147人,平均年龄36岁;操作岗位668人,平均年龄35岁。现管理岗位聘任高级主任师1人、主任师9人、主管师 27 人。现操作岗位聘任技师 44 人，其中首席技师 3 人、高级技师 2 人、技师 39 人。大专以上学历 644 人，占职工总数 75.94%，其中硕士 55 人，占职工总数 6.49%；中级职称以上人员 122 人，占职工总数 14.39%；持有技能证中级以上 474 人，占操作岗位职工总数 70.96%，其中高级技师 9 人、技师 65 人。党员 391 人，团员 50 人。作业部党委下设基层党支部 7 个，党小组 27 个。

（张来忠、尹海霞）

【产量完成】 2017 年，热轧作业部完成产量 730.36 万吨（计划 700 万吨），其中一热轧 402.63 万吨，二热轧 327.73 万吨。截至 2017 年底热轧已累计轧钢 6358.5 万吨。重点品种上，硅钢完成 163.6 万吨（其中取向硅钢 23.17 万吨），较 2016 年增加 9.82 万吨，汽车板完成 135 万吨（其中外板 36 万吨）。

2017 年酸洗产品完成 53.27 万吨，超计划 3.27 万吨，较 2016 年提高 10.32 万吨，其中 12 月份达到 5.08 万吨，创酸洗线投产以来的月产纪录。其中汽车结构用钢为 20.47 万吨，占比 38.35%，较 2016 年提高 3.35%；家电用钢为 17.11 万吨，占比 32.12%，较 2016 年提高 5.22%。厚度小于等于 2.0 毫米规格 8.07 万吨，占年产量的 15.15%，较 2016 年提高 0.52 万吨。

（程艳飞、刘恩庆）

【降本增效】 2017 年通过产量提升、质量提高、修理费管控等措施，降本效果较 2016 年进步明显。2017 年热轧吨钢降本 20.56 元，累计降本 15429 万元，完成预算任务的 87.75%，其中轧钢工序吨钢降本 18.35 元，累计降本 13770 万元，完成预算任务的 83.79%；酸洗工序吨钢降本 2.21 元，累计降本 1659 万元，完成预算任务的 144.5%。2017 年各类废次材交库 30273 吨，创造经济效益约 6396 万元。

（刘杏荣、贾雨樨）

【品种钢开发】 2017 年，共开发复合钢、66AA1、CT80、S12S 等 16 个新钢种，开发出 1.5 毫米 SQ550W、1.8 毫米双相钢、1.8 毫米 Q25G 等 40 个新极限规格，产品范围包括管线钢、酸洗板、高强钢、汽车板、硅钢等。汽车板以高强化、轻量化为发展方向，2017 年共进行规格减薄拓展 6628 吨左右，3 毫米以下的高强冷轧料增量 3000 吨，DP780 以上级别高强钢增量 1000 吨。硅钢方面，一热轧开展硅钢品种拓展，实现电工钢"双线"互补

生产，组织 4 次共计 9526 吨低牌号无取向硅钢 50SW800、50SW1300 批量生产。管线钢方面，完成供中俄东线试验段 21.4*1550 毫米规格 X80 订单批量生产。专用钢方面开发出工具钢 65CRNIA，并实现小批量生产，晶间氧化等问题得到解决。

（武巧玲、徐 伟）

【高效协同，推进酸洗产品开发及认证】 2017 年成立酸洗协同工作小组，10 月份组织召开首钢汽车酸洗板用户技术研讨会。2017 年酸洗产品开展了包括北京现代、长城汽车、本田汽车、泛亚、东风日产、东风商务车等 24 家客户的产品认证，通过松下电器、恩布拉科、加西贝拉等 3 大家电企业的压缩机认证并批量供货。2017 年酸洗认证转化为正式订单采购量为 39117 吨，其中汽车转换量为 32617 吨，家电转换量为 6500 吨，涉及客户主要为长城汽车、北汽、东风日产、本特勒、加西贝拉等。2017 年酸洗板用户档案共建立 42 家，其中战略客户 21 家。

（武巧玲、张嘉琪）

【工艺技术攻关】 2017 年开发铁素体区轧制先进工艺技术，IF 钢平均出炉温度降低到 1179 度，达到国际先进水平。硅钢产品实现在炉时间和温度双突破，无取向硅钢和取向硅钢在炉时间均大幅降低。对 S30Y 等钢种进行温度制度优化，实现 S09 钢种出炉温度降低，达到国内领先水平。

（武巧玲）

【自动化技术攻关】 1580 产线开发薄规格高强酸洗板板形自动化控制技术，薄规格轧制机架内中浪问题改善；开发正弦函数窜辊策略以及异步自由窜辊、计划单自动变凸度控制、优化二级板形系统凸度自学习、开发凸度自学习死区等功能，高牌号无取向硅钢 C25 命中率综合达到 90% 的国内领先水平。2160 产线开展大凸度攻关工作，开发凸度自学习的神经元并联程序、机架间平直度的神经元并联程序等，提高高强钢轧制稳定性；开发局部高点识别算法，实现隆起数据的存储和分析；开发 F6 周期窜辊策略，汽车板尤其是 IF 钢的隆起缺陷等改善。

（董立杰）

【质量控制】 2017 年轧线综合成材率 97.57%，较 2016 年提高 0.07%；酸洗成材率 95.85%，较 2016 年提高 0.63%。2160 产线质量直通率 86.4%，较 2016 年提高

9.2%;1580 产线质量直通率 88.7%,较 2016 年提高 7.2%;酸洗产线质量直通率 87.39%,较 2016 年提高 11.46%。轧线带出品率 2.23%,较 2016 年降低 0.5%,酸洗带出品率 5.61%,较 2016 年降低 0.81%。

(武巧玲、李景庆)

【提升设备性能】 2017 年组织完成延迟辊道区域(2160 产线)和中间辊道区域(1580 产线)新增保温罩改造项目,中间坯温降减少 11~14 度;2160 产线完成精除鳞系统改造,除鳞压力由 180bar 提升至 250bar,二次氧化铁皮的去除能力提高;R1 新增液压压下(HGC)改造项目,粗轧镰刀弯明显改善,板形控制精度提升。1580 产线进行 F3 轧机弯窜辊系统改造,F1/F2/F3/F6 换辊小车改造,换辊故障率明显降低。通过设备改造,提高产线作业效率和轧制稳定性,每年预计产生经济效益 1080 万元。

(周广成、郭　杰)

【完成两线四次大型检修】 2017 年 5 月份,组织 1580 产线中修;6 月份,组织 2160 产线中修;此外,围绕冬季环保限产,两线各组织 1 次检修,积极克服酷暑和严寒极端天气带来的不利因素,发动全员积极参与。通过提前谋划、精细审排、昼夜奋战、协同作战等,保证检修工期;通过精细检查、精密检测等手段提高设备精度;通过技术升级、设备改造提升设备装备水平。4 次长时间停机检修,累计检修时间 720 小时,做到安全、防火、防盗事故为零,设备精度上台阶,产品质量和性能稳步提升。

(周广成、李建东)

【完成年度减员计划】 为提高企业生存能力,加快转型提效,提高全要素生产率,优化再造管理流程,全面提高劳动效率,2017 年 4 月整合设备部热轧维检作业区,共划转 131 人。同时,考虑新项目定员 41 人,维检整合 131 人,承接优化指标 14 人,生产计划业务划出 5 人,年底控制指标人数为 835 人。截至 12 月底总人数 848 人,扣除退伍军人、外派等不计入核定人数人员,计算总人数为 833 人,完成公司下达年度指标任务。

(张来忠、赵　阳)

【技能竞赛】 热轧作业部承办轧钢工决赛工作,从竞赛筹划、试题制定、赛前培训到决赛组织均细致研究、精心安排,组织制定《2017 年首钢总公司轧钢工(热轧)决赛实施方案》《2017 年轧钢工(热轧)决赛培训方案》《轧机排故环节工作安排》及《轧钢工竞赛决赛事应急预案》,确保决赛工作圆满完成。热轧作业部 3 人参赛选手获得前五名的好成绩,其中张月林获得轧钢工第一名;张柏元、杨文强分别获得轧钢工、机械点检员第五名。

(尹海霞)

【三支人才队伍建设】 围绕着三支人才队伍激励机制工作内容,开展职务评聘、职级晋升、择优升级及调整工资等项工作,部领导随时掌握工作进度及动态,对工作中遇到的问题及时决策,确保各个环节顺利完成。择优升级人员共计 206 人;职务评聘共 52 人,其中:晋主任师 2 人、晋主管师 9 人、晋主管员 6 人、晋助理员 6 人、职级晋升 5 人、技师评聘 24 人。

(张来忠、赵　阳、尹海霞)

【十九大与党的建设】 2017 年,热轧作业部党委以党的十九大精神为指导,学习党章、党规和习近平总书记系列重要讲话精神,贯彻习近平新时代中国特色社会主义思想,以落实党要管党、全面从严治党为主线,坚持党建统领推动生产经营,坚持抓班子、抓作风、带队伍、强素质、打基础、求突破不断强化基层党建,努力工作、廉洁自律、迎难而上全面提升基层党组织的凝聚力、组织力、战斗力,为持续发展提供坚强的组织和纪律保障。

制定下发《关于深入学习宣传贯彻党的十九大精神的通知》,每周一"固定党日"集中学习。制定学习总方案 1 个,党委中心组月度学习计划 12 个,组织党委中心组学习 27 次;下发党支部月度学习计划 12 个。组织班子成员深入党支部、党小组宣讲党的十九大精神,过好双重组织生活。深入基层一线开展调研,现场研究解决党建工作中存在的问题。开展"锤炼党性修养、加强政治能力训练"和"不忘初心、牢记使命"为主题的专题研讨。开展"微党课",领导干部走上讲台宣讲党的理论及十九大精神。开展主题党日活动 2 次、主题团日活动 3 次。组织 9 个基层党支部完成换届选举工作,选出新党支部班子。深入推进上下工序党支部沟通与交流,组织二热轧党支部与硅钢事业部二作业区党支部、一热轧党支部与冷轧公司酸轧党支部开展党支部共建。评选表彰季度"党员之星" 15 人,季度"安全隐患排查能手" 38 人。继续开展"争创青年创新团队,争当青年创新先锋"活动,全年申报 30 项"双争"课题,其中有 4 项课题荣获"最佳课题",7 项课题荣获"优秀课题",10 项课题顺利通过答辩;通过量化积分,全年评选产生 26 人季度"青年创新先锋"、16 人季度股份公司"六敢"青年。选举 14 人团员青年代表出席共青团北京首钢股份有限公司第一次代表大会;选举 2 人团员青年代表出席共青团首钢集团第十六次代表大会,提升广大团员青年政治素养。

在股份公司"基层的精彩"班组和党支部建设成果展示活动中,二热轧轧钢作业区党支部荣获"优秀党支部"称号,设备管理室一热轧设备白班、生产准备作业区一热轧点检班、设备管理室二热轧电气自动化班、一热轧轧钢作业区轧钢丙班、二热轧轧钢作业区轧钢丁班 5 个班组荣获"优秀班组"称号。

随着干部调整,召开党员代表大会,按照规定的民主程序,以无记名投票方式,补选热轧作业部第一届党委委员。

(蔡耀清、牛 科)

首钢股份硅钢事业部

【硅钢事业部领导名录】
股份公司副总经理兼硅钢事业部党委书记、硅钢工程技术研究中心主任:孙茂林(10 月任职)
党委副书记:唐东育
副部长(主持工作):张广治(12 月任职)
副部长:蒋本君　齐杰斌　员大保
　　　　胡志远(10 月任职)
　　　　张叶成(10 月任职)
部长助理:张　亮(8 月任职)
首席工程师:赵东林　翁晓羽　梁　元
　　　　　　夏兆所　张琼予

(陈晓明)

【概况】　首钢硅钢项目于 2008 年 12 月 5 日破土动工,2012 年 12 月 10 日全流程贯通,2013 年 10 月成立硅钢事业部,创新"产销研一体化"运行机制,建立和完善硅钢一贯管理体系。2017 年,产销量突破 150 万吨,连续三年成为世界无取向硅钢产量冠军,市场占有率国内领先,国内每 2 台变频空调就有 1 台采用首钢硅钢制造;两款新能源汽车用产品实现全球首发;掌握高磁感取向硅钢核心生产技术,成为全世界第四家低温板坯加热工艺产业化的企业,产品广泛应用于 500 千伏及以上超、特高压变压器生产制造,实现国网交流"双百万"变压

器应用突破,薄规格产品成功应用于中国高铁首套智能化变电站,跻身变压器材料世界第一阵营;与中国电科院、保变、沈变、海立等共建联合实验室,产品质量和性能达到国内领先水平,与国内外知名企业建立稳定、良好的合作关系,正在成长为"全球领先的电工钢生产厂"。截至 2017 年 12 月底,硅钢事业部下设五个作业区,八个职能科室,实有人员 1362 人,其中核心在册 1358 人(管理及以上 324 人、操作 1034 人)、协力 4 人;博士 5 人、硕士 70 人、本科 387 人、专科 485 人,高级工程师以上 17 人(包括 2 人教授级高级工程师)、工程师 112 人、助理工程师 87 人。

(张 扬)

【硅钢事业部大事记】
2017 年,在公司领导及各单位大力支持下,硅钢事业部全体干部职工发扬"精细严实、协同高效、永不满足"的硅钢精神,坚持"以市场为导向,以客户为中心,以经济效益为核心"的发展理念,以实现"安全零违章、产线零故停、质量零损失"为目标追求,以"本质安全"和"精益生产"为抓手,坚持"目标导向、问题导向"积极应对内外环境变化,实现硅钢生产顺稳,在全面完成预算任务基础上,实现硅钢盈利,并在产品开发认证、渠道建设、本质化安全管理等多项工作上取得突破性进展。

全年销量 154.11 万吨,同比增长 2.66 万吨,其中,无取向高牌号 30.92 万吨,取向 15.55 万吨,高端产品比例达到 30%。综合市场占有率国内第二。

全年产量 150.39 万吨,同比增加 8.24 万吨,再创新高。连续 3 年实现无取向单体工厂产量全球第一。

全年降本 9571 万元,超额完成预算任务。

新能源汽车用 35SWYS900、35SW1700-H 等两个产品实现全球首发。全年新能源汽车用钢供货量达到 6500 吨,实现突破。

全年 EVI 供货量达到 18.62 万吨。

《特高压变压器用高磁感取向硅钢全流程板形控制技术研究与应用》项目获得 2017 年冶金科学技术奖三等奖。

《首钢高磁感取向硅钢板形控制技术研究》《变频空调用高品质 35SW300 产品开发》等项目分别获得首钢科学技术奖一等奖、二等奖。

无取向产品 35SW300 和取向产品 30SQG120 获得 2017 年度冶金行业品质卓越产品奖。

电工钢产品包装质量连续四季度蝉联首钢集团第一,累计实现"十连冠"。

全年完成六西格玛项目8项。完成合理化提案692项(TPM比例为46.57%),全年受理26项专利,占股份公司27%;授权专利24项,占股份公司21%。

硅钢事业部党委获首钢集团公司模范基层党委荣誉。

本质化安全管理工作获北京市2017年国有企业安全生产工作创新奖。

硅钢事业部代表集团公司获评北京市2017年度"安康杯"优胜单位。

三作业区团支部获"北京市青年文明号"称号。

徐厚军8020青年创新工作站获北京市总工会授牌。

2人获"北京市青年岗位能手"称号。

2人获首钢第八批"首钢技术专家"称号。

4人获首钢第八批"首钢技术带头人"称号。

25人获硅钢事业部"工匠"称号。

硅钢产品获松下万宝、LG电子等客户颁发的年度奖合计5项。

(张 扬)

【生产情况】 2017年度克服市场压力大、客户规格要求多样化等困难,以保证质量、生产顺行、节能降耗为前提开展工作。全年硅钢总计完成150.40万吨,其中无取向中低牌号硅钢完成产量103.90万吨,无取向高牌号硅钢完成产量31.18万吨(其中二转一高牌号完成6.24万吨),取向硅钢完成产量15.32万吨。

(赵运攀)

【订单兑现】 通过全流程精细组织,推广标准化制造周期,2017年硅钢平均订单兑现率为98.88%,其中中低牌号平均订单兑现率为98.96%,高牌号平均订单兑现率为98.58%。格力、美的、信质电机等重点客户的月订单兑现率均为100%,全流程生产组织以重点客户优先排产为原则,以保重点客户订单交货期排产主线,保障重点客户订单按期交货。

(赵运攀)

【销售情况】 2017年首钢硅钢产品销售154.10万吨,完成年计划的106.28%,比年计划多9.10万吨。全年销售收入87.26亿元,完成年计划138%,同比增加22.44亿元;销售利润1亿元,同比增加10.13亿元;无

取向硅钢价格累计跑赢市场2.11%,同比提高0.24%。全年硅钢出口6.83万吨,出口19个国家和地区。全年高端产品销售46.47万吨,其中无取向高牌号销售30.92万吨,完成年计划的103.01%;取向完成15.55万吨,完成年计划的100.32%。

(吴 磊)

【渠道开发】 全年无取向新开发客户38家,新开渠道订货量1.4万吨;走访新能源产业链用户85家,启动认证23家,通过认证12家,实现批量采购6家,全年新能源产品合计销售0.65万吨;取向硅钢实现国内高端企业全覆盖,全国三大变压器生产厂家全年采购量达到4.995万吨,较2016年增长3.23万吨。取向薄规格比例完成60.38%,比2016年增长13.38%,超计划0.38%。目前首钢在空调压缩机行业占比高达49%,国内每两台变频空调就有一台使用首钢硅钢产品制造。

(吴 磊)

【质量提升】 2017年围绕"强化管控、提升服务"的工作原则重点开展缺陷消除攻关(ECR)15项,形成控制点43项;建立质量管控VPM看板、组织全员参与QCC质量活动,实现无取向带出品由1~6月份的2.0%降低至7~11月份的1.83%,取向带出品由1~6月份的17.9%降低至7~12月份的16.44%;开展取向成材率攻关7项,实现取向成材率平均84.10%,较目标值提升1.10%;表检仪5套,全年完善表检仪缺陷图谱3258张,修改CA1-4缺陷图谱400余处,综合分类率达95%,漏检率低于5%,系统运行稳定性高达99.90%。

(石建锐)

【技术开发】 取向产品实现30SQGD090、27SQGD085、20SQGD075等高端牌号批量稳定生产,0.18毫米产品实现小批量生产,18SQGD065开发取得突破。取向用户认证方面完成105台500千伏及以上超、特高压变压器,其中1000千伏特高压变压器7台;获得三峡集团认可,列入白鹤滩水电站变压器供应合同;实现国网交流输变电1000千伏双百万项目材料应用的突破,薄规格产品成功应用于世界首台超低损耗、大容量、节能环保型卷铁心变压器制造,并率先安装于京沈高铁试验段运行。无取向产品完成10个新产品开发,新能源汽车用无取向产品达到3个系列11个牌号,2款高强度系列产品实现国内首发;完成0.15毫米产品工业生产,实现0.20毫米产品批量

供应;完成 24 家用户的产品认证。

（刘 磊）

【新能源汽车用无取向电工钢开发与应用】 新能源汽车用无取向产品达到 3 个系列 11 个牌号,2 款高强度系列产品实现国内首发;新能源汽车驱动电机用无取向产品通过德国大众认证,实现上海电驱动、精进电动、卧龙大郡、格力、上海力信等 5 家用户批量订货;举办北汽新能源"首钢—天创杯"电机大赛,首钢成为国内第二家新能源汽车专用系列产品的电工钢生产企业。

（刘 磊）

【检验能力提升】 全年组织产品检验、过程及介质检验、临时检验共 151907 批,较上年同期增加 8.70%。通过实施新能源汽车用硅钢检测能力建设项目,扩展首钢硅钢性能检测能力,增配变温磁性测量仪和拉伸试验机,实现不同温度下的新能源汽车用钢磁性能和力学性能检测,于 2017 年 8 月顺利通过中国合格评定国家认可委员会 CNAS 的换证复评审。

（刘 英）

【重点工程】 2017 年配套完善项目主要为主体结构施工和设备安装调试,兑现工程各项目标。全年共完成施工量钢筋 1739 吨、混凝土 26104 立方、土方开挖 40300 立、电缆敷设 83302 米、安装盘柜 235 台套、安装主要工艺设备 237 台套、工艺管道敷设 10390 米、给排水 935 米;施工过程累计整改问题 227 项。4 月 10 日硅钢精整 CS8 重卷机组热试成功;4 月 28 日硅钢 3 号准备机组成功下线第一卷钢;5 月 25 日硅钢 1 号准备机组热试下线第一卷钢;7 月 5 日硅钢 4 号二十辊项目成功下线第一卷钢,并陆续完成设备考核和 FAT 验收工作。各项工期计划按时完成,工程质量优良,符合设计和规范要求。

（咸合生、龚 磊）

【智能工厂】 2017 年硅钢一冷轧智能工厂项目结合现场实际需求,与北京科技大学、首自信等合作单位交流,形成智能制造子项目 32 项,其中咨询设计类 3 项、基础平台类 3 项、软件系统类 12 项、智能装备类 12 项、节能改造类 2 项。已完成请示报告 31 份,签订技术协议 31 份,签订备件采购合同 35 项、施工合同(含监理合同 1 项)11 项、软件开发合同 18 项。产销研等软件项目完成 60%,装备类已完成安装调试 5 项。其中,轧后库智能仓储天车无人化作业成功率已经达到 95%,完成项

目验收;酸轧入口拆捆带机器人成功率达到 95% 左右;铸轧流程硅钢振痕生成机制研究及抑振控制项目目前除扭矩遥测设备外全部安装调试完成。抑振措施正在热轧、硅钢酸轧二十辊轧机进行测试,取得阶段性效果。

（郭子健）

【降本增效】 硅钢事业部围绕工艺降本、降低辅材及动力能源消耗、降低制造费用等方面全面开展降本工作,全年完成降本 1219 万元,吨钢降本 8.11 元;无取向产品累计完成降本 9036 万元,取向产品累计完成降本 10255 万元,完成公司年初下达的降本指标。

（胡智坤）

【本质安全】 硅钢事业部作为本质安全样板区域共推行本质安全模块 13 个,实现安全模块推行全覆盖,能源隔离具备投入运行条件,各模块形成完善的安全管理体系文件和标准,事业部安全风险总 D 值由 54322 分降到 45491 分,降低 16.26%。通过将安全模块检查、风险分析项目纳入到日常安全管理检查和危险因素辨识工作中,探索创建创新事故分级模型,提出硅钢特色的 5W2H 事故分析工具,实现安全模块推进与安全管理日常工作的融合。设备、技术、工艺、生产管理专业参与安全管理工作,成为安全管理团队主要成员,建立健全安全管理责任体系构架,有效做实专业安全管理责任;并将高风险作业管理纳入事业部各级早调会,改变以往安全专业一条纵线的单一管理模式,实现全员参与、全员管理、全员安全的状态。

（刘 畅）

【TPM 管理】 硅钢事业部全年共开展清扫活动 1364 次,整改不合理点位 6324 个,提报改善亮点 1652 个,OPL 课件 770 份,降本增效 548.47 万元;完成焦点课题 10 项,形成专利 4 项,降本 601.67 万元。全年获得公司焦点课题评比一等奖 2 项、二等奖 1 项、三等奖 2 项,并获得公司"焦点课题优秀组织单位"称号;事业部 67 个小组,全部进入 TPM 自主管理提升阶段,通过全员职责落实,职工自主管理的积极性提高。

（张 扬、田自强）

【人才建设】 硅钢事业部进一步完善并加强培训教育体系,全年累计组织在职班组长和后备班组长培训 30 人次、特种作业取证复审培训 229 人次、职业技能等级鉴定培训 206 人次,截至目前事业部持有职业技能等级证书共 1654 人次,其中持有高级技师证 8 人、技师证 65

人、高级工证 358 人、中级工证 450 人、初级工证 773 人。打通三支人才队伍建设通道，发扬工匠精神，开展"大工匠"养成计划，评选出金牌工匠、银牌工匠、铜牌工匠及最佳操作能手 25 人；开展"领导干部上讲台"培训、"以讲促学"管理人员讲课培训、安全模块培训等多主题培训活动，全年累计组织培训 773 场，长达 1403 学时，共 13665 人次参加培训。其中班组级培训 436 场、作业区级培训 309 场、事业部级以上培训 28 场。为保证转型发展和完成经营生产任务奠定人力资源基础。

（张　扬、苏　丹）

【党群工作】　加强组织建设，精简支部 2 个，建立支部党员活动室 5 个，《党员献出"金点子"》入选北京市基层党组织创新案例；发动全员，激发基层活力，党员攻关"金点子"降本增效项目 108 项，产生经济效益 1120 万元，429 人次参与，基层参与率 92%，申报专利或专有技术 9 项；党建带团建，三作业区团支部以企业组第一名的成绩获"北京市青年文明号"称号、徐厚军 8020 青年创新工作站获北京市授牌、申报青年双争课题 43 项，公司排名第一。

（李　哲）

首钢股份质量检验部

【质量检验部领导名录】

　　党委书记：魏建全（10 月任职）

　　部　　长：崔全法

　　副部长：费书梅（10 月任职）

　　党委副书记：林海涛（10 月离任）

　　部长助理：王贵玉（10 月任职）

　　首席工程师：顾红琴（10 月任职）

【概况】　质量检验部负责股份公司进厂原燃（辅）料取制样及检测，热轧产品性能检验（含金相、电镜分析、腐蚀试验），炼铁、炼钢炉前自动分析，钢坯低倍硫印检验，水质、油品、耐材、煤气检验，承担公司新产品研发、技术攻关等检测工作。质量检验部下设生产技术室（安全管理室）、综合办公室、政工室、原料质检作业区、化学分析室、物理检测室。

年末在册职工 403 人，其中管理人员 56 人、操作人员 347 人；硕士研究生 24 人、大学本科 95 人、大专 163 人；高级工程师 7 人、工程师 37 人、助理工程师 43 人；

高级技师 6 人、技师 52 人、高级工 109 人；党员 169 人；团员 6 人。

2017 年，质量检验部党委班子认真贯彻落实两级公司党委指示和"两会"精神，围绕公司生产经营任务目标，坚持以"服务"生产为主线，严把进厂原燃料和过程产品的质量关；以业务整合为手段，挖掘潜力，提升空间，减少用工数量；以流程再造为突破口，推动自动化项目应用，带动工艺设备升级，提高劳动效率；以三支人才队伍建设为支撑，激励职工工作积极性；以基层党组织建设为依托，增强各级党组织的创造力、凝聚力、战斗力，推动党风廉政及和谐质检文化建设，同时持续完善质量管理、设备精度管理、检验过程控制、6σ、TPM 及精细化体系管理，提高质检工作整体管理水平，全面完成 2017 年各项工作任务。

（宿忠山）

【主要检验指标】　2017 年，原燃料检验 17631 批，炉前检验 393181 批，烧结球团区域样品 34327 批。物理性能检验 61630 批，耐材检验 522 批，油品 2249 批，水质检验 28656 批，煤气检验 146 批，配合公司科研攻关检验 49905 批。

（王　浩）

【质量扣罚】　严把进厂原燃料质量关，2017 年原燃料扣罚共计 3963.91 万元。其中：煤扣罚 3862.57 万元；原料扣罚 101.34 万元。进厂原燃料退货 7 批，其中合金直接退货 3 批、仲裁退货 2 批、套筒窑白云石直接退货 1 批、优质石灰石仲裁退货 1 批。为公司避免了经济损失，维护了公司利益。

（王　浩）

【科技创新】　2017 年，组织职工提报 90 项合理化建议，实现良好的社会效益。提报 22 篇科技论文和 5 项专利，其中《一种夹具》《一种拉伸试样标距测量装置》2 项专利获得授权；《一种石油产品酸值测定装置》《一种可调间距型拉伸试验原始标距标记器》等 5 项专利获得受理。

（张秀丽）

【质量体系建设】　针对 2017 年不安排监督评审的特殊情况，依据年度质量管理体系审核计划与实际工作安排，分别于 5 月 15 日至 5 月 22 日、10 月 23 日至 30 日，进行了两次质量管理体系的全面审核，重点抽审质量文件的控制与执行，检测过程操作质量控制和个人质量职责的落实,内审共开具 3 个不符合项,均属于一般不符合。经跟踪验证整改结果符合相关程序要求,整改措施及效果有效,实现闭环管理。通过收集到的审核证据表明质量检验部体系运行持续适宜有效,员工职责落实到位,显示出员工技术业务素质在不断提高,基本符合 CNAS-CL01:2006 及相关领域应用说明的要求。

另外结合中石化管线钢巡查组的审核建议,拟增加《钢产品力学性能试验的标准试验方法和定义》ASTM A370—2017 等 12 个美标纳入认可体系内。经过修订作业指导书、培训有资质的试验人员、进行标准的实验方法确认、安排与有资质的实验室进行实验室间比对,检测结果表明实验室基本具备美标方法的检测能力,为 2018 年的实验室认可复评审及扩项评审打下夯实基础。

根据国家及行业标准发布情况,2017 年实施 GB/T 601—2016 化学试剂标准滴定溶液的制备、GB/T 6394—2017 金属平均晶粒度测定方法、GB/T 1506—2016 锰矿石锰含量的测定电位滴定法和硫酸亚铁铵滴定法等 7 项检验标准更新工作,通过标准样品试验的形式对新方法的准确度、精密度、检出限、回收率等指标进行方法确认,根据标准变化情况修定作业指导书并进行人员培训,确保新标准顺利执行。

(张秀丽、张希静、于春波)

【实验室认可】 为做好实验室内部质量控制,提高检测分析能力,同时为 2018 年实验室认可现场监督及扩项评审做好准备工作,按照合格评定国家认可委员会要求,组织参加中实国金组织的分析测试能力验证工作,2017 年 18 项 52 个元素能力验证工作已全部完成,结果全部为"满意"。参加总公司级季度比对 4 次 64 项 491 个元素,主要包括烧结矿、球团矿、煤、萤石、合金等原燃辅料和钢铁样品,检验数据稳定,未出现超差现象。

(张希静、于春波)

【精益管理】 2017 年,组织申报六西格玛项目 5 项,全部完成预定目标。其中《提高荧光分析硅钢用复合渣改质剂准确度》项目使荧光法分析复合渣改质剂中铝的检验偏差由 1.00% 缩小到 0.40%。《提高 X 荧光压片法分析石灰石类氧化钙、氧化镁、二氧化硅、硫的准确度》项目使荧光压片法分析石灰石中氧化钙检验偏差由 0.65% 缩小到 0.29%,氧化镁检验偏差由 0.40% 缩小到 0.19%。《提高金相试样制备直通率》项目使金相

试样制备直通率由 43.75% 提高到 87.9%。《降低全自动分析中心自动渣线设备故障次数》项目使全自动分析中心自动渣线设备故障次数由 86 次缩小到 20 次。《硅钢中 Ce 元素检测系统的设计》建立了满足硅钢生产要求的硅钢中 Ce 元素的检测方法。以上 5 个项目在公司评比中获得六西格玛黑带一等奖一个、绿带一等奖一个、绿带二等奖两个、绿带优秀奖一个,质量检验部获得优秀推进组织奖,专业人员 2 人获评"精益六西格玛之星"。

稳步推进 TPM 管理,查出并整改问题点项,形成改善亮点 285 个,在公司评比中获得最佳跟进奖一次,参加公司焦点课题评比,三个课题获得二等奖。在公司举行的标杆小组活动评比中获得一等奖两个、二等奖一个、三等奖三个。

(张希静、陈英杰)

【设备管理】 2017 年质量检验部设备综合完好率达到 99.41%,优于 98.50% 的指标。全自动分析中心和一炼钢自动分析系统 2017 年设备投用率均值分别为 99.59% 和 99.85%,整体运行稳定,优于计划 98% 的指标。针对重要设备星级管理工作,甄选本部门重要星级设备 23 台套。大力开展设备点检、设备润滑、OPL 培训、"四懂三会"工作,引导职工自主学习,达到会使用、会保养、会排除故障,提高职工自主管理意识和技能水平。2017 年完成 7 台设备验收,6 台四星,1 台五星,完成本年度计划。液润设备 297 台套,全部完成综合治理工作并通过验收。

(白银锁)

【降本增效】 通过科研试验收费、进口备材国产化、修旧利废等措施开展成本管控工作,2017 年实现增收节支 216.92 万元,其中实验室具备对外承担独立检测能力,科研试验收费 33.29 万元;公司内部临时样品检测收费 100.20 万元;接收外委抗硫化氢腐蚀试验及燕钢样品收费 26.5 万元;通过样盒国产化及修复、自制标样、铣刀片转国产化等措施累计节约资金 56.93 万元。

(张明超)

【原料自动化项目】 为提高股份公司铁前原辅料取制样、送样自动化,加强过程控制,提高廉政技防手段,积极组织实施质量检验部原燃料自动化项目,2017 年先后完成该项目土建施工、设备安装、调试,目前 4 条自动线和 2 条手动线均已投入使用,实现原燃料检验的取

样—制样—送样—分析的全流程自动化,率先成功实现40多个点位原燃料样品100%自动送样、金属料样品自动制备及自动分析、燃料水分自动检测的三项零的突破,结束了原燃料成分分析样品人工送样、人工制样、人工分析的历史,有效减少人员占用,提高劳动效率;检验周期由原来2~3小时缩短至30分钟;避免人为因素影响,提升廉政技防水平;改善现场劳动条件,提高安全系数,保证检验数据真实准确。

（夏碧峰）

【人才队伍建设】　加大人才开发与培养力度,全面提高人才队伍整体素质。2017年,取得中级职称7人,取得高级职称2人,取得技师55人,取得高级技师证书3人。获评迁钢公司"科技之星"1人,获评迁钢公司"希望之星"3人。

（张凤荣）

【党风廉政建设】　2017年,质量检验部党委把深入学习宣传贯彻党的十九大精神作为首要政治任务,完整准确地领会党的十九大提出的新思想、新论断、新要求。持续推动全面从严治党向基层延伸,坚持做到"两学一做"学习教育常态化制度化。紧密围绕公司改革发展目标任务,聚焦全面从严治党,深入开展党风廉洁建设和反腐败工作,着力构建"源头自动取制、过程全面监控、数据自动上传、系统三级管控"的科技廉洁防控体系。

（林宝财）

首钢股份能源部

【能源部领导名录】

　　党委书记:刘卫华（9月任职）　张云山（6月离任）

　　部　　长:毛松林（9月任职）

　　副部长:李双全（9月任职）　唐和林（9月任职）

　　　　　　杜　斌（9月任职）　程　华（9月离任）

　　部长助理:范晓明（9月任职）

　　　　　　杨荣力（12月任职）

　　　　　　阎　波（部长助理,挂职锻炼;9月离任）

（董作福）

【概况】　股份公司能源部主要负责板块能源管理,供电,风,水,气,汽供应工作。主要设备有:150兆瓦燃气蒸汽联合循环发电机组一台、50兆瓦燃气蒸汽联合循环发电机组两台、25兆瓦汽轮发电机组两台、15兆瓦背压发电机组一台、30兆瓦高炉炉顶煤气压差发电机组一台、15兆瓦高炉炉顶煤气压差发电机组两台、6000千瓦饱和蒸汽发电机组两台、8000立方米/分钟高炉鼓风机一台、7000立方米/分钟三台、110千伏变电站八座、30万立方米高炉煤气柜一座、20万立方米高炉煤气柜一座、15万立方米焦炉煤气柜两座、15万立方米转炉煤气柜一座、8万立方米转炉煤气柜两座、除盐设备两套、二级除盐设备一套、污水处理设备两套、23000立方米/小时制氧机组一套、35000立方米/小时制氧机组四套等。下设综合办公室、政工室、能源管理室、运行管理室、安全管理室、供风作业区、一供水作业区、二供水作业区、水处理及管网作业区、供电作业区、热电作业区、压差发电作业区、循环发电作业区、燃气作业区、制氧作业区。

（杨进许）

【机构变动】　1月,为建立集中统一的能源环保管理体系,强化能源环保管理与能源生产的协调平衡,提高运行效率,按照"北首股发〔2016〕228号"文件精神,原能源环保部、动力作业部、电力作业部整合成立新的能源环保部。9月,为适应国家及政府部门对企业环境保护的监管要求,进一步完善环境保护管理工作体系,加强环保专业管理,按照"北首股发〔2017〕167号"文件精神,撤销能源环保部,分别成立能源部和环境保护部。

（杨进许）

【主要指标】　2017年股份公司（迁顺线）发电量完成24.18亿千瓦·时,超年度计划1.5亿千瓦·时;吨钢综合能耗完成629千克标准煤/吨,较年度计划降低16千克标准煤/吨;吨钢耗新水完成3.13立方米/吨,较年度计划降低0.24立方米/吨;吨钢综合电耗完成601立方米/吨,与年度计划持平;氧气放散率完成2.79%,较年度计划升高0.49%;高炉煤气放散率完成0.18%,较年度计划降低0.1%;吨钢转炉煤气回收完成101.2立方米/吨,较年度计划升高4.5立方米/吨。

（孟欣）

【降本增效】　充分利用高炉煤气柜的缓冲调节能力,减少高炉煤气系统短暂波动造成的煤气放散,实现高炉煤气"零放散"目标;调整转炉煤气回收条件,全年多回收3743万立方米,降低成本374.3万元;除盐站二级脱盐微生物控制攻关,解决微生物污染问题,每月可减少换膜费 5 万元;通过投退电容器和一五联络线,提高功率因数并保持平衡,全年电费结算节省 377 万元;抓住液体销售市场价格升高的有力局面,开启三台大容量制氧机组,全年液体销售 89043 吨,公司收入 5598 万元;推进碳交易项目,年内实现收入 70 万元。

(谢红艳)

【检修改造】 2017 年,能源部共配合完成 10 次高炉检修、3 次热轧中修,组织完成 2 号 8 万立方米转炉煤气柜中修、15 万立方米转炉煤气柜更换皮膜、4 号风机中修、15 万 CCPP 第四次大修、2 号 C51 中压氮压机中修等检修任务,组织处理设备缺陷及各类隐患问题共计 9705 余项。完成迁钢增加厂区泄洪能力工程、一二柜区转气连通、迁钢再生水循环利用、5 万 CCPP 燃机空气过滤器设备改造、次高压蒸汽管道保温项目、三总降粗轧 SVC 控制系统改造等 20 项技改项目。

(于俊波)

【现场管理】 2017 年共获取收集安全类法规 165 个,标准规范 112 个。开展 6 项专项整治,8 次专项检查,办理有限空间等危险作业票 3740 余份,组织应急救援演练 37 次。组织有毒有害岗位人员职业健康检查 830 人次,组织离岗人员体检 29 人次。制氧单元取得危险化学品生产经营许可证,煤气单元取得安全生产标准化一级企业资格证书并授牌,电力单元取得安全生产标准化二级企业资格证书并授牌,制氧单元取得安全生产标准化三级企业资格证书并授牌。推进本质化安全管理,组织机械防护、能源隔离模块意识导入培训 12 次,危险化学品模块增设危化品围栏 6 处。

(曹建成)

【转型提效】 通过站所合并、大力开展智能化、信息化项目建设等工作推进技术革新和进步,先后对 7 个作业区 16 个岗位工种进行优化整合;在供电、供风等作业区实行横班制管理,通过改变班组管理模式、巡检方式等措施,推进劳动组织优化;打破厂与厂之间的区域限制,将隶属于两个区域的 3 个压差和 3 个干法岗位进行整合。一年来,实现转型优化 191 人,完成目标任务。协同创业开发中心成立能源服务作业区,推进内部创业与外部市场同步发展,采取多创多收的奖励分配原则,选取优秀职工进入该作业区,保证人才有效储备。

(李志杰)

【整合优化】 以"三厂一部"整合为契机,对能源部整体架构进行优化调整,推进管理重心下移,实施扁平化、一贯制管理。优化组织架构,压缩管理层级,通过整合优化,由原有的 3 个部级单位减少为 1 个,19 个科级部门减少为 15 个,管理人员 8 人、点检人员 21 人充实到基层,做实作业区;打破原有专业壁垒,将能管室、生技室、调度室"三室和一"一体化运行;取消原作业部生产调度层级,能源调度指令一步到达作业区、机台,直接协调组织生产;对 762 项专业工作流程进行梳理细化,确保管理模式、管理流程更加简洁、高效。

(李志杰)

【TPM 管理】 2017 年开展 TPM 活性化活动 23 次,自主开展小组活动 823 次,现场治理 741 处,困难部位整治 317 处,两源治理 673 项,形成改善亮点 852 个,治理问题 1816 项,通过焦点课题解决现场问题 37 项,节约成本 309 万元。3 次荣获股份公司 TPM 推进"骏马"奖,获评 2017 年年度优秀组织单位,4 个焦点课题荣获公司优秀课题奖,8 个 TPM 小组荣获股份公司标杆小组。

(关 娜)

首钢股份营销管理部

【营销管理部领导名录】

总经理:李 明
党委书记:刘志民
副总经理:郁 钊 赵 鹏 肖京连
总经理助理:王兴洪

(陈昊阳)

【概况】 营销管理部是股份公司的主要销售机构,负责产品营销计划、市场调研、市场开发与销售、营销体系建设、价格管理、产销平衡、产品物流运输组织等工作。下设纪委、综合办公室、营销管理室、客户服务室、物流管理室、汽车板销售室、热轧销售室、冷轧销售室、酸洗板销售室 9 个二级单位及 5 个分公司、17 个加工中心。在册职工 215 人,其中管理人员 198 人、操作人员 17 人;大学本科及以上学历 114 人,大专学历 42 人;高级职称 19 人,中级职称 57 人;高级营销师 19 人,营销师 10 人;高级物流师 8 人,物流师 9 人。

2017 年营销管理部认真贯彻执行两级公司工作方针,围绕年初确定的目标任务,健全体系、提升能力,积极应对市场变化,强化经营意识、协同意识和服务意识,保持定力,主动作为,开拓进取,营销工作多点发力取得新突破。

(陈昊阳)

【强化市场意识 增强协同能力】 营销管理部各部门增强市场主体意识和协同意识,持续内部挖潜,提高交账能力。加强市场研判,把握市场机遇,有效统筹国内外市场,3月份牵头组织顺义出口汽车板6万吨,弥补国内合同缺口的同时也为完成汽车板全年目标奠定基础。制订有效投标策略,在中石油、中石化年内三次重点管线工程招标中取得量、价双高成绩,首钢中标中石化"新气管道框架协议"7万吨。加强市场协同,维护竞争秩序。与宝钢、沙钢等行业先进钢厂对标交流,参加钢协南方板材企业交流会及华北钢厂市场信息交流会,加强钢厂间的沟通协调,减少恶性价格竞争,共同维护区域市场健康发展。加强供应链协同,助力产线增效。加强产销运协同,应对淡旺季供需错配问题,合理匹配用户需求与产线制造能力。提高迁钢酸洗、京唐冷轧节点要求,准时足量到位保证合同组织质量,全年综合节点完成率91.4%,为基地优排程、保交货、打高产创造条件。通过加强产销用协同,开展备坯备卷、集坯轧制、钢种合并等方式优化合同组织,助力产线减少短浇次36个。加强物流协同,实现保产降本。组织迁钢产品转港至京唐公司自有码头集港运输144.6万吨,超年计划24.6万吨。应对环保限行政策,提高火运比例,迁顺火运日均装车连续4个月突破100车,顺义冷轧11、12月火运比达到43%。完善汽运竞价规则,迁顺线汽运价格较年初降低16.7%,顺义冷轧三季度汽运价格较2016年末平均降低15.7%,超额完成全年物流降费任务。

(陈昊阳)

【提高供给质量 优化渠道结构】 汽车板完成全年销量目标;推进产品升级和结构优化,实现有品质有内涵的增长。预涂层镀锌板、液晶电视背板等高表面等级家电板在行业的领导地位得到巩固,高强耐候钢、双层油路管、电池壳钢等专用特色品种开发取得进展。拓展高端渠道,深化战略合作。2017年,首钢高端渠道开发取得重要突破,供货渠道优化。首钢汽车板成为宝马、北汽、吉利、长城等知名品牌主要供应商;2017年,成为日产、本田、丰田等日系车企以及上汽大众供应商;吉利供

货量增长86%;实现奔驰E级车型稳定供货。酸洗板高端客户市场开发见成效,开展北京现代、长城汽车、本田汽车等24家汽车客户的产品认证,成为奔驰、神龙、一汽马自达、郑州日产等主机厂底盘原材料主要供应商,进入佛吉亚、本特勒等汽车座椅及车轮合资配套厂。冷轧产品与海尔、美的、海信、LG等用户保持战略合作,通过前沿技术服务提升禾盛、立霸等企业的合作优势。热轧产品保持与中石油、中石化、中集集团等企业的战略合作,以钢材合作为基础,开启首钢集团与中集集团全面战略合作。

(陈昊阳)

【打造首钢服务 提升品牌价值】 以产销一体化建设为纽带,以汽车板技术营销为抓手,以一站式客户服务平台构建为目标,完善首钢客户服务体系,全面提升客户服务质量。2017年获海信、中粮包装、北汽福田、松下万宝年度优秀供应商称号,收获海尔年度金魔方奖。策划开展EVI活动,推进EVI项目落地,提升技术服务能力,实现品牌增值。2017年,销售公司获取长安、长城、北汽等客户14个EVI项目,策划实施与东风日产、吉利汽车等4个EVI活动。2017年,获得材料或零部件认证机会2022项,实现供货79.7万吨。发挥产销研团队一体化服务优势,针对重点用户,建立由客户代表、产线工程师和研发工程师组成的服务团队,对战略直供用户提供专业指导和技术服务。组建上汽大众、本田等18个重点客户服务团队,驻厂代表21人赢得客户认可。首次以全车EVI合作方式开发众泰T300车型,获用户认可,该车型主机厂83个零件640公斤材料全部使用首钢材料,占车身重量的90%。武汉分公司通过"管家式"营销,实现对猎豹CS9车型四门两盖和侧围的独家供货,首钢用钢占比85%。广州分公司为美的打造一站式便捷服务模式,巩固首钢与美的战略合作。加强用户走访,及时准确反馈客户问题,产销研团队快速响应,服务意识和服务水平提升,并做到持续改进。2017年,集团、股份公司领导走访15家企业,销售公司牵头组织用户走访387次,接待客户到访53次,召开区域客户座谈会11次,开展海洋用钢论坛、山东专用车辆用材等展宣会推进会5次,组织月度客服例会12次和周例会40次,积极参加基地月度产销研例会。2017年月度例会研究客户反馈问题123项,其中114项完成整改,整改率92.7%。全年四地客户满意度综合评分为

95.9 分,比 2016 年高 1.1 分。推进股份产销一体化系统项目建设,完成销售管理及销售物流专业 50 个业务流程、32 个代码、38 个制度、31 个绩效指标和 353 个表单的对标差异分析,完成产销一体化和经营决策系统的概要设计。优化物流组织,提升交货保障能力。顺义汽运准时到达率 99.9%、迁钢 97.7%,重点用户汽运产品交货率 100%。2017 年共受理运输质量异议 12 件,较 2016 年减少 13 起,全年对宝马、长城等客户开展 JIT 供货共计 30.4 万吨,满足重点客户个性化物流定制服务需求,首钢整体服务能力提升。

(陈昊阳)

【完善体系建设　提升管控能力】 加强资金管理,提高资金使用效率。落实集团及股份公司对于库存及应收管理要求,针对库存和应收增长的新情况、新问题,制定详细的库存控制方案,实施事前计划、事中管控、事后评价考核,重点分析压降不合理的库存;通过提高资金使用效率,努力控制应收增长,确保全年两金周转率指标超额完成。为保证基地经营活动对于现金比例的基本要求,各销售单元落实集团公司指示,扭转现金回款比例过低的局面,执行力和大局观充分体现。加强风险管控,强化经营管理。完成销售专业 25 个风险点、17 个三级流程的内部控制检查工作,完成销售 4 个关键业务、20 个关键事项、31 个关键环节的权力清单编制,修订下发各类专业制度 9 个,配合开展销售专项审计和尽职调查,明确整改事项和时限,一些久拖不决、责任不明、合规性差的问题得到解决,销售风险防范能力提高。切实履行安全生产主体责任,全面提升全员、全方位、多维度的安全、消防、交通、环保的"大安全"意识,认真开展"安全月""119 火灾消防演练""消防安全知识讲座""安全消防综合大检查"等活动,加强安全值日巡查和安全检查隐患排查,创建营销管理部安全文化。

(陈昊阳)

【党建助力营销转型】 2017 年,销售公司获"首钢六好班子"和全国"2012—2017 年度企业文化建设"优秀单位等荣誉。制定《学习宣传贯彻党的十九大精神工作安排》,采取党委中心组学习、专题报告会、领导干部大讲堂、"三会一课"、领导干部到基层宣讲等多种形式,让十九大精神到部室、到区域公司、到加工中心、到岗位,使各级党员领导干部在政治上有更高站位,在责任上有更大担当,在标准上有更严要求。加大典型宣传,树榜样、聚能量,举办营销转型宣讲会、"走近高端用户,服务销售一线"联合采访记者行,通过《首钢日报》和"首钢营销"微信公众号报道各类典型 160 余篇,把干部职工思想统一到党委部署上来,引领到完成全年营销任务上来。发挥党建引领,助力营销转型新发展。深入推进"两学一做"常态化制度化,制定《2017 年党建重点工作计划》指导党建工作开展;全年举办党委中心组学习 15 次;开展创先争优、党支部达晋创、党员责任区等活动,将党建融入到营销活动中;完善党委会工作规则、"三重一大"决策制度;将党建工作纳入下属公司章程;成立苏州首钢党支部,将党组织建设向加工体系延伸。加强干部和人才队伍建设。坚持党管干部,完成领导人员职务职级改革,选派有技术背景年轻干部到区域公司任职,提升市场开发服务能力,全年调整交流 L9 以上领导人员 58 人次。坚持党管人才,完善以能力、业绩、贡献为核心的考评标准,促进技术服务人才晋升发展,晋升主管师 24 人,晋升主任师 1 人,引进专业化营销人才 5 人;举办营销大学堂和外派人员培训班,推进职工全面提素;组织销售人员 12 人和生产人员 8 人开展产销互派学习,为深化转型发展提供人才保证。落实"两个责任",抓实党风廉洁建设。落实领导班子反腐倡廉重点工作分工方案,制定《销售公司党员使用微信"十不准"》和《领导人员因私出国(境)廉洁教育承诺书管理规定》,强化对党员干部 8 小时以外监督管理。组织 L9 以上领导人员签订《党风廉洁建设目标责任书》,抓好领导人员廉洁记实工作。廉洁建设调研论文获首钢纪检系统二等奖。发挥群团作用,构建和谐企业。落实中央群团工作会议精神,试点成立上海首钢钢贸工会,为探索属地工会组织建设积累经验;成立郭大鹏宝马服务创新工作室,激发职工群众智慧力量,助推首钢汽车板销售;开展"寻根问源,看首钢爱首钢"活动,把首钢文化向分公司和加工中心传递,通过营销体育节、送温暖送凉爽等活动温暖了人心,增强首钢营销团队的凝聚力;开展寻找销售公司"最美青工"活动,鼓励青年成长成才,传递青春正能量。

(陈昊阳)

首钢股份物资供应公司

【物资供应公司领导名录】

总经理:郑宝国

副总经理:马卫国　宋开永　周　波(11月任职)
　　　　　焦光武　盛强

党委书记:曹连成(10月离任)　郑宝国(11月任职)

纪委书记:曹连成(10月离任)　邹　召(11月任职)

工会主席:曹连成(10月离任)　邹　召(11月任职)

（肖　斌）

【概况】　物资供应公司主要根据生产经营计划,编制年、月采购、销售及费用计划和预算,对成本进行控制管理,组织开展经营活动分析。负责制定采购计划和采购预算,组织协调供应工作,满足各生产工序的原燃料、废钢、生铁及辅助材料供应;负责资源开发,对供应渠道定期开展评价;负责供应商归口管理;负责集团钢铁板块原燃料、废钢、生铁及辅助材料市场信息、采购标准等方面的沟通、协调和服务;负责集团钢铁板块燃料采购评价;负责固体二次资源制度管理,组织进行资源平衡、市场调研,开展合同、价格及客户管理工作;负责废钢回收、钢渣尘泥加工生产、人工装卸和原燃料收、发、存管理等工作。

（肖　斌）

【经营生产】　2017年,物资供应公司通过加强供应渠道建设,以"跑赢市场"为主线,以降低库存资金占用为目标,充分研判市场环境,积极应对基地生产变化,完成保供、降成本任务。全年股份京唐两地跑赢市场完成7.37%,比板块多跑赢2.37%;原燃料采购计划共计1768万吨(不包括进口炼焦煤),实际到货1759万吨,计划兑现率完成99.49%;供应公司负责采购的原燃料库存总计91.63万吨(不含进口煤),同比80.21万吨(不含进口煤)增加11.42万吨;迁钢库存资金占用年末1.39亿元,比计划1.89亿元降低4920万元。

按照炼钢生产需要组织废钢供应和渣钢返吃,全年累计收废钢85.44万吨,供料84.25万吨,配送费102.5元/吨,达到历史较好水平;渣钢返吃9.42万吨,脱硫渣铁回吃1.56万吨,累计接卸钢渣资源93万吨;组织氧化铁红供炼铁烧结配吃,累计配吃1245袋;外销氧化铁红9976吨,实现销售收入542.06万元。

（肖　斌）

【板块协同】　按照钢铁板块2017年重点任务工作安排,为强化四地及外埠钢厂的国内大宗原燃材料采购业务协同,牵头组织各基地初步搭建板块采购协同平台,包括建立采购信息共享机制,开发板块电子采购平台,对煤炭、普通铁合金、耐材等部分品种的协同采购进行探索和操作,全年完成板块协同采购54.9万吨。其中,煤炭通过板块平台,实现煤炭协同采购总量45.9万吨,降低采购成本3780万元;铁合金,7月底开始与长钢、通钢通过首钢电子招标平台共同招标,全年硅锰、硅铁等合金品种共5.6万吨;耐火材料,通过采购电子平台完成股份、京唐、首秦、通钢、长钢、水钢耐材的协同招标工作;钛矿等其他品种完成协同采购3.4万吨。

（卢祥通）

【党群工作】　推进"两学一做"学习教育常态化制度化。物资供应公司党委获首钢集团"六好班子"荣誉称号。召开物资供应公司领导班子2016年度民主生活会,制定领导班子整改方案和个人整改措施,狠抓整改落实。制定学习宣传贯彻党的十九大精神的安排方案。开展"不忘初心　牢记使命"主题系列党课教育。组织党员干部参观"砥砺奋进的五年"大型成就展。组织青年党员参观党史军事展览。党委理论中心组学习29次。任免基层干部37人,其中提拔15人,调整22人。制定《2017年党委重点工作分工方案》。完成党支部换届选举。建立完善党员活动室4个。全年发展党员3人,转正3人。评选两级公司模范党员、优秀党员14人,评选两级公司先进支部、先进党小组4个,建立党员示范岗14个。开展"跑赢市场、降本增效、全员行动"主题实践活动和"与企业同舟共济,为发展献计出力"活动,揭摆问题36项、建言献策46项,开展课题攻关18项,节约费用近百万元。召开物资供应公司党风廉洁建设工作会议。修订完善14个岗位党风廉政建设责任制,签订36份《党风廉洁建设责任书》。编发"廉洁从业周提示"46期。对有业务处置权人员廉洁从业警示谈话130余人。围绕纠正"四风"开展6次专项检查。实施效能监察立项2项。全年开展招投标监督检查73次。梳理61个风险点,确定16项为公司级重点风险防控点位。与股权投资公司7家分公司签订《廉洁共建承诺书》。有业务处置权的岗位人员38人轮换。微信公众号发布微信 22 期,出版电子期刊 2 期,上报股份公司新闻稿件 95 篇,股份公司内网刊发 24 篇,《首钢日报》刊发 12 篇。在股份公司组织的"股份人的故事"宣讲活动中先后获二等奖和三等奖。开展劳动竞赛,评选季度标兵 43 人次。开展文体活动 10 次,800 人(次)职工参与,组建职工文化活动室,改建乒乓室、台球室。团委组织开展 8 项主题实践教育活动。申报双争课题 2 项,获 2016 年度首钢五四红旗团支部 1 个,首钢优秀团干部 1 人,首钢优秀团员 1 人,股份优秀团员 1 人,股份优秀青年志愿者 1 人。

(运长山)

首钢股份职工创业开发中心

【职工创业开发中心领导名录】

副主任(主持工作):周凤明

副主任:付 民(4 月任职)

主任助理:王 磊(1 月任职) 邓海滨(10 月任职)

项目经理:薛允贵 刘延兵(4 月离任)

党委书记:张东明

(陈 帅)

【概况】 职工创业开发中心主要负责接收安置转岗职工、项目开发和运行管理、天车和汽车运行管理等。下设生产管理室、安全管理室、综合办公室、政工室、创业开发室、天车作业区、汽运作业区。2017 年末职工总数 1202 人,其中党员 206 人。

(陈 帅)

【转岗职工接收安置】 2017 年累计接收转岗职工 1035 人,其中创业安置 542 人,技术服务、劳务派遣 117 人,调其他单位 24 人,办理协商一致解除劳动合同、离岗待退、内部退岗休养等 352 人。在安置转岗职工中,坚持"以人为本"的管理理念,讲透道理,提高认识,让其来得顺心;讲明前景,消除顾虑,让其留得安心;讲清困难,团结鼓劲,让其干得尽心;加强沟通,关心到位,让其过得舒心,稳定了职工思想。针对转岗职工原岗位大多与职工创业开发中心安置项目不匹配的问题,按照"缺什么补什么,用什么学什么"的原则,制定培训计划,开展有针对性的培训。2017 年共组织 453 人参加天车工、起重机械指挥、电气焊、叉车驾驶、铲车驾驶、挖掘机驾驶、汽车增驾、汽车司机从业资格共 8 个类别的

取证培训,精心组织"岗前培训"和"师带徒"培训,使转岗职工快速达到岗位要求,从而实现转岗。

(陈 帅)

【创业项目开发】 为使职工转岗不下岗,职工创业开发中心千方百计开发新的创业项目,在成立汽运作业区、天车作业区、金属结构加工项目的基础上,2017 年又陆续开发出可利用材和废旧物资在线公开销售、火运支架装卸、除尘布袋加工、调温废钢、空调运行维护、绿化服务等创业项目,创造了网络竞拍师、系统维护师、市场调研、用户代表、项目经理、缝纫工等新岗位,其中可利用材和废旧物资在线公开销售、火运支架装卸、除尘布袋加工项目已正式运行,不仅为安置转岗职工创造了条件,也为股份公司降本增效做出了贡献。

(布景华)

【废旧物资在线销售】 职工创业开发中心经过市场调研、客户开发、平台设计、流程确定等一系列准备工作,可利用材和废旧物资在线公开销售于 1 月 12 日实现首拍,截至 12 月底,共组织拍卖 327 个标段,销售量 7.2 万吨,销售收入 2.69 亿元,平均单价 3715 元/吨,可利用材比同期回吃低硫废钢增值创效 1.12 亿元,经济效益显著。销售品种由最初单一的废热轧卷,逐步拓展到酸洗小卷、热轧化验板、热轧次板、硅钢碳钢调试材、废钢坯、无取向电工钢尾卷、开平板、废轧辊、废皮带、废不锈钢罩等 26 个品种。除股份公司,顺义冷轧公司品种也纳入销售范围。废次钢材销售注册用户达 187 家,覆盖华北、东北、华中、华东等区域 10 多个省市、直辖市。

(布景华)

【金属结构加工项目】 2017 年,为硅钢事业部美铝隔离防护项目制作防护栏杆 9176 米,实现产值 55.1 万元;为炼钢作业部制作扒渣板 9242 块,实现产值 184.84 万元;先后完成 647 吨纯铁切割和 16 辆报废车辆拆解等任务。2017 年共装(卸)火车支架 9366 个,装运火车车皮 3302 节。除尘布袋加工项目 12 月投入运行,具备年产 10 万条除尘布袋的生产能力。

(布景华)

【运行管理】 加强成本管控,通过减少外委外包项目、增加火运板卷倒运量、取消汽车运输炉下渣项目、细化和分解各项费用指标、开展内部挖潜、深入找差活动,2017 年管控运输项目降低费用 365.8 万元。2017 年内

部检修费实际发生 991.2 万元,机物料费用结算 1113.49 万元,外租运费结算 7164.6 万元。通过加强内燃设备运行管理、外租生产车辆管理、天车运行管理,全面完成保产任务,出色完成 2017 年 6 月份 1 高炉机械扒料工作。根据岗位职责变更组织修订岗位作业规程,并制定了 9 个新岗位作业规程,对规程持有、学习、熟知和执行情况加强检查,2017 年累计检查班组 77 个次,抽考规程 320 人次,查出并纠正问题 33 项。

（张　彬）

【TPM 管理】　编制《首钢股份公司职工创业开发中心 TPM 管理规定》等一系列规定,规范 TPM 管理。OPL 课件质量提高,形成"知识库"。开展"一周一主题"活动,组织专业加强对活动小组的指导。制作《创业中心汽运铲车班交接班 TPM 可视化管理标准》,向有关班组推广。与美铝工作结合,打造标准化作业现场。职工创业开发中心在 2017 年 10 月份股份公司评价中,获最佳跟进奖。汽运作业区铲车班小组获得股份公司第四季度标杆小组二等奖。

（张　彬）

【安全管理】　完善和落实安全生产组织领导机构,健全安全管理网络;完善制度体系,共修订安全生产、职业卫生相关规定 32 个;编制岗位安全操作规程;对 16 个岗位开展危险辨识,辨识危险因素 84 项;完善安全隐患排查治理系统,发挥逐级检查职责;完善 10 个应急救援专项预案,制定 80 个现场应急处置方案,开展应急演练 160 次;组织"三级"安全教育、班组长及以上人员安全培训、安全基础管理培训、现场安全作业等教育培训 977 人次;积极推进本质化安全管理,加强专项安全检查和日常检查,逐级检查发现并整改隐患 349 项;开展安全标准化建设工作,创业中心达到企业安全标准化二级水平,19 个班组安全标准化达标。

（刘亚南）

【党群工作】　通过开展"两学一做"活动,落实"三会一课"等党内制度,加强党员教育管理,项目组党支部在股份公司第二届"基层的精彩"党支部建设成果展示活动中获"优秀党支部"称号。落实党风廉政责任制,抓好廉政教育和警示谈话,推进"党风廉政建设主体责任纪实"工作。坚持所有转岗职工经过公开招聘上岗。在线公开销售平台开辟"在线操作,远程交易"新竞标模式,营造公平、公正、透明的交易环境。创建"绿色通道",杜绝发货环节不廉问题。可利用材和废旧物资在线公开销售效能监察项目获北京市国资委优秀奖。用先进企业文化影响和激励职工,通过建立创业中心网站、微信公众号宣传形势、任务和典型,关心帮助困难职工,组织"创业者之歌"文艺晚会等,企业凝聚力和战斗力增强。

（赵　辉）

北京首钢冷轧薄板有限公司

【冷轧公司领导名录】

董事长:张　涛(9月任职)　魏国友(9月离任)

董　事:李百征　陈　益　张　涛(9月任职)
　　　　魏国友(9月离任)　王建华
　　　　姚　舜(6月任职)　余　威(6月离任)

总经理:姚　舜(6月任职)　余　威(6月离任)

副总经理:李文晖(9月任职)　孙贵锁(9月离任)
　　　　陈　光　齐春雨(12月任职)
　　　　史　静(12月离任)

总会计师:何宗彦

总经理助理:李凤惠(9月任职)

党委书记:张　涛(9月任职)　魏国友(9月离任)

党委副书记:姚　舜(6月任职)

纪委书记:曹　俊

工会主席:张　涛(9月任职)　魏国友(9月离任)

（刘　更）

【概况】　北京首钢冷轧薄板有限公司位于北京市顺义区李桥镇,厂区占地面积 1100 亩,注册资本 26 亿元,项目设计投资额约 64 亿元,年产能力 170 万吨。冷轧公司由首钢集团有限公司、北京首钢股份有限公司、北京汽车投资有限公司共同出资设立,三家股东单位分别占注册资本的 9.72%、70.28%、20%。冷轧公司生产工序主要包括酸洗—连轧生产线 1 条、连续退火生产线 1 条、连续热镀锌生产线 2 条。产品厚度范围 0.3 毫米~2.5 毫米,宽度范围 900 毫米~1870 毫米,产品主要定位于汽车板、家电板等冷轧高端产品。冷轧公司现行组织机构为七部一中心四作业区,并代管股份公司落料作业区。七部:生产部、技术质量部、设备部、能源环保部、安全保卫部、综合管理部、计财部(股份公司派驻);一中心:职工创业开发中心;四作业区:酸轧作业区、热处理作业区、成品罩退作业区、维检作业区。2017年底，冷轧公司（含落料作业区）在册职工904人，其中博士1人，硕士51人，本科213人，大专298人，中专及以下313人。高级职称19人，中级职称77人，初级职称46人，无职称69人；高级技师15人，技师67人，高级工216人，中级工133人，初级工234人。

（刘 更）

【主要指标】 2017年，冷轧公司在制造能力提升、产品结构优化、用户档次提升、极限规格和强度级别拓展上取得突破，各项工作不断提升。盈利能力大幅提升，迁顺一体化实现盈利2.2亿元；冷轧公司实现盈利475万元，首度实现年度盈利。完成产品产量175.89万吨，同比增产16.92万吨，创出三年新高。其中，汽车板产量134.51万吨，同比增产29.23万吨；拓展2号镀锌线的汽车板生产能力，完成20.34万吨，均创历史佳绩。完成镀锌汽车板产量53.54万吨，同比提高14.33万吨；汽车外板产量36.69万吨，同比提高16.05万吨（其中O5板完成15.49万吨，同比提高5万吨）；汽车高强钢产量42.68万吨，同比提高7.9万吨。整体合同兑现率84.96%，同比提高0.62个百分点；重点客户整单兑现率87.78%，同比提高10.22个百分点；汽车板整单兑现率89.5%，同比提高5.3个百分点。完成销售收入82.97亿元，同比提高24.32亿元。

（王占林）

【产品认证】 2017年，冷轧公司获得主机厂及配套厂认证机会815个，包括宝马、奔驰、一汽大众、吉利、长城、东风日产、东风本田、广汽本田、丰田配套等27家用户。日系认证实现突破，成为冷轧公司发展的基石，全年通过雷诺—日产、本田和丰田44个材料的认证：3个GA板、2个连退高强钢顺利通过雷诺—日产联盟全球平台认证；已通过JAC270C/D/F牌号材料认证，并获得东风本田思铂睿19款认证零件4个。通过一汽大众镀锌发罩外板、日产轩逸连退顶盖外板认证，标志着冷轧公司汽车外板制造能力提升。全年推进了7个大类、14个牌号的新产品开发，其中DH590+Z、DH780+Z实现国内首发。

（柳智博）

【结构调整】 2017年，冷轧公司强势推进高端客户和高端产品的开发，是宝马、吉利、长城、北汽和长丰猎豹五家车企的主要供应商。全年为宝马供货5.2万吨，同比增长37.2%，供货份额达到30%。全年为吉利汽车供货15.5万吨，同比增长89.02%；长丰猎豹从3月份开始批量订货，全年供货5.3万吨。全年为北京奔驰供货1.4万吨，同比增长162%。

（柳智博）

【服务提升】 2017年，宝马客户ppm为247，其中内板7个月为"0"ppm，外板3个月"0"ppm；长城汽车供应商评级外板为1.7级、内板为1.1级；北京奔驰从供货以来，连续20个月"0"ppm；日产供货以来ppm值为"0"。2017年汽车板受理质量异议97件，同比降低10件，降幅9.34%；质量抱怨423件，同比降低160件，降幅27.44%。

（柳智博）

【技术创新】 冷轧公司2组产品获国家冶金行业品质卓越奖。完成专利申请32项，其中发明17项，实用新型15项。获国家知识产权局专利授权21项，其中发明9项，实用新型12项。7项科技成果通过首钢集团公司验收，其中2项被评为国内领先水平，5项被评为国内先进水平。

（柳智博）

【三支人才队伍建设】 2017年，冷轧公司共开办培训班103个，累计完成培训23993人次，人均培训107学时。参加股份三星评选，1人获得"股份之星"称号，2人获得"科技之星"称号，5人获得"希望之星"称号；获得第八批"首钢技术带头人"1人。开展三支人才薪酬激励工作，完成职务、职级、工资晋升和工资套改，人均增资548元/月。

（冯 新、王树来）

【干部队伍建设】 冷轧公司借助股份公司360测评体系，采取网上评分形式，开展基层领导绩效考评、领导班子评比工作，对考评结果为优秀的基层领导3人，每人一次性奖励3000元。选拔后备干部9人到基层作业区挂职锻炼，强化了基层领导梯队建设；完成基层干部4人试用期满考核鉴定工作。

（冯 新、王树来）

【党建活动】 学习宣传贯彻党的十九大精神，发挥党组织的领导核心和政治核心作用，"把方向，管大局，保落实"，强化"问题、目标、责任"意识，积极推进"两学一做"学习教育常态化制度化，抓好理论学习，共组织党委中心组学习活动36期。开展"基层的精彩"党支部、班组建设成果展示、党员群众传帮带的"金丝带"等系列活动。与京唐公司冷轧部党委、北汽福田冲压工厂党总支、股份一热轧党支部开展党支部共建活动,加强党组织的横向交流。通过警示教育、培训、参观等活动,加强作风建设,落实党风廉洁建设责任。

（冯 新）

【工会组织】 冷轧公司组织受理职工合理化建议1937项,采纳1916项,产生效益6322万元。调整优化小指标竞赛方案,在基层班组和岗位开展小指标劳动竞赛活动,累计奖励一线职工131万元。组织开展冷轧公司投产十年活动,展出"十年——我与冷轧共成长"图片展;组织编撰"十年冷轧,创新有我"科技论文集,收集冷轧各类科技论文近百篇;评选、表彰在冷轧公司发展历程中拼搏奋斗、突出贡献的先进个人100人。在"十年冷轧,拼搏有我"拓展训练活动中,组织10批次634人共同参与,促进协同协作,提振员工士气。

（冯 新）

【关心职工】 冷轧公司组织开展"献手足情、暖职工心"帮困助学募捐,共捐款4.3万元。开展各层级走访慰问387人次,发放职工慰问和帮困资金4.1万元。为职工办理互助保险理赔298人次,合计8.1万元。组织"十年冷轧"为主题的一系列活动,活跃职工文体生活。

（冯 新）

首钢京唐钢铁联合有限责任公司

【京唐公司领导名录】
董事长:邱银富(11月任职) 张功焰(11月离任)
总经理:曾 立(11月任职) 王 涛(11月离任)
副总经理:杨春政 杜朝辉 周 建(11月任职)
　　　　刘正发(11月任职) 王贵阳(11月任职)
　　　　曾 立(11月离任)
总工程师:陈凌峰(11月任职) 朱国森(11月离任)
总经理助理:周 建(11月离任)
　　　　王鹤更(11月离任)
　　　　刘正发(11月离任)
　　　　王贵阳(11月离任)
党委书记:邱银富(11月任职) 刘建辉(11月离任)
党委副书记:曾 立(11月任职)
　　　　王 涛(11月离任)
　　　　王相禹(11月离任)
纪委书记:邵文策(5月离任) 周少华(11月任职)
工会主席:冷艳红(12月任职)
副总工程师:朱立新 张贺顺(3月任职)

（关 锴）

【综述】 首钢京唐钢铁联合有限责任公司(以下简称"京唐公司")作为首钢搬迁的载体,2005年10月9日成立。京唐公司位于河北省唐山市曹妃甸工业区,2005年2月国务院批准首钢搬迁后,开始围海造地;2006年3月该项目被纳入国家"十一五"发展规划纲要;2007年2月,围海造地形成陆域面积21.05平方公里;2007年3月12日正式开工建设;2009年5月21日,项目一期一步工程竣工投产;2010年6月26日,一期二步工程竣工投产,形成年产生铁898万吨、钢970万吨、钢材913万吨的综合生产能力,是具有21世纪国际先进水平的钢铁联合企业。

党中央国务院高度重视首钢京唐钢铁基地建设,时任中央领导指示:要坚持高起点、高标准、高要求;要把首钢京唐钢铁厂建设成为"产品一流、管理一流、环境一流、效益一流"的现代化大型企业,成为具有国际先进水平的精品板材生产基地和自主创新的示范工厂,成为节能减排、发展循环经济的标志性工厂;要实现低成本生产高附加值产品。

2017年末,京唐公司下设计财部、制造部、设备部、销售管理部、安全管理部、保卫部(武装部)、工程部、人力资源部、运营规划部、信息计量部、审计部、办公室、党委组织部、党委宣传部(企业文化部)、纪委(监察部)、工会、团委等职能部门17个,供料作业部、焦化作业部、炼铁作业部、炼钢作业部、热轧作业部、冷轧作业部、彩涂板事业部、镀锡板事业部、能源与环境部、运输部、质检监督部、钢轧项目筹备组、中厚板项目事业部等单位13个。在册职工 7661 人（不含焦化），其中技术和管理人员 2323 人；博士 24 人、硕士 671 人、本科 2427 人；高级职称 273 人、中级职称 937 人、初级职称 598 人；女职工 596 人。

2017 年，京唐公司落实首钢集团公司"两会"精神和各项工作要求，围绕"抓顺稳、优结构、强经营"工作主线，坚持改革创新，释放企业发展活力；增强经营意识，提升经济效益；强化"制造＋服务"，提升京唐品牌形象；持续夯实基础，健全管控体系；统筹项目建设，提升配套能力；全面从严治党，和谐企业氛围浓厚，基本实现"四个一流"目标。

（于 杰）

【股权投资情况】 截至 2017 年末，京唐公司共管理合资公司 13 家（含代管集团公司合资公司 7 家），分别是唐山首钢京唐西山焦化有限责任公司、唐山首钢京唐曹妃甸港务有限公司、唐山曹妃甸盾石新型建材有限公司、唐山中泓炭素化工有限公司、唐山唐曹铁路有限责任公司、唐山国兴实业有限公司，以及受集团公司委托代管的北京首宝核力设备技术有限公司、北京首钢朗泽新能源科技有限公司、首钢凯西钢铁有限公司、唐山曹妃甸实业港务有限公司、京唐港首钢码头有限公司、河北神州远大房地产开发有限责任公司、唐山首矿铁矿精选有限公司。

（郝文静）

【省市领导考察】
12 月 8 日，河北省委书记王东峰，河北省委常委、唐山市委书记焦彦龙，唐山市委副书记、市长丁绣峰一行 20 人到京唐公司调研考察企业发展情况。京唐公司党委书记邱银富、总经理曾立接待。

12 月 17 日，河北省委常委王浩一行 2 人，参观京唐公司钢铁厂沙盘模型、产品展厅，京唐公司领导曾立、刘正发接待。

（于 杰）

【行业交流】
3 月 6 日，新日铁住金工程技术株式会社执行董事内田亲司郎一行 6 人到京唐公司就能源技术进行交流。

3 月 22 日，昆山京群焊材科技有限公司总经理陈

国栋一行 3 人到京唐公司参观访问。

3 月 26~27 日，江苏沙钢集团董事局总裁龚盛一行 13 人到京唐公司参观交流。

3 月 31 日~4 月 1 日，宝钢湛江钢铁有限公司副总经理郁祖达一行 7 人到京唐公司参观交流。

4 月 6~7 日，布雷卡集团联合董事长亚历克斯·福特·布雷西亚·佩德罗·布雷西亚·莫雷拉等一行 10 人到京唐公司参观考察，集团公司领导赵民革，中首公司董事长、总经理张炳成和秘铁公司总经理助理、财务总监叶宝林陪同。

7 月 18 日，中冶集团独立董事任旭东一行 5 人到京唐公司参观。

7 月 31 日~8 月 1 日，宝马集团副总裁 Thomas Schmid 一行 3 人到京唐公司参观。

9 月 29 日，京粮集团党委书记、董事长王国丰一行 12 人到京唐公司参观，曹妃甸区委书记孙贵石陪同。

11 月 30 日，普锐特冶金技术（中国）公司首席执行官施耐德博士一行 3 人到京唐公司座谈交流。

（于 杰）

【京唐二期项目】 截至 2017 年末，京唐二期项目总体进入厂房主体结构施工阶段。7 月 31 日，3 号干熄焦按期投产；8 月 30 日，3500 毫米中板利旧改造一次热试成功；统筹平衡一期、二期人员配置，结合首秦公司搬迁，做好首秦公司职工安置，先期接收 349 人。

（刘志忠）

【全面深化改革】 京唐公司以提高全要素劳动生产率为核心，优化管理体系，改革管理模式，实现转型提效。坚持"效益、效率"双挂钩，推进三支人才队伍建设试点，完善职业发展"绿色通道"。推进薪酬制度改革，实施职务晋升、津贴晋升、达标晋级、薪级晋级。健全职务评聘机制，畅通高技术高技能人才职业发展晋升通道，354 人实现职务职级晋升。推进中层领导人员年薪制、岗位工资二步套改，全面优化绩效考核分配政策，实施"夯实基础、小步快跑"的渐进式激励机制。优化劳动组织，通过智能化改造、分产线精细对标、用工模式调整等措施，与 2016 年同期比较，正式职工、劳务用工合计减少 862 人，实物劳动生产率 1007 吨钢/人·年，同比提高 91 吨钢/人·年。

京唐公司修订公司章程，完善党委会、董事会、经理层工作规则和"三重一大"事项决策制度，健全党组织

参与企业重大问题决策的程序和工作机制,规范公司治理。

(关 锴、于 杰)

【重要会议】 1月19日,京唐公司召开第一届职工代表大会第五次会议,审议《首钢京唐公司2017年预算》《首钢京唐公司"十三五"发展规划要点》《首钢京唐公司领导班子廉洁自律情况的报告》《首钢京唐公司2016年业务招待费使用情况及公司领导班子成员履职待遇、业务支出的报告》《首钢京唐公司一届四次职代会代表提案受理情况的报告》,审议通过《首钢京唐公司集体合同》。京唐公司领导王相禹、曾立、杨春政、杜朝辉、邵文策、朱国森、周建、王鹤更、刘正发、王贵阳,正式代表280人,首钢股份公司、首钢销售公司、首钢供应公司单位领导以及维检、协力、后勤和合资单位特邀代表26人出席会议。

2月21日,京唐公司召开2016年度领导班子民主生活会,通报2015年度民主生活会整改方案落实情况。集团公司领导王涛、刘建辉,首钢"两学一做"第二巡回督导组组长郭庆,京唐公司领导班子成员出席会议。

3月15日,京唐公司举行党委中心组(扩大)学习,学习习近平在北京考察工作时的讲话精神和中央第十一巡视组向北京市委反馈巡视"回头看"情况的相关内容,传达《关于推进领导人员落实党风廉洁建设主体责任全程记实工作的实施方案》。京唐公司领导王相禹、曾立、杜朝辉、邵文策、朱国森、周建、王鹤更、刘正发等参加会议。

6月8日,京唐公司召开1~5月份经营活动分析会,对1~5月份生产经营情况进行总结分析,提出下一步工作要求。京唐公司领导王涛、王相禹、曾立、王贵阳,各作业部、职能单位领导人员,党群部门负责人以及职工代表220人参加会议。

7月3日,京唐公司召开庆祝建党96周年暨创先争优表彰大会,京唐公司领导王涛、王相禹、曾立、杨春政、杜朝辉、周建、王鹤更、刘正发,各作业部、职能单位领导人员,先进党组织和优秀共产党员代表240人参会。曾立主持会议;杨春政宣读表彰决定;王相禹作《不忘初心,矢志奋斗,走好新的长征路》讲话。

7月13日,京唐公司和首钢凯西公司在福建省漳州市联合举办"第一届首钢马口铁产品福建汕头区域客户交流会",首钢马口铁产品快速赢得用户与制罐专业协会认可,与客户之间的互动和交流加强。

(于 杰)

【集团领导调研】 2月16日,集团公司副总经理赵民革一行5人到京唐公司石灰石料场、煤料场和二期工程现场调研,京唐公司领导曾立、杨春政和杜朝辉参加调研。

3月2日,京唐公司召开首钢集团联合监督检查组进驻京唐公司动员会。集团公司领导许建国、赵民革,有关部门领导张福杰、郭丽燕、周少华及联合监督检查组成员,京唐公司领导王涛、王相禹、曾立、杨春政、邵文策、朱国森、王鹤更、刘正发、王贵阳,职能部门负责人、各单位党委书记和部长、职工监事及协调联络组成员参加会议。张福杰就《关于对首钢京唐钢铁联合有限责任公司开展联合监督检查工作实施方案》进行布置并提出相关要求,王相禹作表态发言。

11月8日~9日,集团公司党委书记、董事长靳伟到京唐公司炼铁作业部开展党的十九大精神宣讲,强调学习宣传贯彻党的十九大精神要和当前工作相结合,大兴调查研究之风,到基层最需要的地方去解决问题,到最艰难的地方去打开局面。集团公司相关单位负责人,京唐公司领导邱银富、曾立、周少华、杨春政、杜朝辉、刘正发、王贵阳、陈凌峰,各基层党委书记、职能部门负责人参加。

(王 萍)

【联合监督检查】 自3月下旬开始,集团公司联合检查组对京唐公司2012年以来经营生产情况开展为期两个半月的检查。期间,检查组深入基层部门、合资公司、代管企业开展专项检查16次,谈话73人次,对京唐公司进行全面督查。京唐公司针对检查出的20项问题,研究制定问题整改方案并抓好整改落实。截至年底,完成整改问题8项。

(王 萍)

【生产情况】 2017年,京唐公司产生铁833.5万吨,钢坯833.1万吨,热轧卷835.2万吨,成品钢材810.1万吨。其中,高端领先产品317.3万吨,超计划37.3万吨。汽车板170.4万吨,超计划10.4万吨;镀锡板42.5万吨,超计划2.5万吨。推进产品占比76.43%,比2016年提高4.43个百分点,其中高端领先产品占比39.17%,比2016年提高6.17个百分点。自发电60.43亿千瓦·时。

(林绍峰)

【降本增效】 京唐公司围绕年度目标任务,成立16个降本增效攻关组,分解细化措施786项,实现降本增效16.4亿元。其中,通过波段采购、开发低价替代资源等措施,原燃料采购跑赢市场5.93亿元。优化产品流向,调减出口量39.4万吨,增利1.06亿元。通过质量改进、原单超发等措施,减少带出品,实现增利1633万元。利用区位和自有码头优势,建立江海联运新通道,拓展创收资源,社会钢材发运量首次超过内部钢材发运量,其中发运首钢股份公司钢材产品超过142万吨。发挥事业部"小快多灵"经营优势,采取灵活策略,合理分配资源,镀锡板事业部减亏3.84亿元,彩涂板事业部增利1.42亿元。推进"优结构"工作,优化品种结构增利2.95亿元,特别是在资源总量减少的情况下,高端领先产品继续保持增量,比2016年增加42万吨,盈利产品个数增加202个,综合售价与宝武缩差179元;冷轧镀锌低合金高强汽车板、退火双相钢汽车板等一批盈利能力较好产品快速上量;镀锡、彩涂等产品抓住市场有利时机,创出产量、效益双纪录。缩短转炉冶炼周期,推广RH快速脱碳工艺,推行RH单工位生产模式,提高铸机拉速,转炉出钢温度降至1652℃,增效0.88亿元。实施热态渣转炉循环利用技术,优化铁水和废钢装入模式,增加脱硫渣铁回用量,铁耗比2016年降低32千克,创历史最好水平,折合增加钢产量26万吨,增效2.1亿元。围绕热轧产能瓶颈开展攻关,消化外购板坯增产23.4万吨,增效0.9亿元。统筹资金平衡,控制支付节奏,争取银行授信额度,优化债务规模及结构,降低财务费用1.62亿元。推进检修协同减少外委,优化资材备件采购方式,强化备件修复,降低设备费用0.89亿元。合理调整班车路线,实施办公用品重新招标和集中采购,降低后勤保障费用0.17亿元。

(李洪波)

【产品研发认证】 京唐公司全年开发新产品40个牌号,截至2017年底,可生产热轧产品14大类、26个类别、206个牌号,冷轧产品6大类、18个类别、214个牌号。其中,汽车用超高强钢成功实现1200兆帕级集团首发,突破产线设计能力,1000兆帕级批量供货1.4万吨。热成形钢PH1500通过认证,成为宝马国内唯一供应商。管线钢完成国家战略项目中俄东线天然气管道用大口径21.4毫米极限规格X80万吨级供货。冷轧特种集装箱板S800NQ成为国内第二家实现稳定批量供货的供应商。新能源汽车高端薄规格电池壳用钢实现集团首发,向九天科技批量稳定供货。BH钢、低合金钢均达到该类牌号最高强度级别。镀铝锌产品填补首钢空白。镀锡板开拓欧洲、东南亚、中东等海外市场,累计出口超4万吨。

全年开展认证项目121项。其中,汽车板完成28家车企共1015个零件的认证,认证用户、产品档次向高端迈进,宝马、上汽大众、途观、明锐完成认证并供货,通过奔驰审核;非汽车板完成美的搪瓷用钢、海信彩涂家电板、华源DR材化工桶减薄等93项产品认证并实现稳定供货。通过ISO9001和IATF16949质量管理体系换版认证审核,成为国内首家取得新版汽车质量管理体系证书的钢铁企业。通过JIS、CE等三方认证,为出口亚洲及欧盟地区创造条件。推进镀锡板ISO22000食品安全管理体系认证,通过德国莱茵国际专业认证机构审核。

(鲍成人)

【工艺稳定攻关】 京唐公司推进工艺过程稳定攻关,围绕产品制造、产品交付、客户服务、工序重点、质量成本五方面设立32项评价指标,产品质量稳定性和过程控制能力提高,产线制造能力增强。炼钢开展全流程提速攻关,非计划停浇次数减少70%,铸机拉速比2016年整体提高13%;热轧开展保稳提质攻关,2250和1580小时产量分别比2016年提升13%和8%;冷轧780兆帕及以上超高强钢酸轧小时产能达到170吨,较上年增加40吨;镀锡速度发挥系数较年初提升20%;中厚板产线规格拓展取得较大突破,成功轧制6毫米极限薄规格产品。通过实施682项功能和367项精度管理项目,设备非计划停机时间比2016年减少217小时。"双相高强度冷轧钢板及钢带""连续热镀锌钢带"获评"冶金行业品质卓越产品","镀层带""热轧薄宽带钢"获评"河北省名牌产品"。

(王莉)

【精益管理】 京唐公司强化基础管理,结合实际修订完善规章制度,截至2017年底,已建立专业管理制度364个,其中公司级制度255个,专业级制度109。推进精益六西格玛管理,实施第五期59个公司级、90个部门级精益六西格玛项目,产生优秀项目56个、良好项目71个。到2017年底,取得精益六西格玛黑带课程培训合格证125人,取得绿带课程培训合格证985人,通过中质协六西格玛注册黑带考试 55 人。通过中质协注册黑带认证 13 人。

较完备的风控体系初步形成,京唐公司内部控制手册发布,包括 31 个一级流程、133 个二级流程、366 个三级流程、850 个关键控制点和 781 个风险点的风险库;开展 1 次内部控制自检工作,协助致同会计事务所开展 2 次内部控制外部审计工作。

着力建设现场管理模式,建立 6S 标准化管理体系,包括一级标准 294 份、二级标准 1665 份、三级标准 864 份,从现场各区域整体、局部以及影响工作效率的细节三个层次实现主产线标准全覆盖。全年评选优秀改善提案 239 件,改善设备微缺陷 6315 项,治理污染发生源 1546 项,改善清扫困难源 1723 项,治理粉尘点 16 个。以"三现地图"和"设备讲师"为抓手,组织一线职工绘制设备三现地图 2156 份,开展 OPL 点滴教育 2658 项。筛选清扫工具 24 件,清扫设备 2752 台套,建立清扫标准 2165 份,1697 台套设备完成 4MY 管理交接工作。

(刘建华、林绍峰)

【安全管理】 京唐公司顺利通过国家安委会、督导检查组和各级安监局的安全生产大检查,对提出问题全部整改完成。持续推进《领导干部安全生产工作量化标准》,开展职能部门安全生产职责量化分解工作,逐步形成安全生产齐抓共管局面。细化岗位安全规程,形成《岗位作业安全管控指导书》365 份,签订《安全生产承诺书》9965 份。8 月份,通过德国莱茵公司对京唐公司安全管理体系运行情况外部审核。完成 46 个安全管理示范班组达标创建。开展本质化安全管理,制定《安全生产能量隔离和机械防护工作方案》。推广"异常作业安全冷静五分钟"管理经验。对发现上报隐患实施奖励机制,职工全年上报隐患 5315 项,对其中 3353 项奖励 336700 元。

(刘红军)

【节能环保】 京唐公司贯彻落实节能目标责任制,严格落实国家重大活动期间各项环保要求,实施"绿色行动计划",全年启动空气重污染预警或空气质量保障措施 25 次、59 天,在多层级、多轮次检查中始终保持绿色环保形象,唐山市 2017~2018 年采暖期错峰生产方案实施期间,京唐公司在红黄绿环保综合绩效第三方评价中获得最高分。1 号 5500 立高炉、3 号 300 吨转炉双双获全国重点大型耗能钢铁生产设备节能降耗"冠军

炉";京唐公司取得全国钢铁行业第一张新版排污许可证,并成为"中国 2017 年重点用水企业水效领跑者"入围企业。加强环保治理,炼铁、原料除尘器提标改造通过环保部门验收。全年烟(粉)尘排放量 3527 吨,二氧化硫排放量 3356 吨,比 2016 年分别降低 120 吨、119 吨。

(吴礼云)

【技改项目】 京唐公司 2017 年完成技改项目 64 项。实施镀锌高强汽车板专用生产线、镀铝硅高强汽车板改造、产销一体化经营管理等一批重大项目。2 号高炉热风管路完成改造,送风系统的安全性提高。实施 1580 精轧弯窜系统改造,促进产能释放。1580 精轧 F1、F5 弯窜辊系统改造项目,弯窜系统故障减少,油品和备件消耗降低。1420 连退清洗段防漏液改造项目,碱液进轴承抱死停车等隐患得到解决。1750 轧机交叉系统改造项目,操作效率提高,备件费、油耗费降低,抢修时间缩减。

(刘志忠)

【智能制造】 京唐公司积极推进"两化"深度融合。球团智能过程控制系统上线运行,填补国内技术空白。加强门禁信息化建设,厂区 1 号门实现车辆自动识别功能。工程信息管理平台全面上线,实现工程进度实时监控和分析。标准成本预测系统完成搭建,为经营决策提供数据支撑。1~8 号汽车衡远程值守项目升级改造,实现高效计量。自主开发计量设备管理信息化系统、协作单位管理系统、物品携出票信息化管理系统、信息化私有云平台、ITSM 系统改造,提升管理效率。烧结智能控制无人操作项目,作业率和 $FeO \leqslant \pm 1.00$ 率都有显著改善,初步测算年经济效益 1400 万元。混匀料场无人化项目实现对混匀作业区混取、混堆 3 台大机进行远程操作。智能仓储项目(码头 5 号库)提高库区的吞吐能力和现场工作人员的安全性,降低设备磨损,每年经济收益约为 500 万元。

(汪万根)

【系统年修】 11 月 7 日~12 月 11 日,京唐公司结合地方政府冬季环保限产要求,组织开展自 2009 年一期一步投产以来时间最长、规模最大的全系统年修工作,投入力量 7495 人,实施检修项目 5139 项,2 号高炉冷却壁、炼钢天车梁等部位存在的重大缺陷消除,恢复和提升热轧轧机机架等 35 项重点设备的精度,为生产顺行

和产品质量稳定提供保障。年修期间,与首钢矿业公司、迁钢维检中心在烧结、连退区域 40 余个项目上开展协同检修。

(刘志忠)

【学习培训】 京唐公司全年推进各类员工培训项目 680 项,培训计划兑现率 95.91%,人均培训 84 学时,人均学习积分 122 分。截至 2017 年底,技师以上人员 811 人,占技能人才的 14.41%。82 人、27 人分别取得河北省职称申报评审的中级和高级技术任职资格。组织开展技能竞赛,获得首钢技术能手 7 人;1 人获得中德“北京·南图林根”焊接对抗赛第二名。开展入党积极分子和新党员培训,开办青年骨干培训班、四班作业长定向培训班、“合资公司外派高管人员培训班”、中层领导人员集训班、领导人员任职资格培训班等分层分类培训。

(关 锴)

【干部人才队伍建设】 京唐公司落实集团公司领导人员管理制度,制定实施《首钢京唐公司职务职级改革管理办法》,领导人员 337 人完成职务职级改革,纳入新职务职级序列。加大交流力度,调整优化 11 个基层单位领导班子,领导人员职务调整 97 人,考察合格正式任职 65 人。强化对合资公司的管理,交流调整 9 家合资公司高管 22 人。做好后备领导人员推荐选拔,配备比例达到 1∶1 要求。参与集团第八批“首钢技术专家、技术带头人”评选工作,8 人被评为“首钢技术专家”,6 人被评为“首钢技术带头人”。

(关 锴)

【党建工作】 京唐公司多种形式推动党的十九大精神进产线、进班组、进岗位、进宿舍。推进“两学一做”学习教育常态化制度化,开展党委中心组(扩大)学习 24 次,推进“解放思想、不忘初心、积极进取”行动学习,基层党支部开展“锤炼党性修养、加强政治能力训练”和“不忘初心、牢记使命”专题研讨。完成 84 个党支部 2016 年等级评定工作,全年发展党员 97 人,按期转正 79 人。召开 2017 年度党风廉政建设工作会,总结部署党风廉政建设和反腐败工作,京唐公司党委与 15 个基层单位党委签订 2017 年领导班子党风廉洁建设目标责任书 334 份,外派合资公司高管人员签订 17 份,签订率 100%。推进廉洁风险防控管理工作,排查重点业务流程 1585 个,梳理出廉洁风险点 2614 个,监督二期工程

中的 354 个项目、设备采购招投标。京唐公司党委被评为首钢“六好班子”。

(关 锴、张延凤)

【企业文化建设】 京唐公司获评“2012—2017 年度品牌文化建设标杆企业”、“全国文明单位”称号。完成新华社、北京日报、北京电视台、河北日报等 32 次重要媒体采访和接待,社会新闻媒体共刊发京唐公司报道 91 篇,《首钢日报》宣传报道京唐公司 229 篇,企业品牌形象提升。组成两级公司“两会”精神宣讲团,深入基层开展巡回宣讲。明晰界定“一报一台两微两站”,打造京唐全媒体平台。编发 30 期《首钢京唐报》,刊登各类稿件 1000 余篇,数字报点击量稳定在 2000 次以上。制作电视新闻 52 期,腾讯视频客户端点击量累计 2.8 万次。微信发布图文消息 245 期,用户数由年初的 8000 人上升到 10000 人,阅读总量超过 65 万次;微信直播 10 场,11 万人次观看。开展第二届“讲京唐故事”活动,评选“京唐榜样”10 人。完成《首钢京唐企业文化故事案例》(第一卷)的编写工作。《充分利用新媒体做好宣传思想工作,为打造世界一流钢铁企业提供有力支撑》获 2016 年度唐山市思想政治工作优秀研究成果一等奖。

(任全烜)

【改善职工生活】 京唐公司持续推进“家园”“心田”“鹊桥”工程。组织慰问劳模先进、退休和伤病困难职工 510 人,发放送温暖慰问品及补助金 28.9 万元,1622 人获互助保险,申请并发放帮困基金补助 9.3 万元。组织非京籍职工 4167 人办理京卡,使其享受京籍会员福利。举办“青春有约·筑梦曹妃甸”、“七夕寻缘·爱在曹妃甸”青年联谊活动,多渠道解决青年婚恋问题。举办“海誓山盟、京唐之恋”青年集体婚礼,21 对新人喜结良缘。开展职工健康关爱知识讲座,组织高血压、糖尿病和心脏病三类关爱人群 311 人专项体检。组织八期共 174 人参加疗休养活动。开展“健康京唐、艺术京唐、书香京唐”三大模块活动及“声动京唐”“全民健康·舞动京唐”等活动,丰富职工业余文化生活。整合班车线路,优化管理流程,增加北京远郊区路线,方便职工乘车。完成渤海幼儿园改造、景山学校入学资格审查证明办理,为职工子女入托、入学创造便利条件。在厂前区开设理发室和蔬菜、水果售卖点,改造文体中心空调及音效系统,实施厂前区道路更新改造、指挥中心南侧水池及周边绿化景观改造提升工作,改善驻岛职工生活环

境。结合二期工程建设,新建中厚板等五个餐厅,严格组织厂区餐厅食材集中采购,确保职工就餐食品安全,提高职工满意度。

（于　杰、王雪青）

【创新成果】　京唐公司统筹推进"蓝精灵"、职工创新工作室、合理化建议等创新活动,全员创新平台初步建成。全年申请专利265项,专利授权129项,其中发明专利49项,实用新型80项。4个项目获冶金科学技术奖,其中:"煤—煤气混烧锅炉双尺度低NOx燃烧技术的研究与应用"项目获二等奖,"大型KR高效低耗智能化铁水脱硫成套技术集成与创新""钢铁材料的高温氧化特性及其在碳钢板带表面质量控制中的应用""冷轧处理自动化控制系统的研发与应用"等3个项目获三等奖。4个项目获国家级、冶金行业管理现代化创新成果奖,其中:"以行业引领为目标的冶金企业智慧能源体系的构建与实施"项目获第二十四届国家级企业管理现代化创新成果二等奖、冶金行业管理现代化创新成果一等奖;"面向市场一贯制钢铁产品推进管理体系构建与实施""以行业引领为目标的冶金企业智慧能源体系的构建与实施"获冶金行业管理现代化创新成果一等奖,"基于大型高炉检测控制可靠性的高效化管理"获二等奖。5个项目获河北省、唐山市科技进步奖,其中:"低成本海水淡化集成优化技术""冷轧薄规格高强汽车板稳定生产及质量控制集成技术的开发与应用"2个项目获河北省科技进步二等奖,"低成本海水淡化集成优化技术""冷轧薄规格高强汽车板稳定生产及质量控制集成技术的开发与应用"2项目获唐山市科技进步一等奖,"大型钢铁企业电力微网高级分析与智能化技术"获三等奖。

（王　莉）

【荣誉称号】　2017年,京唐公司获第五届"全国文明单位"称号。京唐公司获"河北省管理创新示范企业"称号;获2017年度河北省冶金行业质量管理活动"优秀企业"称号;获"河北省标准化创新突出企业"称号;被中国企业文化研究会评为2012~2017年度品牌文化建设"标杆企业";获中国首届企业自媒体大会企业新媒体"金锐奖";获中粮包装控股有限公司供应商大会2017年度"优秀供应商"称号。京唐公司炼铁作业部1号高炉获"全国工人先锋号"称号;焦化作业部被首届(2017)中国制造100年论坛授予"中国制造100年煤

化工行业精益标杆"荣誉证书、被第二届中国焦化行业科技大会授予"技术创新型焦化企业"称号;公司团委被授予全国钢铁行业"五四红旗团委标兵"荣誉称号;热轧作业部王震获全国钢铁行业"优秀共青团员"荣誉称号;冷轧作业部王海龙在中德焊接对抗赛中获得熔化极气体保护焊决赛第二名;能源与环境部吴礼云获"国企楷模·北京榜样"十大人物称号;热轧部胡娜获"首都市民学习之星"称号。

（王雪青、任全烜）

【京唐公司部门负责人名录】
计财部
部　　长:王鹤更(10月离任)
副部长:李洪波(主持,3月)　杨玉芳(9月任职)
制造部
部　　长:林绍峰(10月任职)　周　建(10月离任)
第一副部长:苏震霆(10月任职)
副部长:傅丁(10月任职)　林绍峰(10月离任)
　　　　王晓朋　王　莉　鲍成人
设备部
部　　长:李　鹏
副部长:刘冀川　秦伍献　孙连生
　　　　王学明(6月任职)
党委书记:李春风
纪委书记:李春风
供应管理部(机构撤销)
部　　长:周　波(10月离任)
副部长:傅　丁(10月离任)
供料作业部
部　　长:王育奎
副部长:宿光清　董维利
党委书记:曾德辉
纪委书记:曾德辉
销售管理部
部　　长:李　越
副部长:王忠宁　孙立欣
安全管理部
副部长:刘红军
保卫部:
部　　长:郑　斌
工程部

部　　长:刘志忠
副部长:刘天斌　曹　震
人力资源部
部　　长:关　锴
副部长:张保光　韩建国
信息计量部
部　　长:汪万根
副部长:郭　亮
办公室
主　　任:于　杰(6月任职)　石韶华(6月离任)
副主任:吉　玮(6月任职)
党委组织部
部　　长:关　锴
副部长:于　杰　路满兄(6月任职)
党委宣传部(企业文化部)
副部长:任全烜
纪检(监察)办公室
副书记:张延风
工　会
副主席:王雪青
团　委
书　　记:张　磊(10月任职)
副书记:张　磊(10月离任)
机关党委
党委书记:王明江
纪委书记:王明江
运营规划部
部　　长:刘建华
审计部
副部长:刘　颖
焦化作业部
部　　长:杨庆彬
副部长:王贵题　陶维峰　纪永泉　闫焕敏
党委副书记:金亚建
纪委书记:金亚建
炼铁作业部
部　　长:张贺顺(3月离任)
副部长:任立军(主持,3月)　张保顺　熊　军
　　　　王长水　陈　军(3月任职)　任立军
党委书记:张贺顺(3月离任)

党委副书记:安　钢
纪委书记:安　钢
炼钢作业部
部　　长:张丙龙
副部长:曾卫民　袁天祥　高洪斌
　　　　吴耀春(12月任职)　李　勇(10月离任)
党委书记:李金柱
纪委书记:李金柱
热轧作业部
部　　长:艾矫健
副部长:张　扬　王晓东　王文忠　彭振伟
党委书记:吴宝田
纪委书记:吴宝田
冷轧作业部
部　　长:王松涛
副部长:唐　伟　肖激杨　周　淳(6月离任)
　　　　李　众(8月任职)　张晓峰(10月任职)
党委书记:董鸿斌(10月任职)
　　　　苏震霆(10月离任)
纪委书记:董鸿斌(10月任职)
　　　　苏震霆(10月离任)
彩涂板事业部
部　　长:冷艳红(6月任职)　赵继红(6月离任)
副部长:王大川　袁秉文　冷艳红(6月离任)
　　　　周　欢(主持,12月任职)
党委书记:赵继红
纪委书记:赵继红
镀锡板事业部
部　　长:尹显东
副部长:张召恩　莫志英
　　　　张晓峰(3月任职,10月离任)
　　　　陈　辉(3月任职)　朱防修(10月任职)
党委书记:焦建峰(6月离任)
　　　　董鸿斌(6月任职,10月离任)
　　　　王　胜(10月任职)
纪委书记:焦建峰(6月离任)
　　　　董鸿斌(6月任职,10月离任)
　　　　王　胜(10月任职)
能源与环境部
部　　长:吴礼云

副部长:王树忠　凌　晨　王津明　汪国川
　　　　刘玉忠(12月离任)

党委书记:范　军

纪委书记:范　军

运输部

部　长:张海云

副部长:关志发(6月任职)　张　英
　　　　冯　超(6月离任)

党委书记:王　伟

纪委书记:王　伟

质检监督部

部　长:于学斌

副部长:徐海卫　彭国仲

党委书记:石韶华(6月任职)　魏　钢(6月离任)

纪委书记:石韶华(6月任职)　魏　钢(6月离任)

钢轧项目筹备组

组　长:罗伯钢　王国连(12月任职)

副组长:郭世晨　潘　彪　蒋海涛(2月任职)
　　　　王国连(2月任职,12月离任)

党委书记:赵继武

纪委书记:赵继武

中厚板项目事业部

部　长:王　普

副组长:闫智平

党委副书记:李　勇(10月任职)

纪委书记:李　勇(10月任职)

(关　锴)

【首钢京唐大事记】

1月9日,京唐公司召开2017年安全生产大会。

1月10日,达涅利集团及达涅利中国公司管理层一行5人到京唐公司参观调研。

1月19日,京唐公司召开第一届职工代表大会第五次会议。

2月8日,韩国浦项制铁、德国西门子一行8人到京唐公司参观。

2月16日,广南集团(秦皇岛)董事长、总经理何锦州及中粤浦项董事长陈国基等一行4人到京唐公司参观交流。

2月21日,京唐公司召开2016年度领导班子民主生活会。

3月2日,京唐公司召开集团公司联合监督检查组进驻京唐公司动员会。

3月6日,新日铁住金工程技术株式会社执行董事内田亲司郎一行6人到京唐公司就能源技术进行交流。

3月7~8日,浦项ICT公司一行10人就产销一体化项目到京唐公司进行交流。

3月14日,力拓矿产资源公司船务经理Kevince Cockrell一行3人到京唐公司就炼铁技术进行交流。

3月22日,昆山京群焊材科技有限公司总经理陈国栋一行3人到京唐公司参观访问。

3月26~27日,江苏沙钢集团董事局总裁龚盛一行13人到京唐公司参观交流。

3月31~4月1日,宝钢湛江钢铁有限公司副总经理郁祖达一行7人到京唐公司参观交流。

4月6~7日,布雷卡集团联合董事长亚历克斯·福特·布雷西亚、佩德罗·布雷西亚·莫雷拉等一行10人到京唐公司参观考察。

4月12~13日,北京市国资委监事会领导一行4人,在集团公司监事会办公室常务副主任张福杰陪同下,到京唐公司参观调研。

4月18~19日,华晨宝马冲压车间总监吴磊、车身车间总监袁明璋等一行10人,到京唐公司参观考察。

4月19日,京唐公司举办第七届职工文化节开幕式暨迷你马拉松比赛。

4月20~21日,宝钢湛江钢铁公司能源环保部一行4人到京唐公司对标交流。

4月20日,西马克全球服务事业部执行副总裁谭思先生一行5人,到京唐公司座谈交流。

4月20~21日,中国工程院院士毛新平一行14人到京唐公司调研。

4月26日,京唐公司顺利通过ISO22000食品安全管理体系认证。

4月27~28日,北京市人民检察院第三分院领导一行18人到京唐公司参观。

5月3日,京唐公司举办"感动京唐"2016年度颁奖典礼。

5月3日,京唐公司2017年青年骨干培训班在厂前学习中心举行开班典礼。

5月5日,北京市国资委机关服务中心领导一行40人到京唐公司参观。

5月9日,上汽乘用车质保部总监杨如松、工程师叶青亮、上海福然德总经理崔建兵、总经理助理付京洋等一行7人,到京唐公司参观。

5月9日,鞍山钢铁集团有限公司制造部副部长谷春阳一行16人到京唐公司参观。

5月10日,京唐公司中厚板项目筹备组更名为中厚板事业部并批复机构定员编制。

5月23日,浦项制铁自动化ICT常务会长李昌馥一行4人到京唐公司参观。

6月7日,中石油天然气销售北方公司副经理施龙一行5人到京唐公司参观。

6月8日,河南安阳钢铁集团综合利用开发公司党委书记、副经理赵国强一行4人到京唐公司考察。

6月10日,京唐公司顺利通过三级军工保密资格认定。

6月14日,航天万源、国轩高科公司领导一行9人到京唐公司参观。

6月18日,京唐公司获"2017年度河北省冶金行业质量管理活动优秀企业"称号。

6月22日,京唐公司举办2017年职工运动会。

6月,京唐公司"镀层带"、"热轧薄宽带钢"被评为2016年度"河北省名牌产品"。

7月3日,京唐公司召开庆祝建党96周年暨创先争优表彰大会。

7月4~6日,京唐公司通过德国本特勒汽车工业公司产线热成型钢审核和材料认证。

7月7~8日,北汽集团工会主席张辉一行40人到京唐公司参观。

7月12日,宝钢股份总经理邹继新一行10人到京唐公司参观。

7月12日,国家科技部《京津冀环境综合治理重大工程实施方案》专家组一行12人到京唐公司参观。

7月13日,京唐公司和首钢凯西公司在福建省漳州市联合举办"第一届首钢马口铁产品福建汕头区域客户交流会"。

7月18日,中冶集团独立董事任旭东一行5人到京唐公司参观。

7月18日,中国钢铁工业协会领导一行3人到京唐公司参观。

7月19日,京唐公司举办第一届青年安全管理创新大赛决赛。

7月31日~8月1日,宝马集团副总裁Thomas Schmid一行3人到京唐公司参观。

8月8日,印度Jai raj ispat ltdd.公司主席Mr.sk goenka一行4人到京唐公司参观。

8月9日,中国五矿集团党组副书记、总经理,中冶集团党委书记、董事长国文清一行10人到京唐公司参观。

8月10日,京唐公司在炼钢作业部举行实训基地揭牌仪式。

8月17日,日照钢铁有限公司高级顾问谢国海一行2人到京唐公司交流座谈。

8月21日,中冶集团独立董事陈嘉强一行15人到京唐公司参观。

8月22日,北京市审计局领导一行48人到京唐公司参观。

8月23日,北京市人大财经委副主任程晓君一行6人到京唐公司参观。

8月23~25日,北京市发展改革委青年干部一行25人到京唐公司参观学习。

8月29日,京唐公司取得唐山市环保局核发的新版排污许可证。

8月29日,西马克中国服务部副总裁施罗德一行3人到京唐公司参观。

8月30日,10点58分,京唐公司3500毫米中厚板产线热试一次成功。

9月11日,国家海洋局海域综合管理司司长潘新春一行5人到京唐公司参观。

9月12日,北京市国资委企业改组处领导一行8人到京唐公司参观。

9月13日,现代制铁公司一行7人到京唐公司参观。

9月20日,西马克全球服务事业部执行副总裁pino tese先生一行4人到京唐公司座谈交流。

9月21日,北京市西城区工商联考察团领导一行15人到京唐公司调研。

9月23日,冶金工业规划研究院专家一行到京唐公司参观调研。

9月24日,京唐公司取得质量管理体系新版双证书(ISO9001:2015;IATF16949:2016)。

9月25日,京唐公司举办用户技术服务与财务专业定向培训班。

9月29日,京粮集团党委书记、董事长王国丰一行12人到京唐公司参观。

10月11日,太钢集团副总经理谢力一行8人到京唐公司参观。

10月12日,京唐公司通过富士通二方认证审核。

10月12日,中化集团副总经理、中化能源事业部总裁江正洪,旭阳控股公司董事长杨雪岗一行26人到京唐公司参观考察。

10月19日,找钢网党委书记兼高级富仲裁苏桂锋一行5人到京唐公司座谈交流。

10月23日,京唐公司举办2017年领导人员任职资格培训班开班仪式。

10月26日,国家环保部环评司司长兰俊一行到京唐公司参观。

10月27日,京唐公司通过奔驰产线审核。

11月1日,开滦能源化工股份有限公司总经理曹玉忠一行3人到京唐公司座谈交流。

11月8日,秦皇岛邦迪公司亚太区采购总监崔焱州一行5人到京唐公司参观。

11月8~9日,集团公司党委书记、董事长靳伟到京唐公司炼铁作业部开展党的十九大精神宣讲。

11月17日,京唐公司获第五届"全国文明单位"称号。

11月21~22日,河钢集团邯郸公司总经理许斌一行10人到京唐公司参观调研。

11月24日,京唐公司在中粮包装控股有限公司供应商大会上获评2017年度"优秀供应商"。

11月30日,普锐特冶金技术(中国)公司首席执行官施耐德博士一行3人到京唐公司座谈交流。

11月,京唐公司被中国企业文化研究会评为2012~2017年度品牌文化建设"标杆企业"。

12月1日,宝钢集团广东韶关钢铁有限公司副总经理吴剑平一行7人到京唐公司参观交流。

12月5日,京唐公司成为中国2017年重点用水企业水效领跑者入围企业。

11月7日~12月11日,京唐公司全面开展投产以来时间最长、规模最大的全系统年修,共涉及检修项目5139项,投入力量7495人。

12月19日,液化空气(中国)投资有限公司亚洲区副总裁陈绍义一行2人到京唐公司参观。

12月21日,京唐公司召开2017年精益六西格玛、6S/QTI管理总结表彰暨2018年工作启动大会。

12月26日,京唐公司中厚板餐厅开始试营业。

(姜 文)

唐山首钢京唐曹妃甸港务有限公司

【港务公司领导名录】

董事长:曾 立

副董事长:王克生

总经理:范 军

副总经理:朱军安 司玉军

(朱旭辉)

【概况】 2007年3月,首钢京唐钢铁联合有限责任公司全面开工建设,同步在一港池东岸厂区西侧填海形成的海岸线上,按国家发改委批复的位置自北向南进行码头建设,2007年底建成2000米码头结构,2008年底建成1632米码头结构。2008年7月,在向交通部门申请办埋码头工程初步设计审批过程中,交通部提出京唐公司建设的码头位置与该部批准的《唐山港总体规划》不符。已建的2000米码头结构占用了《唐山港总体规划》中公共物流园区岸线1600米,经协商,同意将已建成的2000米码头结构中1600米改由京唐公司出资80%、曹妃甸港口集团股份有限公司(原唐山曹妃甸港口有限公司,以下简称"曹妃甸港集团")出资20%,组建唐山首钢京唐曹妃甸港务有限公司(以下简称"曹妃甸港务公司"),实现社会服务功能,实现码头项目审批的合规管理。

2009年,根据唐山市政府总体规划安排,要求京唐公司将已建成码头的北段1600米恢复公共使用;2010年2月,首钢京唐公司和曹妃甸港集团组建曹妃甸港务公司;2010年4月,北京京都资产评估有限责任公司针对曹妃甸港务公司在建工程出具评估报告,资产总额约8.13亿元;2010年7月,曹妃甸港务公司完成工商登记,注册资本6亿元,其中:京唐公司以实物(含土地)出资4.2亿元,以现金出资0.6亿元,共计4.8亿元,占股80%,曹妃甸港集团以现金出资1.2亿元,占股20%;2017年5月25日,唐山市交通局颁发港务公司通用码头工程试运行《港口经营许可证》。目前港务公司正在办理竣工验收手续,确保合规运营。

(朱旭辉)

北京首宝核力设备技术有限公司

【北京首宝核力设备技术有限公司领导名录】

董事长:李 鹏(1月任职) 王贵阳(1月离任)

副董事长:徐 凯

总经理:王学明(7月任职)

副总经理:马共建 史后扬(4月任职)

高晓峰(1月任职) 孙培福(1月离任)

财务负责人:舒惠勇(1月任职)

(刘孟晖)

【概况】 北京首宝核力设备技术有限公司(以下简称"首宝核力公司")于2011年6月22日成立,注册资本1200万元,首钢京唐钢铁联合有限责任公司、上海宝钢工业技术服务有限公司各出资50%。首宝核力公司为首钢与宝钢战略合作平台,主要经营技术服务、技术咨询;施工总承包;专业承包;工业设备及备件的调试、检修,维修;机械电动工具的维修;工业炉窑维修;货物进出口、技术进出口、代理进出口;销售金属制品、电子产品、电子元器件、仪器仪表、计算机、软件及外围设备、机械设备。下设生产技术室、计划财务室、综合办公室、检修运维事业部、天车运行事业部、备件修复中心6个部门。

(刘孟晖)

【业务开展】 首宝核力公司2017年6月陆续承接首钢京唐公司炼钢、热轧、彩涂三个部门的天车运行操作业务,7月正式承接3500毫米产线机电设备维护任务,解决了轧机主轴剖分轴承更换、支承辊平衡装置液压缸漏油等诸多设备隐患,完成冷床限位器、圆盘剪对中等改造任务。首宝核力公司改变空调维检大包模式,严控备件材料采购,提升运维人员管理效率,处理各类空调报修2000余次,大检修6次,客户满意度提升。备件贸易业务覆盖京唐、迁钢、首秦、顺义等基地,调整产品供货结构,实现从经销种类驳杂产品向高精尖类方面转型,硅钢进口涂层辊、背衬轴承成为日本品牌金央社、光阳在首钢股份唯一代理商;带钢表面检测仪成为美国品牌阿美特克公司在首钢集团内的唯一代理商。重新梳理

原板卡类修复业务,解决部分历史遗留问题,提升业务量;实施1580热轧牌坊精度检测及修复项目,带动其它备件修复需求,拓展业务范围。

(高晓峰)

【基础管理】 首宝核力公司2017年重新定义企业发展战略、功能定位,调整高级管理人员,再造组织机构和业务流程。建立岗位配置体系,完成定编、定岗、定员"三定"和岗位业务流程图,岗位资源向一线倾斜,岗位配置实用精简。完善员工薪酬管理,建立绩效考评体系。全面梳理公司各项业务,已制定各项管理制度38个。强化合同评审,完善对外支付审批,加强应收账款管理,成立跨部门的存货和应收指标"两金"压降工作小组。

(王学明)

【团队建设】 首宝核力公司建立首宝设备微信公众号,加强企业文化建设。强化团队建设,培育团队精神,增强责任意识。通过召开各种形式的座谈会、年度表彰大会,组织文体、联谊、送温暖献爱心等活动,关爱关心职工成长和生活。

(史后扬)

【党群建设】 中共北京首宝核力设备技术有限公司唐山曹妃甸分公司总支部委员会9月份成立,建立健全党的基层组织建设。认真学习党的十八大、十九大会议精神,贯彻落实首钢京唐公司党委和设备部党委的各项决议、决定,扎实开展"两学一做"学习教育,充分发挥基层党组织的战斗堡垒作用和党员的先锋模范作用。

(王学明)

北京首钢朗泽新能源科技有限公司

【首钢朗泽公司领导名录】

董事长:刘正发(12月任职) 王 涛(12月离任)

副董事长:Jennifer

总经理:董 燕

常务副总经理:汪洪涛

(陈 锋)

【概况】 北京首钢朗泽新能源科技有限公司(以下简称"首钢朗泽")2011年11月成立,由首钢集团公司、新西兰唐明集团和LanzaTech三方组建,2016年及2017

年公司两次引入战略投资者,现有五方股东,注册资本1.96亿元。首钢朗泽拥有河北首朗新能源科技有限公司(以下简称"河北首朗")和北京首朗生物科技有限公司(以下简称"首朗生物")两个全资子公司,设有首钢朗泽研发中心、综合管理部、法律事务部、财务部、人力资源部、销售部6个部门。

首钢朗泽践行绿色低碳、循环经济和可持续发展理念,采用微生物发酵制燃料乙醇技术,经300吨中试装置验证,将钢铁工业尾气直接转化为清洁能源、化工产品及蛋白饲料,实现工业尾气资源的高效清洁利用。该项目2017年进入实体建设阶段,基本完成土建施工,正在推进工艺安装调试工作。项目建成后将年产无水燃料乙醇4.5万吨,饲料蛋白7650吨,压缩天然气330万立方米,每年减少排放二氧化碳54万吨、颗粒物870吨、氮氧化物3200吨。

河北首朗2015年1月成立,注册资金9166.8万元,位于河北省唐山市曹妃甸工业园区首钢京唐钢铁联合有限责任公司厂区,负责利用钢铁工业尾气生物发酵法制燃料乙醇商业化项目的建设。2016年2月,获得河北省发展和改革委员会的建设核准(冀发改能源核字〔2016〕10号),并于同年8月正式启动建设,项目总投资3.5亿元。河北首朗设综合管理办公室、生产运营部、技术研发部、设备自动化部、质检部、储运部、项目管理部、财务部、安全环境保卫部9个部门。

首朗生物2016年10月成立,注册资本5000万元,主要负责生物技术推广、技术开发、技术转让,销售生物制剂、化工产品等业务。

(陈 锋)

【产品研发认证】 2017年,首钢朗泽成功产出浓度>99.5%的燃料乙醇产品,指标均符合国家标准(GB18350—2013)。蛋白饲料新产品开发,粗蛋白含量高达85%,氨基酸种类齐全平衡。基本实现废水全回用(50%直接回用,30%间接回用,其余用于冷却补水)。完成高炉煤气/转炉煤气混合发酵试验,高炉煤气使用比例45%,各工艺运行稳定。首钢朗泽是国内唯一连续两年通过RSB(可持续生物燃料圆桌会议)认证企业。申请专利18项,其中授权10项(发明2项,实用新型8项),受理8项。

(陈 锋)

首钢凯西钢铁有限公司

【首钢凯西公司领导名录】
董事长:周 建
副董事长:黄亚河
总经理:张庆春
副总经理:叶松仁 吴 辉
财务总监:钱 伟

(黄紫云)

【概况】 按照国家钢铁产业调整和振兴规划以及国务院关于"海西战略"发展的要求,首钢集团有限公司与福建凯西集团有限公司于2011年5月30日合资设立首钢凯西钢铁有限公司(以下简称"凯西公司"),公司注册资本15亿元,其中首钢集团有限公司、福建凯西集团有限公司分别持股60%、40%。公司位于福建漳州招商局经济技术开发区,总占地面积1220亩。主要产品为酸洗板、冷硬板、退火版、镀锡板、镀铬板等,产品销售市场主要以福建、广东为主,辐射江浙、江西、台湾地区及东南亚、欧美等海外市场。凯西公司建有2条推拉式酸洗生产线、1条八辊五机架全连续冷连轧生产线、1条四辊五机架全连续冷连轧生产线、2套二十辊森吉米尔可逆薄板轧机、2套四辊单机可逆薄板轧机、1条热镀锌生产线、1套废酸培烧再生机组、16台光亮罩式退火生产线、1条脱脂、3条拉矫线、2条电镀铬生产线、1条马口铁剪切线,结合实际需要对部分生产线进行升级改造,不断优化产品结构,提升产品质量。与首钢京唐、首钢迁钢等紧密衔接,除钢铁制造板块外,利用首钢整体优势和凯西自身区位优势,做好产业链延伸,发展钢材加工物流配送及出口贸易。首钢凯西公司下设制造部、经营部、物资管理部、建设工程部、计财部、综合管理部、办公室、轧钢一分厂、马口铁分厂,在职职工358人,平均年龄36岁,其中本科及以上学历71人,女职工78人。

2017年,首钢凯西公司在上级党委和董事会的正确领导下,克服种种困难,思变求生、积极作为,理思路、强管理、抓改革、促转型、补短板、保稳定,各项工作稳步推进。

(黄紫云)

【主要指标】 首钢凯西公司2017年继续实现大幅减

亏,比 2016 年减亏 2573 万元,减亏幅度 26.12%。持续推进镀铬精品战略,镀铬产品盈利水平提高,马口铁产品出口累计合同签订量超过 9700 吨,环比增长 490%,其中镀铬合同签订量增长约 290%。盘活老厂区闲置资产,一分厂改造复产,实现入库 7.30 万吨,占自轧产品入库量的 58.51%,获利 220 万元。加工贸易工作稳定,全年销量 16 万吨以上,稳固首钢华南地区桥头堡的地位。

(陈鹏举)

【降本增效】 首钢凯西公司加大对标挖潜力度,全年降本增效完成 1456.32 万元。通过严控资金平衡和支出计划管理,最大限度利用集团内部资金优惠政策,降低财务费用 660 万元。加强生产计划排产和市场紧密衔接,降低镀铬产品库存 2664 吨,减少库存资金 380 万元。优化包装方式,充分回收纸套筒等生产辅料再利用,节省包装费用 68 万元。对电网系统变压器进行减容改造,节省电费 161 万元。建立物资信息共享平台,利用多方渠道对外销售、置换在库闲置物资,提高物资利用率,库物料物资年末比年初降低 163 万元。独立完成厂房修复、空调维修等工作,节省外委费用 24.32 万元。紧盯工艺、设备、操作等重点环节,完善冷却系统、过滤系统、水处理系统,生产成本大幅下降。

(林斐凡)

【镀铬产品提升】 首钢凯西公司坚持以市场为导向,以产线为中心,以效益为标尺,全面推进马口铁镀铬产品提质升级工作。坚持"客户至上,品质第一,持续改进,追求卓越"的质量方针,依托自身和首钢京唐公司现有资源和技术优势,打通上下游工序技术交流通道,推进落实各项技术攻关工作。开发优质高档品种,加快产品档次升级,2017 年供应饮料罐盖、易开盖、两片罐等高端品种 1.4 万吨,比 2016 年提高 118.43%。联合首钢京唐公司开展 0.2T4CA 饮料铁、0.28T4BA 家电板、0.17DR8CA 两片罐等新产品攻关,质量水平满足客户要求,已具备批量供货能力。优化生产工艺流程,狠抓质量管控体系,增强成本效益意识,产线速度、生产效率大幅提高,成材率、一级品率比 2016 年提高 0.03% 和 1.57%。制定个性化销售策略,建立灵活快速反应机制,树立服务创造价值的理念,做好客户服务,做实做细质量异议闭环管理,缩短质量异议处理周期,万元损失率比 2016 年下降 63%。深入了解下游制罐制盖、覆膜

等重点客户战略规划,快速反应,抢占先机。举办首届漳州地区马口铁产品客户座谈会,粘结下游客户,培育产业链竞争能力。与昇兴集团、江苏华源、德通金属、英联股份等高端客户合作关系良好;通过义乌易开盖公司认证;获厦门吉源、泰国 LC、泰国 swan 等国内外高端客户批量测试,反应良好,为产品档次升级奠定坚实基础。

(林斐凡)

【镀锌项目投产】 首钢凯西公司根据市场形势研判,结合企业自身优势,合理利用外部资源,与两家下游客户共同启动运行 2 号酸洗机组、八辊五连轧机组及连退机组(改造为有花镀锌)。连退改镀锌项目顺利投产并快速上量,设备运行、安全生产工作组织平稳,产品质量基本满足主要目标市场要求,复产效益初步显现,企业社会声誉提升。

(林斐凡)

【人才队伍建设】 首钢凯西公司秉承"以人为本构建和谐"发展理念,围绕企业生产经营和改革发展,不断加强干部职工队伍建设。进一步规范分配管理,理顺分配关系,通过修订完善绩效工资分配体系,提高技术工种岗位津贴、建立有效竞争和考核机制,合理拉开收入差距,激发企业活力。强化学习意识,加强职工培训,利用微信等新媒体工具,广泛开展创建学习型领导小组、学习型生产班组,全年共完成内训 80 项 3722 人次;坚持引进来和走出去相结合的原则,到首钢京唐公司以及兄弟企业学习,完成外训 17 项 43 人次。

(林斐凡)

【党群工作】 首钢凯西公司坚持发挥党建优势,以党的十八大、十九大会议精神、习近平总书记系列重要讲话精神为指导,认真落实上级党委的决策部署,以服务生产经营工作为中心,强化党的建设。加强群团组织建设,发挥群团组织优势创造性开展工作,开展技术创新、劳动竞赛活动等 12 次,推进 6S 等班组评优工作,组织公司文化月系列文体活动,提升职工队伍凝聚力。

(林斐凡)

【转型发展】 按照集团公司关于推进首钢凯西公司转型发展和公司董事会的要求,首钢凯西公司坚持解放思想,凝聚智慧,抢抓发展新机遇,科学确定发展思路和发展战略。围绕企业转型发展中心任务,突出质量和效益两大主题,以深化改革为动力,以依法治企为保障,提升现有产业、盘活存量资产、择机跨越发展,实现企业的成

功转型和持续健康发展。二季度2号拉矫机组搬迁改造工程顺利完成,镀铬产品竞争力大幅增强;三季度有花镀锌机组顺利投产,产量质量稳步提升,企业转型发展迈出坚实步伐。

(林斐凡)

河北神州远大房地产开发有限公司

【河北神州远大房地产开发有限公司领导名录】

　　执行董事:杜朝辉

　　总经理:于　杰

　　财务负责人:赵毅锋

(胡东风)

【概况】　为解决首钢京唐钢铁联合有限责任公司职工住房问题,经首钢集团公司同意,京唐公司于2008年2月收购了河北神州远大房地产开发有限公司。该公司注册资金2000万元,具备四级房地产开发资质。2015年7月,京唐公司将所持有该公司100%的股权无偿划转给首钢集团公司。河北神州远大房地产开发有限公司为首钢集团有限公司全资子公司,委托京唐公司代管。

(胡东风)

【建设项目】　自2008年,河北神州远大房地产开发有限公司主要开发完成渤海家园小区住宅和幼儿园项目,已启动渤海家园小区剩余空地开发项目。渤海家园小区总建筑面积27.33万平方米,建有23栋住宅,2392套住房,已全部售完;渤海家园幼儿园总建筑面积2600平方米,2014年9月开园,由首钢实业公司幼儿保教中心运营,现在册幼儿410人。

(胡东风)

秦皇岛首秦金属材料有限公司

【首秦公司领导名录】

　　董事长:赵久梁

　　副董事长:李少峰(12月离任)　丁汝才(12月离任)

　　董　事:舒　洪(12月离任)　沈一平　刘海龙

　　　　　　姜哲镐(10月离任)　王铁良(12月任职)

　　　　　　余永光(12月任职)

　　总经理:赵久梁(10月离任)　沈一平(10月任职)

　　副总经理:沈一平(10月离任)　周德光　刘海龙

　　总经理助理:张立伟　王　普(1月离任)

　　党委书记:王相禹(10月离任)　赵久梁(10月任职)

　　党委副书记:沈一平(10月任职)

　　纪委书记:王相禹(10月离任)　王铁良(12月任职)

　　工会主席:沈一平(12月离任)　王铁良(12月任职)

(何　健)

【综述】　秦皇岛首秦金属材料有限公司(以下简称"首秦公司")是首钢集团有限公司全资控股的一家钢铁联合企业,地处河北省秦皇岛市海港区。2003年5月3日开工建设,2006年10月20日实现铁、钢、坯、材工艺流程全线贯通,年产生铁250万吨、钢260万吨、宽厚钢板180万吨。首秦公司坚持"节能环保型、循环经济型、清洁高效型"建厂方针,在总体布局上采取紧凑式流程设计,吨钢占地面积仅为0.7平方米,相当于传统吨钢1.5平方米的46%。

　　首秦公司坚持以打造"专、精、深、强"宽厚板精品基地为目标,形成八大类、十五个系列、600个牌号产品,包括造船板(含海工钢)、管线钢、桥梁板、容器板(含合金容器板)、低温容器板、高建钢、高强钢(含耐磨钢)、模具钢、储油罐钢、水电钢、风电钢、核电钢。首秦公司以"让客户满意、让职工满意、让股东满意"为宗旨,确立打造客户"首选之板"核心价值观,致力于软实力建设,打造"专精深强"的宽厚板综合制造+服务商。

　　首秦公司内设机构11个。其中事业部4个,分别为炼铁事业部、炼钢事业部、轧钢事业部、能源事业部(设备公司);职能部室7个,分别为制造部、物贸公司、安全部、计财部、组织人事部(办公室)、审计部(董事会办公室)兼创业中心筹备组、实业公司(秦机厂托管)。

2017 年底在册职工 2188 人,其中博士 3 人、硕士 166 人、本科 576 人、大专 759 人;高级职称 83 人,中级职称 222 人;高级技师 103 人,技师 299 人,高级工 669 人,中级工 327 人;职工平均年龄 38 岁。

2017 年,首秦公司全面推进"经营生产、对接京唐、转型发展"的三大攻坚任务。在首钢集团坚强领导、钢铁板块兄弟单位和技术服务组的大力支持和帮助下,广大干部职工凝心聚力,迎难而上,以"抓基础,保稳定,聚人心,促改革"为主线,各项工作取得进步。全年实现 7 个月的盈利,控亏 0.96 亿元,比计划增盈 4.81 亿元,比 2016 年增盈 8.02 亿元。

(金品楠、游力杰)

【主要指标】 2017 年,首秦公司生产基本安全稳定顺行,多项工艺技术指标有升有降。吨全焦指标 458.21 千克,比 2016 年提高 37.21 千克。其中,吨入炉焦比 362.91 千克,比 2016 年提高 10.73 千克;优化炉料结构和生产工艺,吨钢铁料 1070.97 千克,比 2016 年降低 0.73 千克;强化技术展开和现场执行,4300 毫米成材 90.44%,比 2016 年提高 0.12%。全年烧结矿、铁、钢、材产量分别为 342.53 万吨、239.17 万吨、240.39 万吨和 158.19 万吨,烧结矿、生铁、钢坯比计划多完成 8.23 万吨、0.17 万吨、3.39 万吨,钢板比计划少完成 1.81 万吨。

(刘新红)

【股权转移】 首秦公司稳妥有序推进股权转移。10 月份完成韩国现代退出相关变更工作;12 月份完成首秦公司、板材公司、加工公司工商部门变更备案手续,领取新的营业执照,成为首钢集团全资公司;秦机厂完成改制工作,改制为秦皇岛首钢机械有限公司。

(何 健)

【制度体系】 首秦公司健全以公司章程为核心的企业制度体系,修订完善党委会、董事会、经理层工作规则、"三重一大"事项管理制度。修订完善《首秦公司投资管理权力清单》等 22 项规章制度。

(洪 艳)

【产线稳定】 首秦公司炼铁工序克服高炉末期设备影响,全年生铁完成 239.16 万吨,超计划 1.16 万吨,比 2016 年增加 4 万吨。炼钢工序结合市场上行全力组织打产,下半年铁耗按照 980 千克/吨组织,钢坯完成 240.39 万吨,超计划 8.39 万吨,比 2016 年增加 7.94 万吨。轧钢工序剔除中修影响完成 164 万吨,超计划 2.0 万吨,比 2016 年增加 5.1 万吨。全年带出品控制 1.56%,为建厂以来最好水平。

(余永光)

【降本增效】 首秦公司全年各工序降本 74 元/吨、1.78 亿元。炼铁工序保持生产顺稳,加强采购、供应、生产一体化运作,强化烧结设备、高炉操作管理,生铁成本 2020 元/吨,比行业缩差 47 元/吨。炼钢工序加强精细化管理、标准化操作,配吃外购废钢打产降耗,工序成本 689 元/吨,与南钢缩差 21 元/吨。轧钢工序加大工艺攻关降本力度,试行"3+Xn"检修模式,推进备件自修,工序成本 518 元/吨,与营口缩差 16 元/吨。能源工序采取优化生产运行方式、错峰用电等措施,优化重点能耗、技术经济指标,能源工序总成本控制在 5 亿元以内。

(余永光)

【技术开发】 首秦公司三项产品实现国内首发。研发马氏体不锈钢复合板、钛合金复合板、球罐钢 15MnNiNbDR 三项新产品,并实现小批量生产。桥梁钢在国家重点工程广泛应用。成功开发 Q345qNH-420qNH 系列耐候桥梁钢,实现桥梁钢品种、规格、强度全覆盖。在世界第一高桥——北盘江大桥、世界跨度最大的公铁两用——沪通长江大桥广泛应用。海工及风电钢供应超深水双钻塔半潜式钻井平台蓝鲸 1 号用钢板 1 万吨;供应世界最大散货船(新一代超大型 40 万吨矿砂船)船板 20 万吨。高端小品种用钢首次供货舰艇用钢 226 吨;首次中标交货中石化 10 万立原油储罐项目用钢 1281 吨;与中石油、万基钢管联合试制中俄东线低温用 X70 管件。完成阿联酋国家石油合格供应商资质审核,成为国内第一家合格供应商。

(余永光)

【供应管理】 首秦公司开拓高性价比渠道;生产、采购系统高效协同,加大高性价比资源配比;灵活采购策略,合理选择定价区间;集团内统筹协调,提高资源保供能力。全年进口矿采购均价 59.15 美元,比市场价低 12.17 美元,吨铁降本 113.7 元。国内原燃料比市场价低 6.28%,合计降本 37.3 元/吨。

(洪 艳)

【产品销售】 首秦公司产品销售快速响应市场,主动创新求变,坚持价格会集体决策,坚持贴近市场、贴近成本、贴近生产,提升市场把控能力。全年比钢协价格指数高 3.54%,超计划 1.54%,钢板平均单利比 2016 年增利 298 元/吨,比行业缩差 72 元/吨。

(洪 艳)

【基层改革】 首秦公司 4 月份开展"板块学首秦,我们怎么办?"的大讨论,保持定力,明确"党的一切工作到支部"的鲜明导向。6 月份开展"发挥基层党支部作用,持续推进基层改革"的自主管理,回归企业本源。8 月份召开第九期首秦故事会,让党支部书记上台宣讲身边的基层改革典型。9 月份,启动 TPM 三阶段工作,并持续开展"能源风暴"、"质量擂台"等专项活动,扎实推进。首秦公司《"自下而上"基层改革的构建与实施》获北京市管理创新成果二等奖。《创新思想政治工作,引领助推基层改革》荣获全国冶金思想政治工作成果奖。

(余永光)

【环保监测】 首秦公司环保设施不断提标治理和改造升级,实施高炉出铁口全封闭,安装污染物在线监控设备 9 套,接受公众监督。取得全因子检测和火力发电、钢铁行业新的排污许可证。建立事业部自查自纠和专业督查整改相结合的排查机制,建立健全日反馈、日曝光和及时整改的环保自律体系。全年烟粉尘、二氧化硫、氮氧化物排放量分别比计划降低 3.2%、0.6% 和 6.76%,综合排放合格率达到 99.14%。

(牟文宇)

【落实新安全法】 首秦公司以"安全在现场"为基本出发点,陆续开展防触电、制氧系统、煤气系统、液态金属区域、粉尘治理、消防保卫等专项治理,解决 8 万立煤气柜重大隐患。形成公司、职能专业、事业部、作业区(分厂)四个层级的大检查格局,借助隐患排查治理信息化系统,线上、线下相结合,累计排查治理现场安全、环保隐患 13237 项。细化应急措施程序,推行安全达标管理,全面落实业主监管职责。保持全年安全生产总体平稳态势,年度千人负伤率 0.31。

(邢利强)

【信访维稳】 首秦公司加大信访维稳力度。加强矛盾纠纷隐患排查,实施领导包案、信访事项督查督办、复查复核等制度,开展两节、全国两会、十九大等重大节日及敏感时期专项排查,关口前移,开创性地把维稳工作纳入 KPI 体系,全年维稳工作基本稳定。

(孙娟娟)

【职工生活】 首秦公司帮扶济困、送温暖献爱心。全年发放困难补助款 48.46 万元;为职工缴纳互助险保费 13.1 万元。开展丰富多彩的文体活动,"人人都参与、月月有活动",全年组织全员看电影、环厂跑、乒乓球、羽毛球、台球等,5000 余人次参与。关爱职工心理健康,走进一线送咨询,开展"管理好自我情绪、开启快乐之门"培训,上线"首秦心理知识微课堂"。

(周 强)

【党群工作】 首秦公司加强党建及党风廉洁建设。持续推进"两学一做"学习教育常态化制度化,"关键少数"率先垂范,全年中心组学习和党委书记会 18 次,全年交流调整处级干部 23 人次,科级干部 65 人次。注重基层党支部规范化建设,完善建立 10 个党员活动室,基层党建活力普遍增强。注重作风建设,建立完善基层改革联系点制度,将全体中层以上领导人员、所有基层作业区都纳入管理,全年共开展结对子活动 300 余人次。做实领导人员党风廉政建设主体责任记实笔记,运用监督执纪四种形态开展教育提醒,抓早、抓小、抓预防。

(周 强)

秦皇岛首钢板材有限公司

【板材公司领导名录】

董事长:李少峰(11 月离任) 刘海龙(11 月任职)
副董事长:丁汝才(11 月离任)
董　事:赵久梁(11 月离任) 杨俊林(11 月离任)
　　　　董鸿斌(11 月离任) 张立伟(11 月任职)
　　　　于俊良(11 月任职) 黄金宇(11 月任职)
　　　　朱旭明(11 月任职)
总经理:江东才(1 月任职)(6 月离任)
总经理:黄金宇(6 月任职)

(张建刚)

【概况】 秦皇岛首钢板材有限公司(以下简称"板材公司")1992 年成立,是首钢在香港上市公司首长国际企业有限公司全资公司,注册资本 8600 万美元。2017 年 12 月,板材公司通过股权转换,变更为首钢集团公司的全资子公司。

(张建刚)

【资产处置】 板材公司制定资产处置方案,按照集团内部利旧、对外转让、报废处理等方式,积极推进资产处置工作。板材公司停产后，积极配合京唐公司进行利旧资产及可用件的清点转移工作，截至 2017 年 10 月 13 日完成全部利旧设备及备件的实物清点、转移工作。

（张建刚）

【人员转移】 板材公司按照"有组织地确保稳定、有针对性地培训学习"的原则，组织支援京唐二期项目人员，分专业在首秦公司和板材公司进行培训，以适应新的岗位。2017 年 6 月 25 日，254 人全部转移到京唐公司。

（张建刚）

秦皇岛首钢机械有限公司

【秦机公司领导名录】

总经理：朱新喜（12 月任职）

党委副书记：朱新喜（12 月任职）

工会主席：关　健

厂　长：朱新喜（12 月离任）

（宋　金）

【概况】 秦皇岛首钢机械有限公司（以下简称"秦机公司"），始建于 1955 年，厂名为秦皇岛市通用机械厂。1962 年成为国家第八机械工业部农机产品定点配套厂，更名为秦皇岛市拖拉机配件厂。1988 年成建制划归首钢总公司，成为首钢总公司全资子公司，更名为秦皇岛首钢机械厂。2017 年，企业完成"翻牌"改制，更名为秦皇岛首钢机械有限公司。

2017 年是秦机公司经营发展中最不平凡的一年，在首秦公司党委的指导帮助下，广大干部职工团结一心，攻坚克难，围绕全年任务指标，通过做实京唐业务对接，推进产品研发，深耕市场开拓，经营局面持续向好，完成全年各项经营生产任务。

（宋　金）

【主要指标】 2017 年，秦机公司全年实现销售收入 5.24 亿元，比 2016 年增加 227%，全年实现利润 103.87 万元，超计划 83.87 万元，比 2016 年增加 83.01 万元。加工公司实现销售收入 11045.64 万元，销售公司实现销售收入 3114.8 万元，机加公司实现销售收入 2167.29 万元，金属制造公司实现产值 1552.71 万元，试样加工公司实现销售收入 828.65 万元，华盛环保公司实现销售收入 983.76 万元，环能科技公司实现销售产值 243.09 万元，实业公司实现销售收入 925.25 万元，京唐钢材加工中心实现销售收入 33120.27 万元，京唐中厚板运维部实现销售收入 182.09 万元。

（宋　金）

【服务主业】 2017 年，秦机公司废钢处理配送完成 26.35 万吨，配送完成率 100%；完成试样加工 8.95 万炉；保障脱硫系统运行可靠，完成各项检修任务，确保烧结生产稳定和环保排放达标；首秦炼钢旋流井操检合一，强化设备维护，管理水平不断提升，保证主流程的生产顺稳；完善餐饮、住宿和洗衣洗浴等对内服务平台建设，提升整体服务水平。

（宋　金）

【公司制改革】 秦机公司为贯彻落实首钢集团和首秦公司战略部署，2017 年 5 月起，启动公司制改革工作，组织召开职工代表大会，表决通过《秦机厂公司制改革方案》，经过首钢集团公司审批，秦机厂完成"翻牌"改制，2017 年 12 月 25 日，通过工商变更登记，核发新的营业执照。改制后，"秦皇岛首钢机械厂"由全民所有制企业改制为法人独资有限公司，企业名称正式更名为"秦皇岛首钢机械有限公司"。

（宋　金）

【对接京唐】 2017 年，秦机公司唐山分公司京唐钢材加工中心实现第一个完成年度顺稳运营，全年累计完成 13.43 万吨卷板余料的销售工作；京唐中厚板运维部在人员配备、规制建立和文明生产等各方面做了大量工作，成品管理、天车运维等业务生产组织稳定；京唐试样加工中心积极对接质监部，完成人员储备、设备安装调试、环境整治等前期生产准备工作，参与完成 3500 毫米的 CE 认证活动。取得京唐二期 5 个食堂的运营管理业务，经过 3 个多月的筹备，2017 年 12 月 26 日，中厚板餐厅正式开业运营，在设备设施、就餐环境、饭菜质量、服务人员精神风貌等各方面得到京唐公司领导认可，被赞誉为"智慧餐厅"、"阳光餐饮"。

（宋　金）

【智能制造】 秦机公司与股份公司合作，2017 年 4 月份，组织完成智能防泄漏排水器的产品推介会，取得良好效果。全年实现排水器累计供货 97 台套。与哈尔滨工业大学合作，历时 10 个月，完成迁钢公司硅钢连退线取样机器人的出厂验收和现场安装调试工作，机器人取样率达到 100%。

（宋　金）

【机械制造】 2017年,秦机公司全年实现深加工处理1.05万吨,业务量和销售收入分别比2016年增加30%和53%;烧结机齿辊、常化炉炉底辊、淬火炉炉底辊等产品试制成功,正处于跟踪试用阶段;成功开发金海粮油、迁安鑫达钢铁等社会客户,全年实现布袋供货48416条,在空气滤芯方面取得突破,承揽首秦公司滤芯952件;铸造产品全年累计产量1569.86吨,向社会客户供货九江钢铁篦条299.09吨,实现收入257.44万元,新开发邢钢业务,实现供货141.45吨,实现收入119万元。

（宋　金）

【安全管理】 2017年,秦机公司以"治理安全隐患"为主线,共排查整改各类安全隐患146项,下达考核单4份;开展"岗位风险辨识活动",对全公司16个作业岗位进行风险辨识,编制《岗位风险辨识表》《岗位风险分级管控表》和《岗位隐患排查清单》;开展消防安全专项检查3次,发现安全隐患42项,均已整改完成。

（宋　金）

【TPM管理】 2017年,秦机公司首秦区域各单位组织TPM小组活动共计72次,亮点964个,杜绝浪费资金约14.29万元,本年度获得金牛奖和千里马奖各1次,先进小组10次,先进个人35人次;唐山分公司从2017年下半年结合京唐公司要求和现场实际,开展6S管理工作,京唐加工中心和京唐试样加工中心已初见成效,3500毫米成品作业区正逐步改进。

（宋　金）

【党建工作】 2017年,秦机公司深入贯彻学习落实"两学一做"学习教育常态化制度化。规范"三会一课"形式,完成基层党支部换届选举工作,配齐配全支部班子,充分发挥基层党支部战斗堡垒作用,持续推进深化改革,开展课题攻关、劳动竞赛等特色活动,在经营生产、对接京唐和公司制改革等重点工作中,发挥"把方向、管大局、保落实"的作用。

（宋　金）

【企业文化】 秦机公司注重职工专业管理知识和技能操作水平提高。全年组织安全管理、会计、财务管理、工资管理、9000体系、电气焊、火切、高低压电气、起重作业培训165人次,累计1980学时;组织完成277人次参加入职的安全及规章制度教育;选拔2人分别参加首钢工匠研修培训和北京市维修电工技师研修班培训。

（宋　金）

【职工生活】 秦机公司关爱职工,构筑和谐企业。在职工中广泛开展"关注心理健康"问卷调查活动,全年组织295人次的各类职工体检,关爱职工身心健康;组织完成一线职工春节值守人员、困难职工、困难党员和职工生日等多项慰问活动,开展春季职工踏青、职工观影和徒步大会等丰富多彩的文体活动,营造出团结友善、乐观向上的工作氛围。

（宋　金）

秦皇岛首秦钢材加工配送有限公司

【首秦加工公司领导名录】

董事长:沈一平(12月任职)　李少峰(12月离任)

副董事长:赵久梁(12月离任)

董　事:姜哲镐(12月离任)　丁汝才(12月离任)

　　　　刘海龙(12月离任)　周德光(12月任职)

　　　　齐凤平(12月任职)　王建国

　　　　高　清(12月任职)

总经理兼党委副书记:王建国

副总经理:高　清

总经理助理:魏延义

（康　硕）

【概况】 秦皇岛首秦加工配送有限公司(以下简称"首秦加工公司")由首钢集团有限公司、秦皇岛首秦金属材料有限公司共同投资建设,2007年4月27日注册成立,注册资本3亿元人民币。公司位于秦皇岛经济技术开发区东区(山海关),总占地1165亩,有500米长自主海岸线和2个3.5万吨泊位码头,具备区位优势和发展潜力。公司一期工程2009年3月运营,主厂房面积9.16万平方米,装备精密数控切割、剪板、自动焊接、抛丸喷漆、热处理等加工设备。板材(型材)年预处理能力15万吨,年数控切割能力8万吨,年钢结构焊接能力6万吨。公司产品应用于造船、桥梁、装备制造、工程机械、风电设备、高层建筑等领域。2017年首秦加工公司以不锈钢复合板和铁塔为核心,以环保除尘和备件维修为辅助,大力开发市场,快速扩大产能。

（康　硕）

【主要指标】 2017年,首秦加工公司不锈钢复合板、环保除尘滤袋全面完成年度计划,复合板产量6222吨;环保除尘滤袋 6.4 万条。完成切割、焊接 1.32 万吨,预处理 3.67 万吨,热处理 1003 吨。全年实现销售收入 4.27 亿元。

(康 硕)

【产品研发】 首秦加工公司复合板研发:一是高端复合板取得两项国内首发。年初列入首钢集团 7 大新产品开发序列的 904L 特厚热轧复合板首发、化学品船双相钢复合板 BV、CCS 认证首发全部落实。另外,大口径不锈钢复合管实现国内市政供水管道中的首次应用。二是完成特厚复层双相不锈钢复合板、耐候桥用不锈钢复合板、钛—钢复合板、双面不锈钢复合板的试生产,试制夹江水电站闸门复合板、参与乌东德水电站复合板竞标。三是结合昆明市政水管项目需求,在迁钢 2160 产线试轧两卷 235B+304 复合板,在昆钢撕分试验后全部实现销售结算,为京唐、迁钢实现复合卷批量生产创造有利条件。四是根据京唐轧机导板技改要求,发挥复合板耐高温、耐腐蚀特性,研制成功复合板导板结构件,全部替代 1580 产线 14 件导板,下一步将在 2250 产线全面推广。五是马氏体不锈钢复合板的中试及热处理工艺研究,细化 TMCP 工艺,积极推进复合板表面质量、新型隔离技术攻关。铁搭研发:成功开发耐候角钢和管片磨具市场。

(康 硕)

【行业资质】 首秦加工公司取得广播通信铁塔及桅杆产品全国工业产品生产许可证和输电线路铁塔全国工业产品生产许可证。11 月,焊工 12 人通过国际焊工复审考试,取得国际焊工证书。

(康 硕)

【产线升级】 首秦加工公司铁塔产线配备数控角钢冲孔线,清根铲背机、四柱压力机、火曲机、连接板冲孔机等电力角钢铁塔设备。

(康 硕)

【队伍建设】 首秦加工公司刘少鹏、果志伟赴德国参加中德"北京·南图林根"职工焊接对抗赛,刘少鹏获得钨极氩弧焊组第二名,果志伟获得焊条电弧焊组第二名;参加首钢职业技能竞赛刘鑫获得第一名,刘少鹏获得第四名,果志伟获得第五名;刘鑫获得首钢青年创新先锋。

(康 硕)

秦皇岛首秦龙汇矿业有限公司

【首秦龙汇领导名录】

董事长:赵久梁
副董事长:余静龙
董 事:刘海龙 刘政群 王 立
总经理:刘政群(12 月离任) 郭湘平(12 月任职)
党委书记:郭湘平
副总经理:洪 波 郭湘平(12 月离任)

(于纳伟)

【概况】 秦皇岛首秦龙汇矿业有限公司(以下简称"首秦龙汇公司")由首秦公司、首钢板材公司与龙汇工贸集团共同出资成立合资公司。公司成立于 2008 年 5 月份,注册资本 5 亿元,其中首钢系占股 70%、入资 3.5 亿元,龙汇工贸集团占股 30%、入资 1.5 亿元。

2017 年,首秦龙汇公司认真落实首秦公司一系列指示和要求,在异常困难和复杂的形势下,坚定信心、知难而进,积极促成球团厂承租运营,稳步开展钢渣线保产服务,适时启动破产申报准备,千方百计维护稳定大局。继续发挥钢渣线示范区在首秦公司基层改革中的引领、借鉴作用,组织骨干成员参加"践行首钢精神,助推转型发展"巡回宣讲团,先后走进首钢集团 19 家单位,共计宣讲 35 场,直接受众 5000 余人次。

(于纳伟)

秦皇岛首秦嘉华建材有限公司

【首秦嘉华领导名录】

董事长:赵久梁
董 事:徐应强 张立伟 宋咸权 肖 阳
　　　 刘丙臣 曹欣荣 杨 可
总经理:肖 阳
副总经理:杨 可

(赵 娜)

【概况】 秦皇岛首秦嘉华建材有限公司(以下简称"首秦嘉华")是卓桦投资有限公司、秦皇岛首秦金属材料有限公司、北京首钢耐材炉料有限公司 2008 年 5 月 15 日共同投资人民币 6000 万元组建的中外合资公司。合资公司位于秦皇岛市抚宁县杜庄镇秦皇岛首秦金属材料有限公司北侧,占地约 50 亩,专业从事绿色环保型建材产品——粒化高炉矿渣粉的生产、销售。主要经营:矿渣微粉生产和销售;水渣加工、销售;提供水渣、矿渣微粉产品的技术咨询、服务。首秦嘉华利用秦皇岛公路网络和港口条件开拓南、北方销售市场。与深圳市海星港口建材有限公司、秦皇岛朗硕商贸有限公司、秦皇岛浅野水泥有限公司、秦皇岛信合水泥有限公司等 20 余家销售客户及代理公司签订长期稳定的合作关系。首秦嘉华拥有一批高素质的管理及生产技术人员,配备现代化的中心化检验设备,本着"严格管理,持续改进、以

一流的产品服务于社会,顾客满意是首秦嘉华人永恒的追求"的质量方针,为客户提供优质产品、完善的售前售后咨询及技术服务。首秦嘉华矿渣粉成为优质产品的代名词。

(赵　娜)

【技术经济指标】　首秦嘉华 2017 年生产量 74.8 万吨,销售量 82.2 万吨,年销售额 9005 万元,利润 2921 万元。

(赵　娜)

首钢矿业公司

【矿业公司领导名录】
　　总经理:黄佳强
　　副总经理:王自亭(11 月任职)
　　　　　　李鸿泰(11 月离任)　郭志辉
　　总经理助理:张金华　齐宝军(总经理助理级)
　　党委书记:王自亭(11 月任职)　李鸿泰(11 月离任)
　　党委副书记:黄佳强　董　伟
　　党委书记助理:姚永浦
　　纪委书记:董　伟
　　工会主席:王自亭(11 月任职)　李鸿泰(11 月离任)

(邢建军、吴予南)

【综述】　首钢矿业公司(简称"矿业公司")位于河北省迁安市,1959 年建矿,是首钢主要原料基地。矿区面积 7.16 万亩,铁路与京山线、通坨线、京秦线相接,公路与京沈高速相连,海运与秦皇岛港、京唐港、天津港相邻。原矿处理能力 2283 万吨,发展机械制造、电气设备修造、建筑安装、矿山生产技术服务等相关产业,拥有资源综合利用产线 7 条,年生产能力 313 万吨,投资建设二马 310 万吨资源综合利用产线。设计财处、生产处、技术质量处、机械动力处、能源环保处、安全处、技术改造工程处、资源土地管理处、人力资源部(党委组织部)、办公室、党群工作部、纪委(监察处)12 个职能处室,大石河铁矿、水厂铁矿、杏山铁矿、运输部、协力公

司、机械制造厂、电修公司、物资公司、计控检验中心、保卫处(武装部)、培训中心、实业公司、矿山医院、职工子弟学校、矿山街道居民管理委员会 15 个厂矿级单位。管理北京首钢矿山建设工程有限责任公司、迁安首钢矿业化工有限公司、迁安首钢兴矿物业服务有限公司、北京首钢重型汽车制造股份有限公司(6 月退出股权)、北京速力科技有限公司、迁安首矿建材有限公司、烟台首钢矿业三维有限公司。托管首钢滦南马城矿业有限责任公司、唐山首钢马兰庄铁矿有限责任公司、首钢矿业公司商业处、迁安首钢设备结构有限公司、首钢地质勘查院。2014 年 5 月,北京首钢矿山技术服务有限公司注册成立。矿业公司年末固定资产原值 109.84 亿元,净值 37.99 亿元,国有资本保值增值率 100.36%,从业人员 8535 人。

(房胜军、栗帅鹏)

【主业生产经营】　矿业公司主动适应环保停限产新常态,调整供矿节奏,实现服务钢铁"零"影响和效益最大化。水厂铁矿发挥原料主供保障作用,精矿粉实现超产。杏山铁矿优化生产模式,矿量打出历史好水平。大石河铁矿探索多元化资源加工模式,稳定工序流程,实现效益提升。马兰庄铁矿立足经营、谋划发展,实现当期经营和资源接替长远发展双提升。运输部内降成本、外拓市场,经营绩效稳步向好。实施"百元选厂"工程,

大石河铁矿、水厂铁矿选矿加工成本分别比上年降低7.91元/吨精、4.4元/吨精，实现效益2327万元，"百元选厂"建设初见成效。实施秘鲁原矿加工，全年产销秘矿粉21.2万吨，开辟了资源新途径。固化经济用能，"三矿"吨精电费比上年降低9.9%，降成本2087万元；三矿吨精耗新水1.55立，比上年降低35.2%。返还生态环境恢复治理保证金4405万元，修理费比上年降低7763万元。供北京首钢股份有限公司精矿粉455万吨，主业板块比上年增利1.03亿元。

（房胜军、栗帅鹏）

【相关产业发展】 矿业公司提高相关产业生存发展能力，发挥协同效应服务首钢集团，整合工程设计施工、自动化、信息化等技术和力量，承担股份公司、京唐公司、首秦公司球烧重点检修、发电机组维护大修等项目，实现合作共赢。参与首钢打造城市综合服务商和建设城市复兴新地标，承担污染土治理、生物质发电机组大修、办公及场馆修缮改造等业务。开发社会市场，中标赞比亚谦比希铜矿信息化、首钢秘铁1.8万吨钢构等项目。首矿自动化、信息化技术品牌、首矿工程服务品牌、首矿维检+服务品牌效应初显，全年相关产业实现全口径营业收入13.7亿元。

（房胜军、栗帅鹏）

【资源综合利用】 矿业公司按照"两种资源、两种产品"统一管理模式，推动资源综合利用产业化发展。加强市场调研，分析市场动态；优化生产组织，产线产率和效率不断提升，全年资源综合利用产品产量303万吨、销售234万吨，产销实现历史好水平，年度边际效益实现338万元。投资建设二马310万吨资源综合利用产线，资源综合利用产业化发展格局初步形成。

（房胜军、栗帅鹏）

【对标挖潜】 矿业公司建立健全技术经济指标对标体系，引入"三个跑赢"激励机制，加强学习考察，查找改进内容30余项。在全国冶金矿山"对标挖潜"会上，交流汇报"对标挖潜"创新工作经验。露采、地采、选矿40项全行业可比技术经济指标，12项进入前三名，其中9项排名第一；按照成本要素筛选跑赢同行业指标37项，28项跑赢同行；108项技术经济指标中，76项超上年水平，33项达到或超过历史最好水平。矿业公司精矿粉制造成本在规模以上企业中排名第五，比上年前进一名。

（房胜军、栗帅鹏）

【科技创新】 矿业公司实施重点科技项目30余项，实现经济效益3800余万元。9项成果通过首钢总公司以上级验收评价，11项成果获得冶金矿山行业和首钢总公司表彰，申请专利12项。《水厂铁矿选矿工艺流程和设备优化及应用研究》和《杏山铁矿矿体赋存形态及分布地质特征研究》获冶金矿山企业协会科学技术二等奖。《首钢水厂铁矿尾矿一体化处置全流程技术与装备研究》获首钢科学技术一等奖，《杏山地采最佳截止品位的研究与实践》和《高阶段运输在超大规模充填矿山的研究与应用》获首钢科学技术二等奖。

（雷立国）

【管理创新】 矿业公司组织各单位确立立项课题128项，申报首钢总公司管理创新立项7项。强化管理创新成果报审奖励，评选优秀管理创新成果23项，奖励73万元，其中《大型露天深凹矿山采矿智能管理系统的构建与实施》和《基于高效安全生产的地采矿山爆破管理模式的构建》分获中矿协一等奖、二等奖，《冶金地下矿山以安全高效为目标的爆破"四化"管理》获全国企业管理现代化创新成果二等奖。

（刘 军）

【"三查"调研】 矿业公司改变"三查"方式，突出对经营管理的引领促进作用，围绕降本增效、现场管理等方面开展调研分析6期，查找管理问题65项，提出整改建议和措施63项。梳理现行规章制度，修订完善制度草案39项，集中废止规章制度45项。

（刘 军）

【设备管理】 矿业公司按照"全员参与、分级管控、效益优先"原则，全面提升设备管理水平。设备综合故障停机率完成0.004%，比计划降低0.096%；设备综合检修停机率完成4.41%，比计划降低0.42%。健全设备指标评价体系，实施指标逐级管控，配备高效工机具，拓展精密检测范围，加大科技创新和管理创新投入。推进闲置资产盘活处置，提升资产利用效率，实现修理费用持续下降和设备经济稳定运行。

（王春林）

【资源接替】 矿业公司推进矿产资源接替工作，取得老虎塘铁矿勘查许可证，组织杏山地采扩建工程，开展水厂露天转地下可行性研究、初步设计及相关要件办理和马城铁矿采矿权办理。推进水厂西部边坡治理，缓解主采场供矿压力；实施水厂南区境界优化，回收挂帮矿；

优化马兰庄铁矿地采项目设计方案,强化建设组织和管控。

(闫　伟)

【重点工程】　矿业公司推进选矿技术升级,完成大石河秘矿加工工艺改造、大石河秘矿尾矿干排、水厂磁滑轮改造、水厂西排破碎站搬迁等项目,完成水厂北区上盘4处隐患加固治理,消除边坡安全生产隐患。实施水厂破碎站除尘改造、大石河破碎除尘改造、杏山道砟生产线封闭、水厂皮带封闭和水厂露天环境治理等项目,加大环保治理力度。完成泵站无人值守、物资集中计量改造,推进"机械化减人、自动化换人"。实施医院中心供氧系统改造、家属区暖气管网改造、文化活动中心改造等项目,满足生产生活需要。

(代鲁飞)

【数字矿山建设】　矿业公司成立信息安全委员会,修订《两化融合管理体系管理手册》和14个程序控制文件,完成两化融合管理体系评估,通过评定机构监督审核。开展信息安全培训,识别确定信息安全风险点,研究编制评估规范。开发尾渣、外购消石灰、外购超特粉等业务流程,研发智能派配矿系统、汽车衡集中计量系统、职工建议系统、团队建设管理系统、首矿之家手机App等。完成中心机房供电系统升级改造、互联网出口设备升级和北信源网关设备增加,提高信息安全管理与防护水平。

(杨慧芳)

【能源环保管理】　矿业公司推进节能管理向经济用能管理转变,吨精电费48.85元/吨,比上年降低8.18%,节约费用1987万元。协调落实保证金返还4405.69万元。杏山铁矿环评通过验收,获得环评验收批复。

(张彦军、贾延来)

【安全管理】　矿业公司坚持"以人为本、安全发展"的理念,建立双重预防机制,全年消除各类安全风险543项,排查整改各类安全隐患38549项,切实把风险控制在隐患形成之前、把隐患消灭在事故之前。争取国家安监总局支持,非煤矿山"机械化换人、自动化减人"综合实验项目落户杏山铁矿。实施泵站、计量磅道和副井各水平信号房远程控制改造,完成水厂露天边坡位移在线监测、大石河球磨机一键启动等自动化项目,践行"无人则安,少人则安"。落实头顶库治理措施,通过国家安监总局审查,获得政府600万元专项补助资金;新建

新水村尾矿库永久排洪系统,满足尾矿库汛期排洪要求。

(张晓峰)

【综合治理】　矿业公司制止厂区公物、矿产资源及铁路运输物资被盗132起,抓获移交公安机关处理4人。明确烟花爆竹禁放场所24个,组建微型消防站1个,开展火灾事故应急演练94场次,审批要害部位施工检修88次,审查临时进入要害部位人员1049人,开展突发事件预案和防恐演练4次,整改治安防范、防火要害部位隐患2708项,隐患整改率100%。无重特大甲方责任交通事故,矿业公司被评为"石景山区交通安全先进单位"。妥善化解群众矛盾,受理来信来访270件次、集体访70余批次。开展政保和处理邪教工作,收集预警性动态信息31条,监控重点人员3人,实现防范处理邪教"四个零"的目标。

(刘　科、陈革命)

【员工提素】　矿业公司形成"学练赛选"培训体系,4人获得"首钢技术能手"称号;实施百名技师培养工程,全年111人通过北京市和钢铁行业技师、高级技师考评。

(张　华)

【劳动提效】　矿业公司持续推进转型提效,落实"三定"工作方案,精简处级机构3个,科级机构11个。实施泵站无人值守等自动化、信息化项目11项,减少岗位人员133人。推行"操检合一",职工二技能比例提升3%。落实"三项"政策,全年分流人员290人。精矿粉全员劳产率完成1074吨/人·年,比2016年提高7%。

(张　华)

【人才工作】　矿业公司坚持干部选拔任用标准,调整4个基层单位党政一把手6人,安排科级以上领导人员岗位交流82人次;落实领导人员末位淘汰、不胜任现职和竞争上岗制度,免职(解聘)科级领导人员16人。加强领导人员能力建设,举办基层党政一把手研修班、领导人员大讲堂;开展"思变思进·修身修为"主题读书活动,交流读书体会252篇。加强骨干人才队伍建设,制定颁发《矿业公司技术专家、技术带头人考评管理实施细则》,组织技术专家、技术带头人完成课题132项,开展讲座135次;1人入选国家级百千万人才工程,被授予"有突出贡献中青年专家"荣誉称号、获批享受国务院政府特殊津贴,4人被评为"全国冶金建设行业高级

专家"，2 人被评为"第八批首钢技术专家和技术带头人"；全年 137 人晋升中级职称，36 人晋升高级职称。加强后备人才梯队建设，推荐青年干部 2 人参加首钢特训班，选拔 17 人到科级以上领导岗位挂职锻炼；实施百名专业领军人才培养计划，确定培养对象 111 人，举办青年专业技术骨干培训班；召开财会专业人才素质提升培训推进会，选拔 17 人到财会相关岗位实践锻炼；加强采矿、选矿、设备"三个一批"后备专业人员和市场营销人员培养，集中培训 25 场次、座谈交流 2 次、安排 20 人实践锻炼和轮岗交流。

（邢建军、李云龙、吴予南）

【党群工作】 深化品牌党支部创建活动，召开党建工作推进会，命名首批 6 个矿业公司品牌党支部。召开 4 场基层党建工作座谈研讨会，调研指导基层党建工作。举办基层党支部书记、党务工作人员培训班，提升党务干部综合素质。推进"两学一做"学习教育常态化制度化，两级党委（总支）开展中心组集体学习 251 次、交流研讨 125 次，领导班子成员讲党课 125 人次，党支部书记讲党课 337 人次。发挥"一个党员一面旗帜"示范作用，评选表彰年度"党员之星" 15 人，季度党员之星 277 人；举办"我身边的党员"故事会，宣讲党员事迹；拍摄"最美党员"电教片，展示党员风采。加强组织基础建设，完成 99 个届满党支部换届选举。加强党员电化教育，专题片《苗支书的一天》参评北京市优秀党建远程教育项目，电教片《播撒下希望的种子》《地采开路先锋》被北京市委组织部纳入全市远程教育教学资源库并在长城网展播。深化党建课题研究，表彰基层优秀党建课题 29 项，矿业公司党委《定特色 定抓手 定载体定思路，促进党支部建设水平提升》获"北京市国企党建研究会党建研究三等奖"。举办以"健康企业，和谐发展"为主题的第二十二届首钢矿山文化节，组织职工运动会、矿山好声音、各类球赛、女职工合唱比赛、书画、摄影展、职工健步走等文体活动 20 余项百余场，活跃广大职工文化体育生活；关注职工心理健康，推进"职工心灵驿站"建设，成为北京市总工会命名的京外唯一一家"职工心灵驿站"；推进"互联网+工会"，设计开发首矿之家 App，注册会员 8 千余人，定期发布活动和福利；开发上线《矿业公司职工建议管理系统》，开展"提建议创效益"活动，征集意见建议 1153 条；协助举办总公司工会主席培训班，交流矿业公司工会创新工作

经验。加强基层团组织建设，制定实施《基层团组织"达标创优"竞赛活动积分管理办法》；召开共青团矿业公司第六次代表大会，完成团委换届选举；开展"一学一做"教育实践，激发青年职工干事创业热情；开展"学榜样 强技能 当先锋"主题活动，加强青年职工思想建设；举办青年职工技能精英赛，引导青年创新创效；开展"青安岗"创建活动和青年安全管理创新大赛，多人获得全国钢铁行业、北京市及首钢级荣誉；举办青年职工素质提升拓展训练，开展"春节送温暖"活动，矿业公司团委荣获"首钢五四红旗团委"。

（吴予南、张洋、朱亚娟）

【纪检监察】 矿业公司开展"弘扬好家风，传递正能量"主题宣讲比赛，诠释优良传统。组织"喜庆十九大、诗词话清廉"主题竞赛，讴歌清廉价值。举办廉政书画展览，展出书画作品 80 余幅，部分作品被《首钢日报》《劳动午报》专版刊登。组织"我的家规、家训、家风"征文活动，12 篇作品分获首钢总公司一、二、三等奖，矿业公司被评为优秀组织单位。举办法制教育专题讲座，宣传预防职务犯罪知识；组织领导人员旁听职务犯罪庭审，强化系列典型案例教训教育，增强纪律和规矩意识。推进廉政风险防控试点建设，以岗位权力大小、使用频率等为"经"，排查出 A、B、C 级风险点 473 个；以业务工作流程风险为"纬"，梳理出共性风险点 14 个、个性风险点 45 个。实施效能监察项目 25 项，提出改进管理建议 70 条，健全完善规章制度 8 项，4 个集体被评为首钢纪检监察系统避免和挽回重大经济损失有功集体。全年受理信访 22 件次，受理率 100%，处理 51 人次。查处协力公司贪污公款违纪违法案件，开展"一案双查"问责。核查"十八大"以来 166 件信访举报问题线索处置情况。《强化廉洁风险防控，助力党风廉洁建设和反腐败工作》论文在全国钢铁企业纪检监察工作研究会年会上获优秀奖。首钢总公司党风廉政建设责任制检查考评连续 3 年为优秀。矿业公司纪委被评为"首钢先进纪检监察组织"。强化内部控制体系建设审计，开展经营目标责任审计 4 项、领导人员离任经济责任审计 2 项、内控制度审计 2 项，披露问题 13 项，提出整改建议 24 条。

（韩绍春）

【"两转一提"大讨论】 矿业公司开展"转观念 转作风 提能力"大讨论活动，查找整改案例 884 项，取得直

接经济效益 1697.71 万元,探索形成"顶层设计、答题点题、自查自纠、案例揭摆、编发简报、交流分享、建立论坛、群策群力、建立机制、总结提升"五步法,人人参与案例揭摆自我教育,使讨论过程成为促进重点工作逐级分解落实的过程,使广大干部职工特别是各级领导人员目标更加明确、作风更加务实担当、思路措施更加清晰可行。

（任淑娟）

【加强文化建设】 矿业公司坚持继承与创新相结合,践行首钢精神,提炼并弘扬"艰苦奋斗、严格管理、自强不息、服务大局"的矿山传统,总结"惟精惟一、至善智学、志趣非凡、勤思善悟、勇挑重担、苛求极致"的矿山工匠精神,大力提倡"找差"文化,形成具有矿业特色的企业文化。荣获全国 2012—2017 年度企业文化建设优秀单位称号,11 篇论文在中国冶金矿山企业协会企业文化教育专业委员会第十三届年会上获奖。其中,《以"铁源记忆"为载体 弘扬优秀传统文化 为企业发展添动力》《弘扬工匠精神 坚定文化自信 为企业转型发展注入创新活力》获得一等奖。

（任淑娟）

【创新工作室建设】 矿业公司树立"一群人一件事、一起拼一定赢"的理念,推进创新工作室建设,出成果、育人才。秦涛工作室被人力资源和社会保障部命名为"国家级技能大师工作室",马著工作室被评为"北京市工人先锋号",马著被评为"全国百姓学习之星",王文超被评为"首都市民学习之星",沈虎庄被评为"首都最美劳动者"。

（任淑娟）

【《矿山工匠》出版】 矿业公司完成《矿山工匠》书籍印刷出版,历时一年,采访 300 余人,版面文字 52 万字,图片 390 幅,9 月付梓。《矿山工匠》再现首钢矿山近 60 年发展历程中孕育和涌现出的 45 位能工巧匠的匠心、匠艺,提炼出"惟精惟一、至善智学、勤思善悟、苛求极致、勇挑重担、志趣非凡"的矿山工匠特质,探究工匠精神的历史发展和现实价值,是一部充满时代精神风貌的劳动颂歌。

（任淑娟）

【新媒体建设】 矿业公司发挥新媒体优势,坚持"有料、有情、有用"的内容定位,"首矿网微平台"常设"首钢新闻、党建瞭望、矿山频道"三大栏目,关注用户过

万,全年点击量近 63 万次,点赞 3 万余次,通过 9800 多条留言互动,使得正能量不断发酵和传递,在首钢所属单位微信影响力排行榜名列前茅。

（任淑娟）

【全员健康】 矿业公司完成全员健康推进计划第三个阶段工作,职工健康信念不断强化,健康技能逐步提升,自我健康管理模式日趋完善;集体食堂完成"阳光餐饮工程",推进"健康食堂";建成医疗健康管理综合平台,形成"体检—诊疗—康复—长期健康管理"医疗健康服务模式。唐山市流动人口健康促进"动车组"活动在矿山启动,在全国健康城市试点市建设京津冀地区研讨会上交流职工健康管理经验。矿业公司成为国家级流动人口健康管理示范点。

（李富军）

【教育医疗】 矿业公司职工子弟学校共有教学班 104 个,在校学生 3177 人,在册教师 341 人,其中研究生 31 人,中、高级职称 295 人。围绕立德树人的根本任务,完善德育课程体系。全年组织学生参加石景山区第二十届学生艺术节、春季运动会、第三届中小学生篮球联赛、第三届少年中国说、第三届邱瑞思英语达人争霸赛、第四届"东方少年·中国梦"新创意中小学生征文大赛等活动,获民族韵律操一等奖、校园集体舞二等奖、高中辩论赛亚军、第十五届青少年维权知识竞赛第三名、篮球联赛初中组和高中组季军,600 人获得个人奖项。推进高效课堂建设,高考升学率 97.18%,600 分以上考生 42 人,5 人高考理科成绩进入石景山区前 20 名,程志博获得语文单科第一名;中考升学率 100%,560 分以上 8 人,500 分以上 226 人,28 人次获得单科满分,石嘉俊获石景山区裸分第二名。深化课题研究,举行大型科研方法培训交流 9 次,课题组研讨 36 次,学科集体备课 200 余次,带题做课 100 余节,8 项课题在市区教育科学规划办立项,6 项课题成功结题,2 项成果荣获石景山区第三届基础教育教学成果二等奖,教师 529 人次在各类活动中获奖。获得政府专项资金支持 370.93 万元,先后被评为"北京市基础教育学生综合素质评价先进单位"、"石景山区基础教育课程建设先进单位"、"石景山区科研工作先进单位"、"矿业公司先进基层党总支"。

首钢矿山医院社会收入 1.43 亿元,与上年持平;门诊量 19.04 万人次,较上年减少 2.06%;出院人数 3335 人次,较上年降低 14.29%;综合药占比 77.63%,较上年

降低 8.45%。加强设备投入使用，增加 13C—尿素呼吸试验检查幽门螺杆菌、24 小时动态血压监测、肢体动脉检查、经颅多普勒 TCD 等项目检查例数，提高设备使用效率；开展 CT 血管成像、骨密度检测等技术，引进全自动生化分析仪、全自动凝血分析仪、化学发光仪等仪器设备 8 台套，降低购买仪器及维修设备费用，提高工作效率；利用化学发光仪开展激素水平测定、肿瘤标记物检查。开展物资比价采购，对体外诊断试剂及耗材全品种比价；开发体检市场，承接北京首钢股份有限公司科级干部、职工健康体检及女工体检等业务。加强医保专项管理，严格执行实名制就医和履行代开药程序，加强住院参保病人管理，做到依法依规行医；加强医保总额预付管理，完成医保总额预付结算任务。加强业务学习，组织签定师徒协议，选拔技术骨干进修，提高专科治疗及护理水平。

（高慧平、魏 娟）

【和谐矿山】 首钢矿山街道居民管理委员会服务于矿山居民、服务于驻矿企业、服务于稳定大局，提供法律咨询服务 175 件次，指导参与调解民事纠纷 43 起，受理来信来访 256 件、371 人次。办理低保待遇 113 户，核发低保金 164.05 万元。"阳光基金"救助 173 户，发放救济金 8.1 万元。为矿区居民办理北京、迁安养老和大病医疗参保 2935 人次，办理老年优待证、卡 178 人次，为社区老人办理实施"北京通"1300 多人，审核发放高龄津贴 811 人次、24.85 万元；审核发放居家养老补助金 3130 人次、31.79 万元。开展群众文化活动 23 场次，组织秧歌表演 7 场次，在重大节日举办专场演出，丰富居民文化生活。

（王冬冬）

【形势任务】 2017 年是矿业公司改革发展的攻坚年，是破解发展难题、推进"十三五"目标实现、推动可持续发展的关键之年。从宏观环境上看，中国经济进入调整转型新常态、新方位。去产能、去库存等政策实施，对钢铁产品需求逐渐回落，进口矿供大于求的局面不会扭转，铁矿石价格虽有回暖但不确定性很强，向上、向稳趋势不容乐观，持续低位震荡运行仍是主旋律。安全、环保零容忍，资源、土地等政策愈加严厉。矿山企业经营压力巨大，冲出困境依然步履艰难。从自身实际来看。矿产主业经营时刻面临进口矿价格冲击；相关产业缺乏拳头产品和稳定的市场，需进一步推进经营体制改革，

提升市场准入资格和竞争力；公益事业单位减负面临诸多难题，企业办社会负担依然沉重。同时，应对困难和挑战的一些超常规措施和改革红利效应递减，降本增效空间越来越小。矿业公司遵循"做精做强矿产主业、做深做专相关产业、剥离搞活社会公益事业、发展培育资源综合利用产业"的发展战略，以"改善经营、深化改革、转型发展"为工作主线，不断提高资源保障、应对市场风险、全要素效率、产品市场占有率、和谐发展的能力水平，通过全体干部职工共同努力，全年生产精矿粉 456.7 万吨，利润完成 8800 万元，在连续两年亏损后实现盈利。矿业公司荣获全国 2012—2017 年度企业文化建设优秀单位、第六届全国冶金矿山"十佳厂矿"称号。

（房胜军、栗帅鹏）

【公司名称变更】 首钢矿业公司按照《首钢总公司改制后续工作安排方案》的通知要求，于 2017 年 12 月更名为首钢集团有限公司矿业公司，所属下级单位同步进行更名。

（李树学）

【调研交流】

1 月，北京市人力资源和社会保障局副局长孙美玲带领北京市人力社保局相关部门负责人、石景山区人力社保局局长齐兵、副局长田明将及相关部门负责人到矿业公司调研指导首钢唐山地区社会保障事务服务中心工作。

3 月，北京市安监局矿山处副处长彭孟长带领专家组对矿业公司进行安全督查。

3 月，唐山市流动人口健康促进与教育"动车组"活动启动现场会在矿业公司体育馆举行，唐山市卫计委副主任苑东强、迁安市卫计局局长阎双友及唐山市 20 个区、县卫计局主管领导参加启动仪式。

4 月，北京市国资委监事会第九办事处主席王笑君一行 4 人到矿业公司调研，首钢总公司监事会办公室常务副主任张福杰陪同调研。

5 月，中国冶金矿山企业协会常务副会长项宏海、秘书长姜圣才、副秘书长马增凤、何冰等一行 4 人到矿业公司调研。

5 月，"河北省健康城镇建设试点暨京、津、冀健康城镇建设工作座谈会"在迁安举行，与会代表在迁安市市委常委宣传部长郭卫民陪同下到矿业公司参观。

6 月，北京市安监局副局长卞杰成带领专家组对矿

业公司进行安全督查,首钢总公司总经理助理刘建辉、安全环保部副部长吴光蜀陪同。

9月,"首钢杯"第九届全国钢铁行业职业技能竞赛筹备组成员中国钢铁工业协会副秘书长兼组织人事部主任姜维一行5人到矿业公司现场考察,首钢总公司人才开发院副院长郭伟、人才开发院内训管理部部长叶春林、股份公司相关部门人员陪同。

9月,河北省计生协督导组计生协组宣部部长于广大一行4人到矿业公司督导检查,唐山市卫计委党组副书记吴站逵、计划生育协会秘书长王淑英、迁安市副市长王艳军陪同。

9月,北京市安监局矿山处处长贾克成带领专家组对矿业公司进行联合执法检查。

11月,首钢总公司工会在矿业公司举办学习宣传贯彻党的十九大精神工会主席培训班,所属20余家单位工会主席、副主席参加。

12月,石景山区区委副书记、常务副区长田利跃携石景山区区委组织部副部长、人力社保局党组书记、局长齐兵及相关负责人一行7人到矿业公司调研,集团公司副总经理胡雄光、人事服务中心相关负责人,股份公司副总经理孙茂林陪同调研。

12月,国家安监总局遏制非煤矿山重特大事故专项督导组成员卢绍福、赵大鹏、北京市安监局矿山处处长贾克成等一行6人对矿业公司遏制非煤矿山重特大事故工作开展情况进行专项督导检查。

(黄红军、房胜军)

首钢矿业公司大石河铁矿

【大石河铁矿领导名录】

矿　长:康计纯(5月任职)　赵艳春(5月离任)

副矿长:郭　刚　黄建新

党委书记:杨立文

(李旭东、李光磊)

【概况】　大石河铁矿1959年建矿,拥有设备2902台套,固定资产原值9.24亿元,采剥能力2000万吨/年,原矿处理能力835万吨/年。设生产技术科、机动科、计财科、综合管理科、安全保卫科5个科室,选矿车间、尾矿车间、动力车间、二马采矿车间、创业开发中心5个车间和二马地采筹备组。年末从业人数768人,其中技术业务职称人员150人。托管迁安首矿建材有限公司。

(李旭东、李光磊)

【主要指标】　大石河铁矿全年自产精矿粉117.07万吨,秘矿产粉完成21.2万吨,建材产品完成83.24万吨。纳入矿业公司年度计划的21项技术经济指标,16项完成计划,9项指标达到或超过历史水平。

(李旭东、李光磊)

【百元选厂】　大石河铁矿开展"百元选厂"工程,建立技术经济指标19项、工序成本管控指标36项,确定技改类课题项目19项、管理类课题项目10项和综合类课题项目4项。应用推广"磨选工艺一键式启动控制",在国内同行业率先实现磨选工艺全流程集中控制。实施尾矿全流程自动控制和泵站无人值守改造,降低人工费用支出。实施选矿标准流程改造、球磨机提速改造等项目,提高选矿流程效率。选矿成本完成110.41元/吨精,比上年降低7.91元/吨精。

(李旭东、李光磊)

【秘矿加工】　大石河铁矿组织选矿流程改造,发挥选矿产能,实施秘鲁原矿加工,提升项目经济效益。强化秘矿加工台时组织,全年台时完成53.56吨/小时。开展研究攻关,提高干排尾砂产率。强化指标管理,实现优质保供。全年销售秘矿粉21.2万吨,品位完成70.32%,粒度完成85.20%,S含量完成0.33%,开辟资源新途径,取得预期效益。

(李旭东、李光磊)

【三供服务】　大石河铁矿精心组织,提升"三供"服务质量和能力。实施新仓3#圆盘改造、抓斗电源改造、新厂大车轨道更换等项目,改善设备技术状况。精细过程组织,实现供料输出"零"影响,单日精矿粉输出最高达到1.5万吨以上。精打细算,提高供水效益,在总供水量比上年减少168.33万吨情况下,同口径单利上升0.04元/吨,利润提高36.35万元。完成总降区域监控系统环网改造,实现网络不间断运行,完善供电系统,提高供电稳定性;实施北屯直流快速开关升级改造,实现偏远地区变电站无人值守;组织水源线路绝缘导线改造、西门子避雷器及新型绝缘子应用等项目,提高供电系统保供能力。

(李旭东、李光磊)

【资源综合利用】　大石河铁矿坚持市场导向,发展资源综合利用产业。强化组织,提升现有产线生产能力;

优化机制,提高项目收入和盈利能力;开展选矿平皮带分料板位置研究、磁滚筒场强升级等工作,提高磁滑轮甩尾产率,单月磁尾产率达到12.04%。优化大采尾砂生产线转车模式,增加尾砂打捞机工艺,强化工艺设备管理,尾砂产率由8%提高到11%以上。依托二马砂石生产线,优化和延伸工艺流程,增加粗破和水洗砂工艺,提高产品产率。全年销售资源综合利用产品86.1万吨,超计划19.1万吨,销售收入420.5万元。建设二马310万吨资源综合利用生产线。

(李旭东、李光磊)

【安全环保】 大石河铁矿落实主体责任,抓实安全环保管理。落实非煤矿山标准化管理,完成大采尾矿库标准化二级延期评审。开展双重预防机制建设,消除重点岗位、检修施工安全风险106项。构建应急管理体系,通过北京市安监局专项评审,被评为"首钢安全生产先进单位"。落实逐级环保责任,完成裴庄东土线复垦绿化1.2万平方米,种植刺槐2.4万株,生态环境不断改善;实施裴庄尾砂干排抑尘喷淋项目,完成选矿除尘器改造,达到国家特别排放限值标准。

(李旭东、李光磊)

【人才队伍建设】 大石河铁矿加强人才队伍建设,重视专业人才成长,12人晋升中、高级职称。加强专业领军人才和后备人才培养,实施青年骨干人才培养计划,提升学习创新能力和解决问题能力。开展课题攻关,完成攻关课题43个。注重大学生班组长培养,选拔高校毕业生7人到班组长岗位锻炼。打造高素质技工队伍,4人被评为"矿业公司级技术能手"。

(李旭东、李光磊)

首钢矿业公司水厂铁矿

【水厂铁矿领导名录】

矿　长:傅志峰

副矿长:闫尚敏　张韶敏　范文利(5月离任)

党委书记:李　昕

(赵东升)

【概况】 水厂铁矿始建于1968年,有采、选两个生产系统,矿岩采剥能力为6000万吨/年,选矿原矿处理能力为1448万吨/年,是国内最大的露天铁矿之一。拥有设备2326台套,其中有牙轮钻机、电铲、130吨、150吨、170吨、190吨电动轮矿车、排岩机等大型设备81台,破碎机、球磨机、过滤机106台,以及边坡钻机、碎石机、挖掘机、大型推土机、平路机和皮带、磁选机等,固定资产原值27.784亿元。采矿生产为露天开采,采用汽车运输和汽车—破碎—胶带半连续联合运输方式,有3条半连续胶带运输系统。选矿生产为三段一闭路破碎和阶段磨选,精矿粉1979年、1987年获得国优产品金质奖,累计生产精矿粉1.2亿吨。设生产技术科、机动科、计财科、人力资源科、安全保卫科、办公室6个科室,有穿爆车间、采掘车间、汽运作业区、西排车间、东排车间、破碎车间、磁选车间、输送车间、尾矿车间、筑路排土车间、动力车间、开发服务车间等12个生产车间,年末从业人数1651人。

(赵东升)

【主要指标】 水厂铁矿全年实现利润9.2亿元,比计划增收4.6亿元。采剥总量完成5200.71万吨,铁矿石994.34万吨,输出精矿粉317.59万吨,超计划1.59万吨,输出质量完成67.96%,满足了股份公司原料需求。精矿粉综合制造成本完成263.43元/吨精,矿业公司确立的46项指标,32项超过上年水平,11项创历史最好水平;25项国内同行业可比指标,9项达到行业前三名,5项排名第一。

(赵东升)

【降本增效】 水厂铁矿选矿按照经济运行原则,降低峰谷比,既完成保供重任,又实现经济运行。全年安排新老厂整体躲晚峰停机216次,选矿峰谷比完成0.32,较上年降低0.34,平均电单价降低0.038元/千瓦·时,节约电费817万元。规范检修业务和结算流程,提高检修效率和质量,减少检修频次,延长检修周期,降低修理费353.53万元。强化衬板类等大宗消耗全过程控制,降低故障损耗和异常消耗。探索破碎机双壁、球磨机衬板、高频筛筛片、絮凝剂等备件材料承包经营模式,降低费用120余万元。

(赵东升)

【科技创新】 水厂铁矿开展全员创新,完成课题攻关70项,取得经济效益9000余万元。组织技术交流与培训20余次,发表科技论文23篇,4篇论文在《矿冶》期刊发表,2篇论文在《现代矿业》期刊发表。《大型深凹露天矿山采矿智能管理系统的构建与实施》获"中钢协管理创新成果一等奖",《尾矿一体化处置全流程技术与装备研究》获"首钢科学技术一等奖",《预裂爆破方法研究与实践》、《露天采矿辅助工程设备改进研究与应用》获"首钢科学技术三等奖"。4项科研成果取得国家专利。

（赵东升）

【转型提效】 水厂铁矿推进转型提效,实行动态"三定"管理,结合尾矿高效浓缩工艺运行,停运输送泵站,精简输送和尾矿岗位。推进"机械化换人、自动化减人"项目,实现尾矿输送、筑排泵站无人值守。落实转型提效"三项"政策,分流富余人员51人;组织技能提升和技能拓展培训,67人考取天车、焊工、电工等特种操作证,52人考取技师和高级技师,24人取得工程师和高级工程师职称,矿车、牙轮钻、电铲司机和选矿工技能比赛取得良好成绩,马正龙、尉丽佳被评为"青年工匠",王文超被评为"北京市最美劳动者"、"首都市民学习之星"。

（赵东升）

【技术管理】 水厂铁矿以稳定供矿为核心,加强计划管理和应急生产组织,连续6个月爆破量达到350万吨以上,9月份达到543万吨,在全年火工品停供、采场停炮长达46天的情况下,保证了稳定供矿。组织西排破碎站搬迁下移和西部边坡治理工程;围绕"百元选厂"目标,推进信息化和自动化技术升级,优化工艺工序,工序控制能力和指标管理水平稳步提高。坚持"多破少磨"和"提原降尾"方针,推进重点工序达标管理,完成新厂14台磁翻转磁系磁滑轮改造,磁滑轮提幅3.34%,年降低成本320万元。优化尾矿高效浓缩和干排系统运行,干排砂产率完成67%,尾砂提取综合产率完成75%,比设计水平提高5%。尾矿品位完成6.44%,比上年降低0.22%;新厂单台时产粉量比上年提高0.26吨。

（赵东升）

【设备管理】 水厂铁矿完善全员设备管理体系,确保规章制度和管理职责落实到位;通过应用提效工具、组织课题攻关、加强区域检故停管理等工作,提高检修效率,延长检修周期。推进检修施工标准化建设,打造3个标准化示范区,完成17个固定区域标准化整改;坚持问题导向,强化调研、检查、评比、曝光,发挥车间设备管理主体作用。完成新增罗水供电线路厂内15个基塔安装和架线,组织14台内燃设备总成件修复。完善供电系统管理,实现经济运行,满足了生产组织稳定高效要求。

（赵东升）

【环保管理】 水厂铁矿主动适应环保新常态,加强环保管理与治理。落实错峰生产、重污染天气"一厂一策"方案,编制《环境管理自律体系手册》和环保制度汇编,全年没有发生环境违规事件。实施环保重点治理工程,完成生活污水处理、破碎系统除尘器改造、尾矿库喷淋抑尘、东/西排排岩系统露天皮带封闭。采取技术手段,实时监控采场环保状况,并与环保部门联网,通过迁安市、唐山市两级环保部门验收。

（赵东升）

【安全管理】 水厂铁矿严格落实企业安全生产主体责任,按季接受北京市安监局督查,落实专家组提出整改意见和建议。构建双重预防机制,以非煤矿山专项整治和"无隐患单元"建设为抓手,狠抓采排场、尾矿库等重点部位和各类检修工程、特种设备、特种作业、外委外包工程安全管理,排查治理隐患1600余项,隐患整改率100%。强化安全培训,开展事故案例警示教育和安全知识考试,增强职工安全意识。

（赵东升）

【资源综合利用】 水厂铁矿健全资源综合利用产业管理体系,完善销售计量方法,促进规范经营。完成排土场资源量勘测,提供后期开发依据。改善发运条件,日装运量3000吨以上。转变营销策略,实现火运、汽运联合销售,全年销售建筑砂石料109.14万吨,实现社会收入193.2万元。

（赵东升）

【和谐矿山建设】 水厂铁矿帮助职工解决实际困难,走访慰问94人次,送温暖11.5万元,促进矿区和谐稳定。推进全员健康工作,在岗职工体检率达到100%;坚持"打防并举、逐级负责、强化管理"方针,加强采排场、尾矿库等重点区域动态管控,强化苗头性问题打击治理,拆除高峪铁选厂,矿区周边实现持续稳定。完善"四防"措施,加大治安巡查看护力度,厂区治安状况良好。丰富职工家属文化娱乐生活,举办篮球、羽毛球、钓鱼、棋牌等传统比赛和趣味活动,参加矿业公司各项竞技比赛,以总分第一名的成绩获得"第二十二届矿山文化节优胜单位"。

（赵东升）

首钢矿业公司杏山铁矿

【杏山铁矿领导名录】

矿　长:付振学

副矿长:李新明　李永新　陈国瑞(5月任职)

党委书记:马　波(3月任职)　付振学(3月离任)

党委副书记:章俊伟(3月离任)

（葛　堃）

【概况】　杏山铁矿2006年7月11日成立,是矿业公司率先由露天转为地下开采的矿山。杏山铁矿属于鞍山式沉积变质贫铁矿床,保有储量18100万吨,开采范围为-30米水平以下矿体,共分两期进行开采。一期开采范围为-330米以上矿体,年产铁矿石320万吨,服务年限19年。二期开采-330米水平以下矿体,仍按照每年320万吨规模建设。杏山铁矿在账固定资产1104项,固定资产原值8.04亿元。设生产技术科、机动科、安全保卫科、计财科、综合管理科、开拓作业区、采矿作业区、井巷作业区、碎运作业区、提升作业区、动力作业区,年末从业人员706人。

（葛　堃）

【主要指标】　杏山铁矿全年采出矿石293.73万吨,入选矿石294.02万吨。矿业公司确立的25项主要技术经济指标中,19项比上年实现提升,8项指标创历史最好水平,全年完成吨矿成本72.68元,较上年降低2.18%。

（葛　堃）

【经济运行】　杏山铁矿坚持以经济运行为中心,固化生产经济运行组织模式,改造-330水平运输矿车,彻底停止井下清扫风供应,节约电费39万元。优化-330水平排水系统运行模式,实现纯谷期排水,节约电费70万元。全年峰谷比指标完成0.61,创历史最好水平。强化用水、供水管控,清水消耗由日均900立方米降低至500立方米;实施用水点位技术改造,降低内部回水使用,加大回水供应,用水效益扭亏为盈。

（赵　岩、葛　堃）

【工程管理】　杏山铁矿开展地采扩建工程,完成地采扩建工程可行性研究报告、初步设计编制和资源开发利用方案等要件办理,推进环境影响评价报告、安全预评价报告、职业卫生预评价报告、安全设施设计及职业病

危害设施设计等要件办理。

（赵继忠、葛　堃）

【数字矿山】　杏山铁矿推进安监局“机械化换人、自动化减人”2400万实验项目,完成3个实验系统、14个具体项目施工,达到设计要求,通过国家安监总局验收。

（袁圳、葛　堃）

【人才工作】　杏山铁矿制定专项培训方案5项,签订师徒协议23份,专业技术人员授课61人次,开展理论与实操考试26场次。年末,一线岗位职工中初级工259人、中级工176人、高级工162人、技师16人、高级技师2人。中高级以上技能人员比例达到56%。坚持在团队攻关、破解难题中历练人才,全年完成课题攻关29项,论文投稿40篇,申报专利12项。《杏山铁矿最佳截止品位的研究与实践》通过首钢总公司鉴定会专家评审,出版杏山铁矿科技论文专刊,3篇论文被推荐至《现代矿业》发表。

（葛　堃）

【安全和谐】　杏山铁矿贯彻“安全第一、预防为主、综合治理”的安全生产方针,推进本质安全型地采矿山建设。坚持科技强安,推进“机械化换人,自动化减人”综合实验系统,减员21人。以“典型引路”为载体,实施安全技改技革40余项。推进班组安全管理信息化,取消班组纸质台账,不断创新、丰富安全教育手段,摒弃照本宣科式班组安全教育方式,组织职工观看案例视频35部、事故调查报告11篇。坚持预知管控,推进风险管控和隐患排查治理双重预防机制建设,全年查出、处理隐患7053项,消除各类安全风险100余项,被国家安监总局列为“双重预防机制建设试点单位”。

（魏静波、葛　堃）

首钢矿业公司运输部

【运输部领导名录】

主　任:刘建强

副主任:刘　欣　张旭东

党委书记:刘建强

党委副书记:齐晓辉

（闫　军）

【概况】 运输部主要负责首钢迁安地区、顺义地区铁路运输业务及管理工作,承担矿业公司、股份公司、中化公司、顺义冷轧原材料、产成品的铁路运输任务。设生产经营科、设备科、安全保卫科、人力资源科、财务科、办公室6个专业科室,7个车间(作业队),64个班组,年末从业人员1332人。现有内燃机车和电力机车49台,翻车机、挖掘机、卸车机等装卸设备9台套,鱼雷罐车、敞车、翻斗车等铁道车辆525辆,铁道线路290.27公里,道岔400组,信号楼18座,解冻库1座。

运输部围绕"立足钢铁主业、服务区域经济,拓展业务范围、提升运营质量"功能定位,做足加减法,强化铁路运输营销,开拓市场打量创收,经济运行降本提效,推进市场化进程,经营绩效实现突破。

(闫　军)

【主要指标】 运输部坚持开源节流并重,提质增效,运营质量不断提升。全年铁路运输总量完成3352万吨,超计划4%;全员劳产率完成23407吨/人·年,比上年提高26.96%;迁顺火运比达到88%,比上年提高6%。钢材日均装车135车,比上年提高10车,增加运量20万吨。机车万吨公里油耗完成82.4千克,比上年降低3.55%;机车万吨公里电耗完成410千瓦·时,比计划降低5.1%;综合能耗完成84.61千克/万吨·公里,创历史最好水平。

(闫　军)

【安全生产】 运输部持续推进双重预防机制建设和生产组织、检修施工标准化管理体系建设,开展"无隐患单元"创建,强化重点区域、重点岗位、重点作业流程管理,全年排查整改各类隐患3352项。实施全过程风险管理,开展作业流程写实、危险因素评估及分级管理,不断提升安全管理水平。

(闫　军)

【技能培训】 运输部主动适应岗位优化、转型提效工作需求,推进"学、练、赛、选"活动,组织岗位练兵3016场次,组织553人参加各级技术竞赛。操作岗位技能人员初、中、高、技师人员比例为11%、36%、49%、4%。具备二技能操作证人员占操作岗位人数的49%,为人力资源优化奠定基础。

(闫　军)

首钢矿业公司物资公司

【物资公司领导名录】

经　　理:王恩宇

副经理:王新华　马学兵

党委书记:王恩宇

(王守政)

【概况】 物资公司2001年成立,负责矿业公司生产建设所需的19大类原燃材料、14类备品备件的采购供应及专业管理,年采购总额8.27亿元,供应总额8.26亿元。设办公室(政工科)、计划科、财务科、综合管理科、经销科、物资采购科6个科室,总油库、总仓库、化工公司3个车间单位。年末从业人员247人,其中研究生7人、大学文化85人、大专文化62人;高级职称5人、中级职称46人、初级职称11人。

(王守政)

【主要指标】 物资公司采购资金完成8.27亿元,比上年增加1.3亿元。采购成本降低106.77万元,超计划6.77万元。仓储管理费完成2250万元,与计划持平。归口流动资金占用6030万元,比年初降低387万元。资源综合利用产品销售完成234.51万吨,超计划17.51万吨。废旧物资销售完成351.03万元,超计划21.03万元。废钢铁销售完成1750吨,超计划290吨。化工公司炸药制造成本完成3500.1元/吨,比计划降低161.9元/吨。

(王守政)

【经济采购】 物资公司开展经济采购,完善采购资金预算管理,严格计划分类控制,提高采购资金管控能力。全年完成260类招标项目,实现招标效益220.64万元;落实分级谈判,实现压价效益429.27万元;扩大大宗物资跑赢市场分析范围,坚持四维对标,实施波段采购;推进钢铁板块协同采购,实现联采备件161项;开展铁合金有色联储联招,确定联储联招品种7个。加强钢坯、柴油、动力煤等大宗物资预警管理,提高精准保供能力;优化"招标竞价管理系统",提高定价效率;完善《采购效率直观考核管理办法》,提高保供意识;实施快速市场采购,保障急用物资供应效率和服务质量。

(王守政)

【管控模式】 物资公司开展直送供应体系建设,构建物资直送管理平台,实现全流程闭环管理;制定风险防控清单,确定重点风险防控物料101项。加强库存管理,年末,全口径库存2.67亿元,比年初降低5580万元;优化库存结构,增加关键备件库存358万元;加大滞库物资盘活力度,盘活物资640万元;严格控制VB物料领用,VB物料库存比例由年初的23%降到9%;制定管篓库考评标准,90个库房实现达标;上线运行机旁物料系统,实现库存信息全面共享,全年调剂利用库存物资3090万元。降低产成品、半成品库存,盘活无效库存1244万元;取消1457项物料寄售模式,降低储备资金占用;降低自制件在库时间,提高存货周转率。按季开展大宗物资、定限额物料消耗分析,"三矿"吨精物耗70.04元/吨,比计划降低20.23元/吨;优化调整定额物料,全年定额物料完成率95.6%;改变破碎机双壁、球磨机衬板等12项物料采购方式,降低采选工序物资消耗151万元。

(王守政)

【管理基础】 物资公司规范废旧物资管理,扩展回收物料101种,提高回收价值;按季监督检查废旧物资回收工作,回收率完成96.55%,超计划1.55%;重新核定电子废弃物范围,规划存放区域,实现危废物料安全存储。实时掌握市场动态,严密废旧物资和报废资产销售,引入新客户参与竞标,提高销售竞争力;完善费用管理机制,严格仓储费用管控;强化费用分析,促进管理精细化。

(王守政)

【炸药生产】 物资公司精益炸药生产,全年生产炸药1.13万吨,满足了内部使用及外销需求。实施乳化炸药生产线静态敏化工艺改造,提高炸药生产本质安全,在河北省民爆行业安全生产标准化对标提升活动中被评为"A级企业",首次争取到军民融合专项资金50万元。

(王守政)

【风险防范】 物资公司运用隐患排查系统,形成全员参与的治理格局;加强重控部位、危险化学品、特种设备安全管理,提升本质化安全管理水平;充分运用集中监控、电子巡更等系统平台,实现人防与技防有机结合,被评为"矿业公司安全生产先进单位"。修订《物资质量管理办法》,强化质量监督,推进仓储管理标准化。加强党风廉洁建设,组织"廉洁教育月",开展"四个一"活动,抓源头,筑防线。

(王守政)

【员工队伍】 物资公司开展"廉洁高效、精细专注"主题竞赛和"当先锋、比贡献"立功竞赛,调动全员干事创业激情;成立"资源综合利用创新工作室","化工技术攻关工作室"被评为"矿业公司优秀创新工作室";加强班组管理,推进班组建设,总仓库仓库班被评为"矿业公司特级班组"。提高专业管理能力和操作技能,科级干部、专业管理人员拥有中级以上专业技术职称比例达到70%,生产操作岗位拥有中、高级技能等级人员比例达到74.2%。践行群众路线,为特困、困难职工发放补助109人次,为伤病职工办理保险理赔17人次,走访慰问困难职工、劳模骨干53人次。

(王守政)

首钢矿业公司计控检验中心

【计控检验中心领导名录】

主 任:李 文(5月任职)
副主任:李 文(主持工作,5月离任)
党委书记:迟春革

(李中良)

【概况】 计控检验中心设综合管理科、理化管理科、信息化办公室3个科室和信息开发中心、计控科、计衡车间、电信科、质量检验站5个科级实体,托管北京速力科技有限公司。年末从业人员395人(含速力公司23人),其中研究生学历30人,大学学历200人,高级职称19人、中级职称77人,高级技工164人。主要承担矿业公司自动化、信息化、计算机、计量、检验、电信等专业管理及相关设备维护、计量和检验操作、技术开发和项目施工;对外开发社会市场,承担自动化、信息化产品的推介和实施。

(李中良)

【创新能力】 计控检验中心围绕转型提效、工艺技术改进、专业管理进步,完成课题攻关82项,地采自动化技术获得国家安监局认可,完成杏山铁矿"机械化换人、自动化减人"实验项目;选矿自动化实现磨选流程自动控制;组织数据分析系统和智能矿山项目,提高企业经济运行能力。《智能远程集中计量管理系统》获"首钢科技成果三等奖",马著创新工作室被评为"北京市工人先锋号"。

（李中良）

【夯实基础】 计控检验中心负责实施"机械化换人、自动化减人"、"百元选厂"、"泵站无人值守"等项目，推进智能矿山建设。实施物资计重集中管理，全年完成物资计量2276万吨。加强取样现场管理，开展原矿取样机升级改造，提升检验管理能力，全年出具各类检验数据约14万个，抽验合格率达99.9%。加强信息安全管理，提升信息安全应急处置能力。

（李中良）

【社会市场】 计控检验中心开发社会市场，全年签订社会市场合同40个，合同额3629万元，涉及黑色、有色、水泥等行业。取得赞比亚谦比希铜矿信息化项目，扩大了海外市场；GPS矿车自动调度系统拓展到安徽海螺水泥、新疆紫金矿业等市场。承揽首钢秘铁新区1000万吨选矿厂自动化项目、中关铁矿地采有轨运输自动运行系统项目及通钢板石矿业综合自动化项目等。完成质量体系认证复审，取得建筑智能化工程专业承包二级资质，软件著作权证书4个，"井下电机车地面远程遥控系统"取得国家专利，自动化、信息化品牌影响力不断增强。

（李中良）

【队伍建设】 计控检验中心加强队伍建设，实施"一项工程"，抓实人才培养，提升职工素质。助推"三室建设"，协调团队发展，为团队学习、攻关、党员活动创造条件。构筑"四道防线"，推进廉洁奉公，实现"全年无案件、无上访、全体干部经营人员无违规"的目标。用好"五个平台"，加强体系支撑，在广大干部职工中宣传新动态、传播正能量。开展"八项活动"，提升队伍素质，为提高党员党性、提升青工技能、提高管理效率、凝聚核心力量、提振职工精神打好基础，促进企业和谐发展。

（李中良）

首钢矿业公司协力公司

【协力公司领导名录】

经　　理：张保刚

副经理：陆云增　王在成

党委书记：章俊伟（3月任职）　何　冰（3月离任）

党委副书记：王在成

（宋光伟、齐刚刚）

【概况】 协力公司2003年12月成立，从事设备检修、工程施工和汽车吊装运输等业务，具有冶金、矿山设备检修、大中修改造、结构件制作、安装施工、客货和危险品汽车运输、大型设备吊装等资质能力，固定资产原值1.65亿元。设综合管理科、计财科、安全保卫科、市场经营科、维检工程科、烧结维检项目部、球团维检项目部、南区工程项目部、北区工程项目部、汽运一队、汽运二队、机械安装工程队，年末从业人员1215人。全年实现产值2.03亿元，社会收入2008.67万元，被评为"第二十二届矿山文化节优胜单位"。

（宋光伟、齐刚刚）

【检修施工】 协力公司坚持打造维检+服务品牌，建立协同管理机制，推进首钢内部铁前设备维检"大协同"。先后完成烧结360平240小时大修、球团一系列432小时年修、二系列480小时中修等协同检修及"三矿"重点检修任务，实现产值5364万元。整合维检力量，参与京唐公司、首秦公司协同检修。拓展股份公司球烧区域高空、土建、清料等原外委项目，实现球烧设备维检业务全承揽。为通钢公司、首秦公司提供技术支持，解决通钢公司360平烧结主抽风机振动值超标和首秦公司烧结机主星轮轴承包移位故障。首次承接杏山铁矿计量斗更换任务，引进外部技术指导，掌握关键工艺。首次承接球团一系列回转窑大齿圈更换任务，采取技术合作方式，填补技术空白。

（宋光伟、齐刚刚）

【市场开发】 协力公司着力开发内外部市场，制定下发《社会市场项目开发管理办法》、《市场开发项目奖励办法》等配套制度，调动逐级人员积极性。中标迁焦干熄焦设备年修和迁安佳和工贸公司钢结构制作项目，承揽首嘉建材有限公司立磨机检修及吊装业务、秦皇岛兆安公司/迁安世旺公司等备件加工业务及唐山市足协等车辆租赁业务。推广应用碳化铬耐磨合金板，开展精密检测、吊索具制作、空调维修、SEW减速机修复等业务。

（宋光伟、齐刚刚）

【人才工作】 协力公司分流职工48人，成建制划转其他厂矿31人。开展职工提素培训活动，推进职工队伍转型提素。举办职工技能运动会，产生优秀选手59人，掀起学习提素热潮。选拔各工种技术骨干参加矿业公司、首钢总公司、北京市技能比赛,青工王涛、杨奕分获首钢职业技能竞赛焊工组、电工组第二名,被评为"首钢技术能手"、"青年创新先锋";青工唐旭晨、韩利峰分获矿业公司职业技能竞赛钳工组、电工组第一名。

（宋光伟、齐刚刚）

【党群工作】 协力公司开展"两学一做"学习教育,坚持党委中心组理论学习。加强纪检监察,加大纪委执纪、监督、问责力度,强化重点工程项目效能监察。开展"五型五星"班组建家活动,举办首届班组文化节,加强班组硬件建设、文化建设、民主管理,15个试点班组全部达到"五星"标准。选拔青工技术骨干参加矿业公司青工技能精英赛,王涛、董乐、唐旭晨、玄立丹包揽四个项目第一名,被评为"青年工匠",协力公司被评为"优秀组织单位"。发挥工会组织作用,为职工申报困补、办理互助保险赔付等事宜,维护职工权益。

（宋光伟、齐刚刚）

首钢矿山机械制造厂

【首钢矿机领导名录】
　　厂　长:夏成军(5月任职)
　　副厂长:夏成军(主持工作,5月离任)　李淑玲
　　党委书记:崔　勇

（马　威）

【概述】 首钢矿机是集冶炼、铸造、金属结构、机加工、热处理于一体的矿山及冶金机械制造专业厂,具有设计、制造、安装、服务综合能力,拥有较强的耐磨钢球生产能力和技术装备改造能力,捆带生产线填补了首钢集团该项产品的空白。设生产运营科、设计研究所、销售科、财务科、办公室5个专业科室和铸造分厂、机加工分厂、金结分厂、磨球项目部、精铸项目部、技改项目部、捆带项目部7个经营实体,固定资产原值2.9亿元,年末从业人员451人。

（马　威）

【主要指标】 首钢矿机全年实现产值1.9亿元,社会收入6197万元,同比分别提高18.75%和76.86%;利润控亏255万元;全员劳产率43.92万元/人·年,同比提高20%。

（马　威）

【产品开发】 首钢矿机研发的卡特345、330挖掘机铲斗等备件在水厂铁矿、大石河铁矿投入使用。改进杏山铁矿1400E、R1300G铲运机铲斗设计,提高检修效率,并申报国家专利。水厂铁矿多灵破碎机两壁使用寿命大幅提升;改进杏山铁矿10立卸矿车车轮制造及装配工艺,使用寿命提高80%以上。研发铁路运输备件,完成100套滑改滚制作;摇枕、侧架等自翻车主要备件实现批量生产。电铲备件从10立、12立、27立、35立扩大到60立;球团篦板、垃圾焚烧炉炉排片实现批量生产。

（马　威）

【技改项目】 首钢矿机发挥设计、制作优势,打造特色技改品牌,提高综合服务能力。开发大石河铁矿圆锥破碎机排矿口自动调整装置,形成老式圆锥破碎机排矿口调整装置技术升级的成熟解决方案;完成股份公司回转窑3台燃烧器喷枪修复、杏山铁矿排岩皮带通廊封闭工程。

（马　威）

【设备管理】 首钢矿机实施机加工中频淬火机升级改造和铸造800KW、1200KW电阻炉大修,提高设备技术状况;动力管网更新1700余米,提升管网运行保证能力。

（马　威）

【队伍建设】 首钢矿机强化青年人才培养,开展"匠心青年"评比选树,举办青工演讲比赛。加强队伍建设,调整科级干部4人,选拔4人到科技领导岗位锻炼,搭建人才成长平台;按季开展技术带头人和后备"领军人才"考评,促进专业技术人才成长。组建学习创新团队,开展课题攻关,秦涛工作室获评为"国家级技能大师工作室",耐磨耐热学习团队被评为"矿业公司优秀创新工作室"。加强职工技能培训,组织特种作业取证14人次,技能等级鉴定取证30人;参加两级公司技术比赛,4人荣获矿业公司级技术比赛前三名,2人分获首钢总公司电工技能竞赛第三、四名,被评为"矿业公司职工技能竞赛优秀组织单位"。

（马　威）

首钢矿业公司电力修造公司

【电修公司领导名录】
　　经　理:周新林

副经理:李洪河

党委书记:周新林

(李 伟)

【概况】 电修公司1991年成立,具有"中华人民共和国承装(修、试)电力设施许可证"三级资质、"中华人民共和国特种设备安装改造维修许可证(锅炉)"三级资质、"中华人民共和国特种设备安装改造维修许可证(压力管道)"资质及"防爆电气设备安装、修理资格证书"等17项资质。承担迁钢电力作业部/北京生物质发电厂/首华科技热脱附区域设备维护检修、矿区内外部市场电机修理、变压器检修、线圈制作、电气工程施工、电气产品制作、电气预防性试验等业务。设办公室、经营财务科、生产科、机电工程项目部、迁钢维检项目部、北京维检项目部、电机修理第一项目部、电机修理第二项目部。

(李 伟)

【主要指标】 电修公司收入计划5000万元,完成5449.63万元,完成计划的108.99%。社会收入完成2013万元,比上年增长50.22%。利润计划166万元,完成149.55万元。

(李 伟)

【转型提效】 电修公司优化人力资源配置,实现降本提效。协商一致解合职工7人。全员劳产率完成24.01万元/人·年,比上年提高8.2%。

(李 伟)

【技改工程】 电修公司完成大石河铁矿破碎除尘改造电气施工、水厂铁矿干排闭路项目、水厂铁矿泵站无人值守项目、水厂铁矿选矿一键启动项目、水厂铁矿干排电气项目等重点技改项目施工。完成大石河铁矿秘矿回收电源改造、大石河铁矿二马改造、水厂铁矿尾矿电气改造等项目,树立了良好品牌形象。

(张惠泉)

【资质换版】 电修公司经中国质量认证中心认证,先后取得6种低压成套设备强制认证证书,完成低压成套开关设备国家标准换版,JK型、GGD型、GGD3型、XL型、GCK型、XM型等6种低压成套设备强制认证证书换版审核。

(李 伟)

【安全管理】 电修公司贯彻落实《安全生产法》和安全生产工作要求,深化检修施工安全标准化,坚持问题导向,创新管理模式,保持良好安全生产局面,被评为"矿业公司安全生产先进厂矿"。

(马 腾)

北京首钢矿山建设工程有限责任公司

【首矿建公司领导名录】

董事长:刘贵彬

董　事:刘贵彬　郭会明　马卫国　王宏图
　　　　陈立伟　陈浩永　李树学(4月任职)
　　　　王方全(4月离任)

监　事:刘颖超　马宏军　路　平

总经理:郭会明(5月任职)

副总经理:郭会明(主持工作,5月离任)

党委书记:刘贵彬

(刘艳兵)

【概况】 首矿建公司2005年注册成立独立法人企业,现为北京首钢矿山技术服务有限公司的独资子公司,注册资本8899万元。主营:施工总承包、专业承包、劳务分包、建设工程项目管理、工程勘察设计、检修矿山及冶金机械设备、劳务服务、技术咨询、技术服务、技术开发和普通货运。拥有矿山工程施工总承包一级资质,房屋建筑工程施工总承包、冶炼工程施工总承包、钢结构工程专业承包、电子与智能化工程专业承包二级资质,建筑机电安装工程专业承包三级资质,环保工程专业承包三级资质和冶金工程设计乙级资质。获得ISO9001质量管理体系认证、ISO14001环境管理体系认证和OH-SAS18001职业健康安全管理体系认证,通过AISC美国钢结构协会认证,具备海外工程承包资格。设经营财务部、安保部、办公室(政工部)、土建分公司、金结分公司、采矿分公司、井巷分公司、设计院,年末从业人员178人。全年完成产值4.42亿元,实现利润400.65万元。

(刘艳兵)

【市场开发】 首矿建公司强化市场开发,先后承揽丰宁招金矿业尾矿库工程、四川鑫源呷村铅锌矿新增尾矿库工程、承德苏家沟矿业四期压坝工程、建龙矿业尾矿库闭库工程和青海阿力克铁矿道路及环境恢复治理项目。推进海外市场开发,承揽首钢秘铁1000万吨选矿厂钢结构加工制作项目、主厂房安装项目、高压辊磨和过滤车间设备安装项目,为中钢集团阿尔及利亚项目提供技术服务。全年签约各类市场项目91项,签约合同金额5.7亿元。

(刘艳兵)

【重点项目】 首矿建公司加快产业升级发展,打造迁安东部园区钢结构加工制造基地,健全质量管理体系,通过AISC美国钢结构协会认证,按照美标要求完成首钢秘铁2亿吨钢结构加工制造任务。把握采矿发展形势,签约天宝集团铁马采区穿爆一体化业务,为采矿产业持续稳定发展奠定基础。把握环保市场形势,申办环保工程专业承包资质。

(刘艳兵)

北京首钢重型汽车制造股份有限公司

【重汽公司领导名录】
董事长:郭志辉(8月离任)
监　事:罗　维　苏立敏　刘立伟(8月离任)
总经理:梁国强
副总经理:孙立舟(8月离任)
财务总监:李大发(12月离任)

(李树学)

【概况】 北京首钢重型汽车制造股份有限公司2006年7月改制成立,2011年9月柳工收购首钢重汽42%的股权成为第二大股东,负责重汽公司的经营管理。2017年6月柳工收购首钢持有的43.488%股权,成为控股股东,首钢方全部退出。

(李树学)

唐山首钢马兰庄铁矿有限责任公司

【马兰庄铁矿领导名录】
董事长:董　伟(兼)
副董事长:刘作利　张　荣
董　事:刘作利　张　荣　刘守新　张立友
　　　　刘景玉(5月任职)　李金喜(兼,6月任职)
监　事:张金刚　张文东　崔健新(兼,6月任职)
总经理:刘作利
副总经理:张　荣　刘景玉　李廷忠　王云峰
　　　　何建彬(5月任职)

党委书记:张　荣

(张海波)

【概况】 唐山首钢马兰庄铁矿有限责任公司(以下简称"马兰庄铁矿")是首钢总公司和唐山市人民政府于1997年9月8日共同出资成立,属于国有股份制企业,公司注册资本3400万元,其中首钢总公司占股70%、唐山市政府占股30%,2002年12月划归迁安市人民政府代管。公司主要产品为铁矿石、铁精粉。

马兰庄铁矿实行董事会领导的总经理负责制,设办公室、生产销售处、技术处、设备物资处、安全处、计财处、劳人处、基建工程处、地采筹建处、资源土地管理处、武保处、工会、采矿厂、选矿厂、柳选厂、汽车队、实业公司。年末从业人员1161人,其中大中专以上学历415人,专业技术人员263人,中、高级职称73人。

(张海波)

【主要指标】 马兰庄铁矿全年完成采剥总量447万吨、铁矿石300万吨、铁精粉50.5万吨,实现利润1006万元,完成年度目标任务。

(张立友)

【地采工程】 马兰庄铁矿地下开采工程设计储量8912.2万吨,年产矿石400万吨,服务年限26年。完成《采矿许可证》《社会稳定风险评估报告》《安全设施设计》及立项批复等要件办理,露天转地下开采具备全面实施条件。11月1日地采主体工程正式开工,主井、副井、西风井、进风井、斜坡道按计划有序推进。

(孟令民)

【技术改造】 马兰庄铁矿完成细破机换型升级改造,降低破碎粒度,提高处理能力;调整一段球磨机充填率,提高球磨机台时能力;加装磁选机,降低球磨负荷,提升二段磨矿效率;实施流程标准化管理,逐台进行试验考察,制定工序达标标准。通过采取技改措施和精细化管理,选矿工艺进一步优化,产品产量、效率不断刷新,铁精粉日产量由2152吨提高到2190吨,选矿流程效率提升3.95%,创历史新水平。

(李明华)

【降本增效】 马兰庄铁矿始终把提效率、降成本纳入生产组织全过程管理,把厉行节约落实到生产经营各方面。铁矿石、铁精粉成本分别完成55元/吨、284.34元/吨,比上年降低3.59元/吨、9.70元/吨,比行业平均水平降低35.35元/吨、78.96元/吨,铁精粉成本对标排名第五。

（张立友）

【技术与管理创新】 马兰庄铁矿以解决经营生产实际问题为导向，强化管理创新与科技创新，内部立项 26 项，奖励 23 项，其中《尾矿处理工艺优化与应用》《马兰庄铁矿沙河山露天高陡边坡水害治理实践》分获"矿业公司科技创新二等奖、技术措施二等奖"，《露天转地下开采实现企业可持续发展的实践》获"矿业公司管理创新二等奖"。

（申修强）

【安全管理】 马兰庄铁矿坚持"安全第一，预防为主，综合治理"的安全生产方针，贯彻落实《安全生产法》《河北省安全管理条例》等政策法规，强化职责落实，持续提升安全、职业健康管理水平，实现全年生产安全零事故的目标。开展风险因素辨识，强化隐患排查治理，成为唐山市"双控体系建设"试点企业。

（何雨山）

【环境治理】 马兰庄铁矿开展环境保护专项治理，履行国有企业社会责任，先后对排土场、矿石料台、混矿料台和运输公路加装喷淋抑尘装置，实施选矿厂甩尾皮带封闭，碎矿入料口、中破和球磨甩尾场地建设封闭料仓并加装喷淋抑尘装置；实现废旧电瓶集中收储和生活垃圾集中处置。改善矿山生态环境，制定《土地复垦绿化管理办法》，完成绿化覆土 8.4 万吨，栽种紫穗槐、刺槐、沙棘等苗木 54 万株，播撒紫穗槐、刺槐、火炬种子 1000公斤，新增绿化面积 200 亩。通过河北省国土资源厅绿色矿山试点单位评估及河北省国土资源厅国家级绿色矿山现场核查。

（何雨山、尹占祥）

【队伍建设】 马兰庄铁矿开展专业技术带头人、岗位操作能手选拔，引导带头人、岗位操作能手发挥专业和岗位特长优势，开展课题研究和技术攻关，发挥骨干引领作用，打造素质优良、需求合理、梯次配备的三支人才队伍。

（张海波）

【资源综合利用】 马兰庄铁矿完成砟一系统水洗筛分设备升级改造，实现生产方式及产品多元化；提效率、打产能、降消耗，全年资源综合利用产品 126 万吨，比上年增加 15 万吨，成本消耗降低 0.24 元/吨；建立长期稳定战略销售模式，引进新的客户资源，准确掌握市场变化，

及时调整产品价格，建筑砟综合售价比上年提高 1.37元/吨，资源综合利用产业经济性不断提高。

（李明华）

首钢矿业公司实业公司

【首矿实业领导名录】

经　理：冀小杰

副经理：谷响林（8 月任职）

党委书记：冀小杰

（赵占伟）

【概况】 首矿实业 2001 年 1 月由原首钢矿业公司生活服务公司、房产公司、厂容绿化队等后勤单位组建，承担矿区生活区供水、供电、供暖及物业、职工餐饮、住宿、厂容绿化、文化场馆等服务工作。设经营管理科、生活管理科、综合管理科、办公室、物业公司、南区生活服务公司、北区生活服务公司、文化场馆、餐饮分公司、纯净水厂，年末从业人员 378 人。全年社会收入完成 2060 万元；费用指标大幅减亏，实现安全生产"零"事故、水电暖浴主体设备"零"故停的目标。

（赵占伟）

【后勤保障】 首矿实业完成家属区部分住宅楼等屋面防雨大修、滨河村沙河桥病害处理、矿区主干路监控系统安装、家属区住宅楼部分采暖外网大修、02 部队高层外墙保温面层加固、滨中家属区环境治理、北区 6 个食堂内部修缮、南区 3 栋宿舍楼修缮、俱乐部/体育馆电子大屏筹建等，实施俱乐部雨排管更换、内部整修、道路修缮及文化活动中心部分地砖更换。完成滨河村区域、龙山区域加压泵站无人值守改造及龙山乐园照明系统整修。加强家属区绿化美化工作，栽植各种苗木 2.15 万株、草坪 1000 余平。

（赵占伟）

【开发创收】 首矿实业深挖内部潜力，拓宽增收渠道。承揽内部单位屋面防雨大修、内部场馆修缮及街委部分装修项目。完成水厂铁矿采区道路/输送管道标识牌制作、大石河铁矿磁选车间绿化工程及培训中心院内绿化养护工作。承担南区生产厂区和北区家属区垃圾清运任务。榨油项目、防冻液产品工艺逐步成熟，完成矿山职工福利油生产，实现矿区防冻液自用创收。彩砖厂生产线投入生产。推出各类婚庆用房接待业务，实现外部

创收。推行餐饮分公司市场化管理,开发自制蛋糕、辣酱等食品项目,实现服务和效益双提高;利用首矿之家App平台推出自制食品,在增加收入的同时提高首矿实业餐饮知名度。

(赵占伟)

首钢滦南马城矿业有限责任公司

【马城矿业公司领导名录】

董事长:黄佳强(兼)

副董事长:齐宝军

董　事:黄佳强　齐宝军　刘云龙(6月任职)

　　　　田本昌(6月离任)　刘守新

　　　　阚雅新(10月任职)　李　昕(10月离任)

监　事:宋文军　张秋平　刘永晖(职工代表)

总经理:刘云龙(6月任职)　田本昌(6月离任)

【概况】　马城矿业公司位于河北省滦南县马城镇,矿区面积9.76平方公里,矿区范围内资源储量9.95亿吨。设计采用充填法地下开采,分为上下两个采区;采用主副井斜坡道联合开拓方式,有3条主井、3条副井、2条进风井、4条回风井和1条主斜坡道,年产铁矿石2200万吨;选矿采用单一磁选工艺,年产铁精粉808.5万吨。预计2021年建成投产,服务年限39年。目前处于建设期,设工程部、技术工艺部、机械动力部、计划财务部、安全部、供应保卫部、资源土地管理部和综合管理部,在册专业技术人员99人、电工35人。

(袁　槐)

【要件办理】　马城矿业公司采矿许可证办理受国务院"放管服"改革影响,自2015年底以来一直停滞。2017年,国家出台系列新文件,马城矿业公司采矿权价款(现为"矿业权出让收益")处置由国土资源部划转到河北省国土资源厅,根据新文件精神,河北省需研究制定矿业权出让收益市场基准价制度,年末制度尚未出台,价款处置工作仍然停滞。

(袁　槐)

【工程推进】　马城矿业公司落实工程"四大控制",严格执行管控要素,按照一级网络进度计划,强化现场组织,实施动态控制,保证进度目标。严格按照概算控制招标,做到实际投资不超概算。强化业主、监理和施工单位三方主体责任,严格安全管理,全年现场施工安全

有序。强化质量管理,工程质量全部合格。矿建工程12条竖井全部掘砌到底、5条转入平巷施工、4条开始改绞施工、2条做好改绞安装准备、1条完成井塔楼桩基施工。全年完成井巷工程掘砌施工1.05万米/23.1万立,累计完成2.22万米/81.6万立,完成工程总量的18%。

(袁　槐)

【设计优化】　马城矿业公司围绕工艺优化、采选一体化、选矿装备国产化、先进技术转化、矿山信息化和智能化等,优化初步设计,投资概算降至139.51亿元,精矿完全成本降到401.92元/吨。

(袁　槐)

【课题研究】　马城矿业公司开展地下水、地表沉降监测和地应力课题研究,设置地下水动态监测点50个,地表沉降监测点8个,地应力课题专项研究4项。实施"机器人替代工程",形成副井无人值守方案,完成提升系统设备招标,将装备全球首台套"一键式操作、电梯式运行"副井提升机,减少操作人员136人,形成专利4项。创新矿山火药管控一体化模式,完成国际首例火药储运装系统方案,提升爆破本质安全,提高爆破效率,同比减少爆破工300余人。

(袁　槐)

【重点项目】　马城矿业公司推进精矿管道输送项目,精矿管道全长57公里,途径滦南县、滦县、迁安市,鉴于马城项目没有核准,考虑项目建设周期长、难度大,需提前启动,将精矿管道输送作为单独项目向唐山市发改委提出申请,开展前期工作。12月向政府主管部门报送申请,唐山市发改委已向滦南县、滦县、迁安市政府发出征求意见函。

(袁　槐)

首钢地质勘查院

【地勘院领导名录】

院　长:邓　斌

副院长:王自文

党委书记:赵宪敏

(安诗蕊)

【概况】　地勘院是在北京市编办登记的差额补贴的事业法人单位,境内有首钢地质勘查院地质研究所、北京

爱地地质勘察基础工程公司、北京金地通检测有限公司、北京首勘金结水暖管道中心等具有法人资质的实体单位,境外独资设立"首勘矿产地质勘查有限责任公司(秘鲁)",控股设立"华夏矿业评估有限公司(香港)"。

拥有固体矿产勘查与地质钻探甲级资质,地基与基础工程专业承包一级及工程勘察综合类甲级资质,测绘甲级资质,地质灾害治理工程勘查、设计、施工甲级资质,工程地质、水文地质、环境地质调查、区域地质调查、地球物理勘查乙级资质,地基基础与桩基检测专项检测资质及 CMA 计量认证。具有秘鲁能矿部核发的地质勘查资质、国家经贸部核发的在境外进行工程承包的资格、香港证券会批准的在香港对涉矿类企业上市进行评估的资格。

(安诗蕊)

【经营指标】 地勘院全年实现销售收入 2.2 亿元、利润 838 万元,分别超年度计划 50.5% 和 16.4%。

(安诗蕊)

【市场开发】 地勘院根据形势发展与判断,各产业发展按照"一主、一副、两线、多点"市场空间进行布局。地研所以《水厂铁矿深部勘探》和《秘鲁胡斯塔 TA—02 矿区铜、钴、锌矿地质勘查》两大项目为支撑,完成年度经营目标。爱地公司加强市场开发,项目数量、数额、结构、类别均保持较好水平。通过加大勘察、地灾、测量、设计等专业开发力度,提高优质产业比重,实现产业结构优化。应用新的设计及施工理念,提高勘察、设计质量,提升服务水平和影响力。检测公司巩固战略客户、抢抓首钢市场、开拓社会项目,参与承担北京副中心、新机场及京张高铁等重点工程,保持较高市场占有率。

(安诗蕊)

【科技成果】 地勘院申报国家专利 27 项,北京东坝项目基坑护坡及地下水控制工程获"全国冶金行业优秀工程勘察一等奖",首贵特钢新特材料循环经济工业基地中空钢、型钢生产线主厂房及其附属设施工程勘察获"全国冶金行业优秀工程勘察二等奖",长治市瑞达有限公司 200 万吨焦化一期护坡降水及地基处理工程获"全国冶金行业优秀工程勘察二等奖";5 号～9 号商务办公楼等五项,D01 号地下商业及车库(平谷区马坊镇 B06—02 地块商业金融项目)CFG 桩地基处理工程获"全国冶金行业优秀工程勘察三等奖",北京市海淀区翠湖科技园项目基坑监测获"全国冶金行业优秀工程

勘察三等奖"。

(安诗蕊)

【党建工作】 地勘院落实全面从严治党,不断提高党建科学化水平。通过讲党课、专题讲座、参观教育、知识竞赛等方式,学习贯彻十九大报告精神。考察中层干部 15 人,增强中层干部责任意识、担当意识。推进"两学一做"常态化、制度化,确保组织到位、措施到位、落实到位。开展主题教育活动,参观京西山区中共第一党支部纪念馆、董存瑞纪念馆、铁军纪念馆、"砥砺奋进的五年"大型成就展等。完成基层党支部换届选举,优化党支部班子结构。加强党员教育活动阵地建设,创建党员活动室 4 个。

(李海锋)

迁安首钢设备结构有限公司

【设结公司领导名录】

董事长:姜 猛

副董事长:王海军

董 事:王海军 姜 猛 惠庆久 李玉成
　　　　黄军县 李克靖 王丙涛

监 事:韩绍春 金印辉 马洪智

总经理:姜 猛

副总经理:李玉成 黄军县 李克靖

党委书记:王海军

党委副书记:惠庆久

(张树林)

【概况】 设结公司地处河北省迁安市沙河驿镇,占地 140 万平方米,制造厂房 8.2 万平方米,固定资产 2.08 亿元,是一家集科研、设计、制造、安装、检修、服务于一体的大型冶金成套设备专业制造厂,1996 年通过 ISO9000 国际质量管理体系认证,主要拥有压力容器 I、II 级制造许可证、A 级烟罩余热锅炉制造许可证、GC3 级压力管道等资质,能够自主制作炼铁高炉、热风炉、炼钢转炉、托圈、烟罩、钢铁水包、板(管)式换热器、阀门、铁水称量车、鱼雷罐车、600～1300 吨混铁炉、盾构机等大批成套设备,产品遍及全国冶金行业。

(张树林)

【主要指标】 设结公司全年实现控亏 578.41 万元,比计划减亏 108.59 万元;完成产值 6354.4 万元,超计划

406 万元;全员劳产率完成 9.22 万元/人·年,比上年提升 26.27%。

（张树林）

【优化结构】 设结公司整合组织机构,精简科级单位 8 个,设经营管理部、市场开发部、计划财务部、综合管理部、总工室,综合治理办公室、物业分公司,热能分公司、重机分公司、动力分公司、迁钢检修分公司、京唐检修分公司、首秦检修分公司,形成四部一室+两个后勤单位+六个分公司的组织管理架构。优化岗位设置,精简科级干部 18 人、管理人员和技术岗位 43 人。年末从业人数 706 人。

（张树林）

【考核机制】 设结公司改变"只管生产不重经营、只管产值不重利润、只管合同不重回款"的做法,建立以利润、产值、货款回收为挂钩指标的考核机制,坚持指标核算,严格贡献效益分配,推进挖潜算账、节支降耗。

（张树林）

【承包机制】 设结公司改变生活后勤部门经营方式,按照"内部市场化、自负盈亏"原则,实现物业公司剥离,签订经营承包协议,独立核算多创多得。

（张树林）

【薪酬标准】 设结公司理顺薪酬分配体系,实现公平分配。评聘技术专家、专业技术(管理)骨干、核心员工 86 人,激发员工潜能。

（张树林）

【队伍建设】 设结公司坚持"能者上、平者让、庸者下"原则,中层干部 21 人,管理人员 50 人重新竞聘上岗,优化人力资源结构。加强后备干部培养,举办青年后备干部培训班。

（张树林）

【文化生活】 设结公司参加矿山文化节各项赛事,荣获乒乓球男子单打第一名、篮球乙级联赛冠军、田径运动会团体第四名,被评为"优秀组织单位"。

（张树林）

首钢水城钢铁（集团）有限责任公司

【水钢公司领导名录】
　　党委书记:卢正春(9 月离任)　王建伟(9 月任职)
　　董事长:卢正春(9 月离任)　王建伟(9 月任职)
　　党委副书记、总经理:张新建
　　党委副书记、纪委书记:袁国雄
　　党委委员、副总经理:王琳松　常　进　夏朝开
　　　　　　　　　　　　何友德　龙　雨
　　党委委员、工会主席:申　燕(6 月任职)
　　总会计师:杨　荣
　　总经理助理:周岁元　戴　鹏(12 月离任)

（吴　树）

【综述】 首钢水城钢铁(集团)有限责任公司(以下简称"水钢")位于贵州省六盘水市,始建于 1966 年,是以钢铁业为主,集采矿、煤焦化、水泥制造、机加工、建筑、物流、进出口等配套经营的大型国有控股企业。公司注册资本 341,395 万元,首钢总公司、中国华融资产、中国信达资产、中国长城资产、中国建设银行、贵州省国资委分别占股 61.06%、16.23%、13.15%、0.36%、4.69%、4.51%。2016 年化解产能后按照 350 万吨钢规模组织生产。主要产品有抗震钢筋、高速线材、棒材等 13 个长材产品 30 多个品种。水钢下设公司办公室(直属机关党委)、生产运输部、机动部、安全环保部、规划发展部、管理创新部、财务部(交易中心)、组织人力资源部、工会、团委、宣传(企业文化)部、纪委(监察审计部)12 个职能管理部门;技术中心、保卫(武装)部、离退休服务中心 3 个复合部门;炼铁厂、炼钢厂、轧钢厂、煤焦化公司、铁运厂、能源公司、维检中心 7 个主辅生产单位;销售公司、原材料(进出口)公司 2 个购销部门;自动化公司 1 个分公司;博宏公司、赛德公司、瑞泰公司、总医院(模拟子公司)、职教中心(模拟子公司)、兴源公司、欣欣房开公司 7 个子公司。2017 年底在册人数 13350 人,在岗职工 8898 人,其中,含硕士在内的研究生 47 人,本

科 913 人;高级职称 123 人,中级职称 515 人;高级技师 39 人,技师 291 人,高级工 3765 人;在岗职工平均年龄 43 岁;中共党员 3812 人。

2017 年,水钢围绕"保生存、求突破"中心任务,以"双轮驱动,两翼齐飞"为主攻方向,扎实抓好"五大工程"落地,党建思想政治工作、干部职工队伍建设、深化改革转型提效、稳顺经营生产组织、技术经济指标攻关、非钢单位勇闯市场等工作成绩突出,经营效果持续改善,近 6 年来首次盈利。

（郭灵莉、李 黔）

【主要指标】 2017 年,水钢生产铁 326.83 万吨,钢 351.86 万吨,钢材 343.90 万吨,焦炭 107.74 万吨。主要技术经济指标:焦比 371 千克/吨,喷煤比 135 千克/吨;钢铁料消耗 1076 千克/吨;钢材综合成材率 97.75%;冶金焦指标:湿熄焦灰分 13.13%、硫分 0.56%、抗碎强度（M40）83.32%、耐磨强度（M10）6.80%;干熄焦灰分 13.20%、硫分 0.66%、抗碎强度（M40）85.49%、耐磨强度（M10）6.55%。

（周 毅、徐媖娜）

【"三大战役"告捷】 2017 年,水钢对财务预算、经营计划、经济责任制考核、转型提效等重点工作进行顶层设计,制定重点工作 50 项、关键攻关指标 29 个。全力推进节铁增钢,废钢装入量从 13 吨提高到 22 吨,全年节铁增钢多产钢 31.8 万吨,创效 3 亿元以上。实施购销流程和资金流程优化,购销价格实现"跑赢"市场目标。推进铁前生产系统"三个一体化"攻关,铁成本与行业总体实现不扩差,钢材单利逼近行业平均单利水平,非钢产业增收增效。强化现金流管控,较好完成"两金"周转率任务。全年降本增效 9.4 亿元,营业收入比 2016 年增长 58%,盈利 1 亿元左右,减亏、止血、扭亏"三大战役"全面打赢。

（周 毅、徐媖娜、吴向东、杨绍成）

【350 万吨钢】 2017 年,水钢围绕"全年产钢 350 万吨"目标任务,以精准操作、精细管理、保系统稳顺、攻打技术经济指标为重点,成立攻关组,对设备的正常运行、备件保供、炼钢生产所需的能源介质平衡等进行攻关;加强生产组织协调,强化制度管理和调度,抓好点检定修,注重工序间有效衔接,为优质高产奠定坚实基础。12 月 28 日 1:46 分,一号转炉 271—12578 炉钢出炉,全年产钢 351.86 万吨,这是水钢响应国家供给侧结构性改革政策主动化解产能后,首次实现 350 万吨钢产能的历史跨越。

（周 毅、徐媖娜）

【优化购销流程】 2017 年,水钢采购环节重建和优化供应链系统,拓宽外围采购渠道,实施定价采购,加大废钢采购量,增强议价话语权,控制采购成本,原料库存最短时间压缩到 20 天以内。同时,加强对供应商管理,全年供应商从 287 家减少至 268 家,压缩比例达 7%。销售环节以跑赢长材指数、提高直供比为目标,着重从制度上持续优化和规范关键流程、工作标准,在保持区域内价格优势的同时,销售量和直供比实现"双突破",直供比超过 50%,App 销售突破 3 万吨/月。其中,工程直供连续 4 个月保持在 60% 以上,西南地区销售价格连续 3 个月保持第一。

（王荣贵、张童瑶）

【科技创新】 2017 年,水钢共组织实施技术创新项目 36 项,完成项目投资 749 万元。完成省重大科技专项《高性能钢筋产业化及在高墩大跨径桥梁中的示范应用》和六盘水市专利实施及产业化项目《一种热轧 82B 盘条人工时效检验方法》验收;对已完成的《不同资源结构条件下降低钢铁料消耗的研究应用》等 27 项进行验收;申报的《高性能系列钢材的研究开发与产业化》项目获贵州省科技厅、六盘水市科技局省市合作项目立项,获政府资助 48 万元;申报的六盘水市科技成果转化后补助项目《一种低氮 SWRH82B 钢冶炼方法》成功获得立项,获后补助经费 30 万元;全年共申请专利 21 项,获国家知识产权局授权专利 23 项,其中发明专利 9 项,实用新型专利 14 项。专利申请的数量及质量再创历史新高。

（张东升）

【节能降耗】 2017 年,水钢焦炉工序限额值实际完成 148.94 千克标煤/吨,高炉工序限额值实际完成 408.62 千克标煤/吨,烧结工序限额值实际完成 48.05 千克标煤/吨,转炉工序限额值实际完成 -20.56 千克标煤/吨,均未超国家标准规定的能耗限定值,通过专项监察并决定不执行阶梯电价。完成 1 号鼓风机改发电机组建设与投运,减少新建投资费用 5011 万元,年增加发电量 2139 千瓦·时,年创效 1100 万元;完成 6 号、7 号烧结机综合节能（EMC）项目建设并投产,烧结机利用系数达到 1.3 吨/米,日产最高作业率达到 99%,烧结工序能耗较改造前降低 10 千克标煤/吨,烧结机漏风率由原 52% 降低到现在 37%,年节能效益约 4820 万元。与大唐野马寨发电有限责任公司签订直购电合同,全年减少电费支出 2528 万元。

(王庆刚)

【品牌建设】 2017 年,水钢以开展品牌传播年活动为契机,建立品牌建设长效机制,拓宽品牌宣传、传播渠道,建设品牌培育体系,不断形成品牌文化。参加国家工信部品牌培育试点工作,参与 2017 年"贵州'百家品牌''百名工匠'宣传推介活动""2017 贵州品牌网博会""发现贵州大国工匠产品、讲述贵州品牌故事"大型公益等省属部门、主流媒体开展的各项品牌宣传推介活动,传播水钢品牌文化。配合市、区两级政府开展取缔"地条钢"专项督查,对钟山区相关部门开展取缔"地条钢"专项培训,净化钢材市场。2017 年,水钢入选首届"贵州省品牌价值 30 强",获得"贵州省名牌产品"、"2017 贵州省品牌培育示范企业"等称号。

(吴学林)

【风控体系建设】 2017 年,水钢制定《水钢权力清单、风险手册、制度管理"三位一体"风控体系建设工作指导意见》,编制《首钢水钢管控权力清单(试行)》。实施完成首钢集团风控专项"转型提效工作风险应对"。以"提高效率、提高效益、提升价值"为出发点,结合首钢集团管控权力清单(试行)的管理精髓,立足水钢现有管理关系和管控模式,建立分层授权治理体系。

(王志兰)

【依法治企】 2017 年,水钢进一步健全法人治理结构,完善外聘法律顾问制度,依照规定讨论和决定公司重大事项。修订《首钢水城钢铁(集团)有限责任公司涉诉案件资金管理暂行办法》《首钢水城钢铁(集团)有限责任公司诉讼、非诉讼法务工作管理办法》,规范涉诉资金的管控及法务管理工作。2017 年度通过诉讼避免损失金额 1730 万元。做好合同法律风险的防控,加快推进"法治水钢"建设。2017 年,水钢被贵州省授予"履行社会责任五星级企业称号",被贵州省企业联合会评为"企业信用评价 AAA 级信用企业(贵州省最佳信用企业)",并取得"SCGT"("SCGT"为"水城钢铁"拼音首字母)商标注册证。

(任建刚)

【设备管理】 2017 年,水钢完成 3 号高炉 60 天技改性大修并一次性投产,同步完成 3 座转炉炉役及连铸机检修,6 号、7 号烧结机中修及 EMC 节能改造,6 号、7 号烧结机新建脱硫和机尾布袋除尘改造,一棒线、二棒线、一高线中修,1 号转炉 OG 除尘系统环保升级改造。完成 1 号鼓风改发发电机并于 7 月 19 日发电并网。加大炼钢液压站、炼铁 4 号高炉软水站和风机房、能源公司变电所、轧钢油站及变电所、焦化干熄焦高低变压站等设备和环境治理,"两站一所"旧貌焕新。完成全水钢 112 条共 70 千米压力管道的首次检测及注册,特种设备标准化管理取得实质性进展。

(周庆春)

【安全管理】 2017 年,水钢重大职业病危害、重伤以上事故为零,发生轻伤事故 11 起,与 2016 年同期相比下降 60.71%。全年举办特种作业人员和职业健康、安全管理人员取证、复审等安全培训 15 期,累计培训 1755 人次。开展"安全生产月""职业病防治法"宣传周等宣传教育活动。修订、完善 8 个安全管理规章制度。上线运行隐患排查治理和安全预警系统。对炼铁厂、能源公司开展职业卫生现状评价工作。轧钢厂、能源公司煤气系统被评为二级安全生产标准化企业。炼铁厂四号高炉和 4 号烧结机冶炼系统通过二级安全生产标准化延期复评。推进"手机集中管理"、"违章考核累进制和违章连带责任制"、建立"隐患人"管理台账等新举措。开展职业病危害因素检测和在岗职工接触职业病危害因素职业健康体检工作。批复安全生产专项费用 2055.98 万元,治理能源公司 3 号、4 号制氧机空分塔区域,煤焦化公司 40 千克小焦炉等重大安全隐患。成立安全生产大检查和"百日攻坚"领导小组,开展安全生产大检查、"百日攻坚"和煤气系统等专项安全检查工作,全年检查二级单位 516 次,车间、班组 1725 次。

(邹 平)

【环境保护】 2017 年,水钢吨钢烟(粉)尘排放量 0.508 千克,吨钢二氧化硫 0.535 千克,吨钢氮氧化物 1.258 千克,吨钢化学需氧量 0.114 千克,吨钢氨氮 0.017 千克,生态污染事故为零。举办排污许可证申领等环境保护知识培训,开展"环境日"宣传活动,修订下发《环境事件管理规定》等 2 个环保管理制度。完成重建 6 号、7 号烧结机烟气脱硫系统工程,实施 6 号、7 号烧结机机尾及整粒筛除尘系统升级改造项目、3 号转炉环保设施升级改造工程、烧结煤堆场大棚工程等污染防治措施。编制完成 3 号高炉技术改造项目、黄家屋基石灰石矿山项目环评报告并获项目环评批复。办理完成小型轧机二线技术改造项目、淘汰复二重轧机新建高速线材项目、结构调整原料场技术改造项目等十三项项目的环保验收备案工作。开展生产过程中污染物排放监察 427 次，按计划完成常规性监测和核技术应用装置企业自行监测，及时对固定污染源在线监测系统进行维护。

（王世荣）

【企业管理】 2017 年，水钢制（修）订水钢规章 28 项，申请废止 5 项。组织策划能源/职业健康安全/测量管理体系监督审核、质量管理体系换版及再认证审核、环境管理体系换版及监督审核，对第三方审核过程中共开具 11 个不符合项，118 个问题点整改完毕，并获得质量管理体系再认证审核证书、环境管理体系换版证书，能源、测量、职业健康安全监督审核证书。2017 年，水钢申报的管理创新成果，1 项获北京市管理创新成果一等奖；1 项获贵州省管理创新成果一等奖；3 项获贵州省管理创新成果二等奖；1 项获首钢集团管理创新成果三等奖。

（王志兰）

【非钢产业】 2017 年，水钢非钢产业累计实现营业收入 37.15 亿元，较预算指标增收 10.46 亿元，增收 39.19%；累计实现利润 5661.07 万元，较预算指标增利 41.52%；比 2016 年增利 5148.60 万元。同时，通过对城乡规划法及建设项目报建有关法律法规，掌握项目申报的流程和注意事项，督促、指导非钢产业对工程项目的支撑性文件、材料进行清理，使项目合法化、合规化，为非钢闯市场单位建立清晰产权、推进企业改革改制、促进企业健康发展奠定基础。

（任建刚）

【转型提效】 2017 年，水钢通过优化流程、技术改造、撤并机构、全员提素等措施，稳步推进转型提效各项工作，钢铁主业实物劳动生产率实现 528 吨/人（计划目标 495 吨/人），在岗职工 8898 人（控制指标 8900 人），完成首钢集团下达的目标任务。

（杨 芳）

【花园式工厂建设】 2017 年，水钢全力推进"花园式工厂"123 个项目的实施，开展道路硬化、空地绿化、围墙美化、房屋彩色化等义务劳动，全年组织两级机关义务劳动 190 余次，6400 余人次参加。做好操作室"客厅化"管理，全年共有 14 个二级单位、70 个车间（作业区）推行操作室"客厅化"管理。厂区环境得到有效改善，基本实现"花园式工厂"建设目标。

（吴 树、周 毅、徐媖娜）

【党建工作】 2017 年，水钢对深入推进"两学一做"学习教育常态化制度化进行统筹安排并组织实施；开展两级党组织书记述党建工作；推送党务知识微党课 5 个系列，共 110 期；深入开展党支部"晋级竞赛"活动，新命名"五好"党支部 11 个，"红旗"党支部 13 个。深化党内"创先争优"活动，炼铁厂原料车间党支部被贵州省国资委命名为第三批"样板党支部"；二级党委 1 个、基层党支部 2 个、共产党员 8 人受到首钢集团表彰；先进党委 5 个、先进党支部 24 个、先进党小组 19 个、优秀共产党员 55 人、优秀党务工作者 20 人受水钢公司党委表彰。慰问困难党员 338 人，发放慰问金额 17.35 万元；发展党员 19 人；持续开展党建工作创新和党员创新项目评选活动，10 项"党建工作创新项目"、12 项"党员创新工程项目"分获水钢一、二、三等奖。

（肖永宁）

【群团工作】 2017 年，水钢开展主题劳动竞赛，全年共计举办劳动竞赛 29 场次，参与人数 21505 人次，创效 1.33 亿元。3 个职工创新工作室获省有色工会命名。8 项职工创新成果被评为省总技术创新"五小"优秀成果。开展劳模创新 178 项攻关，创效 0.9 亿元，获国家专利 7 项。3 个班组获贵州省有色"工人先锋号"，2 个班组获贵州省"工人先锋号"，5 个"工匠场"被市总授予"凉都工匠场"称号。8 人获首届"水钢工匠"、14 人获水钢"金牌工人"。职工杨洪林获"贵州工匠基金"奖励。开展 25 场次劳模上讲堂活动；创建 59 个"新时代工人讲习所"。2 人获省"五一劳动奖章"，8 人获首钢"劳动模范"称号。开展职工网上练兵活动，能源公司热力车间锅炉班安全管理成果"山歌唱出安全来"在全国钢劳联第 33 届年会交流展示中获特等奖。1 个"巾帼班组"获省"巾帼文明示范岗"称号，3 个"巾帼岗"获市"五一巾帼标兵岗"称号。慰问、帮扶困难职工 2512 人次，支付帮扶金 178.54 万元，累计为职工办理会员普惠卡 9452 张（其中慰问、帮扶困难女职工 232 人次，发放关爱资金 18.76 万元）。全年实现青工轻伤及以上事故为零的工作目标。基层团青集体 8 个，优秀青年 14

人受到上级团组织表彰。推行主体厂区封禁管理,实现水钢主体厂区火灾事故为零。取缔厂内车。发放统筹养老金4.88亿元,非统筹养老金5112.22万元。为年满70周岁、80周岁退休职工1144人办理统筹高龄津贴,金额5.29万元。

(侯 平、李江湖、张涛松、李泽华)

【从严治党】 2017年,水钢坚持履行监督职责,抓住作风建设、纪律建设两个关键,构建长效机制。强化纪律规矩意识。坚持查纠"四风",对管钱、管物、管人关键岗位和购销、财务等关键环节推进"大约谈"。加强对重要节日和关键节点的监督执纪,加大典型事例通报曝光力度。坚持开展"为官不为、为官乱为""严肃查处职工群众身边不正之风和腐败问题"专项治理,通过深入自查自纠、调查研究等方式,加强作风、纪律建设。坚持把规矩和纪律挺在前面,严肃对权力失控、行为失范、以权谋私等行为的查处和追责,不断加强监督执纪问责工作力度。全年依规依纪处置问题线索26件,给予党纪、政纪处分(处理)8人。

(黄 军)

【十九大精神宣贯】 2017年,水钢党委下发《关于深入学习宣传贯彻党的十九大精神的安排意见》,安排部署十九大精神宣贯。组织党员干部职工集中收听收看党的十九大开幕式。开设"学习宣传贯彻党的十九大精神"媒体专栏。编辑下发《理论学习在线》,帮助干部职工学习理解党的十九大精神要义。水钢领导带头学习、带头解读、带头宣讲,把党的十九大精神宣传落实到各个层面干部职工。成立水钢"新时代理论与实践研究学习会",各二级单位相应成立"研习分会",通过集中学习、专题交流等形式,学习、研究与探讨党的十九大精神在基层的落地;在铁运厂挂牌成立六盘水首家"新时代工人讲习所",通过层层学习宣传贯彻,不断推动学习十九大精神向纵深推进。

(郭灵莉)

【效能监察】 2017年,水钢把效能监察融入经营生产,拓展效能监察工作覆盖面,突出效能监察在深化体系管理与制度建设、加强内部监督、强化风险防控、提升管理水平、提高工作效率等方面的作用。通过分析短板,找准定位,围绕关键薄弱环节做好效能监察项目选题立项,提高效能监察针对性。加强过程监督,定期跟踪各项目实施进展情况,协调项目实施过程中存在的问题,加强对各管理层级履职行为和管理效能、效率、效益的监督检查,纠正管理偏差,堵塞漏洞,增强效能监察实效性。全年19个专题立项项目实施过程中,累计提出监察建议132条,督促建章立制85项,项目成果创效金额4.91亿元。

(黄 军)

【打假堵漏及治安防盗工作】 2017年,水钢加强对原燃料采购合同执行的跟踪检查,督促完善合同条款强化约束;强化原燃料供方的质量监管,全面清除厂区5公里内配煤配矿点。完善督察治理工作机制,规范督察治理管理流程,形成打假堵漏专项治理制度化、常态化的工作机制,对进出厂大宗产品采购招投标、质检验收、计量管理、仓储管理、合同管理等关键环节涉及的人、机、物实现全过程监督管理。通过电商采购、会议评价等方式,推动阳光采购平台建设。坚持打假堵漏与治安防盗相结合,强化协调联动。对水钢生产区域和重点要害部位持续加强封禁管理,强化车辆、人员进出及物资管控。全年为公司创效4264.48万元。

(黄 军)

【人才工作】 2017年,水钢招录男性持行车特种作业操作证行车工5人。招聘录用优秀毕业生39人,选录高校毕业生就业见习9人。1人获省政府特殊津贴,1人获第十三届中华技能大赛全国技术能手。对公司市管专家3人进行年度考核。向首钢集团推荐管理创新评审专家13人;向贵州省推荐智能制造专家3人;推荐专家5人进入省科技专家库;推荐优秀青年人才2人为第14届贵州省青年创新科技奖人选。完成高级职称42人及二级单位党政正职职称聘任工作。对申报的工程师20人、助理工程师17人、助理政工师8人进行评审;外委评审职称34人。修订《水钢领导人员选拔任用工作制度(暂行)》等11项制度和《技能人才年度考核规定》《专业技术职称评聘管理规定》;公开选拔中层管理人员2人,全年调整任免干部64人。选派1人继续驻村帮扶、1人到省经信委、3人到省国资委挂职学习锻炼;选派1人到团省委、1人到六盘水市发改委借调挂职学习锻炼;推荐13人内部挂任中层助理;选派青年干部4人参加首钢青年干部特训班。完成高技能人才80人补贴申报。

(张 群)

【职工培训】 2017年,水钢共举办培训班404期,培训职工17671人次。5人参加首钢职业技能大赛。10人参加贵州省有色冶金产业第十四届职工技能大赛,分别获得钳工第2名、天车工第5名。95人参加第二届钢铁行业技能知识网络竞赛,水钢获"团体组织奖"、1人获"钢铁行业学知识标兵"先进个人。完成13个工种1249人的职业技能鉴定考前培训,1049人获得职业资格证书。5人获首钢先进教师、2人获首钢先进教育工作者、1人获首钢尊师重教优秀领导人员。

(伍华菲)

【企业文化建设】 2017年,水钢提炼形成"忠诚、担当、务实、创新"新时期企业精神,完善企业使命、企业价值观、企业战略目标、企业愿景以及营销、成本、创新、廉洁、人才、质量、品牌、科技等核心文化理念,企业文化理念系统基本形成。举办"水钢精神之歌"职工原创诗歌朗诵比赛,启动"炼钢杯——弘扬新时期水钢精神"征文活动,做好水钢精神表述语的环境布置工作。编辑出版《最美水钢人——水钢企业文化案例故事集(三)》和《水钢企业文化手册》,固化企业文化成果。举办践行新时期水钢精神故事宣讲暨"最美水钢人"表彰会,10人获2017年度"最美水钢人",1人获首钢"创新之星"。4幅春联作品分获贵州省第四届"弘扬我们的价值观,家家户户贴春联"银奖、优秀奖。1篇文学作品获第三届中国冶金文学奖报告文学类二等奖、1首诗歌获三等奖。全年外宣新闻稿1068篇,3篇论文分获中国冶金政研会论文成果一、二、三等奖。水钢获"2012~2017年度企业文化建设优秀单位"。

(田 甜)

【首钢水钢大事记】

1月6日,首钢集团召开安全生产大会,水钢通过视频参加会议,作为外埠企业中唯一一家通过视频进行典型经验交流发言的单位。

2月8日,水钢等100家企业被评为首届"贵州省诚信示范企业"。

2月28日,水钢技师学院与达内科技集团举行签约授牌仪式,迈出高端引领新步伐。

3月6日,贵州省第十八届企业管理现代化创新成果评选揭晓,水钢共有4项成果获奖。

3月8日,水钢申报的《低品位中小块块矿烧结试验分析及其影响研究》项目,获贵州省科技厅科技创新券资助。

3月13日,水钢6号、7号烧结机环保脱硫工程空负荷试车成功,标志着水钢环保治理树立新的里程碑。

3月27日,水钢牌热轧带肋钢筋、矿用锚杆钢、优质高碳钢热轧盘条3种产品获"全国质量信得过产品"殊荣。

3月29日,"水钢牌"钢筋混凝土用热轧带肋钢筋、矿用锚杆钢、优质高碳钢(SWRH82B)热轧盘条3种产品荣获"贵州省名牌产品"荣誉。

4月11日,"水钢精彩'樱'你而在"为主题的水钢花园式工厂建设推进会暨轧钢厂首届樱花节开幕。

5月4日,水钢被六盘水市国家税务局、地方税务局评为2016年"A级纳税信用企业"。

5月12日,水钢召开"激发基层活力、全员创新创效"启动会,对学习首秦水钢基层改革创新经验进行统一安排部署。

5月31日,首钢水钢公司与首颐医疗健康投资管理有限公司在"2017京交会"上,就水钢总医院改革重组举行签约仪式。

6月6日,全国"职工网上练兵"优秀个人、维检中心职工杨洪林获贵州省总工会"工匠基金"奖励,成为贵州省获此奖项的第一人。

7月28日,水钢荣膺"2017贵州企业100强"称号。

8月2日,水钢开启全抗震钢生产模式,提升品牌实力。

8月4日,瑞泰公司被授予"贵州省加气混凝土协会副会长单位"。

8月14日,水钢海关税金实行电子支付。

8月17日,水钢被授予"贵州省履行社会责任五星级企业"称号。

9月19日,水钢启动建立品牌培育管理体系工作。

10月12日,水钢召开干部大会,首钢党委宣布水钢领导班子调整情况。

10月20日,《水钢经济炉料结构的研究与应用》、《炼钢钢渣资源处理及再生利用技术的研究应用》两项科技成果通过首钢专家验收评价。

10月31日,水钢下发《关于螺纹钢筋启用新标志的实施方案》,将新注册的"SCGT"商标使用在水钢钢材上,并推进新标志螺纹钢筋的生产轧制。

11月11日,中外企业文化第十五届峰会"在湖南长沙开幕,水钢荣获"2012~2017年度企业文化建设优秀单位"。

11月16日,水钢成立新时代理论与实践研究学习会。

11月17日,六盘水首家"新时代工人讲习所"在水钢铁运厂揭牌。

11月24日,中国联合钢铁网"钢铁企业综合评级"中,水钢从全国200多家钢铁企业中脱颖而出,列入螺纹钢优质企业名单,成为贵州省内唯一获此殊荣的企业。

11月25日,水钢钢材入选2017年"重点工程建筑钢材推荐品牌"目录。

11月28日,贵州省国资委"党的十九大精神进企业"宣讲报告会在水钢举行。

11月30日,位于六盘水市红桥新区的水钢钢材交易中心正式揭牌开业。

12月1日,为期3天的首届中国工业设计展览会在武汉隆重开幕,赛德公司打造的智能立体停车库和钢结构装配式建筑两个"拳头产品"作为贵州省展品亮相展会。

12月6日,水钢召开首届"水钢工匠"、"金牌工人"命名授牌大会。

12月13日,瑞泰公司被列为贵州省"绿色工厂试点建设单位",贵州省仅6家单位获此殊荣。

12月14日,在"贵州省工业品牌培育示范企业"评审中,水钢等9家企业被评为2017年贵州省工业品牌培育示范企业。

12月14日,按照贵州省、六盘水市关于企业职工医疗保险拟于2018年1月1日起移交地方统一管理的部署,六盘水市社会保险事业局副局长张秋霞在总医院主持召开水钢职工医疗保险移交地方现场工作座谈会。

12月20日,水钢启动党建"一点通"App平台,学习宣传贯彻落实党的十九大精神再添新载体。

12月28日,水钢全面完成350万吨钢,实现化解产能后350万吨钢达产达效。

(吴 树)

水钢公司炼铁厂

【炼铁厂领导名录】
厂　　长:翟勇强
党委副书记(主持工作):吴永康(5月任职)

纪委书记:吴永康(5月任职)
工会主席:吴永康(5月任职)
副厂长:毛　锐(5月任职)　雷仕江
　　　　罗晓岗(8月任职)　潘　建(5月离任)
主任工程师:肖扬武　顾尚军(5月离任)
厂长助理:丁　华(5月任职)　梁健康(8月离任)
党委书记助理:王大兵(5月离任)

(钟 鑫)

【概况】　炼铁厂是水钢下属的主体生产厂之一,现有车间8个,管理科室3个。2017年,炼铁厂围绕稳顺生产、降低铁前成本、减员10%工作主线,完成四号烧结机停产二烧车间人员安置,对岗位人力资源进行优化,在满足生产需要基础上,由年初1158人减至1068人,减员90人,劳动生产率提高。重点做好优化生产流程、降低成本费用、坚持经济用料、攻打技术指标、夯实设备基础、整合人力资源、提高全员素质、构建花园式工厂等八大重点工作,炼铁经营生产实现稳定顺行。

(杨兆芬)

【主要指标】　2017年,炼铁厂生铁产量330.55万吨,烧结矿557.4万吨,超产33.4万吨;焦比359千克/吨,较增效计划上升14千克/吨;煤比145千克/吨,较增效计划下降13千克/吨;工序能耗,烧工序52.06千克标准煤/吨,铁工序416千克标准煤/吨。

(张 越)

【亮点工作】　2017年,炼铁厂推进职工创新创效工作,制作8期特色班组展示,在全厂掀起"学习十九大,冲刺六十天,保铁一万吨"热潮,三高炉实现安全停炉、2天开炉达产,四高炉单炉保产指标创历史最好水平。烧结产能提升,日历作业率89.38%,比2016年提高5.08%,上料公斤数80千克/米~85千克/米,比2016年提高13千克/米,实现四号烧结机停产后生产稳定。组织成立生产应急分队,完成雨季物料卸车、雨季皮带拉料等险重难任务。完成6号、7号烧结机脱硫改建,烧结机机尾整粒电除尘器改造,四高炉冲渣系统酚氰废水改造,三、四高炉冲渣跑水治理等项目,提升污染物达标排放和处置率,改变炼铁环境。环保设施与生产设备同步运行率99.90%,废水基本达到合格排放,工业固体废物处置(利用)率达100%,危险废物无害化处置(利用)率达100%,全年未发生任何生态环境污染事件。

100%,全年未发生任何生态环境污染事件。

（杨兆芬）

水钢公司炼钢厂

【炼钢厂领导名录】

党委书记:胡友红

厂　长:胡友红

党委副书记:杨厚忠

工会主席:杨厚忠

纪委书记:杨厚忠

副厂长:王　劼　王涤非　伍从应

主任工程师:谢　祥

挂职中层助理:王　梅（2月离任）

　　　　　　胡志祥（6月任职）

（罗　珊）

【概况】　炼钢厂是水钢下属的主体生产厂之一,2017年,炼钢厂按照公司"保生存、求突破"中心任务,以厂"两会"提出的"三个突破、三个求变"为主线,以解放思想大讨论为引领,围绕强基固本、深挖内潜、提振士气开展工作,在聚焦"全年完成350万吨钢、铁水单耗低于900千克/吨,节铁增钢多产钢30万吨"三大目标中,全面完成各项任务。

（沈长松）

【主要指标】　2017年,炼钢厂全年生产合格钢351.86万吨,比公司计划超产15.86万吨;工序能耗完成-20.56千克标煤/吨,比2016年降低1.58千克标煤/吨;转炉煤气回收完成137.92立方米/吨,比2016年上升5.33立方米/吨;钢铁料消耗完成1075.55千克/吨;成本对标长钢缩差全部完成目标。主要经济技术指标不断攀升:全年铁水消耗1075.55千克/吨,铸机单包连浇53.48炉,转炉煤气回收137.92立方米/吨,回收煤气、蒸汽发电,负能炼钢水平进一步提高,转炉工序能耗降到-20.57千克标煤/吨。

（沈长松、郑新泉）

【亮点工作】　2017年,炼钢厂引入末端电磁搅拌改善品种钢质量、降低生产成本。通过转炉冶炼工艺优化改进,一拉一吹出钢率达到93.51%,钢种化学成分一次命中率94.56%。优化生产组织,强化过程管控,保生产均衡稳顺。废钢装入量从13吨提高到22吨,废钢消耗达到200千克/吨以上,全年"节铁增钢"多产钢31.8万吨,为公司创效3亿元以上。激发基层活力,推进全员创新创效,26个"日常管理"项目累计完成23项,21个"重点推进"项目累计完成16项,一线职工参与率均达到100%,成果显著。《炼钢钢渣资源化处理及再生利用技术的研究应用》《钢包全程加盖技术的应用与实践》获首钢集团科技成果三等奖,《以优化产能提升效益为中心的流程再造管控体系构建》获北京市管理创新一等奖,获得国家专利局专利授权2项,炼钢厂获国家专利授权累计达到24项。

（郑新泉、吴向东）

水钢公司轧钢厂

【轧钢厂领导名录】

厂　长:刘登其

党委书记:王海益（2月任职）

纪委书记:王海益（2月任职）

工会主席:王海益（2月任职）

副厂长:周汝文　蒙世东　张文峰（2月离任）

主任师:杨　延　蔡　冬

挂任中层助理:刘国富（2月任职）

　　　　　　吴　俊（2月任职）

（陈　彬）

【概况】　轧钢厂是水钢下属的主体生产厂之一,全厂有3条棒材生产线、2条高速线材生产线,主要产品有直径5.5毫米至直径20毫米高速线材,直径12毫米至直径40毫米热轧带肋钢筋及其他优质棒材。目前设有3个科室、6个作业区。在岗职工795人,专业技术人员223人,其中高级专业人员1人,中级专业人员30人,初级专业人员192人。2017年,轧钢厂完成4条线生产组织任务。

（陈　彬）

【主要指标】　2017年,轧钢厂共生产合格钢材343.9万吨,综合成材率完成97.75%,比公司考核指标提高0.02%;综合合格率完成99.79%,比公司计划指标提高0.19%;轧机作业率完成68.89%,比去年同期提高3.55%;轧机小时产量完成146.22吨/小时,比去年同期增加2.27吨/小时;工序能耗完成48千克标煤/吨,比公司考核指标降低1千克标煤/吨;累计加工成本完成 243.31 元/吨。实现年初既定的各项目标任务。

（余仁发、彭　辉）

【亮点工作】　2017 年,轧钢厂一棒试轧直径 25 毫米×2,二棒试轧直径 18 毫米×3 和直径 16 毫米×3 切分,三棒试轧 25Mn(25 锰钒)直径 20 毫米的圆钢产品,高线试轧 80 号(直径 6.5 毫米)均一次成功,力学性能与外形尺寸均达到国标要求。产品实现全品规、全抗震。全年共发生质量异议 9 起,减少异议损失 30 万元。热轧带肋钢筋产品通过生产许可证换证审查。设备故障对比 2016 年降幅高达 67.69%,比公司年初下达的目标节约 113 小时。完成降库 4153.3 万元,全年备件消耗(含油脂)4558.6 万元,单耗 13.26 元/吨,比 2016 年同期下降 176.7 万元,单耗下降 1.21 元/吨。全年组织实施 16 个创新创效项目,职工金点子 113 项,创效 6357 万元。启动"学规章制度、学岗位标准,做合格员工""二学一做"活动;完成《天车工标准操作》、安全警示片《苛爱》、《三会一课》等自编教材视频拍摄。承办首钢水钢"花园式工厂"建设推进会暨轧钢厂首届樱花节。2017 年,轧钢厂荣获"贵州省绿化先进集体"荣誉称号。

（余仁发、李　勇、李　明）

水钢公司煤焦化公司

【煤焦化公司领导名录】

党委书记:王为环

经　理:王为环

党委副书记:代　红

纪委书记:代　红

工会主席:代　红

副经理:甘国庆

主任工程师:刘　麟

经理助理:陈　军

（孙　涛）

【概况】　煤焦化公司是水钢下辖二级单位,原名焦化厂,始建于 1966 年,1998 年改制为分公司。1969 年 9 月 28 日第一座鞍 62 型 36 孔焦炉(2 号焦炉)的建成投产,结束了贵州省不产机焦的历史;1990 年 5 月 30 日,50 孔大容积焦炉(3 号焦炉)建成投产;1993 年 12 月 30 日,与年产 90 万吨焦炭相配套的新回收建成投产;2004 年 8 月 50 孔大容积焦炉(4 号焦炉)建成投产,使煤焦

化公司跨入全国大中型焦化企业的行列。2017 年 4 月 10 日,1 号、2 号焦炉停炉。现煤焦化公司年生产焦炭能力 100 万吨。

（孙　涛）

【主要指标】　2017 年,煤焦化公司完成全焦 107.74 万吨。改质沥青 2.35 万吨,粗苯 1.18 万吨,工业萘 0.33 万吨,分别完成计划的 126.38%,124.88%,119.68%;干熄焦发电量 1.18 千瓦·时;主要产品质量冶金焦 M_{40} 85.21%,M_{10} 6.59%;热反应后强度 66.16%,热反应性 24.79%;综合能耗 169.85 千克标煤/吨,工序能耗 149.22 千克标煤/吨。2017 年多元化经营实现营业收入 317.04 万元,超公司下达年计划 154.04 万元,比 2016 年同期增加 135.73 万元;实现利润 170.01 万元,超公司下达计划 84.01 万元,比 2016 年同期增加 80.54 万元。

（孙　涛）

【亮点工作】　2017 年,煤焦化公司实现主要污染物排放浓度、总量受控,环境污染事故、生态破坏事件为零的目标。工业固体废弃物处置利用率达 100%;酚氰污水收集、处理利用率 100%;焦炉炉门冒烟率≤1%;环保设施同步运行率 100%;开展"温馨岗位"评选活动。举办"唱响十九大,建功新时代"职工合唱比赛。成立 3 个"煤焦化公司工匠场",组织开展攻关、创新创效项目 17 项,其中 2 项获得国家专利项目,1 项先进操作法得到推广,其中胡亮学创新工作室获得贵州省冶金工会"创新工作室"、"工人先锋号"称号,邓秋获全国钢铁行业先进"青安岗岗长"称号。

（孙　涛）

水钢公司能源公司

【能源公司领导名录】

总经理:周岁元(9 月离任)　王冶宇(9 月任职)

党委书记:周岁元(9 月离任)

党委副书记(主持工作):王　勇(9 月任职)

副总经理:熊训强　李　庆　郑　雄

主任师:封孝成(12 月离任)　马贵云

总经理助理:朱瑞芳(6 月任职)

（王兴科）

【概况】　能源公司成立于 2016 年 4 月 14 日,由原水电

(氧气)厂与动力厂合并而成,主要负责水钢生产能源介质的供给。电系统拥有110千伏电压等级变电站3座、35千伏电压等级变电站10座、6千伏电压等级变电站6座,年用电量为21.5亿千瓦·时。水系统拥有大河水源和深井一座,泵站18个,生活水池4个,工业水池9个,年供水量1.25亿立方米,回收污水0.33亿立方米,净环水0.54亿立方米、污环水0.22亿立方米。制氧系统拥有4套制氧机组,制氧能力30680立方米/小时。动力系统年生产电10.95亿千瓦·时、蒸汽1699万吉焦、高炉鼓风48亿立方米、压缩空气5亿立方米、净化处理、输配高炉煤气64.7亿立方米,焦炉煤气5.1亿立方米,转炉煤气4.5亿立方米,同时具备独立完成煤气带压开孔作业,水质、汽质的化验及处理,润滑油和煤气的化验等工作能力。

(朱瑞芳)

【主要指标】 2017年,能源公司完成总供电量17.66亿千瓦·时,总供水量0.53亿立方米,生产氧气3.5亿立方米,输出氮气2.5亿立方米,蒸汽100万吉焦。各项经济技术指标完成较好,其中吨钢耗新水完成3立方米/吨,保持同行业先进水平;供电功率因数公司考核≥0.92,实际完成0.97;最大需量≤18万千瓦,实际完成17.94万千瓦;氧气放散率公司考核2%,实际完成1.65%;自发电量和转炉煤气回收创历史新高。

(游 鹏)

【亮点工作】 2017年,能源公司利用闲置的1号鼓风机改为发电机,仅投资989万元,投产后日节约蒸汽量252吨,增加发电量约5.8万千瓦·时/天,年创效957万元。开展1号—8号锅炉混烧锅炉无煤燃烧改造、纯气锅炉恢复设备性能检修,在保证安全的前提下先后实现2号、6号、8号、9号锅炉纯高炉煤气的燃烧模式,年创效1609.97万元;重新启运2号制氧机,氧产量比2016年增加10.31%。6号、7号烧结机EMC综合节能改造实施后效益明显,全年累计完成发电量1817万千瓦·时。循环水系统,循环水温由42℃下降到27℃,发电效率提升,每小时多发电3000千瓦·时,年创效益1296万元。扩容改造8万立煤气加压机,改善煤气回收系统匹配能力,转炉煤气回收量增加。

(王兴科)

水钢公司维检中心

【维检中心领导名录】
主　任:朱中华
党委书记:李广武
纪委书记:李广武
工会主席:李广武
党委书记助理:王大兵(5月任职)
副主任:卢祖泉
主任师:黄　昇
主任助理:汪　洪(5月任职)
挂任中层助理:方　旭(2月任职)

(蔡晓霞)

【概况】 维检中心2015年4月1日成立,主要承担水钢公司各种大型生产设备的维护和检修任务。现有8个车间、3个科室,员工777人。其中,大专以上文化程度252人,高中、中专文化程度434人;高级工程师2人、工程师7人,技师、高级技师37人,高级工497人,是一支专业维检队伍。

(蔡晓霞)

【主要指标】 2017年,维检中心全年参加公司同步检修9次,承担检修项目4476项,实际完成5036项,完成率113%。完成单系统计划检修111次,检修项目3256项。完成临时性系统检修45次,检修项目716项。日常维护保产消缺15125项。全年设备事故故障率下降67.8%以上。

(蔡晓霞)

【亮点工作】 2017年,维检中心启动解放思想大讨论进班组活动,形成"问题进班组"滚动式推进法,全年共计梳理出问题点227个,解决现场实际问题点175个。启动液压站、润滑站"两站"专项治理工作。全面推进联合点检,全年整改重大设备隐患26项。实施修旧利废,全年完成修旧利废830项,节约费用1651万元。整合焦检、焦电2个车间,成立修旧利废项目部。至2017年末,维检中心持双证人员462人,三证人员48人,四证人员6人,五证人员1人,多证人员达到517人,较2016年末新增305人,多证人员占比达到63.38%,提前两年实现公司全员素质提升工程规划目标。

(蔡晓霞)

水钢公司铁运厂

【铁运厂领导名录】

厂　长:陈　刚

党委书记:温培华

纪委书记:温培华

工会主席:温培华

副厂长:罗忠一

挂任中层助理:赵红军　周庆兴(9月任职)

（肖永宁）

【概况】　铁运厂(原运输部,2015年6月更名为铁运厂)始建于1996年,铁路线路总长约56.6公里,道岔175组、交叉渡线10组、隧道7个,桥梁4座,现有机车21台,年运输能力2120万吨。主要承担水钢进厂原料、燃料及物资、出厂产品和工序间铁水、铁渣、钢渣等铁路运输任务。下设2个科室、4个车间,职工440人,其中管理人44人(含一般管理人员),专业技术人员53人。2017年,铁运厂以保生产稳顺为目标,围绕"保稳顺、降费用"中心任务,深入推进"四个铁运"建设,切实抓好在线设备运用、安全生产稳顺、职工队伍稳定和成本费用控制,完成各项目标任务。

（尚俊宇）

【主要指标】　2017年,铁路运输量完成1469.31万吨,比2016年增加139.51万吨。全年节约可控费用187.78万元。3号、4号高炉平均配罐正点率分别为93.77%、100%。全年实现人身伤害事故及B类以上责任事故为"零"的安全目标,连续四年保持路外交通事故为零。全面完成主要设备检修计划,在线运用设备完好率100%。

（尚俊宇、王延文）

【亮点工作】　2017年,铁运厂开展降"三费"工作:在降货车使用费上,做到催装催卸、分段卡控、快进快出、及时索赔,向外单位索赔货车使用费冲抵成本354.5万元,实际发生100.6万元,与2016年比节约186.98万元,吨钢产生延时费1.29元。在燃油控制方面,开展"适时停机",严格控制机车运用台数,实耗燃油137.99万升,吨运量耗燃油75.15克。加大拓展市场力度,引进饲料、化肥、大米、磷渣等进厂中转业务,全年实现税后收入116.08万元,利润99.34万元,分别比2016年

增加10.81万元、9.51万元。全年完成修复轮对、轴箱拉杆等配件200多件套、节约采购资金60多万元。完成机车大修1台、中修1台、大轮修2台。机务安全线、货线建成使用。炼轧矿渣段制作铁路尽头防冲报警器、液压式轴类撤装机,厂内站全域实现"问路式"调车作业。

（尚俊宇）

水钢公司电气自动化分公司

【电气自动化分公司领导名录】

经　理:袁永偿

党委书记:邓晓强

纪委书记:邓晓强

工会主席:邓晓强

主任师:刘　丹

经理助理:陈　强

（李霜霜）

【概况】　电气自动化分公司(以下简称"自动化公司")是由原水钢电器仪表修理制造厂和自动化公司合并而成,主要承担水钢各单位大、中型电机、变压器维护和修理;电话通讯、电视监控系统、对讲指令系统、宽带网、VPN等信息工程的规划、设计、建立及运行维护;进出厂物资的计量、厂际间物资计量,自动化仪表的安装、维护与检修,工业自动化控制系统的设计、施工,办公自动化设备的维护,测量设备检定等工作。下设2个科室(综合党群室、生产保供室)、3个生产车间(计量车间、自动(信息)化车间、制造修理车间)。在职职工209人,其中高级技师1人,技师14人,高级职称2人,中级职称10人,国家二级注册计量师7人,高级工142人,中级工10人,初级工3人。

（葛晓丽、李霜霜、张　霞、王思荣、宋小静）

【主要指标】　2017年,自动化公司共完成公司仪器仪表检定8574台(套)、1项到期标准复核及授权办理工作以及95台(套)标准计量器具的送检工作,确保公司最高计量标准器周期送检率100%。主要技术经济指标:计器计量操作维护不影响公司生产;保持通讯畅通,通讯故障修复4小时内完成;物资量计量误差(贸易秤≤3‰,厂际间物资计量秤≤5‰),厂际间动力量计量误差5%。安全目标:因工人身伤害事故、急性职业

病危害事故、技术操作事故、交通事故、设备事故、爆炸事故、火灾事故为零。环保目标:工业固体废物处置(利用)率100%、危险废物(含危化)无害化处理(利用)率100%、生态环境污染事故为零。

(王思荣、宋小静、谢钦、葛晓丽)

【亮点工作】 2017年,自动化公司变"坐修"为"行修","保姆式"服务推进公司电机、变压器修理工作。建立轧钢厂、能源公司等单位的406台大型电机台账,完成109台重点大型电机的数据采集,建立电机修理"病历卡",以三种方式(下线定检、现场静态检测和现场动态巡查)推进大型电机定检。探索并采用六盘以上气焊进行加热直接拔除和安装护环新技术,完成能源公司干熄焦18兆瓦发电机转子修理难题。实施远程无人值守计量管理。重新完善运焦2#电子皮带秤实物比对系统,确保运焦2号电子皮带秤运行正常。完成一棒DCS系统、控制系统软件和操作系统升级工作。外闯市场,实现营业收入67.29万元,比计划增收22.29万元;利润总额63.26万元,比计划增加21.26万元。

(谢钦、葛晓丽)

水钢公司原材料(进出口)公司

【原材料(进出口)公司领导名录】

经　理:张雷鸣
党委书记:帅学国
纪委书记:帅学国
工会主席:帅学国
副经理:龙明华
经理助理:丁　勇

(王荣贵)

【概况】 原材料(进出口)公司是水钢大宗原燃材料采购的职能部门,主要承担原燃料、资材辅料的采购、储存、供应管理工作,进口矿的采购和产品出口工作。主要采购品种有铁矿石、炼焦煤、燃料煤、生铁、废钢、耐火材料及资材辅料等。分公司下设12个室站,截至2017年底,在岗职工157人,其中高级职称1人、中级职称24人、初级职称48人。

(王荣贵)

【主要指标】 2017年,原材料(进出口)公司全年进口矿采购416.46万吨,跑赢市场4.64美元/吨,创效1.28

亿元,国内采购跑赢市场10.94%,创效3.09亿元。

(王荣贵)

【亮点工作】 2017年,原材料(进出口)公司合理增量采购,抢抓低位效益。取消多家单位召开"评盘会"的决策机制,改由采购部门、生产单位及公司分管领导共同决策,实现快速决策,缩短采购流程。建立与国外矿山必和必拓构建直接供货关系。重新规范省内矿资源采购,有效降低钒钛球采购成本。燃料采购:多批次开发省外煤、进口煤共7个品种。新开发2家喷吹煤直供商,并试行火车运输进厂。外购焦:新开辟3家有资源保障的直供商,并探索创新使用"行业指数"定价模式。合金新引入硅锰、硅铁等供应商6家。废钢采购:重建和开发省外废钢供应商9家,全年废钢采购比2016年增加30余万吨,跑赢市场10.94%,增效3.09亿元。开展资材电商采购,全年电商采购金额41.14万元,创效6.24万元,全年清理死库存资金887.38万元。先后查处正鑫公司打包块夹砂芯作假、四川工业品公司打包块夹砂土矿作假等9起废钢质量违约行为,合计创效201.46万元。效能监察创效合计240.64万元。

(王荣贵)

水钢公司销售分公司

【销售分公司领导名录】

经　理:欧阳宇峰
党委书记:龙建刚(2月离任)　王军(2月任职)
　　　　　王军(7月离任)
副书记:李贵荣(主持工作,7月任职)
纪委书记:龙建刚(2月离任)　王军(2月任职)
　　　　　王军(7月离任)　李贵荣(7月任职)
工会主席:龙建刚(2月离任)　王军(3月任职)
　　　　　王军(7月离任)　李贵荣(7月任职)
副经理:阳　杰　冯晓东
中层助理:邱志良

(张童瑶)

【概况】 销售分公司负责销售水钢钢材、煤化工副产品及气体产品。内部设有4个职能管理部门,外部设有贵阳经营部、昆明经营部、遵义经营部、六盘水经营部、综合经营部5个销售机构。产品销售网络主要以贵州省内市场为核心,同时辐射西南、华中、华南、华东。截至 2017 年底，共有在岗职工 83 人，其中：内部职能管理部门 23 人，仓储物流人员 32 人，驻外营销人员 28 人。

（张童瑶）

【主要指标】 2017 年，共销售钢材 343.99 万吨，产销率 100.18%；钢材直供直销量达到 167.24 万吨，较 2016 年增加 62.58 万吨；直付销售比例达到 54.72%，较 2016 年提高 22.1%；实现每月库存 3 万吨以下水平，完成年度目标任务。

（张童瑶）

【亮点工作】 2017 年，销售分公司以流程再造为抓手，打破固有的营销思维与方式，做好"四个优化"（优化资源、渠道、品规、时点）、"两个突破"（突破优钢比和直供比，突破高价位区域资源销售量），变传统的依赖经销商模式为钢材零售 App 和直付终端。先后在贵阳地区、六盘水地区推行钢材 App 零售，中标双龙空港项目、都安高速和遵余高速等，与在贵州有施工项目的 90% 以上的央企和地方大型国企开展钢材直供（集采）或项目合作。相继建立、修订 12 个营销业务制度。根据驻外部门多、党员分散难以集中的特点，创新党建形式方法，以行政科室、驻外经营部为单位，推行党员责任区。评选表彰"营销之星""销售之星"。

（张童瑶）

水钢公司技术中心

【技术中心领导名录】
主 任：张新建
常务副主任：常 进
副主任：郑家良（主持工作，2 月离任）
　　　　张 毅（主持工作，2 月任职）
党委书记：龙国荣
纪委书记：龙国荣
工会主席：龙国荣
副主任：李正嵩 毛 锐（5 月离任）
主任师：顾尚军（6 月任职） 刘立德
　　　　刘 欣 高长益 李 燚

（董文文）

【概况】 技术中心是水钢下属的二级复合部门，主要承担水钢的产品研发、科技管理、技术攻关、质量管理等职能。现有 5 个管理科室、1 个理化检测室和 3 个质量

管理站，在册职工 199 人，留学生 1 人，硕士 3 人，本科生 35 人，高级职称 13 人、中级职称 22 人，高级技师 4 人、技师 5 人。技术中心以省级企业技术中心和博士后科研工作站为平台，开展科技创新工作，形成建材、高强钢、软线钢、硬线钢、焊接用钢、碳结圆钢、PC 母材用钢等十余个产品系列，轧制规格从直径 6 毫米～直径 40 毫米，品种规格多达数十个，用途从以前的单一建筑用钢拓展到制丝、制绳、机械、五金、汽车制造等行业，产品得到市场的认可、用户的肯定。连续多年被评为贵州省优秀省级企业技术中心。

（董文文）

【主要指标】 2017 年，技术中心全年品规创效累计完成 1788 万元，品种钢销售 20.30 万吨，硬线钢吨钢降低成本 13 元，大规格矿用钢绞线 KYSWRH82B 生产销售 2439 吨。

（江金东）

【亮点工作】 2017 年，技术中心申报首钢集团有限公司科技成果共三项，分别是：炼钢厂完成的《炼钢钢渣资源化处理及再生利用技术的研究应用》和炼铁厂完成的《水钢经济炉料结构的研究与应用》《矿槽专用声光报警器（专利奖）》，其中炼钢厂完成的《炼钢钢渣资源化处理及再生利用技术的研究应用》获首钢集团有限公司科技成果三等奖。打假堵漏、效能监察全年累计创效 3500 万元。

（王劲松）

贵州博宏实业有限责任公司

【博宏公司领导名录】
董事长：罗达勇
副董事长：杨安成
董 事：魏林斌（2 月离任） 刘俊杰（2 月任职）
　　　　刘银堂 方定钟
监事会主席：蒋文全
监 事：蔡 欣
职工监事：黄东云（10 月离任） 李鸿娟（10 月任职）
总 裁：罗达勇
党委书记：杨安成
副总裁：刘银堂 杨忠学 方定钟（2 月任职）
纪委书记：杨安成

工会主席:杨安成
财务总监:徐国东(6月任职)
总裁助理:郑德荣(6月任职)
主任工程师:方定钟(2月离任)
挂任中层助理:徐国东(6月离任)
　　　　　　郑德荣(6月离任)

（熊　锋）

【概况】　博宏公司下辖12个分(子)公司、3个参股公司。主要生产经营:铁矿石、石灰石、轻烧白云石、白云石粉、活性石灰、冶金石灰、石灰微粉、水泥、矿渣微粉、钢渣铁渣及冷料加工、水渣开发、钢材加工配送、橡胶皮带、阻燃带、乙炔、氧气、炭黑、浓氨水、环保除尘、净水剂、机加工、印刷、煤焦矿石贸易、物流运输、铁路货站、疗养服务、旅游开发等。分布于六盘水、贵阳、安顺、遵义、昆明等地。在册职工2157人(含内退),其中,专业技术人员323人,高级专业技术职称1人,中级专业技术职称178人,初级专业技术职称144人。

（熊　锋）

【主要指标】　2017年,博宏公司实现营业收入16.64亿元。全年生产水泥81.70万吨,熟料57.76万吨,冶金石灰38.45万吨,石灰石粉33.45万吨,白云石粉31.69万吨,轻烧白云石7.60万吨,氧气2.83万瓶,乙炔4.47万瓶,石灰石微粉1.17万吨,石灰制品2.63万吨,砂石67.47万吨,水渣133.77万吨,废钢35.08万吨,磁选粉18.99万吨,渣钢4.93万吨,橡胶带26.49万平方米。水泥综合电耗104.40千瓦·时/吨,熟料实物煤耗191.34千克标煤/吨,活性石灰活性度324.52毫升,氧化钙含量90.46%,普通石灰120立方米石灰活性度221.65毫升,氧化钙含量85.91%,250立方米石灰活性度231.67毫升,氧化钙含量84.64%,轻烧白云石煤耗41.6千克/吨,焦耗92.99千克/吨。

（荆晓茜）

【亮点工作】　2017年,博宏公司实现扭亏为盈,超额完成经营生产任务。统筹推进3个板块发展。闯市场板块方面,调整水泥营销策略,水钢水泥品牌信誉提升;钢材深加工配送收入、水渣经营收入两项指标均创最好水平。转型发展板块方面,完成旅游公司新注册,招商引资项目在探索中推进。完成安冶厂退出、前进公司注销等工作,解决了水钢8年来的历史遗留问题。

（邓显辉）

贵州瑞泰实业有限公司

【瑞泰公司领导名录】
董事长:杨胜刚
经　理:杨胜刚
党委书记:潘拥平(2月离任)　洪　敏(女,2月任职)
纪委书记:潘拥平(2月离任)
工会主席:潘拥平(2月离任)　洪　敏(女,2月任职)
副经理:洪　敏(女,2月离任)　李亮斌(2月任职)
主任师:郑克勤
挂职助理:李亮斌(2月离任)
　　　　　付佳媚(女,10月离任)
　　　　　徐　雷(2月任职)

（詹洪芬、郭　华）

【概况】　贵州瑞泰实业有限公司是集建材产品生产基地、销售贸易、物业管理、民用水电煤气供应(负责收费、管线网安装和维护)、机电制造(备品件加工制作)、重型机械作业、道路修建、环境卫生管理、幼儿教育、餐饮服务、接待服务、工业旅游、工业洗涤、布草洗涤、绿化美化工程施工与维护、双洞山泉饮用水生产销售等多种行业为一体的生产辅助服务及生活后勤服务单位。

（詹洪芬、郭　华）

【主要指标】　2017年,瑞泰公司完成经营收入7.6亿元,其中:外部收入达到90%以上;实现利润2002万元;职工收入在2016年的基础上有较大幅度增长;安全环保目标全面实现;现场管理、爱国卫生、信访、档案管理、社会管理综合治理、厂务公开、班组建设、计划生育等工作按要求全面完成。

（詹洪芬、郭　华）

【亮点工作】　2017年,"贵州科学院(贵州瑞泰)科技成果转化基地"在瑞泰环保建材公司挂牌,瑞泰公司申报的11项实用新型专利已被国家专利局受理。对加气混凝土砌块工艺、流程进行升级改造,使设备产能从10万立方米/年提升到30万立方米/年,最高合格日产量1060立方米,合格率100%,对05级、07级加气块及树脂透水砖的研发,已进入试验性生产阶段。全年生产加气混凝土砌块合格产品27.5万立方米,与2016年相比增加6.5万立方米,加气混凝土砌块荣获贵州省优等质量奖。投入 200 余万元资金对水钢酒店进行改造。先后投入资金 100 余万元,对巴西到水钢酒店人行步道进行免费铺设。投入资金近 20 万元购买洒水车,对厂区主干道进行冲洗,24 小时洒水抑尘。投入部分资金改造笔架山公园基础设施,绿化、美化环保建材公司。对饮食服务公司、幼教中心进行升级改造。被六盘水市国家税务局、地方税务局授予"2016 年度 A 级纳税信用企业"。

(郭 华)

水钢公司赛德建设有限公司

【赛德公司领导名录】

董事长:高昭宗

董 事:周奇荣　谢玉德

外派董事:徐 涛

职工董事:许 琨

董事会秘书:鲁 维

监事会主席:李明久

外派监事:蔡 欣

职工监事:郑昌勇

经 理:高昭宗

党委书记:周奇荣

纪委书记:周奇荣

工会主席:周奇荣

副经理:伍绍溢　谢玉德

主任工程师:蔡 菲

挂任经理助理:吴崇双

(鲁 维)

【概况】 赛德公司是水钢下属的全资子公司,为独立企业法人实体,是目前六盘水市具有国家房屋建筑工程施工总承包和钢结构工程专业承包"双壹级资质"的国家一级建筑企业,同时具备市政公用工程施工总承包、电子与智能化工程专业承包、环保工程专业承包、建筑机电设备安装工程专业承包、冶炼工程施工总承包、管道工程专业承包贰级资质,特种设备安装改造维修许可证(起重机械、压力管道、锅炉),预拌混凝土专业承包叁级资质及"CMA"计量认证建筑检测等专项资质。拥有见证取样检测实验中心、商品混凝土搅拌站、轻钢生产线及各类工程吊装机械、运输设备等千台。公司现有在册职工 209 人,专业技术人员 80 人,其中高级职称 7 人,中级职称 27 人;技能人员 120 人,高级技师 1 人,技师 9 人;考取一级建造师执业资格证 8 人、二级建造师执业资格证 24 人;施工员 9 人、质量员 3 人、安全员 52 人、材料员 14 人、资料员 10 人、机械员 1 人、劳务员 3 人等"八大员"建筑行业岗位 92 人。

(张文锐)

【主要指标】 2017 年,赛德公司坚持"两个打造、两个一流"的战略定位,以"收缩联营、做大自营、多元发展"为经营理念,致力打造智能立体车库和钢结构装配式建筑两个"拳头产品",全年实现营业收入 7.44 亿元,利润为 2194 万元。

(张文锐)

【亮点工作】 2017 年,赛德公司承建的世界鞭陀博物馆开馆,成为六盘水市野玉海景区地标性建筑。赤水市立体停车库建设 2 号地块破土动工。钟山区医院停车库建设竣工交付业主,推进杉树林和盘江雅阁两个地点的项目建设,组织参加国家、省、市展览会;加快推进钟山区人居环境改造提升工程、青林生态牧场建设、垃圾转运系统等工程项目,为地方经济发展建设展示应有的社会责任与担当。

(张文锐)

水钢公司总医院

【总医院领导名录】

院 长:周兴高

党委书记:邵 军

纪委书记:邵 军

工会主席:邵 军

副院长:田景玉　郭炯辉　张 敏　陈冀欣

(李红娟)

【概况】 水钢总医院目前已建设成为集医疗、教学、科研、预防、康复、急救于一体的现代化大型三级综合医院。现有编制床位 800 张,开放床位 756 张。设有临床科室 26 个,医技科室 6 个,另设有职业病防治院以及六盘水市安健职业卫生技术服务有限公司等机构。拥有各类专业技术人员 700 人,副高级以上职称 83 人,硕士、博士 16 人,博士生导师 3 人。其中北大首钢医院知名专家 32 人,贵州省人民医院知名专家 8 人。拥有现代化的百级、千级和万级手术室、重症监护病房(ICU);1.5T 核磁共振成像系统、64 排螺旋 CT、数字减影心脑血管造影机、直线加速器、日本奥林巴斯及美国雅培大型全自动生化分析仪、飞利浦彩超等先进的大中型医疗设备,具备较为完善的医院信息管理系统。是全国城镇医保异地结算网络直补医院;六盘水市城镇基本医疗保险(含市、县、区职工、居民);工伤生育保险;优抚对象;市职业健康体检;新型农村合作医疗;贵州省新农合重大疾病等定点协议医疗机构。

(李红娟)

【主要指标】 2017 年,总医院实现医疗收入 2.55 亿元,收支结余 1349.58 万元。全年门诊量 18.72 万人次,较 2016 年增长 14.86%。入院病人数 2.17 万人次,增长 9.73%。出院病人数 2.18 万人次,增长 10.15%。住院手术量 4,187 例,增长 17.61%。病床使用率 90.64%,增加 4.45%。病床周转次数 30.04 次,较 2016 年增加 2.77 次。平均住院天数 9.74 天,比 2016 年减少 0.48 天。

(李红娟)

【亮点工作】 2017 年,总医院与首颐医疗健康投资管理有限公司改革重组。中医康复科被确定为贵州省中医重点专科建设项目单位;心血管内科、泌尿外科被确立为六盘水市首批医学重点学科建设单位;六盘水市药事质量控制中心、泌尿学科、肾内学科、烧伤学科临床质量控制中心落户水钢总医院。实施六盘水市首例房颤射频消融术、经直肠超声引导下前列腺穿刺活检术、微创经皮椎弓根螺钉内固定术等。医院荣获贵州省"精神文明建设先进单位"、医学界医疗品牌建设大赛"魅力团队奖"。

(李红娟)

水钢公司职教中心

【职教中心领导名录】

主 任:汤 哲
贵州师范学院院长:汤 哲
水钢电大校长:汤 哲
水钢中专校长:汤 哲
党委书记:汤 哲(2 月离任) 龙建刚(2 月任职)
工会主席:汤 哲(2 月离任) 龙建刚(2 月任职)
纪委书记:李健红(12 月任职)
副主任:李健红 方俪滔
主任师:王伟林

(王 勇、李 践)

【概况】 职教中心主要负责水钢职工教育培训计划的实施和开展技师学院、电大、中专的办学以及社会培训工作。现有职工 73 人,大专以上文化程度 70 人(其中研究生 7 人),专职教师 54 人(其中高级职称教师 17 人,中级职称教师 31 人)。技师学院、电大、中专在校学生 4000 余人。2017 年,职教中心勇闯职业教育、成人教育和职业培训市场,产教融合进一步深化,品牌形象进一步提升,办学质量进一步提高。

(王 勇、邹玉萍)

【主要指标】 2017 年,职教中心实现培训、办学收入 1835.79 万元,与 2016 年同期相比增加 163.70 万元。获得各类财政专项资金 1046 万元。全年开办培训班 39 期,培训员工 1940 人次,参与组织水钢六个工种的职业技能竞赛,组织开展赛前培训 2000 余人次。全年共开展农业技术、刺绣、家政护理、电工、计算机、挖掘机技能培训,SYB 创业培训,特种作业人员、特种设备作业人员取证、换证等各类培训 56 期 160 多个班,培训人数 8121 人。组织开展各相关工种的职业技能鉴定工作,共鉴定发证 420 人。全年技师学院招生 928 人,其中全日制 553 人,非全日制 375 人。电大招生 722 人。学生 42 人被水钢录用。推荐安置学生 877 人进行社会实践及就业。

(张 燕、李 践、曾小一、张人钦、黄 英)

【亮点工作】 2017 年,职教中心完成学院一期建设规划方案,为二校区资产合法化工作的推进奠定基础。与重庆竞成职业技术学校联合办学,进一步拓宽招生—培养—就业通道。建成贵州水钢技师学院峰源汽车服务中心并投入运营,成为贵州省国家级汽车专业高技能人才培养基地。建设完成第一轮国家级高技能人才培训基地。与博宏公司建立战略合作伙伴关系,共同打造六盘水机械加工高技能人才培养基地。

(刘 毅、何异彬、叶明辉、黄 英)

首钢长治钢铁有限公司

【领导名录】

董事长：贾向刚

董　事：崔永康　张振新　杨富进

　　　　陈　波（职工董事）

监事会主席：王　彬

监　事：李国庆　李秋生（职工监事）

总经理：贾向刚

副总经理：李怀林　郭新文　李　明

总会计师：张振新

总经理助理：樊建富

党委书记：崔永康

党委副书记：贾向刚　王春生

纪委书记：王春生

工会主席：崔永康

（张　玲）

【综述】　首钢长治钢铁有限公司（以下简称"长钢"）前身为故县铁厂，始建于1946年，是中国共产党建立的第一座红色钢厂，曾为新中国的解放和建设事业做出过重要贡献，被誉为"共和国红色钢铁的摇篮"。2009年8月与首钢集团公司实现跨地区联合重组，成为《钢铁产业调整和振兴规划》颁布后国有钢铁企业首例跨地区联合重组的成功典范。主要设备有：200平方米烧结机2座、1080立方米高炉2座、80吨转炉3座、轧钢生产线5条、65孔6米炭化室捣固焦炉2座，以及熔剂、动力、发电、制氧等公辅设施。长钢实行董事会领导下的总经理负责制；设规划发展处、计财处、生产技术处（能源管控中心）、设备处、安全环保处、公司办公室（党委办公室/董事会办公室）、人力资源处（党委组织部）、监察处（纪委）、法务审计处、党群工作部（党委宣传部/工会/团委/统战/企业文化）10个职能管理部门；炼铁厂、炼钢厂、轧钢厂、熔剂厂、检修部、动力厂、运输部、计控室、质量监督站、采购中心、销售中心11个钢铁主流程单位；焦化厂、武装保卫处、创业服务中心、职工培训中心（党校/技工学校）、离退休管理中心、后勤服务中心、医院、太原办事处8个非钢及后勤辅助单位；瑞昌水泥公司、锻压机械公司、工程建设公司、北京金长钢公司、瑞欣房地产公司、瑞达焦业公司、深圳龙隆公司、上海臣诚公司8个子公司，交界坡矿业公司1个控股公司，附属企业公司1个集体所有制单位。2017年底，长钢在岗职工6889人，其中含博士在内的研究生61人、本科1153人、大专1706人、中专及以下3969人；高级职称111人、中级职称660人、初级职称1128人；高级技师240人、技师713人、高级工1873人、中级工166人；职工平均年龄41岁。

2017年，长钢强化经营生产管理，实施全员培训提素，加强结构调整、成本控制、市场运作等工作，各项工作保持持续进步的良好态势，圆满完成年度经营任务目标和三年任期目标各项任务，创近几年来最好经营业绩。铁成本排名、自发电等24项经济技术指标创月度历史最好水平80余次。

（王蓓蓓、李昊欣、陈　宇、刘井泉）

【主要指标】　2017年，长钢铁、钢、材产量分别为221.63万吨、235.55万吨、235.89万吨；实现销售收入80.13亿元；自发电量4.62亿千瓦·时，自发电比例47.21%；铁水一级品率93.93%，综合焦比524千克/吨，喷煤比137千克/吨，钢材综合成材率100.49%。

（续华梅）

【首钢长钢大事记】

　　1月4日，长钢荣获冶金工业经济发展研究中心和"我的钢铁"网授予的"白玉兰"杯最受欢迎优质建筑用钢品牌。

　　1月9日，长钢召开落实集团公司安全会议精神暨2017年安全工作会议。

　　1月11日，长钢召开全面推行"三清晰三到位"岗位责任体系建设工作动员会。

　　1月16日，长钢通过山西省2017年大用户直供电审核，并在第一批企业名单中公示。

　　2月12日，长钢荣获长治市郊区政府授予的"2016

年度打造实干郊区特别贡献奖"荣誉。

2月15日，长钢召开"二次创业"经验交流暨降本增效动员会。

2月27日，长钢召开纪念建厂70周年颁奖晚会。

2月28日，长钢焦化项目一期工程1号焦炉顺利推出第一孔焦炭，标志着焦化项目一期工程2座焦炉全部竣工投产。

3月1日，长钢电商平台正式上线运行，长钢销售渠道拓宽。

3月3日，长钢召开2017年党风廉洁建设工作会议。

3月7~9日，首钢集团公司党委常委、工会主席、办公厅主任梁宗平一行到长钢调研指导，同时首钢集团公司《长征组歌》到长钢进行三场巡演。

3月7~9日，北京中安质环认证中心一行5人到长钢，对环境职业健康安全管理体系进行年度审核，长钢通过审核。

3月21日，长钢下发《2017年优化提效工作安排》，正式启动2017年优化提效工作。

3月30日，长治市主城区生活垃圾无害化处理项目落地动员会在长钢举行。

4月5日，长钢焦化项目干熄焦成功实现并网发电，运行效果良好。

4月27~28日，首钢集团公司"践行首钢精神，助推转型发展"宣讲团一行9人到长钢作4场先进人物事迹宣讲。

6月22日，长钢工会召开第十次代表大会。

6月29日，长钢召开庆祝中国共产党成立96周年暨创先争优表彰大会。

7月1日，长钢无人值守一卡通计质量管理系统上线运行，标志着长钢智能化管理迈出坚实一步。

7月20~21日，长钢与中国金属学会高速线材轧机装备分会、北京金属学会共同举办的"第六届线棒材高效能工艺技术研讨会暨线棒材厂厂长会"在长治市召开。

8月8~9日，中冶检测认证有限公司对长钢"高强钢筋产品质量MC认证"进行年度监督审核，长钢通过审核。

8月20日，山西大学李松江教授等专家3人对长钢110万吨/年高速线材工程环保设施竣工验收进行评

审，长钢通过评审。

8月26日，长钢创新型步步高青工QC小组的"在线捅风口工具的研制"课题荣获第二届全国质量创新大赛二等奖。

8月31日，第六届中国建筑用钢产业链高端论坛会上，长钢荣获"2017年中国国有优质建筑用钢品牌"称号。

9月22日，首钢钢铁板块铁前管理创新变革经验交流会在长钢召开。

9月25日，长钢举行"长钢之星"表彰暨"担当·创新·争先"宣讲会。

10月10日，长钢获"全国厂务公开民主管理先进单位"荣誉称号。

10月24日，长钢荣获冶金工业质量经营联盟授予的2017年度"冶金行业品质卓越产品"荣誉称号。

10月26日，长钢被山西省企业联合会和山西省企业家协会联合授予"山西省功勋企业"荣誉称号；长钢公司董事长、总经理贾向刚同时获得2016年度"山西省功勋企业家"荣誉称号。

11月14日，H型钢市场分析研讨会在长钢召开。

11月17日，长钢成功入围山西省100强企业和制造业100强企业；同时《立足务实、持续拓展的民主评价监督制度》和《新形势下钢铁企业办公室管理理念与团队文化建设》两项管理成果获得第四届省级企业管理现代化创新成果一等奖和二等奖。

11月30日，在第十三届环渤海钢铁市场论坛暨兰格钢铁网2017年会上，长钢被授予2017年重点工程建筑钢材推荐品牌荣誉称号。

12月8日，长钢被评为"全国钢铁产业链热轧带肋钢筋优秀制造商A级企业"荣誉称号。

12月15日，长钢"三清晰三到位岗位责任体系构建与实施"管理成果被中国企业管理研究会、中国财政科学研究院、创新世界周刊、国企管理编委会联合评选为2017年度"全国国企管理创新成果"一等奖。

12月15日，长钢党委举办"不忘初心·牢记使命"十九大知识竞赛初赛，26日举办决赛。

12月21日，长治市环保局给长钢颁发"排污许可证"，有效期限为2017年10月28日至2020年10月27日。

12月28日，长钢召开第二十届职工代表大会第四

次会议。

（姚晓燕）

【铁前"一体化"】 长钢在借鉴铁前外矿采购与炼铁配料一体化成功经验基础上，创新了铁前一体化管理内涵，形成系统完善的"铁前（铁矿、煤焦、铁焦）三个一体化"管理及相应的绩效考核机制，铁前单位形成系统合力，管控水平进一步提升。进口矿实行多频次小批量的现货采购，规避市场风险，现货比例由 70% 提升至 84.5%，采购单价跑赢普指 7.6 美元，首次实现到厂价格低于行业平均水平；积极协调争取到铁路运费 30% 的优惠，铁运费比基准运价节约 1.42 亿元；3 月全部取消贫瘦煤贸易商，炼焦煤国有矿和坑口直采比例达 64.6%，国内采购成本比行业节约 10.17%，比计划好 8.73%；针对烧结、焦炭富余的情况，外销冶金焦 6.11 万吨、烧结矿 3.16 万吨，创效 2955 万元。全年生铁成本全行业排名第 7 位，同比前进 32 位，跨入行业先进行列，创历史最好排名水平，每吨较行业缩差 153 元、超"双百"计划 53 元、超月度累计计划 70 元。9 月 22 日，首钢集团公司在长钢召开经验交流会，在全集团推广长钢公司铁前降成本经验。

（吴明安）

【重点技改项目及环保工程建设】 长钢环保提标改造及技改固定资产投资立项共计 47 项，合计投资金额 39119.53 万元。完成焦化项目一期工程 2 号焦炉及干熄焦、35 吨锅炉、熔剂厂新建竖窑、炼铁厂烧结烟气脱硫、8 号高炉矿槽除尘、炼钢厂二次除尘系统改造、含油废水改造等重点项目建设；动力厂富余煤气发电、炼铁厂新建原料场大棚、焦炉烟气脱硫脱硝、轧钢厂高线北线改高速棒材复合生产线、炼钢厂新建钢渣处理生产线、炼钢厂新建废钢配送站、焦化 VOCs 等重点项目开工建设。

（王蓓蓓）

【焦化项目全面达产达效】 2 月 26 日，长钢焦化项目一期工程 1 号焦炉投产，28 日出焦，3 月 23 日干熄焦投产，4 月 5 日并网发电，标志着焦化项目一期工程全面建成投产；3 月 14 日开始停止外购焦炭，结束了高炉焦炭"吃百家饭"的历史；焦炭成本全行业排名第 2 位，同比前进 25 位，排名集团公司第 1 位；干熄焦率达 97% 以上，10 月达到 99.26%，进入国内先进行列。

（王蓓蓓）

【新品种开发】 长钢高线产线开发 ER70S-M 合金焊线盘条 829.66 吨，ER70S-6 合金焊线盘条 558.53 吨，制钉用 HPB300T 盘条 2652.33 吨；型钢产线开发 Q355NHB 耐候钢 H 型钢产品 4 个规格共计 805.29 吨，S355JR 欧标 H 型钢 4 个规格共计 342.46 吨，开发 BB2 小规格型钢产品 H250×125 规格产品 3079.75 吨、H248×124 规格产品 2096.77 吨；棒材产线开发 25 毫米规格锚杆钢产品 542.99 吨。

（吴明安）

【能源管理】 长钢积极申请争取并享受大用户直供电政策"红利"，2017 年大用户直供电交易量 5.11 亿千瓦·时，全年节省电费支出 1494.36 万元；通过调整电力系统运行方式，长钢全年停运 1 台 90 兆伏安主变，节省基本电费支出 2592 万元；4 月 5 日，随着干熄焦发电机组投运并网，长钢又新增一自发电"生力军"，通过合理调配煤气资源、优化蒸汽系统运行方式、强化发电机组运行管控等一系列措施，2017 年全年自发电总量达到 4.62 亿千瓦·时，自发电比例 47.21%，均创历史最好水平。

（秦建新）

【群众性质量活动】 长钢向外推荐的 17 个优秀 QC 小组中，有 3 个小组被评为"全国优秀 QC 小组"，4 个小组被评为"冶金行业优秀 QC 小组"，6 个小组被评为"山西省优秀 QC 小组"，6 个小组被评为"长治市优秀 QC 小组"；8 月，炼铁厂创新型步步高青工 QC 小组以"在线捅风口工具的研制"课题参加第二届全国质量创新大赛并荣获二等奖。

（桑海宁）

【推进实施"两化"项目】 3 月长钢钢材销售电商平台上线，注册用户 1000 余户，实现 100% 线上销售；4 月大宗物料、财务业务一体化系统上线，初步搭建起 ERP 四级平台；5 月电力信息采集系统上线，提高了电力系统的精细化管理水平，全年直供电交易量 5.11 亿千瓦·时，降低电费支出 1494.36 万元；7 月无人值守一卡通信息系统上线，19 个磅点实现无人值守，大宗原料计质量时间由每车 2 分钟缩短至 20~30 秒，焦煤质检效率由每日 200 车增至 325 车；实施生铁风动送样、型钢自动打捆机等项目，在减少岗位需求的情况下，工作效率、质量显著提升，有效降低了廉洁风险；8 月隐患排查与安全预警系统上线，将隐患排查与治理的责任合理落实到各个工作岗位,实现全员、全过程、全天候、无缝对接隐患排查与治理,推动企业进行安全风险评估常态化和全员化。

(张小刚、冯　烨、刘　峰)

【"三清晰三到位"岗位责任体系建设】　2017 年,长钢开始在全公司推行"三清晰三到位"岗位责任体系建设工作。各单位按照"五步工作法",通过建、查、学、做、进"五抓手",循环改进、持续完善,共编制单位《职责说明书》32 份、专业及作业区《职责说明书》46 份、岗位《责任说明书》1459 份;制定下发体系建设相关知识考试和验收管理办法,32 个单位体系建设工作均通过领导小组组织的专项工作验收,表明在长钢公司全面建立起"三清晰三到位"岗位责任体系。长钢公司《"三清晰三到位"岗位责任体系构建与实施》创新成果,在 2017 年(第三届)国企管理·财务管理峰会上获全国国企管理创新成果一等奖;介绍长钢"三清晰三到位"经验的材料《夯基垒台打牢基础　立柱架梁助力发展》被收入首钢集团 2017 年"三创"会交流材料中。

(常礼景)

【制度管理】　长钢制度管理遵循"谁制定谁负责、谁制定谁培训、谁制定谁检查、谁制定谁改进"的制度管理主体责任和基本管理要求,各制度制定部门不断提高专业制度建设的重视程度,强化制度宣贯和培训,持续整章建制,全年累计颁发规章制度 102 项,其中新建 31 项、修订 71 项、废止 103 项。通过开展"规章制度执行情况周汇报",推动制度体系建设,提升制度执行力,形成适应企业自身发展需求的规范制度体系。

(秦　娜)

【人才培养】　长钢以"提素年"为新定位,大力开展职工教育培训,举办内训和外训项目 120 个,培训职工 7247 人次。其中,以领导干部为主要培训对象,贾向刚、崔永康等长钢主要领导上台讲课,并诚聘冶金工业规划研究院院长李新创、原山西省委党校副校长高建生、新兴铸管武安工业区企管部部长李国光等人到公司讲学,举办专题讲座和专题报告 5 期;优秀青年干部 30 人为培训对象,用两个月举办了长钢历史上办学时间最长、重视级别最高、管理要求最严的青年干部培训班;在钢铁主流程单位的 28 个重点培训项目中推行"单点培训",培训操作型、技能型职工 716 人次;选派 129 人外出学习先进技术和考取专业资质证书;与北京科技大学、首钢工学院联合培养在岗职工,组织完成 2015 级冶金工程专业的毕业设计和论文答辩,59 人全部取得本科文凭,其中 22 人取得学士学位;开设"首钢长钢培训在线"微信公众号,发布培训信息、宣传先进培训者事迹、推介党的建设和企业管理及专业技术技能知识等累计 76 期。

(冯燕玲、魏向明)

【辅业改制发展】　长钢通过深化经营机制改革,非钢辅业整体盈利 2000 万元。成立首钢国旅长钢分公司,实现营业收入 100 万元;11 月与长治市高新区签订锻压公司西厂区租赁协议,并以此为契机盘活锻压新区闲置土地;积极推进垃圾发电项目,3 月 30 日项目落地,4 月 25 日注册成立长治首钢生物质能源有限公司,目前正在进行开工准备工作;积极推进企业办社会职能移交工作,对"三供一业"分离移交所涉及的资产、人员、费用等情况进行全面摸底调查;推动首颐医疗重组长钢医院事宜,达成初步合作意向。

(张玉庭)

【创新党建工作模式】　长钢深入学习宣传贯彻党的十九大精神,扎实推进"两学一做"学习教育常态化、制度化。通过重温入党誓词、厂情厂史教育、十九大精神宣讲等活动,推动党的十九大精神进产线、进社区、进班组、进岗位;开展创先争优"夺旗"竞赛活动,激发各基层党组织创先争优的主动性和工作热情,实现党建与经营生产深度融合,推动经营生产取得明显经济效益,活动得到集团公司党委、中共长治市委组织部的一致肯定和高度关注,以《"夺旗"竞赛促党建与经营生产深度融合》为课题的党建创新项目被集团公司推荐为"北京市基层党建创新项目孵化工程项目";全面推行"星级评价考核",强化各层级考核问责,累计考核 362 人次,其中公司领导 9 人次,副处以上 124 人次。

(王晋芳、张　玲)

【纪检监察】　长钢积极践行"四种形态",落实"两个责任",向瑞昌公司派驻纪检组长 1 人,运用"四种形态"处理 23 人;强化审计工作,对账外资金、经营数据不实、内控管理等进行审计披露,全面完成集团公司巡视及内部检查问题整改;因偷盗、吸毒等违法违纪行为,与 29 人解除劳动合同。

(新　军)

【企业文化】　长钢开展"在企爱企、在企为企""提素增效年,我们怎么干?"大讨论,时隔10年重新修订完成《首钢长钢企业文化手册》,制定《首钢长钢公司企业文化建设"十三五"规划》,开展"长钢之星""长钢工匠"评选和"长钢人的故事"宣讲活动,同时借助首钢《长征组歌》慰问演出、职工巡回宣讲团宣讲等契机,重温长征精神,接受红色教育,传播正能量,提振士气,凝聚和激发广大干部职工干事创业的内生动力。11月17日,长钢被中国企业文化研究会授予"2012～2017年度企业文化建设优秀单位"荣誉称号。

（王　婷）

【民生工程】　长钢建立艰苦岗位津贴,薪酬待遇向一线"苦、脏、累、险"岗位倾斜,全年人均收入同比增长14.4%,其中在岗职工增长16.6%;恢复职工疗养工作,安排模范先进、高技能人才117人疗休养;积极协调长治市公积金管理中心开设"公积金贷款专户",职工可以享受公积金贷款购房;职工医院引进腔镜系统等多项外科微创项目,开展创面负压治疗等技术项目,实施医疗信息化管理系统,医疗条件得到有效改善;经积极协调,以优惠价格为职工家属进行了天然气改造,实施高清数字电视改造;投入338万元,对居民区进行修缮;健全完善《特困职工救助基金管理办法》《两级领导干部民主接待日工作机制》,全年公司领导民主接待8次,梳理汇总问题60余项次,全部责成相关单位予以解决或答复;大幅度多方位实施送温暖帮扶活动,帮扶1295人次共计107万元;投入200万元为7046人进行健康体检;组织7501人参加长治市第十一期职工大病医疗互助活动,参保率达84.47%,为历史最高。

（张向军、解俊峰）

长钢公司焦化厂

【焦化厂领导名录】

　　党委副书记、副厂长（主持工作）:林留户

　　党委书记、工会主席:韩红卫

　　副厂长:江　波

　　纪委书记、副厂长:焦钰山

（张　玲）

【概况】　焦化厂现有作业区4个,在册人数498人,其中高级职称3人,中级职称30人,初级职称44人;高级技师14人,技师51人,高级工217人。2017年,焦化厂

实行"煤焦一体化""铁焦一体化"管理模式,在冶金焦成本、化产品销售、干熄焦达产达效、干熄焦发电等领域均取得较好的成绩,圆满完成公司下达的各项指标任务,实现经营生产的高产稳顺。

（赵玉田）

【主要指标】　2017年,焦化厂生产焦炭103.88万吨;粗苯10894吨,焦油47031吨,硫铵8146吨,干熄焦发电1.24亿度;主要产品质量冶金焦M_{40}为85.83%,M_{10}为5.49%,水份为1.52%,灰份为13.10%;硫份为0.77%;全年焦炉煤气输出1.82亿立方米;吨焦耗电月平均67.45千瓦·时,吨焦耗蒸汽0.3吨,吨焦耗新水0.92吨,吨焦耗焦炉煤气201立方米,吨焦耗高炉煤气814立方米,工序能耗138.59千克标准煤/吨。全年实现工亡、重大设备事故、重大火灾、重大交通、重大爆炸、重大急性职业危害事故为零的目标。

（张兵韬）

【亮点工作】　2017年,焦化厂冶金焦炭成本行业排名由2016年的27名升至第2名。1月26日,焦化项目一期工程1号焦炉投产,提前一个月完成达产达效任务,结束了高炉"吃百家饭"的目标,干熄焦3月23日投产,干熄焦率97.98%,达到国内同行业先进水平;4月5日开始发电,全年累计发电1.26亿千瓦·时,创效6000余万元;化产品销售与干熄焦发电成为新的效益增长点,化产品全年完成销售2.75亿元;党建融入经营生产,开展"插红旗"劳动竞赛,开发旅游通廊,开展典型引路,为全年各项指标任务的完成提供坚强保证。

（赵玉田）

长钢公司炼铁厂

【炼铁厂领导名录】

　　党委副书记、厂长:冯广斌

　　党委书记、工会主席:杨建城

　　纪委书记、副厂长:范雄伟

　　副厂长:李雪峰

　　总工程师:许满胜

（张　玲）

【概况】　炼铁厂现有作业区6个,管控中心1个。2017年在册职工921人,其中高级职称2人、中级职称41人、初级职称138人;高级技师37人、技师86人、高级

工 282 人。2017 年,炼铁厂坚持稳中求进的工作总基调,严格落实长钢公司"铁前一盘棋"总体思路,协调推进"三个一体化"战略布局,各项工作保持持续进步的良好态势,铁成本排名、烧结余热发电等多项指标均创历史最好水平,圆满完成公司下达的年度经营生产任务,实现经营生产稳定顺行。

（苏荣慧）

【主要指标】 2017 年,炼铁厂生铁产量 221.63 万吨,烧结矿 365.21 万吨;生铁成本完成 1896.74 元/吨,比行业平均好 121.23 元/吨,行业排名第 8 名,较 2016 年前进 31 名;高炉燃料比完成 540 千克/吨,比 2016 年降低 5 千克/吨,烧结固体燃料消耗完成 50.5 千克/吨,比 2016 年降低 1.3 千克/吨,烧结矿余热吨矿发电量 14.89 度,达到行业先进水平。

（冯 龙）

【亮点工作】 2017 年,生铁成本与行业平均差距与上年相比缩差 163.09 元/吨,比缩差目标 100 元/吨好 63.09 元/吨,超额完成集团公司下达的"降百工程",在首钢集团钢铁板块六个单位中排名第一。积极开展高炉稳顺千天攻关,全年高炉实现稳定顺行。深化铁前"三个一体化"管理机制,经验做法得到集团公司认可。党建工作以"融入中心抓党建,心系职工促发展"为核心,以"三个一流"为目标,深入开展炼铁厂"六个三"创先争优夺旗竞赛活动,为完成全年任务提供思想保障。

（苏荣慧）

长钢公司炼钢厂

【炼钢厂领导名录】
党委副书记、厂长:周剑波
党委书记、工会主席:黄志文
纪委书记、副厂长:燕建宏
副厂长:曹 钦 午亿土

（张 玲）

【概况】 2017 年底,炼钢厂在册职工 656 人,其中博士 1 人、硕士 3 人、本科 56 人、大专 174 人;高级职称 2 人、中级职称 30 人;高级技师 27 人、技师 63 人、高级工 210 人、中级工 9 人。下设 5 个专业、6 个作业区。一年来,炼钢厂以"安全、稳顺、均衡、有序、有力、经济"为总体

要求,加大"安全、环保、质量、降本"等重点任务管控力度,深入开展对标找差,优化经济技术指标,加强执行力建设,"五型"班组、"职工提素"、"三清晰三到位"岗位责任体系建设工作持续推进;加强成本预算核算过程和关键控制点的管控,班组隐患排查治理实现网络化管理,二次除尘改造、污水处理、物流系统改造等重点工程顺利完成,整体工作平稳有序。

（孙 强）

【主要指标】 2017 年,炼钢厂钢产量 235.5467 万吨,钢铁料消耗 1056.43 千克/吨,转炉作业率 76.36%,铸坯收得率 99.01%,一倒命中率 71.54%,工序成本 477.39 元/吨。

（孙 强）

【亮点工作】 炼钢厂推行"高拉补吹"和"粘渣护炉"工艺,降低铁耗,提产增效,12 月份铁耗达到 880.1 千克/吨;推行单座转炉 1000 炉/次、每台铸机每 10 个中间包/次的定修模式,设备非计划故障时间月均 2.145 小时,主体设备事故故障率 0.412‰;全年开发生产新品种 2 个（欧标 S355JR、耐候钢）,成功开发 BB2 断面产品 5847.67 吨;"三清晰三到位"岗位责任体系建设持续推进,建立了全部操作岗位和管理技术人员的评价考核体系;在全体党员中开展"勇接挑战迎难上,主动担当有作为"主题活动,激发了职工活力,提升了干部职工士气,各项工作稳步推进。

（孙 强）

长钢公司轧钢厂

【轧钢厂领导名录】
党委副书记、副厂长（主持工作）:李罗扣
党委书记、工会主席:马河平
纪委书记、副厂长:邵忠文
副厂长:刘珍宇 胡 洪

（张 玲）

【概况】 轧钢厂现有职工 973 人,其中高级职称 3 人,中级职称 46 人,初级职称 111 人;高级技师 39 人,技师 106 人,高级工 275 人。2017 年,轧钢厂全体干部职工奋勇前行、自我加压、主动求变,以安全生产顺稳为前提,以适应产线调整、调结构为主抓手,坚持以效定销、以销定产工作思路,生产组织趋于向好态势,圆满完成

公司下达的生产任务和降本增效目标。

（杜广华）

【主要指标】 2017 年,轧钢厂全年产量完成 235.89 万吨,综合成材率 100.53%,综合合格率 99.86%,吨钢综合能耗 43.82 千克标准煤,吨钢电耗 85.77 千瓦·时;吨钢耗新水 0.29 立方米;轧钢工序成本 124.08 元/吨,全年实现降本增效 856 万元。

（张 奇、冯 飞）

【亮点工作】 2017 年,轧钢厂积极调整生产组织策略,全力以赴把产线和产品结构调整作为核心要素和常态化工作来抓。全年按照公司"效益优先、以效定销、以销定产"的原则,快速调整经营思路,统筹优化资源配置,以经济杠杆为导向和切入点,做好产线和产品结构调整工作,取得较好经济效益。

（张 奇、冯 飞）

长钢公司熔剂厂

【熔剂厂领导名录】

　　党总支书记、厂长:郭新平

　　副厂长:苗振平

（张 玲）

【概况】 熔剂厂下设 3 个作业区,分别为青石山作业区(一作业区)、活性石灰作业区(二作业区)、襄垣熔剂作业区(襄垣熔剂分公司)。在册职工 150 人,其中硕士 2 人、本科 12 人、大专 27 人、中专及以下 109 人;高级职称 1 人、中级职称 6 人。职工平均年龄 37.30 岁。2017 年,熔剂厂全体干部职工转变观念、统一思想、克服困难、凝心聚力,在安全环保持续督察的高压态势下,安全生产标准化通过二级标准复评,活性石灰产量再创历史新高,新建石灰竖窑一期工程如期建成,襄垣石灰石项目合作开启,党群建设和基础管理也逐步向好,各项工作同样取得可喜成绩。

（张亚俊）

【主要指标】 2017 年,熔剂厂活性石灰产量完成 37.93 万吨,创历史年产量最好水平;其中回转窑活性石灰产量完成 21.57 万吨,套筒窑活性石灰产量完成 16.36 万吨;轻烧白云石完成 8.11 万吨。炼钢用活性石灰 CaO 平均含量 90.83%,平均活性度为 371.06;烧结用活性石灰 CaO 平均含量 87.3%,轻烧白云石 MgO 平均含量

27.33%;回转窑工序能耗 163.87 千克标准煤,套筒窑工序能耗为 122.60 千克标准煤。

（张亚俊）

【亮点工作】 熔剂厂狠抓生产稳顺管理,深挖自有装备潜能,活性石灰产量完成 37.93 万吨,创长钢公司生产活性石灰以来年产量最好水平。2017 年 3 月 1 日,长钢公司批准立项新建石灰竖窑项目,一期工程于 12 月 7 日建厂并点火烘窑进入热负荷试车。2017 年 12 月,熔剂厂通过冶金行业安全生产标准化二级达标评审的复评工作,符合二级安全生产标准化企业要求。

（李志峰）

长钢公司检修部

【检修部领导名录】

　　党委副书记、经理:王世勇

　　党委副书记、工会主席:郑瑞宏

　　纪委书记、副经理:焦忠平

（张 玲）

【概况】 检修部现有作业区 5 个、职能专业组 4 个,在册职工 415 人,其中高级职称 4 人,中级职称 25 人;高级技师 51 人,技师 106 人。2017 年,在公司"提效益、强素质"的精神指导下,检修部进一步夯实基础管理,深化强化管理责任,主动提高综合素质,持续推进"设备检修规范化、安全管理标准化"进程,不断克服优化提效工作带来的新问题、新矛盾,努力向科学检修、经济检修的道路"并线",以团结协作优质高效的维检作风为公司生产经营保驾护航。

（许 瑞）

【主要指标】 2017 年,检修部维护的设备故障时间为 99.33 小时,较 2016 年降低 13.07 小时,炼铁高炉、烧结、炼钢、轧钢分别实现 9 个月、7 个月、5 个月、3 个月零故障。

（李 科）

【亮点工作】 检修部全年计划检修 73 次,完成 4550 项检修项目,投入 14786 人次,较 2016 年检修时间增加 223 小时,人员投入增加 1988 人次,全年无一次检修延时,总体比计划时间节约 61.5 小时,全年未发生一起因检修质量导致的检修返工和设备故障。紧扣"如何让设备不坏"主题,全体干部职工团结一心,"牛旭红创新

工作室"作用明显,完成轧钢一主电至二主电电流分流改造;职工小改小革、合理化建议39项,完成型钢堆垛床液压马达改造、8号连铸机冷订托轮加油装置改造等,为在线设备运行情况总体向好奠定坚实基础。

(李 科)

长钢公司动力厂

【动力厂领导名录】

党委副书记、厂长:田开平

党委书记、工会主席:郭旭岗

纪委书记、副厂长:吉素文

副厂长:宋海清 李豹山

(张 玲)

【概况】 动力厂下设有综合、生产、技术、设备、安全环保五个专业板块和制氧、水汽、电力、热电、燃气五个作业区;共有在册职工396人,其中高级职称2人,中级职称16人,初级职称32人;高级技师1人,技师4人,高级工6人。2017年,动力厂始终坚持"追求卓越、精益求精、热情服务、安全保供"的宗旨,以国内先进企业为标杆,持续深化对标挖潜,大力开展精细化管理,不断创新管理机制,立足实际,聚力创新,自强不息,克难制胜,为长钢求生存、谋发展做出重要贡献。

(张平路)

【主要指标】 2017年,动力厂外供氧气20170.87万立方米、氮气30883.88万立方米、压缩空气10670.25万立方米、氩气74.64万立方米、新水745万吨、辛安水390万吨、软水146.28万吨,蒸汽47.41万吨;全年输配高炉煤气180262.68万立方米,焦炉煤气18201.34万立方米,转炉煤气20013.71万立方米,在保证安全保供的基础上,通过余能余热的回收利用,实现全年发电25500.44万千瓦·时,比2016年增加3746.49万千瓦·时,增长17.2%;坚持强化安全环保管理,积极构建安全环保管理网络,实现全年安全生产"五为零"。

(张平路)

【亮点工作】 动力厂以"一次能源消耗最少,二次能源利用最高"为宗旨,紧随冶炼生产节奏确保能源介质稳顺输供;扎实推进"隐患当事故处理"工作,严守环保红线和安全底线;着力做好35t/h锅炉建设投运工作并实现达产达效;做细做实优化提效各阶段工作,实现人员平稳分流;深入开展"三清晰三到位工作"岗位责任体系建设,促进各专业各工序间相互协同。通过全厂职工的共同努力,完成长钢公司下达的各项生产经营指标和工作任务,能源综合利用自发电量屡创新高,为公司冶炼生产和节能创效提供强力支撑。

(张平路)

长钢公司运输部

【运输部领导名录】

党委副书记、经理:魏 敏

党委书记、工会主席、副经理:申国红

纪委书记、副经理:王晋林

副经理:朱 理 郭 伟 秦 军

(张 玲)

【概况】 运输部现有职工540人,其中专业技术管理人员19人;下设5个作业区、6个专业管理组、2个非钢业务单位;现有货车96台、装载机32台、挖机9台、吊车4台、推土机5台、叉车21台,年汽运运输能力1260万吨;铁路线路总长约80公里,道岔159组、交叉渡线3组、隧道7个、桥梁6座,现有机车10台,年铁运运输能力900万吨。2017年,运输部加强管理,深挖潜力,全面完成经营生产任务。

(王 峰、梁雷敏、李 娟)

【主要指标】 2017年,铁运部运输量完成1929万吨,其中汽运量1261万吨、铁运量668.36万吨,较2016年上涨18.2%;库存113.6万元,降库36.15万元;安全生产事故全年实现目标"五为零"。

(王 峰、张玉芳)

【亮点工作】 运输部优化生产组织模式,持续推进"单车成本"及"千元产值"考核管理,全年累计实现收入9802.74万元,利润872.74万元,经营指标创历史最高水平;经与省经信委、国防科工办、清华、淮海、惠丰、92187部队等单位进行多次协商,于7月底达成西安里铁路共用方案,完成铁路社会运输作业区转型初步工作,每月增收约15.47万元;继续承接外委外包项目,7月份承接从熔剂厂青石山至炼铁厂烧结车间拉运粉灰外委外包项目,每月收入约为19.17万元;拆除铁路沿线违章建筑5923平米、清理垃圾约1000吨、改善道路环境6公里,市区生产、生活环境大为改观,五道五治工作受到市相关部门好评。

（刘爱文）

长钢公司计控室

【计控室领导名录】

党总支书记、主任：张小刚

副主任、工会主席：冯 烨

（张 玲）

【概况】 计控室现有编制职工 97 人，平均年龄 37 岁，大中专以上学历人员占 70.3%，其中研究生 3 人、本科生 31 人、专科 37 人、中专 11 人；专业技术人员占 33.8%，其中高级工程师 2 人、工程师 15 人、高级技师 2 人、助理及以下 21 人。2017 年，计控室通过不断强化专业管理职能，拓展管理范畴，依托信息化平台，紧抓计量数据信息"准确"和"及时"两个关键要素，积极开展工作，为公司的强化管理、对标挖潜、降本增效、成本核算、经营生产提供数据信息支撑。

（杨 嘉）

【主要指标】 2017 年，计控室物料计量一级准确率达 100%、二级准确率达 98%；全年收入指标实现 305 万元，可控费用指标不超 140 万元；工亡事故为零，重伤事故为零，千人负伤率为零，群体性伤害事故为零，急性职业病事故为零。

（杨 嘉、牛 强、王晋华）

【亮点工作】 计控室以信息化建设为龙头，紧抓计量数据信息"准确"和"及时"两个关键要素，超额完成各项任务指标。全年一级物料计量异议为零；长钢主要生产单位的水、电、氮气、焦炉煤气、高炉煤气、转炉煤气、压缩空气、氩气、新区氧气计量配备率达到 100%、准确率达到 97.64%。无人值守一卡通计质量项目成功上线，实现无人化、智能化计量，物流、信息流、资金流的统一管理和监控；财务管理与大宗物料信息化项目成功上线，劳动效率大幅度提高，长钢物料与成本管控加强；隐患排查与安全预警系统上线，将隐患排查与治理的责任合理落实到各个工作岗位，实现全员、全过程、全天候、无缝对接隐患排查与治理；电商平台上线运行，注册用户 1000 余户，实现 100%线上销售；推进首钢电子采购平台运用，将耐材采购纳入电子采购平台，缩短采购周期，实现采购程序公开、透明；互联网出口带宽由联通百兆扩容为电信、联通、移动三线百兆，局域网路由器与防火墙接口升级为千兆，确保业务网络带宽畅通的同时，各单位互联网访问速度也得到进一步提升；在不投资一分钱的情况下，完成长钢高清数字电视与互联网融合改造，满足了各居民区收看首钢新闻与长钢新闻的需求。

（杨 嘉、刘 峰、牛 强、张 辉、牛尔荣）

长钢公司质量监督站

【质量监督站领导名录】

党总支副书记、站长：吴晓春

党总支书记、副站长：郭爱红

副站长：韩璐雁

（张 玲）

【概况】 质量监督站在册职工 248 人，其中本科 31 人、大专 102 人；中级职称 23 人；高级技师 2 人、技师 29 人、高级工 75 人、中级工 2 人。下设 3 个专业板块、3 个作业区。2017 年，质量监督站全面完成公司下达的各项指标和检化验工作任务，基础管理、质量管控、降本增效、优化提效、全员提素、党建工建等各项工作持续进步，职工思想稳定，经营生产呈现出积极向上的良好态势。

（常慧敏、崔文娟、李 峰）

【主要指标】 2017 年，质量监督站检化验准确率 98.73%，完成年初制定的检化验准确率 98%的计划目标；检化验及时率 100%；受理钢材产品质量异议 19 起，较计划降低 12 起；质量异议率 0.032‰，较计划降低 0.168‰；工业产值质量异议损失率 0.06 元/万元，较计划降低 0.32 元/万元；严把入厂原燃料质量关，全年对进厂大宗原燃料扣罚明水和杂质等 50902.667 吨；通过对进厂大宗原燃料目测扣水和成分超差扣罚，为公司挽回损失 1362.27 万元；实现安全生产"五为零"。

（常慧敏、赵攀峰）

【亮点工作】 9 月，质量监督站增建炼铁 8 号、9 号高炉风动送样设施，撤销了高炉监督铁水取样、送样岗位，由炼铁高炉炉前操作工取样后通过风洞装置传送样品至炼钢化验室分析。巩固和强化人防、物防、技防、心防"四防联动"机制，全力抓好党风廉政建设工作，人防方面:认真落实"三级抽查记实卡"跟班抽查制度,持续推进原燃料检验随机作业工作制和成品检验"一班对五线"工作制;物防方面:实现焦煤、喷煤仪器采样;技防方面:实现计质量信息系统的有效应用,关键检化验环节视频监控全覆盖;心防方面:坚持支部党员"一课三会"和召开警示教育动员会、警示谈话、职工思想教育会,不断强化有业务处置权人员的廉洁从业意识。以职工小讲堂、师带徒、实验室比对、技术比武等活动为抓手,全力推进全员提质提素,岗位人员业务技能得到很大提升。

(常慧敏、崔文娟)

长钢公司采购中心

【采购中心领导名录】

    党总支副书记、经理:王宏兵

    党总支书记、副经理:石金奎

    副经理:杨例钢　陈润峰

(张　玲)

【概况】　采购中心设综合信息、燃料、合金、辅料、矿石、仓储管理业务部。2017年底在册职工47人,其中研究生2人、本科22人、大专20、中专及以下3人;高级职称1人、中级职称14人;高级技师3人、高级工5人。职工平均年龄42岁。2017年,采购中心全体职工齐心协力,以安全保供、经济保供为重心,以跑赢跑输为衡量标准,在几次市场大幅度波动的情况下,通过采取加大对市场调研分析、同行对标、适时调整采购策略,全方位控制,降低采购成本,为更加安全经济保供、降低采购成本作出贡献。

(肖少槐、张　纲)

【主要指标】　2017年,采购大宗原燃料552万吨,其中铁矿319万吨、燃料198万吨、合金炉料35万吨,保证生产的安全运行。

(赵　芬)

【亮点工作】　采购中心利用长治地区煤焦基地的汽运优势,通过与铁路部门沟通、谈判,争取到下浮30%的运价优惠;为规避市场风险,现货采购比例提升至84.5%;积极推进优化供应商结构,4月喷煤、炼焦煤非国有贸易商已全部退出,同时加大与国有矿合作力度,目前炼焦煤国有矿和坑口直采占比65%~75%;按照长

钢煤焦一体化要求,协同焦化积极引入新资源,降低配煤成本,为焦化调结构降成本提供资源支撑;3月开始调整废钢采购规格,取消低规格(≥4毫米)废钢采购,二级压合废钢调整为一级压合废钢,入炉废钢装重率及收得率提高。

(赵　芬)

长钢公司销售中心

【销售中心领导名录】

    党总支副书记、经理、金长钢董事长:程向前

    党总支书记、副经理:高运祥

    副经理:李文平　闫忠英

(张　玲)

【概况】　销售中心总编制48人(其中金长钢3人挂靠),专业技术管理岗位44人,按业务划分为营销管理、市场调研、销售业务、太原销售业务、结算六个部门。2017年,销售中心紧紧围绕"求发展,破困局"的战略思维,以跑赢市场和实现公司效益最大化作为主要工作目标,圆满完成2017年销售工作,各项指标均创长钢历史最好水平。

(靳　洁)

【主要指标】　销售中心以协议户和直销户销售模式并存,二者互相结合,2017年直销比例为48.91%,比2016年提升12.29%;入库238.29万吨,销售240.2万吨,产销率实际完成100.8%,实际销售量比实际入库量多1.9万吨;根据销售价格口径,全年跑赢市场3.8%,实现增效22151万元(含税)。

(靳　洁)

【亮点工作】　销售中心树立"精品+服务+电商"的销售理念,推进以直销为主营销模式的深入转变。建立全新的电子销售平台,提高直供直销比例及用户购物体验;成功中标2017年太原市政工程、太原市轨道交通二号线等市政工程项目,与山西路桥路桥建设集团、长临高速、中铁三局等公司签订阳城至蟒河高速公路、霍州至永和高速公路钢材供应合同,授权长钢公司钢材代理商参加太原至焦作高速铁路招标活动,目前已向太焦高铁供应钢材。

(靳　洁)

首钢贵阳特殊钢有限责任公司

【领导名录】

董事长:张　兴(兼)

副董事长:杨　方(兼)

党委书记:张　兴(兼)

党委副书记:汪凌松(兼)　杨　方(兼)

总经理:汪凌松(兼)

副总经理:郭蜀伟　陈卫平　唐落谦

纪委书记:潘明祥

工会主席:潘昆仑

(肖　阳)

【综述】　首钢贵阳特殊钢有限责任公司,始建于1958年,地处贵阳市中心城区,是国内凿岩用钎钢钎具产品的生产与科研基地,是中国具有区域特色的特殊钢企业。下辖炼钢、轧钢、锻钢、钎钢等生产厂,以及相应的能源环保、维检中心等辅助系统。主要生产与基础设施工程、机械、汽车、军工等行业密切相关的特种钢材。产品主要用于基础设施工程、交通运输机械、军工装备制造等领域。

经过60年风雨历程,先后进行多次大规模技术、工艺、设备的改造,产品结构从生产普通碳素钢调整为生产优质特殊钢,成功实现普转特并发展成为国家重点特殊钢企业。2009年,首钢重组贵钢并启动贵钢城市钢厂搬迁工程,在修文扎佐新建新特材料循环经济工业基地,开启贵钢跨越发展的新征程。

2017年,贵钢完成城市钢厂搬迁后,钢业在新基地快速复产达效、老区开发快速推进。面对国家供给侧结构性改革等系列重大举措落地带来的市场机遇,围绕"钢主业做特做强、非钢业做实做活、老厂区开发做精做优"的任务,贵钢公司党委牢固树立"四个意识",切实贯彻新发展理念,充分发挥党委领导核心和政治核心作用,以党建统领推动企业全面发展,复产增效等各工作取得阶段性成效。全年产钢23.64万吨,突破康斯迪电炉投产以来历史最高年产23.59万吨水平,创下新的历史纪录,全面完成2017年的主要目标任务。

2017年,是贵钢完成搬迁后全面复产的一年,是贵钢开始朝"正常企业"迈进的一年,更是贵钢人重新认识自我、重塑自信的一年。干部职工紧紧围绕二届四次职代会提出的目标任务和第一次党代会精神,上下同欲,扎实工作,攻坚克难,全面完成集团公司下达的主要经营目标任务,企业有一定的生存发展基础。

(袁昆喜)

【装备情况】　首钢贵钢公司通过搬迁转型,设备升级换代,自动化程度得到提升。现在70吨交流电炉采用康斯迪废钢连续预热连续加料方式,具有热装铁水功能。康斯迪废钢预热段上罩的第一段改为水冷烟道方式,除尘方式屋顶罩加导流罩的除尘方式,配置余热锅炉回收余热。精炼炉设置2台70吨LF炉,1台70吨VOD炉、1台70吨VD炉。连铸配有1台4机4流方坯品种钢弧形连铸机,采用自动上引锭方式,具有钢包下渣检测功能,悬挂式中间包车具有升降、对中和称重功能,具有中间包连续测温、钢水全保护浇注、液面自动控制、二冷自动配水、结晶器电磁搅拌、二冷末端电磁搅拌、自动切割等功能。模铸系统采用坑铸方式,可浇注不同规格重量(3—30吨)的钢锭,配有125吨自动模铸浇钢车1台。

中空钢生产线主要由50吨/小时加热能力的方圆坯步进梁式连续式天然气加热炉1座,650开坯机机组1套,16架连轧机,8×72米步进式冷床1座组成,形成年产量20万吨的半连轧生产线。650开坯机机组配置2架650预应力滚动轴承三辊轧机2架,横列式布置,1机出口配有升降台,2机进出口均配有升降台。连轧部分由450×2架和420×2架闭口牌坊式轧机组成粗轧机组,380×4架高刚度短应力线轧机组成中轧机组,350×8架高刚度短应力线轧机组成精轧机组,呈平立交替布置,均由直流电机单独传动,采用全数字直流调速系统,采用微张力和活套无张力轧制技术,配有水冷箱可进行控冷。

高线生产线主要由 150 吨/小时侧进侧出上下加热步进梁式连续式天然气加热炉 1 座,轧线选用 30 架轧机。其中粗轧机组为 6 架,轧机为 600 毫米×4+450 毫米×2,中轧机组 6 架,轧机为 450 毫米×3+350 毫米×3,粗中轧机均为高刚度短应力线轧机,呈平一立交替布置,均由交流电机单独传动;预精轧机为 6 架,由两架 350 毫米短应力线轧机+2 架 285 毫米悬臂轧机+2 架 230 毫米顶交轧机组成,前四架由交流电机单独驱动,后两架由一台交流电机集中传动。精轧机为西门子(摩根)供货的顶交 45°超重型无扭轧机,由一台交流电机经联合减速箱集中传动。减定径机组由西门子(摩根)供货的顶交 45°超重型无扭轧机组成,由一台交流电机经联合减速箱集中传动成品轧制采用 8+4 工艺,保证实现高精度轧制,自由规格轧制。

控冷形式选择采用轧线水冷系统的闭环控制系统,控制精度高,可实现产品的热机轧制,既降低了能耗,又可保证产品全长上的尺寸精度和冶金性能均匀。

轧后热处理采用(摩根)延迟型斯泰尔摩散冷线处理方式,针对不同钢种可实现大风量快速冷却、保温缓慢冷却、自然空气冷却、等温相变时效退火等工艺,满足不同钢种需要。

全线主辅传动设备采用 ABB 公司的全交流变频调速传动方式。精轧和减定径主电机采用进口同步电动机。主轧线自动化采用 ABB 公司 PLC 产品,车间采用两级自动化控制系统,一级为基础自动化,二级为过程控制,设有全线物料跟踪系统并预留 ERP 管理接口。

锻造车间现有生产设备包括 1 台 30MN 快锻机(配有操作机),1 台 8MN 快锻机(配有操作机)、1 台 7t 电液锤、1 台 3t 电液锤、1 台 5 吨电渣炉、1 台 3 吨电渣炉、1 座连续式加热炉(配有无轨取料机);精整主要有 1 台圆钢修磨机、1 台方坯修磨机、2 台龙门铣刨床、1 台龙门铣床、2 台卧式带锯床、1 台立式带锯床及台车式退热炉;并配有相应的除尘和水处理设备设施。

钎钢生产线配置多种机加工设备,包括铣床、普通车床、全功能数控车床、数字加工中心、螺纹数控车床、数控磨床、扩孔机、领盘机等多种机加工设备。能够加工各种钎具产品,产品范围极广,加工精度高,加工质量好。配备多种形式热处理炉,可根据钎具生产钢种品种不同,产品需要进行正火、退火及调质处理,以达到要求

之综合性能,其中包括整体正火线、连续淬火回火线、高效渗碳炉等多种热处理设施。产品加热均匀,断面温差小,脱碳小渗碳效果极好,通过多种热处理设备的应用,钎具产品基本都具有高的综合力学性能。

(吴大江)

【安全管理培训】 贵钢公司通过开展"联系确认制"和"设备操作牌制"管理、"隐患排查治理"、"应急救援管理"、安全专项检查与专项治理、"季、月、周、日"日常安全检查、"安全生产月"活动、"安全生产大检查"活动等实现公司安全生产"七为零"的目标。

组织职工年度安全和职业卫生年度教育;组织新入厂职工"三级教育"培训 374 人;对特种作业人员 387 人进行培训取证;对主要负责人和安全管理员 64 人进行复训;开展"隐患排查和安全生产预警系统"操作培训 27 次,培训人数 416 余人次;开展安全标准化建设培训 194 人次。

(郑福宽)

【能源情况】 变电站完成转供电量为 2.35 亿度,月平均功率因数达 0.95,每月直接电费减少 0.75%,设备完好率保持 98%,厂内生活水实现自给自足。生产废水及生活污水经处理后全部回收利用,实现废水"零"排放。圆满完成煤气改天然气改造工作,加热炉排放烟气达标排放。电炉吨钢标准煤耗计划值为 370 千克,实际完成值为 266 千克,比计划降低 104 千克;吨钢新水消耗计划值 3.5 立方米,实际完成值为 3 立方米,比计划降低 0.5 立方米。烟(粉)尘、二氧化硫、氮氧化物低于政府核发的排污许可量要求,固废等资源实现 100%综合利用。

(邹 磊)

【环保管理】 完成变更项目环境影响分析报告的编制,经省环保厅批复(黔环审〔2017〕79 号);编制《突发环境事件应急预案》并经市县环保局备案(备案编号:520123—2017—063—L);开展迁建项目环保自主验收(编号:GZRSK—303(2017)),通过省环保厅网站备案(备案号:520000—2017—162);省环保厅对水、声、渣环保设施,开展验收并进行批复(黔环函〔2017〕539 号)。污染源实现达标排放,未发生环境污染事故;总量符合排污许可规定;认真落实环保设施与主体设备"三同时"工作;固废等资源实现 100%综合利用。2017 年污染物排放量分别为:烟(粉)尘 102.38 吨,二氧化

硫 67.9 吨,氮氧化物 50.62 吨,低于政府核发的排污许可量要求(排污许可量要求:烟(粉)尘 172 吨,二氧化硫 498 吨,氮氧化物 346 吨)。

(吴尚峰)

【经营财务】　全年实现营业收入 13.71 亿元,同比增加 7.12 亿元,比集团公司计划 9.40 亿元超 4.31 亿元,100%完成内部预算基本目标,完成奋斗目标 14.98 亿元的 92%。实现利润总额 5682 万元,同比增加 5354 万元,比集团公司计划控亏 2200 万元超 7882 万元,比内部预算基本目标盈亏持平超 5682 万元,完成内部奋斗目标 1700 万元的 334.20%。累计经营活动现金流净额为 16430 万元,完成全年不低于 0.40 亿元的目标。

(童　兵)

【营销指标】　销售量为 22.75 万吨(其中轧钢事业部 1.64 万吨、锻钢事业部 1.11 万吨、作业部 20.00 万吨),完成目标责任书基本任务的 113.74%(完成奋斗目标任务的 101.10%);钢业实际盈利 1165 万元,完成控亏指标并盈利。

采购钢铁料 275463 吨(其中废钢 180807 吨,机械铸铁 34081 吨,加工铁 60575 吨),采购铁合金 7655 吨及炼钢用大宗辅料(超高功率电极、石灰、萤石、发泡剂、增碳剂等)26825 吨,完成各作业(事业)部生产物资的供应工作。

(王可军)

【人力资源】　实行"定编、定岗、定员"管理,提高劳动生产效率,优化配置资源。与各单位签订《2017 年经营目标责任书》,加大对各部门薪酬分配的考核力度。制定《首钢贵阳特殊钢有限责任公司劳动合同管理实施细则》,规范劳动合同管理。开展操作岗高技能人才的培训、技能等级鉴定等工作,发放在岗持证高技能人才(高级工、技师、高级技师)津贴,贯彻落实三支人才队伍建设重大战略方针。

为适应贵钢公司整体发展战略需求,提高劳动生产效率,优化配置资源,通过合理制定劳动生产率标准,实行"定编、定岗、定员"管理,对公司钢业板块、职能管理板块制定定编、定岗、定员标准。其中钢业板块定编 1200 人,职能管理板块定编 99 人。

(廖文琅)

【三支人才队伍建设】　根据首钢总公司关于三支人才队伍建设的重大战略方针,按照贵州省人力资源和社会

保障厅、贵州省国有资产监督管理委员会联合下发的《关于下达 2017 年贵州省高技能人才培训计划的通知》要求,开展操作岗高技能人才的培训、技能等级鉴定等工作。2017 年,公司各二级单位培训、并取得高级工技能等级资格证书计 65 人。联合工会共同举办 2017 年首钢贵钢公司职工职业技能竞赛,报名参加首钢 2017 年职业技能竞赛。同时根据首贵发〔2016〕161 号《关于首钢贵阳特殊钢有限责任公司操作岗高技能人员津贴发放实施(暂行)办法》的要求,做好在岗持证高技能人才(高级工、技师、高级技师)的津贴发放工作,2017 年 12 月共有 257 人享受高技能人员津贴。

(文　华)

【党群工作】　按照上级党组织安排部署,认真开展"两学一做"学习教育,通过宣讲、召开专题会议等多种方式学习宣传贯彻各类文件、会议精神。开展"四位一体"相关考核工作,制定《管理人员任免权力清单(试行)》等制度,从严管理干部。严格按照党委换届要求,策划召开公司第一次党代会,选举产生新一届"两委"。坚持"三会一课"制度,健全党的组织生活,严格党员管理。完成预备党员 21 人转正材料上报公司党委审批、下发批复、信息录入及归档工作。开展"创先争优"、"达晋创"、"贵钢人的故事"宣讲等活动,深挖基层正能量,营造风清气正的谋事创业氛围。以党建带团建,巩固和发展党的青年群众基础。

(卢伟山)

【反腐倡廉】　为深入学习贯彻十八届中纪委七次全会、十一届贵州省纪委六次全会、贵州省国资委纪检监察工作会议精神,贵钢公司纪委充分利用各种形式,结合工作实际开展一系列党风廉洁教育。通过组织公司党员干部观看专题教育影片《巡视利剑》《警钟长鸣变质的人生信条,张慧光案警示录》300 人次、举办"十九大精神"宣讲会 15 场、邀请贵州省检察院职务犯罪预防局领导为公司党员领导干部作《筑牢拒腐防变的钢铁防线》廉洁从业警示教育专题讲座等专题教育活动,切实提高广大党员干部责任意识和纪律意识,促使全体党员干部廉洁自律。公司纪委经常性地就中纪委和省纪委查处的违纪案例进行通报,以期达到警示教育的目的,引导各级党员干部强化廉洁自律意识和尊崇党章党纪党规的意识。

(王　睿)

【科技创新】 围绕公司发展战略、生产经营目标开展工作,优化生产工艺,提升产品质量,研发新的产品。组织优化 EA4T 冶炼工艺,EA4T 动车轴通过大样疲劳试验认证,正在经铁路总公司的 CRCC 认证,即将取得动车组车轴国产材料的首件认证通过书。通过新版 ISO9001 质量管理体系认证,获《一种凿岩钎杆用 8Cr 钢整体正火工艺》发明专利授权。开发并生产耐候焊丝钢 TH550—NQ—Ⅱ、免涂装耐候电力塔架用紧固件钢 BWR6、70 钢光缆钢丝钢用钢等产品,形成新的产品系列。H08 系列焊丝钢和预应力钢绞线钢 SWRH82B 盘条产品正在开发中。持续与博世、Atlas、日本大同、贵州大学、首钢研究院等三十多家企业、研究院、高校进行技术交流,巩固和提升公司科技创新能力。

(杨接明)

【产品开发】 近年来,首钢贵钢公司着力进行产品开发,作为新特材料循环工业基地,紧紧围绕新特、循环经济做文章,把产品开发作为工作重点,取得不错的成绩。2017 年初 EA4T 又通过国家铁路总公司的小大样疲劳认证,将广泛运用于 200 千米/小时左右速度的动车组车辆制造中。现开发生产的高铁动车组用车轴钢,已通过国家铁路总公司小样疲劳认证,计划于 2017 年底通过大样疲劳认证,将满足 350 千米/小时左右速度的动车组车辆的制造。还将启动 300 千米/小时左右速度的动车组车辆用动车组车轴的开发、研制。在优钢棒线材开发上,突破首钢贵钢公司"老三件"(车轴钢、易切削钢、中空钢),逐渐形成新的焊丝钢、硬线钢绞线钢、冷镦钢系列产品,为公司进一步优化产品结构、提升产能打下坚实基础。

(唐龙敏)

【职工之家】 按《工会章程》选优配齐基层工会组织。开展劳动竞赛活动,完善奖励制度,建立职工创新工作室,调动广大职工参与企业改革,推动企业发展。组织职工培训,提升职工素质。落实职代会制度,加强民主管理。精准识别,健全完善帮扶体系。开展文体活动,丰富在职职工和离退休职工生活。贵州省有色冶金工会授予首钢贵钢公司工会"2017 年度业务工作目标考评优秀等次单位"称号。在"两节"送温暖等活动中,共计慰问困难职工、离退休人员 103 人次,发放困难补助 12.52 万元;困难职工帮扶中心坚持临时帮扶与常态帮扶相结合,2017 年共计帮扶困难职工 24 人次,发放帮扶款 7200 元。积极开展金秋助学活动,协同上级工会为困难职工 4 人发放金秋助学款 1.70 万元。关爱职工家庭,"六一"期间,到幼儿园慰问 600 多位儿童,送去慰问金 5000 元,坚持学子箱发放,举办 2017 年高考职工子女学子箱发放仪式,为当年考取大学的职工子女 57 人发放学子箱。开展"夏季送清凉活动",筹集近 5 万元到炼钢作业现场发放冰箱、电风扇、西瓜等降温物品,慰问生产一线职工。深化职工医疗互助保险活动,为 22 人次符合条件的病故、生病住院职工申报赔偿 3.51 万元,其中 1 人得到最高赔偿金 2 万元。为女职工 340 人购买贵州省女性安康保险,并为患重症的女职工 1 人办理 3 万元的最高赔偿。

(冉 群)

【劳动竞赛】 三次修订《首钢贵钢公司"职工网上练兵"活动奖励办法》,完善奖励制度,职工网上练兵实现新突破,全国排名上升到 18 名,闯关突破 114944 人次,多名职工取得各等级的第一名。2017 年 9 月承办省有色冶金产业第十四届职工职业技能大赛——天车工比赛,并在比赛中囊括一至四名的历史最好成绩。持续开展专项劳动竞赛,通过在轧钢作业部中空钢生产线、钎钢事业部各作业区、炼钢作业部各主要工序班组、在供销系统开展"三个跑赢"竞赛活动,激发职工比学赶超的激情,轧钢、炼钢产量创下新高。深入开展班组安全成果评选活动和"安全生产月"活动。10 月 11~14 日,在省有色冶金工会举办的 2017 度劳模创新工作室和班组安全管理成果展示评审活动中,公司钎钢事业部热处理班组荣获"贵州省有色冶金工会工人先锋号"称号、"2017 年度省有色冶金产业班组安全管理成果展示十佳班组"称号。加快职工创新工作室的创建工作,创建轧钢作业部中空钢创新工作室和钻孔创新工作室等,完成全年创建 5 个工作室的目标任务。同时,以上两个创新工作室被授予"省有色冶金工会工人先锋号"荣誉称号。强化生产现场清洁文明生产检查考核,坚持每个季度深入生产现场进行检查督促,使各单位的生产现场得到明显改善。组织评选出"首钢贵钢先进集体"11 个,"首钢贵钢劳动标兵"20 人,通过基层巡回宣讲的形式,营造学习劳模、争当劳模和践行"工匠精神"的良好氛围。

(陈 宁)

【文体活动】 坚持每月组织一次职工活动,开展职工羽毛球比赛、篮球比赛、乒乓球比赛,新、老两区"首钢歌手大赛贵钢选拔赛",并在首钢集团公司比赛中分别获得通俗组一等奖和民族组二等奖。以庆祝建厂60周年为契机,组织、策划、实施"贵钢建厂60周年启动仪式暨庆国庆、迎十九大职工环厂跑比赛"、举办庆祝建厂60周年系列之钢业——非钢业职工足球友谊比赛、职工排球比赛、摄影比赛、拔河比赛等。协助党群工作部完成2017年目标责任书签订仪式文艺演出。组织700人在轧钢生产现场观看"《不忘初心 走好新的长征路》——首钢职工纪念长征80周年演唱会贵钢专场"。组织50人参加省总"践行新理念 建功十三五"绿色增效劳动竞赛誓师大会。

(聂李卫)

【领导关怀】 1月9日,贵州省国资委考察组到贵钢考察出席贵州省第十二次党代会代表候选人。11日,贵阳市副市长钟汰甬一行到贵钢老区协调轻轨2号线工程及红星美凯龙迁建事宜。19日,贵州省国资委党委书记、主任黄秋斌到贵钢走访慰问生活困难党员。24日,贵州省人社厅党组成员、副厅长徐海涛到贵钢慰问困难职工。

3月8日,首钢股份公司总经理刘建辉一行到贵钢调研。24日,集团公司王世忠副总经理到贵钢调研指导老区开发工作。

4月19~20日,集团公司工会主席梁宗平一行到贵钢调研。

7月18~20日,国家冶金工业规划研究院专家团队到贵钢调研。

10月12日,集团公司副总经理赵民革到贵钢调研。

11月1日,工信部原材料工业司骆铁军巡视员一行到贵钢调研考察。15日,集团公司副总经理王世忠到贵钢调研。

12月4日,中国钢铁工业协会副会长王天义一行到贵钢调研。

(焦占军)

【首钢贵钢大事记】

1月5日,召开二届四次职代会暨干部大会。12日,召开2017年安全环保工作会议。17日,召开年度信访维稳工作专题会。

3月6日,召开公司2017年党风廉洁建设工作会

议。20日,召开公司"查隐患、重整改,反违章、保安全、强基础、促生产"安全专项活动动员会。30日,贵钢铁路专用线机车试运行成功。31日,贵钢铁路专用线顺利通过成都铁路局竣工验收。

4月19日,首钢职工《长征组歌》合唱团到贵钢新区现场为职工演出。20日,集团公司"践行首钢精神 助推转型发展"职工宣讲团赴贵钢进行专场宣讲。

5月16日,贵钢铁路专用线正式开通运营。19日,召开公司党委换届启动会。22日,贵州省有色冶金工会到贵钢召开学习贯彻省第十二次党代会和省总工会十三届七次全委会精神宣讲会。贵州省有色冶金工会在贵钢开展2017年"劳动模范上讲堂""中国梦·劳动美——喜迎党的十九大""明礼知耻、崇德向善在企业"主题实践活动。

6月7日,新区短流程变更环境影响评估报告通过专家评审。12日,召开公司二届三次董事会。27日,召开共青团首钢贵阳特殊钢有限责任公司第一次代表大会,选举产生新一届团委委员。29日,召开庆祝中国共产党成立96周年暨创先争优表彰大会。

7月22日,召开公司第一次党代会,完成公司"两委"换届选举工作。25日,召开2017年股东会。7月,产品销售量突破2.4万吨,创近五年来单月销售历史新高。

8月,EA4T城际快铁动车组车轴通过铁路总公司CRCC认证并供货。4日,省有色冶金工会到贵钢开展"夏季送清凉"活动。29日,召开会议传达学习贯彻集团公司"三创"交流会精神。

9月1日,安全验收工作通过第三方机构评审,安全具备备查条件。4日,完成职能部门、钢业"三定"优化工作。7~8日,贵州省有色冶金工会在贵钢扎佐新区举行省有色冶金产业第十四届职工职业技能大赛天车工竞赛。11日,贵州省环保应急预案备案专家组赴贵钢进行环保应急预案现场评审,应急预案通过备案专家组评审。22日,参加中国钢铁工业协会在北京组织召开的国家支撑计划课题《特殊钢高洁净冶炼、均质化凝固技术与棒线材生产线应用示范》结题验收会,贵钢公司承担其中的子课题《电炉流程高品质中空钢关键技术》通过专家组评审,顺利结题。26日,举行"庆国庆·喜迎十九大"2017年职工环厂跑比赛暨贵钢建厂60周年纪念系列活动启动仪式。

10月9日,贵州省环保厅对贵钢变更项目环境影响分析报告进行批复备案。13日,举办"紧盯目标任务、奋战四季度,以优异成绩迎接党的十九大"宣讲报告会。

11月7日,举办学习宣传贯彻党的十九大精神宣讲报告会。18日,公司领导班子到贵州省工委旧址纪念馆举行缅怀革命先烈重温入党誓词活动。11月23日~24日,举办学习贯彻党的十九大精神和习近平总书记在贵州省代表团重要讲话精神培训班。

12月7日,水、声、渣防治设施通过省环保厅验收。10日,环保部环境影响评价改革专项工作督导组赴贵钢现场调研。28日,贵钢60吨电炉炼钢累计年产量创该电炉2000年建成和2013年搬迁以来历史最好水平。月底,老区土地开发项目展示中心正式对外开放。

(刘　刚、袁昆喜、杨开松)

首钢通化钢铁集团股份有限公司

【通钢领导名录】

党委书记:孙　毅

党委副书记:王自亭(11月离任)

魏国友(11月任职)

李秀平(1月任职)

纪委书记:孙　毅(1月离任)　王海鹰(1月任职)

工会主席:孙　毅(1月离任)　李秀平(1月任职)

党委委员:孙　毅(6月任职)

王自亭(6月任职,11月离任)

魏国友(11月任职)　李秀平(6月任职)

王海鹰(6月任职)　张德慧(6月任职)

王新生(6月任职)　唐　颖(6月任职)

董事长:王自亭(11月离任)　魏国友(11月任职)

董　事:魏国友(11月任职)　孙　毅

王自亭(11月离任)　徐景海

宋连仁(3月任职)　杨瑞海(3月离任)

于　锋　张成武(职工代表)

监　事:毛长武　徐　明

李秀平(职工代表)　王海鹰(职工代表)

于鹏举(职工代表)

总经理:王自亭(11月离任)　魏国友(11月任职)

副总经理:孙　毅　周宝航(11月离任)

张德慧(1月任职)　孙利军(1月任职)

马卫旭(1月任职)

(王金波)

【综述】　通化钢铁集团股份有限公司(以下简称"通钢"),是吉林省内最大的钢铁联合企业,也是国家振兴东北老工业基地重点支持的企业。始建于1958年6月,2005年12月改制并与民营企业重组,2009年12月民营企业退出,2010年7月与首钢联合重组,成为首钢集团在东北地区主要钢铁生产基地。通钢注册资本181990.85万元,其中:首钢集团、首钢控股持有通钢77.59%股权,中国华融资产公司、吉林省国资委分别持有10.33%、10%股权,其他股东合计持有2.08%股权。

通钢总部位于吉林省通化市,现已发展成集采矿、选矿、烧结、焦化、炼铁、炼钢、轧钢于一体的大型钢铁联合企业。下设办公室(党委办公室)、人力资源部(党委组织部、党委统战部)、党群工作部(工会、团委)、纪委(审计监察部、信访办)、生产部、设备部、运营发展部、技术质量部、安全环保部、计财部等10个管理部门,下辖通化钢铁股份有限公司、通钢矿业有限公司、磐石无缝钢管有限公司、四平钢铁制品有限公司4家控股公司;通钢国际贸易有限公司、吉林市焊管有限公司、通钢自动化信息技术有限公司3家全资子公司。所属企业分布在吉林省通化市、白山市、长春市、吉林市、四平市、延边州和辽宁省朝阳等地。截至2017年末,资产总额342亿元,钢年产能460万吨,在册职工12222人。

通钢主要装备有焦炉4座,分别是2座55孔焦炉、1座60孔焦炉、1座65孔焦炉;2台360平方米烧结机,1条链箅机回转窑球团生产线;2座2680立方米高炉;3

台 120 吨顶底复吹炼钢转炉,2 台 8 机 8 流方坯连铸机, 2 台一机一流薄板坯连铸机;1560 毫米热轧超薄带钢生产线、高强度机械制造用钢生产线,高速线材生产线,小型、中型型钢生产线,无缝钢管及焊管等轧钢生产线。通钢主要产品有板材、建材、优特钢、型材、管材 5 个系列。其中,建材产品具有较强品牌影响力,占吉林省市场份额的 39%。产品获国家冶金产品金杯奖 11 个,获冶金行业品质卓越产品 4 个,获吉林省名牌产品称号 7 个。热轧卷板获得欧盟标准认证证书,热轧等边角钢和热轧卷板产品通过中国船级社认可。产品主要应用于建筑、交通、电力建设、水利工程、汽车、机械加工、石油开采等领域。

建厂 60 年来,通钢所属企业在税收缴纳、社会就业、公益事业等方面积极履行企业社会责任,为吉林省地方经济和社会发展作出贡献。

(冯世勇)

【生产经营】 2017 年,通钢全年产铁 322 万吨、钢 322 万吨、坯材 320 万吨、成品矿 129 万吨,实现销售收入 126 亿元,利润 2269 万元,全面完成首钢集团下达的经营目标任务。2 号高炉 9 月 25 日顺利复产,55 小时就实现全开风口作业,创出通钢历史上最快开炉纪录。棒材线和 4 号方坯连铸机优化铸坯断面,由 150 方到 160 方一次性热试成功,减少坯型,缩短浇注时间,提高了成材率。热轧线通过对轧机水平调整、卷取机间隙调整等设备精度进行恢复。全年薄规格比例提高 4.9%,轧制 1.5 毫米薄规格卷钢 2908 吨。吉林焊管与首钢技术研究院合作,成功试制 1000 兆帕级矩形产品,居于国内领先地位。精棒线组织试轧直径 18 毫米月牙肋锚杆钢。以"三个跑赢"为标尺,积极分析研究市场,与先进企业对标,努力挖掘自身潜能。经过全公司共同努力,2017 年 7 月份以来持续盈利,创出自 2012 年以来的最好年度经营水平。

(杜晓东)

【安全环保】 率先在首钢钢铁板块外埠单位中建成隐患排查治理和安全生产预警信息系统,覆盖 24 个单位。全年排查事故隐患 12086 项,整改 12017 项,整改率 99.43%。推行手机集中管理,规范职工安全作业行为。开展安全大检查及各类专项整治,通过国务院安委会督察组的安全生产督查。主动承担环保社会责任,加强环保管理,推进环保设施改造,通过中央督察组在吉林省的环保督查。全年接受并通过国务院安委会督查 3 次,地方行业主管和首钢专业安全检查 49 次,接受政府环保部门监察和专项检查 56 次。

(杜晓东)

【购销工作】 不断优化购销策略,加强市场研判,紧盯市场节奏,以产品边际效益排序为原则,协调内部资源高效运作,及时调整品种结构和区域流向,全年销售价格跑赢市场 4.7%。采取调整结构、开辟新渠道、控制涨价等措施,全年国内原燃料跑赢市场 8.8%,进口矿采购跑赢市场 6 美元。协同推进大物流战略,实现增效 3.8 亿元。物流运帮平台等各项工作取得实质性进展。实现铁路运费调整下浮 5 次,吨钢下降 18.6 元,全年创效 7061 万元。

(杜晓东)

【降本增效】 坚持采购、生产和技术、资金联动,促进生铁成本的降低。全年生铁成本 1991 元/吨,比行业缩差 76 元/吨。加大外委转自营和互助检修力度,累计节约费用 2805 万元。实施备件、材料网络采购 3116 万元,降低成本 540 万元。优化融资结构,融资成本比年预算降低 1.1 亿元,同比降低 0.7 亿元。两金周转率完成 10.5 次,比计划增加 3.3 次,存货平均占用低于 1 个月营业收入。借助首钢服务团的力量,对能源系统问题进行综合诊断,制定实施提升措施。强化能源管控,优化能源系统运行方式,降低能源损失。全年自发电量完成 5.7 亿千瓦·时,超计划 0.4 亿千瓦·时,自发电率达 35.7%。加强用水平衡与攻关,全年吨钢新水消耗降至 3 吨。

(杜晓东)

【深化改革】 组建炼铁事业部,取消工段,作业区直接管理班组。赋予相应的原燃料采购、绩效工资分配等自主权,与市场结合更加紧密,初步实现由生产型向经营型转变。从顶层设计入手,以两级机关为重点,突出思想发动,政策引导,精准提效。继续实施转型提效工作,2017 年末在岗 8962 人,实现首钢集团下达的 9100 人目标。全年共分流安置职工 2015 人。全年劳产率 419 吨/人·年,比 2016 年提高 142 吨/人·年。结合公司生产经营实际,不断完善团队绩效考核实施方案及配套考核评价办法,突出效率和效益挂钩考核,重点考核利润、成本、储备、跑赢市场、能耗等效益指标,实施炼铁、焦化、采购及生产经营部门与"铁成本"挂钩联动考核。

调整绩效薪金分配导向,向基层单位和一线职工倾斜,基层活力得到有效激发。

（杜晓东）

【"去产能"工作】 2016 年以来,按照国家和吉林省钢铁行业"去产能"要求,通钢主动去除炼钢产能 60 万吨,钢产能压缩到 460 万吨,得到国家及省市认可。2017 年通钢又压减炼铁产能 80 万吨,完成向政府承诺的"去产能"任务。目前,通钢生铁产能 440 万吨,钢产能 460 万吨,钢材产能 540 万吨。

（冯世勇）

【项目建设】 在首钢集团支持下,新 360 平方米烧结机、板石球团烟气脱硫等列入绿色行动计划的 14 项环保治理项目,已全部建成投产,补齐了环保生存短板。完成第一钢轧厂转炉、方坯、板坯、板带线检修,初步恢复了设备功能精度。完成动力系统的锅炉发电系统检修改造升级,4 号 5 号焦炉及干熄焦大修等项目,为发电效率提高奠定基础。矿山生产接续项目,按照计划有序推进。立项实施"两化"融合技改项目 34 个,计划投资 1997.8 万元,包括无人值守类项目 7 个,集中监控类项目 12 个,系统改造及自动化改造类 15 个。焦化变电所无人值守项目、销售自动结算系统等 34 个项目全部建成并投入使用,智能化水平提升。关东文化市场平台、云社区和旅游模块在通化市上线运行。医药云平台 2017 年 7 月份上线,目前已有 31 户企业入驻。饮用山泉水项目建设完成,获得吉林省药监局发放的食品生产许可证。

（杜晓东）

【党的建设】 理论武装贯穿始终,以集中学习、研讨等方式,组织两级理论中心组和党员干部,深入学习党的十九大精神、党章党规和系列重要讲话,进一步拧紧思想"总开关"。全年累计举办干部学习大讲堂 23 期,参加人员 4000 人次。组织职工收听观看党的十九大开幕式,请省委党校专家学者做辅导,党的十九大代表王勇进机关、到厂矿、入班组,带着责任和使命,当好"宣传员",传递正能量。党政主要领导带头讲,党员带动群众学,党的十九大精神在通钢落地生根。

落实党建责任贯穿始终,落实两个"一以贯之",组织召开第十一次党代会,选举产生新一届党的委员会和纪律检查委员会,健全完善党的组织机构。将党建工作总体要求纳入公司章程,修订议事规则,"三重一大"决策制度,定期召开党委会研究、审议重要议题,重大决策前置党委会审议。推进"两学一做"学习教育制度化、常态化,深化以"四争先、四争当"为主要内容的党内创先争优活动,开展新长征杯排位竞赛,引导基层党组织和党员围绕生产经营重点难点挺身而出、攻坚破难,推动各项工作深入开展。

坚持全面从严治党,严格履行党风廉洁建设"两个责任",推进领导人员落实党风廉洁建设主体责任全程记实工作,开展预防职务犯罪教育和廉洁警示教育,严肃查处职工群众身边不正之风和腐败问题,推动党风廉洁建设。综合运用监督执纪"四种形态",坚持挺纪在前,持续正风肃纪,谈话函询 4 人,处理违纪党员 7 人,对司法机关侦破案件的涉案人员进行严肃问责,营造了风清气正的政治生态。

传承发扬通钢精神,以"全员齐增效,打赢生存战"为主题,深入开展"增效杯"建功夺杯竞赛、重点指标攻关竞赛、职工经济技术创新活动、合理化建议征集活动等,充分调动职工积极性。全年共开展劳动竞赛 60 余项,创效 9400 万元,参与职工近 1 万人次。组织拍摄"砥砺奋进的通钢"系列专题片,展现通钢人自强不息、砥砺奋进的精神面貌,讴歌通钢人群策群力挺身而出、万众一心挺住通钢的强大力量。启动建厂 60 周年纪念活动,完善企业文化考核评价体系。集团公司荣获中国企业文化研究会"2012～2017 年度企业文化建设优秀单位"称号。矿业公司板石矿职工陈培海、陈兆惠被评为 2017 年"吉林好人"。

搭建职工成长通道,注重青年干部培养,举办首届青年干部特训班,培训 41 人青年干部。开展导师带徒活动,职工学技术积极性得到有效增强。鼓励职工练功学技,第一钢轧厂炼钢车间炼钢工王勇、机电公司检修车间维修电工徐凤娟,凭借过硬的岗位技能,分别被评为 2017 年首钢集团"担当之星"、"巾帼标兵"。

关心职工生产生活,深化"四个一"活动,各级领导干部深入包保单位,参加一线班组活动,与职工面对面交流,倾听职工意见建议,真情实意为职工办实事、办好事、多办事。工会系统深化精准帮扶,加大帮扶力度,筹集拨付送温暖资金 301 万元。完善职业健康体系建设,7276 人参加职业健康体检。千方百计筹集资金,重新修复厂区主要道路。购置 10 台新能源客车并投入使用,缓解职工通勤紧张状况。为全体职工量体裁衣,密切党群干群关系,营造团结干事的良好氛围。

(杜晓东)

【首钢通钢大事记】

1月11日,首钢集团党委召开通钢干部大会,宣布关于通钢领导班子成员调整的决定。首钢集团党委副书记何巍,党委常委、副总经理赵民革参加会议。

1月17日,吉林省总工会副主席吴宏韬到通钢型钢连轧厂走访慰问。

1月19日,通钢热轧超薄带钢生产线、新2号高炉工程项目通过吉林省环保厅环保验收。

1月23日,通钢召开党委全委(扩大)会议暨十届十三次职工代表大会。

1月26日,通钢吉林焊管公司通过质量管理、职业健康安全管理、环境管理三体系认证。

2月7日,通化市委书记金育辉到通钢调研。

2月18日,国家安监总局规划科技司监察专员张斌川带领国务院安委会第16考核组到通钢检查安全生产工作。

3月2日,通钢召开2016年度领导班子民主生活会。

3月2日,通钢召开党风廉洁建设工作会议。

3月7日,通化市委副书记、市长刘化文到通钢调研。

3月14日,白山市市长张志军到通钢矿业公司板石矿调研。

3月,通钢创业服务中心"三项考点"通过通化市安监部门检测验收,具备三项岗位人员国家安全生产资格考试条件。

4月5日,通钢高速线材厂在停产5个月后顺利复产。

4月12日,通钢召开TPM项目启动大会,以第一钢轧厂、型钢连轧厂为试点推进TPM管理。

4月24~25日,首钢集团"践行首钢精神,助推转型发展"职工宣讲团到通钢宣讲。

4月25日,通钢自信公司被吉林省电子信息行业联合会授予"2017吉林省新型智慧城市基础建设优秀服务商"荣誉称号。

4月26日,建行吉林省分行在长春召开通钢债权人委员会组建会议。

4月26日,通钢动力厂外线班班长郭修伟荣获通化市"五一劳动奖章"荣誉称号;炼铁厂3号高炉车间值班室荣获通化市"工人先锋号"荣誉称号。

4月,通钢党委建立领导班子成员党建工作联系点制度。

5月4日,通化市委书记李国强到通钢调研。

5月7日,吉林省省长刘国中到通钢炼铁厂、一钢轧厂现场调研。首钢集团总经理张功焰参加调研。

5月15日,吉林省生态环境保护重点工作整改专项督查组到通钢检查焦化厂脱硫废液整改情况。

5月17日,通钢党委下发《关于开展"四个一"活动的工作方案》,学习推广首秦公司基层改革创新经验,深入开展"四个一"活动。

5月18日,通钢自信公司《移动式管控平台技术的研发与应用》获得通化市科学技术一等奖。

5月23日,吉林省副省长金育辉到通钢调研。

5月,通钢第一钢轧厂炼钢高级技师王勇被选举为出席中国共产党第十九次代表大会代表。

6月1日,白山市副市长于翠利到通钢矿业公司板石矿视察球团脱硫项目进展情况。

6月4日,通钢型钢连轧厂精棒线正式复产。

6月8日,吉林省"去产能"配套奖补资金3266万元,由通化市财政局划至通钢账户。至此,吉林省对通钢2016年"去产能"奖补资金9266万元全部到位。

6月12日,白山市市长王志厚到通钢矿业公司板石球团脱硫项目建设工地调研。

6月12~13日,由中国方圆委组织的外审专家组对通钢实施三体系外审,通钢公司一次性通过现场审核。

6月15日,中共通钢公司委员会召开第十一次代表大会。

6月21日,通钢党委组织召开党委中心组(扩大)集中学习会。

6月21日,通钢举办首秦公司基层改革创新经验学习汇报会。

6月19日,通钢第一钢轧厂1.5毫米~1.6毫米极薄规格带卷生产实现新突破。轧钢车间乙班、丙班连续两个班次生产创1.5毫米极薄规格产量新纪录。

6月26日,国家体育总局副局长高志丹到通钢矿业公司塔东矿考察。吉林省体育局副局长张振英、延边州政府副州长朴学洙、敦化市委书记姜兴延,首钢集团副总经理王世忠陪同考察。

6月26日，首钢贵钢公司副总经理赵健到通钢考察交流。

6月30日，通钢取得火力发电行业排污许可证。

6月，通钢创业服务中心取得通化市退伍兵短期培训资格。

7月4~5日，首钢集团党委常委、工会主席梁宗平率领首钢职工《长征组歌》合唱团到通钢慰问演出。

7月5日，吉林省工信厅副厅长张毅到通钢调研。

7月6日，国家环保部东北督查中心领导到通钢检查环保工作。

7月10~11日，通钢党委组织副处级以上领导干部及对外有业务处置权人员210余人，分批到通化市廉政警示教育基地开展廉政警示教育。

7月13~14日，国家环保部打击进口固体废物加工利用行业环境违法行为专项行动检查组到通钢焦化厂、动力厂污水处理厂检查工作。

7月19日，通钢召开总结表彰暨下半年工作动员大会。

7月26日，通钢焦化厂1号焦炉焦炭引入现有干熄焦系统改造交付生产使用。

7月27日，通化市委副书记、市长刘化文到通钢调研。

7月30日，通钢矿业公司板石球团生产线烟气脱硫项目竣工投产。

7月，通钢当月盈利3490万元，实现自2012年以来首次月份扭亏为盈。

8月15日，通钢新360平方米烧结机烟气脱硫工程竣工投产。

8月22日，国务院安委办安全生产第十一督导组到通钢矿业公司板石矿检查安全生产工作。

8月31日，通钢热轧钢筋产品通过换证复评，获得由国家质量监督检验检疫总局颁发的全国工业产品生产许可证。

9月6日，通钢召开十届职代会代表团长联席会议，表决通过《2017年转型提效工作实施方案》《与职工协商一致解除劳动合同实施办法》《职工内部退岗休养实施办法》和《职工因病离岗休养实施办法》。

9月14日，吉林省副省长金育辉到通钢视察安全生产工作。

9月18日，国务院安委会第十九督察组到通钢督导检查安全生产工作。

9月16日，白山市委书记张志军到通钢矿业公司板石矿检查指导工作。

9月23日，通钢1号高炉停炉，10月13日拆除动力装置，完成向政府承诺的"去产能"任务。

9月25日，通钢2号高炉复产，55小时就实现全开风口作业，创出通钢历史上最快开炉纪录。

9月，通钢矿业公司饮用山泉水项目建设完成，进行内部试生产。12月20日通过吉林省药监局现场验收。

9月，通钢隐患排查治理和安全生产预警系统正式运行。

10月12日，吉林省安全生产大检查综合督查"回头看"检查组到通钢矿业公司板石矿检查。

10月14日，通钢公司党委召开党委中心组（扩大）学习会。

10月23日，首钢集团党委召开通钢干部大会，宣布关于对通钢公司领导班子成员调整的决定。

10月27日，北京市发改委新首钢办秘书处处长张德明到通钢考察。

10月26日，通钢召开首次民主评价会。

11月8日，首建公司总经理杨波到通钢调研。

11月8日，通化货运中心总经理翟勇、本溪货运中心总经理姜勇、丹东港总裁助理刘启铭到通钢调研走访。

11月6日，通钢领导班子召开务虚会，研讨近期及未来一段时间的总体工作思路及发展目标。

11月11~13日，由中国企业文化研究会举办的中外企业文化第十五届峰会在长沙市召开。通钢公司荣获"2012~2017年度全国企业文化建设优秀单位"荣誉称号。

11月16日，吉林省金豆集团公司董事长金明南到通钢走访。

11月16日，通钢党委制定下发《关于深入学习宣传贯彻党的十九大精神的安排意见》，对学习宣传贯彻党的十九大精神工作进行安排部署。

11月16日，吉林省环保厅固体废物管理中心到通钢检查危险废物规范性管理工作。

11月25日，通钢吉林焊管公司与首钢技术研究院合作，成功试制1000兆帕级矩形产品，居于国内领先地位。

11月27日,通钢第一期青年干部特训班开班。

11月29日,中国铁路沈阳局集团货运处处长李宝旭到通钢调研。

11月30日,吉林省工信厅、通化市工信局相关人员到通钢对窄带线进行"去产能"验收。

11月,通钢取得冶金行业炼铁厂(烧结单元)三级安全生产标准化证书。

11月,通钢出口欧盟产品(热轧卷板)通过英国劳氏 CE 认证年度现场监督审核。

12月4日,由吉林省发改委、工信厅、人社厅、通化市工信局等单位组成的"去产能"验收组到通钢对1号高炉、电炉"去产能"验收。

12月6日,通钢举行炼铁事业部启动大会暨授牌仪式,正式组建炼铁事业部,并取消炼铁厂机构名称,实现由生产型向经营型转化。

12月8日,通钢自信公司职工潘延晟获得由 IBM 发起成立的中国闪存联盟2017"最美存储架构师"荣誉称号。

12月15日,通钢举办2017年度客户洽谈会。

12月15日,通钢取得炼焦行业和钢铁行业排污许可证。

12月21日,通钢新烧结机烟气脱硫和防风抑尘网两个项目获得的省环保专项资金1450万元拨付到账。

(冯世勇)

吉林通钢矿业有限公司

【通钢矿业领导名录】

党委书记:张成武

纪委书记:刘 波

党委书记助理:刘志坚

工会常务副主席:刘志坚

董事长:吴 波

经 理:吴 波

经理助理:张 勇

(崔永虹)

【概况】 吉林通钢矿业有限责任公司(以下简称"通钢矿业")位于白山市浑江区板石街道,是通钢主要的含铁原料基地。成立于2007年7月,占地面积1010.2万

平方米,注册资本110170.5万元;通钢持股93.79%、吉林省国有资产管理有限公司持股6.21%。职工2932人。设有8个职能部门:经理办公室(党委办公室)、人力资源处(党委组织部)、党群工作处(纪委、监察处、工会、团委)、生产技术处(科协)、购销处、财务处、安全环保处、调整运行处,下辖5个控股公司:板石矿业公司、大栗子矿业公司、通钢桦甸矿业公司、建平通钢矿业公司、敦化塔东矿业公司;2个参股公司:通钢营口澳矿加工有限公司、澳大利亚 IMX 公司。各子公司主要位于吉林省内的白山地区、吉林地区、延边州境内及辽宁省西部、南部地区。

(冯井亮)

【主要指标】 2017年,通钢矿业生产成品矿128.53万吨,比年初计划多完成3.53万吨;生产球团矿91.81万吨,比调整计划多完成0.71万吨;经营亏损36901万元,比年初预算减亏5444万元。

(冯井亮)

【生产经营】 通钢矿业针对外埠矿山停产放假、直属单位接续工程滞后导致产能下降的实际,系统优化生产组织,全力以赴完成球团保供任务。拓宽矿源组织渠道,立足自身,优化采矿设计,科学组织开采,想方设法增加自产矿量。根据市场变化及效益测算,果断决策启动桦甸矿生产,缓解了板石球团铁精粉原料不足问题,取得理想的经营成果,全年累计生产铁精粉16.85万吨,实现利润609万元。加大外部矿石补充力度,拓宽辐射范围,整合周边资源,全年组织外购周边铁精粉11.8万吨;借助首钢海外开发矿产资源,进口加工配用秘鲁原矿12.4万吨,为球团生产提供原料支撑。

(冯井亮)

【降本增效】 通钢矿业制定"目标管控、坚守底线"降本增效攻关方案,按照控亏目标倒逼成本费用,将1.24亿元降本增效任务层层分解,横向到专业、纵向到各单位,全年降本增效10887万元。完成融资61.14亿元,确保生产建设需求。生产系统优化生产组织,推行避峰就谷,全年节约电费72万元。技术系统组织开展《上青矿降低炸药单耗技术攻关》《井下矿18号矿组东二矿体回采技术攻关》等10项攻关课题,创效1000万元。设备系统深入推进修旧利废、修配改代活动,加大外委转自营和互助检修力度,全年修旧利废8800项,节约成本1400万元;外委转自营维修2项,节约费用10万元;

开展互助检修 222 个工日,节约费用 17 万元。财务系统加大费用管控力度,全年行政性可控费用下降 107 万元,降低 7.5%;购销系统积极探索新的采购渠道和采购方式,全年降低采购成本 645.41 万元。

(冯井亮)

【精简提效】 通钢矿业坚持机械化换人、自动化减人,推进传统工艺设备升级改造,全年累计投资 447 万元,实施项目改造 7 项。优化劳动组织,提升技术手段,实施内退、解合两个办法,系统推进转型提效,在岗职工较上年减少 371 人,其中:专业人员 33 人,操作人员 338 人。

(冯井亮)

【企业管理】 强化各层级、各系统安全环保责任落实,继续深化安全标准化管理,着力推进双重预防机制试点建设,全年排查一般隐患 434 项,整改率 100%。通过中央环保督查和省市节日期间、全国"两会"期间、防汛、党的十九大等重点时段的安全大检查 32 次。全面梳理调整绩效考核体系,将影响成本、效率的主要指标纳入考核,考核指标由 139 项增加到 241 项。严肃追责、问责不落实的事、不落实的人,全年立项督办事项 197 项,效能监察立项 29 项,开展管理督查评价 3 次。开展技术创新立项攻关活动,全年立项实施 9 项,创效 881 万元。抓实自主管理活动,全年建立活动圈 90 个,确立实施活动主题 117 个,创效 700 余万元。

(冯井亮)

【非矿产业开发】 通钢矿业非矿产业开展取得实质性进展,大栗子矿业公司饮用山泉水项目,经过前期论证、土建施工、各类权证办理,于 2017 年 12 月 12 日正式取得省食药监局核发的《食品生产许可证》。于春节前,完成包括生产耗材采购、通钢市场调研和对接、确定配送商、设备调试等产前准备工作。

(冯井亮)

【党的建设】 通钢矿业深化"三保一创"党内创先争优活动,创建 16 个党员示范岗、23 个党字号班组(机台)、36 个党员责任区,围绕降本增效、指标改善实施 82 项立项攻关,全年创效 160 万元。围绕 52 项重点工作,查摆出各层面"短板"43 项,制定 122 项改进措施。强化廉洁风险防控建设,查找廉洁风险防控点 101 个,制定防控措施 106 条,开展专项监察 17 次,提出建议 63 条、堵塞管理漏洞 7 项、修订完善规章制度 25 项、建章立制

6 项。活跃矿区文化生活,举办"攻坚杯"职工乒乓球赛、羽毛球赛等文体活动;关爱职工生产生活,开展"送健康到基层"、"夏送清凉"、金秋助学活动。引导广大职工增产增效,通过提升生产经营业绩实现收入增长,2017 年人均收入 55104 元,比 2016 年增加 4560 元,增长 9%。

(冯井亮)

吉林通钢国际贸易有限公司

【通钢国贸领导名录】

党委书记:马春刚(7 月离任)

党委副书记:赵国惠(10 月任职,主持工作)

纪委书记:江志伟

工会主席:江志伟

董事长:马春刚(7 月离任)

副董事长:赵国惠(10 月任职)

经　理:马春刚(7 月离任)

副经理:赵国惠(10 月任职,主持工作)　郭建学

经理助理:王晓华

(苑桂佳)

【概况】 吉林通钢国际贸易有限公司(以下简称"通钢国贸")位于吉林省长春市,是通钢全资子公司,2004 年 5 月成立,注册资本 10 亿元,是经营建筑用钢材、型材、板材及国际贸易、仓储物流,兼营煤炭、铁精粉、含铁原料、化工原料、冶金炉料、机电设备、工矿等产品的大型冶金综合贸易企业,兼管通钢集团销售管理职能,职工 107 人。2017 年 10 月份机构进行整合,设置 3 个职能处室:综合管理处、营销管理处、财务处;4 个业务处室:产品销售处、现货销售处、国际业务处、重点工程处;7 个钢材现货分公司:长春分公司、沈阳分公司、大连分公司、哈尔滨分公司、宁波分公司、无锡分公司、华南分公司;5 个全资子公司:通化钢铁集团进出口有限公司、吉林通钢(营口)物流有限责任公司(列入 2018 年清撤计划)、吉林通钢物流有限公司、北京通钢丰易物资有限公司(2017 年 12 月清撤)、通钢集团(香港)有限公司;1 个控股公司:长春通钢国贸钢材仓储有限责任公司;5 个参股公司:通钢辽宁板材加工配送有限公司、苏州通钢舜业钢材加工配送有限公司、杭州通钢东联钢材加工配送有限公

司、浦项通钢(吉林)钢材加工有限公司。

(苑桂佳)

【主要指标】 2017年,通钢国贸销售钢材318.7万吨,销售收入122.14亿元,实现利润6307万元,进出口贸易额15334万美元,实现钢材跑赢市场4.66%,进口矿跑赢市场6.02美元。

(苑桂佳)

【市场营销】 通钢国贸抓住市场持续向好机遇,落实年度预算指标和重点工作任务,全年实现产销率100.45%,比预算高4.45%,回款134.27亿元。全年实现平均单价3729元/吨,同比提高1223元/吨。开发板材新终端直供户3个,实现销量3.95万吨,通过找钢网电商平台实现销量22.35万吨。利用首钢销售平台优势,建材直接合作实现销量0.88万吨,广钢建材贴牌销售6.8万吨,建立通化现货试点弥补工程急需,实现销量1.56万吨。拓宽圆钢渠道,全年销量11.73万吨,同比增加3.3万吨。全年实现增效产品比例60%以上。重点创效品种板材Q345B同比增量12.6万吨,薄规格同比增量2.4万吨,28毫米以上大螺纹同比增量1.7万吨,辉轧小螺纹同比增量1.9万吨。通过现款、磨帐招标、拍卖、竞价等方式处理库存积压产品及非计划材1.02万吨,创效1867万元。

(苑桂佳)

【现货销售】 通钢国贸全年开发中小客户305家,现货总客户数量达879家,新开发客户数占总数的35%,高标准完成开发100个中小客户目标。采取哈尔滨现货稳定运行与龙煤"煤钢互换"业务模式,向龙煤等大型合作客户供应钢材8.2万吨,比市场销售增利2600万元。抓住市场区域价差时机,调配资源5.17万吨,其中北材南调4.35万吨,东北区域间调配0.35万吨,南方区域间调配0.24万吨,外贸转内贸调配0.23万吨,合计增加利润211万元。通过一站式用户服务,实现中庆集团年采购量7万吨,提前介入省内各工程项目,实现销量19.6万吨,比预算增加7.6万吨。重点工程业务开发新项目39个,实现销量3.96万吨,涵盖省内当年新开工的所有高速公路项目。进入南方市场,成功开发出深圳地铁和佛山地铁项目,为拓展南方地区市场积累经验。

(苑桂佳)

【国际业务】 通钢国贸原燃料进口业务突出降本保供工作宗旨,钢材出口突出拓展渠道创效增效并取得显著成效。建立港口现货与期货价格对比模型,灵活调整采购方案,适时开展港口现货资源采购,保证一定比例低品位折扣矿平抑高品位矿采购溢价,实现跑赢市场6.02美元,比目标多跑赢1.02美元。把握效益优先原则,从5月份起,出口效益不及国内,及时停止出口销售,全年出口量9.8万吨,比计划少10.2万吨,创效766万元,实现吨钢利润78元。

(苑桂佳)

【物流业务】 2017年,通钢国贸吨钢物流成本实际完成367元,物流费用11.88亿元,分别比预算低29元/吨和2.52亿元,其中销售吨钢物流成本80.7元,费用2.61亿元,分别比预算低18.3元/吨和1.01亿元。全年实现铁路运费调整下浮5次,吨钢下降18.6元/吨,全年创效7061万元。逐步规范汽运物流,通过对所有销售物流、部分采购物流公路运输统一竞标,全年共计竞标50余次,降低运输费用308万元。运帮平台创建使物流逐步向网络化、信息化发展,自10月1日正式上线以来共发布委托1428条,钢材70421吨,手机App为物流公司完成接单、车辆调度、路线跟踪等提供便捷服务。大屏幕展示物流动态、数据分析已投入使用,77台GPS定位设备发挥有效跟踪作用。

(苑桂佳)

【融资及资金运作】 通钢国贸通过垫资采购国内铁精粉,全年垫付资金22.5亿元。通过社会融资缓解资金压力,全年通过钢材垫资采购方式累计融资额10.08亿元。从通钢统一税收筹划角度出发,调整内部结算,其中国贸公司承担通钢融资费用筹划节税1362万元,改变运费结算方式节税约1280万元。全年通过节税降本2642万元。利用税收优惠政策,获取政府补助50万元。按照首钢集团压缩企业层级,实施短平化管理的总体要求,自8月份起至12月20日北京市工商局房山分局下达注销通知止,历时5个月完成北京丰易公司的清撤工作。

(苑桂佳)

【党的建设】 通钢国贸党员大会选举产生新一届两委会,在机构调整、人员变化后及时调整党小组和划分党员责任区。推进"两学一做"专题教育常态化制度化,落实党支部标准化达标考核,按照新标准完成长白山e支部的网上建设,建立了党员活动室。全年在各类媒体上稿85篇,在集团在线发布信息120余条,国贸在线更新信息180多次。加强对有业务处置权人员的廉洁教育,分3批组织40余人到通化市警示教育基地参观学习。业务审核工作小组开展专项审核4次。继续开展季度评选优秀职工活动,全年共评选岗位明星16人。充分利用现有条件逐步改善员工生活工作环境,营造和谐良好的企业环境。

(苑桂佳)

吉林市焊管有限公司

【吉林焊管领导名录】

党总支书记:周 杰

执行董事:周 杰

经 理:周 杰

(张淑梅)

【概况】 吉林市焊管有限公司(以下简称"吉林焊管")位于吉林省吉林市,是通钢集团全资子公司,2004年8月成立,注册资本8650万元;占地面积15.06万平方米。主要产品为精密焊管、汽车用管、石油管;公司下设7个部门,现有职工27人。

(张淑梅)

【主要指标】 2017年,吉林焊管产量2.28万吨,销量2.6万吨,利润379万元。

(张淑梅)

【工艺装备】 吉林焊管拥有从意大利进口的具有20世纪90年代国际先进水平的整套直径219毫米,国产直径114、直径76、直径60、直径50、直径45、直径32精密焊管生产线,共计七条;8毫米厚大型宽板纵剪机组一条,两台小型带钢纵剪机;还有超声波探伤、水打压机、在线热处理、多套去内毛刺等配套辅助设备,可年产直径15~直径219.1毫米圆型管、15毫米×15毫米~175毫米×175毫米方形管、15毫米×20毫米~100毫米×150毫米矩形管及六面体、P型管等异型管等高品质焊管,年产能15万吨。高频焊接钢管产品已通过ISO9001质量管理体系认证、环境管理体系认证、职业健康安全管理体系三体系认证。与一汽集团、大庆油田、龙煤集团等国内大型国有企业形成稳定的长期供货关系。

到2017年末,吉林焊管形成六个系列近200种规格的产品。圆管系列产品,涵盖直径12.7毫米~219.1毫米的各规格产品;矩形管系列产品,涵盖10毫米×30毫米~140×150毫米的各规格产品;方管系列产品,涵盖20×20毫米~150毫米×150毫米的各规格产品;异型管系列产品,涵盖P形、六面体、鼓型管等异型多面体的各规格产品;超薄高强钢系列产品,涵盖500MPa、700MPa、1000MPa等各规格的产品。在不断开发焊管产品的同时,还围绕工艺及产品特点延伸开发出精品带、扁钢等加工产品。精密管和异性管加工已初具规模,形成独有的产业特点。

(张淑梅)

磐石无缝钢管有限公司

【磐石钢管领导名录】

党总支书记:李太仁

执行董事:李太仁

经 理:李太仁

(乔玉双)

【概况】 磐石无缝钢管有限公司(以下简称"磐石钢管")位于吉林省磐石市烟筒山镇,是通钢集团的控股公司,1998年10月成立,占地面积39.29万平方米,注册资本18782万元;通钢集团持股87.05%,吉林省国有资产经营管理公司持股12.98%。主要产品为无缝钢管。

(乔玉双)

【主要指标】 2016年10月份始,磐石钢管推进转型提效,厂房及设备租赁给新企业即磐石铸诚无缝钢管有限公司;2017年亏损5572万元,其中包括处理历史遗留账务4317万元,实际亏损1255万元。

(乔玉双)

【工艺装备】 磐石钢管现有四条热轧无缝钢管生产线,一条冷拔无缝钢管生产线。拥有直径100、直径108、直径140Accu-Roll热轧机组各一套,拥有直径76冷拔机组、直径90热轧自动轧管机组、管加工机组、精整生产线。拥有系列专业完善的产品检测、试验装备,配置有涡流、漏磁无损探伤机、超声无损探伤、管端磁粉探伤机、高温拉伸试验机、70MPa水压试验机、100吨电液伺服万能试验机、光谱分析仪、500倍金相显微镜、冲击试验机。可按国家标准、API石油管标准及用户特殊要求生产结构用、输送流体用、低中压锅炉用、金刚石岩芯钻探用、汽车半轴管、液压支柱管、石油套管、油井管等上百组距的无缝钢管,目前具备年产 39 万吨各种规格材质无缝钢管的生产能力。

（乔玉双）

吉林通钢自动化信息技术有限公司

【通钢自信领导名录】

党委书记:郭延东

纪委书记:郭延东

工会主席:郭延东

执行董事:王树强

经　理:王树强

副经理:王君海

（侯佳清）

【概况】　吉林通钢自动化信息技术有限公司(以下简称"通钢自信")位于吉林省通化市二道江区,是通钢集团全资子公司。2012 年 5 月,通钢集团在原通钢网航信息技术有限责任公司基础上,重组成立通钢自信公司。注册资本 5000 万元,总资产 7869 万元,占地面积 460 平方米,职工总数 117 人,其中在岗职工 97 人。设

综合办公室、技术科、市场科、信息科和运行科 5 个科室。

（侯佳清）

【主要指标】　2017 年,通钢自信全年累计实现销售收入 1780.5 万元,其中:关联交易 814 万元,工程收入 193 万元,对外经营收入 149 万元。全年亏损 271 万元。

（侯佳清）

【工艺装备】　通钢自信通讯系统核心设备采用华为程控电话交换机,2000 年投入使用,为通钢提供通讯服务,固定电话近 4000 户。通钢自信有线电视网络系统采用 HFC 结构,数字电视用户 8000 余户。整体网络采用星型机构。外阜单位采用 DDN 专线与总公司互联,全集团终端数约 3500 台。使用 cisco 6513 作为核心交换机,各子公司设有独立的机房,使用 cisco 3750 作为汇聚层交换机,为数据的安全稳定传输提供保障。网络出口处架设防火墙、上网行为管理、帐号管理、web 网关等安全产品来保证数据和网络的安全。内网有 70 台物理服务器支撑业务系统,品牌包括 IBM、HP 等。采用虚拟化、云、SAN 等先进的技术保证系统构架的高可用性、高可靠性、高可管理性和高扩展性。

（侯佳清）

首钢伊犁钢铁有限公司

（朱双念）

【首钢伊钢领导名录】

党委书记:夏雷阁

董事长:夏雷阁

副董事长:马西波

党委副书记、总经理:马金芳(6 月任职)

总经理:王金波(6 月离任)

党委副书记、纪委书记、工会主席:王　鹏

党委委员、副总经理:王浩然

党委委员、财务总监:金　昆

副总经理:邵凤金

副总工:韩宝进

【综述】　首钢伊犁钢铁有限公司(简称"首钢伊钢")原为新疆石油管理局新源钢铁公司,始建于 1958 年。2006 年由河北前进钢铁集团有限公司重组控股成立"伊犁兴源实业有限公司"。2009 年首钢控股有限责任公司整合伊犁地区钢铁企业,与天津前进实业有限公司共同出资成立"首钢伊犁钢铁有限公司",2010 年 8 月,首钢伊钢项目签约,公司揭牌,注册资本 10 亿元,首钢控股、天津前进实业分别占股 75%、25%。公司位于伊犁河谷的巩乃斯草原腹地,距那拉提草原 60 公里,本部地址在新疆维吾尔自治区伊犁哈萨克自治州新源县则

克台镇则新路41号,与宝钢集团八钢公司参股的新疆伊犁钢铁有限责任公司毗邻。首钢伊钢下设巴州凯宏矿业(相对控股)、库车县天缘煤焦化有限责任公司(控股60%)、库车县金沟煤矿(控股60%)、乌恰县其克里克煤矿(控股90%)4家企业,总资产62亿元人民币,职工1000余人。公司现有主要装备:410立方米高炉1座、80万吨链箅机回转窑球团生产线1条、40吨氧气顶吹转炉2座、方坯连铸机2台、板坯连铸机1台、650轧机带钢生产线1条、年产80万吨850中宽带生产线1条、合计年产30万吨高频直缝焊管生产线6条、每小时6500标准立方米制氧机组1套、气烧冶金白灰窑1座、日产600吨套筒石灰窑、50000立方米转炉煤气柜、日处理7900立方米污水处理站及焦化厂45万吨焦炉2座。公司已建成集采矿、选矿、采煤、炼焦、炉料、炼铁、炼钢、钢铁制品为一体的产业链,年产铁精粉150万吨、焦炭90万吨、生铁60万吨、钢坯60万吨。上游主要产品有铁精粉、焦炭,下游主要产品有钢坯、热轧窄带钢、热轧中宽带钢、直缝高频焊管及方管等。

2017年,首钢伊钢紧密围绕集团公司党委要求部署,结合年度经营生产计划目标,以突出增收节支降成本、结合市场推进产品结构调整、优化生产组织结构等工作为重点,组织广大干部职工全面有序推进各项工作。3月份复产以来,受环保、原料供应、资金等影响,首钢伊钢仅维持一座410立方米高炉运行,全工序产量大幅下降,通过强化现有装备运行能力、优化炼铁入炉料结构、调整能源平衡、优化机构和人员调整等一系列措施,努力提高经营生产效益。

(朱双念)

【主要经济指标】 2017年,首钢伊钢生铁产量27.30万吨,比2016年降低42.33%,较年计划降低35%;钢坯26.01万吨,比2016年降低44.05%,较年计划降低38.07%;带钢25.68万吨,比2016年降低44.13%,较年计划降低37.37%;钢管2.81万吨,比2016年降低73.01%,较年计划降低64.88%;球团矿25.17万吨,比2016年降低26.61%,较年计划降低6.78%;铁精粉51.29万吨,比2016年增加2.74%,比年计划降低26.73%;焦炭74.70万吨,比2016年增加40.10%,比年计划增加6.71%。

(白 强)

【成本控制与管理】 2017年,首钢伊钢通过理顺基本业务流程,修订完善管理制度,提升整体管理能力;改变销售体系,激活营销策略,提高产品市场能力,强化产销平衡、盘活沉淀资金,将库存资金占用降到最低,清理历史库存,做到年末产品零库存;通过改进产品质量,优化品种结构,开发新产品,增强产品竞争力和增值力;通过深化降低成本费用核算与管理措施,提升成本控制能力。

(白 强)

【机构改革】 首钢伊钢实行董事会领导的总经理负责制,2017年将机构调整为:计财部、制造部、安全环保部、设备部、运营改善部、技改工程部、人力资源部、办公室、党群工作部、供应公司、销售公司、质量检查站、生活服务中心、炼铁作业部、炼钢作业部、轧钢作业部、能源中心。严控总人数,按照"只降不增"的原则,顺利推行四班工作制,在不增加人员的情况下,优化岗位设置,完成每周五天工作制、四班三运转的平稳过渡。2017年底在册职工1710人,其中硕士4人、本科56人、大专177人、中专及以下1473人;高级职称4人、中级职称14人、初级职称30人;技师23人、高级工45人、中级工55人、初级工27人;职工平均年龄35岁。

(张 翔)

【人才建设】 2017年,首钢伊钢按照"三支人才队伍"建设要求,以机构调整、转型提效为契机,加强人才培养。通过强化职工培训,探索"一专多能、一岗多责"模式,激发职工动力,提升工作效率,提高职工的执行力;组织五次特种作业人员培训、取证,160余人次接受培训,培训考核通过率达到100%,全部取得国家相关部门发放的证书。

(张 翔)

【机制创新】 2017年,首钢伊钢开展薪酬体系结构优化调整工作,主要围绕提高效益和效率进行设计,完善员工薪酬增长、调控机制,促进员工薪酬水平随企业效益增降;鼓励少用人、高效率、低成本,提高效益工资所占职工收入的比例,充分发挥"活的部分"的激励作用,调动全体职工积极性;取消原"吨产工资含量"的考核模式。

(张 翔)

【制度管理】 2017年,首钢伊钢新建规章制度20项,修订5项,废止1项。截至2017年12月底,现行有效的规章制度122项,通过规章制度的编制、制定、修订、完善,基本形成适应首钢伊钢当前管理需要的规章制度体系。

（姚　坤）

【开展全球团冶炼技术攻关】 首钢伊钢 72 平方米烧结机 2017 年 7 月拆除,对生产系统的稳定造成影响。为减少外购烧结矿带来的直接影响,首钢伊钢加强碱性球团生产技术攻关,提高球团入炉比例,降低铁前成本。经首钢技术研究院人员研发试产,制定几套适合生产碱性球团的方案,将逐步实现全球团入炉的目标,以降低成本实现产能达标。

（王道慧）

【新品种、新规格开发】 为丰富产品种类,应对疆内带钢市场同质化竞争逐渐加重的市场形势,首钢伊钢全面调研并组织开展电解铝槽阴极扁钢的开发工作,对 650 轧线进行技术改造和工艺调整,完成对轧辊、导卫、矫直等工艺的调整,阴极扁钢产品于 2017 年 3 月热试成功,并具备批量生产的条件。此次技改在保证原窄带钢产品规格不减少的基础上增加 2 个规格阴极扁钢的生产能力,今后随着阴极扁钢市场的进一步开发,只需按扁钢断面尺寸对轧辊孔型和配套导卫进行调整就能满足对应规格的生产条件。

（王道慧）

【安全管理工作】 2017 年,首钢伊钢深入贯彻国家、地方政府和首钢集团公司各项要求,坚持党政同责、一岗双责、失职追责,严格落实安全生产责任制,以提升安全标准化管理,强化"把隐患当事故处理"体系建设为主线,坚持问题导向,努力把风险控制在隐患形成之前、把隐患消灭在事故发生之前,扎实推动首钢伊钢安全生产工作不断迈向新台阶。2017 年完成工伤指标:杜绝工亡、重伤事故,年千人负伤率控制在 4‰以下,1 至 11 月实际发生轻伤事故 2 起,无其他事故,完成控制指标。

（陈凯平）

【环保管理工作】 2017 年,首钢伊钢环保管理工作以提升内部环保管理水平为基础,积极应对国家环保检查提出的新要求,以取得环评批复、申办排污许可证为契机,全面完善各排污点监测,改进公司环保运行机制。同时,为响应国家节能减排号召,公司加大淘汰落后设备设施的力度,加大环境保护投入力度,大力推进节能减排工作,2016 年 12 月关停 206 立方米高炉,2017 年 7 月关停 72 平方米烧结机;6 月取得自治区环保厅《关于首钢伊钢 100 万吨/年钢铁项目环境影响报告书的批复》,9 月新建安装两套在线监测,分别为高炉矿槽上、高炉出铁场,11 月 30 日办理完成《排污许可证》,12 月完成全面自行监测工作。

（陈凯平）

017

【党群工作】 2017 年,首钢伊钢党委主动而为,从党建基础工作抓起,结合伊钢公司特点,在摸索实践中,逐步建立和健全党建工作机制,使公司党建工作逐步走上正轨。一是通过加强党委班子自身建设,着力发挥"把方向、管大局、保落实"核心领导作用,修订完善《党委会议议事规则》《党政联席会议议事规则》等制度,保证企业"三重一大"决策制度在首钢伊钢有效落实;二是从党员管理入手,对党员情况进行摸底调查,确定党员身份,加强党员队伍建设。严格落实发展党员工作要求,积极同自治区国资委沟通协调,争取入党指标,同时严格入党程序,设计制作《党员发展情况登记表》,将发展党员所需各类资料按照程序要求统一规范装订成册,有效解决发展党员程序不规范问题,2017 年发展党员 5 人;三是规范完善党支部设置,构建党建工作机制。针对首钢伊钢基层党组织长期不健全,党建工作开展不到位的问题,按照新的组织机构变化情况,根据党员人数、工作性质和业务关联性对基层党支部进行重新划分设置,由原来的 6 个党支部调整为 9 个党支部,保证基层党的组织体系的系统完整;四是成立党群工作部,具体负责党(团)组织建设、宣传工作和企业文化建设、工会工作和民族团结、纪检监察等各项工作,配备专职人员实现党群工作专业管理;建立党建活动场所,设立公司党委活动室和党支部活动室,将"三会一课"等基本党建工作制度要求和支委工作职责设计制作成宣传图版上墙,配置党员学习资料和党员读物,为党员开展组织活动提供硬件支持;五是结合新疆地域和企业特点,丰富党建活动内容,提升党组织凝聚力,增强党员归属感。通过重温入党誓词、党课教育、党史知识竞赛、"十九大精神"宣讲等活动,推动党的十九大精神进产线、进班组、进岗位;六是结合生产经营实际,认真落实"达晋创"和"创先争优"活动各项要求,促进党建工作与生产经营工作的快速融合。

（文　玲）

【党风廉政建设】 2017 年,首钢伊钢党委认真落实中央八项规定精神,积极推进党风廉政建设和反腐败工作,在管班子、带队伍中,当好廉洁从政的表率。坚持"党要管党、从严治党"方针,严格执行党风廉政建设责任制,抓好责任分解、责任考核、责任追究工作,初步形成"一级抓一级、层层抓落实"的责任体系,做到谁主管谁负责,梳理公司廉洁自律风险防范点,责任到人,初步构建廉洁自律风险防范机制;以"两学一做"学习教育推动对党员特别是有处置权岗位人员廉政警示教育,组织学习"以案说纪"案例学习,增强党员干部遵纪守法廉洁奉公的自觉意识。全面开展廉政风险防控、专项监督检查和效能监察工作,堵塞工作漏洞,针对资金管理、合同管理、公章使用管理、备品备件采购等关键环节,抓制度完善建设,系统强化审核、审查、审批程序监督,加大企业经营风险监控力度。如通过修改完善《首钢伊钢设备备品备件采购制度》,对设备、备品备件采购全过程实施效能监察,规范采购程序,防止暗箱操作,降低采购成本,提高采购质量,有效防止采购活动中发生违纪违规现象。

（文　玲）

【上级领导调研】

3月7日,伊犁州副州长张明华在新源县委副书记孟德和的陪同下,到首钢伊钢调研指导工作。

6月15日,自治区政协副主席巴代一行10人到首钢伊钢进行调研。

6月21日,新源县总工会组织各行各业劳模共20余人的劳模观发展暨观摩团到首钢伊钢进行宣讲。

6月30日,公司邀请首钢集团安全专家（讲师）黄大千老师在首钢伊钢培训室对岗位员工进行安全教育培训。

11月7日,首钢集团有限公司总经理助理卢正春一行到首钢伊钢进行调研指导。

（文　玲）

巴州凯宏矿业有限责任公司

【凯宏矿业领导名录】

董事长兼总经理:赵进学（7月任职）

董事长:马西波（7月离任）

总经理:王金波（7月离任）

副总经理:冉记东　李学文　周涛

工会主席:周　涛（10月任职）

（罗　燕）

【概况】 巴州凯宏矿业有限责任公司（简称"凯宏矿业"）地处新疆维吾尔自治区天山南麓和静县巩乃斯镇乌拉斯台沟,218国道在厂区南侧通过,厂区海拔在2800米~3600米之间,地势由北向南倾斜,属高山寒冷大陆性气候,年最高气温为28.7摄氏度,最低气温为零下48.1摄氏度。凯宏矿业于2007年12月21日注册成立,由新疆凯宏投资有限公司和巴州天山地质矿业有限责任公司两大股东组成。2011年,凯宏矿业投资建设一座占地面积为8000平方米的"职工之家",为公司广大员工提供一个良好的娱乐休闲场所,丰富了员工的业余生活。

2017年,凯宏矿业设2个生产单位,分别是:预选厂、一选厂;8个职能部室分别是:生产检验部、设备能源工程部、安环部、综合事务部、后勤保障部、采供物资部、计财部、销售部。自凯宏矿业成立以来,始终坚持"以人为本,安全第一"的企业安全文化理念;始终贯彻"关心员工、关爱生命"的人本原则,坚持企业发展与保护环境、保障安全协调统一,走和谐发展之路;始终把环保和安全放在优先位置,实现矿业开发与保护环境、保障安全相协调统一。经过九年多的实践,凯宏矿业形成"开拓、创造、和谐、无畏"的凯宏精神,以建设富美和谐矿区为目标打造个性的凯宏文化。

（罗　燕）

【主要指标】 截至2017年底,凯宏矿业总资产已达12.37亿元,拥有员工418人（不含采矿协作方的300余人）,下辖诺尔湖铁矿已探明经过评审备案的资源储量3.26亿吨,平均Tfe品位47%以上,具有年采剥总量1500万吨、矿石500万吨、生产铁精粉150万吨的生产规模,是一家集矿山开发、矿石加工与销售的大型国有控股矿山企业,为疆内单一磁铁矿最大的生产企业。

截至2017年底,凯宏矿业已累计生产铁精粉694.66万吨,销售铁精粉694万吨,销售矿石77.89万吨,实现销售收入37.70亿元以上,上缴利税8.55亿元,实现利润总额2.33亿元,满足和静当地金特和钢、新兴铸管和首钢伊钢对原材料的迫切需求,促进千人就业,为推动当地经济发展做出积极贡献。

（罗　燕）

【夯实安全基础,加强环境意识】 2017年度受环保工作的影响,凯宏矿业一直处于间断性生产状态,经营生产指标完成情况不好。但凯宏矿业始终深入贯彻"安全第一、预防为主、综合治理"的安全方针,牢固树立"红线"意识,坚持"以人为本、安全发展"的企业理念和"实事求是,稳中求进"的发展原则,全面落实《安全生产法》《环境保护法》等国家法律法规,坚持"一手抓安全环保促发展,一手抓生产成本促效益"的工作重心,保证公司安全、环保形势的持续稳定发展,确保凯宏矿业2017年度各项生产经营工作有序开展。

一方面,根据安全环保法律法规和公司年度发展思路,凯宏矿业制订《2017年安全环保工作计划》并逐一落实;根据首钢《安全生产责任制》要求,结合凯宏矿业实际,逐级签订安全生产责任状,形成纵向分级管理、横向分工负责的安全管理责任体系。在生产经营过程中严格落实环保设施"三同时"政策,确保环保措施到位。全年积极推进安全生产标准化,并按照《金属非金属露天矿山安全标准化规范导则》,全面开展矿山安全生产标准化(三级)的创建、达标工作,不断提升凯宏矿业安全管理水平。

另一方面,凯宏矿业高度重视环保工作,建立环保管理网络,并加大资金投入力度,积极落实环境绿化、美化措施和大力推进绿色矿山建设工作,全面提升公司安全、环保工作水平。具体工作有:先后对生活区建设后遗留的空地进行绿化美化;对二选厂尾矿库坝面播撒草籽进行绿化,不但起到防风固沙的作用,也达到绿化美化环境的作用;对矿区道路两侧进行平整,并撒播草籽进行绿化;全面整顿采场乙方生活区、维修场地、废旧车辆,恢复原始地貌;清理采场周围、车间周围堆放尾渣,摒弃之前场地尾渣乱堆乱放,随处可见现象;对辖区内废旧物资进行全面清理,彻底改变废旧物资随处堆放的陋习;与此同时自2014年开始,凯宏矿业积极推进绿色矿山建设工作,并于2017年成功申报"自治区级绿色矿山建设试点单位",现正在积极申报"国家级绿色矿山建设单位"。

(罗 燕)

【凝聚生存发展共识】 凯宏矿业总体发展战略:深入贯彻落实党的十九大精神,全面推进绿色矿山建设,始终以"三个负责"(为企业负责、为员工负责、为社会负责)为使命,紧紧抓住"一带一路"战略发展契机,着眼全疆、立足当地,以"不断强化管理、塑造队伍、打造一

流企业文化、全面提升企业盈利能力"为工作重点,充分发挥铁矿资源优势,到"十三五"末,把凯宏矿业建设成为国内一流、疆内领先、规模适中具有效益好、管理优、技术精、作风硬显明特点的现代化大型铁矿山企业。

(罗 燕)

【凯宏矿业大事记】

7月31日,凯宏矿业召开股东会,并成立新一届董事会,会议选举赵进学为凯宏矿业董事长,同时法定代表人变更为赵进学。

8月14日,自治区国土厅执法总队检查组一行就凯宏矿业的环保整改工作落实情况、环保工作存在的问题及下步整改措施工作进行检查指导。

9月26日,自治区环保厅重点矿山项目调研组到凯宏矿业调研。

11月8日,首钢集团领导卢正春一行到凯宏矿业进行现场调研并开展座谈交流。

(罗 燕)

库车县天缘煤焦化有限责任公司

【天缘焦化领导名录】

总经理:姜 涛

副总经理:王寿钧 汪和平

工会主席、党支部书记:张福松

总经理助理:陈大松

(赵文晨)

【概况】 库车县天缘煤焦化有限责任公司(简称"天缘煤焦化")是由首钢伊犁钢铁有限公司控股的股份制公司,公司位于库车县北山矿区,法人代表:刘玉海;企业类型:有限责任公司;注册资金2.6亿元人民币;经营范围:机焦烧炼及附属产品销售、煤焦油回收、提炼及销售;粗苯生产、储存、销售;余热废气回收净化;焦炉煤气发电;钢材、铁硅锰合金、建材、矿石、煤、氧化钙、设备、材料销售;厂房、场地、设备租赁;产品售后服务。公司从业人员400余人。

(赵文晨)

【发展沿革】 天缘煤焦化原为民营企业,隶属于新疆五洲集团有限公司,一期项目于2005年9月投产,占地6.6万平方米,年生产能力30万吨,总投资1.19亿元。2005年后,随着客户对焦炭需求量加大及环保要求,天

缘煤焦化进行二期年生产能力90万吨捣固焦改扩建项目。2010年9月,为加速企业发展,促进企业转型,新疆五洲集团有限公司自愿将60%的股权转让给首钢伊犁钢铁有限公司,2011年1月24日,天缘煤焦化完成股权变更,经库车县工商局备案,完成由民营企业向国有控股企业的转型。天缘煤焦化二期为年产90万吨焦炭的新工程项目,项目年生产能力为:机焦90万吨、焦油45000吨、粗苯产能13000吨、硫氨1600吨、焦炉煤气发电量10080万千瓦·时。项目采用国内技术较先进的TJL4350D型宽炭化室捣固焦炉,孔数为2×72孔,包括配煤炼焦、回收化学产品,焦炉煤气净化,配套建设有完善的环保、安全、消防等设施。化产回收和煤气净化采用国内先进的工艺设备,建设有冷鼓、脱硫、硫铵、粗苯工段。利用剩余焦炉煤气发电,做到保护环境,综合利用资源。

（赵文晨）

【经营管理目标】 强化成本意识,抓好产品质量,提高公司信誉,拓宽销售渠道;加强工程质量监管,提高工程质量指标;抓安全生产管理,全年实现安全生产零事故。

（赵文晨）

【主要指标】 2017年,天缘煤焦化计划生产焦炭72万吨,实际生产74.7万吨(其中自产焦炭3.52万吨,受托加工焦炭71.18万吨);计划生产煤焦油3万吨,实际生产3.47万吨;计划生产粗苯1万吨,实际生产1.3吨,

全年工业总产值1.51亿元,外购冶金焦6.3万吨。

（赵文晨）

【安全管理】 2017年,天缘煤焦化签订安全生产责任制;开展"人人争当安全生产标兵"、安全月、元旦、春节安全大检查等活动,合计焦化分厂安全检查52次,车间级检查121次,跟踪检查隐患整改情况。推进安全文化建设和宣传教育,定期组织应急预案演练,安全生产工作稳步推进。12月,通过自治区"安全标准化"验收,全年无因工死亡事故、重伤事故、重大火灾事故、甲方责任交通事故、压力容器爆炸事故,千人负伤率为0。

（赵文晨）

【企业文化管理】 天缘煤焦化为活跃职工文化生活,"五一"、"十一"等节日期间举办各类文体活动,全厂职工踊跃参加。周六、周日晚上举办舞会,夏季举办职工篮球比赛,冬季举办拔河比赛,春节期间举办职工汇演文艺晚会。丰富多彩的节日文化生活,营造出天缘煤焦化祥和、文明、健康的文化氛围。

（赵文晨）

【天缘煤焦化大事记】

8月23日,中央环保督察组对天缘煤焦化一期焦化生产时存在的环保问题进行检查处理。

11月8日,首钢集团有限公司总经理助理卢正春一行到天缘煤焦化进行调研指导。

（赵文晨）

中国首钢国际贸易工程有限公司

【首钢国际领导名录】
董事长:张炳成
总经理:张炳成
副总经理:李本海　邱留忠(5月任职)
总经理助理:朱振财　周　芹(5月任职)
党委书记:石淳光
纪委书记:张　箭
工会主席:石淳光

（李　佳）

【综述】 中国首钢国际贸易工程有限公司,原为中国首钢国际贸易工程公司,简称"首钢国际",1992年成立,是首钢的工贸公司和跨国经营实体,注册资本5亿元,主要经营进出口贸易、海外工程承包、国际经济技术合作、货运代理、宾馆服务业及境内贸易。首钢国际设矿产资源事业部、钢材贸易事业部、工程设备事业部、服务产业事业部、开发业务事业部计5个经营单位;运营管理部、财务部、党委组织部(人力资源部)、法务审计部、党群工作部(企业文化部)、纪委(监察处)、办公室

（三办）计 7 个职能管理部门。在境内投资的企业有中都物流有限公司、北京首钢华夏国际贸易有限公司、受首钢集团有限公司委托管理的北京首钢宾馆开发公司等。在境外投资的企业或机构有首钢国际（新加坡）有限公司、首钢国际（马来西亚）有限公司、首钢国际（奥地利）有限公司、首钢国际（加拿大）投资有限公司、首钢国际（印度）有限公司、首钢国际（韩国）有限公司、首钢国际（香港）投资有限公司、首钢控股贸易（香港）有限公司、首钢国际哈拉雷办事处，受首钢集团有限公司委托代管首钢秘鲁铁矿股份公司和东方联合资源（香港）有限公司等。首钢国际在册职工 324 人，其中高级职称 47 人，中级职称 162 人，初级职称 52 人。

2017 年，是首钢国际全面落实"十三五"规划的关键一年，是首钢集团首次推行三年任期目标收官之年；是喜迎"十九大"，进入新时代，首钢国际各项工作迈上新台阶的一年。在集团公司的正确领导下，首钢国际紧盯全年任务目标，勠力同心、攻坚克难、开拓创新、真抓实干，计划指标圆满完成，各项工作稳中求进，实现持续、健康、稳定发展。

（李　佳）

【主要指标】　2017 年，首钢国际全年实现利润 10.30 亿元；销售收入 316.32 亿元；出口创汇 7.80 亿美元；钢铁产品出口量 122.30 万吨；集团内供矿量 2027 万吨。

（李　佳）

【矿石进口】　2017 年以来矿石经营受到市场暴涨暴跌、国家环保要求趋严、高品位品种竞争激烈、港口库存居高不下、秘矿到货不均匀等因素影响而面临诸多困难。首钢国际变压力为动力，主动研判市场，加大经营力度，努力采取各种措施应对不利市场。通过跟踪不同销售模式的盈利差异，及时调整海漂期货和港口现货销售比例，提高盈利水平；有意识地根据价格涨跌趋势，提前研究各品种在不同区域的盈利水平、销售速度，选择最优卸港，控制销售节奏，争取利润最大化；前期寄送样品，为用户提供优化配矿方案推进秘铁新区大粒度销售；降低港口损耗，严控港口费用，切实加强降本增效工作等有效措施来积极应对不利因素。2017 年，首钢国际进口铁矿石总计 3079 万吨，其中供集团公司生产用矿 2027 万吨，外销矿 1052 万吨；进口焦煤 128 万吨供应总公司生产使用。为基地生产保供进口矿采购综合降成本 3.35 美元/吨，共计成本 4.44 亿人民币，进口

焦煤降成本 1.05 亿元，合计为基地降成本 5.49 亿元人民币。在秘矿销售方面，全年对外销售秘鲁矿 619.76 万湿吨。按照财务口径统计，2017 年实现财务利润 11.42 亿元。另外，通过长协富余矿的销售，在保证生产供应的前提下为基地采购现货降低成本腾出空间，同时也提高长协矿执行率，获取 120 万美元效益。

（李　佳）

【钢材出口】　2017 年，首钢国际钢材出口在超额完成调整计划的同时，出口产品结构优化、高端客户开发及国际营销服务能力提升均取得较大进步：高端领先产品出口量 71.53 万吨，占总出口量 59%，比 2016 年增加 20.40 万吨；汽车板、硅钢、镀锡板三大战略产品出口量 53.21 万吨，比 2016 年增加 16.42 万吨；出口综合价格跑赢国际 CRU 板材指数 7.95 个百分点。全年同大类产品综合出口价格与国内某先进企业的差距大幅缩小，继续稳居全国碳钢出口前十企业中价格排名第二的位置。全年预付款融资累计达 3.94 亿美元，融资比例 64%，为基地节约财务费用 428.52 万美元，吨钢节约 4.26 美元，为基地增加效益作出贡献。在服务于集团国际品牌建设的目标下，避开低端竞争，积极寻求与国际高端品牌客户的合作。2017 年在全球开启与法国标致汽车、德国宝马、通用汽车等 6 个汽车主机厂的合作，硅钢出口开发出 LG 电子、三星电子、松下等国际高端用户，与德国大众合作新能源汽车驱动电机用硅钢的试制；镀锡板与欧洲皇冠、ASA 等四家高端制罐企业达成年度供货协议。在对外服务能力建设上，以"为战略高端用户提供由首钢主导的 DDP+JIT 服务模式"为目标，提升全流程供货服务能力。在产品供应链上启动数据库的搭建工作；为战略用户德国宝马制定出海、陆、空三套 DDP+JIT 供应链方案；积极推动海外 EVI 先期介入工作，为法国标致等欧洲车企进行了牌号归集和优化工作。

（李　佳）

【海外工程】　首钢国际在全球传统冶金领域市场停滞不前、竞争日趋白热化的情况下，工程承揽业务积极谋求转型发展。2017 年完成印度垃圾焚烧发电项目签约，由传统冶金向非钢领域发展迈出第一步。2017 年，海外工程业务承揽新签合同项目 39 个，金额总计 3060 万美元。通过承揽秘铁新区选厂项目、印度 TATA 无料钟炉顶项目、印度布山公司除尘项目以及京唐二期等单

位冶金设备和备品备件引进业务,累计实现利润4602万元。全年实现创汇4512万美元,收汇4505万美元。

(李 佳)

【设备引进】 2017年,首钢国际设备进口方面坚持以服务首钢为宗旨,稳步做好在手项目。全年完成新签进口合同39个,总金额6139万美元。全年累计到货75批次,总金额3178万美元。货物发运完成退税4批次,退税额为3163万元,设备引进关税减免1814万元。首钢国际设备引进在服务基地做好存量项目的同时,积极寻求增量服务,为哈尔滨客户实现关税减免194万元,获得业主好评。

(李 佳)

【综合服务业】 首钢国际力促所属各单位努力克服商务酒店经营环境持续萎缩、写字楼市场竞争激烈、设备设施老化及客户结构变化等不利因素,实时调整经营策略,提高服务品质,加强营销宣传,努力多创多收,确保经营指标的全面完成。渤海国际会议中心内抓培训,外聚人气,经营工作出现积极变化,全年收入突破千万元。中关村皇冠假日酒店通过采取合理调整房价、开拓暑期培训市场、加大会议团组市场开发力度等措施,取得良好效果。东直门国际公寓积极调整经营策略,从抓精细化管理入手,提高企业经营质量和运行效率。首钢国际大厦物业公司通过提高租金水平、加大营销力度、加强成本费用控制等措施经营成果显著。服务产业全年实现利润582万元。服务产业作为首钢国际自有产业,一体化资金调度管理为首钢国际日常平稳运营做出积极贡献。

(李 佳)

【企业退出工作】 本着责权分明、应退尽退的原则,明确时限节点、逐项梳理,纳入退出推进计划的4家单位包括中远物流、秦中首、中首物流和首钢唐明奥克兰公司正在按计划有序推进工作;纳入退出完成计划的3家单位包括东湖筑城、东湖筑城东城公司和新美公司已完成退出,其中东湖筑城为2017年市国资委考核计划单位。至此,2015~2017年三年任期内的9家劣势企业已全部完成退出工作,企业卸下沉重历史包袱,为今后健康发展奠定基础。不仅如此,首钢国际正逐步解决历史遗留问题,在2017年里取得阶段性成果。东钢公司股权和债权转让经首钢集团董事会批准已在北交所挂牌。与博文公司合作项目整体处置方案经首钢集团董事会批准,目前已完成处置方案等相关协议的拟定,正积极推进签署并组织实施。华夏国贸股权处置问题已由首钢集团经理办公会批准,首钢国际将收购华夏国贸全部非国有股权,目前正在按工作方案和安排积极落实。加拿大马鹿河项目和澳大利亚贺森项目与律所进行了多轮沟通研讨,着手拟定工作方案。

(李 佳)

【内控体系】 首钢国际积极开展风控体系建设,在分级梳理流程与分类梳理风险点的基础上,编制风控手册、评价手册、全面风险制度等文件。通过国资委的内控检查,获得好评。借助构建风控体系同步对公司的管理制度进行梳理,按照"谁制定谁负责、谁制定谁培训、谁制定谁检查、谁制定谁改进"的原则,积极做好年度制度制订、清理和修订工作。首钢国际形成了除执行首钢集团制度,还执行自有制度98项的制度管理体系,提高了企业运行效率和管理效力。通过不定期法律培训、业务部设立法务联系人、不良客户信息报告等形式,着力提高业务人员的法律意识和素质,将法律风险防范内化于日常工作之中。

(李 佳)

【党风廉洁建设】 首钢国际压实两个责任,2017年初公司党委两次专题研究讨论,对党风廉洁建设工作进行全面部署;积极推动全程记实工作,主动开展了两次专项检查和审核,督促落实管党治党两个责任;突出警示教育,增强党员领导人员的廉洁意识,筑牢思想防线;探索驻外机构廉洁建设新模式、新思路,建立了首钢国际公司外派人员微信群,把廉洁教育延伸到国际化经营的最前沿;强化廉洁风控能力的提升,全面梳理、排查廉洁风险点,形成全覆盖、无盲区的风险防控体系;强化监督执纪问责,深入开展三项专项治理和排查工作,针对信访和监督过程中发现的问题,对1个单位班子主要领导进行约谈,对党员领导4人进行提醒谈话,将"四种形态"落到实处。在首钢集团2017年党风廉洁责任制检查考核中被评为优秀。

(李 佳)

【增强企业凝聚力】 打造首钢国际文化品牌。以公司成立25周年为契机加强企业文化建设,初步形成以"打造国际知名贸易工程公司"为企业愿景、"服务首钢、走向世界、创造价值"为企业使命、"厚德载物,内外兼修树正气;胸怀全局,上下同心谋发展"为核心价值观的三位一体企业文化体系。成功举办第十一届"情系中首"职工文艺汇演,首钢国际特色文化品牌深入人心。首钢国际构建和谐劳动关系。群众性建功立业活动蓬勃开展。在北京市总工会组织开展的职工之家评选活动中,首钢国际工会被评为"北京市模范职工之家"。首钢国际关心职工生活,积极开展扶贫帮困工作。通过发放生日券、电影券,办理公园年票,法定节日慰问,让职工感受到企业的温暖。通过办公区地毯、南侧消防梯更换,楼内墙面全面粉刷,浴室改造等一件件小事,改善职工办公生活条件。在"两节"送温暖活动中,为 13 人申办困难补助金共计 1.04 万元。走访退休老干部、先进劳模、困难职工、在家病休以及境外职工家属和离退休人员共计 80 人次,送达慰问品约计 1.6 万元。丰富职工文化体育生活,全年举办多种丰富多彩的文体活动,参与人数达到 3600 人次,职工凝聚力提高。

(李 佳)

【教育培训】 立足首钢国际深化改革、转型发展的各项任务,坚持理论武装头脑,以政治理论、党性教育和领导能力培养为重点,将履职能力和创新思维相结合,依托首钢人才开发院师资力量,通过自学、互联网通信技术、观摩学习、讲座交流等方式,以完善分层分类分级培训体系、强化培训管控和提高培训质量为重点,持续推进理论学习和实践技能的有机结合。2017 年以来组织培训 20 次,其中:专题讲座 3 次、基层党组织负责人脱产培训 1 次,专业技术人员继续教育 16 次,首钢青训班输送 2 人,累计参培 538 人次。教育经费使用投入力度比上年提高 3%。

(李 佳)

【安全工作】 2017 年,首钢国际按照两级公司部署在集团安环部的指导下,严格贯彻落实《安全生产法》以及北京市、首钢集团安全生产工作要求,切实加强安全生产宣传和培训,狠抓主体责任落实,强化安全生产监督检查,督促整改措施落实,结合实际,突出重点,逐级加强安全生产领导,以各期安全生产大检查活动为抓手,不断夯实安全生产基础管理。按照市安委办和首钢集团要求,首钢国际 2017 年 9~11 月对北京所属企业进行安全专业大检查。公司各级领导高度重视,亲自组织、参与东直门国际公寓的现场检查,对安全生产工作提出新要求。聘请中关村皇冠假日酒店的洲际集团华北地区风控安全总监带队检查指导,采取交叉互检形式,通过检查交流经验,互帮互学效果良好。

(李 佳)

【首钢国际大事记】
1 月 5 日,首钢集团副总经理韩庆带队到首钢国际检查党风廉政建设责任制落实情况,并就下一步工作提出要求。2016 年首钢国际党风廉洁建设工作取得实效,首钢国际纪委获"首钢集团先进纪检监察组织",首钢国际进口煤采购效能检查组获"避免和挽回重大经济损失有功集体",公司纪委副书记杨大新获"优秀纪检监察干部",受到集团集团公司党委表彰。

1 月 22 日,首钢国际第七届职工代表大会第二次会议隆重召开,张炳成作题为《凝心聚力 砥砺前行 奋力推动首钢国际发展再上新台阶》的工作报告。

1 月 28 日,中国驻秘大使馆代表郝沁梅参赞一行到马尔科纳矿区慰问春节期间坚持工作的首钢秘鲁铁矿中方员工。

2 月 6 日,《人民日报》以《"中国制造"闪耀秘鲁矿区》为题,报道首钢经营秘铁 25 年,采购近 5 亿美元国产设备,并一直在为"中国制造"落户秘鲁铺路搭桥,也让众多中国企业得以"借船出海",成功进入拉美市场。

3 月 2 日,首钢国际成功签约印度布山钢铁公司一焦化改造项目。

4 月 26 日,首钢集团召开 2017 年先进集体、先进个人表彰大会,首钢国际获得首钢"先进单位"荣誉称号。

5 月 15~22 日,首钢国际副总经理邱留忠等一行 4 人到首钢秘铁进行访问,实地参观了新选厂施工现场,重点就新区选矿厂项目设备制造、运输、验货、接收等环节进行深入交流。

5 月 25 日,海淀区副区长陈双带队到首钢国际调研,帮助企业解决实际问题,支持企业"走出去",促进外贸发展。

6 月 21~26 日,首钢集团财务总监王洪军、首钢集团经营财务部副部长米良军、首钢集团国际业务部副部长兼境外融资总监孙亚杰、首钢国际总经理助理朱振财、首钢国际财务部部长助理徐伟一行 5 人,赴秘铁进行融资项目签约工作。

6 月 26~28 日,首钢国际 2017 年基层党组织书记培训班在首钢人才开发院(首钢党校)举办,公司所属各单位党委(总支)书记、党支部书记,党群系统负责人及基层单位党的基层委员会的委员和党小组长代表38人参加学习。

7月14～15日，首钢国际召开2017年度综合表彰暨学习交流会，庆祝中国共产党成立96周年，回顾首钢国际25年发展历程，表彰先进，交流党建经验。公司领导张炳成、石淳光、张箭、邱留忠、朱振财、周芹，以及各单位负责人、业务骨干、先进集体和先进个人代表等参加会议。会上发布"厚德载物，内外兼修树正气；胸怀全局，上下同心谋发展"的企业核心价值观。

8月8～9日，首钢国际党委书记石淳光带队，到青岛保税区首益物流有限公司、宁波保税区首德公司、首美公司调研，分别召开座谈会，了解公司运营及市场开发、业务经营、党建工作、文化建设等情况。

8月10日，首钢国际党委书记石淳光率矿产资源事业部、钢材贸易事业部、运营管理部、党委组织部、办公室、党群工作部及宁波保税区首美公司等相关部门和单位负责人，赴江苏沙钢国际贸易有限公司，与沙钢国贸总经理徐亮前、副总经理黄长萍、沙钢国贸原料贸易处、钢铁贸易公司、办公室等部门负责人进行座谈，就公司发展、矿产资源运作、钢材贸易出口、公司运营管理等方面内容开展学习交流。

9月25日，首钢国际投资的广州京海航运有限公司在首钢京唐公司曹妃甸自有码头，举行6600吨钢材船"京海兴"轮投产（首航）推介会。

10月16日，秘鲁中资企业协会召开6周年年会，协会会长、秘铁公司董事长兼总经理孔爱民代表协会发言，秘鲁私人投资促进局局长、秘鲁驻中国大使和中国驻秘鲁大使分别讲话，秘鲁政府及社会各界近300人参加活动。

10月20日，《首都建设报》以《首钢国际内控建设：从自身出发　与管理结合》为题，对首钢国际风控体系建设情况进行专题报道。作为今年市国资委内控检查最后一站，首钢国际内控体系建设用实力给检查画上圆满句点。

10月26日～11月2日，首钢国际董事长、总经理张炳成，总经理助理周芹等一行4人到秘铁检查指导工作。在秘铁期间，张炳成董事长听取秘铁公司2017年经营建设工作及2018年预算安排，实地考察新区项目建设现场，对2017年秘铁生产经营、工程建设、劳资谈判和中方管理等工作给予充分肯定，并对下步工作提出

要求。

11月3日，首钢秘铁与白银集团合资成立的首信秘鲁矿业股份有限公司尾矿综合开发项目举行投产仪式，中国驻秘鲁使馆大使贾桂德、秘鲁能源矿业部部长卡耶塔娜以及矿业局局长、伊卡大区主席等出席，秘铁公司董事长孔爱民全程陪同参加该投产仪式。

11月8～9日，首钢国际董事长、总经理张炳成，党委书记石淳光等领导分别到所联系党支部讲党课，宣讲党的十九大精神。

11月10日，首钢国际党委下发《关于深入学习宣传贯彻党的十九大精神的安排意见》，对首钢国际学习宣传贯彻党的十九大精神作出统一部署。

11月11～13日，渤海国际会议中心参加了由中国会议酒店联盟主办的"第十届中国会议经济与会议酒店发展大会"。跻身"2017年度中国会议酒店100强"，并被"第十届中国会议经济与会议酒店发展大会"授予"2017年度中国优秀会议酒店金爵奖"。

11月14日，全球三大铁矿石供应巨头之一必和必拓公司全球矿产品销售副总裁Vicky Binns（卞思薇）带领销售团队一行到访中国，在首钢国际大厦多媒体室会见中国钢铁工业协会副会长兼秘书长王利群、副秘书长王颖生等，双方就市场环境、环保限产、焦煤市场发展和下一步长协矿合同签订等情况进行充分交流。首钢国际领导参与会见与交流。

11月17日，首钢国际党委中心组走进北汽集团总部及北汽越野车分公司参观学习，学习借鉴其在生产经营中的创新理念，加强交流与沟通。

11月30日，首钢国际各基层党支部于2017年10月下旬至11月底，用一个月的时间集中完成了基层党支部换届选举工作。

11月30日，首钢集团副总经理韩庆，带领集团安全环保部、资产管理中心有关人员到首钢国际实地检查安全隐患大排查大清理大整顿落实情况。

12月6日，首钢国际召开第七届职工代表大会第三次会议，高磊当选为首钢国际职工董事，王骥当选为首钢国际职工监事。全体代表举手表决通过《中国首钢国际贸易工程公司公司制改革方案》和《中国首钢国际贸易工程有限公司章程》。

12月15～16日，秘铁公司召开2017年年会，公司董事长孔爱民、副总经理吴忆民分别对2017年各项工

作进行总结,对 2018 年工作提出希望。中国驻秘大使贾桂德参加了利马年会并致辞,他在致辞中充分肯定首钢秘铁公司一年来取得的不俗业绩,感谢其作为中企协会长单位做出的积极贡献,并祝愿首钢秘铁再接再厉、不懈奋斗,再创新辉煌。

12 月 29 日 首钢集团党委常委、工会主席梁宗平,带领首钢反腐倡廉建设领导小组办公室相关成员单位负责人,到首钢国际检查党风廉洁建设责任制落实情况。

(李 佳)

首钢秘鲁铁矿股份有限公司

【首钢秘铁领导名录】
董事长:孔爱民
总经理:孔爱民
副总经理、新区项目总指挥:孟祥春
副总经理:吴忆民
总经理助理:叶宝林
总指挥助理:马为民
总指挥助理:段明奇
总经理助理:谷广辉

(杜宝岐)

【综述】 首钢秘鲁铁矿股份有限公司(以下简称"首钢秘铁")是首钢 1992 年收购的控股子公司,总部在秘鲁首都利马市耶酥玛丽亚区智利共和国大道 262 号,矿区在利马东南 520 公里的伊卡省纳斯卡县马尔科纳地区。首钢在秘企业还有首钢秘鲁电力股份有限公司、首钢阿格纳夫企业集团有限公司、首信矿业公司。

截至 2017 年底,首钢秘铁公司主要设备有:钻机 8 台,电铲 9 台,矿车 32 辆,旋回、鄂式破碎机各 1 台,中破机 4 台,细破机 6 台,棒磨机 9 台,球磨机 10 台,过滤机 26 台,造球机 11 台,带式焙烧机 2 台,港口装船设备 1 套。公司生产球团矿粉、细精矿粉、粗精矿粉、马尔科纳粗精矿粉、粗粒度矿粉、大粒度矿粉,选矿厂年设计生产能力 750 万吨,产品销往亚洲、美洲等市场,2017 年中国市场占总销量的 97%。

公司设生产技术部、工程部、物资部、安全环保部、财务部、人事行政部、办公室、审计室、法律室。员工 1826 人,其中首钢派驻 38 人。

2017 年是秘铁实施"十三五"规划的重要一年,也是经营、建设跨越发展的关键之年。一年来,秘铁公司在两级公司的正确领导下,在两级公司领导的关心支持和帮助下,以党的十九大精神和习近平总书记系列重要讲话为指导,认真贯彻两级公司的各项指示要求,坚持以问题为导向,以党组织建设为基础,以苦干实干和精细化管理为突破口,克服外部环境的不利影响,加大生产组织、产品质量控制和新破碎运矿系统调试工作力度,积极推进新选厂、海水淡化项目建设,大力加强党风廉洁建设和队伍建设,各方面工作取得一定进展。

(杜宝岐)

【年度主要经营指标】 产量完成 1341 万吨;销量完成 1288 万吨;在秘企业实现销售收入 5.05 亿美元,其中首钢秘铁公司 4.55 亿美元;在秘企业实现利润 1.11 亿美元,其中首钢秘铁公司实现利润 1 亿美元(以最终外部审计结果为准)。

(杜宝岐)

【坚持保供原则,认真抓好老区生产】 一是通过强化采场生产组织,加强现场的调度,改善爆破质量,优化破碎和运矿系统操作,确保采矿、送矿系统高效率运转。二是合理配矿管理,确保产品质量。老区细粉含锌指标在 0.02% 以下。三是通过强化日常的检查巡查,加强交接班管理,提高维护保养的质量控制,强化对重点设备进行重点监护等,电铲、矿车等设备的完好率和作业率均比去年同期有所提高。四是加强产销衔接,确保集团用矿计划兑现。同时加强设备维护,提高装船机作业率。

(杜宝岐)

【树立大局意识,加快推进新区项目建设】 一是积极抓好破碎运矿系统调试。8月份采矿系统正式从工程转入生产,完成相关的交接工作。到年底新系统生产大粒度产品244万吨,装船发运203万吨。二是克服困难加快详细设计进度。通过加强与中冶北方的沟通配合,安排专人督促其全力推进项目详细设计,明确关键线路钢结构制作、土石方和土建、机电安装优先招标施工的工作总思路等措施。截至12月底,详细设计完成总出图量的66.62%。三是规定简化招标程序,确定合适的招标模式,推进一体化运作模式,在合理的价格范围内引进设备、钢构供货方进行安装施工。四是及时掌握设备制造发运,优化设备接收组织。截至12月底已完成11批设备接收,累计接收设备、钢构总重量20380吨。五是通过打破常规、超前安排,拆分工序、选择施工,采取24小时连续作业等方式全力抓好工程进展,土建施工进展好于预期。六是积极推进海水淡化项目。4月份完成项目EP合同的签署,现场粗平土工作9月5日全面完成,11月7日秘鲁能矿部签发海淡厂施工许可。

(杜宝岐)

【坚持问题导向,补短板提高企业竞争力】 一是继续开展降成本工作。通过精细化管理、加强采购管理和库存管理,严格控制现有生产系统人员。经过努力,全年吨矿生产成本控制在25.34美元,完成计划目标。二是认真组织降锌试验。在组织秘铁实验室试验的基础上,委托西北研究院和长沙院,对14#采区原矿进行全流程降锌试验,探讨进一步优化流程降低锌含量的可行性,6月份完成试验,提交试验报告。目前,长沙院的专家正在秘铁进行实地考察和试验,以期取得最佳效果。三是组织开展码头改造前期工作。在着手对现有码头进行结构安全监测的同时,邀请天津一航院到现场考察交流,目前正在组织对相关工作的研究等前期工作。四是积极整改审计问题。针对集团审计部提出的员工代持股、新区建设进度、制度更新、董事会文件翻译存档及安全事故等问题进行整改。目前,代持股、重要文件的翻译存档已整改完毕,制度的修订完善工作在按计划逐步开展。五是积极配合推进新区项目融资工作。先后从星展银行贷款2亿美元流动资金、从工商银行贷款5亿美元,返回借用集团公司的6000万美元钢材核销款和秘鲁俱乐部贷款的9000万美元余额偿还。同时加强资金的合理使用,严格控制支出,保证生产建设项目顺利进行。

(杜宝岐)

【依法开展工资谈判】 一是认真做好工资谈判工作。一方面积极与工人工会、职员工会接触,展现公司诚意,争取主动;另一方面加强公关工作,向国会和政府部门介绍公司发展情况、工人收入情况、公司为社会做贡献情况等,争取理解与支持。经过8个月的艰苦谈判,于10月26日率先与职员工会达成协议,增资幅度控制在合理范围。二是妥善应对工人罢工。10月9日早8时,秘铁工人开始无限期罢工。为妥善应对,一方面按计划组织采场生产、检修和施工,为复工后迅速恢复生产做好准备。另一方面公司领导分别前往伊卡和利马,先后多次拜会大区主席、劳工部长等,澄清事实,介绍情况,请求政府依法尽快合理裁决。同时细致做好社区工作,避免劳工问题社会化。10月27日晚6时伊卡劳工局下达裁决,并下令裁决后24小时内复工。裁决后立即组织装船和生产恢复工作。罢工期间未发生堵路和阻碍通勤的事件,矿区官员和职员正常工作,新区施工正常开展。

(杜宝岐)

【积极改善社区关系】 一是积极开展救灾慰问,树立企业正面形象。2017年2月份以后,秘鲁发生几十年不遇的洪水泥石流,秘铁公司对伊卡受灾较重的区域进行帮助。同时牵头组织秘鲁中资企业协会的爱心捐助活动,中方员工踊跃参与。秘鲁政府和中国驻秘使馆对此给予高度评价,伊卡大区主席也专程到公司向首钢致谢。二是工程抵税项目开工建设。伊卡"露仁耶稣"教堂重建工程7月底完成详细设计,8月组织对工程预算的审查,最终工程预算为3285万索尔,10月15日工程开工建设,教堂大主教称赞首钢秘铁在帮助伊卡人民重建精神家园,秘鲁社会各界给予高度评价。

(杜宝岐)

【强化四个意识,全面加强党的建设】 一是认真学习贯彻党的十九大精神。组织在秘工作的全体党员集体收看开幕会,制订下发《关于深入学习贯彻党的十九大精神的通知》,要求认真组织好对十九大精神的学习,做到三个"抓好"。二是继续认真开展"两学一做"学习教育活动。组织召开专题民主生活会,开展批评和自我批评。各支部也按照要求召开组织生活会。三是研究制订加强党建工作方案。提出加强秘铁党建工作的主要思路,即实施"四个一"工程(即巩固一道防线、强化一个核心、打造一个园地、树立一批典型),夯实境外企业党建工作基础,通过一段时间的努力,使公司各级党组织在思想、组织、作风、党风廉政和制度建设上不断迈上新台阶,保证企业健康发展和重点项目的落实。为保证"四个一"工程落到实处,制订出六个方面的具体措施。四是结合具体案例,深入开展警示教育。先后组织班子成员、全体党员学习高立平贪污案、李伟严重违纪案、巴西最大奥德布雷希特公司行贿案等材料,提高廉洁工作的自觉性。

(杜宝岐)

【视察与交流】

1月20日,应秘鲁能矿部邀请,秘铁副总经理吴忆民带队,携带救援设备赴阿里基巴省位于阿卡立的Purísima矿山,协助救援因泥石流被困在矿井坑道的矿工7人。在此次救援中,秘铁公司先后共派出5支救援队,并为救援工作提供帮助。

1月28日,大使馆代表郝沁梅参赞一行到马尔科纳矿区慰问春节期间坚持工作的中方员工;到秘铁和首信新项目现场进行考察,并检查安全生产情况。秘铁领导陪同考察和检查。

5月8~15日,中交天津第一航务工程设计院祝世华等一行3人到首钢秘铁进行工作交流,期间团组实地考察了码头现状,并就码头改造事宜与相关专业部门进行交流。秘铁公司董事长孔爱民接待并陪同考察。

5月15~22日,首钢国际领导邱留忠等一行4人到首钢秘铁进行访问,此期工作组实地参观新选厂施工现场,重点就新区选矿厂项目设备制造、运输、验货、接收等环节进行深入交流。秘铁公司董事长孔爱民等陪同参观,新区总指挥孟祥春组织进行交流、安排具体工作。

6月1~7日,首钢技术研究院副院长张卫东、首钢总工室副总工程师陈汉宇、首钢京唐制造部副部长王晓鹏、首钢矿业公司总经理助理张金华、首钢技术研究院杨涛一行5人到秘铁进行调研。此间,团组对秘铁新区项目进展情况进行考察,并就产品质量问题进行深入交流。秘铁公司董事长、总经理孔爱民等领导陪同调研。

6月21~26日,首钢集团财务总监王洪军、首钢集团经营财务部副部长米良军、首钢集团国际业务部副部长兼境外融资总监孙亚杰、首钢国际总经理助理朱振财、首钢国际财务部部长助理徐伟一行5人,赴秘铁融资项目进行签约工作。在秘期间,团组到矿区对新区建设及老区生产进行考察,并见证工行5亿美元融资长期

协议的签订。

10月16日,秘鲁中资企业协会召开6周年年会,协会会长、秘铁公司董事长兼总经理孔爱民代表协会发言,秘鲁私人投资促进局局长长、秘鲁驻中国大使和中国驻秘鲁大使分别讲话,秘鲁政府及社会各界近300人参加活动。

10月26日~11月2日,首钢国际董事长、总经理张炳成、总经理助理周芹等一行4人到秘铁检查指导工作。在秘铁间,张炳成董事长听取秘铁公司2017年经营建设工作汇报及2018年预算安排,实地考察新区项目建设现场,对2017年秘铁生产经营、工程建设、劳资谈判和中方管理等工作给予充分肯定,并对下一步工作提出要求。一是围绕2018年7月31日新选厂建成这一最高工作目标,做好施工组织、设备采购、安装调试等工作,确保目标的实现;二是加强投资控制,要保证新区项目不超支;三是要按照新老并重、远近结合的原则,做好设备采购工作;四是要按照国际先进矿山标准做好人员控制,不能因新区投产而人员激增;五是做好老选厂改造、码头改造的前期工作,同时也要考虑投资、成本、市场及用户需要等多方面因素。

11月3日,首钢秘铁与白银集团合资成立的首信秘鲁矿业股份有限公司尾矿综合开发项目举行投产仪式,中国驻秘鲁使馆大使贾桂德、秘鲁能源矿业部部长卡耶塔娜以及矿业局局长、伊卡大区主席等出席,秘铁公司董事长孔爱民全程陪同参加该投产仪式。

11月26日~2018年1月3日,长沙矿冶研究院院长助理陈雯教授一行3人,应邀到秘铁公司进行技术交流。在秘期间,团组成员实地考察老区选矿流程,就降锌、降硫进行技术研讨,指导老选厂进行浮选药剂流试验和流程试验,提出流程优化意见,对新选厂药剂制度进行探讨,确定对新、老区矿石取样运回长沙院研究,配制选矿药剂的工作思路。

12月15日、16日,秘铁公司分别在利马和矿区召开年会,公司董事长孔爱民、副总经理吴忆民分别在两地年会的致辞中,对2017年各项工作进行总结,对2018年工作提出希望。中国驻秘大使贾桂德参加利马年会并致辞,他在致辞中充分肯定首钢秘铁公司一年来取得的不俗业绩,感谢其作为中企协会长单位做出的积极贡献,并祝愿首钢秘铁再接再厉、不懈奋斗,再创新辉煌。

(杜宝岐)

北京首钢鲁家山石灰石矿有限公司

【首钢鲁矿领导名录】

董事长:张竞先

董　事:彭开玉　唐锡鹏　王金波　郭金保

总经理:王金波

副总经理:郧红星　王　海　倪任付

党委书记:张竞先

纪委书记:张竞先

工会主席:张竞先

（柳　岩）

【综述】　北京首钢鲁家山石灰石矿有限公司(简称"首钢鲁矿")始建于1951年,2006年改制注册成立"北京首钢鲁家山石灰石矿有限公司",公司注册资金3600万元,资产总额5亿元。2016年1月按照首钢总公司文件精神,正式列入钢铁板块,划归股份公司管理。同时,托管北京首钢耐材炉料有限公司、秦皇岛首钢黑崎耐火材料有限公司。

首钢鲁矿主要生产经营石灰石、白云石、石灰及消石灰等产品。在露天矿山设计、开采,新型节能环保石灰竖窑和氢氧化钙生产线的整体设计、制造、安装方面,具有较强实力。同时,拥有全国通用营业性爆破作业资质,可承揽爆破工程设计施工。此外,还经营机械制造、普通货物运输、生产建筑材料、内燃设备维修、会议服务及销售建筑材料等业务。

首钢鲁矿总部设在门头沟石龙开发区石龙高科大厦,下设7个部室、1个车间,分别是:党群部、经理办、人力资源部、财务部、经营部、技术开发部和安全部以及鲁采车间。下辖5个全资子公司、1个控股子公司、1个参股子公司,分别是:首秦石业、京唐石业、卢龙白云石矿、唐县石灰石矿、龙世源度假村,建昌石灰石矿,首钢黑崎公司。2017年末企业职工165人。

（柳　岩）

【主要指标】　全年实现经营收入2.9亿元,超计划32%;利润总额2500万元,超计划43%;按计划上缴投资回报420万元。全年完成产品销售:石灰石165万吨,建筑料59万吨,白云石45万吨,石灰及其制品10万吨,无机料7万吨,其他产品4万吨。另外京唐制备加工73万吨。

（柳　岩）

【首钢环境公司残渣暂存场爆破项目】　首钢环境公司残渣暂存场爆破项目,是首钢鲁矿2017年的一号工程,总爆破量70万方以上,工程预算近3000万元。该工程作业面小、作业点多、工期紧,爆破现场离建筑物近,且多家单位交叉作业,条件复杂,给施工和安全带来很大难度。为确保工程保质保量按期顺利完工,首钢鲁矿专门成立工程项目领导小组,成立爆破、技术、协调、安全、核算和测量等专项小组,明确各组职责。自2017年元月份工程开工起,项目历时10个月,先后完成暂存场项目中252台阶以上部分、三级锚固平台、北部边坡、暂存场坑底、南部护坡等爆破作业。共进行场地爆破78次,爆破孔数7000余个,进尺95855米,使用炸药365吨、雷管7230支。

（柳　岩）

【建昌矿办理矿山资质工作】　首钢鲁矿建昌矿顺利完成土地证、环保验收及爆破作业单位许可证的办理工作。2016年1月,建昌矿通过国有建设用地招拍挂取得30亩土地,并按建筑用地于2017年6月底取得土地使用证,使用期限50年。同年2月,建昌县环保局组织对建昌矿年产80万吨石灰石和年产20万吨生石灰两个项目进行环保验收,建昌矿顺利取得项目环保验收函,预计2018年取得排污许可证。

2017年5月,建昌矿落实葫芦岛市公安局对炸药库进行现场检查整改意见,9月份取得爆破作业单位许可证。同月,圆满完成首次采场的自主爆破任务。截至2017年底,累计爆破15次,使用炸药59吨、雷管1045发。经初步测算每吨炸药可节约费用约3000元,降本增效明显。

（柳　岩）

【绿色矿山企业】 首钢鲁矿北京本部顺利通过绿色矿山达标验收工作。通过严格按照2014年编制的《国家级绿色矿山建设规划》要求,完成已规划的破碎线料场封闭、主干道路面硬化、鲁坨路北侧采坑及最终边坡绿化治理等重点工作。北京市规划和国土资源管理委员会组织专家,对首钢鲁矿绿色矿山建设工作进行验收检查并给予高度评价。经上报国土资源部已将首钢鲁矿纳入绿色矿山名录库。

(柳 岩)

【生产组织工作】 首钢鲁矿建昌矿保质保量供应迁钢、首秦等地套筒窑用石灰石。克服采场边界争议和运输制约等因素,通过优化采掘方案,从原矿采掘、爆堆、配矿生产、运输组织等方面入手,加强日常质量管理,实施分装分运及上垛混装等措施。在确保石灰石质量稳定的前提下,尽可能提高原矿的利用率。全年采剥总量共计160万吨,其中供迁钢和首秦合计72万吨。2017年建昌矿石灰石CaO平均含量50.37%,MgO含量4.14%,SiO$_2$含量0.85%,S含量0.011%。其中石灰石中硫含量指标控制较好,全年仅有一个批次硫含量检验超标,得到迁钢、首秦对建昌石灰石质量的认可。

(柳 岩)

【无机料生产线投产】 首钢鲁矿北京本部按期建成无机料骨料生产线并正式投产。为解决原矿资源的接续开采问题,充分利用剥岩及采矿生产过程中产生的废岩石,实现资源综合利用,首钢鲁矿自筹资金120万元,在南区建设移动破碎线,用于生产无机料骨料,实现当年投资当年见效。截至2017年底销售产品7万余吨,收入72万元。

(柳 岩)

【资源考察工作】 为建立新的石灰石基地,掌控高钙石灰石资源,2017年首钢鲁矿考察辽宁四官营子、打草沟、三家子、国丰矿,安徽池州的泉坑、东至、琅河,以及江西九江的德安红桥等地的石灰石资源。6、7月份会同宣钢龙凤山矿对安徽、江西、湖北三省13个矿山单位,进行联合考察,完成矿山现场灰石取样、资料查阅、化验数据分析等,为下一步可行性研究报告的编制奠定基础。

(柳 岩)

【拓展首钢内部市场】 一是完成京唐公司套筒窑用高钙石灰石的供应任务。克服货源紧张、运输复杂等多重困难,全年完成10船次20万吨的石灰石供应任务,石灰石质量远好于京唐公司要求的各项指标。二是做好迁钢小粒灰的保供工作。5月份因迁钢二炼钢脱硫剂用高钙小粒灰供应出现质量问题,造成脱硫剂成本增加。为解决小粒灰质量及供应问题,6月份首钢鲁矿建成一条小型破碎筛分生产线,完成小粒灰供应260吨,为2018年迁钢脱硫剂生产线改造停产期间的供应工作做好准备。三是完成迁钢高钙铝渣球的供应工作。积极做好产品的试用工作,根据使用情况及用户建议,及时对产品进行质量改进,试用成功后全年供应270吨。

(柳 岩)

【技术改进】 首钢鲁矿技术人员通过在消石灰生产线加装螺旋装置,延长了生石灰的消解时间,一定程度提高了成品氢氧化钙转化率。改造后消石灰纯度指标全部达到生物质合同指标,消石灰用量大幅下降。在石灰原料质量变差的情况下,全年消石灰生产的石灰单耗基本与上年持平。

(柳 岩)

【提升基础管理工作】 全面实施首钢鲁矿公司内部OA协同办公系统。先后完成项目筹划、软硬件准备、员工培训、系统试运行等阶段,针对运行中出现的问题及时优化设置,于2017年8月份正式使用,降低了办公成本,提高了工作效率,堵塞了管理漏洞,同时提高了财务管理水平,强化异地管控能力,尤其是解决了财务单证异地审核保管等难点问题。

完成制度清理工作。2017年3月开展制度清理工作,经整理汇总,现行管理制度165个,同比增加8个。修订或新增的制度有《合同管理制度》《关于发票管理的补充规定》《员工休假制度》和《补充养老政策调整的通知》《备品备件及材料采购供应(兼计划)管理制度》《招投标管理制度》《安全生产隐患排查制度》及《"党政同责,一岗双责"制度》等。

(柳 岩)

【ISO9000质量体系认证】 首钢鲁矿和首钢鲁矿建昌矿通过ISO9000质量体系认证。

(柳 岩)

【党群工作】 深入开展送温暖活动,为突发变故的党员申请党内困难补助18000元,发放困难补助金6000

元。以补贴的方式为职工投保 2018 年互助保险,参保率 100%,为参保职工补贴 11400 余元。共安排职工 4 批 45 人去灵山疗养,增进职工身心健康,激发职工更大的工作热情。

(柳　岩)

北京首钢耐材炉料有限公司

【首钢耐材领导名录】

董事长:郇红星(3月任职)　刘宗乾(3月离任)

董　　事:王德春　彭开玉(3月任职)

　　　　　赵志军(3月任职)　赵连清(3月任职)

　　　　　许福山(3月离任)

　　　　　赵俊敏(3月离任)

董事会秘书:郭金保(10月任职)

　　　　　赵连清(10月离任)

总经理:郇红星(10月任职)

常务副总经理:李道忠(10月任职)

副总经理:杨　可

总经理助理:宋嘉喜

党委书记:郇红星(5月任职)　张竞先(5月离任)

纪委书记、工会主席:郭金保(5月任职)

　　　　　张竞先(5月离任)

(马锦凯)

【综述】　北京首钢耐材炉料有限公司(简称"首钢耐材")是 2008 年由首钢第一、第二耐火材料厂合并整体改制成立,注册资本 5000 万元,首钢集团、经营团队及员工、北京国际信托有限公司分别占股份 35%、50%、15%。公司主营冶金石灰、炉料和耐火材料的生产、销售及服务。2014 年 12 月根据首钢总公司决定,北京首钢鲁家山石灰石矿有限公司对首钢耐材实行托管。2016 年划入首钢集团公司"钢铁板块",归首钢股份公司管理。首钢耐材公司总部在北京,设经营部、计财部、工程部、人力资源部、资产管理部、技术中心、经理办公室及党群工作部等职能部门,耐材生产基地首耐高温陶瓷有限责任公司(及首耐分公司)在秦皇岛经济技术开发区,冶金石灰、炉料生产分别在首钢迁钢公司、京唐公司、首秦公司设有 3 个套筒窑作业区。首钢耐材有 1 家全资子公司、1 家分公司、4 家控股公司和 4 家参股企业。2017 年末资产总额 47899 万元,企业在册职工 216 人,其中在岗职工 202 人。

(马锦凯)

【年度经营指标】　首钢耐材努力克服困难求生存、谋发展。全年生产冶金石灰 128 万吨,同比减少 2 万吨,耐火材料总产量完成 7082 吨,同比减少 2400 吨。全年销售收入 12808 万元,同比减少 0.064%;实现利润 −1557.4 万元,同比减少 868.8 万元;销售收入劳产率 59.29 万元/年·人,同比减少 1.55 万元/年·人。

(马锦凯)

【京唐二期套筒窑项目】　年内,首钢耐材作为京唐公司二期套筒窑项目总包单位,与首钢京唐公司签订《京唐二期石灰套筒窑工程委托建设协议书》(委托合同编号:首京唐二期委建—01),协议书工程概算 8700 万元,计划 2018 年底建成。首钢耐材成立工程领导小组和京唐二期套筒窑项目部,建立工作流程和相关制度,按照与京唐公司签订的委托建设协议书,组织制定工程节点和总体进度安排,开展设计研讨、图纸转化、工程预算、设备定货、施工招标和现场管理等工作。11 月 15 日京唐二期套筒窑建设工程开工。

(马锦凯)

【疏解整治促提升专项工作】　年内,首钢耐材根据北京市和首钢专项行动部署,成立专项行动领导小组和工作小组,组织制定和实施拆除违建方案和突发事件处置预案,投入相当大的人力、物力和财力。在专项行动中,按照集团公司《首钢北京地区违法建设及大杂院整治剩余点位台账》下达的三处违建,全部落实整治。其中,原二耐"南厂区垃圾站北侧皮带通廊下"拆除违建 560 平方米,原一耐区域拆除外租人员私搭违建 600 余平方米,清理外租人员 17 户、40 余人,全面完成"疏解整治促提升"专项任务。集团公司资产管理中心对整治成果进行验收确认并予以销账。

(马锦凯)

【企业信用等级评价】 2 月,按照中国耐火材料行业协会组织的中国耐火材料行业企业信用等级评价工作要求,对申报企业信用等级进行筹划安排,3 月底前完成申报。9 月,中国耐火材料行业协会公布了中国耐火材料行业企业信用等级评价结果,首钢耐材获信用等级评价 AAA 企业。

(马锦凯)

【35 千伏电站调拨交付园区管理】 年内,组织对首钢耐材原一耐厂区域 35 千伏电站资产进行评估,先后完成立项评估报告、资产备案登记、资产调拨、补偿协议等程序,完成资产实物调拨交付首钢集团公司园区管理,至 7 月底全部完成账面结算工作。

(马锦凯)

【党建工作】 年内,首钢耐材党委班子进行调整,配专职纪委书记。党委组织学习宣传贯彻党的十九大精神,党委中心组学习 14 次,书记讲党课,班子成员撰写《记实笔记》和心得体会。完成领导班子及成员年度述职、评议;开展基层党建工作评议考核,党支部书记 6 人述职,党员 87 人参加评议,其中合格党员 63 人,优秀党员 24 人。健全中心组学习制度,修订《公司章程》《党委会议事规则》,制定党委主体责任和纪委监督责任保障落实制度、"三重一大"事项决策制度等。任免领导干部 12 人,其中公司领导 4 人次,科级干部 8 人次,提拔 5 人,调整交流 3 人;规范干部任用程序,在科级干部选拔任用中首次采取《任前公示》广泛征求意见。调整党支部建制,由 6 个党支部调整为 4 个党支部;完成基层党支部换届选举,推进党支部规范化建设,3 人参加党支部书记培训,确立机关党支部为党支部规范化建设试点;落实"三会一课"等基础工作,健全各种记录、台账。推进"两学一做"学习教育常态化,制订学习计划,把学党章、学系列讲话作为经常性学习教育基本内容;开展"两学一做"知识竞赛、党员读书月、党员重温入党誓词、主题教育党日等活动;开展"创先争优"党内评比表彰,树立先进基层党组织 2 个、优秀党员先进典型 4 人。

(马锦凯)

股权投资管理

◎ 责任编辑：刘冰清

北京首钢国际工程技术有限公司

【首钢国际工程公司领导名录】

董事长:李　杨(9月任职)

副董事长:刘　燕(12月任职)

董　　事:侯俊达　李长兴　张　建　李国庆

　　　　　马东波

总经理:侯俊达

副总经理:李长兴　张　建

财务总监:戴　军

党委书记:李　杨(9月任职)

党委副书记:侯俊达(9月任职)

(陈伟伟)

【综述】　北京首钢国际工程技术有限公司(简称"首钢国际工程公司")始创于1973年,是由北京首钢设计院改制成立、首钢集团相对控股的国际型工程公司,注册资本1.5亿元。首钢国际工程公司是国家重点高新技术企业和北京市设计创新中心,拥有工程设计综合甲级资质,主营冶金、市政、建筑、节能环保等行业的规划咨询、工程设计、设备成套、项目管理、工程总承包业务,综合实力和营业收入排名全国勘察设计企业前列。作为钢铁全流程工程技术服务商,为钢铁企业工程建设、环保搬迁、升级改造、挖潜增效、节能减排等提供技术服务;将传统优势技术升级应用于城市市政工程、建筑设计、节能环保等领域,为建设生态宜居城市和信息智慧城市提供技术服务。5年间完成200余客户近800项优质工程,完成国家"十一五"重点项目首钢京唐钢铁厂的总体设计。注重技术研发和自主创新,有300多项专利和专有技术,承担多个国家级重大科技课题的研发工作,主编或参编多项国家和行业标准规范,获国家科学技术奖和全国优秀设计奖近100项,获冶金行业和北京市优秀设计及科技进步奖300余项,连获全国建筑业企业工程总承包先进企业、全国冶金建设优秀企业、中国企业新纪录优秀创造单位、全国企业文化优秀单位、全国建筑业信息化应用示范单位、北京市"守信企业"等称号。

首钢国际工程公司设组织人事部、计划财务部、运营管理部、战略技术部、总工室、综合管理部、冶金工程分公司、能源环境分公司、建筑市政分公司、装备材料部、海外业务部、工程造价咨询部12个部门。有中日联、考克利尔、山西首钢国际、贵州首钢国际等11家投资公司。在册职工955人,平均年龄41岁,其中,博士4人、硕士249人、本科610人、大专69人;教授级高工54人、高级工程师268人、工程师261人。

(陈伟伟)

【转型发展】　年内,首钢国际工程公司在首钢集团公司钢铁与城市综合服务商协同发展战略的指导下,公司领导班子坚持顶层设计和企业实际相结合,统一思想,凝聚共识,总结钢铁和新产业拓展形势,深化改革,加快转型,做优做强冶金工程产业,大力拓展能源环境和建筑市政服务;更好地适应公司转型发展,完善公司组织机构,强化板块划分,提高独立面对市场的能力。结合现有人力资源情况,以冶金设计管理部、焦化、烧结球团、炼铁、炼钢、轧钢、工业炉事业部为主体设立冶金工程分公司。以能源环保、电气自动化事业部为主体设立能源环境分公司。以建筑市政设计管理部、工业建筑、民用建筑、总图规划、测绘事业部为主体设立建筑市政分公司。同时打造装备材料、海外业务、造价咨询业务板块,管理框架以组织人事线、计划财务线、战略技术线、运营管理线、行政综合线为主,进行资源整合和管理职能梳理,提升管理能力和效率。

(陈伟伟)

【服务首钢】　年内,首钢国际工程公司积极服务首钢。全力支撑首钢钢铁业。围绕京唐二期工程设计,动态调整设计资源,科学串排进度,加班加点,全力推进施工图设计。积极推进实施京唐二期球团、干熄焦和海淡等总包项目。迁安中化5、6号焦炉烟气脱硫脱硝工程顺利投产,运行指标优良,为拓展外部市场打下良好基础;积极协同首钢城市综合服务业。以首钢筑境建筑高端创意设计为引领,提升园区服务水平。完成冬奥广场7个单体的施工配合,全面完成国家冬训中心精煤车间改造、冰球馆、网球馆、运动员公寓等设计工作;全力推进红白楼改造和石景山景观仿古建筑项目;完成曹妃甸园区生态城48栋"被动式住宅"项目设计工作;努力打造首钢钢结构住宅样板工程,铸造村钢结构集资房4号和7号楼已封顶,二通钢结构保障房项目施工图设计全面完成。

(陈伟伟)

【冶金工程】 年内,首钢国际工程公司冶金工程项目组织水平不断强化。国内最大的宁夏特钢铬矿烧结机工程项目团队克服不利因素,实现项目"当年投产,当年验收,当年结算完成"的短平快目标,项目管理及技术服务能力得到业主高度认可,业主明确将二期烧结、球团2个项目再次交给我公司实施,开辟了公司在西北铁合金领域的新市场。山东球墨铸管烧结、晋钢石灰气烧竖窑、山东隆盛球团烟气脱硫等项目,急业主之所急,全部一次投产达标,确保正常生产运行,多次收到业主表扬信。山钢日照球团项目投产即达到设计强度指标和入炉条件,目前生产运行稳定,受到业主高度赞扬。

(陈伟伟)

【能源环境】 年内,首钢国际工程公司能源环境项目组织水平稳步提升。利用自身技术优势,以打造海外品牌工程为目标,精心实施秘铁海水淡化项目,采用集装箱式模块化双膜法工艺,全球范围内首次应用于大、中型海水淡化工程,工作极具挑战,项目团队刻苦钻研,精心设计,圆满完成设计任务,项目设备供货工作稳步开展。山钢日照海水淡化工程采用双膜法处理工艺,项目组织高效,正在积极开展设计工作。

(陈伟伟)

【建筑市政】 年内,首钢国际工程公司建筑市政项目组织水平逐步改善。园区项目组织在摸索中不断进步,项目管理能力逐步提升;埃塞工业园区精心组织现场技术服务,阿瓦萨和孔博查工业园区相继竣工。在由ENR《工程新闻纪录杂志》主办的"全球建筑峰会"上,阿瓦萨工业园项目荣获"全球最佳工程奖";铸造村4号和7号楼全装配式钢结构住宅项目主体结构已经封顶,被列为北京市钢结构产业化试点,受到社会各界人士好评;二通保障房是国内首次全小区采用、北京市首次采用设计—施工一体化招投标的钢结构住宅项目,项目管理团队精心策划,稳步开展各项工作。

(陈伟伟)

【科技开发】 年内,首钢国际工程公司全年科技开发课题立项65项,申报专利102项,连续3年实现专利申请量过百,获得专利授权81项,其中发明专利16项。获得行业科技进步奖和优秀设计奖14项,荣获"标准化工作先进单位"、"中国钢铁工业十二五科技工作先进单位"等荣誉称号。课题"炼铁—炼钢工序功能耦合匹配、界面衔接运行技术的研究"申报国家重点研发计划。"焦炉烟道气脱硫脱硝工艺技术"申报首都设计提升计划。参编《北京市钢结构绿色住宅技术规程》《钢结构配套节能墙体应用技术规程》,提升社会影响力。

(陈伟伟)

【成果转化】 年内,首钢国际工程公司具有完全自主知识产权的新能源智能化重载运输车技术成功应用于山钢日照热轧项目;公司设计的国内首座熔融还原工厂——山东墨龙HIsmelt项目已进入生产阶段,以此为基础完成加拿大HIsmelt项目可研编制工作;公司研发的焦炉烟气脱硫脱硝技术在首钢京唐、迁钢成功应用,环保效果良好,正在积极向社会市场推广;迁钢能环部组织的能源环保除尘改造测试,结果显示已达到超净排放;BIM设计已在二通、四高炉改造、山钢废钢加工车间、公司新建食堂等项目中全面开展。

(陈伟伟)

【人才管理】 年内,首钢国际工程公司强化人才队伍建设。优化职业发展通道,设立首席、副首席专家等技术岗位。结合绩效考评,对318人进行了岗位、薪酬晋升调整,13名项目制员工转为有固定期合同员工;实施工资套改,调整收入分配结构,进一步调动职工的积极性、主动性和创造性;制订员工特殊贡献奖实施办法,授予苗为人特殊贡献奖,起到了示范引领作用;加强注册资质分类管理,调整资质津贴待遇;借助猎头公司等多种渠道开展人才招聘和引进工作,引进新产业急需的专业人才。2017年共引进社会员工100名、招聘毕业生42名。开展公司级培训23次,参加人数达800余人次。

(陈伟伟)

【资金管理】 年内,首钢国际工程公司强化资金风险意识,坚决贯彻"量入为出、以收定支"的原则,每月通过资金平衡会强化项目管理,系统安排付款额度,在防控风险的前提下尽量减少资金支出,确保公司安全运营;落实资金回收主体责任,结合业主特点,开放思路,采取钢材抵款、多方转账、银行保理、债务重组以及诉讼仲裁等多种灵活有效的方式,提升应收账款回收效果。针对部门项目尾款长期不能解决的问题,采取法律手段,所欠资金得到有效回收。

(陈伟伟)

【企业文化】 年内,首钢国际工程公司组织开展公司成立 45 周年暨改制 10 周年纪念活动策划和准备工作;组织"光荣与梦想"先进表彰会、温馨部室评选表彰、首钢人故事宣讲、"三比三保"劳动竞赛等特色文化活动,袁霓绯获首钢"创新之星"荣誉称号,褚以卫等 10 人被评为 2017 年度"感动首钢国际"年度人物,营造积极向上的文化氛围;加强公司自有推广平台建设,更新形象展厅模型和展板,组织开展公司宣传册改版、客户杂志和企业微信公众号发布;加强公司对外形象宣传,在《首钢日报》《世界金属导报》《中国钢铁新闻网》刊发公司报道 100 余篇。

(陈伟伟)

北京首钢建设集团有限公司

【北京首钢建设集团有限公司领导名录】

董事长:金洪利(12 月任职) 徐小峰(12 月离任)

副董事长:刘宗乾

董　事:李国庆　杨　波　张志忠　苏宝珍
　　　　张永祥

总经理:杨　波

副总经理:苏宝珍　武阔君

总会计师:张桂芬

总经济师:任立东

总工程师:谢木才

总经理助理:徐　磊

党委书记:金洪利(11 月任职) 徐小峰(11 月离任)

党委副书记:张志忠(11 月离任) 杨　波

党委书记助理:李海龙(11 月任职)

(戴道明、赵秀英)

【综述】 北京首钢建设集团有限公司(以下简称"首钢建设")成立于 1956 年,是首钢集团旗下的大型综合性建筑施工企业。公司于 2008 年初改制成为国有控股企业,注册资本金 4 亿元。公司目前拥有工程技术、经营管理和项目管理人员 4000 余人,下设 15 个专业分公司,9 个子公司,14 个直属单位和 4 个控、参股公司。公司是首批中国工程建设企业社会信用评价 AAA 企业;连续 11 年获得"全国优秀施工企业"和"北京市诚信企业"、"中国工程建设诚信典型企业"、"北京市级技术中心和市级专利试点企业",首批"国家装配式建筑产业基地"称号。

公司拥有如下资质:冶金工程施工总承包特级;建筑工程、市政公用工程、机电工程施工总承包壹级;钢结构工程、建筑装饰装修工程专业承包壹级;输变电工程、起重设备安装工程、环保工程专业承包贰级资质;公路工程和矿山工程施工总承包叁级资质;冶金行业、建筑装饰工程设计专项甲级和建筑行业(建筑工程)乙级设计资质;特种设备安装改造维修许可(锅炉、压力管道、压力容器、起重机械)等资质。

首钢建设近年来获得国家级科技奖 1 项,获得省部级科学技术奖 24 项;拥有国家级工法 6 项,部级工法 25 项,企业级工法 139 项;拥有授权专利 144 项,其中发明专利 39 项;主编国家标准 2 项,参编国家和行业标准 21 项;获得鲁班奖或者其他国家级工程质量奖 5 项,省部级工程质量奖 96 项。

首钢建设以京津冀协同发展、国家"一带一路"发展战略为契机,明确以建筑业、产品制造业、建筑/设备维检综合服务业和国际工程为主要业务,不断向装配式住宅产业化、绿色建筑(被动式房屋)、PPP 承包模式拓展,形成以建筑为主业、多种业务并行的综合性建筑企业集团。

首钢建设以"求实创新、担当执行、标准规范"为企业准则,以"业主满意就是我们的标准"为服务理念,以"打造城市综合服务商"为发展目标,争创具有国际竞争力的建筑集团。

(李建辉、郝大伟、邵　飞)

【主要指标】 2017年,首钢建设实现营业收入55.3亿元,完成首钢集团下达计划的100.5%;实现利润14194万元,完成首钢集团下达计划的189.3%;实现新签合同额80亿元,完成首钢集团下达计划的106.7%,其中:首钢外部项目签约47.9亿元,占签约总量的60%;获得省部级以上科技成果2项,部级工法3项,取得授权专利20项。2017年生产安全死亡事故零;重伤事故零;轻伤事故1起1人,负伤率0.097‰,在控制指标1.8‰以内。

(吕英瑞)

【科技创新】 2017年,首钢建设中标北京市科委科技项目《绿色装配式高层钢结构住宅产业化设计与建造》,获得政府支持资金335万元。参与国家重点研发计划"绿色建筑及建筑工业化"课题"钢结构建筑高效装配化连接技术与示范"研发,获得政府支持资金55万元。获得省部级科学技术奖2项,获得冶金行业部级工法3项、受理专利41项,获得授权专利20项。新参编国家和行业标准4项,北京市地方标准1项。在《施工技术》《建筑技术》等国家核心期刊杂志发表论文27篇。并获得11项省部级优质工程奖,5项地市级优质工程奖。BIM技术应用获得中国图形学会全国BIM大赛一等奖一项,获得中国建筑业协会全国BIM大赛三等奖一项。

(李建辉)

【市场开发】 2017年,首钢建设完成开发签约80.01亿元。亿元以上大项目签约63.6亿元,其中4亿元以上大项目签约27.3亿元。市政基础设施领域签约15.9亿元,比去年增长47.63%。全面做好首钢两大园区及京唐二期建设,全年累计签约18.26亿元,其中两大园区签约15.39亿元;京唐二期签约3.37亿元。在此基础上,签约被动式建筑项目2.52亿元,与国内大型知名企业合作,并开拓中农联控股有限公司、香河万通房地产开发等10个亿元以上大项目的新业主,累计签约金额51.1亿元。充分利用公司现有设计资质,以EPC模式承揽安哥拉铝合金型材厂及首钢股份物资公司料场项目。海外项目全年累计签约14.12亿元,完成年初10亿元计划目标的141.2%。积极探索新的合作模式,成功签约冀州双创中心1.49亿元的PPP项目。

(丁利霞)

【工程管理】 2017年,首钢建设在国内外11个省市、22个地区、187个项目上开展工程建设工作,全年累计开工面积445万平方米,年度竣工面积131万平方米。"首钢装配式建筑研发展示基地"在北京市石景山古城南路正式落成并对外开放。北京园区冬奥办公区、场馆等44项工程,陆续交工,冬奥组委按期入驻,冬奥冬训项目按照计划节点稳步推进。六品一安铭城项目连获博鳌论坛·2016年房地产年会"十大最佳人居环境典范楼盘"与安徽楼市总评榜"十佳品质物业楼盘"两项荣誉。万科凤凰新城居住项目荣获2016年度河北省结构优质工程奖。重庆美利山六期工程荣获"三峡杯"。公司海外工程的施工能力持续提升,由公司所属国际公司承建的阿联酋阿布扎比海景大厦工程、安哥拉铝合金型材厂工程实现当年开工、当年竣工的进度目标,年底又相继签约阿联酋中央公园工程和哈萨克斯坦公路改造工程,海外工程所涉及的国家和地区继续扩大。

(王怀庆)

【企业管理】 首钢建设采取以下三种管理方式:一是持续优化运营管控体系,助推战略目标落地。在大城建驰项目正式推行项目模拟股份制,以A级项目经理承包机制为基础成立曹妃甸被动房项目部。二是夯实项目运营管理基础,提升项目运营质量。建立招标委监标机制,建立评标专家库,规范招标管理。构筑集采平台,明确自采流程,强化集中管控。2017年物资集采范围从单一的冬奥广场项目,拓展到14个项目,全年集采业务量达2.1亿元。三是加强风险过程管控,降低企业经营风险。建立投资管理、PPP项目管理、合同及应收账款管理三个专项风控体系,深化风险识别与预控,全年回收资金56亿元,资金回收率达102%。四是加强培训工作,做好专业人才队伍建设。围绕"夯实四个基础"、"深化四个集中"的重点任务,开展管理人员全员大培训工作,管理人员的业务素质水平有所提升。

(吕英瑞)

【人才建设】 首钢建设首先加速人才引进。全年引进实用型人才21名,招聘应届大学毕业生68人,属地招聘626人。其次创新培训机制。开展管理岗位全员培训,编制教材12套、考试题库33套,3093名在岗管理人员全部参加12大专业的培训和考试。组织各项专业培训527期,累计7271人次参加。再次强化校企合作。公司与西安建筑科技大学继续教育学院、华清学院签订战略合作协议,联合办学创建"首建集团人才学院",并举办由 45 名专业技术管理骨干参加的项目经理脱产培训班。并且开展技能竞赛,激发员工提素。举办电焊工、天车工、电工、瓦工、吊车司机 5 个工种的技能竞赛。同时鼓励员工取证,新增备案注册建造师 77 人、注册会计师 1 人、注册造价师 4 人、中级及以上职称人员 54 人。

（张学平）

【党群工作】 2017 年,首钢建设党委把学习贯彻党的十九大精神、推进"两贯彻一落实"作为头等大事,全面部署党建和思想政治工作,明确提出"突出一条主线,做到五个围绕"的工作思路,进一步规范和落实"三同时"制度。在公司二通基地建设新的党员活动室,并在"七一"举办揭牌仪式。公司党委中心组全年组织理论学习 24 次,各基层单位党委、总支组织广大党员学习《党章》《准则》《条例》,开展《以案说纪》主题教育活动。全年在《首钢日报》《北京日报》《文汇报》《中国冶金报》等媒体发表各类新闻 70 余篇,公司内网发表各类新闻 350 余篇。创建的"首钢建设集团微信公众号",全年发布各类微信 253 条,累计浏览量超 10 万次。策划、摄制的党建专题片《党员的名义》,全景展示广大党员在不同岗位上发挥先锋模范作用、为党徽增光添彩的动人画面,举办第五届党内创先争优图片展。全年共完成效能监察项目 5 项,总结典型事例 27 件,发现企业管理上存在问题 22 条,提出建议意见 23 条,被各级采纳 20 条,建章立制 7 项,增加经济效益 1098 万元。

（康京山）

【首钢建设大事记】

1 月 5 日,首钢建设承建的六安首建一品铭城项目获得博鳌论坛·2016 年房地产年会"十大最佳人居环境典范楼盘"与安徽楼市总评榜"十佳品质物业楼盘"两项荣誉。

1 月 22 日,首钢建设举行第二届职工代表大会第三次会议,领导干部代表、管理人员代表、一线职工代表共计一百二十余人参加会议。

2 月 14 日,首钢建设工会推荐的《高耸建筑物外凸构筑物步进式滑升安装施工方法》等三项创新发明专利被批准获得北京市总工会职工创新助推资助。

2 月 22 日,首钢建设投资建设的"首钢装配式建筑研发展示基地"在北京市石景山古城南路正式落成并对外开放。

3 月 15 日,首钢建设所属第二冶建分公司电调青年突击队入选 WORD 大北京"青"字号品牌代表,并入选天安门东站地铁公益广告箱。

3 月 24 日,中央直属机关事务管理局局长一行 30 余人参观首钢建设总承包施工的首钢西十冬奥广场项目现场。

3 月 30 日,首钢建设荣获 2016 年"北京钢结构制造十强企业"和"北京钢结构制造安装十强企业"两项荣誉。

4 月 11 日,国家工信部原材料工业司巡视员骆铁军一行,参观公司所属的首钢装配式建筑研发展示基地。

5 月 12 日,北京市规划委员会王玮主任一行参观公司所属的首钢装配式建筑研发展示基地。

5 月 25 日,首钢建设承建的唐山市万科凤凰新城居住项目二期 A 区二标段过程中荣获"2016 年度河北省结构优质工程"奖项。

6 月 7 日,首钢建设收到中国驻阿联酋大使馆给阿联酋项目部的感谢信,对公司所属项目部出色完成大使馆电话网络系统布线改造任务表示感谢。

6 月 19 日,北京市住建委和海淀区住建委领导带领质监、安监等职能部门,到首钢建设承建的万寿路甲十五号院老旧小区改造工程现场视察。

7 月 4 日,首钢建设第十次股东会议在二通基地党员活动室召开,董事长徐小峰主持会议,会议审议通过了《2016 年度董事会工作报告》和《2016 年度监事会工作报告》。

7 月 11 日,首钢建设在总部一楼会议室与西安建筑科技大学继续教育学院、西安建筑科技大学华清学院等签订三方战略合作协议。

7 月 28 日,首钢建设总部一楼会议室成功举办中国冶金建设协会工法关键技术鉴定会,中国冶金建设协会技术质量部吴玉霞主任等领导及行业专家出席会议。

9 月 16 日,首钢建设与中航技公司领导成功签署阿联酋沙迦商住楼项目承包合同。

9 月 17 日,首钢建设承接的庆祝新中国成立六十八周年天安门广场主题景观花坛项目,经北京市园林局和花木公司验收合格,圆满完工。

9 月 27 日,首钢建设党委组织召开干部大会。首钢集团领导白新、组织部部长吴平等出席。会上,吴平宣布首钢集团党委关于北京首钢建设集团有限公司领导班子成员调整的决定。金洪利担任公司党委书记、董事长，杨波担任公司党委副书记、董事、总经理，李海龙担任公司党委书记助理。

10月12日，首钢建设共青团第一次代表大会在公司二通基地报告厅举行，各单位共青团员和青年代表80人参议。

10月18日，首钢建设承建的北京（曹妃甸）现代产业发展试验区（生态城先行启动区）一期住宅工程多层标段全面结构封顶；该工程是获得PHI认证（德国被动房认证）的国内大型被动房住宅项目。

11月18日，北京市市委书记、北京冬奥会组委会主席蔡奇等领导到首钢集团调研，视察由首钢建设总承包建设的2022年冬奥会组委会办公基地。

12月8日，首钢建设总经理杨波在公司总部会议室接待到访的河南省辉县市市长刘彦斌一行，双方签署装配式建筑辉县产业园合作框架协议。

12月16日，首钢建设荣获中国图学学会第六届"龙图杯"全国BIM大赛施工组一等奖。

12月18日，首钢建设2017年项目经理培训班开班暨人才学院揭牌仪式在西安建筑科技大学华清学院举行。公司总经理杨波、西安建筑科技大学副校长张健等领导出席仪式。

12月20日，首钢建设党委书记、董事长金洪利接待到访的迁安市市长韩国强一行。

（郑舒元）

北京首钢自动化信息技术有限公司

【首自信公司领导名录】

董事长：张宗先

副董事长：刘宗乾（兼）

董　事：董　钢（兼）　兰新辉（兼）　佘国平
　　　　胡丕俊　李　腾

党委书记：张宗先

总经理：佘国平

副总经理：胡丕俊　李　腾　李振兴　许　剑

（梁志强）

【综述】　北京首钢自动化信息技术有限公司（简称"首自信公司"）位于北京市石景山区石门路1号院，2008年8月完成改制新公司登记注册，是首钢集团旗下唯一的自动化信息化专业性公司，是集信息化规划实施、自动化系统设计、软件开发、系统集成、技术服务于一体的高新技术企业。多年来，首自信公司培养造就一支专业配套齐全、熟悉工艺、经验丰富的专业化队伍，在自动化控制、数学模型、MES、ERP等领域具有强劲实力，拥有国家重点实验室和二百余项专利技术、软件著作权及注册软件产品。具备承担大型企业一至四级自动化信息化"交钥匙"工程的整体实力。首自信公司结合新业态、新形势，凭借近40年技术经验积累，积极向"工业智能化和智慧城市"两大领域转型发展。在工业智能化领域将重点发展"智能装备""智能工厂""智能物流"和"智慧服务"等产业；在智慧城市领域将重点发展"智慧园区""智能建筑"等产业。

首自信公司实行集中领导下的专业事业部制，设有运行事业部、首迁运行事业部、首秦运行事业部、京唐运行事业部、信息事业部、自动化事业部、传动事业部、工程事业部、电信事业部、自动化研究所、智慧城市创新中心、静态交通创新中心，共计12个事业部（所、中心）；公司机关设企划部、党群部、办公室、人力资源部、财务管理部、经营部、外部市场销售部、运行管理部、采购管理部、总工程师办公室、保密办和项目管理中心，共计12个专业管理部室；公司投资设立秦皇岛首信自动化系统工程有限公司、迁安首信自动化信息技术有限公司、唐山首信自动化信息技术有限公司、北京首冶仪器仪表有限公司计4个全资子公司；对外投资控股北京中关村华夏科技有限公司、北京华夏首科科技有限公司、天津首钢电气设备有限公司计3家企业；对外投资参股天津贝思特电力电子有限公司、北京首泰众鑫科技有限公司、深圳首实科技有限公司、北京首新电子有限公司计4家企业。截至2017年12月末，首自信公司（含全资子公司）在册总人数为3639人，其中在岗3553人，博士11人，硕士149人，本科1520人，大专1328人，大专以下545人。大专及以上占比84.7%。高级职称87人，中级职称363人，初级职称1573人，高级技43人，技师50人。平均年龄35岁。

2017年，利润计划8100万元，实际完成8150万元。销售收入计划110000万元，实际完成110048万元。

（许春阳）

【行业荣誉】 首自信公司荣获2017年"北京市诚信创建企业"称号。通过软件企业和软件产品的"双软评估"，被中国工业软件产业发展联盟授予"2017年度中国工业软件领军企业"称号，被工信部授予"2017年制造业'双创'平台试点示范企业"称号。

（田文娟）

【企业资质】 12月1日，首自信公司获得安防工程企业设计施工维护能力证书，能力等级：一级。10月26日，首自信公司获得中国电子信息行业联合会信息系统集成及服务（一级）资质。

（王　晶、戴克斌）

【科技创新】 首自信公司围绕两大产业开展核心关键技术研究，完成无人天车核心技术研发、工业机器人的多样化配套控制系统、多功能智能路灯杆、智能窨井盖、智慧停车平台等项目研发。取得60千瓦直流充电桩和7千瓦交流充电桩认证。完成公交立体车库样机的研制工作，掌握核心控制技术，具备承接公交立体车库项目的能力。

协助冶金自动化设计研究院，联合承担国家"十三五"重点研发计划项目——《重点基础材料技术提升与产业化重点专项-1.钢铁流程关键要素的协同优化和集成应用》，成功获得科技部资金支持，课题研究工作正在顺利开展。

（刘佳瑜）

【科研成果】 首自信公司8项科技开发成果荣获2016年度首钢科学技术奖，其中"冷轧处理线自动化控制系统的研发与应用""大型KR高效低耗智能化铁水脱硫成套技术集成与创新"两项目荣获2017年度冶金科学技术三等奖；"京唐镀铝锌生产线控制系统"项目荣获2017年度石景山区科学技术二等奖，该项目于2017年

9月26日，在石景山创业平台中心召开的"2016年度石景山区科学技术奖项目发布和推介会"上，作为此次科学技术奖发布和推介会议中唯一一项来自于冶金轧钢控制系统的科技项目，受到重点关注，并作为项目路演的第一个项目进行重点发布和推介。

自主研发的软件产品"烧结智能控制系统""隐患排查与安全预警系统"均被中国工业软件产业发展联盟评为"2017年度中国优秀工业软件产品"。

（刘佳瑜）

【成果转化】 首自信公司实施多项科技成果转化。其中"面向冶金业安全生产预警平台"在股份公司、京唐公司、首秦公司、长钢公司、水钢公司、贵钢公司、通钢公司、伊钢公司以及首钢集团推广应用；"京唐镀铝锌生产线控制系统的研究与实现"课题中的各项专利成果成功推广应用于迁钢1号、3号准备机组项目，并取得良好效果。

（闫秀萍）

【知识产权】 首自信公司申请专利55项，其中发明专利35项，实用新型专利16项，外观设计专利4项；取得专利授权30项，注册软件著作权27项，申请商标注册1项。截至2017年底，首自信公司累计申请专利236项，取得专利授权124项，申请软件著作权166项，注册商标8项，企业知识产权保护布局日益成熟。运用各级政府对企业知识产权工作的优惠政策，取得北京市专利资助金、石景山区知识产权奖励金、中关村创新能力建设专项资金等共计6万元。

（刘佳瑜）

【论文及学术交流】 首自信公司积极开展学习交流，营造活跃的学术氛围。2017年组织参加"走进知网"参观交流活动、"炼钢—连铸过程智能制造技术"高级专题研讨会、2017年全国第二十二届自动化应用技术学术交流会、第十一届中国钢铁年会等学术会议。在第十一届中国钢铁年会上共录用首自信公司论文12篇；《冶金自动化》杂志共录用首自信公司论文正刊8篇，增刊28篇；第十四届北京冶金青年科技优秀论文评选活动评审出首自信公司获奖论文22篇，其中：一等奖1篇、二等奖6篇、三等奖8篇、优秀奖7篇。

（刘佳瑜）

【产业联盟与政府支持】 首自信公司通过产业联盟、参与合作，进入优势企业行列。2017年先后加入"北京

工业大数据产业发展联盟""中国金属学会智能制造标准化技术委员会""中国软件行业协会第七届理事会"，并成为常务理事单位，加入"北京软件和信息服务业协会"，成为副会长单位。联合承担国家"十三五"重点研发计划项目——《重点基础材料技术提升与产业化重点专项－1. 钢铁流程关键要素的协同优化和集成应用》，申报成功并获得资金支持。申请2017国有资本预算资金支持优秀科技创新团队建设，"首钢轧制过程智能化创新团队"获得北京市国资委资金支持。"面向北京冬奥会的智慧路灯杆、窨井盖在线监管系统——市政云智能终端物联网技术研究与应用"申请2017石景山科技项目计划，获得石景山科委补贴。"面向高端多品种全规格的镀铝锌生产线智能控制系统研发设计与产业化"申请2017年度首都设计提升计划课题，获得资金支持。"面向京津冀全产业链集群创新的洁净钢工业互联网平台"成功申报工信部2017年制造业"双创"平台试点示范项目，获得资金支持。"首钢总公司校准实验室"成功申报中关村开放实验室储备项目，获得资金支持。

（刘佳瑜）

【组织机构调整】 为适应首自信公司转型发展需要，结合首自信"十三五"战略发展和战略定位，遵循"战略发展导向、运作协同高效、架构合理稳定、职责界定明确"四个原则，经公司研究决定，颁布《关于调整现行组织机构设置的通知》。对公司的14个职能部门和事业部重新设置并进行职责调整，同时对新部门进行定岗定编，及时调配人员，保证新的组织机构有效运转。

（王 帅）

【风控管理】 为加强和规范公司内部控制和风险管理，提高经营管理水平和风险防范能力，提高运行效率，促进可持续发展，首自信公司开展三个风控专项的风控体系建设工作，即：做好集团信息化服务工作、建立健全高效协同的组织架构模式、投资管理风险应对。

（张 琳、裴 蕾、王 帅、田文娟）

【权力清单管理】 为推进管控体系建设，提升管理能力，提高管理决策效率，最大限度规避风险，首自信公司开展编制权力清单工作，新的管控体系权力清单共包含35项职能领域，112项关键业务，254项关键事项，468项关键环节。

（田文娟）

【提高劳动效率】 首自信公司开展提高劳动效率工作，颁发《首自信公司提高劳动效率的指导意见》和《首自信公司提高劳动效率工作实施细则》。截至12月末，通过优化组织、提高劳动效率共精简人员137人，其中：由单位解除/终止合同的职工51人，劳务人员2人；离岗待退34人；职工内部转岗50人。

（王 帅）

【人才队伍建设】 为满足各层次人才需求，通过猎头招聘高技术人才45人；参加燕山大学、内蒙古科技大学、武汉科技大学、安徽工业大学、辽宁科技大学、东北大学、吉林大学等高校的校园双选会，招揽各类优秀人才，全年共招聘到岗人员349人。

2017年，评聘首钢技术专家1人，技术带头人1人，首自信专家7人，首自信技术带头人10人。截至2017年12月末，首自信公司共有首钢技术专家23人，首钢技术带头人11人，首自信专家25人，首自信技术带头人40人，共计99人。

（王 帅）

【三支人才及薪酬体系设计】 组织进行管理、技术、营销三支人才队伍的薪酬体系设计，制定完成《首自信公司薪酬分配管理办法》《首自信公司岗薪工资与补贴管理细则》《首自信公司岗位职务职级评聘管理办法》。

（赵宗棠）

【员工培训】 2017年，首自信公司举办各类培训班及技术讲座215个，累计培训12125人次，人均培训52.39学时。岗前培训率100%，培训覆盖率84.9%，全公司高技能人才占操作岗位职工人数比例达到19.4%。

（于 硕）

【项目管理】 为提高项目管理质量，首自信公司于2017年5月成立项目管理中心，进一步健全完善公司项目管理体系，制定出台6个项目管理办法、9个项目管理流程、5个管理模板。组建成立京唐二期、园区、智能工厂、集团管控、北京城市副中心等工程指挥部，统筹协调工程项目建设。自主集成实施京唐3500毫米中厚板一至四级，开发核心功能块140余个，一次试车成功，实现全自动轧制，加热炉实现一键烧钢，填补国内中板加热炉燃烧控制在这一领域的空白；同时组织完成冬奥广场办公区信息化一期、冬训中心信息化、曹妃甸生态城一期住宅弱电及智能化、首钢集团管控一期、股份公司协同办公、首钢云平台管理中心、园区规划建设管理平台、秘鲁铁矿1000万吨工程设计成套、京唐烧结智能控制无人操作等工程项目的实施。

（王晓娜）

【智能家居】　开展智能家居系统的研发与实施，以住宅为平台，利用综合布线技术、网络通信技术、安全防范技术、自动控制技术、音视频技术将家居生活有关的设施集成，构建高效的住宅设施与家庭日程事务的管理系统。1月，与首钢钢结构产业筹备组合作，在钢结构住宅中，完成首自信首套智能家居样板间建设。3月，在曹妃甸生态城首堂创业家被动式住宅项目中建设样板间13套。4月至6月，建设智能家居实验室，研发基于Android和IOS的App。7月至9月，研发、完善智能家居后台服务管理程序。10月，研发家电控制、照明控制、室内外遥控、防盗报警、环境监测、暖通控制、红外转发以及可编程定时控制等硬件。2017年在曹妃甸生态城共计实施智能家居725间。

（徐红艳）

【集团管控】　抓住首钢集团管控信息化项目建设机遇，重点打造集团管控咨询与实施能力、自主研发核心产品两大目标，推进首钢集团管控项目群立项与建设工作，以"自主研发+集成成熟软件产品"方式形成集团管控信息化整体解决方案，实现"平台+服务"的商业模式成功落地。

（王树成）

【安全隐患排查】　首自信组建包含市场销售、产品研发、项目实施在内的安全专业专职团队。完成股份公司二期项目开发和上线工作；8月完成首钢集团非钢28家公司隐患排查系统合同签订和项目第一阶段上线工作；11月完成集团数据分析平台上线和与北京市系统对接工作；12月完成双控体系及产品化前阶段工作的概念设计及部分需求设计。结合项目实施不断优化完善系统功能，形成安全隐患第一代产品。

（王树成）

【倒班助手】　紧密围绕"市场需求导向"，对产品进行持续升级改造，研发迭代3.3系列版本及3.4版本，进一步巩固在同类软件中领先的市场地位。截至年末，日均新增用户2000人，累计用户达110万。广泛开展市场调研，积极策划以社群化、微HR化、商业化为核心的倒班助手4.0版本，为4.0版本预热的3.4版本成功上线，打通支付、广告体系等业务和技术基础，为全新的

4.0产品商业化转型奠定坚实基础。

（王树成）

【供应链金融】　首自信组建专业化的产业发展团队，形成集金融创新和科技创新于一体的首钢供应链金融产业规划，制定首钢供应链金融产业实施路径及方案，与首钢基金、首钢财务公司、中国人大供应链金融产业科研团队进行密切沟通和资源整合，形成初步的供应链金融产业可行性报告、供应链金融平台方案、供应链金融风控方案及供应链金融数据分析方案。

（王树成）

【智慧城市】　首自信探索与实现规划建设整体业务与GIS、BIM的融合，实现集业主云（即规划建设管理平台）、设计云、施工云为一体的筑云平台。

秉承"紧盯市场、攻坚产品、狠抓项目"理念，完成智慧停车服务平台、"停++"App及停车场管理系统的开发。将停车管控与充电管控集成到同一平台，真正实现账户体系相统一。其中：停车服务平台支持停车场区域化管理、计费模型远程定义、订单实时同步、运营数据图形化展示；"停++"App集成百度地图实现停车场导航与搜索、支持微信/支付宝在线充值、软防盗锁、在线预约、扫码充电等功能；充电平台按照国家互联互通标准已完成一期任务对接、立库充电桩远程启动功能、奥运停车楼充电桩部署测试任务。

（陈燕霞、殷晓娟）

【"两学一做"学习教育常态化制度化】　首自信公司坚持常态求长效，推动"两学一做"学习教育经常化、组织生活规范化、作用发挥常态化，制定《关于推进"两学一做"常态化制度化实施方案》，坚持"三会一课"基本形式，推动组织生活正常化。创建《自信通报》《党建周刊》《党委工作要点》、党建工作群等载体平台，开展多种形式的学习十九大精神进支部、进作业区、进班组宣讲活动，开展专题研讨活动和专题座谈会，在广大党员、群众中掀起学习、宣传、贯彻十九大精神的浪潮。开展"三亮三比三评"主题活动，塑造党员在岗位实践中的良好形象，涌现出一批立足本职、攻坚克难的合格共产党员。创建"学习型、服务型、创新型"党支部活动，结合工作特点，周密计划，严密组织，全面加强基层党组织建设，激发基层党组织的活力。建立京唐运行事业部冷轧作业区等4个党员活动基地，成为新时期宣传贯彻党的路线方针政策、意识形态及支部中心工作新阵地。通

过持续学习教育,推动全面从严治党向基层延伸、向全体党员拓展,形成长效机制。

(梁志强)

【首自信大事记】

1月9日,首自信公司召开安全生产大会。首自信公司党委书记、董事长张宗先出席会议并作重要讲话,总经理佘国平主持会议并分别与各事业部(所)负责人签订《2017年安全生产责任状》,公司副总经理李振兴作安全生产工作报告。迁钢运行事业部、京唐运行事业部进行经验交流。首自信公司领导、各专业部室,各事业部(所)、联营合资公司负责人及安全专业员参加会议。

1月19日,首自信公司召开三届二次职工代表大会,会议总结2016年任务完成情况,分析面临的形势和存在的差距,部署2017年重点工作。首钢集团总经理助理、股权投资公司党委书记、董事长顾章飞出席会议并作重要讲话,首自信公司党委书记、董事长张宗先作总结讲话,首自信公司党委副书记、总经理佘国平作题为《因势而谋,变革创新,全力打赢转型发展攻坚战》工作报告。首钢总公司监事会办公室监事白昆岩和首自信公司领导及各单位职工代表、特邀代表150余人参加会议。

3月2日,中国国际经济交流中心产业规划部部长、副研究员张瑾率领中国信息通信研究院产业与规划研究所高级项目经理张扬等一行5人,莅临首自信公司考察调研,并就首自信公司5G发展情况进行交流洽谈。

3月3日,在首自信公司第五会议室,召开冬奥办公区信息化建设对接会。首钢集团副总经理白新和冬奥组委总体策划部副部长、技术部筹备组副组长喻红莅临会议,首自信公司张宗先、佘国平、李腾等领导和冬奥组委技术部筹备组处长贾力、副处长徐海琛等相关负责人出席会议。首自信公司与首钢园区指挥部分别对冬奥组委首钢办公区的建设投资情况、运维服务情况进行汇报。

3月3日,首自信公司召开2017年党风廉洁工作会议。首自信公司党委书记、董事长张宗先作重要讲话,首自信公司纪委副书记孙桂华作党风廉政建设工作报告。首自信公司领导、各专业部室、各事业部(所)、联营合资公司负责人及有业务处置权人员40余人参加会议。

4月7日,首自信公司召开党政联席会暨一季度经济活动分析会。首自信公司党委书记、董事长张宗先作总结讲话,首自信公司党委副书记、总经理佘国平主持会议并对下一步工作进行部署。首自信公司领导、各专业部室、各事业部(所)、联营合资公司负责人参加会议。

5月5日,首自信公司召开安全生产紧急电话会议,传达北京市副市长王宁在2017年北京市安全生产工作会议上的讲话和市安委会副主任、市安监局副局长李东洲在北京市安监局召开的"2017年北京市工业企业安全生产视频会"上的重要讲话,并对首自信公司当前安全生产工作进行部署。首自信公司副总经理胡丕俊主持会议并对公司安全工作提出要求。首自信公司各事业部(所)工程指挥部、筹备组和机关运行管理部、项目管理中心负责人参加会议。

5月18日,山信软件股份有限公司董事长郭维河、总经理张元福等一行8人到首自信公司参观考察,受到首自信公司党委书记、董事长张宗先与总经理佘国平的热情接待。

5月31日,中关村天合科技成果转化促进中心在国家会议中心举办2017北京国际服务贸易交易会科技服务板块系列活动之一的"科技成果转化促进服务的国际化新趋势"专题论坛和"共建天合国际科技成果转化促进服务平台"系列签约仪式。首自信公司董事长张宗先、副总经理胡丕俊受邀出席此次论坛。出席活动的还有来自国内外科技成果转化领域的相关机构代表及该领域的专家。

6月5日,北京首钢自动化信息技术有限公司、华夏大地控股有限公司、迁安市工业自动化协会战略合作签约仪式在北京新闻大厦举行。首自信公司领导胡丕俊、华夏大地控股有限公司领导王卫东和迁安市工业自动化协会领导颜廷举代表三方签订战略协议。

6月7日,北京市科委文化科技发展处的专家领导一行3人莅临首自信公司,针对我公司申报的"2017年度首都设计提升计划"课题、"面向高端多品种全规格的镀铝锌生产线智能控制系统研发设计与产业化"课题相关事项,进行实地考察调研,受到首自信公司总经理佘国平的热情接待。

6月13日,首钢集团有限公司财务总监王洪军莅临首自公司现场调研,首自信公司总经理佘国平、副总经理李腾、副总经理许剑及财务管理部负责人参加调研。

6月16日,中国建设勘察研究设计院有限公司副院长王丹,带领设计院城市与建筑设计专业院副院长李德成等一行4人,到首自信公司考察调研,首自信公司总经理佘国平接待,双方就各自企业具备的优势以及下一步合作事宜进行座谈交流。

6月20日,针对工业4.0、智能工厂建设,以开放的视野扩大与国际一流公司的技术合作,全面提升首自信公司技术创新能力,举办首自信公司与普锐特冶金技术(中国)有限公司技术交流会。

6月21日,首自信公司召开重点工作任务督查、制定权力清单与修订完善规章制度启动大会。首自信公司总经理佘国平主持会议并作动员,首自信公司企划部负责人布置首自信公司权力清单编制及规章制度修订等相关工作。机关各职能部门、各事业部(所)、筹备组主管领导参加会议。

6月22~23日,首自信公司召开为期两天的"质量与大数据分析"学术研讨会。此次会议邀请来自美国的佐治亚理工学院、威斯康星大学麦迪逊分校、德克萨斯A&M大学、亚利桑那大学以及北京大学、中科院等国内外著名学者,针对"质量与数据科学研究分析方法"展开系列学术研讨。首自信公司总经理佘国平、副总经理胡丕俊、副总经理许剑以及各事业部(所)、首钢技术研究院相关领域科技人员60余人参加研讨。

7月7日,首自信公司召开庆"七一"先进表彰暨"首自信人的故事"宣讲会,首自信公司党委书记、董事长张宗先出席会议并做重要讲话,首自信公司党委副书记、总经理佘国平主持会议并提出贯彻会议精神要求。

7月28日,首钢集团公司总经理助理、首钢股权投资公司党委书记、董事长顾章飞为首自信公司机关党总支第一、二、三党支部党员讲专题党课。首自信公司领导张宗先、佘国平、胡丕俊、李腾、刘涛以普通党员的身份参加党课。首自信公司机关党总支第一、二、三党支部党员近60人参加学习。

8月16日,北京生产力促进中心党委书记、副主任高谦,带领北京生产力促进中心总工程师陈立军、江苏常州天宇经济开发区管委会主任倪立泽一行3人到首自信公司调研,受到首自信公司总经理佘国平的热情接

待。首自信公司总工办、自动化研究所、智慧城市创新中心、静态交通筹备组等有关单位的主要领导及技术负责人参加调研。

8月22日,首自信公司通过增值电信业务(IDC/ISP)经营许可证认证所需要的全部审核程序,并成功获得工信部跨地区增值电信业务(IDC/ISP)牌照,同时工信部也批准首自信公司授权秦皇岛首信自动化系统工程有限公司可以经营IDC/ISP业务的申请。

9月16日,在首钢工学院体育场,首自信公司隆重召开第七届职工运动会。首钢集团公司工会副主席陈克欣出席运动会并宣布本届运动会开幕,股权投资公司党委副书记、工会主席刘燕出席会议并作重要讲话,首自信公司党委书记、董事长张宗先致辞,首迁运行事业部青年职工何明杰代表全体运动员宣誓。首自信公司领导、各单位主要领导与来自一线职工及家属共计1800余人参加运动会。

9月15日,"2017百度云智峰会"(ABC SUMMIT)在国家会议中心举行。首自信公司总经理佘国平、副总经理李腾出席会议。首自信公司总工办、智慧城市创新中心等相关人员参加此次会议。

10月17日,首钢集团总经理助理王涛赴首自信公司现场调研,首自信公司领导张宗先、佘国平、胡丕俊、李腾、李振兴、许剑、刘涛、李杰及办公室、智慧城市创新中心相关负责人参加调研。

10月27日,首自信公司自主开发的"首钢隐患排查与安全管理系统"产品发布会在首钢体育大厦成功举行。北京市安全生产科学技术研究院事故预防研究中心、北京市安全生产科学技术促进会、石景山区安全生产监督管理局、石景山科学技术委员会、石景山区安全生产协会、首钢集团公司安全环保部等单位领导出席会议。首自信公司党委书记、董事长张宗先到会并致辞。来自新浪科技、腾讯、网易、搜狐、环球科技、计控信息报、首钢电视台、首钢日报等多家新闻媒体代表出席发布会并给予报道,共有200多名各企业人士出席产品发布会。

10月29日,首钢集团有限公司校准实验室(首自信公司标准计量站)顺利通过中国合格评定国家认可委员会(CNAS)专家组的现场复评审。

10月30日,首自信公司召开北京城市副中心行政办公区综合管理服务平台项目启动大会。公司领导张

宗先、佘国平、李腾、刘涛及机关各部室、北京城市副中心项目建设指挥部相关负责人参加会议。

11月2日,首自信公司成功获得信息系统集成及服务一级资质。标志着首自信公司在主营业务领域整体实力名列前茅,具备承担国家行业重大信息系统的能力和水平。

11月9日,在中国工业软件产业发展联盟举办的"2017第八届中国工业软件发展高层论坛"上,首自信公司荣获"2017年度中国工业软件十大领军企业"奖,自主研发的软件产品"烧结智能控制系统"、"隐患排查与安全预警系统"均被评为"2017年度中国优秀工业软件产品"。

11月29日,首钢集团副总经理韩庆带领集团资产管理中心等相关部门负责人,对首自信公司安全隐患大排查大清理大整治专项行动进行检查。

12月13日,首钢集团总经理助理王涛赴首自信公司现场调研,首自信公司领导张宗先、佘国平、李腾、刘涛、王鹏南及办公室、企划部、经营部、人力资源部相关负责人参加调研。

(许春阳)

【先进集体和先进个人】

首钢劳动模范

 周德谋 沈 楠 郭立伟 崔凤玲

首钢先进集体

 京唐运行事业部冷轧作业区彩涂涂镀班

 首迁运行事业部热轧作业区二热轧维护班

 信息事业部IT技术中心智能多媒体部

首自信公司先进单位

 京唐运行事业部

 北京首冶仪器仪表有限公司

 首自信公司办公室

首自信公司先进集体

 首秦运行事业部生产科

 首迁运行事业部顺义分部

 首迁运行事业部炼钢作业区

 首迁运行事业部冷轧作业区

 京唐运行事业部能源计量作业区

 京唐运行事业部安全科

 传动事业部设计室

 自动化事业部计算机室

 信息事业部迁顺分部

 信息事业部办公室

 工程事业部项目一部

 电信事业部机务车间

 电信事业部智慧园区开发科

 自动化研究所系统室

首自信公司先进班组

 运行事业部标准计量站检定室

 首秦运行事业部炼钢炼铁作业区

 首迁运行事业部冷轧作业区冷轧一班

 首迁运行事业部炼钢作业区一炼维护班

 首迁运行事业部炼铁作业区焦化班

 首迁运行事业部公辅作业区检修组

 京唐运行事业部炼铁作业区高炉班

 京唐运行事业部炼钢作业区转炉班

 京唐运行事业部热轧作业区2250班

 京唐运行事业部修理作业区钢铁修理班

 传动事业部设计室项目一班

 自动化事业部系统室调试一组

 信息事业部智慧城市创新中心智慧一部

 信息事业部京唐分部IT服务系统集成组

 工程事业部项目二部钳工班

 电信事业部京唐分部抢修班

 电信事业部维护工程车间通信维护班

 电信事业部迁钢分部炼铁维护一班

 自动化研究所研发中心冷轧项目组

 首自信公司冬奥项目部

 天津贝思特电力电子有限公司

首自信公司先进职工

运行事业部	傅党生		
首秦运行事业部	杨栋梁	于海鹏	
首迁运行事业部	倪志鹏	王维君	
	袁雨	张世凯	庞博
	张向国	苗春亮	赵志民
	崇海泽	王松山	景小文
	张秀明	沈志勇	祖双庆
	赵广恩	郑文瑞	钟京钢
	颜廷举		
京唐运行事业部	张立山	鄂立民	
	刘峰	王新华	杜蒙

	肖　园	刘　岩	王小川	信息事业部	侯利明
	焦冠雄	许瑞峰	焦腾飞	工程事业部	王长浩
	杜思光	刘国林	孙学庚	园区指挥部	刘应凤
	张云松	马建成	李长龙	财务管理部	宋国贞
传动事业部	王文彪			北京华夏首科科技有限公司　王崇岩	
自动化事业部	赵长春	宋鹏宇		首自信公司六好班子	
信息事业部	樊登旺	张子元	宫雪飞	首迁运行事业部党总支	
	李明阳	王　旭	王璐璐	首自信公司先进党总支	
	赵志威	王同森	杨强强	首秦运行事业部党总支	
	刘中良	赵　亮	罗思亮	首自信公司先进党支部	
工程事业部	杜京川	陈冀川	李茂生	首迁运行事业部热轧作业区党支部	
电信事业部	王　强	姚　磊	施子楷	自动化事业部第二党支部	
	王　洋	宋　蒙	欧阳占楼	电信事业部维护工程党支部	
	于春祥	饶铁军	李动春	工程事业部项目一部党支部	
	孙克鹏	李彦辰	司　泉	首自信公司机关第一党支部	
公司机关	齐　勇	梁志强	李　琴	北京首冶仪器仪表有限公司党支部	
	卢玉峰	王　绪	刘丽洁	首自信公司先进党小组	
	杨素梅			首秦运行事业部轧前党支部炼铁党小组	
联营总支	李清华			首迁运行事业部冷轧二班党小组	

首钢模范党总支
 首迁运行事业部党总支

首钢模范党支部
 京唐运行事业部炼钢党支部
 传动事业部设计室党支部

首钢模范共产党员
 自动化研究所　　　马利友
 自动化事业部　　　李晓宇
 传动事业部　　　　张国强
 电信事业部　　　　黄金舫

首钢股权投资公司先进党支部
 信息事业部 IT 党支部

首钢股权投资公司先进党小组
 运行事业部生物质班党小组
 电信事业部迁钢分部党支部第三党小组
 工程事业部联合党支部第二党小组

首钢股权投资公司优秀共产党员
 运行事业部　　　　刘　泼
 首秦运行事业部　　苏　生
 首迁运行事业部　　于晓磊
 京唐运行事业部　　戴春雨

首迁运行事业部顺义分部酸轧党小组
京唐运行事业部技术中心党小组
京唐运行事业部能源计量作业区大型衡器党
 小组
传动事业部设计室党支部第二党小组
信息事业部迁顺党支部 MES 党小组
电信事业部智慧园区开发党小组
自动化研究所轧钢研究室党小组
党群部党小组
北京华夏首科科技有限公司党小组

首自信公司优秀共产党员

运行事业部	李全军		
首秦运行事业部	杜殿辉		
首迁运行事业部	王晓宇	周　明	崔海青
	李小龙	刘　超	陈志年
	唐　婧	廉　野	
京唐运行事业部	赵跃进	杜方友	王瑞丰
	王宝月	窦建伟	刘鹏哲
	王保旺	田爱心	
自动化事业部	薛　冰		
传动事业部	邱玉海	王玉梅	

| 信息事业部 | 赵艳春 张 维 袁 伟 | 自动化研究所 | 杨伟强 |

信息事业部　赵艳春　张　维　袁　伟
　　　　　　李铭泽　王树成　刘志军
　　　　　　樊艳伟
工程事业部　李东辉　林景岚　曹宏伟
电信事业部　张殿阁　李明杰　夏明奇
　　　　　　刘　达　郭运桥　李　军

自动化研究所　杨伟强
联营党总支　　孙　涛
机关党总支　　黄　庚　何莉林　张　浩
　　　　　　　禤孜询　王振霞　秦孝凯
（梁志强）

北京首钢机电有限公司

【机电公司领导名录】
董事长：张满苍
董　事：刘宗乾　李建设
　　　　张满苍　刘　强　张秀怀　王三恒
监　事：韩春林　徐国生　郭军杰　王信书
　　　　刘丽虹
总经理：张满苍
副总经理：刘　强　张秀怀　王三恒
党委书记：刘　强
纪委书记：刘　强
工会主席：刘　强

（郭鑫鑫）

【综述】　北京首钢机电有限公司（以下简称"机电公司"），首钢机电公司始建于1986年。企业总资产34.6亿元。具有设计、制造、安装调试、服务、技术咨询、设备供应总承包综合能力，具有机电设备安装专业承包等资质。拥有各种大型金属切削设备，其中精密机床、大型数控化机床300余台，拥有设备结构、热处理等配套工艺，有完善的理化检测手段和先进的检测设备，可满足各种用户对不同质量的要求，具有ISO9001（或ISO9002）国际质量保证体系认证和美国ASME认证。经过多年发展，形成中高端成套设备制造与服务和钢铁服务业两大板块主业，主要产品包括冶金成套设备、焦化设备、城市道路安保设备、城市垃圾处理设备、机械式停车设备、电动汽车充电桩、管片模具及自动化生产线、住宅产业化生产线、散料（自卸）设备、桥梁施工转体设备、海水淡化设备及电机、开关柜、变压器和液压产品等。

机电公司下设大厂首钢机电公司、首钢机电设研院、成套设备分公司、电机厂、液压中心、迁安机械修理分公司、曹妃甸机械修理分公司、秦皇岛机械修理分公司、创业中心。职工总数2061人，工程技术人员197人。2017年底在册职工2061人，其中硕士5人、研究生10人、本科266人、大专514人、中专及以下1266人；高级职称18人，中级职称87人；高级技师44人，技师50人，高级工249人，中级工231人，初级工172人。职工平均年龄37岁。

2017年是机电公司全面落实和实施"十三五"规划的重要一年，是保生存、求发展的攻坚之年。面对错综复杂的外部环境和艰巨繁重的转型发展任务，机电公司努力推进机制体制创新，以扭亏增效为中心，狠抓四个板块市场开发，大力培育开发新产品，持续推进工艺技术进步，稳步提高合同兑现率，全面完成2017年各项目标任务。公司发展更具创新活力，机电公司党委今年首次被评为首钢"六好班子"。

（郭鑫鑫）

【主要指标】　机电公司实现控亏800万元目标，合并报表实现销售收入6.1亿元，实现工业总产值5.05亿元，从业人员销售收入劳产率26.9万元/人·年，全年杜绝因工死亡和重伤事故。2017年指标整体完成情况较好，主要经济技术指标的完成与去年同期相比都呈现增长趋势，各单位在把握市场机遇方面能力进一步提升，决心得到彰显；另一方面，虽然完成控亏任务，但企业依旧处于亏损状态，在打造稳固的市场和支柱产品方面,还需要继续加压,用好指标这把尺子,化生存压力为动力,倒逼改革、推动变革、实现效益。

（郭鑫鑫）

【市场承揽】 2017年,机电公司围绕四大业务板块,以巩固传统优势产品为基础,以开拓外部非钢市场为重点,在市场承揽方面取得积极进展。冶金板块,三个检修基地和电机厂贴身服务首钢内部市场,全年机电液备件及检修维保承揽合计3.7亿元,曹妃甸分公司开发积累大型减速机的经验和技术,全年共修复大型减速机13台,经营部和成套分公司先后承接河北东海特钢120吨转炉、河北新金130吨转炉等重大项目,为市场承揽提供保障;城市基础设施设备服务板块,进一步巩固,全年承揽护栏项目38公里,公交站亭、站牌、标志杆、监控杆等共计195套,项目总计1.6亿元,积极参与首钢园区建设,承揽首钢园区冬奥广场基础设施设备及幕墙锈钢板供货任务,合同总额约1012万元,积极推进各种形式立体车库研发,以研发带动承揽,实现合同2228万元;隧道工程板块,管片模具市场承揽再上新台阶,今年再度创下130套的佳绩,市场份额保持稳定增长;能源环保板块得到较快发展,通过深化战略合作,持续在产品开发和工艺技术提升上下功夫,全年完成承揽8213万元,同比增长239%,较好地实现"提速""提质""提量"目标。

（郭鑫鑫）

【产品转型】 2017年,机电公司依托四大板块的构筑和发展,进一步提升板块支撑作用,在产品研发、资源整合和推广布局方面取得新突破。传统冶金制造服务板块,借助集团内部和自身优势,开辟新的产品增长点,京唐分公司坚定拓展传统钢铁服务范围,先后承揽到5台近1500万元余热回收装置产品,迁安机械分公司先后在沉没辊的制作及轧机牌坊在线修复项目上取得突破;城市基础设施制造服务板块,在继续深化长安街及其延长线景观提升工程的基础上,针对不同地区进行护栏定向研发,先后设计制造符合北京西站、中华世纪坛等地区不同风格的护栏,配合园区建设要求,陆续研发灯杆、阻车器、穿孔锈板、垃圾桶等系列产品,多形式公交立体车库及单车立体车库研发工作持续推进;能源环保板块,初步发展形成了涵盖污水、污泥处理两大系统,四大产品单元,30余种类型在内的产品格局,集群效应初步显现;隧道工程板块,全年共研发推出包括5种新型模具在内的11种不同规格产品,可满足不同用户需求。

（郭鑫鑫）

【工艺技术推广】 2017年,机电公司坚持装备升级改造,加快技术引进转化,进一步突破现有技术瓶颈。迁安机械分公司学习并掌握热喷涂技术,填补该领域的技术空缺。成套分公司围绕环保堆肥、污水处理、污泥处理、垃圾焚烧发电四大产品单元,逐步开发整合污泥干化全系统多类处理、堆肥系统多类处理、多类水处理等先进技术工艺,设计研发能力加速由图纸转化向产品详细设计、自主设计转变。积极开发沉没辊、开卷卷取芯轴等核心备件,加大激光熔覆、新型堆焊表面处理等技术的推广力度,冶金装备维修服务能力持续提升。

（郭鑫鑫）

【资质取证】 2017年,机电公司按照新标准、新要求取得"安全生产许可证""安防工程企业设计施工维护能力证书"等重要资质,并及时完成"特种设备起重机械安装修理资质""护栏工厂检验合格证书""护栏工程施工检验合格证书"的延期换证工作,为在社会上开拓各种市场提供有力保障。制定对新考核资质证书、职称人员的奖励办法,广大职工学本领、提技能、考证书的积极性进一步提高。

（郭鑫鑫）

【科研成果】 2017年,机电公司与沈阳大陆激光科技有限公司合作的短应力轧机绿色制造项目,作为机电公司又一次承担的国家重点研发项目已经立项。同时,成套分公司围绕环保领域开发,与北京市多家院校专家建立长期合作咨询关系,与多地水务系统政府部门就国家大力推动的环保项目达成合作意向,并建立起市场信息的反馈机制。

（郭鑫鑫）

【管理创新】 自主研发经营管理平台,通过信息化平台工具的应用加强经营管理,强化流程监控,为经营决策分析提供强有力的数据支撑。充分发挥基层创新示范带动作用,大厂基地先后成立传动创新工作站和高炉炉顶创新工作室,基层创新活力进一步激发。迁安机械分公司经过多年创新与实践,结合自身实际推出的工作模式信息化平台获得首钢管理创新二等奖,受到集团和内外部单位的一致认可。

（郭鑫鑫）

【制度规范】 2017年,机电公司按照公司制改革要求和集团指导意见,修订公司章程和章程管理办法,完善机电公司议事规则,修订党委会、董事会、经理层工作规则和"三重一大"管理制度,规范机电公司碰头会、例会和反馈制度,公司治理结构进一步规范。

（郭鑫鑫）

【组织创新】 机电公司坚持以市场需求为导向的组织生产观念,针对护栏、管片模具、孔板格栅等项目组织的典型特点,推行项目经理负责制,施行"专项专管,专人专人"的组织方式。强化经营、设计、工艺技术与制造单位之间的协同,建立健全短流程的生产组织机制,为打造专业化生产单元提供有益借鉴。优化部门设置,强化业务分工,按照业务板块布局,加大设计部门与经营部门的协同,为提升技术营销能力、加快研发成果的转化创造条件。

（郭鑫鑫）

【管控体系建设】 2017 年,机电公司组织强化年度预算编制及资金的归集,实现战略规划、经营计划、财务预算的紧密衔接、相互支撑。制订"一企一策"考核方案,与各下属单位签订经营目标责任书,编制下发《合同管理制度》《外委外协及采购合同审批管理办法（试行）》等 21 项管理制度,为进一步落实目标责任,提升管控能力创造良好条件。加强风控体系建设,按集团公司要求完成机电公司投资管理和研发管理风控专项方案的制订工作,风险控制机制进一步完善。

（郭鑫鑫）

【绩效改革】 2017 年,机电公司为进一步激发转型活力,制定完善薪酬考核分配激励机制方案,将领导人员薪酬标准与全年指标挂钩,打造领导人员薪酬核定水平能上能下的流动机制。推进领导人员职务职级改革,从以前的科级、厂处级改成数字标识的 L6～L9 序列职级,进一步消除企业中的行政色彩。调整科级人员薪酬结构,由年薪制改为岗薪制,将科级人员每月收入更多的与月度绩效挂钩,增加绩效考核的及时性,提高中层骨干的实际获得感。

（郭鑫鑫）

【党建基础】 机电公司坚持党委中心组学习常态化,以党的十九大精神、全国国有企业党建工作会议精神为指导,扎实推进"两学一做"学习教育常态化制度化,促进党员干部的政治能力,自觉把讲政治贯穿于转型发展全过程。通过组织开展基层党建工作检查,坚持把日常工作抓严、抓实、抓细,促使基层党组织把管党治党责任

落实到位。持续加强基层党组织,基层 8 家党委（总支）班子按要求完成换届选举工作;结合北京市党支部规范化建设试点工作,有效开展党支部创建活动,基层党组织的战斗堡垒作用充分发挥。

（郭鑫鑫）

【廉洁建设】 全年部署查纠"四风"宣教活动,在重要节日节点,不断加大对职工的教育、管理和监督,稳步做好党风廉洁建设各项工作,党风廉洁建设取得新成效。深化廉洁管理,组织 36 名"三管六外"人员参观反腐倡廉警示教育基地,把好领导干部任前测试关,对两名新提任总经理助理的领导人员、两名拟提职处级领导人员进行任前廉政测试,时刻筑牢清正廉洁思想大堤。把握运用监督执纪"四种形态",规范受理信访案件,针对基层 8 个单位的 40 份合同有效开展合同评审检查,进一步提高了监督执纪问责实际效力。紧密围绕经营生产大局开展效能监察,全年开展两次党风廉洁建设责任制检查,以强有力的抓手和韧劲,为转型发展大局提供监督保障。

（郭鑫鑫）

【队伍建设】 机电公司严格干部选拔任用机制,规范任前考察测评环节,扩大轮岗挂职范围。多名年轻干部到基层一线接受锻炼,迅速成长并担负重任。举办新一期机电公司青年干部培训班,加大青年干部储备力度,干部队伍搭建和年龄结构更加合理。加强三支人才队伍建设,广泛开展岗位建功、技术比武等技能大赛,一批技术能手脱颖而出。

（郭鑫鑫）

【企业文化建设】 2017 年,机电公司加大思想宣传和舆论引导工作力度,定期听取基层职工思想动态汇报,重点了解和解决职工关心的问题难题。传承和发扬首钢精神,在大厂组织"首钢之星"专题巡回报告会,为转型发展注入正能量。挖掘企业亮点、热点,全年编发企业微信 63 条,形成广泛的舆论引导。开展送温暖和困难职工帮扶工作,走访困难户 156 人次,让困难职工感受到组织的关怀。丰富职工文化生活,先后组织开展职工健步走、秋季登山、大厂拔河比赛等文体活动,其中健步走和秋季登山,参加人数都创下了近年来之最。按照要求全面完成化肥路搬迁腾退和人员分流工作,确保电机厂的平稳过渡,维护机电公司的安定稳定大局。

（郭鑫鑫）

【突出工作】 2017 年,机电公司主要经济技术指标完

成情况实现一定增长。其中,经营部、三钢检修基地均超额完成年度下达的重点经营计划指标任务。迁安机械分公司冷轧环形炉内罩等多项产品市场占有率达到70%以上,在京唐、顺义、首秦三个市场都实现了重大突破;经营部冶金设备备件承揽更是创出近五年来最好成绩,指标超出计划62%,同比增长258%;首秦分公司苦练内功、深挖潜力,各项重要指标创下历史最好水平。

（郭鑫鑫）

【重大突破】 2016年,机电公司在隧道工程板块取得新的突破,建立市场开发及技术创新的综合体系,以管片模具研发为主线,加快向大型、异形地下管廊模具及其他混凝土成型模具的市场拓展,产品广泛应用于国内市场的同时出口俄罗斯,成功打入国际市场,跻身国内模具市场行业前三水平。

（郭鑫鑫）

【年度亮点】 机电公司迁安机械分公司在不断进行技术积累,成功开发结晶器铜板修复技术后,通过不断地研究、摸索和试制,开发结晶器铜板新制备件和结晶器总成,实现结晶器铜板制作的首钢化,并在巩固迁钢和首秦结晶器铜板修复的基础上,成功进入京唐市场。

（郭鑫鑫）

【首钢机电公司大事记】

2月10日,机电公司组织召开第七届二次职代会,总经理张满苍作题为《凝心聚力,攻坚克难,为打好改革和转型攻坚战而努力奋斗》工作报告。

2月14日,机电公司制造的超大直径达13.1米的管片模具应用到世界最大水下铁路盾构隧道——珠三角城际铁路佛莞项目狮子洋隧道。

2月20日,机电公司组织召开党委班子民主生活会。

2月25日,机电公司举行党委中心组学习扩大会,邀请教授级工程师宫进国教授现场作有关项目组织与管理的专题讲座。

3月4日,机电公司召开2017年信访维稳工作会议,全面总结部署信访维稳工作。

3月8日,机电公司工会组织开展庆祝"三八妇女节"主题登山活动。

3月8日,首钢"践行首钢精神,助推转型发展"职工宣讲团到机电公司大厂装备制造生产基地举行京外首场专题宣讲会。

3月17日,机电公司召开党委会,传达学习总公司关于"高力平贪污案"有关人员责任追究情况的通报,并由公司领导牵头,纪委、审计、计财部组成联合小组,在全公司范围内开展财经自查活动。

3月24日,机电公司党委组织召开领导干部述职述廉述党建民主评议大会。

3月30日,集团领导顾章飞带领股权投资平台相关领导和部门主管到机电公司调研,机电公司领导班子和主要部门负责人参加调研并作了重要汇报。

4月7日,机电公司组织召开党委书记会,共同听取党建汇报,系统部署党建工作,各基层党委书记和政工部门负责人出席并参加会议。

5月5日,机电公司召开2017年一季度经营活动分析会,对一季度经营状况进行了汇报并作了重要分析。

5月5日,机电公司召开2017年党风廉洁建设工作会议,会上全面总结2016年机电公司党风廉政工作,对2017年的工作任务进行部署。

5月9日,机电公司电机厂完成整体搬迁腾退工作,电机厂北京厂区具备随时移交条件。

5月13日,机电公司组织职工开展了主题为"弘扬首钢精神,加快转型发展"的职工健步走活动。

5月19日,机电公司组织各单位经营人员召开廉洁自律警示教育活动。

5月19日,机电公司组织召开"商务沟通与礼仪"专业培训,邀请首钢工学院李卉老师现场授课指导。

5月26日,机电公司组织召开"创先争优我带头,守岗敬业勇担当"主题座谈会,北京地区各单位的青年骨干、职工参加座谈。

6月3日,机电公司组织召开当期生产分析会,结合机电公司上半年工作实际,系统研究生产相关事宜,为全面完成全年指标任务和保障下半年各项工作的开展定基调、谋出路。

6月13日,第十七届中国冶金工业展在上海新国际展览中心开幕,首钢机电公司带去的水环境处理模型亮相本届展会,吸引全国同行的广泛兴趣。

6月17日,机电公司召开党委中心组（扩大）学习会,就今年首钢集团和机电公司"两会"确定的改革任务,进行再检查、再落实、再部署。

7月10日,机电公司召开党风廉洁风险防控管理试点工作启动会,对落实廉洁风险防控管理工作进行全面部署。

7月14日，机电公司召开先进表彰大会，深入学习贯彻北京市第十二次党代会精神，对先进基层党组织和模范共产党员进行表彰。

7月28日，机电公司召开党委扩大会暨上半年经济活动分析会，对机电公司上半年经济活动进行分析和总结，对下半年工作进行研究部署。

8月4日，机电公司组织召开经营专业工作会议，对公司上半年经营承揽工作进行总结和分析，对下半年各项指标任务进行布置和落实。

8月11日，机电公司组织召开《机电公司企业经营活动中法律问题及对策》专业培训。

8月15日，机电公司组织相关专业、下属单位有关人员组成调研组，深入迁安检修分公司实地考察学习。

8月25日，机电公司与"中科环保"合作制造的日处理量750吨生活垃圾焚烧设备的核心设备炉排框架组架，在首钢机电公司大厂制造基地成功完成整体设备的冷态实验，各项机械、液压、电控系统等技术指标均达到设计要求。

9月1日，机电公司组织全公司一年来职务调整变动的领导干部和财务、经销、物采等"三管六外"人员共计36人到大兴区反腐倡廉警示教育基地参观学习。

9月2日，机电公司召开党委中心组（扩大）学习会议，专题学习传达贯彻2017年首钢"创新创优创业"交流会精神。

9月13日，机电公司在大厂基地举办"堆肥设备及堆肥工艺"研讨交流会，邀请中国水工业网CEO张颖夏、北京市水务局排水事务管理中心主任张金有等行业专家共同就环保堆肥这一课题进行会晤交流。

9月19日，机电公司在全公司范围内组织开展党建和群团专业（组、宣、纪、工、团）工作调研和检查。

9月28日，共青团北京首钢机电有限公司第一次代表大会胜利召开，选举产生共青团北京首钢机电有限公司第一届委员会委员和出席共青团首钢集团公司第十六次代表大会代表。

10月18日，机电公司组织各级党组织、广大党员干部职工集中收看党的十九大开幕会盛况，认真聆听习近平总书记代表第十八届中央委员会向大会作的题为《决胜全面建成小康社会夺取新时代中国特色社会主义伟大胜利》的报告。

10月20日，机电公司在重装分厂党支部组建第一个基层创新工作室——高炉炉顶创新工作室。

11月3日，机电公司组织召开厂长书记会，集中学习贯彻党的十九大精神。

11月4日，机电公司组织职工开展主题为"学习贯彻十九大 走好机电新长征"的登山活动。

11月21日，机电公司组织召开紧急会议研究部署全面开展消防隐患综合检查工作。

11月25日，北京市委蔡书记带领主要领导对长安街景观提升工作进行视察，对公交项目提出重要要求，由机电公司负责于12月6日前拆除长安街及其延长线首钢厂东门到八里桥的所有站牌及公交站亭。

11月29日，机电公司"2018年项目启动暨动员大会"在大厂基地传动二楼会议室举行。

12月2日，机电公司召开党委中心组（扩大）学习会，传达学习首钢集团学习贯彻党的十九大精神领导人员研修班重要内容，集中学习集团公司关于《充分发挥章程基础作用不断完善公司治理结构》的实施办法，讨论审议机电公司经理办公会、班子碰头会、"三重一大"等议事规则。

12月11日，机电公司2017年度青年干部培训班开学典礼在首钢党校举行。

（郭鑫鑫）

北京首钢实业集团有限公司

【首钢实业领导名录】

董事长：刘　刚

副董事长：杨　鹏

总经理：陈四军

副总经理:王立新　王丽君(女)　汤　红(女)
　　　　　王树芳
财务总监:王丽君(女)
总经理助理:陈　尚
党委书记:刘　刚
纪委书记:刘章英
工会主席:刘　刚

(赵小璐)

【综述】　北京首钢实业集团有限公司是经营服务业的企业法人,2008 年由首钢生活服务管理中心(首钢实业公司)改制成立,首钢总公司持有股份 35%,经营团队和员工持有股份 65%,公司地址在石景山区八角西街 85 号。公司机关设办公室、党群工作部、财务部、规划发展部、培训部、审计部、监事会办公室、市场部、法务部、运营部,管理 17 家全资子公司、11 家控参股公司。

2017 年,首钢实业公司实现"十三五"规划发展目标,全年营业收入 26.8864 亿元,盈利 6729 万元。

(张　旭)

【深化改革】　实业集团启动混改试点工作,研究制定深化改革总体方案。实业集团作为首钢试点改革的先行者,认真研究国企混改相关政策和实践案例,与首钢股权投资公司共同起草制定《北京首钢实业集团有限公司深化改革总体方案》;2017 年 12 月 15 日首钢集团党委常委会和 2017 年 12 月 27 日首钢集团第 4 次董事会审议通过"实业集团深化改革总体方案";为进一步提升企业形象,加快集团化发展,2017 年实业集团相继完成更名为"北京首钢实业集团有限公司"和注册资本金由 6000 万元增至 1 亿元的改革工作,并完成下属法人公司相关章程的变更;结合首钢改制企业工作会议精神,选取首实教育和首钢国旅为试点,从投资管理、人事管理、项目立项等方面加大授权,并试行聘任外部董事,试点董事会改革,提高法人单位的经营自主性,全面探寻规律,积累经验。

(赵小璐)

【开拓市场】　实业集团全年市场开发跟踪的项目达到 416 个,同比增长 39.31%,跟踪项目领域涉及写字楼、工商企业、教育领域、医疗系统、政府机构、部队后勤及高科技园区等。洽谈项目达到 158 个,同比增长 49.06%。新签约项目 36 个,同比增长 33.33%,其中:物业服务 17 个、餐饮服务 14 个、劳务服务 4 个、旅游 1

个。新增项目签约额 8413.16 万元,同比增长 46.32%。截至 2017 年 12 月末,实业集团有限公司共有社会市场运行项目 106 个,服务类别构成为:物业服务 49 个、餐饮服务 33 个、幼教 8 个、劳务派遣 10 个、集成服务 5 个、旅游 1 个。

(王　丹)

【信息化建设】　实业集团健全信息化管理系统,促进管理升级,相继完成云桌面、移动办公、安全隐患排查、首钢差旅平台等信息化系统的研发和运行;按照"体系建设、技术升级、模式创新"的总体思路,制定物业 2.0 建设方案,并选取中关村软件园、天兆家园、国家展示中心为试点,下一步将分业态推进物业 2.0 的建设;自动化包装整体改造方案已经专家论证,明确选取自动缠绕技术,并完成迁钢一冷自动化建设改造的调研、设备选型和中试,制定具体实施方案,为包装自动化示范线建设打好基础;《首实教育信息化平台》是北京首实教育科技有限公司以信息技术为手段,实现幼教和培训学校业务管理,提升管理效率和竞争力的信息化管理工具。目前平台已完成第一期的建设内容,主要包括招生、学生档案、考勤、收退费、移动微应用、教学教研和培训班教务管理等业务管理功能,同时也搭建集团中心端,管理层利用信息化平台对业务层的数据监控和有效管理。

(刘　昊)

【科技创新】　实业集团践行"科技兴企、技术强企"战略,进一步加大科技创新力度,提升其核心竞争力。2017 年,按照《实业公司 2017 年科技项目安排》,共有 12 个科技项目列入实业集团计划安排,全年计划安排科研资金 1062.9 万元,其中统筹资金 807.4 万元(含科研 119 万元、信息化 688.4 万元、预留 437.1 万元),各单位自筹资金 255.4 万元。统筹资金主要用于首实教育信息化管理平台建设、餐饮高清网络视频监控系统、物业 2.0 天兆家园、中关村软件园、实业集团 OA 系统项目等重点项目的研发。

(金　露)

【培训体系】　实业集团围绕人才战略发展规划及不同岗位需求,开展多元化培训,基本形成覆盖高管、中层、青年骨干、高技能人才和党建的完整员工培训体系。2017 年首钢实业集团举办各类培训班 510 个,其中重点培训班共 24 个,包括高管人员培训班 5 个,项目经理培训班 7 个,党支部及党员轮训 4 个,园长公开课 1 个,餐饮职业经理人取证培训 1 个,市场招投标培训 1 个,青年骨干培训 1 个,优秀员工培训 1 个,企业董事(监事)培训 1 个,校企合作培训 2 个;生产岗位各类培训班共 358 个,包括主技能培训班 16 个,班组长培训 5 个,特培取证复审 7 个,三规一制培训班 87 个,新上项目、转岗培训 5 个,技术业务讲座 129 个,其他培训班 109 个;管理岗位培训班 128 个,包括专业业务培训班 58 个,继续教育 6 个,其他培训 64 个。组织以班组、所队为单位的"学练赛选"和岗位练兵 3600 人次,有效提高岗位职工基本技能。共计培训人员两万余人次。

(戴 欣)

【人才晋升】 实业集团制定中长期人才发展规划,确定"151"人才工程阶段性工程目标。以《"151"人才工程暨中长期人才发展规划》为指导,从用人机制、梯队建设、结构优化三个方面开展工作,不断优化人力资源结构。2017 年通过招聘、选拔、培养等工作,高层管理人员人数达到 63 人,中层管理人员达到 197 人,专业技术业务骨干人才队伍达到 843 人,核心团队人才总量达到 1103 人,完成"151"人才工程目标总量的 68.94%。通过考察、培养、选拔、挂职锻炼等方式,完善企业骨干队伍的配备。组织实业公司各单位和机关职能部门 10 名具有较高学历、强烈事业心和责任感的年轻专业技术管理骨干进行挂职锻炼,目前已有 5 人被聘任到本单位重要岗位。

(李 楠)

【首欣物业】 按照实业公司"四个一批"、向高端高效项目迈进的市场开发要求,2017 年跟踪项目 146 个、接洽项目 70 个。其中,重点跟踪项目 53 个、接洽项目 33 个,签约项目 16 个,签约额 6000 余万元。截至 12 月底,在管总面积 1335 万平方米。

2017 年组织完成首钢家属区防雨大修、家属区电梯大修、小区技防监控系统更新、家属区电梯更新、家属区电气大修、室内外排水管道大修、家属区部分消防系统的大修等十项福措项目,总工程量 2666.62 万元。

按照北京市、国资委和首钢集团公司关于安全隐患大排查大清理大整治专项行动的部署要求,共查出安全隐患 996 项,整改完成 974 项,22 项在持续整改中。专项整治期间,以消防为主线,全面清理火灾隐患。共清理垃圾 1965 车,清理楼道堆积物 842 个栋,规范治理自行车棚 126 个,清理整顿地下空间 21 个。

综合实力跻身"2017 中国物业服务百强企业",排名由 2016 年的第 44 位上升至第 38 位,并荣获"中国特色物业服务领先企业"、"中国物业服务年度社会责任感企业 TOP10"荣誉称号第 7 位,在物业行业的发展中,发挥了示范带头作用。

(王 扬)

【首钢饮食】 发挥实业集团食品卫生安全专业的管理职能作用,组织对实业集团各相关单位的食品卫生、生活用水进行监督和检查,组织对相关单位餐饮从业人员进行食品安全知识培训。在年度春季卫生达标中,饮食公司服务首钢的 30 个单位中,26 个获得优秀(红旗)称号,优秀率达到 87%,比 2016 年提高 2 个百分点。

2017 年,坚持主要领导、主要精力、主要资源投入到市场开发工作中,遵循餐饮产业发展规律,积极参与市场竞争,实现市场项目开发的新突破。全年跟踪信息 112 个,重点跟踪、洽谈项目 38 个,参加投标、竞标项目 25 个。先后签约进驻中国法学会、武警水电指挥部、冬奥组委、首钢控股、首建投等十一个市场项目,实现了在国家学术研究、武警部队、冬奥组委等领域的新突破。在扩大首钢餐饮品牌影响力的同时,全年实现项目签约收入 1401 万元。2017 年,社会市场收入同比增加 1157 万元,社会市场收入占总收入的比例由 2016 年的 45% 上升到 50%。

先后组织完成第三届全国"大众创业、万众创新"活动周、第 28 届冶金钢铁企业生活后勤工作研讨会、央联食品保障分会考察接待、原子能研究院院庆等接待服务工作。通过以上活动,展示了首钢饮食的服务水平。

在产品营销方面,进一步丰富和完善首钢餐饮产品体系;进一步发挥"首钢餐饮"的品牌优势,拓展首钢和社会两个市场的销售渠道;与首钢集团在京单位、实业集团各单位、部分央企建立了产品供销关系,参加了首届中国国际美食发展大会、第六届北京国际旅游商品博览会、北京市企业发展促进会、万达工业主题街区产品展示等活动;组织开展了产品进企业机关、进社区展销活动,先后在门头沟社区开展以"走进京西,品首钢味道,忆当年情怀"为主题的首钢食品巡展活动,在中储粮总公司、首钢自信公司等单位举办了食品展销活动;继续紧紧抓住元旦、春节、国庆、中秋等重大节日,组织开展宣传、推介和营销工作,实现了产品销售收入的大幅度增长。

(刘 森)

【首实包装】 迁安首实包装服务有限公司（简称"首实包装公司"）隶属于北京首钢实业集团有限公司，于2010年3月份注册成立，注册资金5000万元，总资产5.4亿元，现有职工1400余人。首实包装公司拥有国内钢铁工业包装先进技术及工艺装备，下设北京首成包装服务有限公司、唐山曹妃甸工业区首瀚鑫实业有限公司、北京鼎盛成包装材料有限公司，主要承揽钢铁工业产品包装、包装材料研发生产及销售、钢材深加工、钢铁贸易等业务，各项经营业务及产品通过了ISO9001质量管理体系认证。公司长期致力于包装材料的研发、加工生产、金属制品包装标准研究和包装工艺改进等，所属包装实验室，通过国家认可委实验室认证，获得CNAS认可资格，同时多项科技创新成果获得国家认定和奖励，"十二五"发展规划期间，获得6项国家授权专利。

首实包装公司经过多年的发展，现已具备加工生产纸制品、塑料制品等非金属包装材料11类、金属包装材料3类的生产能力，年包装量可达1000万吨，各种包装材料年生产能力达63000吨以上，形成工业包装服务和包装材料生产为一体的产业链，包装产品畅销海内外，广泛应用于国家重点工程，打入奔驰、宝马、现代、长城等知名企业，出口至欧洲、东南亚、非洲等国家和地区。

为跟进首钢建设智能化工厂步伐，落实实业集团关于包装自动化工作要求，公司全力推进了"包装自动化"试点工作。目前，完成了塑料膜自动缠绕单体设备现场推演试验和塑料膜自动缠绕设备立项工作，项目投资预计93万元。设备厂家已完成设备技术参数、工艺指标、产线流程等相关数据的采集核准，并开展设备制作。

（张志凯）

【首实教育】 北京首实教育科技有限公司是北京首钢实业集团有限公司旗下经营教育培训产业的全资子公司，秉承首钢实业集团"一切为创美好生活"的核心价值理念，首实教育立足于以"幼教+培训"为核心的双向发展模式，致力于打造优质教育资源，提升幼儿家庭教育文化服务体验。公司旗下拥有首钢幼儿保教中心、北京市石景山区金色未来培训学校、博乐国际幼儿园三大教育培训产业，并已成功申请注册成为中关村高科技企业，是一个集学前教育、教学科研、信息咨询为一体，跨省市的资本化、规模化、品牌化的教育集团。

连续申报北京市学前教育研究会"十二五"与"十三五"课题共计十余项，其中《以新教师为主体培养幼儿自我服务能力的支持策略研究》和《以幼儿园节日活动为依托，提升管理者课程领导力的实践研究》等课题获准立项为重点课题。同时，多项课题也分别被北京教育学会幼儿园发展与促进研究会立项为重点课题。

依托"十三五"课题研究，开展课题经验分享交流会。进一步梳理办学理念，组织骨干教师完成妙趣系列教材，包括数学2套、美术3套、国学2套、英语3套。同时，完善信息化平台建设，第一期已完成首钢幼教18所幼儿园和培训学校上线运行工作。

全面强化品牌建设，促进园所品质升级，2017年5月老山西里幼儿园顺利通过"北京市一级一类幼儿园"达标验收。为全面彰显首钢幼教文化内涵，依托六一童话剧演出，以儿童剧经典呈现模式为载体，创编大型儿童歌舞剧《奇妙的旅行》，外埠区域水钢幼儿园演出《幸福鸟》、长钢片区演出《七色花》、迁钢矿业区域联合举办幼儿画展，有效增强首钢幼教的品牌影响力。

结合季节性防病工作要求，规范操作流程，做好晨午晚检工作，积极开展阳光户外活动；加强膳食管理，在"春季食品卫生达标"活动中北京片区12所幼儿园食堂被评为食品卫生红旗单位，1所幼儿园食堂被评为食品卫生合格单位。

（王　京）

【首钢国旅】 北京首钢国际旅游有限公司经国家旅游局批准特许经营中国公民出境、入境、国内旅游业务，公司拥有IATA国际航空协会一级代理资质。连续多年被北京市消费者协会评为"诚信服务示范企业"。自1993年成立以来，主要以企业差旅计划和员工奖励旅游为主营业务，经过多年市场化和规模化发展，业务范围逐步涵盖到出境游批发、零售、商务会展、航空代理、海外自由行定制等所有旅游业务范畴。公司现有员工200余人，在上海、山西等地区均设有分公司，业务部门51个，市内门市32家，2017年营业收入8.3亿元。目前，公司与国内外75家主流航空公司均签署大客户合作协议，在欧洲申根国家、美国、加拿大、韩国和俄罗斯等国家完成签证备案。

2017年参加北京市旅委的A级旅行社等级评定并达到AAAA级的评审标准，正在等待揭牌；首钢差旅平台已经在实业集团及首钢公司各个部厅上线运营。并通过商旅平台PC端及移动端实现差旅全流程的服务；

成功接待在黑山和塞尔维亚举办的中国—中东欧第二届首都市长论坛活动，并获得各参会单位、与会代表的一致好评。继而被北京市外办指定为赴巴尔干地区公务团组接待的唯一合作伙伴。

（李 娟）

北京首钢吉泰安新材料有限公司

【吉泰安新材料公司领导名录】

党委书记、董事长：王彦杰

副董事长：徐镜新

董　事：张连生　李　刚

董事会秘书：刘祥鹏

监事会主席：张　毅

监　事：高和平　李洪立

总经理：李　刚

副总经理：顾建忠（自 2015 年 4 月病休）

总经理助理：张　毅　李洪立

纪委书记：李小旗

（潘玉洁）

【综述】　北京首钢吉泰安新材料有限公司始建于 1956 年，2008 年由北京首钢钢丝厂改制成立，公司设在昌平区沙河镇富生路 9 号，主营加工电热合金丝、带材、易切钢、高温合金钢丝、盘条、不锈钢丝材、非晶和微晶带材等。产品用于家电、工业炉窑、汽车、试验设备、电力化工等行业。产品销往比利时、日本、美国、德国等 20 余个国家。吉泰安新材料公司设技术开发部、质量部、制造部、市场部、计财部、企管部和炼轧、拔丝、非晶、冷轧四个作业区，在岗职工 544 人。

2017 年面对经济发展新常态，公司党委认真分析研判新常态，有效应对国内外经济下滑的不利局面，组织带领广大员工确保市场份额，紧抓产品质量，降低成本消耗，推行清洁生产，经营生产创历史最好水平，全年公司实现产品销售 4410 吨，实现销售收入 16302 万元，实现利润 1561 万元。

（潘玉洁）

【主要指标】　吉泰安公司全年产品销售量 4410 吨，同比增加 5.68%，是企业改制以来的最好水平，销售收入 16302 万元，比计划增长 8.68%，创出公司销售收入历史纪录，实现利润 1561 万元，比去年增长 10.56%，是近年来的最好收成，全年现金收入 21095 万元，突破 2 亿元大关。压缩应收账款 670 万元，应收账款周转率提高 1.34 次。压缩库存 249 吨，减少资金占用约 400 万元，落实"双降"措施 33 项，累计创效 932 万元，全年资产保值增值率达到 110%，企业经营实力和竞争能力进一步增强。

（潘玉洁）

【重要会议】

1 月 19 日，召开安全暨清洁生产大会。

1 月 23 日，召开第二届第四次职代会。

2 月 28 日，召开领导班子民主生活会。

3 月 14 日，召开党风廉洁建设暨纪检监察工作会。

3 月 31 日，组织开展领导班子年度述职测评工作。

4 月 10 日，举行建厂 61 周年的庆典大会。

5 月 27 日，组织开展党风廉洁自律专题培训。

6 月 30 日，吉泰安公司召开庆"七一"暨表彰先进大会。

7 月 12 日，召开 2017 年上半年经济活动分析会。

9 月 13 日，召开质量月活动启动大会。

10 月 12 日，召开对 1~9 月经营活动分析会。

10 月 18 日，组织广大党员职工观看十九大开幕会，认真学习习总书记做的十九大报告。

11 月 28 日，顺利通过安全环保三级达标复审。

12 月 6 日，成功申领排污许可证，为公司长期稳定发展夯实基础。

12 月 15 日，顺利通过 9000 质量体系外审工作。

12 月 19 日，组织召开供销存信息化软件测试使用大会。

（潘玉洁）

【产学研用】 2016 年 12 月 6 日吉泰安公司研发的"圆珠笔头用超易切削不锈钢材料"通过国内专家产品鉴定,2017 年 2 月首钢党委靳书记、总经理张功焰主持召开研发成果转化专题会,作出加快生产线建设,推动研发成果市场转化,保证产品质量,增加市场份额的重要指示,落实首钢集团领导指示精神开展三项工作:一是投资 580 万元建成国内第一条圆珠笔头用超易切削材料生产专线,大部分采用国内先进技术装备,形成年产 300~500 吨的生产能力;二是加快产品转化进程,攻克产品成分均匀一致,冷拔钢丝零缺陷等工艺技术难题,去年四季度三次试验用料均达到客户满意标准,开始为笔厂批量供货;三是环保型无铅易切削不锈钢研发取得突破进展。与钢研华东分院、上海大学、金锐笔业联合研发产品,进行了三个轮次试制,产品冶金性能和加工精度已经达到进口材料同等水平,一季度将召开国内专家产品评价会。与北京科技大学合作开展的"提升铁铬铝合金性能"项目深度推进,与安泰科技共同研制"超高温电热合金"课题全面启动,公司全年获得五项发明和实用新型专利,"铁铬铝纤维材料"国家标准进入最后审批阶段。

(潘玉洁)

【生产组织】 吉泰安公司以不断满足客户需要为生产宗旨,在生产能力不足、原料供应不稳定、雾霾天气限产情况下,坚持为保总量延时生产,大客户订单集中生产,高利品种优先生产,急需产品调速生产,部分产品外协生产,积存物料改拔生产。基本保证供产销运组织平衡、厂内制造和外协加工的有序协调。全年钢产量 4994 吨,钢材产量 4905 吨,钢丝产量 3911 吨,其中粗丝产量 1974 吨,细丝产量 1937 吨。均比去年有较大幅度增长。非晶产品产量 483 吨,同比增加 24%,冷轧产品 280 吨,比计划增长 7.8%,均超额完成年计划,全年商品总量 4733 吨,比计划增加 283 吨,增长 6.36%。高端品种生产计划 1250 吨,实际生产 1120 吨,没有完成品种优化调整计划,NiCr 产品完成年计划 68%,HRE 产品完成年计划的 65%,高温产品比计划增加 10.3%。三大产品总体比去年同期增加 160 吨,增加率 16.6%,为改善产品结构、增加产品利润起到一定作用,为提高产品市场供给量做出很大努力。

(潘玉洁)

【设备管理】 吉泰安公司设备系统认真贯彻"设备升级改造"的转型发展理念。一手抓设备基础管理,一手抓设备更新改造,设备管理全方位加强。配合新产品转化,建成首条国内领先的超易切钢材料生产线,积极论证上马砂带抛光线,为逐步取消酸洗奠定基础,实地考察新购三米高温连续退火炉,促进解决细丝松卡线问题,对 4 台干拔连拔机进行更新改造,进一步释放粗丝产能,炼轧作业区自行组织环型炉抢修 5 次,大大缩短了检修周期,对轧钢线进行电控升级改造,明显降低轧钢废品率,聘请社会检修专家检修辊箱,降低检修费用,加强对重点设备检修维护,设备热停同比下降,冷轧作业区主动承揽对焊机、大号拔丝机老旧设备修复工作,为公司部分产能转移创造良好条件。

(潘玉洁)

【人才队伍培养】 吉泰安公司一是积极落实"人才队伍建设三年规划"和"人才培养和使用管理办法",认真探索人才培养规律和先进管理经验,组织青年干部学习班,有 6 名公司培养大专班学生走上专业管理岗位,有 3 人提拔使用到中层管理岗位,30 余名优秀合同工加入到公司员工团队;二是积极开展优秀操作员工和技术管理人员晋级晋升工作,通过理论考试、岗位实操、论文答辩、综合测评,有 63 名员工通过"双晋升"考核晋升工资,打通公司骨干人才晋升通道,公司工人技师评定工作已接近尾声,提出公司重点岗位技术工人工资增长方案并在今年着手落实;三是聘请大学专家教授为公司高级技术顾问带徒弟,先后聘请科技大学郭汉杰教授,钢研集团董瀚教授高级顾问带 3 名徒弟,既学理论知识,又做现场课题,为培养公司顶尖领导人才搭建平台。

(潘玉洁)

【企业文化建设】 吉泰安公司注重企业形象宣传,向北京市和昌平区经信委介绍公司发展历程和主打产品,获得高度肯定,组织评选"身边最美员工",表彰 10 多名员工,树立 11 名公司质量标兵。开辟公司微信平台,发表公司重要信息 20 余条,举办宣传员培训班,出版《钢花报》30 多期,各单位投稿 40 余篇,发挥正面舆论引领作用;丰富员工业余文化生活,举办员工歌咏比赛和秋季运动会,组织纪念"三八妇女节"活动和羽毛球、乒乓球比赛;不断提高员工收入水平,组织开展"双晋升"考评工作,一批优秀技工和技术人员工资得到提升,公司打产保供破销售收入纪录水平,全员晋升二级工资,普遍提高重点岗位员工夜班费和高温补助费,全年家访慰问员工近百余人,给予员工困难补助4万多元。

(潘玉洁)

【党建工作】 吉泰安公司组织系统学习习近平总书记系列重要讲话,以讲话精神指导公司经营生产实践活动,召开高质量班子民主生活会议,制定40余项整改措施,开展"暖心顺心"工程,解决一批员工感受得到、有获得感的重难点问题;组织公司领导班子重温毛主席《党委会工作方法》《矛盾论》《实践论》等重要著作,结合班子中年轻干部多、工作经验少的实际,提出新班子开展工作九个方面的意见要求,为班子增强政治素质、增进团结协作奠定基础;顺利组织完成了8个党支部换届选举工作,对新当选的党支部书记和支部委员进行专题学习培训,对重点支部书记采取选派到首钢培训,进行重点辅导,一对一谈心等形式,提高开展支部工作水平;引领党支部发挥支部战斗堡垒作用。围绕公司开展"双降"活动,在打产保供、定制生产、质量追溯和产能转移等重点工作上定措施、拿方案、保落实。多次听取支部工作汇报,重点约谈有关班子和主要领导11次,对3名中层干部给予免、降职处理;组织开展"保产品质量、促产品升级、做环保卫士"为主题的党内创先争优立功竞赛活动,各党支部将指标任务分解落实到每名党员,建立党员"立功卡",每月跟踪评比,提出合理化建议,全年创造经济效益400余万元。

(潘玉洁)

【党风廉政建设】 吉泰安公司认真学习习近平总书记、李克强总理关于党风廉洁建设重要讲话,总结安排公司纪检监察工作,观看"小官巨腐"教育片,与8个党支部、2个行政单位签定党风廉洁建设责任书,提出公司加强廉洁自律、风险防控6方面要求;继续深入落实"亮红灯、挂黄牌"约束机制,以经营生产重难点问题为突破口,先后确立5项"亮红灯"项目,相关单位落实主体责任,狠抓问题整改,开展项目攻关,加快补齐短板,有四个项目通过了严格验收,其中非晶作业区还获得集团公司优秀效能监察项目,受到首钢纪委系统表彰;以"作风建设永远在路上"为主题,制定下发了公司"领导干部八项规定"、"党支部工作月度考核标准",努力消除领导干部"四怕"问题,编发党风廉洁典例教育材料12期,创建了党建活动室,开辟党风廉洁教育阵地,促进党风廉洁教育形成常态化。

(潘玉洁)

北京首钢城运控股有限公司

【城运公司领导名录】

董事长:袁新兴

董　事:朱从军　王婕　倪仕水(外派董事)
　　　　沈灼林(外派董事)　袁文兵(9月任职)
　　　　王鹏(5月离任)　战学文(5月离任)

监　事:徐镜新(主席)　王兴武　尚忠民
　　　　刘琳(12月离任)　曹雨娟(职工监事)

总经理:袁文兵(9月任职)
　　　　顾章飞(代理总经理)(9月离任)
　　　　王鹏(4月离任)　战学文(9月离任)

副总经理:周黎　杨树彬　田向军
　　　　　李庭祥(5月任职)　周淳(5月任职)

副总工程师:肖树坤

党委书记:袁新兴(5月任职)　战学文(5月离任)

党委委员:袁文兵(9月任职)　周黎　杨树彬

(宫金铭)

【综述】 北京首钢城运控股有限公司(以下简称"城运公司")是首钢集团基于转型发展成立的发展静态交通产业的平台公司,是以智能立体停车库的投资、建设、运营为核心业务,为缓解城市停车难题提供个性化解决方案、为用户提供城市级静态交通规划设计、全类型停车设施的定制设计、投资建设、停车设备制造安装、停车资产管理、停车场运营的全产业链综合服务,核心能力主要有公交车、共享单车等特种车辆停车库定制研发能力,不同场景的立体停车库定制制造能力,机场、交通枢纽等大型停车综合体运营管理能力,老旧小区停车设施改造能力,智慧停车信息化管理能力以及城市级静态交通项目投资能力等。城运公司于2015年10月26日工商注册成立,初始注册资本金6000万元。2017年12月城运公司完成增资扩股,注册资本金增加到30000万元,北京首钢股权投资管理有限公司、北京巴士传媒股份有限公司、北京首钢自动化信息技术有限公司、北京首钢建设集团有限公司、北京祥瑞创新投资管理合伙企业(有限合伙)、北京首钢机电有限公司、中国中钢股份有限公司分别占股60%、20%、7.6%、7.0%、4.0%、1.0%、0.4%。

(来秀海)

【主要指标】 城运公司是以打造停车产业化平台公司为目标追求的初创企业,受到市场竞争激烈及创业初期研发投入较大等影响。2016年实现收入7156万元,实现利润53万元,承揽车位数10113个;2017年,城运公司实际签约项目10个,车位数3139个,签约合同额18898万元,实现收入4937万元,利润-2581万元。

(徐洪印)

【科技开发】 城运公司初步形成自主和协同研发技术体系,具备特种和智能停车设备设计能力。城运公司拥有6大类10个型号的机械式立体车库制造资质和安装改造维修资质,拥有14项实用新型专利技术,拥有国内唯一——家公交机械立体车库资质;自主研发升降横移、平面移动智能立体车库和"云街"智能立体车库,以及树状型、云街型及圆塔型等不同的自行车停车库;联合城运机器人公司研发AGV智能立体车库和双环型智能圆形塔库,处于国内领先水平。2017年静态交通产业第二代公交立体车库研发成功,树状型、云街型及圆塔型等三种自行停车库正在技术定型和市场推广,并研发12层垂直升降、巷道堆垛、智能抱夹搬运器、7层梳齿式升降横移等4个类型产品。技术研发工作一直本着"标准化、系列化、通用化"的目标来开展,在这个目标的指引下,将升降横移2~6层、俯仰液压简易升降最先实现标准化设计,在最大程度上实现系列化、通用化设计。

(刘泽伟)

【企业管理】 城运公司2017年3月份形成投资拓展中心、项目管理中心2个中心和党群工作部、战略投资部、风控审计部、公共事务部、经营管理部、人力行政部、财务部、安全环保部、车场管理部、金融资本部10个部门的组织架构;2017年12月整合管理机构,将公司部门由13个合并为8个,即组织人事部、办公室、财务部、运营管理部、技术研发部、市场部、项目管理部和停车运营事业部。重新设置公司内部工作流程,完善部门职责和交接界面;建立健全公司章程、党委会、股东会、董事会、经理办公会议事规则等重大制度;补充修改财务管理、风控体系、质量管理、安全管理和员工激励等71个规范性制度及文件;申请成为国家级高新技术企业;组织1次股东会和召开2次董事会;2017年启动公司OA办公系统的二次开发,推进信息化管理工作。

(李 想)

【示范基地】 城运公司在集团公司、股权公司的领导下,建立北京静态交通研发示范基地。示范基地自2016年9月建立以来,得到各级领导及政府部门的关心、支持和帮助。截至2017年底,共接待各级政府部门领导203次;接待大型国有企业领导171次;接待人民群众、社会团体40次;接待媒体、记者20次;接待人数10000余人。其中包括国家住建部、北京市委市人大市政协、市国资委、市交通委等部委领导。成立专业的接待团队,对基地设备进行改造升级,进一步提升展示效果和影响力,为市场拓展创造条件。同北京西城、东城及成都、深圳等地方政府建立紧密联系。

(陈 辰)

【市场开发】 城运公司以北京及一、二线城市繁华地段为重点,加大包括医院、机场、车站、体育场馆、旅游景点的开发力度,打造试点示范效果;以二、三线城市的城市级、区域级的投资类项目为抓手,尽快占有优质城市或重点核心区域停车资源;针对国内各地市场的需求差异,结合城运公司经营发展目标,以投资、EPC、设备销售项目均衡发展为方向拓展市场。配合国家发改委于2017年3月17日下发《国家发展改革委办公厅关于开展城市停车场试点示范工作的通知》,并与北京、深圳、成都、苏州和荔波等五个试点示范城市建立初步沟通。成立以来总计承揽项目24项,合同额为67235万元(六盘水二期只统计设备费用),承揽车位13771个,负责运营车位1541个。2017年成功中标全国首例公交立体车库北京二通项目,立体车库125个车位,项目于2017年8月13日开工建设;2017年成功中标北京市老旧小区综合改造石景山环卫楼项目,配合国家发改委和北京市发改委,发行停车场建设专项债券 11.8 亿元;积极配合北京市交通委,制定《关于加快本市停车设施管理的实施意见》及《关于加快推进东城区、西城区停车设施建设与秩序管理的实施方案》等;与重庆龙大科技有限公司关于重庆地区停车场项目开拓达成合作意向,同时与中信国安投资有限公司拟签订战略合作协议。

(顾仕超)

【多元发展】 城运公司以管控服务为基础,以技术创新为核心,以市场拓展为重点,在不同业务或区域布局产业板块。为发展智慧停车业务、AGV 高端停车产品、开拓以贵州为中心的西南市场以及不断巩固北京市场,在北京首嘉钢结构有限公司独资公司建造实体的基础上,通过引进专业团队或专业公司组建合资公司的形式,成立控股子公司北京慧停车智能科技有限公司、北京首钢城运机器人科技有限公司、贵阳首钢智能工程技术有限公司和北京首钢天恒城运科技发展有限公司等控股或参股公司。这些业务和区域的布局,为首钢静态交通产业多元化发展提供一定的实体经济基础。

(王 红)

【车场运营管理】 城运公司 2017 年初成立专业的车场运营管理团队,承接北京大学首钢医院、首钢办公厅、半壁店文化产业园和大洋路农贸市场等 4 个车场运营项目,在项目的运营管理中积累经验,不断提升运营管理水平;面向运营管理需求,初步开发静态交通管理云平台,满足自身运营及政府智慧停车项目需求,目前首钢医院、静态交通研发基地和半壁店等车场管理信息已经接入云平台系统,实现车场的实时监控和管理;优化原有停车场运营管理业务和流程,打造推广新型停车运营管理模式,形成一套适合城市级停车管理项目的运营标准和服务规范,主要包括智能化运营方案、应急响应预案、智能设备改造、项目联网管理、业务流程优化和岗位配置、现场服务规范等。

(孙宝平)

【党群工作】 城运公司强化党建主业主责意识,切实履行党委抓基层党建的责任,组建项目管理中心党支部和机关党支部等两个党支部,坚持把学习宣传贯彻党的十九大精神作为政治任务,不断增强对学习运用习近平新时代中国特色社会主义思想的思想自觉和行动自觉;民主生活会制定 4 个方面 10 条 35 项整改措施,通过整改,进一步增强领导班子的"四个意识";制定《首钢城运公司党委会工作规则》,2017 年以来组织召开党委扩大会 11 次,累计研究决定涉及"三重一大"事项 42 项,开展党委中心组学习 24 次;加强廉洁建设,筑牢廉洁从业防线,制定《首钢城运公司 2017 年反腐倡廉主要任务分工方案》,组织领导班子成员、中层管理人员和项目经理签订党风廉洁建设责任书 33 份;2017 年,研究制定《首钢城运公司中层管理人员选拔任用管理办法》(试行),推进中层管理人员选拔任用工作的科学化、制度化、规范化;广泛开展多种形式的送温暖和暑期送凉爽活动,开展"献爱心"募捐活动,136 名职工参与捐款,共计捐款 11750 元,开展职工生日慰问活动。

(王恩宽)

【两学一做】 城运公司制定下发《"两学一做"学习教育重点工作进度安排》《"两学一做"学习教育党组织安排》,党委书记围绕"两学一做"学习教育常态化制度化目标要求,为班子成员、中层以上领导干部讲党课,围绕"做忠诚干净担当的合格党员"进行研讨。向各党支部下发了党的十九大新修订的《中国共产党章程》《重读〈实践论〉〈矛盾论〉》《中国共产党纪律处分条例》《关于新形势下党内政治生活的若干准则》《中国共产党党内监督条例》,指导各党支部按照"三会一课"制度要求进行学习讨论,进一步巩固加强了党支部的战斗堡垒作用。通过组织党员干部职工围绕收看《榜样》《巡视利剑》,进行学习讨论,有力促进广大党员做到政治合格、执行纪律合格、品德合格、发挥作用合格。

(王恩宽)

【职工培训工作】 城运公司从岗前培训工作入手,根据规章制度制作岗前培训 PPT,定期对新入职员工进行培训,让新员工提前对公司进行了解,帮助新员工更快地融入新的团队。开展各专业培训工作,协助各部门进行培训计划的制订与开展,不断提高公司各部门、各专业水平,提升员工的专业素质。

(宫金铭)

【企业文化建设】 城运公司设计制作"首钢精神"、党的十九大、"两学一做"宣传展板,促进干部职工入心入脑,加速文化向行动的转化;组织干部职工骨干参加总公司"践行首钢精神 助推转型发展"巡回宣讲会,以先进为榜样,推动干部职工在岗位中传承发扬"首钢精神";深入开展"首钢股权投资公司成立一周年体会文章"征集活动,城运公司上报文章《与首钢静态交通产业同心同行》在《首钢发展研究》2017年第2期刊登,发出首钢城运公司推动转型发展的好声音;弘扬正能量,加强对城运公司典型人物事迹宣传报道工作,7月13日、9月12日在《首钢日报》头版"首钢人的故事"分别刊登了报道文章《首钢立体车库技术研发的"智多星"》和《开拓市场的"排头兵"》,9月18日《首钢日报》头版头条,刊登文章《首钢第二代公交车立体车库研发成功》。

(王恩宽)

【转型提效】 城运公司2017年底全面深化内部机制改革,转型提效:公司改机制,构建符合行业发展规律的高效运营机制,符合市场化规律的内部用人机制,有利于企业健康持续发展的长效机制,激发全体员工工作积极性的考核激励机制;全体干部改作风,树立为企业健康发展努力工作的大局意识,勇于承担责任的担当意识,有利于企业高效发展的协同意识,敢于管理的自律与责任意识;全体员工改态度,提升能力,认真学习行业知识补短板,追求能力提升。将公司部门由13个合并为8个;优化精简干部编制,中层干部全体"起立",由23名精简为17个定员,重新竞聘上岗;全体职工全体"起立",重新组合上岗,对于没有进入岗位工作的员工由组织人事部门统一组织转岗培训。

(来秀海)

【年度亮点】 城运公司配合国家发改委和北京市发改委,发行停车场建设专项债券11.8亿元;充分发挥研发示范基地的展示作用,大力提升首钢静态交通产业品牌效应;申请成为国家级高新技术企业;自主和联合完成二代公交智能立体车库、AGV(智能酷)二代三代搬运小车、抱轮式智能搬运器和云街智能库等智能立体车库的设计研发、样机安装调试;针对共享单车在城市中的发展情况设计研发了树状形、云街形及圆塔形等不同类型的自行车库停车库,可以满足不同场景的自行车停车需求;成功中标全国首例公交立体车库北京二通项目;结合在陕西蒲城人民医院和秦皇岛人民医院的成功案例,全力打造针对解决医疗机构停车问题的解决方案,在医疗系统形成示范效应。

(来秀海)

园 区 管 理

◎ 责任编辑：刘冰清

北京首钢建设投资有限公司

【首建投公司领导名录】

董事长：王世忠

副董事长：梁 捷（5月任职） 刘 桦

董 事：朱启建 邹立宾 马东波

张福杰（5月任职）

监事会监事、主席：丁建国

监 事：刘振英

职工监事：张清暖

总经理：马东波

副总经理：兰新辉 王达明 金洪利（11月离任）

付晓明（5月任职） 郭 宏（5月任职）

李景园（11月任职）

财务总监：尹雪梅

总经理助理：白 宁（5月任职） 胥 延（5月离任）

总规划师：白 宁（5月离任）

党委委员、书记：梁 捷（5月任职）

党委委员、副书记：马东波（5月任职）

张福杰（5月任职）

纪委委员、书记：张福杰（5月任职）

工会主席：张福杰（5月任职）

（冯尧刚、李思慧）

【综述】 北京首钢建设投资有限公司（以下简称"首建投公司"）2010年6月21日注册成立，是首钢集团有限公司的全资子公司，承担首钢北京地区搬迁腾退土地的开发任务。主营项目投资与管理、土地开发、房地产开发、施工总承包、专业承包、商品房销售、房地产经纪、房地产价格评估、物业管理、物资销售、技术咨询与服务。2017年4月，集团公司印发《首钢总公司关于组建北京园区开发运营管理平台的通知》（首发〔2017〕83号），整合北京园区相关业务，组建北京园区开发运营管理平台，明确北京园区开发运营管理平台实行管委会—首建投公司—授权委托平台管理单位三级组织体系。新首钢高端产业综合服务区管理委员会是北京园区开发运营管理的领导机构，首建投公司行使平台管理职能，园区管理部、园服公司、特钢公司纳入平台管理体系，授权委托首建投公司管理。取消"首钢总公司园区开发部"机构名称，首建投公司不再实行一个机构两块牌子；完善首建投公司法人治理结构，董事会按7人设置；首建投公司设立党委，由集团公司党委管理，党委委员由7人构成；首建投公司领导职数10人。2017年6月，集团党委印发《关于组建中国共产党北京首钢建设投资有限公司委员会和纪律检查委员会的通知》（首党发〔2017〕70号），组建中国共产党北京首钢建设投资有限公司委员会和中国共产党北京首钢建设投资有限公司纪律检查委员会。

首建投公司贯彻集团公司通知要求，下设职能管理部门12个，包括规划设计部、工程建设部、市政基础设施部、成本控制中心、招商中心、运营服务部、产业发展部、财务管理中心、党群工作部、行政管理部、大跳台项目协调部、安全环保部；全资及控股子公司4家，参股公司1家。

首建投公司定编186人，2017年底在编员工157人，其中博士研究生3人，硕士研究生56人，本科87人；高级职称20人，中级职称56人。

（冯尧刚、刘玉川）

【党建工作】 首建投公司组织公司党委中心组理论学习9次。组织召开党委会12次，审议议题39项。完成公司章程修订，加入党组织的具体内容，明确党组织在公司法人治理结构中的法定地位。完成《党委会工作规则》制订，明确党委会研究讨论是董事会、经理层决策重大问题的前置程序，并制订党委会决策清单。建立党群专业制度体系，党委会审议通过党委中心组理论学习、干部管理、反腐倡廉等制度8项。制定下发《"两学一做"学习教育常态化制度化实施方案》，明确各级党组织的责任和任务。理顺园区平台党建管理体系，做好党员信息管理系统调整，完成党员个人信息核实，形成党委—党支部—党小组的三级组织架构。开展党支部规范化建设试点工作，平台各单位共确定 25 个党支部为市国资委试点。做好干部管理工作,加快推进选人用人市场化,组织完成公司高管和部门管理人员竞聘答辩工作。加强宣传和企业文化建设,完成公司微信公众号升级改版,发布新闻 42 条;在《首钢日报》头版刊发《首钢集团荣获"2017 年绿色建筑先锋大奖"》《首钢园区北区详细规划获北京市正式批复》等 12 篇园区开发报道;配合中央电视台、北京电视台、北京日报、首都建设报、新京报等新闻媒体分别对首钢园区进行采访报道;完成集团公司"首建投杯"十大新闻评选活动组织。落实监督整改和效能监察工作,完成首建投公司纪检监察工作机构组建;制定两个责任实施办法、党风廉政建设责任制检查考核办法、领导人员约谈管理实施细则等纪检制度,指导平台各单位领导班子和主要领导对《2017 年党风廉洁建设目标责任书》《党风廉洁建设责任书》进行审核并签认,组织平台各单位党委制定《反腐倡廉主要任务分工方案》,逐级签订党风廉洁建设责任书,推动"两个责任"和"一岗双责"向基层延伸;配合集团公司监察部对园区项目在手续办理、招投标、工程建设等方面进行效能监察;针对集团联合监督检查组提出的 6 个方面 21 项问题,形成监督检查整改工作方案,制定整改措施 119 项,按期进行反馈;开展业务招待费和高档白酒消费情况检查工作,未发现违规公款购买消费高档白酒问题。改进群团工作方面,做好公司工会、共青团组建各项工作,完成"创先争优"评比,公司荣获集团 2017 年先进单位、首钢先进党支部,市政基础设施部荣获首钢先进集体等荣誉称号。做好春节、端午、中秋等重大传统节日走访慰问,"开展献爱心"募捐活动,募集善款 1.7 万余元。开展暑期"送凉爽"等各类活动,慰问工程建设一线,切实增强职工获得感。开展"传承首钢精神,建设北京园区"主题教育活动,组织新入厂员工 30 余人赴矿业、股份、京唐和曹建投等单位参观学习,感受首钢精神,激发新员工参与园区开发建设的积极性。组织观看电影《战狼 2》,多举措对职工进行爱国主义教育。广泛与骨干员工谈心谈话,及时掌握员工工作、生活、家庭状况,做好会员职工的生日慰问和生病住院职工的探访工作。举行首建投公司第一次团员大会,选举产生首建投公司第一届团委委员和首建投公司出席集团第十六届团代会代表人选。做好团建交流,接待市新首钢办、团市委等有关单位参观首钢园区,与中铁建集团房地产公司等单位开展团建交流活动。

(钱洪云、赵彩艳、马志伟、陆 卿)

【荣誉表彰】 年内,首建投公司关于首钢脱硫车间改造项目在 2016 年 11 月获得 WELL 预认证银级证书基础上,再次获得 LEED-CS 预认证铂金级证书。西十冬奥广场项目联合泵站改造获得 LEED-CS 预认证金级证书。新首钢高端产业综合服务区规划荣获英国皇家城市规划学会颁发的"2017 国际卓越规划奖"。在上海召开的首届"Greenbuild China"国际绿色建筑大会上,首钢集团荣获"2017 年绿色建筑先锋大奖"。"北京市新首钢城市更新改造项目"荣获住房城乡建设部"2017 年中国人居环境范例奖"。《新首钢高端产业综合服务区北区详细规划》荣获"2017 年北京市优秀城乡规划设计一等奖"。

(赵洪雪)

【体制机制改革】 随着首钢干部人事制度改革的深化和北京园区开发建设的深入推进,为了进一步适应市场规律、行业规律和企业发展规律,更好地完成市委市政府赋予的打造城市复兴新地标的光荣使命,首建投公司按照集团党委要求,制定《首建投公司市场化选人用人机制改革实施办法》《首建投公司薪酬改革方案》《首建投公司绩效考核管理办法》等方案,经 10 月 30 日首钢集团党委常委会审议通过,扎实推进体制机制改革和全员竞聘工作。12 月 13 日,首建投公司举行高管人员竞聘答辩会,全面推行选人用人机制市场化改革。公司高管、部门管理人员和专业技术管理人员全体"起立",重新竞聘岗位,择优"坐下",签订岗位聘任协议,按完全市场化方式进行管理,实现人员"能进能出",职级"能上能下",收入"能增能减"。

(冯尧刚)

【公司运行】 首建投公司组织召开 3 次董事会,对 11 项议题进行审议表决;召开 17 次经理办公会,对公司生产运行过程中重要事项进行研究审议。完成日常公文处理 5628 件,其中首建投公司董事会、党委、纪委及公司发文 102 件,发函 18 件,子公司发文及发函 8 件。完成出访团组 5 个,累计出访总人数 8 人,共计访问 6 个国家和地区。完成公务接待 108 次,300 余人次。组织社会招聘及集团内部调入共 37 人。完成两批定向拓展训练。完成公司业务流程梳理优化,简化审批流程,提高工作效率。

(冯尧刚)

【控规批复】 7月12日,新首钢高端产业综合服务区东南区控规调整项目获北京市规划和国土资源管理委员会正式批复(市规划国土函〔2017〕1809号)。10月18日,《新首钢高端产业综合服务区北区详细规划》获北京市规划和国土资源管理委员会正式批复(市规划国土函〔2017〕2681号)。

(冯尧刚)

【规划设计及开发前期】 首建投公司结合首钢城市风貌、城市设计、绿色生态等专项规划研究成果,编制完成"多规合一"设计导则;完成《新首钢高端产业综合服务区北区详细规划》,10月取得北京市规土委规划意见函。东南区土地一级开发项目取得主体授权批复,完成控规调整并取得控规调整批复;取得土地储备前期整理规划条件、用地预审意见、立项批复,部分地块取得考古意见;与集团签订搬迁补偿预付款协议。西十冬奥广场、冬训中心、三高炉及秀池改造、世界侨商创新中心等项目规划设计和手续办理工作按计划推进并取得阶段性进展。智慧城市建设方面,园区大数据与综合运营平台初步完成需求调研分析、整体解决方案、相关成熟产品的选型等工作;冬奥广场智慧建筑管控平台完成基础框架研发,随着各单体弱电系统接入工作开始平台的整体试运行;脱硫车间、冬训中心智慧建筑管控平台初步完成需求调研分析、技术解决方案等工作。BIM技术应用方面,完成《园区BIM标准总则》《建筑工程信息模型设计标准》及《建筑工程信息模型设计技术范本》的编制,并通过专家评审;完成住建部《BIM智慧建筑管控平台》课题申报;首钢园区GIS&BIM规划建设管理平台实现施工部分与BIM技术有效结合;结合正气候项目范围内设计方案与指标数据,初步完成碳排放评估测算,并编制完成中文版《正气候项目路径图报告》。与美国绿色建筑委员会(USGBC)签署战略合作框架协议,完成北区LEED-ND认证技术方案。推进南区海绵城市专项研究。梳理长安街西延道路工程项目、北辛安路(阜石路—长安街西延)道路工程、丰沙铁路改建工程占用首钢权属土地拆迁补偿情况,开展占地补偿评估及资金申请报告编制工作;取得区发改委核发的石景山景观公园项目备案通知书(代"一会三函"中前期工作函)。

(冯尧刚、郭春燕)

【成本控制】 首建投公司组织103项采购工作,采购总金额约12.36亿元,其中通过公开招标采购46项,总金额约11.74亿元;通过比价采购57项,总金额约6269.63万元(以上部分项目招采结果为费率,金额暂未计入)。合同管理方面,全年共签订247份合同,其中集团公司132份,首建投公司57份,首侨公司8份,首奥公司22份,首捷公司2份,预签合同26份。工程项目造价管理方面,全年审查概算33项,报审金额总计约48.61亿元,审核后金额为44.26亿元,其中,首钢集团公司项目16项,报审概算20.64亿元,审核为19.35亿元,核减1.29亿元;首建投公司项目17项,报审概算27.97亿元,审核为24.91亿元,核减3.06亿元。

(母景鑫)

【财务管理】 首建投公司加强资金使用管理,严格执行付款审批,开展月度资金计划汇总、平衡、提报,实施资金动态监控,确保各月各项目实际付款安排严谨、付款金额准确无误;实现月度资金归集率90%以上目标;预算管理方面,完成首建投及项目公司2018年预算报表编制工作;财务决算方面,完成2016年财务决算报表的编制及审计和税审工作,并取得标准无保留审计意见;融资管理方面,完成与石经山投资发展中心一期基金投资协议主体由首建投公司变更为首奥公司工作,首奥公司分别与北京石经山投资发展中心及天津石经山股权投资合伙企业签订基金一期和二期协议,融资规模分别为24.24亿元和40.2亿元,到位资金36.3亿元;完成东南区土地一级开发融资协议签署,融资总额235亿元,到位资金143.47亿元;税务管理工作,配合集团公司开展园区开发、侨商项目、集团改制涉税问题等税收筹划。

(王馨)

【产业发展】 首建投公司完成北区产业发展与空间合一规划,提出北区产业核心定位、功能分区及发展策略;推动园区产业资源聚集发展,筹备成立中国体育传播有限公司,与国际数据集团(IDG)签订协议发起冰雪产业基金、成立冰雪产业创业孵化器;与相关产业资源单位达成合作意向,筹备建立产业运营服务平台,逐步引入产业发展和服务资源;与冬奥组委通过多轮协商,初步形成首钢赞助类别、赞助费用和签约仪式方案;与多家知名宣传策划公司沟通,初步形成园区2018年及未来4年宣传推广主题及基本内容方案。

(仓 剑)

【招商推广】 首建投公司根据园区产业定位,围绕产业生态体系,以体育、科技、商业配套、文创高端项目为突破口,开展项目招商、合作开发、宣传推广及营销策划等重点工作,共接洽客户150多组,重点接洽科技、金融、体育文创及高端餐饮等行业;北七筒项目进入协议签署阶段。参与2017年北京国际服务贸易交易会、中俄"一带一路"体育论坛、2017年国际冬季运动(北京)博览会、第二十一届京港洽谈会、京港澳人才交流会、"水立方杯"华人歌曲大赛等活动,树立园区新形象。依托园区既有资源开展品牌推广,完成首钢园宣传册的更新制作、2018年台历设计与制作、北辛安路围挡设计和首钢园招聘H5工作等。

(苗 芳)

【运营服务】 首建投公司根据园区的产业定位和建设进展情况,完成首钢冬训中心的运营方案;与洲际酒店管理集团合作,初步完成首钢酒店运营方案;完成2017年度固定资产盘点、存量资产清理、群明湖看护费用测算等相关工作。

(蒋 燕)

【改造项目建设】 首建投公司加快推进园区重点项目建设工作,完成冬奥办公区所有改造装修工作并交付冬奥组委使用;完成冬训中心主体结构及二次结构施工;完成群明湖牌坊、长廊等修缮施工;完成脱硫车间原厂房拆除、地下空间主体结构施工及地下立体车库机械设备安装;完成厂东门广场风雨长廊主体、中央及环形人行路、喷泉水池、灯光照明、乔灌木、观景平台、景观小品、观赏草及市政管线施工;完成晾水池东路东侧段及焦化厂区域管道拆除;完成3号高炉外立面工程施工及高炉本体、干法除尘、热风炉安全性鉴定;完成4号高炉施工现场临时围挡搭设和临电、临水布置;完成秀池地下车库主体结构施工及二次装修;完成石景山景观公园古建筑群基础施工、功碑阁平台铺装以及部分市政给水管线安装和步道施工;完成红楼报告厅精装修、红楼白楼新建主体结构和外线管沟挖土施工。

(冯尧刚、罗 刚)

【基础设施建设】 首建投公司推进基础设施建设取得

新进展。晾水池东路全线贯通;秀池西路、秀池南街达到通行条件;脱硫车间周边道路及五一剧场、制粉车间周边道路方案通过市规划国土委审批并完成定线;晾水池东路以东区域道路完成方案设计并全面启动定线。与国网北京电力公司签订园区变电站投资划分协议及补充协议,组织开展石龙站、炼钢站、群明站建设前期工作;完成园区过渡期电力工程、冬奥10千伏开闭站提升工程方案设计并组织实施。完成热力管线正式及临时一次线施工及竣工验收,完成网球馆热力站、冬训中心热力站施工,并具备热力集团验收条件。冬奥燃气管线竣工验收合格,全部通气并投入使用;完成五一剧场街燃气管线铺设。完成丰沙线沿线雨水与下穿电力管涵工程及园区污水干线工程设计,加快推进下穿电力管涵施工。基本完成北区先期启动项目地块场评报告和南区地下水专项调查;启动绿轴区域污染土原位修复中试;完成东南区首钢权属用地范围现场工作。五一剧场街、西环厂路、群明湖北路、群明湖西路、四高炉南路西延、电厂路、电厂东路、秀池西路(南段)、秀池南街等纳入"一会三函"范围。

(冯尧刚、张玉逊)

【安全环保】 首建投公司12月1日设立安全环保部,负责北京园区开发建设全过程安全、环保统一管理,组织健全北京园区安全、环保管理体系,强化基础管理,监督、协调、推动各级责任的落实。制定完成《首钢北京园区开发管理平台安全环保消防管理规定》《2018年安全环保工作计划》。

(李红伟)

【北京园区项目安全环保管理】 首建投公司编制、颁发安全管理制度15项,编制应急预案3项,完成《建设工程管理协议书》签订15份;完成《安全管理手册》编制。制定下发《北京首钢建设投资有限公司安全生产月活动方案》并组织实施。每周组织安全专业例会,编发《安全生产工作简报》41期;开展日常、专项安全检查317次,查出各类重点事故隐患(问题)381项,下发《隐患(问题)整改通知书》43份;对安全管理差距较大的2家施工单位主要负责人分别进行"约谈";针对施工现场安全管理不达标下达2份《工程停工令》;对存在问题重复发生的施工单位下达《处罚通知书》41份,累计处罚金额58万元。全面落实大气污染整治,打响蓝天保卫战,全年组织开展扬尘污染治理专项检查7次,日常检查 312 次,查处突出问题 409 项,对责任不落实的施工单位共计处罚 36 万元;全年累计投入防尘网约 400 万平方米,对园区裸露地面和渣土堆进行苫盖。全面保证了园区开发工程建设的顺利进行,实现了工程建设人身伤亡、环境污染和火灾事故"零"的目标。

(刘　超)

【年度亮点】　2 月 28 日,国家体育总局与首钢总公司签署《关于备战 2022 年冬季奥运会和建设国家体育产业示范区合作框架协议》,共同推动冬奥会备战和国家体育产业示范区建设高效有序进行。为服务保障备战冬奥会,双方将高水平建设部分国家队冰上运动训练基地、冰雪运动赛场和冬奥广场,完善和提升冬奥核心区的综合服务功能,探索体育产业创新发展、集聚发展、高端发展、绿色发展的实践路径,推动首钢的战略转型和体育产业快速发展。

4 月 24 日,北京市新首钢高端产业综合服务区发展建设领导小组第四次会议召开,市委副书记、市长蔡奇作重要讲话,充分肯定首钢的历史贡献和近年来的积极变化,对首钢园区定位、近期重点工作等作出重要指示。要求首钢认真贯彻五大发展理念,带动产业结构升级和城市功能再造;要高水平规划建设,为冬奥做好服务保障;利用冬训中心基地,发展自身体育文化产业;利用首钢实施主体优势,积极创新,围绕全产业链布局。

4 月 21 日,首钢总公司印发《首钢总公司关于组建北京园区开发运营管理平台的通知》(首发〔2017〕83号),整合北京园区相关业务,组建北京园区开发运营管理平台。平台面向未来构建园区开发、招商与产业发展、运营服务三大体系,提升核心能力。4 月 25 日,首钢召开园区开发运营管理平台组建暨干部大会,宣布关于组建首钢北京园区开发运营管理平台公司及领导人员任职的决定。

6 月 13 日,国际奥委会北京 2022 年冬奥会协调委员会在京召开第二次会议。国际奥委会协调委员会主席茹科夫在致辞中称赞说,我们在北京看到,冬奥组委首钢办公区,提供了可持续利用的典范。

9 月 13 日,国际奥委会第 131 次全体会议在秘鲁首都利马召开。会议期间,国际奥委会主席巴赫在赞扬北京 2022 年冬奥会的筹备状况时说,北京首钢园区工厂改建是奇迹。巴赫说:"北京将曾经的一个钢铁厂改建成为冬奥会训练场馆,非常不可思议。他们在那里将旧厂房改造成办公室、休闲区、训练场,也成为北京冬奥会组委会的办公地点。我希望如果大家有时间,一定要去北京看看。"

(冯尧刚)

【首建投大事记】

1 月 5 日,首建投公司(园区开发部)取得市工商网站关于冬奥广场(五一剧场及制粉车间改造)及冬奥广场(氧气厂改造)项目公司注册名称预核准批复。

1 月 8 日,新首钢高端产业综合服务区脱硫车间改造项目通过美国 LEED-CS 评估体系铂金级预认证评审,成为首钢园区第一个获得 LEED 认证的项目。

1 月 11 日,首钢工业遗址公园(金安桥站交通一体化及工业遗存修缮)项目公司注册名称预核准已取得工商部门核准批复。

1 月 12 日,首建投公司(园区开发部)取得秀池西路和秀池南街道路工程施工图批复,为工程开工创造条件。

1 月 17 日,首建投公司(园区开发部)取得世界侨商创新中心项目建设项目用地预审。

2 月 14 日,首建投公司(园区开发部)取得"北京首奥置业有限公司""北京首金置业有限公司""北京首捷置业有限公司"三个项目公司的名称预核准手续。

2 月 16 日,首建投公司(园区开发部)正式收到美国绿色建筑委员会(USGBC)及美国绿色建筑评审机构(GBCI)联合颁发的 LEED-CS 铂金级预认证证书及祝贺信。

2 月 21 日,首建投公司(园区开发部)取得由区住建委颁发的北京首钢建设投资有限公司房地产开发企业暂定资质证书。

3 月 6 日,首建投公司(园区开发部)取得市规划国土委关于道路设计方案的批复文件:《关于研究新首钢高端产业综合服务区秀池西路秀池南街道路工程方案设计会议纪要》及《关于研究新首钢高端产业综合服务区秀 SG-N-3 街区周边道路工程方案设计会议纪要》。

3 月 6 日,石景山区和首钢总公司召开 2017 年第一次高层对接会。会议分别就首钢周边重点道路建设、涉及首钢的棚户区改造问题及石景山区与首钢联合招商引资、项目建设、基础设施建设及运营、区域综合治理等议题展开讨论并明确相关事项。

3 月 10 日,首建投公司(园区开发部)取得市环保局关于《新首钢高端产业综合服务区晾水池东路场地环境调查及风险评价报告》的批复。

3月13日，总经理马东波主持召开经理办公会第一次会议。会议传达集团公司园区开发例会精神，就3月份各部门经营目标责任书节点计划完成情况进行通报。

3月22日，首建投公司（园区开发部）取得市规划国土委《石景山首钢园区东南区土地一级开发项目授权批复》。

3月24日，首建投公司（园区开发部）取得西十冬奥广场项目建设项目规划条件。

3月28日，总经理马东波主持召开经理办公会第二次会议。会议传达集团公司园区开发例会精神，就3月份前三周各部门经营目标责任书节点计划完成情况进行通报。

4月1日，首建投公司（园区开发部）取得市发改委关于世界侨商创新中心项目的核准批复。

4月17日，总经理马东波主持召开经理办公会第三次会议。会议传达集团公司园区开发例会精神，通报各部门3月份及4月份前两周计划完成情况，研究首建投公司三年目标责任书（2015、2016）完成情况及部门负责人3月份绩效考核工作。

4月18日，首建投公司（园区开发部）取得市规土委关于新首钢五一剧场、制粉车间及氧气厂周边道路工程设计方案会议纪要，此会议纪要是该区域周边道路方案的批复文件；取得SG-N-3街区周边道路（含脱硫周边道路、绿轴周边道路）、秀池西路和秀池南街定线条件。

4月19日，首建投公司（园区开发部）取得建设项目规划条件——授权供地行政服务事项接收材料凭证。

4月21日，首钢总公司印发《首钢总公司关于组建北京园区开发运营管理平台的通知》（首发〔2017〕83号），整合北京园区相关业务，组建北京园区开发运营管理平台，明确北京园区开发运营管理平台实行"管委会—首建投公司—授权委托平台管理单位"三级组织体系。

4月24日，北京市新首钢高端产业综合服务区发展建设领导小组第四次会议召开，市委副书记、市长蔡奇作重要讲话。

5月3日，总经理马东波主持召开经理办公会第四次会议。会议就4月份经营目标责任书节点计划完成情况及5月份经营目标计划进行通报。

5月4日，首建投公司取得脱硫车间改造项目规划条件。

5月9日，首建投公司取得侨商项目道路钉线的钉桩通知单。

5月15日，总经理马东波主持召开经理办公会第五次会议，会议传达集团公司园区开发例会精神，通报各部门5月份前两周节点计划完成情况，听取开发部关于北区项目划分情况的汇报。

5月15日，取得冬奥广场（五一剧场、制粉车间改造）、冬奥广场（氧气厂改造）、首钢工业遗址公园（金安桥站交通一体化及工业遗存修缮）三个绿通项目建设主体更新后的建设项目绿通登记表。

5月16日，市环保局固体与化学品管理中心召开新首钢高端产业综合服务区北区地下水专项调查专家评审会，专家认为工作程序规范，方法基本合理，结论基本可信，下一步将组织进一步补充材料，完善方案。

5月16日，集团公司领导梁捷率首建投公司参加中俄友好、和平与发展委员会健康生活方式理事会主办的"中俄体育交流、大众体育与健康合作"高峰论坛，并对首钢园区进行推介。

5月18日，首建投公司取得区发改委《关于新首钢高端产业综合服务区晾水池东路（长安街西延—阜石路）新建燃气管线工程核准的批复》。

5月27日，党委书记梁捷组织召开公司党委会，会议研究了公司领导班子成员分工、首建投公司党委会工作规则及党委中心组理论学习管理办法等内容。

5月31日，总经理马东波主持召开经理办公会第六次会议。会议传达集团公司园区开发例会精神，通报各部门5月份节点计划完成情况及6月份计划安排，研究系统优化部要求提报的首建投公司负责人2015～2017年度任期工作完成情况自检评价表。

6月2日，首建投公司取得世界侨商创新中心一期项目建设工程规划用地测量成果报告书。

6月12日，副总经理兰新辉主持召开经理办公会第七次会议。

6月13日，国际奥委会北京2022年冬奥会协调委员会在京召开第二次会议。

6月13日，党委书记梁捷组织召开公司党委会，会议研究了首建投公司定岗定责及相关工作方案、《首钢园区北区项目计价原则》和《首钢老工业区北七筒改造工程施工资金预付协议》等内容。

6月13日,首建投公司召开关于提请总公司申请内部立项汇报材料研讨会。会上初步确定:长安街西延线两侧绿地景观、群明湖景观改造、丰沙线沿线雨水及下穿电力管涵工程项目提请总公司内部立项;小西门、N3—17转运站项目纳入西十冬奥广场项目,不再新申请立项;空中廊道景观、2022冬奥会单板滑雪大跳台项目纳入总公司战略发展部文件(首战略发〔2016〕26号)内部立项范围,不再新申请立项;焦化厂生态修复公园项目经核实后另行确定。

6月13日,取得区发改委关于晾水池东路新建电缆隧道工程项目核准的批复。

6月14日,首建投公司分别取得北京首奥置业有限公司、北京首金置业有限公司、北京首捷置业有限公司等公司的房地产开发暂定资质。

6月19日,总经理马东波主持召开经理办公会第八次会议。就首建投公司定岗定责、首钢园区北区项目计价原则、首钢老工业区北七筒改造工程施工资金预付协议及各部门负责人6月份绩效考核分配进行研究。

7月3日,总经理马东波主持召开经理办公会第九次会议。会议传达集团公司园区开发例会精神,通报各部门6月份节点计划完成情况、首建投公司2017年度经营目标责任书节点计划调整情况及首建投公司落实市领导小组第四次会议任务分解方案,并就行政管理中心首钢疗养院2017年修缮改造项目概算审查情况进行审议。

7月7日,党委书记梁捷组织召开公司党委会,会议研究了公司党委关于推进"两学一做"学习教育常态化制度化工作方案、党组织建设事宜及落实监督检查问题整改工作等内容。

7月11日,首建投公司正式取得由市发改委核发的关于国家体育总局冬季训练中心项目的前期工作函(京发改(前期)〔2017〕134号)。

7月12日,首建投公司取得世界侨商创新中心项目权属审查成果。

7月13日,首建投公司取得市规土委关于园区东南区一级开发项目控规调整的批复函。

7月18日,总经理马东波主持召开经理办公会第

十次会议。会议传达7月17日集团党委扩大会暨上半年经济活动分析会及7月12日集团安全生产委员会视频会精神,通报各相关部门7月前两周节点计划完成情况,并研究确定各部门负责人7月份绩效考核分配。

7月24日,首建投公司取得二型材旧厂房改造一期项目区发改委立项核准意见。

7月26日,党委书记梁捷组织召开公司党委会,会议研究了《首建投公司监督检查问题整改工作计划》、党群专业七项制度和文件、成立大跳台项目协调部事宜及《石景山景观公园项目总承包资金预付协议》和《首钢红楼迎宾馆(本体部分)改造工程总承包资金预付协议》等内容;同日,总经理马东波主持召开经理办公会第十一次会议,会议传达7月24日集团公司安全生产大会精神,审议《石景山景观公园项目总承包资金预付协议》《首钢红楼迎宾馆(本体部分)改造工程总承包资金预付协议》,通报"无会周"期间领导班子成员休假安排及首建投公司负责人2015~2017目标责任书相关事宜,就2018年公司预算、园区项目立项及其他事项进行布置。

7月28日,王世忠董事长主持召开公司董事会2017年第一次会议。会议就首钢园区东南区土地一级开发项目申请前期立项、首钢园区市政基础设施类项目申请前期立项、首钢世界侨商创新中心一期项目申请前期立项、《首钢园区北区项目工程结算计价原则》、首建投公司定岗定责方案等5项议题进行审议。

8月1日,总经理马东波主持召开经理办公会第十二次会议。会议通报首建投公司监督检查问题整改工作计划、2017年首建投公司经营目标责任书调整、各相关部门7月节点计划完成情况及8月份工作计划,研究审议行政管理部拟定的6项管理制度及财务管理中心拟定的3项管理制度,就2018年公司预算具体工作及其他事项进行布置。

8月7日,首建投公司取得北京铁路局对《关于加快推进石龙220kV变电站规划建设的函》的复函,原则上同意在不占用铁路地界前提下新建石龙变电站。

8月23日,总经理马东波主持召开经理办公会第十三次会议。会议传达集团公司园区开发例会精神,通报各部门8月份节点计划完成情况,研究审议行政管理部拟定的2项管理制度、财务管理中心的1项管理制度及成本控制中心的4项概算审查情况,就各部门负责人

8 月份绩效考核进行分配及其他事项进行布置。

8 月 31 日，党委书记梁捷组织召开公司党委会，会议研究了《首建投公司章程》《首建投公司保密工作办法》等制度文件、与体育总局合资相关工作、干部任用相关工作、领导人员兼职规范清理工作、关于 4 名挂职干部工作鉴定的汇报、公司联合监督检查整改工作进展情况汇报及公司工会和团委事项。

9 月 15 日，石景山区和首钢集团召开 2017 年第二次高层对接会，会议听取了区发展改革委关于 2017 年第一次高层对接会进展情况的汇报，讨论了"疏解整治促提升"专项行动、首钢环保治理、首钢园区市政工程及东南区一级开发工作、古城南街道路工程、古城二号路道路工程等 5 项议题。

9 月 15 日，取得市规土委关于东南区土地一级开发项目的建设项目规划条件（土地储备整理）。

9 月 18 日，党委书记梁捷组织召开公司党委会，会议专题研究人力资源专业工作、公司党建、党风廉政建设、群团工作等内容。

9 月 18 日，取得区发改委关于东南区土地一级开发项目的项目用地预审意见告知单、区住建委关于项目国有土地非住宅搬迁补偿方案的备案登记表。

9 月 30 日，党委书记梁捷组织召开公司党委会，会议研究办公楼就餐环境、室内环境等改造提升资金使用，两节和十九大期间安全环保、维稳等工作，新入职员工系统培训方案及第一次团员大会召开情况的汇报。

10 月 12 日，副总经理兰新辉主持召开经理办公会第十四次会议。

10 月 16 日，首建投公司取得市发改委关于石景山首钢东南区土地一级开发项目核准的批复。

10 月 18 日，首建投公司取得五一剧场周边道路市政工程设计综合成果；取得世界侨商创新中心项目考古勘察意见：项目用地范围内存在古代遗迹的可能性极小，不再另行现场勘探。

10 月 19 日，首建投公司取得首钢二型材旧厂房改造工程项目立项核准批复成果。

10 月 19 日，签订完成《石景山首钢园区东南区土地一级开发项目首钢集团有限公司权属土地非住宅房屋搬迁补偿费预付款协议》。

10 月 20 日，公司董事会 2017 年第二次会议以传签方式召开。会议就首钢园区东南区开发项目融资事

宜进行了表决。

10 月 24 日，首建投公司取得北京市规划和国土资源管理委员会《关于新首钢高端产业综合服务区北区详细规划意见的函》，为北区项目后续手续办理提供法定依据。

10 月 25 日，首建投公司取得北京市环保局关于《首钢园区冬季奥运会冰上项目训练中心场地环境调查与风险评估报告》《世界侨商创新中心一期项目及周边道路场地环境调查与风险评价报告》的批复意见。

10 月 26 日，首建投公司取得了首钢园区东南区土地一级开发项目周边道路交通规划方案和首钢园区东南区土地一级开发项目周边道路定线成果，进一步推动了东南区的市政设施设计的进度。

11 月 2 日，首建投公司取得西十冬奥广场项目设计方案的审查意见。

11 月 3 日，党委书记梁捷组织召开公司党委会，会议研究了成立安全环保部机构设置、定岗定责及干部调整事项，审议联合监督检查部分整改完成事项情况，审议首建投公司全员竞聘工作实施方案。

11 月 4 日，由中国城市规划学会主办，首钢集团参与协办的《第五届中国城乡规划实施学术研讨会》在北京召开。首钢集团领导张功焰、王世忠、刘桦及有关部门负责人出席会议。

11 月 6 日，副总经理兰新辉主持召开经理办公会第十五次会议。会议就近期集团公司及首建投公司相关会议精神进行传达部署，就首建投公司 2018～2021 年任务指标、2018 年预算、群明湖景观改造等项目立项材料及业务流程进行了研究审议。

11 月 8 日，党委书记梁捷组织召开公司党委会，会议确定了公司全员竞聘工作实施方案。

11 月 13 日，首建投公司完成首钢园区东南区土地一级开发项目先期启动地块（1612—768、774、813、819 四个地块，约 6 万平方米）考古勘察工作。

11 月 14 日，首建投公司取得北京市环保局关于《新首钢高端产业综合服务区（石景山主厂区）北区地下水专项调查报告》的批复意见。

11 月 20 日，公司董事会 2017 年第三次会议以传签方式召开。会议涉及通报首建投公司体制机制改革有关情况；审议《首建投公司高管及部门管理人员竞聘工作实施方案》《首建投公司员工岗位竞聘方案》、成立

北京首钢建设投资有限公司安全环保部有关情况、申请对外投资成立体育传播公司、丰沙线沿线雨水及下穿电力管涵工程立项有关情况等5项议题。

11月27日，副总经理兰新辉主持召开经理办公会第十六次会议。会议就2018年首建投公司投资预算、财务预算、经营目标责任书及其他事宜进行研究审议。

11月27日，取得首钢园区东南区土地一级开发项目1612—813、819地块地下文物保护工作的函，完成该地块考古勘探工作，未发现地下埋藏文物，为后期地块供地创造了有利条件。

11月29日，首建投公司取得五一剧场街、西环厂路、群明湖北路、群明湖西路、四高炉南路西延、电厂路、电厂东路、秀池西路（南段）、秀池南街项目的"一会三函"中的前期工作函。

11月30日，首建投公司组织完成园区东南区土地一级开发周边道路网规划方案研究。

12月7日，党委书记梁捷组织召开公司党委会，会议研究向首建投公司董事会推荐提名高管人选，审议集团党风廉洁建设责任制检查发现的问题及整改措施，研究首建投公司总法律顾问人选事项。

12月8日，首建投公司取得区规划分局核发的园区东南区一级开发项目规划用地测量条件。

12月11日，首建投公司取得区国土分局核发的晾水池东路项目权属审查告知书。

12月12日，首建投公司取得西十冬奥广场项目联合泵站LEED-CS金级预认证证书；取得市规土委核发的秀池南街西段道路选址意见书（2017规土选市政字0027号）。

12月15日，党委书记梁捷组织召开公司党委会，会议研究首建投公司高管人选聘任建议事项，研究公司高管向党委会推荐提名分管部门管理人员竞聘人选事项。

12月18日，首建投公司取得首钢园区东南区土地一级开发项目钉桩成果。

12月20日，党委书记梁捷组织召开公司党委会，会议研究首建投公司部门管理人员聘任建议事项，审议联合监督检查整改部分完成事项，审议首建投公司《三重一大事项决策实施办法》《董事会工作规则（试行）》《经理层工作规则（试行）》3项制度。

12月20日，取得晾水池东路项目箱涵海拔高程测绘成果报告；收到区规土委颁发的《2017规（石）市政字0003号》五一剧场街规划选址意见书。

12月25日，首建投公司取得脱硫项目土地权属审查告知书；取得世界侨商创新中心项目人防工程建设方案咨询意见书。

12月26日，首建投公司取得区发改委核发的关于五一剧场街、秀池南街建设项目用地《北京市石景山区发展和改革委员会建设项目用地预审告知单》。

12月27日，副总经理兰新辉主持召开经理办公会第十七次会议。

12月27日，集团公司董事会审议通过园区东南区土地一级开发项目投资建设情况，并授权首建投公司为实施主体；审议通过园区北区冬奥广场、首钢工业遗址公园、石景山景观公园三大功能区的8个建设项目投资建设情况。

12月27日，首建投公司取得区发改委核发的石景山景观公园项目备案通知书（代"一会三函"中的前期工作函）。

（李薇薇）

北京首钢园区综合服务有限公司

【园区服务公司领导名录】

董事长：梁　捷

董　事：韩瑞峰

党委书记：戴　利

总经理：孙建民（9月离任）

副总经理：汪　兵

经理助理：石宗砚

（郑焕红）

【综述】 北京首钢园区综合服务有限公司（以下简称"园区服务公司"）于 2013 年 6 月 6 日注册，7 月 1 日正式挂牌成立。注册资本金 900 万元，是首钢集团有限公司下属全资子公司。园区服务公司按照市场化运行机制，实行自主经营、独立核算，纳入园区开发平台体系。下设经营财务部、运行管理部、人力资源部、安全环保部、党群办公室、信息化办公室、战略规划部 7 个职能部门；园区建设事业部、文化旅游事业部、培训部、汽车租赁分公司、红楼分公司、冬奥物业事业部、物业公司、绿化公司、代管单位首钢疗养院（7 月 1 日划归到首钢房地产公司）9 个实体单位。2016 年底在册职工 1657 人，其中硕士 12 人，本科 326 人，大专 576 人；高级职称 20 人，中级职称 38 人；高级工 320 人，中级工 197 人。

（张翠芳）

【经营指标】 2017 年园区服务公司计划收入 22800 万元，实际完成收入 24063 万元，完成计划指标的 105.6%；其中：园服本部 10780 万元，物业公司 4760 万元，绿化公司 8523 万元。代管单位：疗养院收入 1312 万元，动力厂 12570 万元。利润计划控亏 3528 万元，实际完成控亏 3096 万元，比计划减亏 431 万元。其中：园服本部控亏 2544 万元，物业公司控亏 1021 万元，绿化公司利润 469 万元，代管单位：首钢疗养院利润 5 万元，动力厂收支差 -21290 万元。

（赵　新）

【服务标准化】 2017 年，园区服务公司党委始终把冬奥和世园会服务保障工作当作头等大事来抓。为高标准做好服务保障工作，冬奥物业事业部借鉴国内外先进物业服务标准，建立、完善 209 项制度及表单文件，形成冬奥物业服务手册，初步实现物业服务的标准化、规范化，客户满意度高达 95 分。体育大厦物业项目部致力于为世园会等高端客户提供高品质、全方位、个性化的专属物业服务，得到客户的认可和赞扬。

（王新堡）

【园区保障】 园区服务公司共组织主要工程项目 21 项，其中园区管理部项目 5 项，服务公司内部项目 9 项，外部项目 7 项。动力厂完成冬训中心、侨商项目、五一剧场和秀池周边道路切改等重点工程的配合工作，确保过渡期的迁改移项目与续存生产的供能体系相结合。

物业公司圆满完成园区 8+1 项目的日常运营和首钢"两会"等重大会议服务、接待工作。按照上级要求完成苹四区退出，信园小区"三供一业"移交和办公大楼腾迁工作。文化旅游事业部完成首钢服务社超市迁移工作以及备件库看护和浴室、食堂的正常运营。工业游接待各界人士 1 万余人次。首钢文化旅游区正式成为中国旅游景区协会会员单位，被授予北京市第一批红色旅游景区。

（朱　戈）

【多样服务】 在上下共同努力下，冬奥服务完成部级以上领导接待 55 次，完成国际奥委会、国际雪联等外宾接待服务 62 次；体育大厦完成部级以上领导接待 30 次。红楼迎宾馆为冬奥组委提供奥运工作餐 10 万余人次，会议接待 25 次，茶歇服务 104 次，住宿 1736 间夜。京西一九一九为世园会、CBA 公司、首钢男女篮提供工作餐 6 万余人次，为五棵松篮球中心贵宾厅提供茶歇 152 次。完成冬奥组委和体育大厦早晚班车接驳 1 万余人次。提供临时商务用车 158 台次，其中：机要用车 30 余台次，包括到人民大会堂、中南海、外交部、市政府接送用车，这充分证明冬奥组委对我们工作的认可及信任。2017 年 10 月冬奥停车楼正式启用，在提供停车泊位的同时提供汽车充电、清洁等服务。

（李学军）

【园林绿化】 绿化公司保质保量完成北区开发景观项目，其中：重点完成厂东门复建景观项目绿化面积 1.1 万平米、景观铺装 1 万平米；冬奥核心区绿化面积 2 万余平米、景观铺装 1 万余平米；晾水池东路绿化面积 3.6 万平米、非机动车道铺彩色混凝土 1.1 万平米、人行便道铺装 2000 平米；长安街西延线种植大规格银杏树 500 余株等。完成厂区及一业多地绿化养护、道路保洁、路灯维护等养护维护和重大参观接待活动的环境卫生保障工作。

（彭燕艳）

【科技创新】 2017 年园区服务公司申请的"一种混合集热供热水系统"获得实用新型专利；"一种仿古建筑部件及其制造方法"获得发明专利；"风管生产技术研发项目"获得 2016 年度首钢科学技术三等奖；动力厂对传统膜处理工艺进行改造和创新，使水的总硬度和含盐量下降了一半，改善生活饮用水水质，大幅度降低产水成本。

（华　超）

【教育培训】 园区服务为加快职工队伍转型和技能提升,先后组织认证内审员、保安员、消防中控、电梯司机、空调制冷、食品安全管理等培训,取证163人。对冬奥服务人员开展保密知识、礼仪、化妆、会服专业知识培训。全年完成各类培训13827人次。为适应园区新项目的人才需求,采取分类、分期的培养方式。从服务公司内选拔11名优秀青年骨干人才作为培养对象,到招商局项目中国人寿环保科技园开展为期3个月的跟岗实训,效果良好,部分学员进入侨梦苑项目筹备组。分三批共选派19人到国家冬季运动管理中心进行扫冰、制冰实操培训,学员已安排到冬训中心项目筹备组。

(郝占永)

【体系认证】 为提升市场竞争能力,园区服务公司开展新版本ISO9001—2015管理体系的学习,并依照新版本编制相关的管理手册和程序文件,并做好内、外审工作,园区服务公司、汽车租赁分公司、红楼分公司分别取得中质协体系认证证书。完成会议服务、汽车租赁进入北京市政采平台和停车场收费管理资质申办工作。客运服务资质工作正在有效推进中。红楼迎宾馆取得绿色餐饮企业、中国绿色饭店证书。通过开展体系认证和资质办理,填补公司在同行业中准入、服务、管理等方面的空白,为服务的标准化、规范化、专业化奠定基础,进一步提高参与市场竞争的能力。

(田 杰)

【转型提效】 2017年,园区服务公司积极调整业务结构,聚焦主业,做精辅业,使物业、餐饮、绿化等服务类业务居于主导地位,而工程类业务则下降为附属地位。服务业收入在总收入中占比达到50%以上。多渠道安置转型职工,将51名新调入职工经培训后转岗安排到物业服务岗位;将公司内部原从事维护、值守岗位的62名职工转型到保安、保洁、维保、停车楼等服务性岗位。扩大对外劳务输出,向华信中安保安公司保安和中控岗位劳务输出4人,向首钢医院药房发药岗位劳务输出13人。物业高管人员中自有职工比例大幅度提升,有20名职工已具备项目经理以上的管理能力,在物业、餐饮、交通服务各岗位上发挥核心和骨干作用。

(李 亮)

【党建文化】 认真贯彻落实国企党建会议精神,以党建工作创新为着力点,通过修订党委会、董事会、经理办公会议事规则和"三重一大"决策实施办法,将"党委前置讨论程序"制度化。按照上级要求,"两学一做"学习教育实现常态化制度化。完成25个基层党支部和团委的换届选举工作。举办学习党的十九大精神骨干辅导班,邀请中央党校李海青教授做深度解读、首钢十九大代表刘宏做报告。与世园会事务协调局签署党组织结对共建协议,疏通与服务对象的沟通渠道。举办庆"七一"共建联谊会,节目丰富多彩,冬奥组委秘书行政部和世园会组委会友情演出的诗朗诵《冰雪长征路》、木偶剧《布偶也疯狂》,引起较好反响。

(董立勋)

【企业文化】 园区服务公司8名职工参加北京电视台《创意中国》节目的拍摄,通过电视屏幕展现首钢转型职工的风采。职工转型故事被《中国冶金报》、《中外企业文化杂志》、北京电视台等多家媒体报道,提升首钢服务品牌影响力。编辑制作《服务公司宣传册》。开展送温暖帮扶工作,慰问困难及生病职工164人,发放慰问金8万元。公司工会被评为"北京市模范职工之家"。全年宣传李红继、齐光军、段卫东等优秀转型典型20多人,在职工中树立劳动伟大、服务光荣的理念,激发正能量。体验过渡转型党员李红继成为北京冬奥组委宣讲团成员,全国巡回报告感动人心,被评为"首钢担当之星"。

(易自强)

【安全保卫】 园区服务公司压实责任,全面落实安全生产责任制。层层签订安全生产责任状。把年度安全生产控制指标、工作目标和执行责任进行层层分解,建立起一级保一级的安全生产责任体系。建立隐患排查信息系统。完成隐患排查治理体系信息化数据审核、录入、修改完善等工作,制定排查标准清单5446条,涉及岗位534个,人员2110人,隐患排查信息化系统上线工作,初步达到一企一标准,一岗一清单。深入开展安全生产大检查。组织安全、消防、环保检查166次,日常专业检查289次。在全市开展的安全隐患大排查、大清理、大整治的专项行动中每天组织现场检查。到年底共拆除彩钢房586平方米,清理、排查各类安全隐患107项并完成整改。落实环保工作要求,强化环保管控能力。贯彻落实北京市2017年空气重污染应急预案,停驶运营车辆30%。更新尾气不合格老旧车辆36台。加强道路清扫、洒水降尘和工地苦盖工作,确保不发生扬尘污染。

(潘庆军)

北京首钢特殊钢有限公司

【特钢公司领导名录】

董事长:李兵役

董　事:焦亚伏　王　敏　段武涛

总经理:焦亚伏

副总经理:王　敏　段武涛

总经理助理:梁玉洁　许　良

党委书记:李兵役

纪委书记:李兵役

工会主席:李兵役

（乔春海）

【综述】 北京首钢特殊钢有限公司(以下简称"特钢公司")是首钢集团有限公司下属独立法人子公司,位于北京市石景山区杨庄大街69号,总占地面积85.35公顷。特钢公司下设开发部、招商运营部、工程部、15号地项目部、园区管理部、投资管理部、经营部、办公室、计财部、人力资源部、党群工作部、生活管理部等职能管理部门12个。全资及控股子公司8家、参股改制公司3家、对外投资企业8家。2017年,特钢公司在册职工631人,其中在岗475人;大学本科及以上学历113人,大中专学历105人;中高级职称75人;技师、中高级技工188人。

2017年是特钢公司加速转型发展攻坚克难、砥砺奋进的一年,在两级公司党委正确领导下,干部职工面对改革发展新形势、新任务,认真学习贯彻党的十九大精神,积极适应管理新要求,持续深化改革,首特钢园区开发建设取得突破,经营质量和效益持续提升,基础管理不断加强,职工队伍素质进一步提升、物质文化生活持续改善。

（郝占起）

【主要指标】 2017年,特钢公司实现利润45万元,比计划增加45万元;销售收入30875万元,比计划增加7875万元;资金归集率97%,完成计划;挖潜增收1100万元,比计划增加100万元,实现生存资金连续三年每年增收1000万元。

（徐　剑）

【工作思路】 1月20日,特钢公司召开十二届一次职代会,审议通过焦亚伏总经理所作《凝心聚力,砥砺前行,加速特钢转型发展》工作报告。会议明确2017年工作思路:深入贯彻首钢十八届二次党委扩大会和十九届一次职代会精神,坚定必胜信心,深化改革,全力以赴完成首特绿能港科技中心项目建设进度计划,提升经营质量和效益,加强职工队伍建设,促成企业和职工共同转型发展,努力实现集团公司下达的三年经营目标任务。

（郝占起）

【深化改革】 特钢公司不断完善管控体系,建立全面预算管理,实现发展规划、经营计划、财务预算紧密衔接;运行机制实现与北京园区开发运营管理平台无缝对接。坚持瘦身健体,优化产权与管理关系,完成股权退出和股权划转企业各1家。规范公司治理结构,修订公司章程,实现加强党的领导和完善公司治理的有机统一;坚持依法治企,修订党委会、董事会、经理层工作规则和"三重一大"事项决策实施办法,重大决策前置党委会审议。优化绩效管理,推进薪酬分配制度改革,完善绩效考核分配方案及领导人员综合考核评价和激励机制,强化引进专业技术人才目标责任书的管理和考核。

（郝占起、刘爱民）

【首特钢园区开发】 2017年,首特钢园区开发建设克服诸多困难和不确定性因素影响,首特绿能港科技中心15号地项目开工建设,16号地项目完成全部手续办理进入建设期,园区产业定位及控规调整、项目周边道路及园区GIS建设等工作取得新进展,开发建设进入新阶段。

15号地项目开工建设,取得环评批复、施工许可证等全部前期手续,7月2日开工进入基坑工程施工,年内开工面积 17046 平米,开挖出土方量 23 万立方米,完成基坑护坡桩全部冠梁和楼座塔吊基础的混凝土浇筑,开始地下三层结构施工,工地的环保、安全、消防、稳定达到专业管理要求;完成园林景观及室内装修方案和施工图的设计及设计阶段 BIM 工作,开展绿色建筑三星设计标识认证。

16 号地项目进入建设期,完成土地协议出让合同、地价水平通知单、年度投资计划等前期手续办理,取得项目能评审查意见、环评报告批复、工程规划许可证、不动产权证和施工许可证,项目前期手续全部办理完毕;完成人防审查、防雷审查、施工图强审、总包及监理招标等工作,已进行施工前各项现场准备。与光大银行正式签订定制建设合同,项目款 4.63 亿元已到账。

园区产业定位及控规调整,园区产业定位经过调研、政策梳理、理论分析、征询区相关部门意见,完成初步方案,形成首特钢园区产业评估分析报告,按照内外部汇报程序送审。园区控规调整方案多次征询区市两级有关部门及周边相关单位意见,结合北京市城市总体规划调整,制定完成初稿并得到集团公司同意开展下一步工作;按照新的控规调整工作流程,开展有关专项咨询评估。

15 号、16 号地项目周边道路及园区 GIS 建设,完成首特钢园区综合管廊规划布局研究,优化完善园区道路建设方案;取得电力、给水、供热等 7 家单位入廊需求的回函,开展综合管廊专项规划办理,制定地下管线拆改工作初步方案。完成园区 GIS 建设阶段性模型搭建。

(郝占起、高 博、尹海娟)

【创收增效】 特钢公司围绕企业生存需求,坚持把利用存量资源和经营性项目的运营作为增加收入的着力点,持续内部挖潜,落实挖潜增收措施,存量资源经营收入持续提升,生存资金逐年增加。全年资产租赁收入 4983 万元,其中汽车园区 1457 万元,创业大厦 A 座 2128 万元、创业公寓及周边 438 万元、厂内办公楼及厂房 700 万元、子公司 260 万元。加大厂区内废旧闲置资产盘活力度,回收资金 18 万元。

(徐 剑、张 娜)

【钢材加工及贸易】 特钢公司坚持以市场为导向、以效益为中心,抓住市场机遇,调整营销策略,拓宽经营途径和销售渠道,实现钢材零库存。全年钢材外委加工及贸易销售量 43449 吨,超计划 10449 吨;销售收入 7866

万元,超计划 1366 万元;毛利润 376 万元,超计划 46 万元。

(郭建刚)

【投资企业运营】 特钢公司强化对所属投资企业的运营管理,跟进检查企业经营情况的动态分析及相关事项,以抓好投资质量和投资回报为重点,确保国有资产保值增值,全年收取投资回报 41 万元,超计划 21 万元。

(马瑞杰)

【制度管理】 特钢公司围绕转型发展及园区项目建设,组织各专业部门对现行规章制度进行全面清理,制订完善园区项目工程建设管理制度 13 个及特钢公司"三会"权力清单,形成基本管理制度、业务基础制度和具体操作规范的分层分级。全年召开党委会 32 次审议通过 56 项议题,董事会 19 次审议通过 36 项议题,经理办公会 23 次审议通过 71 项议题。

(郝占起、刘爱民)

【动力大厦回购】 特钢公司汽车园区内的动力大厦,占地面积 3521 平方米,规划建筑面积 29721 平方米。从维护企业利益出发,运用法律手段,2016 年 12 月北京市一中院做出特钢公司与北京天和苑房地产开发有限公司签订的动力大厦合同无效终审判决,支持特钢的诉求。之后,组成谈判工作小组,历经六个月多轮洽谈,同时按程序完成现场踏勘、工程测绘、问题整改、实物评估等工作。经过协商,双方达成合同终止协议,并经特钢公司董事会、首钢集团公司经理办公会审议通过。12 月 22 日,双方签订《合同终止及动力大厦回购协议》,特钢公司以 180386939 元进行回购,自主经营。

(郝占起)

【疏解整治】 特钢公司落实北京市"疏解整治促提升"专项行动,在集团公司统一领导和石景山区相关部门支持下,精准确定每一处点位的治理方案,通过艰苦工作,取得阶段性成果。治理"两违"项目 3 项,疏解整治项目 3 项,拆除各类违建 5 处点位、993 平米,清理整顿出租房屋 3576 平米,完成年内疏解整治任务。

(张 娜)

【安全环保】 特钢公司贯彻国家各项法律法规和上级工作要求,强化职工提高安全意识教育培训,深入开展安全生产大检查和安全隐患大排查大清理大整治专项行动,以厂区施工现场、重点部位、租赁单位、厂外家属区宿舍为重点,开展多层次全面排查清理工作,解决各类安全隐患 150 项。加强隐患排查治理体系信息系统建设,纳入隐患排查岗位 65 个、标准 866 条。落实属地环保管理责任,全面落实大气污染综合治理措施,强化对厂区内施工现场环保措施落实情况的检查及处置。全年杜绝工伤、火灾事故,未发生甲方责任重大交通事故、环保事故。

(张 娜)

【党建工作】 特钢公司党委注重加强党的建设,坚持党建工作紧密融合企业中心任务,把从严治党落在实处,为推进园区开发建设和经营各项工作提供坚强保证。加强思想建设,深入开展"两学一做"学习教育,学习宣传贯彻党的十九大精神、习近平总书记视察北京重要讲话、北京市十二次党代会精神,开展专题辅导报告会、知识竞赛、主题党日活动等。加强党组织建设,健全完善基层党建工作责任体系,开展党建工作培训;完成22 个基层党支部的换届选举;对 19 个在岗党支部进行"达、晋、创"等级评定,经考评一级党支部 12 个,二级党支部 7 个;开展党支部规范化试点 6 个;开展党内创先争优活动评选,基层党组织 7 个和党员 15 人受到两级公司党委表彰;完成党员发展工作,发展中共党员 2人,预备党员按期转正 2 人;坚持执行党委书记按月汇报制度,落实从严治党管理责任。加强党风廉洁建设,完成修订党风廉洁责任书 22 份,将各项工作纳入绩效考核方案,推动"两个责任"的落实;组织制定下发《特钢公司 2017 年反腐倡廉主要任务分工方案》,将党风廉洁建设的 6 项 29 条具体任务,分解落实到 6 名公司领导班子成员,由 3 个部门牵头,逐级分解落实,压实"一岗双责"。

(乔春海)

【队伍培训】 特钢公司以强化园区开发板块和项目物业管理力量为目标,抓好职工队伍的转岗培训和新项目的前瞻性培训,提高职工知识和能力,为职工搭建增长知识才干及实现再就业平台。开展园区开发及工程管理专业培训 18 次、900 人次参加;结合 15 号地项目开工,聘请专业技术人员开展工程项目相关知识培训 8次、480 人次参加;针对工程预算和成本控制人才短缺问题,组织 16 人参加工程预算审核相关课程脱产学习。发挥合作单位物业管理顾问服务作用,开展物业知识及技能培训 17 次、1020 人次参加,选派 5 名物业、工程经理到合作单位进行驻场实训,为承接未来园区物业管理打下基础。加快职工转型,强化操作岗位技能水平的提高,组织完成 25 人中控取证、13 人低压电工初级取证、79 人安保员初级取证,为项目运营储备操作人才。

(郝占起、刘爱民)

【改善职工生活】 特钢公司坚持以人为本,在关心人、凝心聚力上下功夫,以职工的幸福感、获得感为工作的落脚点,继续改善职工物质文化生活条件。投资 337 万元,完成福措工程项目 8 项,争取政府资金支持,对部分家属区环境进行综合整治。继续实施职工互助保险,为54 人次办理保险赔付 6.58 万元。广泛开展送温暖活动,加大帮困救助力度,组织"献爱心"募捐 4.9 万元,为 210 人次生活困难职工发放补助金 5.3 万元,为 12名困难职工子女发放帮困助学金 8620 元。完善职工健康管理,组织职工体检。落实各项保障政策,按规定标准调整了不在岗各类群体的待遇及标准。开展丰富多彩的群众性文体活动,增强企业凝聚力。

(李国庆、郭建辉)

园区管理部

【园区管理部领导名录】

部　　长:王云平

副部长:李建设(11 月任职)　张永祥(11 月离任)

党委书记、工会主席:王云平(7 月任职)

李小平(7 月离任)

纪委书记:闫广顺

党委副书记:闫广顺

(孙文学)

【综述】 园区管理部2013年3月14日成立,负责园区停产资产处置、拆迁和新建工程组织、合同预算、动力能源、房地产、设备材料采购、废旧材料回收加工、厂容绿化、安全、保卫、防火以及铁、钢、轧、动力、运输、一线材管理处管理等。2017年,总公司组建北京园区开发运营管理平台,动力厂自7月份起划归园区服务公司管理后,园区管理部共有11个专业处室、4个实体单位。

截至2017年末,在岗职工1962人(含各管理处),其中男职工1661人、女职工301人;专业管理人员451人,操作岗位1551人,平均年龄45岁,研究生及以上学历27人、本科336人、大专442人,中共党员873人。

(孙文学)

【资产处置】 2017年,园区管理部处置资产28项,涉及资产原值25.33亿元,净值3.90亿元,设备数量2714台套、设备重量3.36万吨,建构筑物244项、建筑面积13.95万平方米。

(孙文学)

【工程施工】 园区管理部开展长安街西延线首钢段规划管线和拆改移、北辛安路规划管线及迁改移、办公厅院内建构筑物拆除及新围墙建设等工程。完成北区煤仓顶部通廊消隐、一线材家属区锅炉清洁能源改造、立体车库周边道路修缮等项目。全年回收废钢4.87万吨,加工废钢4.53万吨,调拨废钢4.45万吨。

(孙文学)

【两违治理】 园区管理部认真贯彻落实市区两级政府和集团公司关于开展"疏解整治促提升"专项行动的指示精神,积极组织开展园区范围内的"疏解整治促提升"工作,对每个项目进行细致摸排,制定专项实施方案,开展入户宣传,张贴、发送通告及宣传单300余份,多次赴法院、城管、国土、属地街道和派出所等单位沟通工作,组织联合拆违行动对区域内的违建进行拆除。全年共完成治理任务10项,拆除房屋38163平米,腾退土地69650平米。

(孙文学)

【转型提效】 2017年通过转型输出、解除劳动合同、内退等方式超额完成全年转型提效任务。全年完成转型安置职工408人,其中调出72人、解合129人、退休22人、内退14人、内部安置169人、其他减员2人。

(孙文学)

【费用节降】 园区管理部通过实行计划管理,深入挖潜,反复算账,完善审批程序,制定费用标准,落实降费责任,制定《园区管理部费用节降专项奖励办法》加强考核激励等措施,全面降低园区各项费用支出。2017年动力厂划转后,园区管理部费用预算总额为39525万元,全年实际发生费用41964万元,剔除解合补偿金影响因素后,全年费用同口径降低2730万元,降低率7.11%。

(孙文学)

【综合管理】 园区管理部围绕冬奥组委入驻,全力做好服务保障工作。开展园区综合治理,加强安全、环保、治安、交通、稳定等专业工作,为提升园区影响力、吸引世界目光,提供支撑、做出贡献。

(孙文学)

直 管 单 位

◎ 责任编辑：刘冰清

首钢环境产业有限公司

【环境公司领导名录】

董事长：李　浩

董　事：朱伟明　祁　京　张国春

监事会：丁建国　段伟成　宛　贞

党委书记：李　浩

党委副书记、总经理：朱伟明

纪委书记：史玉琢

副总经理：张永祥　贾延明　王向安　马刚平
　　　　　祁　京

工会主席：李　浩

（孙铁全）

【综述】　首钢环境产业有限公司（简称"环境公司"）2014年1月份成立。环境公司作为首钢发展新产业、打造城市综合服务商的重要板块平台，积极探索并实践立足京津冀、服务全国的城市固废处理综合服务商的实现路径，对内公司化，提升管控运营水平，对外市场化，努力开拓新领域，基本形成首钢环境产业一体化运行的体制架构。环境公司共管理八个下属单位，其中三家全资子公司，分别为北京首钢生物质能源科技有限公司、北京首钢资源综合利用科技开发公司、北京首华科技发展有限公司；三家控股参股公司，分别为长治首钢生物质能源有限公司、北京首科兴业工程技术有限公司、唐山曹妃甸盾石新型建材有限公司；一家直属单位，为首钢集团有限公司北京环境监测中心；一家代管企业，为北京首同致远节能环保科技有限公司。环境公司职能部门包括市场开发部、财务部、运营管理部、人力资源部、工程管理部、办公室（党群工作部）、设计技术中心（技术部）。年末在岗职工475人，其中硕士研究生42人，本科158人，大专176人；高级职称26人，中级职称46人，初级职称43人。

（庄　研）

【主要指标】　环境公司2017年实现利润计划3100万元，实际完成4512万元，比计划超1412万元，超46%。销售收入计划4.5亿元，实际完成5.1亿元，比计划超6000万元，超13%。

（庄　研）

【生物质垃圾焚烧产业】　生物质公司围绕提升发电量，降低运营成本"一升一降"目标，苦练内功，垃圾进厂量、发电量完成112万吨、3.76亿度，比计划增加6.8%、12.9%，吨入炉垃圾平均发电量提升到408度，同比增长3.22%，上网电量实现稳步提升；持续降本增效，改变飞灰处置工艺，飞灰产生率由3.47%降到2.64%，节省费用1200余万元；强化用水管理，减少"跑冒滴漏"，用水量同比减少33.32%；降低内部电力消耗，推广应用低能耗照明设备；环保运行质量不断提升，烟尘、二氧化硫、氮氧化物累计排放总量比计划下降14.4%。

（庄　研）

【污染土修复产业】　首华公司污染土修复北京、贵州"两线"作战全面铺开，满足开发进度要求，全年累计处置污染土17万立方米；开展实验研究与工艺交流，与先进企业合作推进焦化厂绿轴修复项目，积累经验；强化成品土资源化利用，开发生态砌块、栽种植物、公路路基材料等产品，开辟消纳新路径；组建飞灰项目工作组，推进昌和飞灰熔融试验工作；首钢热脱附土壤修复项目成为北京市环境污染第三方治理试点单位；"一种土壤微波高温修复装置"获得中华人民共和国国家知识产权局颁发的《实用新型专利证书》。

（庄　研）

【建筑垃圾资源化利用产业】　资源公司建筑垃圾资源化产品逐步被市场认可，实现产销两旺，连年翻番，全年共接收建筑垃圾37万吨，销售47万吨；拓展外部市场，先后开发中国动漫游戏城、北辛安道路大修、S1线小园接驳站等项目；丰富多元化产品体系，砖混类无机拌合料在房山区顾八路道路大修工程成功应用，实现了北京市公路系统首次大规模使用。

（庄　研）

【鲁家山园区建设】　鲁家山园区以打造北京西部地区

城市固废处理中心为目标，全力推进建设。2017年12月《北京市鲁家山循环经济（静脉产业）基地一期规划环境影响报告书》获得北京市环保局批复。残渣暂存场作为生物质公司重要配套项目，2017年如期竣工，接受北京市城管委、门头沟区验收，为实现炉渣资源化综合利用奠定基础；餐厨垃圾收运处一体化项目完成与石景山、门头沟两区1200余家餐饮单位收运协议的签订工作，购置32辆专用收储车，建成集车辆定位、调度、垃圾计量为一体的综合指挥系统，餐厨垃圾处置工厂完成基建施工并转入设备安装；首钢新能源发电项目（生活垃圾二期）2017年6月21日获得北京市发改委准许开展前期工作通知，完成可研报告编制并进入环评阶段，作为环境公司重点工程项目，力争通过应用国际领先技术，把"超净、蓝色、数字、废水零排放、全资源化利用"理念变为现实，建成世界一流垃圾发电项目，提升北京市生活垃圾整体处理水平；进军再生资源回收领域，抓住北京市再生资源回收网络体系和区域性分拣集散中心布局建设契机，利用好税收减免、财政补贴等政策，发挥鲁家山园区优势进军再生资源回收领域，拓展上下游产业链。

（庄　研）

【企业运营管理】　环境公司制度体系日趋完善，梳理执行集团现行制度151项，结合环境公司实际制定37项制度，建立管理靠制度、办事有程序、工作讲标准、把关有依据的工作秩序。治理结构更加规范，将加强党的领导和完善公司治理有机统一，修订公司章程，及党委会、董事会、经理层、专题会工作规则和"三重一大"制度，使权责更加清晰，治理体系更加合理高效。初步建立风控管理体系，围绕工程、投资两个重点领域，梳理风险点、完善业务流程、规范权力运行，达到准确识别、有效防控。股权结构进一步优化，全面完成首科公司股权收购，迁安志诚公司实现退出；积极推进首同致远、盛世首佳、中工企经贸公司等股权划转和清退工作。强化产融结合，启动环境公司上市准备，形成初步方案。加强人力资源体系建设，推进薪酬体系改革，开展"师带徒"活动，与首钢工学院开展校企联合办学。推进企业改制工作，首华公司成为集团内首家完成改制工作的企业。开展生物质后评价，评价结果得到集团高度肯定。解决历史遗留问题，全年7项整改任务如期完成，特别是北京市委巡视督办的特首砂浆欠款问题，责任单位、相关

部门通力合作，攻坚克难，于11月1日收回欠款，整改工作经验在集团进行交流。

（庄　研）

【技术创新】　全年两级技术部门积极开展技术研发与技术创新，申请专利19项，获得专利授权3项，发表专业论文3篇。先后承担科技部"十三五"国家重点研发计划、北京市科技计划项目等6项。主持和参与住建部《建筑废弃物资源化处理技术指南》等三项国家及北京市建筑垃圾行业标准的制定工作。"北京首钢生物质能源项目渗滤液处理成套工艺技术"等三项研究成果，分别达到国际先进或国内领先水平；"建筑垃圾生产再生骨料及再生无机混合料技术"成功入选工信部"工业资源综合利用先进适用技术装备目录"。

（庄　研）

【党群工作】　环境公司推进"两学一做"学习教育常态化、制度化，多种形式学习贯彻党的十九大、北京市十二次党代会精神，开展"我为产业发展献一策"等"创先争优"活动，促进年度各项任务目标的完成。弘扬正能量，树立生物质发电作业部党支部等先进集体，范海畴、周宇、吴双等个人先进典型，营造学先进、比贡献、创佳绩的浓厚氛围。凝聚青年力量，开办首钢环境YOUNG+青年学堂，创建YOUNG+青年创新工作站，获评北京市市级创新工作站，通过系列活动搭建了青年职工学习新知识，开拓新眼界，把握新方法的交流平台。加大青年人才培养力度，全年新提职领导人员平均年龄41岁。强化宣传引导，利用《中国环境报》《首都建设报》《首钢日报》等多种新闻媒体传播"首钢环境"声音，中央电视台大型政论专题片《将改革进行到底》、"喜迎十九大特别报道《还看今朝》"对环境公司深入报道，树立企业良好形象，增强广大职工的责任感、荣誉感。关注职工生活，维护职工权益，向集团反映单身职工住宿问题；修缮办公用房、职工餐厅、浴室，工作生活环境得到明显改善；开展"送温暖·连民心"活动，为职工办理补充医疗保险，购买节日慰问品，对异地工作职工进行慰问，为生活困难职工办理困难补助，解决家庭遇到的实际问题，营造浓郁的家庭氛围。开展篮球联赛、趣味运动会、健步走等形式多样的文化娱乐活动，活跃职工生活，凝聚职工力量。

（庄　研）

【环境公司大事记】

1 月,北京市科委正式授牌环境公司为"工业污染场地修复北京市工程技术中心"。

1 月 6 日,首钢贵钢场地修复工程开工,1 月 15 日正式动工清挖。

2 月 7 日,全国人大常委副委员长沈跃跃一行到公司现场调研。

2 月 21 日,国家发展改革委资环司司长任树本一行到鲁家山基地参观。

3 月,北京首华科技发展公司获得北京市石景山区安全生产协会颁发的《安全生产标准化三级企业(工业)》,有效期三年;"北京首钢生物质能源项目生活垃圾焚烧发电成套工艺技术"项目荣获 2016 年度首钢科学技术一等奖。

5 月 24 日,北京市市委副书记景俊海一行到鲁家山基地参观。

6 月 6 日,北京市委宣传部部长杜飞进一行到鲁家山基地参观。

6 月 21 日,首钢新能源发电项目(生活垃圾二期)获得北京市发改委准许开展前期工作通知。

6 月 27 日,北京市纪委书记张硕辅一行到鲁家山基地参观。

7 月,环境公司的"建筑垃圾生产再生骨料及再生无机混合料技术"成功打入工业和信息化部"工业资源综合利用先进适用技术装备目录"公示。

7 月 7 日,北京首华科技发展公司申报的"一种污染土壤高温微波修复设备配套台车"获得中华人民共和国国家知识产权局颁发的《实用新型专利证书》。

8 月 10 日,市人大常委会领导郝志兰一行 20 人到首华公司热脱附土壤修复设施现场参观调研。

9 月,环境公司"首钢环境 Young+青年创新工作站"被评为"北京市青年创新工作站"。

9 月 15 日,北京首钢生态科技有限公司餐厨垃圾收运一体化项目开始收运工作。

12 月,《北京市鲁家山循环经济(静脉产业)基地一期规划环境影响报告书》获得北京市环保局批复。

12 月 29 日,北京首钢鲁家山残渣暂存场项目全部施工完成,通过北京市发改委验收。

(庄 研)

首钢控股有限责任公司

【首钢控股领导名录】

董事长:韩　庆(7 月离任)

　　　　徐景海(7 月任职)

董　事:王德春　张国春(7 月任职)

　　　　白　超(7 月任职)　李志强

　　　　韩　庆(7 月离任)　何　巍(7 月离任)

　　　　赵天旸(7 月离任)　邹立宾(7 月离任)

监事会主席:刘相玉(7 月任职)

监　事:徐国生(7 月任职)　陈国春(7 月任职)

总经理:徐景海

党委书记、纪委书记、副总经理:王德春

副总经理:任黎鸿

财务总监:周一萍

总经理助理:李　猛

(时 彦)

【综述】　首钢控股公司是首钢总公司下属的国有投资控股公司,本部位于北京市石景山区石景山路乙 18 号院国际资源大厦,注册资本 22.6 亿元。公司成立于 2004 年 12 月,2005 年 7 月正式运营,2015 年 5 月完成股权结构调整,首钢总公司成为公司唯一股东。2017 年实现利润 7294 万元,完成收入 6.4 亿元(不含通钢、伊钢)。

公司本部设发展与审计部、运营管理部、法律事务部、计划财务部、人力资源部(组织人事部)、综合办公室(党群工作部),60%以上的员工拥有博士、硕士学位。

(时 彦)

【首旺煤业项目】 2005 年首钢控股公司通过拍卖方式全资收购地方国有山西临汾翼城牢寨煤业有限公司全部股权,2009 年更名为"山西翼城首旺煤业有限公司"。该公司矿区井田面积 12.52 平方公里,煤炭地质储量 1.78 亿吨,可采储量 1.35 亿吨,设计可采储量 1.05 亿吨,煤炭品质优良,包括特低硫、低中灰、高热值贫煤,是优质气化、动力用煤;9 号、10 号煤层为高硫、中灰、高热值的优质气化、动力用煤。公司铁路公路交通便利。首钢控股公司引进设备,对该矿进行现代化改造,产能从 60 万吨提高到 120 万吨,并依托 120 万吨坑口洗煤厂提升煤炭附加值。2017 年安全目标考核达到要求,生产原煤 92.42 万吨,实现销售收入 5.15 亿元,利润 1.82 亿元。

(时　彦)

【西沟煤矿项目】 2008 年,首钢控股公司收购重组新疆昌吉呼图壁县小西沟煤炭有限责任公司。该矿始建于 1993 年,井田面积 0.9 平方公里,煤炭储量 2 亿吨,可采煤层有 4 层,总厚度 21 米,煤种为长焰煤,灰分少,含硫量低,发热值高。2009 年,首钢控股公司收购重组与该矿毗邻的地方国有大西沟煤炭有限公司。大西沟煤矿始建于 1958 年,2003 年改制成有限责任公司,矿区井田面积 6.25 平方公里,资源储量约 2 亿吨。根据国家发展改革委有关批复,小西沟公司和西沟公司两项目合并建设规模 240 万吨/年的西沟煤矿,该项目分两期建设,一期建成 90 万吨/年,二期建成 240 万吨/年。2016 年,成立新疆西沟项目协调指挥部,引入战略合作者,借助外力解决西沟煤矿建设开发面临的资金、技术、管理难题。2017 年,一期建设顺利推进,已基本达到试生产条件;二期建设准备工作如期启动。

(时　彦)

【华兵矿业项目】 丰宁华兵矿业有限责任公司位于承德西部丰宁满族自治县,主要生产矿产品。2008 年,首钢控股公司收购该公司绝对控股权。2011 年 12 月,华兵矿业更新采矿许可证,矿区面积扩大到 8.99 平方公里。公司注册资本 8100 万元,首钢控股公司占股 97.25%。2017 年,完善各类证照办理及公司法人治理结构,积极拓宽生产经营渠道,妥善处理历史问题,稳步推进钛铁车间及采区采选联动生产。

(时　彦)

【宜昌铁矿项目】 2007 年,首钢控股公司开发湖北宜昌长阳土家族自治县火烧坪乡的高磷铁矿项目,注册成立全资子公司长阳新首钢矿业有限公司,完成高磷铁矿选矿工业化试验,设计一期项目年采选高磷铁矿 60 万吨。2015 年,公司完成矿山建设,进入试运行阶段。2017 年,退出下属宜昌上坪矿业项目,并进行减员瘦身,盘活闲置资产,持续推进+1828 米透地表采集高品位矿石项目、强磁干选技改工程项目,为下一步发展奠定基础。

(时　彦)

【首控物业项目】 北京首控物业管理有限公司于 2009 年 11 月 27 日注册成立,注册资本为 100 万元,是首钢控股公司的全资子公司,主营业务为物业管理。在首控公司授权下,该公司负责国际资源大厦租赁和物业监管等工作,经过多年的悉心经营,国际资源大厦现已发展成为石景山区写字楼的地标性建筑。2017 年末,在写字楼租赁市场整体发展放缓、周边同档楼宇大面积入市的环境下,该公司累计完成出租面积 8500 平米,除上交首钢控股公司的租金收入外,实现销售收入 171 万元,资产总额达 1051 万元。

(时　彦)

【江苏首控项目】 2012 年 3 月,首钢控股公司在镇江新区投资参与成立江苏首控制造技术有限公司,注册资本 1 亿元。2013 年底,公司适时进行了产品结构的调整,启动了蝙蝠无人机项目的研发工作。2017 年,股权诉讼案胜诉,经工商变更后,首钢控股公司持股达 49.7%,成为第一大股东。植保机和测绘机研发生产方面取得长足进步。

(时　彦)

【首钢伊犁项目】 2008 年 11 月,新疆维吾尔自治区、伊犁州政府与首钢签订战略合作框架协议,支持首钢对伊犁河谷的钢铁产业进行整合,以达到 500 万吨产能。2009 年 8 月,首钢控股公司落实战略合作协议重组伊犁兴源实业有限公司,更名为首钢伊犁钢铁有限公司。

首钢伊钢本部位于伊犁州新源县,公司注册资本 10 亿元,首钢控股公司占股权 75%。经过前期运作,公司本部初步形成煤矿、铁矿、焦化、烧结、炼铁、炼钢、轧钢的产业链,产品以热轧窄带钢为主,钢材综合产能 60 万吨,并控股经营巴州凯宏矿业、库车天缘煤焦化、库车金沟煤矿、乌恰其克里克煤矿等资源性子公司。首钢伊钢具备年产 70 万吨铁、120 万吨钢、60 万吨带钢生产能力,原料配套具备 70 万吨烧结矿、150 万吨铁精粉、70 万吨焦炭生产能力。

（时 彦）

【首钢通钢项目】 通钢集团是有 50 多年历史的吉林省大型企业,国务院振兴东北老工业基地重点支持的企业,主营铁矿采选、钢铁冶炼、焦化、冶金设计等,钢铁产能 560 万吨,资产总额 300 亿元,职工 2 万余人,2009 年排名中国企业 500 强第 203 位。2009 年 7 月 24 日,发生“通钢 7·24”事件。2010 年 7 月 16 日,吉林省政府与首钢签订战略合作框架协议,支持首钢以增资扩股方式重组通钢集团,持有通钢 77.59%股权,其中首钢控股持有通钢 53.36%股权。首钢通钢集团总部位于长春市,有通化钢铁、通钢矿业、磐石钢管、四平制品、通钢国贸、通自信等控股参股公司。

（时 彦）

【管控体系】 完善公司法人治理结构。健全董事会、监事会;修订《公司章程》《党委会工作规则》《董事会工作规则》《经理层工作规则》和《“三重一大”事项决策实施办法》等制度,把党建工作总体要求纳入到了《公司章程》。全面对接集团管控权力清单、开展业务流程梳理,形成《首钢控股有限责任公司管控权力清单(试行)》,涉及 13 个职能领域、56 个关键业务、117 个关键事项和 229 个关键环节,涵盖了公司核心业务职能。财务管控体系逐步建立,建立大额资金支付审批联签机制,出台《内部资金有偿使用管理办法》。投资管理体系建设全面启动,投资业务全部纳入集团投资管理信息化系统,尝试新投资业务领域的拓展。推进内审管控体系建设,对接落实集团公司内审管理制度,有序组织内部审计项目,并借助市场化专业团队力量,加强建设过程监督。加大内审整改力度,建立整改反馈机制。完成公司制度汇编并下发,制定《首钢控股有限责任公司规章制度管理办法》。开展信息化建设,完善 OA 办公系统。成立安全生产委员会,建立健全安全生产管理制度。2017 年,公司及下属企业安全生产形势平稳,重伤及以上事故保持为“零”。

（时 彦）

【党建工作】 全年召开党委(扩大)会 16 次,研究议题 43 项,其中重大问题前置研究 5 项。党委中心组开展集中学习 13 次。探索党管干部和市场化选人用人相结合的有效机制,全年调整领导人员共 15 人次。开展党建督查指导,推进“两学一做”学习教育常态化制度化,探索“互联网+”党建模式,上线“首控两学一做”App。优化党员队伍结构,配齐配强基层党务干部,全年发展党员 5 名。组织签订党风廉洁建设目标责任书 26 份。实施“主体责任全程纪实”,践行“四种形态”,建立廉洁风控体系。开展西沟煤矿建设工程项目等三个效能监察项目。组建工会、共青团组织。开展企业文化理念提炼活动,确定企业文化表述语。

（时 彦）

【组织管理】 调整组织架构,优化部门职责。经过撤销、设立相关部门,调整完成公司现有“五部一室”组织架构。消除业务交叉、职责重叠与管理空白,制定并实施《首钢控股有限责任公司部门职责》,明确了各部门一类职责 42 项、二类职责 173 项,实现动态调整。

规范人员编制,定员 33 人(不含集团公司直管领导 4 人),编写了全部 33 个岗位的《岗位说明书》,明确了岗位关系、岗位职责和任职条件。总结梳理业务流程,形成《部门业务手册》,合计总结业务流程 80 余项。

（费 飞）

【人才队伍】 公司总部坚持社会化招聘的方式,引进人才 9 人。持续开展员工培训,组织本部全员培训 30 次,配合各专业部门的法律、会计、审计、统计、写作外部继续教育培训 32 人次,鼓励员工参加业务培训和在职攻读博士、硕士学位。

尝试与地方政府人力资源互通合作,顺利完成翼城县委、县政府四名干部挂职锻炼和评价工作,为政企合作开辟新渠道。开展基层调研,协助下属公司开展减员增效工作。

（时 彦）

【荣誉称号】 集团级别荣誉:首钢安全生产先进集体车间级 2 个、班组级 1 个,首钢安全生产先进个人 6 名;首钢治安防范先进单位 1 个,治安先进个人 1 名;首钢先进集体 1 个,首钢劳动模范 2 名;首钢青年创业先锋 1 名。

公司级别荣誉:首钢控股公司评选首钢控股模范单位 3 个,首钢控股先进集体 10 个,首钢控股先进个人 37 人;首控公司党委评选先进基层党组织 2 个、先进党小组 4 个、优秀共产党员 9 名。

（时 彦）

北京首钢房地产开发有限公司

【首钢地产领导名录】

董事长：吴　林

董　事：吴　林　李　斌　陈国立　侯锦山

　　　　韩俊峰

监　事：张　焕　宗民胜

总经理：韩俊峰

副总经理：李　斌　陈国立　侯锦山　王　坚

　　　　马　滨(5月任职)　赵兰子(6月任职)

　　　　缪双林(5月离任)

总经理助理：马　滨(5月离任)

副总工程师：刘顺全(7月离任)

产品设计中心总监：李　镭(7月任职)

党委书记：吴　林

党委副书记：张　焕

纪委书记：张　焕

工会主席：吴　林

(张晓丹)

【综述】　北京首钢房地产开发有限公司(以下简称"首钢地产")是房地产开发、商品房销售、家居装饰、房地产咨询专业化公司，具有房地产开发一级资质。公司设有2室19部1个项目部，分别为办公室、总工程师室、党群工作部、人力资源部、法务部、计划财务部、战略发展部、运营管理部、市场拓展部、营销管理部、客户服务部、审计部、土地规划部、设计管理部、产品研发部、成本合约部、招标采购部、市场开发部、工程(安全环保)部、协调管理部、资产管理部、二通项目部。现有分公司2家，分别为北京首钢房地产开发有限公司新北分公司、北京首钢房地产开发有限公司南戴河分公司；全资子公司7家，分别为北京首房商业管理有限公司、北京首钢二通建设投资有限公司、重庆首金房地产开发有限公司、首钢宝泉(天津)投资有限公司、北京首钢创意产业投资有限责任公司、重庆首钢房地产开发有限公司、秦皇岛首房物业服务有限公司；控股子公司4家，分别为

安徽省首钢房地产开发有限公司、吉林蛟河市首钢房地产开发有限公司、福建首鑫建设发展有限公司、秦皇岛市江盟房地产开发有限公司；参股子公司3家，分别为唐海国际专家服务中心有限公司、北京万年花城房地产开发有限公司、北京首房金晖房地产开发有限公司。

截至2017年12月31日，首钢地产在册人员861人，北京区域在册员工225人，京外项目公司在册员工289人，所属物业在册347人。北京区域在册员工本科以上学历195人(研究生40人)，中级以上职称127人(高级职称28人)，平均年龄39.1岁。

(罗超湘)

【主要指标】　首钢地产全年实现销售收入19.58亿元，利润1.7亿元；回款100亿元；新开工面积95万平米，竣工36.74万平米。

(张　强)

【重要会议】

1月5日，召开首钢地产三届一次职工代表大会。

1月13日，召开安全生产工作会议。

2月14日，召开首钢总公司对首钢地产开展监督检查工作动员会。

3月30日，召开首钢地产2017年第一次董事会。

4月11日、12日，分别召开新北分公司、成本管理中心薪酬改革试点启动会。

4月27日，召开首钢地产2017年第二次董事会。

6月9日，召开首钢地产年度质量体系认证工作会议。

6月16日，召开首钢地产2017年第三次董事会。

7月5日，召开廉洁工作会暨廉洁风险防控启动会。

7月18日，召开首钢地产党委扩大会暨上半年经济活动分析会。

7月19日，召开首钢地产2017年第四次董事会。

8月17日，召开首钢地产2017年第五次董事会。

8月23日,召开首钢地产2017年第六次董事会。

9月2日,召开首钢地产2017年第七次董事会。

9月18日,召开十九大期间信访维稳排查专题会。

9月22日,召开首钢地产2017年第八次董事会。

10月10日,召开中层及以上管理人员大会,传达贯彻首钢干部大会精神,部署安全、维稳、预算等重点工作。

10月24日,召开首钢地产2017年第九次董事会。

11月7日,召开首钢地产2017年第十次董事会。

11月22日,召开贯彻落实北京市、首钢集团公司安全隐患大排查大清理大整治专项行动部署电视电话会议精神视频会议。

12月21日,召开首钢地产2017年第十一次董事会。

(张 强)

【自有用地开发】 首钢地产加快推进首钢贵钢园区开发建设,4月份取得贵阳市规划局对项目总规划调整的批复意见。协调引入优质中小学,形成学区房效应;引入万科物业"睿服务";与红星集团签订9号地块购物中心定制物业合同,引进国内一线商业管理和运营商——爱琴海商业集团。完成接待中心建设,实现对外开放。5号地红星美凯龙提前开工。一期6号、11号地块住宅项目提前销售;多次开盘、房价连涨,已开盘的1800余套房源基本售罄,实现开门红。全年实现销售额18.91亿元,销售回款10.91亿元。

首钢二通厂南区棚改定向安置房项目,1、2号地块主体结构提前1个月封顶,通过北京市"结构长城杯"验收;3号地块全钢结构住宅完成设计施工一体化招标,部分结构施工达到正负零;完成精装修样板间建设,通过政府部门验收。1、2、3号地块取得土地证。协调西城、丰台两区落实用房单位,全年销售回款5.3亿元。推进市政基础设施建设,东一、东二、东三路已拆迁部分完成管线施工;东四、东五路完成路床施工。北区615地块文化创意产业大厦项目取得"市政府扩大内需重大项目绿色审批通道确认表"和项目规划条件。

铸南限价房项目,1~10号楼结构提前封顶,通过北京市"结构长城杯"验收,4月底开盘销售,全年完成签约1775户,销售额17.78亿元,销售回款16.92亿元。铸造村三期集资房4、7号钢结构住宅楼7月份主体结构封顶,完成外墙安装;完成样板间精装施工。11号商业楼完成结构施工。12、13、14号配建楼完成竣工备案。

首钢医院新建门急诊医技大楼项目,取得"市政府扩大内需重大项目绿色审批通道确认表"和规划方案复函,完成方案设计、初设及概算。

一线材定向安置房项目,引入金融街集团下属的华融基础公司合作开发,设立合资公司。完成项目控规调整第二次公示。

铸一区、二通东区共有产权房项目被列入北京市2018年保障房供地计划。铸一区取得市政府控规调整批复,二通东区控规调整原则通过市规土委动态维护会。两个项目已取得环评批复。

启动绥中疗养院土地盘活工作,和属地政府进行多次接洽,进一步完善方案。

围绕首嘉钢构厂、设备处等其他自有土地项目,开展基础资料收集、权属关系调查及土地边界坐标查询等前期工作。

(张 强)

【市场化项目开发经营】 首钢地产以"京津冀""黔渝成"城市群为重点,研究土地上市情况,完成取地可研报告29份、测算110份。4月1日竞得重庆两江新区悦来地块,总建筑面积10万平米。12月28日竞得成都天府新区华阳地块,总建筑面积11万平米。

重庆公司实现美利山六期(二)全部售罄,比原测算增加收入5800万元。美利山项目提前一个月完成全部竣工验收。美利花都二期工程按期交房。协调推进美利花都三、四期规划方案调整,获得原则通过。在停车位配建新标准实施之前组织通过美利花都三、四期方案预审。美利溪镇二期具备预售条件。悦来项目征集方案通过规划部门审批。推进大渡口运动城项目,取得进展。

成都公司7月份取得蓉城里项目建设工程规划许可证,8月份取得土地证,9月底开工建设,一标段完成桩基工程,二标段完成部分土方工程。

秦皇岛江盟公司首府一、二期尾盘基本清盘。碧桂园首府一、二期52栋别墅、12栋高层全部封顶;三期2号地实现开盘;住宅去化达到99.5%。全年实现销售额12.05亿元、销售回款13.74亿元。

安徽公司御湖半岛项目A、B段于3月份如期交房,C段提前一个月结构封顶,完成四方验收。

南戴河分公司抓住年初市场回暖的有利时机,快速去化,全年销售额1.41亿元,销售回款1.39亿元。

推动低效资产盘活。天津项目完成唐泉尚苑一期2、6、7号楼及地下车库销售,回款2.14亿元。完成办公楼租赁。协调区政府,同意将项目未开发土地进行收储调规,盘活土地,按计划推进。持续协商,推动隆教湾项目解决历史问题。

启动蛟河公司清撤程序。

按集团公司要求,开展燕金源股权退出工作。

加强物业出租管理,商管公司全年实现租金收入2376万元。

（张　强）

【持续深化改革】　完善法人治理结构。重新修订公司《章程》及董事会、经理层工作规则和《"三重一大"事项决策实施办法》,进一步明确了重大事项的决策程序。

改革薪酬分配和绩效考核制度。4月份出台《项目机构框架及薪酬激励分配管理办法》,对市场化新项目,实行团队收入与项目销售回款额、利润及开发周期挂钩考核的激励方式;对政策房项目考核重要开发节点落实及成本控制情况。新项目薪酬奖励机制突出经营团队的责任、兼顾"当期"与"全项目周期",鼓励早回款、快回款、快周转,鼓励提高销售价格、控制开发成本,实现公司业绩与团队收入共同增长。

参考行业规律、结合自身情况,实施北京区域薪酬改革。建立以岗位价值、专业职级为核心的薪酬体系,通过岗位分类和专业职级评定,建立员工晋升通道,打开员工收入增长空间。

建立健全"四个中心"。在对成本中心和营销中心运行后评估的基础上,进一步优化管理流程、调整审批权限、减少审批环节,提高审批效率,树立服务意识。完善营销中心职能,增设客户服务部;4月份成立产品设计中心;8月份成立运营管理中心。公司总部管控体系初步建成,对战略管控、项目拓展、土地规划、产品设计研发、开发计划落实、产品营销、客户服务、成本控制等房地产核心业务的管理得到加强,总部管控能力逐步提高。

（张　强）

【人才队伍建设】　深化中层人员职务职级改革,取消中层人员的行政级别和职级,全部实行岗位聘任制。定期对中层人员进行考察测评,调整12人次,解聘、免职

4名不胜任岗位工作的中层人员。通过社会招聘方式,择优引进9名中层人员。市场化引进30名技术岗位专业人才,逐步补齐专业能力短板。加强青年人才引进培养,招聘4名房地产相关专业应届毕业生加入首钢地产。选派9名优秀青年员工到项目一线培养锻炼。内外结合开展专业培训,在外请专业机构、专家讲解行业前沿动态的同时,组织各项目公司专业人员走上讲台,分享专业工作经验、教训、收获和体会。

（张　强）

【强化专业管理】　预算管理进一步完善。推进业务与财务的融合,着手打造全面预算管理体系。以资产负债表、损益表和现金流量表"三张表"作为全面预算总纲,增加项目预算和总部专业预算,实现总部对经济线和业务线的把控,将经营活动全部体现在财务账上。

融资和资金管理得到加强。全年取得贷款授信135.8亿元,签订贷款合同24.8亿元,使用26.6亿元。全年资金流入126亿元。加强资金管控,在修订完善资金管理制度的基础上,实行资金收支集中统筹,进一步提高了资金使用效率。

安全环保管理有效落实。推进安全生产标准化管理,通过北京市安全生产标准化三级企业评审并取得证书。完成隐患排查治理系统建设并在北京地区试运行。深入开展为期40天的安全隐患大排查大清理大整治专项行动,启动金顶阳光消防隐患整改。全年未发生轻伤以上事故,达到环保要求。

完成风控体系建设。编制本部及贵阳公司风控手册并下发试运行。完成风控体系评价,内控机制基本健全。加强法务管理,成立法务部。建立完善《内部法务工作管理制度》《合同管理办法》《诉讼管理办法》《法人授权管理办法》四项制度,规范专业管控。加强审计监督,进一步完善了管理。

技术管理逐步强化。成立总工程师室,负责工程技术方案审查,新技术、新材料、新产品应用论证,重要工艺及技术质量标准制定,钢结构、住宅产业化和绿色建筑研究管理等业务,为开发项目提供全面技术支持。

信息化管理不断深化。适应公司发展要求,调整完善信息化管理,各系统在运行流程达到639个。启动等保二级测评,编制完成符合IT风控要求的管理制度体系。

（张　强）

【廉洁建设】 建设廉洁文化。紧盯春节、五一、十一等重要节假日,开展典型案例、警示教育片、专题讲座等多种形式的教育,提升了员工的廉洁意识。组织全员廉洁风险点排查,梳理出风险点 2826 个,制定防控措施 6259 项,形成全覆盖的廉洁风控网络。开展行贿犯罪档案查询,将违反《廉洁协议书》的供应商纳入"黑名单"。发挥"大监督"的优势,对招投标、工程结算等业务中的问题开展联合督查,下发通报,促进管理工作提升。践行"四种形态",严肃监督执纪问责,规范纪检监察工作程序,加强信访案件的查处力度,全年查办来信来访 7 件,诫勉警示谈话 5 人。

（张　强）

【文化建设】 引导各单位和员工眼睛向内查找差距,明确改进工作的方向和空间,逐步树立起谦虚、自省、永不满足、精益求精的作风。深入开展建言献策、劳动竞赛活动。以首钢地产人物故事为主线,深入挖掘基层典型人物事迹,营造干事创业氛围。加强阵地建设,首钢地产官微推出 252 期 610 条信息,关注度持续提升。开展"今天我上镜"主题活动,对总部机关各部门和 8 家分子公司进行宣传报道,展示良好形象。加强品牌建设,建立品牌管理机制,创建品牌形象手册,建构和推进首钢地产品牌文化战略。

利用二通园区旧楼改造办公楼,同步建设员工食堂、文体活动场所,改善了办公和生活条件。开展了劳动模范、先进员工、困难员工慰问帮扶活动。组织主题征文、踏青郊游、歌咏比赛等文体活动,丰富员工文化生活。各项目公司结合实际加强员工生活管理,提高企业凝聚力。

落实信访维稳责任,抓好稳控和矛盾化解,保持了和谐稳定局面。

（张　强）

北京大学首钢医院

【首钢医院领导名录】
　院　长:顾　晋
　党委书记:向平超
　副院长:雷福明　王海英　杨布仁　王宏宇

（吴妍彦）

【综述】 北京大学首钢医院是一所集医疗、教学、科研、预防保健于一体的综合医院。职工总数 1831 人,其中在编职工数 1011 人、合同制人数 820 人。卫生技术人员数 1484 人(不包括职能处室卫生技术人员),正高级职称 41 人,副高级职称 101 人,中级职称 464 人,初级师 442 人,初级士 153 人,无职称 283 人。

医疗设备固定资产总值 30359.03 万元,2017 年新购置医疗设备总值 2429.75 万元,其中 10 万元(含)以上设备 24 台(套),100 万元(含)以上设备 6 台(套)。

（吴妍彦）

【机构设置】 首钢医院经 3 月 28 日院务会议研究决定,北京大学首钢医院普通外科二病区更名为普通外科胃肠病区;经 2 月 13 日院务会议研究决定,成立北京大学首钢医院生物样本库。

（吴妍彦）

【改革与管理】 3 月 22 日,首钢医院召开第十九届一次职工代表大会。会上,顾晋院长作题为《凝心聚力,共创未来,努力实现医院持续健康发展》的工作报告,党委书记兼纪委书记、工会主席向平超作大会总结讲话。3 月 27 日,首钢医院医药分开综合改革动员部署大会在首钢体育大厦报告厅召开。首钢总公司副总经理孙永刚、石景山区卫计委副主任吴丽萍等领导出席动员大会。6 月 13 日,北京大学首钢医院新一届理事会会议召开。北京大学医学部主任詹启敏,副主任王维民、肖渊等领导,首钢集团总经理张功焰、副总经理胡雄光出席会议。

首钢医院开展多种形式的廉政教育,制订《北京大学首钢医院关于落实首钢总公司〈关于推进领导人员落实党风廉政建设主体责任全程记实工作的实施方案〉的通知》《北京大学首钢医院 2017 年反腐倡廉主要任务分工方案》和《北京大学首钢医院党风廉洁建设目标责任书》等文件，印发《2017 年北京大学首钢医院党风廉政建设责任制检查考核工作方案》和《北京大学首钢医院党风廉政建设责任制检查年度考核办法（试行）》。收到锦旗 94 面，表扬信 75 封。

首钢医院积极响应国家鼓励医师多点执业的相关政策，依据《中华人民共和国执业医师法》和《北京市医师多点执业管理办法》中的受理范围，截至年底，共有 21 位符合条件的外院医师在我院办理了多点执业。7 月 19 日，首钢医院作为医联体核心医院，与下属 13 家成员医院举行医联体续签大会。9 月 13 日，北京大学首钢医院医联体理事会成立仪式在泌尿大楼二层会议室举行。

（吴妍彦）

【医疗工作】 首钢医院全年门急诊量 968236 人次，编制床位 1006 张，实际开放 913 张，出院患者 30300 人次，较 2016 年增长 5.12%；手术量 7126 例；病床使用率 91.54%，出院患者平均住院日 10.13 天；全院患者药占比 43.3%，其中住院患者药占比 32.95%。上报试点临床路径病种 84 个，实施临床路径的科室 19 个，入径管理人数 6835 人/次，入径率 22.58%，完成率 77.57%。

全年用血量：红细胞悬液 5617 单位，血浆 4579 单位，血小板 988 单位，自体输血 175 例，自体输血量 21 单位。

预约挂号管理。采取网络预约、微导诊预约、窗口预约、电话预约、诊间预约、出院复诊预约和社区转诊预约等多种形式，开放号源比例 98.5%，预约挂号 21164 人次，预约挂号人次占门诊比例约 2.53%。

全年开展新技术、新疗法情况。全年新技术、新项目 41 项，如：心血管内科的《光学相干断层成像（OCT）在临床冠心病截图治疗中的应用》、骨科的《关节镜下自体肌腱移植重建后交叉韧带》。

药物管理。继续加强抗菌药物处方点评工作，加强医院抗菌药物临床应用管理。2017 年门诊患者抗菌药物使用率 13.26%，急诊患者抗菌药物使用率 34.60%，住院患者抗菌药物使用率 54.55%，住院患者特殊级抗菌药物使用率 10.43%，住院患者抗菌药物使用强度 42.28，特殊级抗菌药物使用强度 9.10，住院患者抗菌药物联合使用率 41.32%。

医院感染管理。医院感染发生率为 0.99%。

医保工作。全年医保出院人次 19798 人，同比增长 2.37%；出院医保病人总费用 441217716 元，出院医保病人次均费用 22285 元。

医疗支援。医院派出 29 名医师前往内蒙古自治区四子王旗医院、内蒙古包头一机医院，开展内科专业、外科专业、妇产科专业、超声专业、呼吸科专业、影像专业、心内科专业、神经内科专业、内分泌专业、中医专业、消化内科专业、麻醉专业、眼科专业等 11 个专业进行对口帮扶工作。与首钢水城钢铁（集团）有限责任公司总医院开展对口支援，呼吸内科、普通外科、泌尿外科每月定期派医师进行帮扶工作。6 月 15～16 日，首钢医院党委组织医院党员专家赴首钢京唐公司、迁钢公司和矿业公司为一线干部职工和家属进行健康讲座和健康咨询。

医疗纠纷处理。2017 年参加医疗保险 1526 人，2017 年度保险缴费 1004200 元，保险赔付 822715.22 元。发生医疗纠纷 10 起，经北京市医疗纠纷人民调解委员会调解 5 起；经法院判决 5 起。

（吴妍彦）

【护理工作】 护士数 708 人，注册护士数 646 人、合同护士数 554 人，医护比例 0.63：1，重症监护床位数 45 张。本科 252 人，研究生及以上 5 人。开展优质护理情况：不良事件上报率 100%、整改率 100%。护理管理新举措："专科护理指标提升专科护理内涵与质量"获 2017 年度医院管理创新二等奖。科研工作：在统计源期刊发表的护理论文数 22 篇。护士培训工作：外送护士进修 3 人，接收进修护士 2 人。专科护士培养共 15 人，其中静脉输液治疗专科护士 4 人，超声引导下 PICC 3 人，造口治疗师 2 人，ICU 专科护士 1 人，急诊专科护士 1 人，手术室专科护士 1 人，糖尿病健康教育护理师 1 人，消毒供应中心专科护士 1 人，血液净化专科护士 1 人。承担北大方正软件技术学院护理专业临床课教学共 4 门课 440 学时。

4 月 21～23 日，由石景山区卫计委、石景山区医学会主办，首钢医院与石景山区护理质控办公室承办的"践行安宁疗护，护航生命品质——第四届石景山区护理专业论坛"在我院泌尿大楼八层学术报告厅举行。台湾马偕医院安宁疗护教育示范中心方俊凯主任到我院授课指导。

（吴妍彦）

【科研工作】　新增科研课题 9 项,其中国家重点研发计划 1 项,国资预算资金支持科技创新项目 1 项,北京市科委"首都临床特色应用研究"1 项,北京市"自然科学基金"1 项,北京大学"临床医学+X"专项项目 1 项。发表论文 150 篇,其中 SCI 文章 12 篇,核心期刊 78 篇,非核心期刊 72 篇。6 月,首钢医院院长顾晋教授申报的首钢生命科技创新中心建设项目获 2017 年国资预算资金支持科技创新项目,顾晋—盆腔实体肿瘤综合治疗创新团队获 2017 市属企业优秀科技创新团队。7 月,首钢医院院长顾晋教授申报的"CART 新技术在消化道肿瘤中的临床应用"项目获北京大学临床医学+X 专项项目。

6 月 13 日,北京大学首钢医院安宁疗护中心启动仪式暨《京西安宁疗护学术论坛》在泌尿大楼八层报告厅举行。国家卫生计生委副主任马晓伟、北京大学医学部主任詹启敏、北京市卫生计生委主任雷海潮、首钢集团有限公司总经理张功焰以及来自国家卫生计生委、北京大学医学部、北京市卫生计生委、首钢集团有限公司、石景山区卫计委等相关主管部门以及北京大学肿瘤医院等医院和中国抗癌协会康复会等各行业协会的领导和专家应邀出席了启动仪式。7 月 20 日,由首钢医院主办的京西呼吸论坛在首钢医院泌尿大楼八层报告厅召开。7 月 23 日,由北京大学首钢医院主办的北京大学心血管医师高峰论坛暨全国药物球囊峰会在首钢医院举行。7 月 27~29 日,第十四届中国国际血管医学大会暨 2017 北京西部医学论坛在北京大学首钢医院召开。11 月 17 日,首钢医院在泌尿大楼八层报告厅召开第六届北京西部医学影像论坛研讨会。

（吴妍彦）

【医学教育】　首钢医院在本科教育方面,顺利完成北医 2013 级生物医学英语专业教学任务和 2014 级海外口腔专业教学任务,共 33 人,955 学时;完成 2012 级和 2013 级西藏大学医学院临床教学实习任务;在加强本科教学的同时,医院培养硕士研究生 2 人、博士研究生 1 名。

2017 年医院参加北京市卫生局专科医师规范化培训的住院医师共 95 人,其中一阶段 38 人,二阶段 57 人。参加继续医学教育的人员 927 人;接收到院进修生共 43 人。举办短期学习班 39 次,参加人数 6100 人次。为职工举办学习班 104 次,参加人数平均 210 人/次。

本年度脱产学习 210 人次。到院外进修 17 人,出国进修 3 人。2017 年度录取研究生 17 人,其中硕士研究生 16 人、博士研究生 1 人。

5 月 6 日,在北京理工大学举行北京高校第十届青年教师教学基本功比赛,北京大学首钢医院心内科医生王硕获得北京高校第十届青年教师教学基本功比赛(理工类)一等奖的佳绩,这是北京大学首钢医院青年教师第一次获得如此高级别的奖项。12 月 21~22 日,北京大学第十七届青年教师教学基本功比赛(医科类)在北大医学部举行。首钢医院泌尿外科赵子臣荣获一等奖第一名、最佳教案奖、最佳现场演示奖、最受学生欢迎奖;肾内科李晓帆荣获三等奖;泌尿外科主任李宁忱教授荣获优秀指导老师奖。组织召开《医学大家》系列讲座 10 期,"青年医师职业生涯培训 100 讲"17 讲。

（吴妍彦）

【学术交流】　1 月 5 日,内蒙古四子王旗副旗长贾喜红及对口帮扶单位四子王旗人民医院院长白桂平一行 5 人到首钢医院进行交流学习。6 月 28 日,天津北辰北门医院院长王维栋一行 14 人赴首钢医院交流党建工作成效与经验。11 月 10 日,首钢医院副院长王宏宇一行赴拉萨参加西藏大学医学院举办的 2017 年实践教学工作经验总结交流暨表彰大会。8 月 1 日,西藏大学谭欣副校长到首钢医院访问;9 月 8 日,西藏大学医学院江泳院长一行访问首钢医院。

（吴妍彦）

【信息化建设】　首钢医院完成具有本院特色的生物样本库管理系统,建设移动医护系统等一批业务系统,集中解决一部分临床反映较多、凸显的业务系统问题,新增一部分对临床工作效率有明显提升的业务系统功能模块,实现院内各系统互联互通。

（吴妍彦）

【后勤与基建】　首钢医院积极推进新门急诊医技大楼项目,完成医疗工艺布局一级流程、二级流程设计工作,完成老内科楼腾挪搬迁以及建筑拆迁计划达到开工条件。完成安宁疗护中心配套设施改造和眼科、耳鼻咽喉科病区等施工改造项目,完成肝胆胰病区改造项目方案设计等工作。不断规范后勤管理,启动医院餐厅运行模式和服务模式的改革创新,进一步规范运营机制。精心建造医院中心花园,更换医护人员白衣,升级改造职工浴室。

围绕"平安医院"建设,认真贯彻落实安全生产责任制,构建安全生产三级应急值守和三级查房检查体系。强化全员消防安全意识,提高职工四个能力的建设。不断强化警医联动机制,强化人防、技防、物防措施。升级改造视频监控系统,加装一键式报警系统,改造道路交通设施,努力营造安全的工作就医环境。圆满完成医院安全生产保障工作,圆满完成全国两会、"十九大"及重点节假日期间的安保任务,有力维护医院正常秩序。

(吴妍彦)

首钢控股(香港)有限公司

【首控香港领导名录】

党总支书记:丁汝才

董事长:张功焰

副董事长:韩 庆(7月离任)

董 事:赵天旸 孙亚杰(7月任职)

　　　　白 超(7月任职) 丁汝才

总经理:李少峰

副总经理:丁汝才 徐 量

(宋清秋、杨凯峰)

【综述】 首钢控股(香港)有限公司(以下简称"首控香港")是首钢集团于1992年10月在香港注册成立的投资控股公司,注册资本100万港元,后于2015年增资至70,909万港元,首钢总公司持有其100%的股权。1993年~1995年,首控香港联合长江实业集团有限公司通过一系列的收购、兼并和重组,通过共同控股首长国际企业有限公司(以下简称"首长国际"),持有和控股首长四方集团有限公司(以下简称"首长四方")、首长宝佳集团有限公司(以下简称"首长宝佳")及首长科技集团有限公司(以下简称"首长科技")等香港上市公司,形成以首长国际为旗舰的系列上市公司。首控香港下设资本运营部、经营财务部、综合管理部三个职能部门。截至2017年12月31日,首控香港共有员工15人,其中集团派驻香港的管理人员10人,派驻深圳的管理人员1人,留驻北京的管理人员1人,香港员工3人。2017年首控香港领导班子在集团的大力支持下,带领团队在加强自身建设的同时,不断加强上市公司管控,圆满完成年度计划,特别是首控香港出色完成境外4亿美元发债工作和首长国际装入停车场项目的资本运作

工作。

(宋清秋、杨凯峰)

【主要指标】 2017年,首控香港销售收入计划144.49亿元,全年完成183.70亿元,完成计划的127%;利润计划为3,600万元,全年完成17,532万元,完成计划487%。首控香港旗下五家香港上市公司,分别为首长国际、首长四方、首钢资源、首长宝佳及环球数码创意控股有限公司(以下简称"环球数码"),2017年末总市值为145.13亿港元,相较于2015年末市值84亿港元,同比增长72.77%,完成了集团要求的三年任期指标中市值同比增长30%的目标。

(杨俊林)

【美元债券发行】 2017年,首控香港配合首钢集团完成规模4亿美元(折合31亿港元),5年期,最终利率达3.47%的债券发行。在首钢集团的大力支持、配合和指导下,首控香港与集团经营财务部和国际业务部团队一起,在香港和新加坡成功地进行路演,取得良好的市场反馈,债券认购规模超过40亿美元,市场对此次债券发行非常认可。此次美元债的发行,为首控香港按照"十三五规划"努力打造三大平台打下坚实的资金基础。

(宋清秋、杨凯峰)

【首长国际业务转型】 2017年,首控香港通过一系列资本运作将停车场业务装入首长国际,实现境外以停车为主的城市综合服务商的转型。首控香港完成首长国际在香港资本市场20亿港元供股集资的运作,以合理的价格收购首钢基金旗下的首中投资公司及京冀资本公司,成功地实现首钢集团将旗下优良资产在香港资本市场上市的战略部署,为首钢集团在香港金融资本市场

的长远发展奠定良好的基础。此次资本运作通过供股集资 20 亿港元的方式为首长国际未来打造城市综合服务商境外旗舰企业提供强有力的储备资金,通过收购首中投资来发展停车产业使首长国际钢铁产业置出后无主业的局面得到了有效的控制,实现首长国际向停车产业的转型发展,为首钢集团在香港资本市场的发展贡献力量。

（宋清秋、杨凯峰）

【首钢资源经济效益创五年最佳】 2017 年,首控香港旗下上市公司首钢资源全年实现安全生产,经济效益创五年最佳,实现销售收入 34.72 亿港元,同比增长 91.82%,毛利 18.75 亿港元（毛利率 54%）,同比增长 208%,股东应占净利润 10.18 亿港元,同比增长 866%,取得良好业绩。首钢资源董事会建议股息派发方案为末期息加特殊股息方式,全年总派息为 8.70 亿港元,合计年派息率达到 81%,其中首钢系总计获得 2.61 亿港

元（首长国际和首控香港分别获得 2.42 亿港元和 1962 万港元）,实现了对股东投资的充分回报。

（宋清秋、杨凯峰）

【在商言商、在商言政】 2017 年,首控香港围绕着中联办的指示,按照京泰集团党委的统一部署,在集团党委的有力支持下,开展在商言商、在商言政工作,肩负起社会责任,更好地发挥驻港中资企业的党建平台作用、组织平台作用、窗口平台作用和纽带平台作用。首控香港通过积极参加中联办、京泰党委和中企协等组织的各类活动与各集团公司保持友好关系;严格按照集团党委和京泰党委的要求,开展各类在商言政工作,完成各项政治任务;同时首控香港不忘服务、回馈香港社会,并不断培养香港员工的归属感和荣誉感,持续为首钢集团在海外的发展、香港社会的繁荣稳定添砖加瓦。

（宋清秋、杨凯峰）

北京京西重工有限公司

【京西重工领导名录】

董事长:蒋运安

副董事长:张耀春

董　事:蒋运安　王中华　张耀春　韩卫东
　　　　陈舟平（6月任职）　祁　京（6月离任）

外部董事:叶盛基　许　敏（8月任职）

总　裁:蒋运安

副总裁:汤姆·古德　祁　京（6月离任）　赵子健

助理总裁:阿兰·李　约翰·比尔斯　黄　彦
　　　　　王　进

党委书记:王中华

纪委书记:张耀春

工会主席:张耀春

（李　梦）

【综述】 北京京西重工有限公司（以下简称"京西重工"）成立于 2009 年 3 月 23 日,业务涉及全球 14 个国家和地区。公司注册资本为 13.2 亿元,其中首钢总公

司占股比例为 55.45%,房山国资公司占股比例为 44.55%。

2009 年 3 月 30 日,京西重工与德尔福公司正式签署收购其全球减震和制动业务主协议,同年 11 月 2 日正式签署交割协议。至此,收购工作全部完成。

京西重工作为一家服务全球的底盘系统零部件供应商,在设计生产减震和制动零部件、模块及系统集成方面具有丰富的经验,能够根据全球不同客户的车型差异、品牌特点和功能需求提供系统的一体化解决方案。公司全球拥有 7 家工厂（波兰克拉斯诺、墨西哥奇瓦瓦、英国卢顿、捷克海布、美国印第安纳、中国上海、中国北京）、6 家技术研发中心（美国布莱顿、美国代顿、法国巴黎、波兰克拉科夫、中国上海、中国北京）,以及十多个技术服务中心;拥有 1000 多项专利或专有技术。公司现有减震器和制动器两项业务,双模态减震器、轻量化减震器、主动稳定杆系统（ASBS）、电子稳定性控制系统等产品技术处于世界领先水平。服务于全球 50 多家客户,先后获得包括

法拉利、捷豹路虎、上海通用、沃尔沃、本田在内的众多整车厂年度"优秀供应商奖"、"突出进步奖"。

2014年1月27日，京西重工在香港联交所成功上市交易(简称"京西国际"，股票代号02339)。

（李 梦）

【主要指标】 2017年，京西重工实现销售收入52.03亿元，比2016年的55.72亿元降低3.69亿元；全年实现利润2810万元，比2016年的1.64亿元降低1.36亿元；完成新订单16亿美元，比首钢集团《责任书》下达的10亿美元指标增加6.5亿美元。

（李 梦）

【技术研发】 2017年，京西重工坚持"技术引领前行"的发展理念，积极鼓励技术创新，保证研发资金投入，取得一批新的技术成果。全年共申请上报发明专利67项，其中制动2项，悬架65项；获得36项发明专利授权，其中制动11项，悬架25项，(中国发明8项，其他国家发明28项)。这些申请或授权的专利，既有空气悬架等市场主流产品，也有智能化汽车制动等前沿科技的技术与方法；既有具有市场传统优势的液压减震器，也有创新度较高的磁流变流体支架装置，形成了全面的制动与悬架高科技产品结构。

以"校企联合"的方式，增强申报国家级实验室的工作力度。2017年6月份向工信部申报的"支持智能驾驶的车辆电子稳定控制系统ESP的研究及产业化"工业强基项目已经中标，为控制制动业务研发争取到3600万元政府补贴。

（李 梦）

【重大事件】 2017年1月10日首钢总公司正式下发《北京京西重工有限公司推进国际化经营改革试点方案》，京西重工成为首钢第一家国际化经营改革试点单位。2017年2月15日，京西重工召开2016年度领导班子民主生活会，时任首钢集团党委书记、董事长靳伟及集团公司有关部门负责人到会进行指导。会上，靳伟对京西重工领导班子民主生活会情况进行点评，并对领导班子建设提出具体要求。

（李 梦）

【调整组织机构】 2017年1月，京西重工调整总部组织机构，设董事会办公室、办公室、计财部、人力资源部、信息部、风控审计部六个职能部门。

（李 梦）

【构建中国区运营架构】 为加强京西重工中国地区房山和上海两家工厂的运营管理，加快实现工厂由矩阵式管理向矩阵式与区域垂直管理相结合的模式转变，推动工厂由成本中心向利润中心转变，组织搭建中国区运营架构，将涉及工厂产、供、销、研等各职能的经营管理和业务决策权全部实现本土化。使管理模式更符合中国市场实际，进一步提高中国区运营管理效率和效益。

（李 梦）

【完善公司治理结构】 完成《京西重工公司章程》修订，明确党组织在国有企业法人治理结构中的法定地位；完善董事会建设，在现有五名董事的基础上，增加两名外部董事，建立外部董事制度；在董事会下设立了战略管理委员会、提名及薪酬委员会、风险控制及审计委员会；修订完善京西重工党委会、董事会、总裁办公会工作规则，在董事会决策的27项重大事项中，确定23项需党委会前置审议，确定"三重一大"决策事项。

（李 梦）

【改革用人机制】 京西重工制定职业经理人管理办法，界定改革后职业经理人范围。京西重工除党委书记、董事长、纪委书记外，其他领导岗位按职业经理人设置；遵照集团公司《领导人员任免权力清单》规定，做好党管干部与职业经理人制度有效衔接，将党管干部及职业经理人管理相关内容纳入到党委会工作规则；制定市场化、契约化的薪酬管理制度，转换为职业经理人的人员签订《聘用协议书》《任期目标责任书》和《劳动合同书》。

（李 梦）

【完善投资管理机制】 京西重工结合首钢集团《权力清单》和《北京京西重工有限公司推进国际化经营改革试点方案》，对投资权限内容和办法进行细分，制定相应管理办法与制度，完成《京西重工授权体系》第4版修订。

（李 梦）

【产融结合】 完成京西上海在香港上市，为京西重工国内业务的发展注入1.26亿元人民币的资金支持。

（李 梦）

【扭亏增盈】 2017年，房山工厂大力夯实基础管理，不断加快持续改进，着力打好扭亏增盈攻坚战，在干部职工的共同努力下，工厂利润首次实现扭亏为盈，取得历史性突破。经营指标、质量管理、项目开发、研发中心建设取得一系列进步,全年销售减震器222万支,销售量比预算增长4%,实现销售收入3.3亿元,比预算增加5066万元;共销售制动器6.2万件,销售量比预算增加209%,实现销售收入2603万元,比预算增加1726万元。

(李 梦)

【捷克海布工厂】 捷克海布工厂于2017年4月份,实现沃尔沃SPA项目被动式减震器首批供货,生产运营保持顺稳,产品质量与服务得到客户一致认可。

(李 梦)

【新工厂建设】 基于北美地区在手新订单,以及通用、福特、宝马等主要客户在北美地区的工厂布局,结合美国印第安纳州在政治、经济环境及相关投资优惠政策等方面的优势,在首钢集团的支持下,京西重工产能规模为400万支减震器的美国印第安纳新工厂于2017年6月28日破土动工,目前工厂建设各项工作正在稳步推进。

(李 梦)

【企业文化建设】 努力培育具有京西重工特色的企业文化。结合企业国际化运营特点,认真分析中外文化的差异,寻找彼此的融合点,树立共同价值追求。2017年4月份,组成工作组,赴境外工厂、站点,对总监级以上高管、工厂主要负责人进行述职谈话,听取相关情况汇报并做实地工作调研,为企业文化建设拓展新路径。

(李 梦)

【宣传思想工作】 京西重工利用标语、展板等形式,对首钢精神、京西重工企业愿景和发展目标进行深入宣传;开通微信公众号,成为思想文化和信息传播的重要平台;相继在《首钢日报》刊登多篇文章,使集团干部职工能够及时了解京西重工工作。接受《经济日报》采访,该报刊登的《京西重工:新兵闯天下》一文展示京西重工良好形象。

(李 梦)

【党风廉洁建设】 京西重工认真落实党风廉洁建设主体责任、监督责任。召开党委扩大会议,专题研究党风廉洁建设工作,制定《京西重工2017年反腐倡廉主要任务分工方案》《京西重工关于开展"严肃查处职工群众身边的不正之风和腐败问题"专项工作方案》,并将任务逐一分解落实到牵头部门。认真执行京西重工《业务活动费用管理办法》等规章制度,确保各项费用支出在"阳光"下运行。召开2017年党风廉洁建设工作会议,全面部署2017年反腐倡廉任务。领导班子成员与分管单位、部门负责人逐级签订了《京西重工领导干部廉洁责任书》。

积极探索纪检监察与风控审计工作联动机制。结合企业实际情况,成立风控审计部,把境内外站点的内控专业职能转到总部。同时,将纪委的"监督执纪问责"与风控内控管理紧密结合,探索纪检监察与境内外风控审计联动机制。

(李 梦)

北京首钢基金有限公司

【基金公司领导名录】

  董事长:靳 伟(兼)

  董 事:张功焰(兼) 王洪军(兼) 赵天旸

     郭 为

  监 事:邹立宾

  总经理:赵天旸

  副总经理:聂秀峰 游文丽

(雷 宇)

【综述】 北京首钢基金有限公司(简称"基金公司")2014年12月成立。2014年,习近平总书记提出京津冀一体化的国家战略,首钢集团成为这一伟大战略的践行者。在北京市政府的大力支持下,首钢集团发起设立首钢基金公司,负责管理达200亿规模的京冀协同发展产业投资基金。近年来,首钢基金公司飞速发展,积极贯彻产融结合理念,为实体经济服务,逐步发展成为以核心产业为基础的"融资—投资—运营"一体化的新产业投资控股平台。

2017年,基金公司培育产业新动能,助力集团转型升级。一是以停车为主的基础设施和智慧城市板块初具成效。停车板块完成7个停车场运营权收购、1个停车场所有权收购,车位累计近11000个。在停车及旧改领域出资累计7亿元。其中,将京冀资本、首中投资股权注入首长国际,出资4.43亿港币收购首长国际10%股权。出资2.4亿元发起设立北京静态交通投资运营有限公司,新机场项目完成全部出资7290万元。创业公社已签约项目17个,运营面积13.3万平米,累计入驻和服务企业已超过一万家,并成为全国首个SGS认证的ISO创业服务标准化公司。二是医疗健康等消费升级领域顺利推进。首颐医疗整体投资1.5亿元,完成水钢医院收购,首钢医院收购获批。与清华大学联袂打造优秀医院管理人才输出平台。三是供应链及金融服务深度切入。分别投资7亿元和1.88亿元领投找钢网和欧冶云商,助推集团供给侧结构性改革。其中,找钢网累计销售量1663万吨,净利润1.9亿元,同比增长533%,并已推进IPO计划。京西保理供应链业务开展顺畅,协助集团累计销售23万吨钢材。

基金公司按照"基地+基金+产业"模式,推动北京和曹妃甸园区协同发展。一是北京园区开发持续推进。完成园区一期24.42亿元全部提款,园区二期基金规模72.36亿元并完成12.06亿元提款。投入5650万元,设立专项基金侨梦苑项目,海外院士专家北京工作站正式落地。二是曹妃甸园区建设成效显现。曹一期投资唐曹高速,累计实现收益4015万元,其中2017年收益1714万元。曹二期实缴到位资金1.2亿元,投资工人医院PPP项目。曹三期1.67亿元出资全部实缴到位,完成对郎泽新能源的投资。设立曹妃甸协同发展示范区产业投资基金,一期规模10亿元,基金公司投资3亿元,撬动社会资本7亿元。

基金公司灵活运用多种金融工具,助推可持续发展。一是协助集团发债成果显著。围绕A股上市公司首钢股份进行一系列资本运作,成功协助集团以上市公司为标的发行规模为60亿元的可交换债,成为当时钢铁行业规模最大的可交换债。二是归集资金助推集团资金流转。在母基金层面,累计收到集团出资80亿,向财务公司直接归集资金77.33亿元,除项目出资和日常运营外,实现百分之百资金归集。此外,通过供应链金融服务为集团钢铁行业带来9.13亿元流转资金。

(张　浩)

【主要指标】　在集团公司党委和董事会的坚强领导下,基金公司按照集团"一根扁担挑两头"的总体战略,以助推集团转型发展为使命,扎实开展各项工作。截至2017年末,公司管理基金数量15支,签约规模405亿元,意向管理规模611亿元,实际到位资金223.37亿元,其中母基金实际到位资金160亿元。投委会累计批准投资项目合计64个,其中正常推进项目48个,主动终止项目13个,已退出项目2个(京冀和首中),实际出资项目41个,金额83.6亿元。合并口径累计实现利润15.91亿元,其中2017年实现利润7.58亿元,较上年增长43%。投资收益率14%,净资产收益率3.7%。累计实现现金回流10.04亿元,其中成本回收3.15亿元,增量现金回流6.9亿元。

(雷　宇)

【成都首钢丝路基金成立】　4月7日,首钢基金公司与武侯区政府举行战略合作仪式,将共同发起设立"成都首钢一带一路基金",一期规模10亿元,远期将发展到50亿元。首钢基金将在武侯区组建市场化、专业化的管理团队,重点关注城市基础设施和园区的建设与开发,关注城市综合服务业、立体车库、文体设施、医疗教育等优质项目。

(张　浩)

【投资欧冶云商】　5月,中国宝武钢铁集团旗下欧冶云商股份有限公司(简称"欧冶云商")在上海宝武大厦举办股权开放及员工持股签约仪式,正式公布首钢基金参股5%,首钢基金借此参与国企混改试点项目。

(张　浩)

【水钢总医院签约】　首颐医疗健康投资管理有限公司(简称"首颐医疗")在2017京交会北京商务服务业发展论坛暨第四届九环峰会上,与首钢水城钢铁(集团)有限责任公司(简称"水钢")在北京市相关领导的见证下举行签约仪式。双方签约之后,首颐医疗正式接管水钢总医院,充分利用自己的资本与医疗资源优势,对水钢总医院进行改组,将其打造成为一家定位于"大专科、小综合"的三甲医院,进而成为国有企业医院改革重组的优质样本。

(张　浩)

【荣获国际机构高评级】　基金公司被国际三大信用评

级公司之一惠誉授予"A-"的长期发行人违约评级和"F1"的短期发行人违约评级。展望为稳定。

（张　浩）

【参与首都国企新进展】 由北京市首都公路发展集团有限公司、首钢集团有限公司、北京首都开发控股（集团）有限公司和北京能源集团有限责任公司四家市属国有企业共同发起设立的"北京静态交通投资运营有限公司"召开成立大会并举行揭牌仪式。以首钢基金为代表的股东方将全力支持新公司各项业务的开展，提升服务北京城市发展的能力，为促进解决北京静态交通领域相关问题发挥重要作用，为创造更加有序的交通环境，把北京建设成为世界一流的和谐宜居之都做出更大的贡献。

（张　浩）

【内控建设】 基金公司全力推进公司内部控制建设，编制完成内控手册和评价手册，通过集团内控建设工作验收。开展大型内部审计 14 次，通过严格内审及时发现公司投资运营及内部管理存在的问题。接待了国家审计署、市审计局、市财政局等部门的多次审计监督。聘请中介机构协助公司做好审计、咨询及税务筹划等工作。

（张　浩）

【党群工作】 基金公司贯彻落实集团党委和金融党委要求，全面推进党的建设。一是实施"素质强化"工程。推动"两学一做"常态化、制度化。用改革的思维、创新的办法，狠抓支部建设，筑牢思想基础。二是实施"阳光党务"工程。严格落实"三重一大"，深化领导干部廉洁自律。三是实施"创新引领工程"。加强和规范"三会一课"制度和党员动态管理。党支部党员由成立之初 25 名发展到现有党员 45 名，壮大了队伍力量，发挥了党员先锋模范作用。

（任　维）

【领导指导工作】 2 月 14 日，首钢集团董事长靳伟、总经理张功焰及相关部厅一行至首钢基金视察指导工作。

4 月 21 日，北京市团市委熊卓书记、事业部部长李雪红、企业部部长杜新峰等一行到首钢基金及创业公社调研。

7 月 8 日，北京市委常委、副市长阴和俊，市政府副秘书长刘印春及市科委、市经信委、中关村管委会有关负责人一行到创业公社石景山总部调研创新创业服务运营情况。

7 月 18 日，中国证监会私募部主任陈自强、副主任韦壮造一行到首钢基金旗下创业公社中关村国际创客中心调研，并就双创企业发展、金融企业脱虚入实等具体工作进行了深入指导。首钢基金总裁赵天旸等陪同调研。

（张　浩）

北京首钢文化发展有限公司

【文化公司领导名录】

　　副董事长、经理：撒元智

　　党支部书记：撒元智

　　党支部副书记、副经理：张亚男

（孙会东）

【综述】 北京首钢文化发展有限公司前身为北京首钢源景文化发展有限公司，注册成立于 2006 年 3 月，2011 年 9 月完成股权转让，成为集团公司全资子公司，2015 年 8 月更名为北京首钢文化发展有限公司。公司下设剧本孵化部、创意制作部 2 个业务部门，办公室、财务部 2 个职能部门。2016 年 1 月首钢博物馆筹备办公室由文化公司代管，2017 年 10 月首钢影视公司划入文化公司。主要经营范围：组织文化交流活动，承办展览展示，影视策划，摄影摄像服务，资料编辑，租赁影视器材，会议服务，技术培训，销售工艺美术品，设计、制作、代理、发布广告，公园管理，软件开发，餐饮管理，零售国内版音像制品，公开发行的图书、电子出版物，经营演出及经纪业务，从事互联网文化活动，餐饮服务等。2017 年底在册人数 30 人。2017 年文化公司在集团公司领导下，文化公司围绕剧本孵化和广告及品牌运营两个业务板块，面向文化消费市场，在影视、话剧、品牌运营等多方面开展大量工作，取得一定成绩。

（孙会东）

【制度管理】 文化公司结合年度审计整改工作，认真梳理、自查自纠、查遗补漏，新建和补充完善《北京首钢文化发展有限公司人员招聘与配置管理制度》《北京首钢文化发展有限公司合同管理办法》《北京首钢文化发展有限公司财务管理制度》等 10 余项制度、办法，进一步提高全员严格执行各项规章制度和业务流程的意识。按照国家法律法规和集团公司招投标管理等制度规定，制定《北京首钢文化发展有限公司招投标管理办法》，规范工作标准、明确职责要求、建立流程图，并强化制度的学习。

（孙会东）

【重点工作】 打磨组织话剧：2016 年话剧《实现》演出后，文化公司在广泛听取专家、剧评家、观众的意见和建议基础上，进一步挖掘，对剧目进行调整、提升，打磨成大型产业工人题材话剧《实现·突围》，于 9 月 22 日至 27 日在京进行话剧项目第二轮 8 场演出，取得良好社会反响。该剧创作演出得到各界高度重视，中宣部、文化部、全国总工会、北京市市委宣传部、文化局、市总工会等领导出席并观看演出。由北汽、金隅、燕山石化、京城机电、北京电子控股、首钢集团等工会组织包场组织职工观看。全国总工会党组书记、副主席李玉赋率队观看演出，认为这部剧是落实《新时期产业工人队伍建设改革方案》的第一部剧，意义重大，是展现当代产业工人情怀、振奋产业工人精神的一部好作品。

在此基础上，文化公司按照集团公司"加快修改剧本、打造一部精品"等的指示和要求，通过对剧本的进一步修改、打磨、提炼、加工，结合剧本创作、作曲、舞化道、灯光、音响、多媒体制作等专业，按照剧情发生发展，准确设计灯光音乐视听效果等舞台元素，达到既烘托演出效果、更好地展示剧情，又增强演员的表演效果，给观众提供良好的现场感受，增强话剧的观赏性。

推进影视剧孵化：一是孵化《王初一与刘十五》《彩虹》两部电视剧，《王初一与刘十五》已在内蒙、山东等六家地面频道播出，预计在央视八套播出；电视剧《彩虹》于 6 月在黑龙江开机，预计在央视播出；二是投资

两部网络大电影《怒放的豆芽》和《特种使命之绿色军团》。《怒放的豆芽》得到优酷平台网大最高级 S 级的评级，6 月 20 日在优酷独家上映，参投新片场影业大电影《特种使命之绿色军团》已于 10 月在泰国完成拍摄，预计将在年底播出；三是电视剧《铁哥们》（暂名）已完成人物小传和故事梗概，全剧近 10 万字 40 集分集大纲，已提交央视审定。

品牌运营稳步发展：一是策划制作企业形象宣传片·创意制作《情铸贵钢》《京唐·韵》、首自信公司充电桩动画视频以及实业公司、首建公司企业形象宣传片；二是开发广告创意设计产品完成首自信公司户外灯箱广告，首建投公司有关陶楼、石景山展板以及首钢园、智慧城市等画册的设计制作；为首自信公司、城运公司设计制作企业宣传册；为人才开发院创意设计"百年首钢情"手绘画轴，开发出独具特色的文化产品，为企业发展提供较好的品牌宣传服务；三是圆满完成会展设计搭建。先后承揽国际充电设备展览会、上海智慧城市静态交通展览会、世界机器人大会展览会、国际冬季运动（北京）博览会首钢展台以及首钢科技成果展览的设计布展工作，展示效果受到广泛好评；四是创意设计静态交通示范基地形象，完成首钢静态交通示范基地创意主视觉形象设计、展板及围挡环境设计、室内装饰布置等品牌宣传推广设计制作工作，提升了示范基地的展示效果，成为首钢打造城市综合服务商的重要展示窗口之一。

（孙会东）

【努力方向】 一是全力推进话剧《实现·使命》巡演。落实十九大提出的"弘扬劳模精神、工匠精神，营造劳动光荣的社会风尚和精益求精的敬业风气"，认真打磨本剧，将话剧《实现·使命》打造成一部精品力作，成为向首钢建厂 100 年和新中国成立 70 周年献礼的剧目；二是推进电视剧创作，实现年内开机拍摄，本着打造精品的原则，严把剧本质量关，本着剧本为一剧之本的原则，高标准严要求，抓紧项目推进；三是进一步提升广告及品牌运营业务水平，增强市场竞争力，立足首钢全力做好集团范围内企业 VI 设计及品牌运营，广告、宣传册、宣传片设计制作、展会活动策划布展等项目内部好品牌运营，积极开发外部市场，为演艺演出基地相关项目提供贴身服务，承揽演出行业的设计业务，主动走出去，与其他企业建立业务联系，提供个性化设计服务方

案;四是推进首钢博物馆建设,做好首钢博物馆筹备、布展及运营管理,将首钢博物馆打造成为有影响力的专业博物馆,以国际性、专业性、开放性思维,做好展陈内容、展品收集、布展设计等工作;五是积极主动落实首钢百年厂庆工作,以党的十九大精神为引领,推动全面深化改革、加快转型发展,展示自强首钢、创新首钢、绿色首钢、文化首钢新形象,结合首钢百年厂庆系列活动内容,逐项细化、分解具体目标任务,加快推进纪念品和纪念画册设计制作、可口述首钢历史、配合新闻中心拍摄编辑电视宣传片、话剧演出及巡演等工作。

(孙会东)

【党群工作】 文化公司党支部,充分发挥党建政治优势,进一步深化和加强党组织建设,严格落实"中央八项规定",发挥引领作用,把握正确的政治方向,牢固树立"四个意识"、增强"四个自信",严格执行"三会一课",推进"两学一做"学习教育常态化制度化建设,制定学习计划、开展党员评议测评、领导述职述廉,创新党课学习、组织参观《砥砺奋进的五年》大型成就展,建立了党员阅览室并制定管理制度,全年按计划完成年度党员发展工作;制定支部工作规则,签订文化公司《党风廉洁建设目标责任书》,在重要时间节点开展廉洁教育,坚决纠正形式主义和官僚主义,开展廉洁风险点排查梳理并制定防范措施。

党支部坚持"党政同责"和"一岗双责",开展党风廉政建设,认真落实党风廉洁全程记实工作,层层传导压力,分解责任,组织开展"为官不为""为官乱为""严肃查处职工群众身边不正之风和腐败问题"等专项治理检查,结合对"高立平贪污案"的学习,举一反三、吸取教训,开展党纪党规廉政知识测试,以测促学,坚定信仰,强化"红线"意识、规矩意识和底线意识。严明党的政治纪律和政治规矩,以支部大会、支委会、中层会等形式传达学习中央、市委和集团公司党委重要文件和会议精神,组织党员干部认真学习《中国共产党廉洁自律准则》《中国共产党纪律处分条例》等。修订完成"文化公司贯彻落实'三重一大'决策制度实施细则"、"文化公司党支部委员会工作规则"等制度,2017全年共召开了9次支委会,12次经理办公会,讨论研究重大机构、人事的调整、奖励等工作,按制度规定由支委会、经理办公会集体研究决策,对涉及职工切身利益的内容由工会小组讨论形成意见支委会研究决定,并按规定进行公示,2017年以来先后进行了首钢"两会"代表、党代表、团代表、发展党员、各级别先进、推荐体检等内容公示。

(孙会东)

首钢体育公司

【体育公司领导名录】
总经理:秦晓雯
副总经理:严晓明(6月任职)
副总经理:徐学鹏 郑佳伟(8月任职)
　　　　　吴　岩(8月离任)
党委副书记:郑佳伟(8月任职)
党总支书记:吴　岩(8月离任)

(周海涛)

【综述】 北京首钢体育文化有限公司(以下简称"首钢体育"),2008年注册成立,于2013年完成体育资源的整合。首钢借势京津冀协同发展,将体育产业列入集团重点布局产业之一,加大各方面投入力度,经营涵盖竞技体育、健身服务、体育培训、场馆经营、社区文体服务、文艺演出、书画艺术、房屋租赁等业务。旗下拥有首钢篮球俱乐部、首钢乒乓球俱乐部两个冠军级体育品牌,近年来多次斩获联赛冠军,并常年保持联赛争冠第一集团的行列。"首钢篮球"影响力与日俱增,最近6个赛季,男、女篮分别取得三冠,已成为"北京精神"的象征和代表,由其衍生开发的首钢篮球辉煌与梦想冠军系列产品已入选"北京礼物"。职业经理人的引入促进体育产业布局和项目实施。

首钢体育公司设规划发展部、推广运营部、信息新闻部、财务部、办公室、篮球俱乐部、社区文化活动中心、艺术团、物业部、场馆管理部、特许商品部、乒乓球俱乐部、书画院13个部门。定员391人，其中：核心岗位定员257人，包括处级8人、科级24人、一般管理技术170人、作业岗位55人；辅助的劳务用工岗位134人。

2017年是首钢体育公司"体育元年"。按照年初集团"两会"提出的要求，公司班子齐心协力，带领全体职工脚踏实地工作，各项事务实现稳中求进。全年经营收入完成6514万元，利润-1988万元。

（周海涛）

【创建国家体育产业示范区】 首钢体育探索体育产业创新发展、集聚发展、高端发展、绿色发展的实践路径，推动"国家体育产业示范区"创建工作。2月28日"示范区"在首钢挂牌并与国家体育总局达成《关于备战2022年冬季奥运会和建设国家体育产业示范区合作框架协议》，将冬奥会筹办与首钢转型发展有机结合，使国家级体育资源逐渐向示范区集聚，开创优化利用资源、布局体育产业的新局面。

（周海涛）

【赛事成绩】 3月2日首钢女篮以3：0总比分战胜八一女篮，获得2016~2017赛季WCBA总冠军，完成卫冕，建立首钢王朝。首钢乒乓球俱乐部优秀运动员丁宁，在一系列大赛中取得好成绩。6月4日第三次夺得世乒赛冠军。9月6日获得全运会女子单打冠军。12月14日获得国际乒联2017年度最佳女运动员奖。

（张 宇、许 栩）

【男篮重建】 首钢体育先后邀请美国NBA亚特兰大老鹰队前总经理、现任特别顾问卫斯理和达拉斯小牛队总经理尼尔森到俱乐部进行考察并指导组织机构建设，听取对俱乐部重建和提升球队管理水平的意见。俱乐部站在整体利益和长远发展的高度，聘请希腊人雅尼斯担任首钢男篮主教练，引入艾伦-杰克逊和贾斯汀-汉密尔顿两名外援，常林、刘晓宇两名国手内援。选定"团队篮球"的重建道路。在赛季第一阶段顶住压力，顽强拼搏，打出六胜三负的战绩，有力地回应质疑。

（张 宇）

【拓展首钢体育产业版图】 首钢体育一是借棒垒球重返奥运大家庭的"东风"，首创以共建国家队代表俱乐部参赛的模式，以"与狼共舞"的理念与中国垒协达成战略合作，以中国女垒国家队为班底组建北京首钢金鹰女垒，并于6月起征战美国职业垒球联赛，通过与世界顶级球队的较量，使球员得到历练，球队的整体水平显著提升。二是落实习总书记视察北京重要讲话精神，为促进全民冰雪运动普及、推动北京冰雪运动发展，积极履行国企社会责任，与北京市冬季运动管理中心、北京市冰球协会建立合作关系，2月24日以冠名赞助的方式引入北京男子冰球队，将宋安东等一批优秀球员送往美国进行职业训练并参赛。9月28日与中国冰协、北京市体育局成功签约，合力共建北京首钢冰球国家队俱乐部，不仅为首钢体育打开在冰雪运动方面进行产业布局的大门，也为中国冰球打通连接北美冰球职业联赛的渠道和平台。

（周海涛）

【打造"雏鹰计划"品牌】 首钢体育践行习总书记提出"体育强国""少年强则国强"的理念，拓展体育产业布局推出"雏鹰计划"。6月经过全国海选、训练营考核，筛选出9名优秀的小球员，于10月正式赴美学习。申请美国高中并加入校队，参加美国高中篮球联赛，并沿着申请美国大学、加入NCAA、步入职业篮球的道路进行历练，最终归国效力。9月28日首钢体育启动冰球"雏鹰计划"。

（吕 敏）

【首钢体育大厦落成】 2月24日，北京世界园艺博览会事务协调局正式进驻体育大厦办公，达成"6+2"模式（即租赁费6元/平米+物业费2元/平米），成为京西地区商务写字楼最高租赁价格。2月3日，与CBA中篮联公司完成签约，7月24日正式入驻。体育大厦小剧场成功举办CBA公司新闻发布会、儿童剧"小羊肖恩"试演等多场活动，丰富体育大厦的功能性。

（周海涛）

【世界级训练营在首钢】 "阿迪达斯"篮球训练营2017年6月第一次在首钢篮球中心落户，汇集全国16~18岁年龄段最优秀的球员，且有休斯敦火箭队助理教练等领衔的国际一流教练团队、国内篮坛名师进行指导，使首钢篮球中心、首钢体育与世界篮坛生态圈接壤迈出重要一步。

（吕 敏）

【美国洛杉矶奥组委主席到访首钢】 11月27日应首钢体育邀请，美国沃瑟曼体育公司董事长兼首席执行官、2028年洛杉矶夏季奥运会组委会主席凯西·沃瑟曼带队到访首钢,受到集团公司领导热情接待。

(周海涛)

【加强团队建设与融合】 首钢体育围绕体育产业发展的战略需求,加强人才引进和培养,形成以国企老员工为重要力量,以社会招聘人才为有益补充的局面,为企业可持续性发展提供智力保障。2017年先后引进财务总监、公关总监、赛事部长等8名职业经理人,并外聘商务、新闻、赛事等8名专业人才。这些专业人才的融入,不仅对首钢体育拓展业务、获取资源、建立渠道等起到助推作用,而且有效促进员工业务素质的提高和能力水平的提升。

(王燕昆)

【党建提供政治保证】 深化"两学一做"学习教育,首钢体育开展集中学习13次,使全体党员"四个意识"得到显著增强;完成年度"创先争优"评选活动,对1个先进党支部、1个先进党小组、5名优秀共产党员、6名党务工作者进行表彰奖励;严格制度执行,完成第一批25项规章制度的颁布出台,覆盖财务、人力、行政、安全、设备、工程等各领域无死角;推动实施领导人员落实党风廉洁建设主体责任全程记实管理,逐级签订《党风廉洁建设责任书》《廉洁自律承诺书》;搭建完成"互联网+党建"平台,开通"SGsports党建"微信公众号,创建党建放映厅;做好职工帮扶工作,结合"十一"专项慰问帮扶活动,为艺术团1名困难职工申请到1万元的专项帮扶款,体现党组织对职工的关心和爱护。

(许　辉)

大 事 记

◎ 责任编辑：刘冰清

2017 年大事记

一 月

1月3日,北汽集团党委书记、董事长徐和谊,副总经理张健等到访首钢,总公司领导靳伟、张功焰、赵民革、刘建辉及有关部门负责人接待。双方就共同关心的话题进行交流座谈。

1月3日,唐山市委常委、副市长(挂职)于学强等一行到首钢调研,总公司领导靳伟、张功焰、韩庆接待,并座谈交流。

1月4日,中铝集团董事长、党组书记葛红林,副总经理、党组成员刘才明,总经理助理、中铝国际工程股份有限公司董事长贺志辉等到访首钢,总公司领导靳伟、张功焰、韩庆及有关部门负责人接待。双方就共同关心的话题进行座谈交流。

1月4日,中兴通讯创始人、前董事长侯为贵,董事长高级顾问祖荫长,中兴通讯高级副总裁、政企事业部总经理朱永涛一行到访首钢,总公司领导靳伟、白新及有关部门负责人接待。双方就进一步加强信息沟通与合作、扩展合作空间等话题进行座谈交流。

1月6日,首钢召开安全生产大会,总结2016年安全生产工作,对2017年安全生产工作进行全面动员部署。总公司领导靳伟、许建国、何巍、赵民革、白新、韩庆、梁捷、刘桦、刘建辉参加会议。靳伟作重要讲话,许建国宣读《首钢总公司关于表彰2016年首钢安全生产先进集体、先进个人和"安康杯""青安杯"竞赛优胜单位的决定》,何巍主持会议。

1月6日,北京公共交通控股(集团)有限公司党委副书记、总经理朱凯,党委副书记杨健,党委常委、副总经理洪崇月,副总经理常江、沙勇、高明等到访首钢,总公司领导张功焰、白新、顾章飞及有关部门负责人接待,并座谈交流。

1月8日,由首钢基金公司、《清华金融评论》共同主办,硅谷银行金融集团、浦发硅谷银行联合主办的首届"北京—硅谷国际风险投资论坛"在清华大学举行。

首钢基金公司与浦发硅谷银行在论坛上举行战略合作签约仪式,并将设立国内首支投贷联动基金。

1月10日,国家发展改革委基础司副司长周小棋、基础司公水处调研员田艳杰,北京市发展改革委基础处处长来现余一行到首钢调研,总公司领导张功焰、白新、顾章飞及有关部门负责人接待,并座谈交流。

1月12日,市国资委第一检查组副组长刘松岩率领市国资委党风廉政建设责任制检查组到首钢检查党风廉政建设责任制落实情况。总公司领导靳伟介绍首钢党风廉政建设总体情况,张功焰、许建国、何巍、梁宗平、白新、韩庆、王洪军以及有关部门领导参加迎检汇报会。

1月16日,中国共产党首钢总公司第十八届委员会第二次全体(扩大)会议开幕。总公司领导靳伟、张功焰、许建国、何巍、赵民革、白新、孙永刚、王世忠、胡雄光、韩庆、梁捷、王洪军、刘桦、顾章飞、刘建辉、赵天旸;总公司党委委员;总公司各部门、平台公司、直管单位、要素管理单位和部分重点授权管理单位领导人员代表;北京市党代表、人大代表、政协委员、部分首钢党代会代表出席会议;北京市国资委派驻首钢监事会主席王笑君应邀出席会议。张功焰主持大会。靳伟受党委常委会委托,作题为《加强党的建设,持续改革创新,在首钢新的长征路上矢志奋斗再创辉煌》的工作报告。会议审议通过《中共首钢总公司第十八届委员会第二次全体(扩大)会议决议》。

1月17日,首钢集团第十九届职工代表大会第一次会议召开,292名正式职工代表出席会议。总公司领导靳伟、张功焰、许建国、何巍、梁宗平、赵民革、白新、孙永刚、王世忠、胡雄光、韩庆、梁捷、王洪军、刘桦、顾章飞、刘建辉、赵天旸出席会议。北京市国资委派驻首钢监事会主席王笑君应邀出席会议。首钢的市、区人大代表,政协委员、市党代会代表共19人作为特邀代表,外埠企业技术服务团7人作为列席代表出席会议。本次会议完成代表换届选举工作。靳伟主持会议。张功焰作题为《全面深化改革，加快创新驱动，打好健全管控体系提升管理能力攻坚战》的工作报告。

1月18日，首钢集团第十九届职工代表大会第一次会议闭幕。总公司领导靳伟、张功焰、许建国、何巍、梁宗平、赵民革、白新、孙永刚、王世忠、胡雄光、韩庆、梁捷、王洪军、刘桦、顾章飞、刘建辉、赵天旸出席会议。首钢的市、区人大代表，政协委员，市党代会代表共19人作为特邀代表，外埠企业技术服务团7人作为列席代表出席会议。与会正式代表以举手表决的方式，通过大会决议以及《首钢集团职工代表大会条例》《关于确认十八届一次团长联席会〈首钢总公司公司制改革方案〉的决议》；大会选举办法；总监选人、监选人名单；职代会七个专门委员会委员名单。

1月18日，特变电工股份有限公司总裁黄汉杰，总裁助理贾飞等领导一行到访首钢，总公司领导靳伟、张功焰、赵民革、刘建辉及相关部门负责人接待。双方就共同关心的话题展开座谈交流。

1月19日，国家体育总局局长助理、党组成员李颖川一行及市新首钢办领导到首钢调研，总公司领导靳伟、张功焰、梁宗平、王世忠、梁捷、刘桦、赵天旸及有关部门负责人接待，并座谈交流。

1月20日，首钢2017年产品推进启动会在陶楼召开。总公司领导张功焰、赵民革、刘建辉以及总工室、经营财务部、股份公司、首秦公司、中首公司、MA金属公司、技术研究院等单位相关负责人参加。京唐公司相关负责人通过视频会议系统参加。赵民革主持会议。张功焰作讲话，并提出工作要求。

1月22~23日，总公司领导张功焰、赵民革及有关部门负责人到首秦公司调研慰问，向广大干部职工致以新春问候。

1月24日，主题为"心系职工，共筑和谐"的2017年首钢总公司"献爱心"募捐活动在首钢文馆举行。总公司领导靳伟、张功焰、许建国、何巍、梁宗平、赵民革、白新、孙永刚、王世忠、胡雄光、韩庆、梁捷、王洪军、刘桦、顾章飞以及各战略管控部门和业务支持服务部门领导人员、党团员和职工代表参加现场捐款。

1月25日，首钢总公司领导班子召开2016年度民主生活会。市委组织部经济干部处刘江伟，市国资委派驻首钢监事会王笑君主席、芦淑芳，市委第8巡回督导组第2分组、市国资委企领二处李春红、吴瑞文到会进

行指导。总公司领导班子成员参加会议。靳伟主持。靳伟首先代表总公司领导班子做对照检查，总公司副职以上领导逐一作个人对照检查发言。总公司党委组织部、党委宣传部、纪委（监察部）、办公厅、党办负责人列席会议。

1月28日，首钢总公司领导靳伟、张功焰、梁宗平、赵民革、刘建辉及有关部门负责人参加农历新年第一个早调会，向全集团广大干部职工致以新春的问候与祝福。

1月，长钢公司被授予2016年"白玉兰"杯最受欢迎优质建筑用钢品牌。

1月，首建集团荣获中国施工企业管理协会信用评价工作委员会授予的社会信用等级为"AAA"及"2016年度工程建设诚信典型企业"荣誉称号。

二 月

2月6日，华夏银行行长张健华、副行长王一平、首席审批官涂超、办公室主任张国伟、北京分行行长杨伟等一行到访首钢，总公司领导靳伟、张功焰、王洪军及有关部门负责人接待。双方就加强沟通与合作进行交流、座谈。

2月8日，总公司召开经理办公会，听取总公司2月份资金预算安排的汇报，审议股份公司硅钢一冷轧智能工厂项目申请立项、制定《首钢总公司无形资产管理制度》和修订《首钢总公司字号和商标管理办法》、首钢科学技术奖等事项。总公司总经理张功焰主持会议。会议还审议其他事项。

2月9日，秦皇岛市市委书记孟祥伟，市委副书记、市长张瑞书，副市长孙国胜等到首钢参观考察，总公司领导靳伟、韩庆、顾章飞、赵天旸及有关部门负责人接待。

2月14日，总公司领导靳伟、张功焰、赵天旸到首钢基金公司调研，并提出工作要求。总公司战略发展部、经营财务部、系统优化部等部门领导围绕基金公司下一步工作提出意见建议。

2月24日，首钢召开2017年党风廉洁建设工作会议，总公司全体领导参加会议。总公司党委书记、董事长靳伟作重要讲话，总公司党委副书记、总经理张功焰主持会议。总公司纪委委员，总公司各战略管控部门、战略支撑部门、业务支持服务部门负责人，各平台公司、

直管单位党政主要领导、纪委书记、纪委副书记、组织部部长、宣传部部长以及受表彰的集体和个人代表参加会议。通钢公司、水钢公司、长钢公司、贵钢公司、伊钢公司通过视频会议系统参加。

2月24日，西城区区委副书记、区长王少峰，区委常委、副区长姜立光，副区长、区政府办主任徐利，副区长张利星等到首钢调研，总公司领导靳伟、王世忠、顾章飞、赵天旸及有关部门负责人接待。双方就共同关心的话题进行座谈交流。

2月27日，首钢总公司领导班子民主生活会通报暨述职测评会召开。总公司领导班子成员，总公司部门负责人，平台公司、直管单位、要素管理单位主要领导，首钢部分市人大代表、政协委员和党代表，首钢职代会民主评议领导人员委员会成员，北京市委组织部经济干部处副处长蒋天策、市国资委企业领导人员管理一处戴廷春参加会议。总公司党委书记、董事长靳伟代表总公司领导班子作2016年度工作总结。总公司党委副书记何巍通报2016年度总公司领导班子民主生活会情况。

2月27日，台湾花莲县县长傅崐萁、国民党立委徐榛蔚、桂台合盛（香港）有限公司总经理鲍广廷，西城区副区长李昇、区台办主任赵玲，市台办联络处处长李岳震，经济处处长张磊一行到访首钢，总公司领导靳伟、赵天旸及办公厅、园区开发部、创业公社台湾事业部等有关部门负责人接待，并座谈交流。

2月28日，国家体育总局与首钢总公司签署《关于备战2022年冬季奥运会和建设国家体育产业示范区合作框架协议》。国家体育总局局长苟仲文为首钢总公司"国家体育产业示范区"授牌，首钢总公司党委书记、董事长靳伟接牌；国家体育总局局长助理李颖川与靳伟签署合作框架协议。北京市副市长张建东以及国家体育总局相关司局和中心、北京2022年冬奥组委、北京市相关委办局领导，首钢总公司领导张功焰、梁宗平、王世忠、梁捷、刘桦，人民日报、新华社、中央电视台、中央人民广播电台、经济日报、工人日报、中国体育报、中国冶金报、北京日报、北京电视台等20余家媒体记者参加签字仪式。

2月，由首钢技术研究院和首钢京唐公司联合开发的《镁钛低硅新型球团矿的开发及其在京唐超大型高炉中的应用》项目获得2016年冶金科学技术一等奖。

2月，由首钢技术研究院和秦皇岛首秦金属材料有限公司牵头，北京科技大学、中国水利水电第七工程局有限公司、天津大桥焊材集团有限公司等单位共同参与完成的科研成果"大型水电站用高强度易焊接厚板与配套焊材焊接技术开发应用"通过中国金属学会成果鉴定，项目总体技术达到国际先进水平，其中高水头大型电站用钢制造及配套焊接集成技术达到国际领先水平。

2月，首钢财务公司获批"跨国公司外汇资金集中运营管理业务"资质。

2月，由首钢技术研究院、首钢股份公司、北京科技大学联合开发的"首钢烧结高温烟气循环新工艺"，通过中国金属学会成果评价验收。该项目不仅年直接经济效益超过2000万元，而且对烧结矿提质、降耗、减排意义重大。专家评价该项目达到国际先进水平。

2月，首钢国际工程公司两项节能环保技术分别获得焦化行业创新成果奖。

三 月

3月1日，总公司召开干部大会，学习贯彻习近平总书记2月23~24日视察北京时的重要讲话精神，落实北京市委书记郭金龙在市委常委会扩大会议上关于学习习近平总书记重要讲话精神的要求，紧密联系园区开发建设和冬奥会筹办工作中首钢肩负的任务，进行再动员和再部署。总公司领导、总公司各部门主要负责人，涉及园区开发建设的各单位党政主要领导，园区开发部、园区服务公司领导班子成员及业务部门负责人参加会议。总公司总经理张功焰主持会议并作重要讲话。

3月2日，在首钢篮球中心进行的2016~2017赛季中国女子篮球联赛（WCBA）总决赛第3场较量中，北京首钢女篮击败八一广博文具队，荣膺赛季总决赛冠军。这是北京首钢女篮继2015~2016赛季夺得WCBA总决赛冠军之后连续第二年获得总决赛冠军，也是在WCBA赛场上第三次捧起中国篮坛最高水平联赛的冠军宝鼎。中共北京市委、北京市人民政府向北京首钢篮球俱乐部女子篮球队发贺电，祝贺首钢女篮卫冕WCBA总决赛冠军。

3月2日，交通银行北京管理部（集团客户部）总裁刘建军等到访首钢，总公司领导张功焰及有关部门负责人接待。双方就共同关心的话题进行座谈交流。

3月6日，石景山区、首钢总公司2017年第一次工作对接会在首钢召开,石景山区委副书记、区政府党组书记、区长夏林茂,区委常委、区政府党组副书记、副区长田利跃,区委常委、区政府党组成员、副区长肖平,区政府党组成员、副区长、区委政法委副书记(兼)李金克,区政府党组成员、副区长周西松及石景山区各相关部门领导,总公司领导张功焰、白新、王世忠、胡雄光、梁捷、刘桦及各相关部门负责人参加。

3月8日,唐山市委常委、副市长于学强,曹妃甸区委书记孙贵石,曹妃甸区委副书记、区长梁振江,曹妃甸区政协主席王晓谦,曹妃甸区委常委、区委办主任负欣昇,曹妃甸区副区长刘铁民、刘子阳,北京市新首钢办规划政策处领导,曹妃甸区相关部门负责人一行到访首钢,总公司领导张功焰、韩庆以及总公司办公厅、战略发展部、曹建投公司等相关部门负责人接待。双方就共同关心的话题进行座谈与交流。

3月9日,总公司召开经理办公会,听取2016年总公司经理办公会决定事项进展完成情况、2017年3月份资金预算安排、钢铁板块2017年12项重点工作方案的汇报,审议首钢第十七届管理创新成果评审、第八批"首钢技术专家、技术带头人"推荐选拔工作等事项。总公司总经理张功焰主持会议。

3月15日,首钢集团新版中文简体、中文繁体门户网(www.shougang.com.cn)正式上线运行。这是首钢集团网站自2003年上线以来第二次改版升级。

3月22日,民政部部长黄树贤、副部长宫蒲光,公安部消防局副局长罗永强,国家卫生计生委副主任王培安,质检总局副局长陈刚,北京市副市长王宁、政府副秘书长尹培彦以及国家标准委、全国老龄办、石景山区领导一行20余人到首钢医疗健康公司老年福敬老院参观调研,首钢总公司领导张功焰、孙永刚及相关部门负责人陪同调研。

3月22日,总公司召开经理办公会,审议长治市主城区生活垃圾无害化处理项目申请立项及成立项目公司,城运工程技术公司、天恒城运公司申请使用"首钢"字号和商标等事项。总公司总经理张功焰主持会议。

3月22日,北京首钢股份—中国电科院"电工钢应用技术联合实验室"成立,国家电网公司交流部副主任韩先才,中国电力科学研究院副院长高克利,总公司领导刘建辉以及股份公司领导、相关专业人员参加揭牌活动。

3月23日,国家体育总局副局长赵勇,体育经济司司长王卫东,宣传司司长涂晓东,登山运动管理中心主任李致新,中国体育报业总社社长高超,群体司巡视员、副司长范广生一行到首钢调研,总公司领导靳伟、张功焰、梁宗平、王世忠、梁捷及相关部门负责人陪同。

3月24日,总公司召开2017年第一次董事会,审议《首钢总公司董事会2016年度工作报告》、修订《首钢总公司"三重一大"事项决策实施办法》《首钢集团2016年度财务决算工作报告》《2016年首钢集团固定资产及无形资产年度报告》、长治市主城区生活垃圾无害化处理项目、首钢钢铁产销一体化经营管理系统项目等事项,听取关于对长钢公司2016年度监督检查情况、北京首钢基金有限公司2016年工作总结和2017年工作计划的汇报。

3月24日,中国银行北京分行行长王建宏,副行长金瑜铭、张静等领导到访首钢,总公司领导靳伟、张功焰、王洪军及有关部门负责人接待。双方就共同关心的话题进行座谈交流。

3月30日,首钢环境公司和长钢公司携手中标的长治市主城区生活垃圾无害化处理项目落地动员大会在项目现场举行。

3月31日,成都市副市长刘烈东一行9人到首钢考察调研,总公司领导张功焰、白新及相关部门负责人接待。双方就共同关心话题展开交流座谈。

3月31日,中国篮协公布中国女篮国家队新任主帅人选,北京首钢女篮主教练许利民当选中国女篮国家队新任主帅。

3月,首钢环境公司通过北京市高新技术企业认定。

3月,由首建集团投资建设并维护运行的"首钢装配式建筑研发展示基地"正式落成并对外接待参观。

3月,"首都最美劳动者"颁奖典礼在京举行。首钢矿业公司水厂铁矿王文超获得"首都最美劳动者"称号,大石河铁矿陈明江获"首都最美劳动者最佳人气奖",杏山铁矿于连有获"首都最美劳动者入围奖"。矿业公司工会获得"最佳组织奖"。

3月,中国标准化研究院发布首份《2016国家标准起草单位大数据报告(国家标准研制贡献指数)》。《报告》分析各地区、企业对国家标准研制的实质贡献,根据2015年各企业指数总和,给出企业排行榜,其中首钢总公司以指数9.4分名列冶金行业第一位,全国各行企业第七位。

3月,"首钢·冠洲冷轧高强涂镀层板联合研发实验室"在山东冠洲股份有限公司正式成立。联合研发实验室由首钢总公司和山东冠洲股份有限公司共同筹备组建,是双方进行战略合作新的里程碑,将推动双方在冷轧高强涂镀层板技术创新上进行有益探索。

3月,水钢公司水钢牌热轧带肋钢筋、矿用锚杆钢、优质高碳钢热轧盘条三个产品获"全国质量信得过产品"殊荣。

3月,贵钢公司炼钢作业部试生产1炉模具钢、3炉重型钎钢相继获得成功,标志着贵钢公司品种钢研发工作又取得新突破。

3月,由首钢总公司牵头,联合北京汽车股份有限公司、中国钢研科技集团有限公司、北京科技大学共同申报的北京市科技计划项目《1200—1500MPa超高强热成形汽车钢开发》通过北京市科委组织的专家组验收。

四 月

4月1日,首钢科技大会在文馆召开。总公司领导张功焰、许建国、何巍、梁宗平、赵民革、白新、王世忠、梁捷、刘桦、顾章飞、刘建辉参加。总公司领导为获得首钢科学技术项目奖、第十七届首钢管理创新成果奖、第八批首钢技术专家、技术带头人代表颁奖。张功焰为2016年度首钢特殊贡献奖获得者马家骧、杨春政颁发奖杯和证书并作重要讲话。何巍主持会议。

4月6~7日,布雷卡集团联合董事长亚历克斯·福特·布雷西亚、联合董事长佩德罗·布雷西亚·莫雷拉、董事福图纳托·布雷西亚·莫雷拉、董事马里奥·布雷西亚·莫雷拉、秘鲁南方铜业公司首席执行官胡安·路易斯·克鲁格一行到访首钢,总公司领导靳伟、张功焰、赵民革、韩庆以及相关部门负责人接待,并座谈交流。

4月7日,北京市体育局党组书记、局长孙学才,副局长杨海滨,副局长孟强华一行到首钢调研,总公司领导张功焰、梁宗平、梁捷、刘桦及相关部门负责人接待,并座谈交流。

4月8日,长治市市委副书记、市长卢建明,副市长石建旺一行到访首钢,总公司领导靳伟、张功焰、白新及

有关部门负责人接待并陪同参观。

4月11日,国家工信部原材料工业司巡视员骆铁军等到首钢调研,总公司领导张功焰、刘建辉及有关部门负责人接待,并座谈交流。

4月12日,建设银行北京分行行长袁桂军、副行长孙庆文等到访首钢,总公司领导张功焰及有关部门负责人接待,并座谈交流。

4月12日,"中国投资年会年度峰会——投资进化论"在上海盛大开幕。在当日的颁奖环节,首钢创业公社获得"2016年中国最佳众创空间TOP10"荣誉。

4月13日,津巴布韦议会成员、工业商业部投资委员会主席艾德蒙·米尔,国家钢铁厂主席尼爱沙·马库维瑟,国家钢铁厂委员会顾问S.D.曼果马,国家钢铁厂首席执行官阿洛伊斯·国沃,总统和内阁办公室干部蒂娜舍·达德佐,工业商业部首席经济师沙朗·Y.卡洛佳,津巴布韦使馆代表马克思·古德后,富力地产集团力量煤业有限公司副总经理肖润章等到访首钢,总公司领导白新及有关部门负责人接待,并座谈交流。

4月18日,国家住房和城乡建设部副部长倪虹,北京市政府副秘书长张维,全国市长研修学院副院长宋友春以及山西省太原市市长耿彦波、江西省宜春市委书记邓保生等40余名全国市长研修班学员一行到首钢参观调研,总公司领导张功焰、梁捷、顾章飞及相关部门负责人陪同。

4月26日,首钢召开2017年先进集体、先进个人表彰大会,表彰荣获全国、北京市、首钢总公司以及共青团系统的先进集体和先进个人,弘扬首钢精神和首钢人的优秀品格。总公司领导张功焰、何巍、梁宗平、白新、胡雄光、韩庆、梁捷、顾章飞参加。张功焰作重要讲话,何巍主持会议,梁宗平宣读表彰决定。

4月28日,北京市政协党组书记、主席吉林,市人大常委会副主任、市总工会主席牛有成,副市长张建东,市政协副主席李长友、秘书长周毓秋,市总工会党组书记、副主席曾繁新以及市政协工会界委员一行到首钢参观调研,并慰问首钢劳模代表。总公司领导靳伟、梁宗平及相关部门负责人陪同。

4月,《首钢年鉴》获中国版协编校质量评比一等奖。

4月,首建集团中标北京市首批装配式变电站试点项目。

4月,环境公司实验室成为北京市首家土壤修复工程技术研究中心。

4月,股份公司成功研发生产汽车用冷轧镀锌DP980钢,突破冷轧镀锌产线设计极限,自主集成1000MPa以上高强汽车镀锌用钢的全流程先进制造技术。

4月,由通钢自动化信息技术有限责任公司研发并成功应用的"基于互联网的移动式管控平台整体解决方案",在中国自动化学会主办的"2017中国自动化产业年会暨第十二届中国自动化产业世纪行(CAIAC2017)"活动中,被评为"2016中国自动化领域年度最具价值解决方案"。

4月,京唐公司混堆混取料机实现无人远程控制。

4月,长钢公司电商平台正式上线运行。

4月,北京市石景山区人力资源和社会保障局有关领导及评审专家对首钢技师学院进行分级评估检查。首钢技师学院分级评估获A级。

4月,京西重工公司和京西重工(上海)有限公司分别荣获由北京市、上海市总工会颁发的"首都劳动奖状""上海市五一劳动奖状"。同时,京西重工(上海)有限公司还获得由中国(上海)自由贸易试验区管理委员会保税区管理局颁发的"中国(上海)自由贸易试验区保税区劳动关系和谐企业"和"经济贡献百强企业"荣誉称号。

4月,秦皇岛市第五届"金牌工人""能工巧匠"评选结果揭晓,首秦公司炼铁事业部韩宝剑、首秦加工公司刘少鹏荣获"能工巧匠"称号。

4月,京西重工捷克新工厂实现高档轿车零部件首批供货。

五 月

5月10日,四川省政府秘书长唐利民,成都市交委公交处处长毛翔,成都交投集团董事长张胜,董事、总工程师肖军,成都公交集团董事长王昌干一行到访首钢,总公司领导张功焰、白新、顾章飞及相关部门负责人陪同,并座谈交流。

5月11日,北京首钢股份有限公司与上海日立电器有限公司共建的电工钢应用技术联合实验室揭牌成立。

5月19日,六安市市委副书记、市长毕小彬,市政

协主席付新安等到访首钢,总公司领导张功焰、赵民革及有关部门负责人接待,并座谈交流。

5月24日,北京首钢金鹰女垒出征美国垒球职业联赛(以下简称"美职垒")2017赛季发布会在首钢体育大厦举行。国家体育总局局长苟仲文、北京市人民政府副市长张建东、国家体育总局办公厅主任倪会忠、国家体育总局手曲棒垒球运动管理中心主任郎维、北京市体育局局长孙学才、中国垒球协会副主席谈莺;首钢总公司领导张功焰、梁宗平,首钢体育公司负责人及各相关单位负责人;首钢金鹰女垒教练组、球员代表出席出征仪式。

5月27日,根据北京市人民政府国有资产监督管理委员会《关于首钢总公司公司制改革方案的批复》(京国资〔2017〕80号)、《关于首钢总公司修改公司章程的批复》(京国资〔2017〕88号),首钢总公司由全民所有制企业整体改制为国有独资公司,企业名称由"首钢总公司"变更为"首钢集团有限公司"。由财务共享中心负责完成工商变更登记并领取变更后的企业法人营业执照。

5月31日,新首钢地区("新首钢高端产业综合服务区"简称)发展建设2017年工作部署会在首钢陶楼召开。会前,市发改委副主任、新首钢办常务副主任洪继元与张功焰等领导进行座谈。洪继元及石景山区委常委、常务副区长田利跃,区政协副主席、发改委主任岳林华,首钢领导王世忠、梁捷及相关部门负责人,新首钢办成员单位相关领导100余人参加会议。

5月,由首秦加工公司生产的A500+S32250/31803船用双相不锈钢热轧复合板顺利通过法国(BV)船级社认证,拿到进入高等级化学品船造船市场的通行证,成为国内仅有的两家双相不锈钢复合板生产企业之一。

5月,水钢公司被评为六盘水市"A级纳税信用企业"。

5月,首钢近万吨海工钢用于"蓝鲸1号"设备制造。

5月,首钢技术研究院与中汽中心汽车工程研究院成立"汽车材料应用技术共建试验室"。

5月,在"2017中国车用材料(西青)国际论坛"上,北京首钢股份有限公司被评选为2017年度"绿色标杆企业",标志着首钢汽车板成为"绿色标杆"。

六 月

6月3日,上海中鹰置业有限公司董事长芮永祥、总经理颜贵志、经理边新生,江苏华兴集团董事长朱成虎等到访首钢,首钢领导靳伟、张功焰、王世忠、韩庆及有关部门负责人接待,并座谈交流。

6月4日,2017年杜塞尔多夫世乒赛上,首钢乒乓球俱乐部队员丁宁成功卫冕,第3次夺取世乒赛女单冠军,成为世乒赛女单的三冠王。

6月6日,北京市委常委、宣传部部长杜飞进到首钢鲁家山循环经济(静脉产业)基地调研,门头沟区区委书记张贵林、区长付兆庚等领导参加,首钢领导张功焰、何巍陪同。

6月7日,西马克集团全球商务销售执行副总裁史大福、处理线与工业炉技术事业部执行副总裁薄飞、西马克中国中央销售高级副总裁茆丽华到访首钢,首钢领导张功焰及有关部门负责人接待,并座谈交流。

6月9日,首钢集团有限公司发布《关于首钢总公司改制并更名为首钢集团有限公司的公告》。

6月9日,首钢集团与北京市西城区人民政府签署战略合作框架协议。西城区区委书记卢映川,区委副书记、区长王少峰,区委常委、常务副区长孙硕,区委常委、副区长姜立光,区委常委、区委办公室主任吴向阳,首钢集团领导靳伟、张功焰、白新、顾章飞,以及双方各相关单位负责人出席签约仪式。张功焰和王少峰分别代表双方签署《战略合作框架协议》。

6月7日、8日,北京市委副书记、代市长陈吉宁,市委副书记景俊海分别到首钢调研,北京市副市长张建东、隋振江,市政府秘书长李伟,副秘书长王芳,市对外宣传领导小组办公室主任张劲林及市发改委、市规划国土委、市交通委、市重大办等主要负责人,北京冬奥组委秘书长韩子荣,石景山区区委书记牛青山,区委副书记、代区长文献参加,首钢集团领导靳伟、张功焰、何巍、梁宗平、白新、王世忠、梁捷、顾章飞陪同。

6月13日,北京大学首钢医院安宁疗护中心启动会暨京西安宁疗护学术论坛会在首钢医院吴阶平泌尿外科医学中心报告厅举行。全国政协副主席、九三学社中央主席、中国科协名誉主席韩启德发来贺信。国家卫生计生委副主任马晓伟,北京大学医学部主任詹启敏,北京市卫生计生委主任雷海潮,国家卫生计生委医政医

管局副局长郭燕红,北京大学医学部副主任王维民、肖渊,首钢集团领导张功焰、胡雄光,石景山区相关委办局领导,有关协会、医院领导和专家、中央电视台、北京电视台等10余家媒体出席启动会。

6月13日,北京大学首钢医院理事会会议召开。北大医学部主任詹启敏,副主任王维民、肖渊等领导,首钢集团领导张功焰、胡雄光及有关部门负责人,首钢医院领导及有关部门参加。会议宣布北京大学首钢医院新一届理事会成员名单。詹启敏为北京大学首钢医院理事会理事、理事长,胡雄光为北京大学首钢医院理事会理事、副理事长。詹启敏、张功焰代表双方签署新一轮合作协议。

6月13日,北京市经济和信息化委员会、市工业经济联合会等部门组织召开"第十七届北京市工业和信息化职业技能竞赛"表彰总结大会。首钢38名选手获得"北京市工业和信息化高级技术能手"称号;7名选手获得"北京市工业和信息化最佳操作手"称号;9人荣获"先进个人"称号;首钢获得"优秀组织单位"奖。

6月14日,国家体育总局副局长赵勇、群体司副司长邱汝、宣传司副司长曹康、水上中心主任孙远富、登山中心副主任王勇峰、社体中心主任范广升、中国体育报业总社社长高超、北京体育大学校长池建等到首钢调研,首钢集团领导张功焰、王世忠、梁捷陪同,并座谈交流。

6月14日,秦皇岛市副市长孙国胜一行到访首钢,首钢集团领导张功焰、胡雄光及有关部门负责人接待,并座谈交流。

6月23日,中国共产党北京市第十二次代表大会选出新一届中共北京市委员会和市纪律检查委员会,以及北京市出席党的十九大代表。首钢集团党委书记、董事长靳伟当选中共北京市第十二届委员会委员;首钢技术研究院用户技术研究所焊工刘宏、首钢女乒队员丁宁当选北京市十九大代表。

6月26日,首钢召开庆祝中国共产党成立96周年暨创先争优表彰大会,深入学习贯彻北京市第十二次党代会精神;表彰先进基层党组织和模范共产党员;对推进"两学一做"学习教育常态化制度化进行部署;结合首钢改革发展对加强党建工作提出要求。集团领导张功焰、许建国、何巍、梁宗平、赵民革、胡雄光、韩庆、梁捷、刘桦、顾章飞,各单位党政主要领导、党委组织部部

长和部分基层一线党员,集团战略管控、战略支撑和业务支撑服务部门负责人,北京市及首钢党代会一线代表参加会议。张功焰作重要讲话。梁宗平主持会议。

6月27日,北京市委常委、市纪委书记、市监委主任张硕辅等到首钢鲁家山循环经济(静脉产业)基地调研,门头沟区委书记张贵林参加,首钢集团领导靳伟、许建国陪同。

6月28日,首钢京西重工美国印第安纳工厂破土动工。

6月,首钢矿业公司基层团支部获"全国五四红旗团支部"荣誉。

6月,首钢京唐公司镀锡板通过德国莱茵国际专业认证机构的认证审核,获得ISO22000食品安全管理体系认证证书,标志着京唐公司食品包装用镀锡板的食品安全管理水平迈上新台阶。

6月,中冶南方工程技术有限公司总经理臧中海等到访首钢,集团领导张功焰、赵民革及有关部门负责人接待,并座谈交流。

6月,在伦敦举办的英国皇家城市规划学会颁奖仪式上,新首钢高端产业综合服务区规划入选"2017国际卓越规划奖"。

七 月

7月4日,北京市人大常委会主任李伟、副主任牛有成,副市长张建东,市人大常委会秘书长张清、市交通委主任周正宇、市政府法制办主任刘振刚,以及市政府办公厅、市规划国土委、市住建委、市城管局、市交管局负责人,部分市人大常委会委员、市人大代表等一行30余人到首钢调研。首钢集团领导张功焰、白新、顾章飞陪同。

7月7日,北京首钢朗泽新能源科技有限公司与包钢集团有限公司正式签署《清洁能源项目开发战略合作协议》。

7月11日,"市区联动聚力区域高端绿色发展——驻京中外知名企业石景山·首钢行"活动在石景山区举行,北京市投资促进局局长周卫民,副局长苏宏,石景山区代区长文献、常务副区长田利跃、副区长左小兵,首钢集团领导张功焰、梁捷,北京市投资促进局、石景山区政府、首钢集团相关部门人员,近200家企业和机构的代表300余人参加。

7月17日,首钢集团党委扩大会暨上半年经济活动分析会召开,对上半年集团经济活动进行分析和总结,研究部署下半年工作。集团总经理张功焰主持会议,并对上半年工作进行点评,就如何做好下半年工作提出要求,同时,受集团党委书记、董事长靳伟委托,围绕大家普遍关心的七个方面问题作重要讲话。集团领导许建国、何巍、赵民革、白新、王世忠、胡雄光、韩庆、王洪军、刘桦、顾章飞、王涛、刘建辉参加会议。北京市国资委派驻首钢监事会主席王笑君等有关领导出席会议。

7月27日,首钢集团有限公司成功发行首笔4亿欧元3年期、票息1.35%S条例高级无抵押固息债券,获国际资本市场知名机构投资者青睐。

7月,由世界品牌实验室主办的第十四届"世界品牌大会"发布2017年《中国500最具价值品牌》分析报告。首钢集团再次上榜,首钢品牌价值从2016年的280.57亿元增长到2017年的331.68亿元,总排名107位,在钢铁企业中排名第二。

7月,吉林省第十一次党代会选举产生出席党的十九大代表37名,首钢通钢公司第一钢轧厂炼钢工王勇当选。

7月,在中国人民解放军建军90周年到来之际,首钢集团领导靳伟、张功焰、何巍、胡雄光及有关部门负责人分别到北京卫戍区、八十二集团军、北京军区善后办机关和预备役高炮师慰问,分别受到北京卫戍区政委姜勇、副司令员张洪波等,八十二集团军副军长李明、政治工作部主任唐兴华等,北京军区善后办副主任杨杰等,预备役高炮师政委孙复兴等部队首长接待,并座谈交流。

八 月

8月3日,中国冶金报社社长兼总编辑陆闻言一行到访首钢,集团领导靳伟及有关部门负责人接待。

8月9日,北京市卫生计生委主任雷海潮等一行到首钢调研。石景山区副区长左小兵、北京冬奥组委秘书行政部部长郭怀刚参加,首钢集团领导靳伟、王世忠及有关部门负责人接待。

8月14日,唐山市委常委、曹妃甸区区委书记孙贵石,曹妃甸区区长张贵宝等到访首钢,集团领导靳伟、张功焰、韩庆及有关部门负责人接待,并座谈交流。

8月16日,首钢自主研发、拥有28项国家专利的国内首个机械式公交立体停车楼项目开工。该项目是北京市政府2017年重点工程项目，位于首钢二通产业园区。

8月16日，北京市政协副主席王永庆、城建环保委主任程静、副主任郝留亮及政协委员一行到首钢调研，市交通委副主任孟桥等参加，集团领导张功焰、梁宗平、顾章飞及有关部门负责人接待。

8月17日，国网北京市电力公司总经理万志军等到访首钢，石景山区电力公司领导参加，集团领导张功焰、王世忠及有关部门负责人接待。

8月19日，国务院侨务办公室经科司副司长夏付东，北京市政府侨务办公室主任刘春锋，石景山区委常委、常务副区长田利跃以及2017年中关村侨胞大会海外嘉宾一行到首钢调研，集团领导靳伟、张功焰、赵天旸及有关部门负责人接待。

8月18日，首钢集团有限公司集体合同协商会议召开，对《首钢集团有限公司集体合同》（讨论稿）进行协商。集团领导张功焰、梁宗平分别作为用人单位一方协商首席代表和职工一方协商首席代表出席。集团领导胡雄光作为用人单位一方协商代表与其他用人单位一方协商代表、职工一方协商代表参加。会前经双方首席代表商定，本次协商会议由张功焰主持。

8月22日，国务院侨办专家咨询委员会大会在北京开幕。会上，国务院侨务办公室主任裘援平和北京市委常委、组织部部长魏小东共同为"海外院士专家北京工作站"授牌，首钢集团党委书记、董事长靳伟和石景山区区委书记牛青山共同接牌。

8月22日，重庆市北碚区区长黄宗华，副区长陈德川一行到首钢调研，集团领导靳伟、张功焰、白新及有关部门负责人接待，并座谈交流。

8月23日，海外院士专家一行110余人走进首钢北京园区，共同见证海外院士专家北京工作站落地。国务院侨务办公室主任裘援平，经科司司长左志强，经科司副司长夏付东、于建明；北京市市委常委、统战部部长齐静，副市长张建东，市委副秘书长赵玉金，市委统战部副部长、市侨联党组书记赵宏生，市政府侨办主任刘春锋，冬奥组委秘书长韩子荣，市发改委副主任洪继元，市政府侨办副主任李长远、贺淑晶；石景山区委副书记、代区长文献，区委常委、副区长田利跃，区委常委、组织部部长晋秋红；首钢集团领导靳伟、张功焰、梁宗平、王世忠参加。

8月24日，首钢集团第十九届职工代表大会第二次会议在首钢文馆隆重召开。266名职工代表出席会议。集团领导靳伟、张功焰、许建国、何巍、梁宗平、白新、胡雄光、韩庆、王洪军、顾章飞、王涛、刘建辉出席会议。会议在股份公司和京唐公司设立分会场。靳伟主持第一次全体会议，会议分别听取何巍所作的职工董事、职工监事人选说明；梁宗平所作的《首钢集团有限公司集体合同》修订说明；胡雄光所作的《首钢集团有限公司劳动合同管理办法》修订说明。何巍主持第二次全体会议，全体代表举手表决通过《首钢集团有限公司集体合同》，企业方首席代表张功焰与职工方首席代表梁宗平签订集体合同。代表们举手表决通过《首钢集团有限公司劳动合同管理办法》；以无记名投票选举产生首钢集团有限公司职工董事，首钢集团有限公司职工监事。全体代表举手表决通过《首钢集团第十九届职工代表大会第二次会议决议》。

8月25日，2017年首钢"创新创优创业"交流会在文馆召开。会议聚焦"健全管控体系，提升管理能力"的主题，进行深入学习和研讨。国务院国资委副秘书长彭华岗，中国一重集团董事长、党委书记、原新兴际华集团董事长、党委书记刘明忠受邀分别作专题辅导和经验分享的报告。集团领导靳伟、张功焰、许建国、何巍、梁宗平、白新、王世忠、胡雄光、韩庆、王洪军、刘桦、顾章飞、王涛、刘建辉、赵天旸参加会议。市国资委派驻首钢监事会主席王笑君、办公室主任芦淑芳应邀出席会议。靳伟主持会议并作主题报告。集团各部门负责人及相关管理人员，各平台公司、直管单位党政主要领导，首钢党的十九大代表、北京市第十二次党代会代表、外埠单位基层的首钢职代会代表参加会议。

8月26日，为期两天的2017年首钢"创新创优创业"交流会圆满闭幕。集团领导靳伟、张功焰、许建国、何巍、梁宗平、赵民革、白新、胡雄光、韩庆、王洪军、刘桦、顾章飞、王涛、刘建辉参加会议。市国资委派驻首钢监事会办公室主任芦淑芳应邀出席会议。集团各部门负责人及相关管理人员，各平台公司、直管单位党政主要领导，首钢党的十九大代表、北京市第十二次党代会代表、外埠单位基层的首钢职代会代表参加会议。

8月26日，国际奥委会主席巴赫前往五棵松体育中心、首钢单板大跳台选址地和北京冬奥组委首钢办公园区参观考察。北京市副市长、北京冬奥组委执行副主席张建东，北京冬奥组委副主席于再清，北京冬奥组委秘书长韩子荣以及首钢集团副总经理王世忠陪同考察。

8月28日，河北省邯郸市市长王立彤、副市长张跃峰一行到首钢调研，集团领导靳伟、王世忠、顾章飞及有关部门负责人接待，并座谈交流。

8月30日，北京市委常委、副市长阴和俊到首钢调研，北京市副市长张建东，市政府副秘书长刘印春，市国资委主任林抚生、市科委副主任张光连、市经信委副主任樊健、市规划国土委副主任谢俊奇、中关村管委会副主任王汝芳、石景山区副区长谢静、市新首钢办规划政策处处长张莉参加，首钢集团领导靳伟、张功焰、何巍、赵民革、白新、王世忠、胡雄光、韩庆、梁捷、王洪军、刘桦陪同。

8月31日，北京首钢房地产开发有限公司与北京金融街投资（集团）有限公司所属北京华融基础设施投资有限责任公司签订项目合作协议，双方合作建设昌平区首钢一线材厂定向安置房项目。北京市国资委党委委员、副主任孟韬；西城区区委副书记、区长王少峰，西城区区委常委、常务副区长孙硕；昌平区区委副书记、区长张燕友，昌平区区委常委、常务副区长孙卫；金融街集团党委书记、董事长牛明奇，金融街集团总经理刘世春；首钢集团领导靳伟、张功焰、王世忠、梁捷；北京市国资委、北京市住房保障办公室、西城区政府、昌平区政府、金融街集团、首钢集团、首钢房地产开发有限公司、华融基础设施投资有限责任公司相关单位领导及政府相关委办局领导出席签约仪式。

8月，由首钢技术研究院和首秦加工公司共同开发的化学品船用高强度 A500+S31803 双相不锈钢复合板，通过法国必维（BV）船级社及中国船级社（CCS）认证，成为国内首获 BV 及 CCS 双船级社认证的产品，标志着首钢轧制复合技术进入国际先进行列。

8月，首钢京唐公司荣获"河北省标准化创新突出企业"称号。

8月，北京市人才工作领导小组印发《关于推进首都国际人才社区建设的指导意见》的通知，《新首钢国际人才社区建设实施方案》出台。

8月，首钢集团荣获2016年度"优秀碳资产管理单位"荣誉称号。

8月，水钢公司被授予"贵州省履行社会责任五星级企业"称号。

九 月

9月5日，第七届首钢集团与台湾中钢集团技术交流会开幕，技术人员按主题分组进行交流。首钢集团领导张功焰、赵民革、王涛，台湾中钢集团总经理刘季刚、助理副总经理常致泰，双方有关单位、部门代表和技术专家出席。

9月8日，国际滑冰联盟主席德耶科玛到首钢北京园区内冬奥组委首钢办公区、冬奥训练场馆和单板大跳台选址地等参观考察，盛赞首钢园区底蕴深厚、美景如画，是可持续发展的示范。国际奥委会委员、国际滑冰联合会理事杨扬及首钢集团领导靳伟、王世忠陪同考察。

9月7日，由中国海洋工程咨询协会、首钢集团有限公司共同主办的"第二届海洋发展曹妃甸论坛"在曹妃甸渤海国际会议中心举行。中国海洋工程咨询协会名誉会长、国家海洋局原局长孙志辉，中国海洋工程咨询协会会长、国家海洋局原纪委书记周茂平，中国海洋工程咨询协会副会长李春先、吴德星，中国海洋工程咨询协会副会长兼秘书长、国家海洋局海洋咨询中心主任屈强，唐山市委常委、曹妃甸区委书记孙贵石，唐山市委常委、副市长于学强，首钢集团副总经理韩庆，中国工程院院士曾恒一，国家海洋环境预报中心主任王辉，国家海洋局第三海洋研究所所长蔡锋，国家海洋局天津海水淡化与综合利用研究所总工程师阮国岭，国家海洋技术中心副主任夏登文，以及中国海洋工程咨询协会各会员单位代表，唐山市、曹妃甸区政府相关部门负责人，相关企事业单位代表，首钢集团相关单位负责人等，新华社、人民网、千龙网等媒体出席论坛。吴德星主持大会。韩庆作《蓝色经济建设助推京津冀协同发展》主题演讲。

9月13日，由中央组织部、全国妇联、国家行政学院共同举办的第七期厅局级干部女性领导力培训班学员60余人到首钢园区陶楼、群明湖、西十冬奥广场等处参观调研，首钢集团领导靳伟、梁捷，北京冬奥组委机关党委专职副书记王风等陪同。

9月13日，北京市财政局副巡视员张宏宇等到首钢调研，集团领导靳伟、张功焰、梁捷、王洪军、赵天旸及有关部门负责人接待，并座谈交流。

9月14日，北京市市政府副秘书长，市委市政府信访办公室党组书记、主任王有国一行到首钢参观调研，集团领导张功焰及有关部门负责人接待。

9月14日，铁狮门集团全球总裁徐瑞柏、中国区总裁包志远、全球资本市场主管霍德华到访首钢，集团领导靳伟、张功焰、王世忠、梁捷、赵天旸及相关部门负责人接待，并座谈交流。

9月20日，在北京中国国际展览中心，首钢集团与柳工集团签署战略合作协议。首钢集团领导靳伟、张功焰、赵民革及有关部门负责人，柳工集团党委书记、董事长曾光安，柳工机械股份公司总裁黄海波等出席签约仪式。

9月25日，北京市委常委、副市长阴和俊到首钢调研世界侨商创新中心、一耐养老设施、北京大学首钢医院门急诊医技楼项目情况。市政府副秘书长刘印春，市发展改革委、市科委、市民政局、市规划国土委、市住房城乡建设委、市交通委、市水务局、市政府侨办、丰台区政府、石景山区政府、市政府督查室等部门主管领导参加。首钢集团领导靳伟、张功焰、王世忠、胡雄光及办公厅、战略发展部、首建投公司、房地产公司、医疗投资公司、北大首钢医院等相关单位负责人陪同。

9月25日，市国资委第九督导组副组长、市国资委监事会第九办事处主任芦淑芳率市国资委第九督导组一行到首钢调研督导党建工作。督导组通过调研座谈、现场测评、查阅资料等方式，对首钢党建工作进行调研检查。首钢集团领导靳伟、许建国、梁宗平及相关部门负责人参加督导汇报交流会。

9月28日，由中国冰球协会、北京市体育局和北京首钢体育文化有限公司共同主办的北京首钢冰球国家队俱乐部成立仪式在首钢体育大厦举行。国家体育总局副局长高志丹，北京市副市长张建东，国家体育总局冬季运动管理中心副主任刘成亮，国家体育总局冬季运动管理中心副主任、中国冰球协会副主席王志利，中国冰球协会主席曹卫东，北京市体育局局长孙学才，北京市教育委员会委员王定东，北京市体育局副局长祁敬婷，北京市冰球运动协会会长辛铁樑，首钢集团领导靳伟、梁宗平，以及首钢体育文化公司CEO秦晓雯出席成立仪式。

9月29日，北京市高级人民法院党组书记、院长杨万明，办公室主任刘玉民，北京市第一中级人民法院党组书记、院长吴在存，办公室主任王利军，北京市第四中级人民法院党组书记、院长孙力，办公室副主任李旸一行到访首钢，集团领导靳伟、张功焰、王世忠、韩庆、梁捷及相关部门负责人接待，并交流座谈。

9月30日，首钢召开干部大会，全面贯彻市委市政府和市国资委近期召开的一系列会议精神，对首钢当前面临的重点工作做出安排部署。集团党委书记、董事长靳伟主持并作重要讲话。集团领导张功焰、许建国、赵民革、胡雄光、韩庆、梁捷、王洪军、刘桦、王涛、刘建辉参加会议。

9月，长钢公司荣获2017年中国"国有优质建筑用钢品牌"荣誉。

9月，首钢第二代公交车立体车库研发成功。

9月，首钢集团成功发行60亿元非公开可交换债，债券主体及债项评级均为AAA。本次发行的债券是目前钢铁行业最大规模可交换公司债券，也是市场上已经成功发行的规模最大的一笔私募可交换债。

9月，首钢集团有限公司被授予"中华人民共和国第十三届运动会：2013—2016年度全国群众体育先进单位"称号。

9月，京唐公司取得质量管理体系新版双证书（ISO9001：2015；IATF16949：2016），其中IATF16949：2016证书是颁发的全国钢铁行业第一张新版汽车质量管理体系证书，标志着京唐公司迈上高标准质量管理体系新台阶。

9月，首钢集团被全国厂务公开协调小组授予"全国厂务公开民主管理示范单位"荣誉称号。

十　月

10月17日，北京市人大常委会副主任杨艺文，市人大教科文卫体委员会主任委员、市人大常委会教科文卫体办公室主任孙世超，市人大教科文卫体委员会副主任委员、市人大常委会教科文卫体办公室副主任张秀芳，市人大民族宗教侨务委员会副主任委员、市人大常委会民族宗教侨务办公室副主任武高山；石景山区人大常委会党组书记、主任李文起，党组成员、副主任高洪雁，副主任马丽萍；石景山区人民政府副区长左小兵一行到首钢调研，北京冬奥组委秘书长韩子荣参加，集团领导靳伟、梁捷及相关部门负责人接待。

10月18日，中国共产党第十九次全国代表大会在北京隆重开幕，习近平总书记代表第十八届中央委员会向大会作报告。来自首钢的十九大代表刘宏、丁宁、王勇,在人民大会堂聆听报告。首钢集团各级党组织通过多种形式组织党员干部职工收听收看大会开幕会。

10月18日,在上海召开的首届"GreenbuildChina"国际绿色建筑大会上,首钢集团荣获"2017年绿色建筑先锋"大奖。

10月27日,首钢集团举行党委中心组党的十九大精神专题学习(扩大)会,认真学习贯彻党的十九大精神。靳伟强调,要把学习宣传贯彻党的十九大精神作为首要政治任务和头等大事,时刻用习近平新时代中国特色社会主义思想检验我们的思想行动,以新气象新作为在新起点上奋力开创首钢转型发展新局面。集团领导班子成员、党的十九大代表刘宏、集团战略管控部门、战略支撑部门、业务支持服务部门负责人参加学习,集团党委书记、董事长靳伟主持。

10月27日,首钢与中国建设银行签署《战略合作协议》。中国建设银行党委副书记、行长王祖继,党委委员、副行长章更生,以及中国建设银行总行有关部门、北京分行、河北分行、建信金融的有关领导;首钢集团党委书记、董事长靳伟,总经理张功焰,财务总监王洪军及集团办公厅、战略发展部、经营财务部、首建投公司、房地产公司、财务公司、基金公司等主要负责人参加签字仪式。

10月31日,首钢召开党的十九大精神宣讲报告会,首钢出席党的十九大代表——首钢技术研究院用户技术研究所焊工刘宏、通钢公司第一钢轧厂炼钢车间1号转炉丁班班长王勇作精彩宣讲。集团党委书记、董事长靳伟主持会议。集团全体领导、各部门负责人及部分管理人员,各平台公司、直管单位和成员单位党政主要领导及组织部、宣传部部长,纪委书记,部分基层党组织负责人和一线职工代表约300人参加。

10月31日,首钢和国网北京市电力公司共同签署《新首钢高端产业综合服务区智能电网规划建设合作协议》补充协议。国家电网公司副总工程师、北京市电力公司董事长李同智,国网北京市电力公司副总经理安建强、总经理助理马林峰以及国网北京市电力公司办公室、发展策划部、营销部、石景山公司有关领导,首钢集团领导靳伟、张功焰、王世忠以及集团办公厅、战略发展部、首建投公司等单位负责人参加签字仪式。

10月31日,住房城乡建设部正式公布2017年中国人居环境奖获奖名单,"北京市新首钢城市更新改造项目"荣获"2017年中国人居环境范例奖",这是全国人居环境建设领域的最高荣誉奖项。

10月,首钢薄规格高性能取向硅钢材料应用于常州太平洋电力设备(集团)有限公司自主研发的世界首台大型超低损耗、节能环保卷铁心轨道交通牵引变压器,并顺利通过国家权威检测机构的检验,成功应用在中国高铁首套智能化变电站。

10月,京唐公司1580产线利用铁素体工艺首次成功轧制出马口铁用钢,轧制过程表面质量及过程指标控制稳定。

10月,国际工程公司"北京市冶金三维仿真设计工程技术研究中心"通过复评。

10月,北京市"十百千万"双创能力培育工程发布会在中关村展示中心举行,会上对北京市级青年创新工作站进行授牌。首钢股份公司团委申报的青年创新工作站——硅钢事业部8020创新工作站,被认定为第一批市级站点。

10月,首钢环境公司鲁家山餐厨垃圾收运处一体化项目开始运营。

10月,2017年度冶金行业品质卓越产品评审揭晓,首钢集团12项产品上榜。

十一月

11月3日,中国五矿曹妃甸矿石交易中心项目合作签约仪式在五矿广场举行。中国钢铁工业协会会长、首钢集团党委书记、董事长靳伟,中国钢铁工业协会党委书记兼秘书长刘振江,唐山市委副书记、市长丁绣峰,唐山市委常委、曹妃甸区委书记孙贵石,曹妃甸区区长张贵宝,河钢集团党委书记、董事长于勇,河钢集团副总经理刘键,首钢集团副总经理韩庆,中远海运集团副总经理叶伟龙,曹妃甸港集团党委书记、董事长王克生,五矿集团董事长、党组书记何文波,五矿集团总经理兼中冶集团党委书记、董事长国文清,五矿集团总会计师兼五矿股份总经理沈翎,五矿集团相关业务单位领导及唐山地方钢铁企业代表参加签约仪式。

11月3日,中国内部审计协会在北京召开"学习党的十九大精神暨全国内部审计先进集体和先进工作者表彰大会",首钢集团有限公司审计部荣获"2014至2016年全国内部审计先进单位"荣誉称号。

11月3日，首钢股份公司炼钢作业部3号转炉在服役冶炼6303炉后，再一次刷新首钢炼钢历史新纪录，实现全炉役复吹比100%，全炉役碳氧积0.00188，引领行业先进。

11月7日，集团领导靳伟、张功焰、王涛、赵天旸一行到首钢古城职工单身宿舍、创业公社37度公寓调研宿舍改造及二期项目进展情况。

11月17日，在全国精神文明建设表彰大会上，第五届全国文明单位评选结果揭晓，首钢京唐公司荣获"全国文明单位"称号，这是中央文明委授予创建单位的全国最高荣誉。

11月18日，市委书记、北京冬奥组委主席蔡奇来冬奥组委调查研究，市委副书记、代市长、北京冬奥组委执行主席陈吉宁，市领导崔述强、张建东，市政府秘书长李伟、冬奥组委秘书长韩子荣一同调研。

11月20日，首钢集团学习贯彻党的十九大精神领导人员研修班在首钢党校正式开班，党委书记、董事长靳伟作开班动员和辅导。首钢集团领导班子成员，部门主要负责人，基层单位党委书记、董事长、总经理，首钢"两会"报告起草调研组成员，人才开发院骨干教师参加。

11月20日，市国资委党委书记、主任林抚生带队到首钢督查党风廉洁建设责任制落实情况，市纪委市监委第七纪检监察室副主任（主持工作）乔书征，市国资委办公室（党委办公室）主任刘松岩、副主任臧海峰一同检查，首钢集团领导靳伟、张功焰、许建国、梁宗平、白新、王世忠、胡雄光、韩庆、梁捷、王洪军参加。

11月25日，共青团首钢集团有限公司第十六次代表大会开幕。共青团中央青年发展部副部长赵宝东，共青团北京市委员会副书记杜跃，中国钢铁工业协会副秘书长、全钢团指委主任姜维；集团领导靳伟、张功焰、许建国、梁宗平；中国宝武集团、河钢集团、天冶集团、北汽集团、北京建工、北京科技大学等16家团组织负责人及首钢集团总部相关部门、各单位相关领导等出席。

11月25日，通钢吉林焊管公司与首钢技术研究院合作，成功试制5.5吨1000兆帕级40×40×1.2毫米超薄冷轧方矩形焊管产品，成材率达到90%以上，焊缝与R角经过压扁实验不存在开裂问题，尺寸精度、平直度、R角均满足客户要求，标志着通钢公司在超高强度冷轧方矩形焊管开发方面迈出关键性一步，在国内焊管行业

居于领先地位。

11月27日，美国沃瑟曼（Wasserman）体育公司董事长兼首席执行官、2028年洛杉矶夏季奥运会组委会主席凯西·沃瑟曼，商业拓展高级副总裁拉威尔，中国区战略总监胡铂到访首钢，集团领导靳伟、梁宗平及有关部门负责人接待。双方就共同关心的话题进行座谈交流。

11月27日，首钢基金公司登榜"投中2017年度中国创新性产融结合投资机构TOP10"。

11月，首钢最高强度冷成形汽车板HC820/1180DP在京唐公司成功下线，标志着首钢超高强汽车板产品全面进入千兆级阵营，首钢成为目前世界上为数不多的超高强汽车板供应商。

11月，首自信公司获得信息系统集成及服务一级资质。

11月，首钢集团有限公司校准实验室（首自信运行事业部标准计量站）顺利通过中国合格评定国家认可委员会（CNAS）专家组的现场复评审。

11月，由中国企业文化研究会主办的"中外企业文化2017年长沙峰会"召开，对"2012—2017年度品牌文化建设和企业文化建设调研活动"进行总结表彰。首钢集团获得"品牌文化建设十大典范组织"奖；京唐公司获得"品牌文化建设三十标杆企业"奖；股份公司、矿业公司、水钢公司、长钢公司、通钢公司、销售公司分别获得"品牌文化建设优秀单位"奖。

11月，在中关村展示中心举行的全国双创周北京会场"十百千万"双创能力培育工程发布会上，对北京市级青年创新工作站进行授牌。首钢环境公司"Young+青年创新工作站"作为"十百千万"双创能力培育工程中"百"的代表，获得首批"北京市青年创新工作站"荣誉称号，并被认定为第一批市级站点。

11月，在中国工业软件产业发展联盟举办的2017第八届中国工业软件发展高层论坛上，首自信公司荣获"2017年度中国工业软件十大领军企业"奖，自主研发的软件产品"烧结智能控制系统""隐患排查与安全预警系统"均被评为"2017年度中国优秀工业软件产品"。

11月，《新首钢高端产业综合服务区北区详细规划》（首钢园区北区）获北京市规划和国土资源管理委员会正式批复。

11月，在全国重点大型耗能钢铁生产设备节能降

耗对标竞赛中,首钢股份公司 7 号 360 平烧结机荣获冠军炉称号,2 号高炉和 4 号 210 吨转炉荣获优胜炉称号。

11 月,北京长安街西延道路工程永定河特大桥钢塔首节段平稳、准确地安放在混凝土基座上方,标志着大桥的钢桥结构进入实质施工阶段。永定河特大桥用钢量约为 4.4 万吨,其中高性能桥梁钢 3.57 万吨,全部由首钢独家供货。

11 月,水钢公司被评为全国螺纹钢优质企业,成为贵州省内唯一获此殊荣的企业。

11 月,在北京召开的 2017 年"工程建设诚信企业推介大会"上,首钢建设集团荣获由中国施工企业管理协会评定的"2017 年度工程建设诚信典型企业"、工程建设企业社会信用评价 AAA 企业两项殊荣。

11 月,中国钢铁工业协会、中国金属学会对外公布《关于表彰中国钢铁工业科技工作先进单位和优秀个人的决定》,对党的十八大以来为中国钢铁工业持续发展作出重大科技贡献的先进单位和优秀个人进行表彰。北京首钢股份有限公司、北京首钢国际工程技术有限公司获得"中国钢铁工业科技工作先进单位"荣誉称号;首钢集团王涛、李杨、高长益、李海波、钱宏智、杨接明获得"中国钢铁工业优秀科技工作者"荣誉称号;邱冬英、李刚获得"中国钢铁工业优秀科技管理工作者"荣誉称号。

十二月

12 月 6 日,国家电网公司体改办副主任魏玢、国网北京市电力公司总经理万志军、国网北京石景山供电公司等到访首钢,集团领导张功焰、王世忠及有关部门负责人接待,并陪同参观。

12 月 13 日,首钢集团与中国船舶重工集团公司签署战略合作协议。中国船舶重工集团公司总经理、党组副书记孙波,副总经理、党组成员钱建平,董事会秘书、办公厅主任刘郑国,总经理助理、中船重工物资贸易集团有限公司董事长、党委书记杨乾坤;首钢集团领导靳伟、张功焰、赵民革,以及双方各相关单位领导出席签约仪式。赵民革和钱建平分别代表双方签署战略合作协议。

12 月 13 日,首钢北京园区新西门正式投入使用。

12 月 13 日,首建投公司举行高管人员竞聘答辩会,全面推行选人用人机制市场化改革。

12 月 14 日,2017 国际乒联颁奖盛典在哈萨克斯坦首都阿斯塔纳举行。中国选手、北京首钢乒乓球俱乐部女乒队员丁宁获得 2017 年度最佳女运动员奖,这是丁宁第三度获得最佳女运动员奖。

12 月 19 日,经市国资委第十三次主任办公会审议通过,并报经市政府同意,《市国资委关于首钢集团有限公司深化改革综合试点的方案》的通知正式印发,要求首钢认真组织实施。

12 月 20 日,北京科技大学党委书记武贵龙,党委常委、副校长吕昭平等到访首钢,首钢集团领导靳伟、梁捷及有关部门负责人接待。双方就共同关心的话题进行座谈交流。

12 月 27 日,在北京市国资委系统 2017 年"国企楷模·北京榜样"主题颁奖会上,首钢京唐公司吴礼云获"国企楷模·北京榜样"十大人物荣誉称号;首钢股份公司物资供应公司王瑞获"国企楷模·北京榜样"优秀人物荣誉称号。

12 月 28 日,"'侨'这新时代——京津冀三地侨务资源平台搭建主题展"在世界侨商创新中心海外院士专家北京工作站(新首钢办公区)开幕。北京市侨办主任刘春锋、副主任李长远、史立臣,天津市侨办主任周路,河北省侨办主任刘晓军、副主任叶长青等京津冀三地侨务系统领导,石景山区副区长周西松,首钢集团领导靳伟、赵天旸出席开幕式。第十二届"春晖杯"大赛获奖留学人员代表也受邀出席。

12 月 28 日,石景山区法院党组书记、院长高虹,党组副书记、副院长陈石磊,党组成员、副院长杨森一行到访首钢,集团领导张功焰、韩庆及有关部门负责人接待。双方就共同关心的话题进行交流座谈。

12 月,由 ENR《工程新闻纪录》主办的"全球建筑峰会"在美国纽约举办。首钢国际工程公司总体规划设计的埃塞俄比亚阿瓦萨工业园项目荣获工业类"全球最佳工程奖"。

12 月,2017 年度全国"百姓学习之星""首都市民学习之星"相继揭晓,首钢矿业公司计控检验中心马著获 2017 年度全国"百姓学习之星";首钢矿业公司水厂铁矿王文超、京唐公司胡娜获 2017 年度"首都市民学习之星"。

12 月,首钢吉泰安新材料公司主持制定的《"铁铬铝纤维"国家标准》通过专家会审定,并确定该《标准》为国际先进水平。

12月,首钢财务公司与京能财务公司成功办理首笔1亿元同业拆借业务,取得又一项新金融创新成果。

12月,首钢股份公司在中联钢企业评审委员会开展的对"热轧带肋钢筋、桥梁板、汽车板生产企业综合评级"中,被评为全国钢铁产业链汽车板优秀制造商AAA级企业。

12月,首钢矿业公司秦涛技能大师工作室获批为"国家级技能大师工作室"。

12月 由中国文物学会、中国建筑学会、池州市人民政府、中国建设科技集团股份有限公司联合主办的"第二批中国20世纪建筑遗产"项目于安徽省池州市发布,共计100项"第二批中国20世纪建筑遗产",石景山钢铁厂(首钢老厂区)名列其中。

荣誉表彰

◎ 责任编辑：刘冰清

2017年度首钢先进党组织名单

首钢"六好"班子

北京首钢股份有限公司

首钢集团有限公司销售公司

首钢集团有限公司矿业公司

中国首钢国际贸易工程公司

首钢长治钢铁有限公司

北京首钢建设投资有限公司

首钢环境产业有限公司

北京首钢房地产开发有限公司

北京首钢建设集团有限公司

首钢模范基层党委

股份公司炼钢作业部党委

股份公司炼铁作业部党委

股份公司职工创业开发中心党委

京唐公司炼钢作业部党委

京唐公司彩涂板事业部党委

首秦公司炼钢事业部党委

矿业公司大石河铁矿党委

矿业公司杏山铁矿党委

中首公司矿产资源事业部党委

长钢公司焦化厂党委

水钢公司铁焦事业部党委

贵港公司钎钢事业部党总支

通钢集团轧钢事业部党委

首自信公司信息事业部党总支

首建集团第一建筑工程分公司党委

实业集团饮食公司党委

机电公司经营部党总支

安川首钢机器人公司党总支

园区综合服务公司党委

园区管理部安全保卫处党委

环境公司生物质能源公司党委

首钢模范党支部

股份公司炼铁作业部三高炉作业区党支部

股份公司炼钢作业部一炼钢炼钢作业区党支部

股份公司热轧作业部一热轧轧钢作业区党支部

股份公司硅钢事业部三作业区党支部

股份公司能源部循环发电作业区党支部

股份公司物资供应公司废钢供应作业区党支部

京唐公司热轧作业部1580热轧作业区党支部

京唐公司西山焦化公司炼焦作业区党支部

京唐公司能源与环境部热电作业区党支部

京唐公司质检监督部原料检查站党支部

首秦公司轧钢事业部设保中心党支部

首秦公司制造部理化检验中心党支部

矿业公司大石河铁矿选矿车间党支部

矿业公司水厂铁矿采矿作业区党支部

矿业公司杏山铁矿采矿作业区党支部

矿业公司运输部车辆修理段党支部

矿业公司矿山机械制造厂机加工分厂党支部

矿业公司迁安首钢矿业化工有限公司党支部

首钢秘鲁铁矿圣尼古拉斯党支部

长钢公司炼钢厂行车党支部

长钢公司轧钢厂二车间作业区党支部

长钢公司轧钢厂事业部三棒作业区党支部

水钢公司贵州博宏石灰矿业分公司石灰生产联合党支部

贵钢公司轧钢作业部中空钢作业区党支部

通钢集团矿业公司板石上青矿东采车间党支部

通钢集团炼铁事业部三号高炉作业区党支部

通钢集团能源事业部制氧作业区一区党支部

伊钢公司天缘煤焦化公司党支部

国际工程公司冶金工程分公司炼铁事业部党支部

首建集团第二建筑工程分公司二通棚改定向安置房项目部党支部

首建集团第二冶金建设分公司西十冬奥项目部党支部

首建集团钢构分公司园区项目部党支部
首建集团第一建筑工程分公司首房工程项目部党支部
首建集团机械运输分公司吊装项目部党支部
首自信公司首迁运行事业部冷轧作业区党支部
首自信公司自动化研究所党支部
首自信公司京唐运行事业部冷轧作业区党支部
实业集团迁安首实包装服务公司生产车间党支部
实业集团迁安金苹果幼儿园党支部
机电公司大厂重型装备分厂党支部
北冶功能材料公司科研党支部
首建投公司第二党支部

园区管理部北区管理处机关党支部
特钢公司招商运营机关党支部
园区综合服务公司动力厂供水作业区党支部
环境公司生物质能源公司生产运行党支部
房地产公司二通建设投资公司党支部
首钢医院医技部第一党支部
技术研究院冶金过程研究所党支部
首钢工学院信息工程系党支部
集团公司监事会工作办公室党支部
集团公司系统优化部党支部

2017 年度首钢模范共产党员名单

李景超　股份公司副总经理

徐明浩　股份公司炼铁作业部一高炉作业区党支部书记、首席作业长

张　锴　股份公司炼铁作业部烧结作业区首席副作业长

陈　征　股份公司炼钢作业部设备管理室副主任

刘肖兵　股份公司炼钢作业部二炼钢板坯作业区中包浇钢工

李春元　股份公司热轧作业部二热轧轧钢作业区精轧主操

吴　磊　股份公司硅钢事业部营销管理室主任

谢　宇　股份公司硅钢事业部一作业区工艺技术员

苗贺武　股份公司硅钢事业部二作业区首席副作业长（主持工作）

许国峰　股份公司能源部首席工程师

张海涛　股份公司能源部循环发电作业区二循环甲班班长

李转运　股份公司设备部设备技术室压力容器管理

崔全法　股份公司质量检验部部长

亢小敏　股份公司制造部质量一贯室主任

龚娟娟　股份公司计财部副部长（支持工作）

邸雪飞　股份公司职工创业开发中心汽运作业区党支

部副书记

潘沂勇　股份公司冷轧薄板公司酸轧作业区副首席作业长

郑宝国　股份公司物资供应公司党委书记、总经理

张永东　股份公司物资供应公司材料室耐材管理

杜贤敏　股份公司物资供应公司炉料室采购员

杨益毅　销售公司山东销售分公司总经理

隋海波　销售公司汽车板销售室专业经理

郭大鹏　销售公司华北销售分公司沈阳办事处主任

王林章　首钢气体公司销售部党支部书记、部长

田长利　鲁家山矿迁钢经营部副部长

刘国友　京唐公司总经理助理兼炼铁作业部部长

袁天祥　京唐公司炼钢作业部副部长

郭宏烈　京唐公司炼铁作业部炼铁作业区二高炉四班作业长

张　扬　京唐公司热轧作业部副部长

张召恩　京唐公司镀锡板事业部副部长

张凤娟　京唐公司焦化作业部计财室统计分析兼资产管理

黄永帅　京唐公司冷轧作业部酸轧作业区轧机主操

赵　兴　京唐公司冷轧作业部机电设备运维作业区机电设备点检员

殷慧超	京唐公司彩涂板事业部物流作业区原料成品统计分析
李雪峰	京唐公司能源与环境部热电作业区300MW集控
杨昊锟	京唐公司运输部港口经营室营销业务员
马志全	京唐公司供料作业部铁前供料作业区堆取料司机
张亚丰	京唐公司设备部仓储配送中心设备备件配送工
徐方虎	京唐公司质检监督部原料冶炼分析中心区域作业长
高宠光	京唐公司钢轧作业部炼钢作业区首席作业长
王海源	京唐公司中厚板事业部设备工程室设备技术主管
李国强	制造部生产计划统计室钢轧计划排程与订单管理
王 俊	京唐公司工程部设计管理室设计主管
黄金宇	首秦公司计财部副部长
王 君	首秦公司炼铁事业部经营管理科副科长
王景然	首秦公司炼钢事业部天车作业区作业长
石鹏超	首秦公司轧钢事业部安全兼劳动保护
贾志强	首秦公司能源事业部检修分厂副厂长
孔艳荣	首秦公司复合板事业部工艺技术管理
李利科	秦皇岛首钢机械公司机加公司经理兼京唐运维部部长
杨立文	矿业公司大石河铁矿党委书记、纪委书记、工会主席
贺召辉	矿业公司大石河铁矿选矿车间机械点检
刘贵彬	矿业公司矿建公司党委书记、纪委书记、董事长
李 银	矿业公司机械动力处处长
王文超	矿业公司水厂铁矿汽运作业区机长班机长
米红伟	矿业公司水厂铁矿磁选车间党支部书记、主任
杜金科	矿业公司杏山铁矿采矿作业区党支部书记、区作业长
李松川	矿业公司运输部车务段装庄站站长
张宇峰	矿业公司机械厂机加工分厂机加工一班班长
李开建	矿业公司电修公司机电项目部项目经理
王今朝	矿业公司协力公司烧结维检项目部钳工九班班长
王宏伟	矿业公司物资公司计划科科长
白雪峰	矿业公司计控检验中心信息开发中心软件开发员
郜炳坤	矿业公司实业公司北区生活服务公司供暖班班长
骆云华	矿业公司职工子弟学校中心小学党支部书记、校长
王海军	矿业公司迁安首钢设备结构公司党委书记、副董事长
王凤刚	矿业公司地址勘察院检测公司经营生产部部长
石淳光	中首公司党委书记、工会主席
曲 博	中首公司工程设备事业部部长助理、第一党支部书记
张振新	长钢公司总会计师
陈 波	长钢公司党群工作部部长、组织部副部长、工会副主席、团委书记
杨保亮	长钢公司派驻纪检组长
李 强	长钢公司炼铁厂九高炉作业长
翟永强	水钢公司能源事业部部长
严建新	水钢公司钢轧事业部炼钢作业区主任
张孟宇	水钢公司铁焦事业部高炉作业区副主任
巢润忠	水钢公司铁运厂车辆段修理工
许 根	水钢公司赛德公司贵安新区分公司安全员、施工员、资料员
唐 飞	贵钢公司炼钢作业部党总支书记、工会主席
程金保	贵钢公司金泰公司行管站站长
裴洪珠	通钢集团辉南轧钢公司党委书记、董事长、经理
李怀华	通钢集团矿业公司板石球团生产区值班长
毛道成	通钢集团焦化厂生产科调度长
孙慧清	通钢集团炼钢事业部运行作业区党支部书记、主任
李云飞	通钢集团运输公司机务段副段长
衣成成	通钢集团机电修造公司校办工厂负责人
延智强	伊钢公司炼铁作业部部长
李 艳	股权投资公司党群工作部党建管理
郑志鹏	国际工程公司冶金工程分公司项目管理部总经理助理
胡文胜	国际工程公司冶金工程分公司焦化事业部设

计师

武长群	首建集团恒信劳务公司党委书记
郭建平	首建集团园区第二工程项目部经理
张宾山	首建集团国际工程公司非洲区项目副经理
孟凡臣	首建集团二分公司首钢园区搞槽项目部项目经理
于水怒	首建集团市政工程分公司晾水池东路项目部党支部书记
韩景辉	首自信公司京唐运行事业部部长助理兼技术中心主任
谢 军	首自信公司传动事业部设计室副主任（主持工作）
张枫华	首自信公司运行事业部部长助理兼生产科科长
仲德云	首自信公司首迁运行事业部政工专业员
何 宁	实业集团饮食公司经理
曾 敏	实业集团首时教育公司老山西里幼儿园教师
刘 庆	实业集团首欣物业公司经理助理
姚兆川	机电公司设研院主任工程师
鲁军体	机电公司大厂机电公司党群工作部部长兼重装分厂党支部书记
王志强	吉泰安新材料公司炼轧作业区作业长
韩 锋	北冶功能材料公司理化研究室金属物理性能检验员
王学媛	诚信监理公司总经理助理兼总工程师、首钢园区分公司经理
腾向群	安川首钢机器人公司工程部工程一科机械调试

段若非	首建投公司工程建设部部长助理、技术组组长
王云平	园区管理部党委书记、部长、工会主席
马向晗	园区管理部南区管理处处长助理兼安全保卫科科长
王占峰	园区管理部一线材管理处办公室主任
华 超	园区综合服务公司运行管理部负责人
任广兴	特钢公司计财部部长
张立春	绿化公司第六经理部副经理
马刚平	环境产业公司副总经理
周弘强	首矿投公司副总经理
乔永生	首控公司首旺煤业公司纪委书记、工会主席、选煤厂厂长
王 成	房地产公司贵阳公司开发总监
陈同盛	房地产公司党群工作部纪检监察管理
左晓霞	首钢医院机关第二党支部书记、护理部副主任
胡守奎	首钢医院检验科主任、输血科主任
王连仲	京西重工房山工厂设备部经理
付 瑶	基金公司京西供应链公司总经理
方 圆	技术研究院薄板研究所科研员
王小勇	技术研究院宽厚板研究院科研员
王 佳	首钢工学院经济管理系商务教研室主任
陈克欣	集团公司工会副主席
卢贵军	集团公司资产管理中心主任
王瑞祥	集团公司战略发展部战略合作总监
刘相玉	集团公司监事会工作办公室直管企业组组长
田 原	集团公司经营财务部税务管理总监
谢学能	集团公司办公厅党委常委管理

2017年度首钢先进单位、首钢先进集体名单

首钢先进单位

北京首钢股份有限公司
首钢集团有限公司矿业公司
首钢长治钢铁有限公司
首钢通化钢铁集团股份有限公司

北京首钢自动化信息技术有限公司
北京首钢建设投资有限公司
北京首钢房地产开发有限公司
北京首钢基金有限公司
首钢集团有限公司技术研究院

首钢先进集体

北京首钢股份有限公司
营销管理部汽车板销售室
物资供应公司炉料室
炼铁作业部球团作业区
炼钢作业部双师工作站
炼钢作业部郭玉明创新工作室
热轧作业部二热轧轧钢作业区
硅钢事业部营销管理室
北京首钢冷轧薄板有限公司热处理作业区甲班
能源部能源管理室
质量检验部生产技术室高新维护班
职工创业开发中心产品营销室
制造部计划室
安全部气体防护站
北京首钢气体有限公司销售部
北京首钢鲁家山石灰石矿有限公司建昌县融成钙业有限公司

首钢京唐钢铁联合有限责任公司
焦化作业部化工作业区
炼钢作业部炼钢作业区
热轧作业部设备工程室
能源与环境部环境保护处
运输部铁运设备维检作业区机车班
设备部运行检修室
供料作业部炼钢供料作业区
质检监督不轧钢分析中心
彩涂板事业部镀锌作业区
镀锡板事业部镀锡作业区
制造部技术管理室

秦皇岛首秦金属材料有限公司
炼铁事业部烧结作业区
炼钢事业部炼钢作业区
轧钢事业部生产指挥中心
能源事业部（设备公司）检修分厂

首钢集团有限公司矿业公司
大石河铁矿动力车间
水厂铁矿磁选车间
杏山铁矿采矿作业区
运输部迁钢段

协力公司烧结维检项目部
机械制造厂机加工分厂
实业公司物业公司
首钢地质勘查院爱地公司经营开发部
迁安首钢设备结构有限公司沈虎庄创新工作室

中国首钢国际贸易工程有限公司
矿产资源事业部原料室

首钢水城钢铁（集团）有限责任公司
铁焦事业部三高炉车间
钢轧事业部炼钢车间
钢轧事业部"王国祚"创新工作室
铁焦事业部运焦车间丁班

首钢长治钢铁有限公司
轧钢厂型钢作业区
熔剂厂青石山作业区
计财处成本费用室
党校教研室

首钢贵阳特殊钢有限责任公司
炼钢作业部精炼炉丙班
钎钢事业部表面处理及成品库作业区
能源部水电作业区

首钢通化钢铁集团股份有限公司
炼铁事业部二号高炉作业区
第一钢扎厂轧钢车间轧钢乙段轧钢班
矿业公司板石路运输处生产端
型钢连轧厂检修车间
辉轧公司小型车间
焦化厂备煤车间

首钢伊犁钢铁有限公司
炼钢作业部连铸作业区
轧钢作业部维检作业区电工工段
天缘煤焦化有限责任公司化产车间

北京首钢股权投资管理有限公司
北京北冶功能材料有限公司科技部
北京首钢新钢联科贸有限公司钢材贸易事业部
北京首钢吉泰安新材料有限公司市场部
北京首钢铁合金有限公司金线车间
北京首钢城运控股有限公司项目管理中心
安川首钢机器人有限公司销售部本部
葫芦岛首钢东华机械有限公司迁安分公司

北京首钢国际工程技术有限公司

冶金工程分公司炼铁事业部

北京首钢建设集团有限公司

第一建筑工程分公司首钢园区（冬奥会）工程项目经
　　理部

第一冶金建设工程分公司京唐动力设备维检专业公司

第二冶金建设工程分公司精密检测中心徐涛检测班

国际工程分公司装饰装修项目部

市场开发部开发室

北京首钢自动化信息技术有限公司

传动事业部李洁创新工作室

智慧城市创新中心研发创新室

京唐运动事业部炼钢作业部炼钢天车班

北京首钢机电有限公司

大厂首钢机电有限公司通用设备分厂

迁安机械修理分公司热轧生产作业区1580运输线班

设计研究院基础设施产品开发部

北京首钢实业集团有限公司

北京首欣物业管理有限责任公司海淀分公司

北京首钢饮食有限责任公司国家检察官学院项目部

首钢幼教中心老山西里幼儿园

北京首钢建设投资有限公司

工程建设部

北京首钢园区综合服务有限公司

首钢集团有限公司动力厂供电一作业区

北京首钢物业管理有限公司体育大厦项目部

北京京西一九一九餐饮有限公司

北京首钢特殊钢有限公司

计财部资金管理科

首钢集团有限公司园区管理部

南区管理处首大项目作业区

一线材管理处安全保卫科

人力资源处

京冀曹妃甸协同发展示范区

地产开发部

建设投资有限公司

首钢环境产业有限公司

首钢生物质公司生产运行部乙班

北京首钢矿业投资有限责任公司

承德信通首承矿业有限责任公司

首钢控股有限责任公司

山西翼城首旺煤业有限责任公司综采队检修班

北京首钢房地产开发有限公司

协调管理部

北京大学首钢医院

普通外科胃肠病区

医学影像科

肿瘤科安宁疗护中心

北京京西重工有限公司

信息部

房山工厂生产运营部活塞杆作业区

北京首钢医疗健康产业投资有限公司

项目管理部

首钢金融党委

北京首钢基金有限公司京冀资本投资部

首钢集团财务有限公司审计稽核部

北京首钢体育文化有限公司

北京首钢篮球俱乐部有限公司女子篮球队

北京首钢篮球俱乐部有限公司男子篮球队

北京首钢文化发展有限公司

创意制作部

首钢集团有限公司技术研究院

耐候钢及其配套应用技术研发课题组

高强度水电用钢及用户技术研发团队

首钢集团有限公司发展研究院综合管理室

首钢集团有限公司人才开发院党建文化培训中心

职业教育培训处

首钢集团有限公司机关党委

首钢集团有限公司战略发展部

首钢集团有限公司经营财务部

首钢集团有限公司纪委（监察部）

首钢集团有限公司人士服务中心退休人员服务室

首钢集团有限公司行政管理中心保卫武装部

首钢集团有限公司财务共享中心资产核算室

首钢集团有限公司资产管理中心不动产管理室

2017 年度首钢劳动模范名单

北京首钢股份有限公司
　　张　建　赵　鹏　王永强　程洪全　刘凤刚
　　刘道正　崔二宝　王现辉　王　鹤　吴学春
　　陈　光　布景华　安春武　商光鹏　邵建艇
　　赵金奎　郑敬先　李雨水
首钢京唐钢铁联合有限责任公司
　　李金柱　艾矫健　杨红军　史凤奎　闫洪伟
　　吴　刚　张世烨　刘　涛　李　季　杜建军
　　刘　伟　张环宇　张兆辉　郭佳宁
秦皇岛首秦金属材料有限公司
　　韩立民　陈全武　陈少杰　戴玉明　贾庆松
　　张　超
首钢集团有限公司矿业公司
　　刘兴强　付振学　刘作利　高　磊　范鲁丰
　　王承云　雷　宇　易广生　阎　杰　杨　春
　　王志韧　任春梅　潘海涛　沈虎庄　陈　春
　　高运清　玄李新　安丽娟
中国首钢国际贸易工程有限公司
　　郑　凡　孔爱民
首钢水城钢铁（集团）有限责任公司
　　胡友红　曾水根　梁　兵　何洪庆　涨　潮
首钢长治钢铁有限公司
　　贾向刚　冯广斌　马　腾　李　飞　任俊杰
　　李　港
首钢贵阳特殊钢有限责任公司
　　王　伟　胡如好
首钢通化钢铁集团股份有限公司
　　路如军　耿方军　陈兆惠　杨任群　刘　东
　　陈宏旻　郝云飞　耿　军
首钢伊犁钢铁有限公司
　　张安国　张志宏　赵进学
北京首钢股权投资管理有限公司
　　张京生　李丽敏　肖晓峰　谢学斌　刘曙光
　　王学媛　杜子平　程　勇

北京首钢国际工程技术有限公司
　　马伟强　汤中发
北京首钢建设集团有限公司
　　徐　磊　吴　江　米凤臣　裘俊清　张茂奎
　　杨　军
北京首钢自动化信息技术有限公司
　　屈乐圃　崔凤玲　沈　楠　郭立伟　李长龙
　　邱福双
北京首钢机电有限公司
　　卫建平　孙秀峰　庞　宏
北京首钢实业集团有限公司
　　孟建华　李子琦　吴子杰　陈　浩　史玉玲
　　李　静
北京首钢建设投资有限公司
　　兰新辉
北京首钢园区综合服务有限公司
　　祝增光　任丽萍　王班超　陈国玉
北京首钢特殊钢有限公司
　　鲁宏君
首钢集团有限公司园区管理部
　　张朝晖　李　钧
京冀曹妃甸协同发展示范区建设投资有限公司
　　王双荣
首钢环境产业有限公司
　　杨海廷
北京首钢矿业投资有限责任公司
　　郭　星　赵　卫
首钢控股有限责任公司
　　徐景海　郭道红
北京首钢房地产开发有限公司
　　李媛婕　孙志勇
北京大学首钢医院
　　祝振忠　范　颖　刘雪梅
北京京西重工有限公司

黄　彦　付守森
北京首钢医疗健康产业投资有限公司
　　张兆伟
首钢金融党委
　　包建云　李　娜
北京首钢体育文化有限公司
　　翟晓川
首钢集团有限公司技术研究院

邝　霜　张　熹
首钢集团有限公司发展研究院
　　徐建华
首钢集团有限公司人才开发院
　　宿晓阳
首钢集团有限公司机关党委
　　腾亦农　张建军　王　彬　高党红　王运辉
　　赵江照

统计资料

◎ 责任编辑：刘冰清

2017年首钢集团主要工业产品产量完成情况

指标名称	计量单位	2017年实际
1.采剥总量	万吨	4457.65
2.铁矿石	万吨	1633.67
3.铁精矿	万吨	621.45
4.烧结矿	万吨	3516.26
5.球团矿	万吨	881.14
6.焦炭	万吨	346.09
7.生铁	万吨	2692.30
8.粗钢	万吨	2762.90
9.成品钢材	万吨	2614.99
其中:棒材	万吨	25.07
钢筋	万吨	553.59
线材	万吨	106.52
特厚板	万吨	33.64
厚钢板	万吨	77.90
中板	万吨	63.81
中厚宽钢带	万吨	656.05
热轧薄宽钢带	万吨	171.72
冷轧薄宽钢带	万吨	369.58
镀层板(带)	万吨	345.71
10.耐火材料总量	万吨	0.71
11.铁合金总量	万吨	2.02
12.钢丝	万吨	0.40
13.发电量	万千瓦·时	1092170
14.煤气	万立方米	4876969

2017 年首钢集团主要综合效益指标完成情况

指标名称	计量单位	2017 年实际
一、综合指标		
1. 现价工业总产值	万元	12180817
2. 实现利润	万元	201650
3. 实现利税	万元	815481
4. 销售收入	万元	18578512
5. 资产总计	万元	50114269
6. 流动资产	万元	12307640
7. 长期股权投资	万元	5305120
8. 年末固定资产原值	万元	29695428
9. 年末固定资产净值	万元	19972019
10. 所有者权益	万元	13638154
11. 资产负债率	%	72.79
12. 资本保值增值率	%	99.04
二、能源消耗指标		
1. 综合能源消耗量	万吨标煤	1089.96
2. 吨钢综合能耗	千克标煤/吨	597.65
3. 吨钢耗新水	立方米/吨	2.90
4. 吨钢转炉煤气回收	立方米/吨	111.04
三、环保及绿化指标		
1. 综合考核评价环保指标合格率	%	100
2. 工业粉尘排放合格率	%	100
3. 工业废气排放处理率	%	100
4. 工业废水排放处理率	%	100
5. 绿化面积(北京厂区)	万平方米	138.7872
6. 绿化覆盖率(北京厂区)	%	33.75

2017年首钢主要技术经济指标完成情况

指标名称	计量单位	2017 年实际
一、铁矿生产（矿业公司）		
1. 采剥比	吨/吨	2.77
2. 铁精矿品位	%	67.48
3. 选矿金属回收率（实际）	%	80.61
4. 选矿比（实际）	吨/吨	3.19
二、烧结生产		
1. 烧结矿合格率	%	99.36
2. 烧结机有效面积利用系数	吨/米^2·台时	1.21
3. 烧结矿品位	%	55.80
4. 烧结从业人员实物劳产率	吨/人·年	19339.76
三、高炉炼铁		
1. 生铁合格率	%	100.00
2. 高炉有效容积利用系数	吨/米^3·日	2.19
3. 入炉矿品位	%	58.73
4. 入炉焦比	千克/吨	328.99
5. 喷煤比	千克/吨	157.86
6. 综合焦比	千克/吨	507.01
7. 炼铁从业人员实物劳产率	吨/人·年	12818.24
四、转炉炼钢		
1. 钢铁料消耗	千克/吨	1064.30
2. 转炉日历作业率	%	64.51
3. 转炉日历利用系数	吨/吨·日	22.21
4. 转炉从业人员实物劳产率	吨/人·年	5834.16
五、连铸		
1. 连铸坯合格率	%	99.85
2. 连铸坯钢水收得率	%	97.71
3. 连铸机日历作业率	%	71.69
4. 连铸坯台时产量	吨/时	261.99
六、轧钢		
1. 钢材合格率	%	99.71
2. 综合成材率	%	94.76
3. 轧机日历作业率	%	81.90
4. 轧材工序单位能耗	千克标煤/吨	87.38

注：数据资料由计财部提供

2017 年首钢专利申请项目

序号	专利申请号	专利名称	申请日	专利类型
1	201710013495.5	一种精轧工作辊冷却喷嘴故障的检测方法	2017—1—9	发明
2	201710021137.9	一种减少板坯裂纹的方法	2017—1—12	发明
3	201710071907.0	一种钢板表面生成稳定锈层的处理方法	2017—2—9	发明
4	201710071949.4	一种小方坯连铸机生产低碳 Ni-Mo 合金钢的方法	2017—2—9	发明
5	201710071967.2	一种连铸坯树枝晶间距的评定方法	2017—2—9	发明
6	201710071979.5	一种预应力钢小方坯连铸中心偏析的控制方法	2017—2—9	发明
7	201710071998.8	一种自保护焊用药芯焊丝	2017—2—9	发明
8	201710076914.X	一种钢中硫化物含量的检测方法	2017—2—13	发明
9	201710077758.9	一种测定硅铝板镀层中硅、铝含量的方法	2017—2—13	发明
10	201710086016.2	一种低硅无取向硅钢及其横纵向屈服强度异性控制方法	2017—2—17	发明
11	201710002161.8	生物发酵法制燃料乙醇生产中废气废液的处理方法及系统	2017—1—3	发明
12	201710001989.1	一种蒸馏系统在线清洗装置及方法	2017—1—3	发明
13	201710008532.3	一种可主动转向的自行驶钢卷运输车	2017—1—5	发明
14	201710012132.X	一种用于应急操作炉前三大机液压系统的控制方法	2017—1—8	发明
15	201710012148.0	一种用于精轧机组自动换辊的控制方法	2017—1—8	发明
16	201710012004.5	一种电解铝厂铝液生产调度的过程控制方法	2017—1—8	发明
17	201710012134.9	楼宇内部环境温度智能控制系统及其方法	2017—1—8	发明
18	201710012143.8	一种烧结混合料水分飞闭环控制方法	2017—1—8	发明
19	201710011963.5	一种高炉高热负荷区域操作炉型计算方法	2017—1—8	发明
20	201710008680.5	一种用于硅钢的低钛防层覆盖剂及其使用方法	2017—1—5	发明
21	201710007302.5	一种高炉热风炉抢修用导流棒的制作方法及一种导流棒	2017—1—5	发明
22	201710007520.9	一种消除连续退火线带钢表面刷辊印的控制方法及装置	2017—1—5	发明
23	201710009655.9	一种带钢成材率的获得方法	2017—1—6	发明
24	201710013504.0	冲渣溜槽装置	2017—1—9	发明
25	201710013337.X	一种液压缸内置磁环检测装置	2017—1—9	发明
26	201710018022.4	干熄焦提升机动滑轮组更换方法	2017—1—11	发明
27	201710018587.2	一种去除汽车板用钢红锈缺陷的方法	2017—1—11	发明
28	201710018043.6	一种 DP 钢汽车板热轧扁卷控制方法	2017—1—11	发明
29	201710017816.9	带钢轧制方法	2017—1—11	发明
30	201710014955.6	平整机的标定方法	2017—1—10	发明
31	201710017486.3	超低碳钢及其生产方法	2017—1—10	发明
32	201710015571.6	一种热镀锌双相钢选择性氧化控制方法	2017—1—10	发明
33	201710015469.6	一种电刷研磨装置与旋转电气设备	2017—1—10	发明

序号	专利申请号	专利名称	申请日	专利类型
34	201710015468.1	一种内置于电气设备中的集电滑环修磨装置及电气设备	2017—1—10	发明
35	201710015459.2	退火炉用由前至后连续式加热方法	2017—1—10	发明
36	201710015470.9	退火炉用由后至前连续式加热方法	2017—1—10	发明
37	201710014333.3	一种降低带钢翘皮缺陷的方法	2017—1—9	发明
38	201710100489.3	一种烧结燃料粒度的控制方法	2017—2—23	发明
39	201710097327.9	一种冷轧管理系统	2017—2—22	发明
40	201710096984.1	一种热镀锌退火炉空燃比修正方法	2017—2—22	发明
41	201710097296.7	一种控制清洗刷辊的方法及装置	2017—2—22	发明
42	201710096540.8	一种避免工作辊划伤的方法	2017—2—22	发明
43	201710096551.6	一种控制夹送辊的方法及装置	2017—2—22	发明
44	201710097286.3	一种混合气体再燃低氮燃烧系统	2017—2—22	发明
45	201710096951.7	一种脱磷转炉溅渣的方法	2017—2—22	发明
46	201710120087.X	一种新型油气加力器	2017—3—2	发明
47	201710194926.2	一种轧机组纠偏控制方法及装置	2017—3—29	发明
48	201710196694.4	一种空分设备稳定氩馏分的控制方法	2017—3—29	发明
49	201710158006.5	一种剪力墙覆膜养护方法	2017—3—16	发明
50	201710235208.5	钴、镍基变形高温合金金相显微组织的显示方法	2017—4—12	发明
51	201710234556.0	一种电阻温度系数测量装置及方法	2017—4—11	发明
52	201710187945.2	一种汽车板锌层粘附性检测方法	2017—3—27	发明
53	201710189058.9	一种降低脱磷炉终渣全铁含量方法	2017—3—27	发明
54	201710188021.4	一种高炉运行状态的诊断分析方法	2017—3—27	发明
55	201710188867.8	一种热轧钢卷卸卷方法	2017—3—27	发明
56	201710189407.7	一种半钢脱磷冶炼方法	2017—3—27	发明
57	201710191710.0	一种粗轧除鳞的控制方法	2017—3—28	发明
58	201710192332.8	一种转炉煤气柜集群的空气置换系统和方法	2017—3—28	发明
59	201710194553.9	一种轴流式鼓风机的扩容改造方法	2017—3—29	发明
60	201710194635.3	一种基于速度调节的热轧带钢终轧温度控制方法	2017—3—29	发明
61	201710194539.9	一种转炉粉尘回收装置	2017—3—29	发明
62	201710194552.4	一种高抗硫食品罐的二次冷轧镀锡钢板的制造方法	2017—3—30	发明
63	201710201706.8	一种控制精轧机组的方法及装置	2017—3—29	发明
64	201710201161.0	一种减少中间坯头部温降的方法	2017—3—30	发明
65	201710203619.6	干熄焦气体循环系统控制方法	2017—3—30	发明
66	201710244578.5	一种烧结点火炉温度自动控制节能方法	2017—4—14	发明
67	201710244080.9	一种烧结脱硫和主抽风机联合控制方法	2017—4—14	发明
68	201710100183.8	一种利用红外成像技术监测热风炉炉皮温度的方法	2017—2—23	发明
69	201710219343.0	一种控制转炉底吹枪裸露的方法	2017—4—6	发明
70	201710219298.9	一种高炉风口隔热层加工方法及高炉风口	2017—4—6	发明
71	201710219307.4	一种脱氧方法	2017—4—6	发明

序号	专利申请号	专利名称	申请日	专利类型
72	201710219339.4	一种冷轧汽车板产品设计开发系统	2017—4—6	发明
73	201710219312.5	一种镀锡拉矫机	2017—4—6	发明
74	201710219308.9	一种带钢断面板廓形状的拟合方法及评价方法	2017—4—6	发明
75	201710219341.1	一种低合金高强度钢的生产方法	2017—4—6	发明
76	201710225410.X	一种加热炉余热回收系统	2017—4—7	发明
77	201710226857.9	一种顶底复吹转炉的冶炼方法	2017—4—6	发明
78	201710227575.0	一种消除酸洗板针孔状麻点缺陷的方法	2017—4—7	发明
79	201710227968.1	一种顶底复吹转炉及底吹方法	2017—4—10	发明
80	201710227974.7	一种顶底复吹转炉	2017—4—10	发明
81	201710227977.0	一种防止开浇过程钢液二次氧化的方法	2017—4—10	发明
82	201710227925.3	一种转炉冶炼方法	2017—4—10	发明
83	201710228636.5	一种防止钢卷锈蚀的方法	2017—4—10	发明
84	201710228180.2	一种控制含磷冷轧高强钢表面麻点缺陷的方法	2017—4—10	发明
85	201710216194.2	一种改善合金焊丝表面镀铜色差的控制方法	2017—4—1	发明
86	201710214534.8	一种复合预熔铁水脱硫剂及其制备和使用方法	2017—4—1	发明
87	201710214622.8	一种分析镀层薄板表面光整深度及三维形貌的方法	2017—4—1	发明
88	201710215144.2	一种炼钢过程中添加钨的方法	2017—4—1	发明
89	201710216082.7	一种高强钢气体保护电弧焊用实心焊丝	2017—4—2	发明
90	201710215148.0	一种耐蚀钢添加锑的冶炼方法	2017—4—2	发明
91	201710216195.7	一种高强度贝氏体耐磨钢板及其生产方法	2017—4—2	发明
92	201710215169.2	一种铁水除渣方法	2017—4—2	发明
93	201710215163.5	控制非调质高强螺栓钢高包辛格效应的方法	2017—4—2	发明
94	201710224622.6	一种海洋钻井隔水管用高强度热轧中厚板及其制备方法	2017—4—7	发明
95	PCT/CN2017/077613	球团矿、其制备方法和制备装置	2017—3—22	发明
96	201710351985.6	一种铁水预脱硫方法	2017—5—18	发明
97	201710352443.0	一种异钢种连铸方法	2017—5—18	发明
98	201710349436.5	一种循环发电值班焦气系统的清洁方法	2017—5—17	发明
99	201710352273.6	一种工业尾气发酵法制乙醇的方法及系统	2017—5—18	发明
100	201710267331.5	一种卫生间反坎一次成型模板支设方法	2017—4—21	发明
101	201710409595.X	一种木模板防爆螺栓安装方法	2017—6—2	发明
102	201710412469.X	一种局限空间下厂房钢柱安装方法	2017—6—2	发明
103	201710409593.0	一种预制式电梯井操作平台的施工方法	2017—6—2	发明
104	201710447700.9	一种轧机牌坊吊装工装的自动化控制系统	2017—6—14	发明
105	201710404572.X	一种二次冷轧镀锡板及其生产方法	2017—6—1	发明
106	201710404466.1	一种全量回收料罐均压煤气的净化回收系统及方法	2017—6—1	发明
107	201710404777.8	一种高炉煤气除酸装置	2017—6—1	发明
108	201710403787.X	一种测量浸入式水口堵塞程度的方法及系统	2017—6—1	发明
109	201710404969.9	一种新型镀锡板及其制备方法	2017—6—1	发明

序号	专利申请号	专利名称	申请日	专利类型
110	201710404529.3	一种冷轧硅锰双相钢表面麻点缺陷的控制方法	2017—6—1	发明
111	201710408353.9	一种生产 IF 钢的方法	2017—6—2	发明
112	201710408169.4	一种熄焦装置	2017—6—2	发明
113	201710408503.6	一种旋盖用二次冷轧镀锡板及其生产方法	2017—6—2	发明
114	201710408504.0	一种根据热流密度分析水口堵塞的方法	2017—6—2	发明
115	201710375059.2	一种耐 SO_2 及低氯离子浓度腐蚀的建筑用钢及生产方法	2017—5—24	发明
116	201710375088.9	一种穿孔顶尖激光 3D 打印再制造方法	2017—5—24	发明
117	201710375585.9	一种转炉冶炼高磷含钛铁水保碳出钢的控制方法	2017—5—24	发明
118	201710375650.8	免涂装钢结构用耐工业大气腐蚀高强螺栓钢及制造方法	2017—5—24	发明
119	201710375670.5	免涂装桥梁结构用耐工业大气腐蚀高强螺栓钢及制造方法	2017—5—24	发明
120	201710375682.8	免涂装桥梁结构用耐海洋大气腐蚀高强螺栓钢及制造方法	2017—5—24	发明
121	201710437462.3	一种定宽机控制方法	2017—6—9	发明
122	201710433177.4	一种走行堆料系统	2017—6—9	发明
123	201710433170.2	一种半钢脱磷的方法	2017—6—9	发明
124	201710433860.8	一种冷拔用热轧钢带及其生产方法	2017—6—9	发明
125	201710433856.1	一种污水处理用缺氧池	2017—6—9	发明
126	201710433155.8	一种控制冷轧薄规格高强钢的表面斜纹缺陷的方法	2017—6—9	发明
127	201710433843.4	一种冷轧镀锌线上带钢跑偏预警方法及装置	2017—6—9	发明
128	201710432903.0	一种带钢的轧制方法	2017—6—9	发明
129	201710433175.5	一种提高精轧侧导板开口度控制精度的方法和装置	2017—6—9	发明
130	201710433648.1	一种高铬铸铁轧辊使用方法	2017—6—9	发明
131	201710433646.2	一种检查清理热轧机组机架上锈蚀物的方法	2017—6—9	发明
132	201710444992.0	一种磨削轧辊的工艺方法	2017—6—12	发明
133	201710273443.1	一种城市综合管廊通风系统布置方法	2017—4—21	发明
134	201710267752.8	一种用于轨道式重载运输车的长距离位置检测方法	2017—4—21	发明
135	201710460172.0	一种高炉气密箱水冷装置	2017—6—17	发明
136	201710460262.X	带缓冲罐的压力容器煤气均压放散装置及其使用方法	2017—6—17	发明
137	201710461724.X	压力容器多级除尘的煤气均压放散装置及其使用方法	2017—6—17	发明
138	201710460295.4	一种压力容器煤气的均压放散装置及其使用方法	2017—6—17	发明
139	201710460934.7	一种行人过街天桥	2017—6—18	发明
140	201710460979.4	一种燃煤气加热炉烧嘴点火装置及使用方法	2017—6—18	发明
141	201710461010.9	一种废钢输送工艺	2017—6—18	发明
142	201710534762.3	一种由斜向 45 度停车位组成的立体停车装置	2017—7—3	发明
143	201710534323.2	一种免维护地上立体车库	2017—7—3	发明
144	201710534830.6	一种钢水真空精炼用可切换机械泵抽气装置	2017—7—3	发明
145	201710534394.2	石灰浆等厚均化喷涂及浆液回收装置及使用方法	2017—7—3	发明
146	201710495213.X	一种汽轮机润滑油循环系统及方法	2017—6—26	发明
147	201710494349.9	一种设备维护提醒系统	2017—6—26	发明

序号	专利申请号	专利名称	申请日	专利类型
148	201710494693.8	一种层流冷却控制方法及装置	2017—6—26	发明
149	201710495184.7	一种热轧带钢的判定方法及热轧在线质量判定系统	2017—6—26	发明
150	201710495211.0	一种托盘横移车位置检测装置	2017—6—26	发明
151	201710495174.3	一种高磁感热轧取向硅钢钢板及其生产工艺	2017—6—26	发明
152	201710495226.7	一种延长煤气板式预热器使用寿命的方法	2017—6—26	发明
153	201710497262.7	一种炉顶气密箱 α 角位置监测装置	2017—6—26	发明
154	201710511170.X	一种钢包滑板结构	2017—6—28	发明
155	201710511461.9	一种利用烘烤中间包余热烘烤侵入式水口的方法	2017—6—28	发明
156	201710511191.1	一种连铸中间包重复利用方法	2017—6—28	发明
157	201710509149.6	一种中厚板轧机精轧阶段规程的分配方法	2017—6—28	发明
158	201710510123.3	一种利用连铸坯轧制极限规格特厚板的生产方法	2017—6—28	发明
159	201710509409.X	一种完全用转炉余热蒸汽满足 RH 炉生产的方法	2017—6—28	发明
160	201710509496.9	一种厚板坯尾坯二冷水脉冲控制方法	2017—6—28	发明
161	201710530296.1	一种提高转炉煤气管网系统保供能力的方法	2017—6—30	发明
162	201710527613.4	一种保证终轧温度的大加速度的控制方法	2017—6—30	发明
163	201710537981.7	一种多模式驱动可配置管控方法	2017—7—4	发明
164	201710537573.1	一种车辆出库管理方法、装置、计算机可读存储介质及设备	2017—7—4	发明
165	201710537577.X	一种基于线性回归的建筑能耗建模方法	2017—7—4	发明
166	201710603328.6	一种除尘器的清灰方法	2017—7—22	发明
167	201710666512.5	公交车调度方法、装置、计算机存储介质及设备	2017—8—7	发明
168	201710681468.5	一种板坯下渣检测大包滑动水口控制的优化方法	2017—8—10	发明
169	201710527769.2	一种接口使用焊接套板的管道安装方法	2017—6—30	发明
170	201710526061.5	一种端头使用开槽固定式焊接引弧板的焊接方法	2017—6—30	发明
171	201710527844.5	一种预埋在混凝土梁中中小埋件的加固方法	2017—6—30	发明
172	201710580229.0	一种喂料系统及工艺方法	2017—7—17	发明
173	201710580806.6	一种尾矿处理系统	2017—7—17	发明
174	201710659889.8	一种带钢生产系统及方法	2017—8—4	发明
175	201710659994.1	一种带钢的周期性缺陷的分析方法	2017—8—4	发明
176	201710661356.3	一种提高低温高磁感取向硅钢边部性能的加工方法	2017—8—4	发明
177	201710659912.3	一种卷绕式定子加工方法	2017—8—4	发明
178	201710662247.3	一种集管阀门响应时间的监测方法及系统	2017—8—4	发明
179	201710660905.5	一种工作辊磨削方法及工作辊	2017—8—4	发明
180	201710661500.3	一种控制高炉顶压的方法及装置	2017—8—4	发明
181	201710660249.9	一种落锤试样专用压刀的加工方法	2017—8—4	发明
182	201710662568.3	一种用于取向硅钢卷高温退火的装置及方法	2017—8—4	发明
183	201710664531.4	一种低温高磁感取向硅钢的生产方法	2017—8—4	发明
184	201710664551.1	氮化合金中铌、钒、钛元素含量的测定方法	2017—8—4	发明
185	201710552015.2	一种镀锡板的表面涂油方法	2017—7—7	发明

序号	专利申请号	专利名称	申请日	专利类型
186	201710551341.1	烧结料偏析布料方法	2017—7—7	发明
187	201710552026.0	一种气刀刀距位置移动的控制方法	2017—7—7	发明
188	201710552523.0	一种厚规格镀锌板表面亮点缺陷分析及控制方法	2017—7—7	发明
189	201710552189.9	一种维护转炉炉底的方法	2017—7—7	发明
190	201710551978.0	一种控制脱磷炉炉底上涨的方法	2017—7—7	发明
191	201711012923.9	一种亚包晶钢板坯连铸方法	2017—10—26	发明
192	201710552521.1	一种高强钢内应力的控制方法及装置	2017—7—7	发明
193	201710551343.0	一种脱磷转炉底吹风口维护方法	2017—7—7	发明
194	201710552528.3	一种提升管线钢生产效率的方法	2017—7—7	发明
195	201710552527.9	一种热轧镀锡板斜纹缺陷的控制及监控方法	2017—7—7	发明
196	201710552028.X	一种标定热连轧板带精轧机入口侧导板的方法	2017—7—7	发明
197	201710556990.0	一种防止高炉炉顶料罐重料的方法	2017—7—10	发明
198	201710556589.7	炼钢厂屋顶除尘的方法	2017—7—10	发明
199	201710556590.X	应用于平整机预防浪形发生的方法	2017—7—10	发明
200	201710557183.0	一种转炉氧枪变频器控制电机的接地检测方法	2017—7—10	发明
201	201710556217.4	电磁给油系统给油量的监控方法及装置	2017—7—10	发明
202	201710556205.1	一种激光焊机带头带尾对中相机的控制方法及装置	2017—7—10	发明
203	201710556968.6	一种检测高钛粉中 TiO_2 含量的方法	2017—7—10	发明
204	201710556221.0	一种连铸板坯上氧化铁皮再利用的方法	2017—7—10	发明
205	201710556986.4	一种铁素体轧制方法	2017—7—10	发明
206	201710556988.3	一种热轧精轧区域工作辊辊面质量控制方法	2017—7—10	发明
207	201710833251.1	烧结矿碱度自动控制方法	2017—9—15	发明
208	201710559733.2	链斗机智能循环输送活性焦控制系统及方法	2017—7—11	发明
209	201710559739.X	一种控制超低碳钢边部翘皮缺陷的生产方法	2017—7—11	发明
210	201710570268.2	一种烘烤硬化钢的冶炼控制方法	2017—7—13	发明
211	201710580807.0	一种分隔装置	2017—7—17	发明
212	201710580789.6	一种密封装置及装煤车	2017—7—17	发明
213	201710596479.3	一种干熄炉装冷焦用中央风帽保护装置及方法	2017—7—17	发明
214	201710600541.1	一种镀锡板、镀锡基板的生产方法	2017—7—21	发明
215	201710601201.0	消除冷轧锯片钢表层裂纹的方法	2017—7—21	发明
216	201710601785.1	提高板坯轻压下效率的方法	2017—7—21	发明
217	201710598094.0	一种中锰钢热浸镀的方法	2017—7—20	发明
218	201710598049.5	一种热镀锌板及其加工方法	2017—7—20	发明
219	201710598046.1	一种高强冷轧方矩形管用钢及其制造方法	2017—7—20	发明
220	201710598022.6	一种高炉煤气中氯含量的检测系统及方法	2017—7—20	发明
221	201710597142.4	一种铁水罐顶底复合喷吹脱硫方法	2017—7—20	发明
222	201710596290.4	一种反渗透阻垢剂	2017—7—20	发明
223	201710597134.X	一种超高强防弹钢板及其制备方法	2017—7—20	发明

序号	专利申请号	专利名称	申请日	专利类型
224	201710596279.8	冶金焦炭烧损率的测算方法及装置	2017—7—20	发明
225	201710596309.5	一种结晶器流场的检测方法	2017—7—20	发明
226	201710597104.9	一种监测煤气中氯含量的方法及其系统	2017—7—20	发明
227	201710597124.6	一种热轧卷头部厚度的控制方法及装置	2017—7—20	发明
228	201710597125.0	一种盾牌用钢板及其制备方法	2017—7—20	发明
229	201710616683.7	用于各向异性组织和夹杂物自动定量评价方法	2017—7—20	发明
230	201710617104.0	一种控制易切钢表面高温硫化缺陷的加热方法	2017—7—20	发明
231	201710616801.4	一种用于保护氧化铁皮的无氧化热处理方法	2017—7—20	发明
232	201710602946.9	一种钢板表面氧化铁皮结合力的表征方法	2017—7—21	发明
233	201710598423.1	浆体输送管道冲蚀磨损试验装置及测量方法	2017—7—21	发明
234	201710605839.1	一种460MPa级抗震耐火耐候建筑结构的焊接方法	2017—7—22	发明
235	201710634252.3	一种冶炼非调质钢的中间试验方法	2017—7—29	发明
236	201710674978.X	一种双相钢酸轧生产工艺方法	2017—8—9	发明
237	201710704022.X	一种使用垫板控制焊接变形的方法	2017—8—16	发明
238	201710703994.7	一种垂直混凝土构件养护的施工方法	2017—8—16	发明
239	201710714459.1	一种气体流量计的系统校准方法	2017—8—18	发明
240	201710713865.6	高炉喷煤压力自动调节系统及其方法	2017—8—18	发明
241	201710713938.1	一种用于消除钢卷塔型的动态控制装置及其方法	2017—8—18	发明
242	201710726610.3	石灰浆等厚均化喷涂及浆液回收方法	2017—8—22	发明
243	201710722917.6	一种对尾矿物料进行处理的方法及系统	2017—8—22	发明
244	201710764537.9	利用配重法完成炼铁高炉主沟安装的施工方法	2017—8—30	发明
245	201710750813.6	一种CP980MPa复相钢的酸轧生产工艺控制方法	2017—8—28	发明
246	201710750812.1	一种DH590MPa酸轧生产工艺控制方法	2017—8—28	发明
247	201710751290.7	一种切换气刀介质喷吹方式的方法	2017—8—28	发明
248	201710761419.2	一种不间断冷却水系统及控制方法	2017—8—28	发明
249	201710785721.1	一种检测带钢清洗效果的方法	2017—9—4	发明
250	201710786637.1	一种消除锌流纹的方法及装置	2017—9—4	发明
251	201710789560.3	一种用于对板带钢是否缺陷进行判断的方法、装置	2017—9—5	发明
252	201710789593.8	一种用于控制轧件跑偏的方法、装置及电子设备	2017—9—5	发明
253	201710789596.1	一种用于缺陷库移植的方法、装置及电子设备	2017—9—5	发明
254	201710725898.2	一种中厚板过渡坯长度的判定方法	2017—8—22	发明
255	201710817673.X	一种热连轧板带比例凸度分配方法	2017—9—12	发明
256	201710817297.4	一种平整机启停车过程中平整延伸率的控制方法	2017—9—12	发明
257	201710818047.2	降低烧结机风箱负压的控制方法及烧结机	2017—9—12	发明
258	201710817035.8	一种烧结机篦条防糊堵方法	2017—9—12	发明
259	201710817299.3	热连轧线超快速冷却的控制方法	2017—9—12	发明
260	201710817697.5	一种活套控制方法	2017—9—12	发明
261	201710817741.2	一种利用高温废烟气进行热风点火的方法及装置	2017—9—12	发明

序号	专利申请号	专利名称	申请日	专利类型
262	201710828292.1	一种车桥材料的确定方法及装置	2017—9—14	发明
263	201710807357.4	一种基于混凝土结构耐久性的耐蚀钢筋及其制备方法	2017—9—8	发明
264	201710809565.8	一种低合金纵向变厚度钢板的生产方法	2017—9—9	发明
265	201710834273.X	一种TMCP桥梁用钢板形控制的方法	2017—9—15	发明
266	201710822881.9	一种摆动冷却工艺生产厚规格桥梁钢的方法	2017—9—13	发明
267	201710882813.1	一种对镁碳砖中金属铝含量的测定方法	2017—9—26	发明
268	201710885494.X	一种连铸坯生产易焊接特厚桥梁用钢及其生产方法	2017—9—26	发明
269	201710827173.4	一种控制镀锡板涂膜附着力的方法	2017—9—14	发明
270	201710828258.4	一种塞棒离线调节方法	2017—9—14	发明
271	201710827694.X	一种脱磷转炉炉底维护方法	2017—9—14	发明
272	201710828061.0	一种热轧自动要钢的操作方法	2017—9—14	发明
273	201710827695.4	一种热轧高强钢的轧制方法	2017—9—14	发明
274	201710827174.9	一种镀锌线静电涂油系统、涂油控制方法及装置	2017—9—14	发明
275	201710827692.0	一种半钢冶炼方法	2017—9—14	发明
276	201710827233.2	一种封样方法及装置	2017—9—14	发明
277	201710828270.5	一种生成钢铁产品内部牌号的方法及系统	2017—9—14	发明
278	201710827693.5	一种带式焙烧机烧嘴智能控制系统及方法	2017—9—14	发明
279	201710828269.2	一种退火炉温度控制方法及系统	2017—9—14	发明
280	201710828267.3	一种语音预警方法及装置	2017—9—14	发明
281	201710828266.9	一种消除带钢表面锈蚀的方法及装置	2017—9—14	发明
282	201710827207.X	一种电镀锡线的水淬工艺方法及装置	2017—9—14	发明
283	201710828636.9	一种用于消除镀锡钢板表面锈斑的方法	2017—9—14	发明
284	201710834065.X	一种烧结点火炉控制方法及装置	2017—9—15	发明
285	201710834038.2	防止高炉炉顶料罐重料的方法及装置	2017—9—15	发明
286	201710832618.8	一种管线钢的生产方法	2017—9—15	发明
287	201710833205.1	一种降低耐磨板磨损的卷取机侧导板控制方法	2017—9—15	发明
288	201710834094.6	一种酸连轧生产线轧机保护方法及装置	2017—9—15	发明
289	201710834081.9	一种轧辊落轨的方法及装置	2017—9—15	发明
290	201710833202.8	带钢卷取温度控制方法、装置、计算机存储介质及设备	2017—9—15	发明
291	201710832665.2	一种避免镀锌带钢表面出现锌流纹的方法	2017—9—15	发明
292	201710832616.9	一种用于提升冷轧带钢的清洗效果的方法及装置	2017—9—15	发明
293	201710834072.X	一种避免镀锌带钢出现沉没辊印的方法	2017—9—14	发明
294	201710833204.7	一种高锡量镀锡板的边部质量控制方法	2017—9—15	发明
295	201710842703.2	烧结混合料水分控制方法、装置、计算机存储介质及设备	2017—9—18	发明
296	201710842704.7	一种焦油和氨水的分界层高度的测量方法及系统	2017—9—18	发明
297	201710842130.3	一种LF炉精炼渣的再利用方法	2017—9—18	发明
298	201710874495.4	一种高转速内置式永磁电机转子结构	2017—9—25	发明
299	201710873828.1	一种无取向电工钢表面质量的判定方法及系统	2017—9—25	发明

序号	专利申请号	专利名称	申请日	专利类型
300	201710873833.2	一种取向硅钢的生产方法	2017—9—25	发明
301	201710874548.2	一种高磁感取向硅钢的生产方法	2017—9—25	发明
302	201710875320.5	一种用于对液压缸进行拆装的机械手装置	2017—9—25	发明
303	201710873849.3	一种补偿冷连轧前滑值的方法及装置	2017—9—25	发明
304	201710889798.3	一种地下充填矿山采区布置装置及方法	2017—9—27	发明
305	201710891046.0	一种矿山溜井系统	2017—9—27	发明
306	201710891030.X	一种修复溜井的方法	2017—9—27	发明
307	201710806517.3	一种构建建筑能耗预测模型的方法及装置	2017—9—8	发明
308	201710842933.9	一种汽车板翻转机夹紧控制装置及其方法	2017—9—18	发明
309	201710885040.2	一种防止双压辊出入口张力偏差过大的控制方法	2017—9—26	发明
310	201710885064.8	一种自学习式轧机入口厚度优化方法	2017—9—26	发明
311	201710805272.2	一种车辆出入库动态调整管理方法	2017—9—8	发明
312	201710819437.1	桥式起重机45度剖分式平衡车轮组在线施工方法	2017—9—12	发明
313	201710942982.X	一种590MPa级高强度低合金热轧酸洗带钢及其生产方法	2017—10—11	发明
314	201710957713.0	一种采用低温工艺生产IF钢的方法及系统	2017—10—16	发明
315	201710957666.X	一种采用拉矫设备实现热轧带钢精整的工艺方法	2017—10—16	发明
316	201710959160.2	一种点火炉内烧结料面受热强度的检测方法	2017—10—16	发明
317	201710959159.X	一种测量点火炉内温度的装置	2017—10—16	发明
318	201710957657.0	超低碳钢炉渣氧化性及吸附性的控制方法	2017—10—16	发明
319	201710957683.3	一种用于消除目标钢毛刺链缺陷的方法	2017—10—16	发明
320	201710957705.6	一种控制板坯中心偏析的方法及装置	2017—10—16	发明
321	201710957714.5	一种用于消除目标钢横折缺陷的方法	2017—10—16	发明
322	201710957846.8	一种耐盐酸和硫酸腐蚀钢及其制备方法	2017—10—16	发明
323	201710957943.7	一种薄壁高强度方矩形管用热轧带钢及其制造方法	2017—10—16	发明
324	201710957944.1	一种改善冷轧镀锌板开卷油膜均匀性的方法	2017—10—16	发明
325	201710958023.7	一种铁矿球团造球装置	2017—10—16	发明
326	201710958084.3	一种检测回转窑内温度的装置	2017—10—16	发明
327	201710958135.2	一种冷轧钢板织构测量方法	2017—10—16	发明
328	201710958164.9	单风机生产控制方法、装置、计算机存储介质及设备	2017—10—16	发明
329	201710958566.9	一种铁矿粉粘结性能的测试方法	2017—10—16	发明
330	201710958861.4	一种高炉热风炉炉壳局部热处理退火装置及方法	2017—10—16	发明
331	201710957998.8	一种双相管线钢热连轧钢带及其生产方法	2017—10—16	发明
332	201710953077.4	中间包烘烤孔密封装置	2017—10—13	发明
333	201710954004.7	一种加盖装置	2017—10—13	发明
334	201710954006.6	一种中间包浇注孔加盖密封装置	2017—10—13	发明
335	201711049844.5	一种消除含磷高强IF钢表面色差缺陷的方法	2017—10—31	发明
336	201710935999.2	一种异型坯腹板中心裂纹控制方法	2017—10—10	发明
337	201710937069.0	一种异型坯结晶器翼梢铜板锥度的确定方法	2017—10—10	发明

序号	专利申请号	专利名称	申请日	专利类型
338	201710936423.8	一种定量表征复相材料主相组织晶粒尺寸的方法	2017—10—10	发明
339	201710937099.1	一种基于辅助试样的异种材料连接装置	2017—10—10	发明
340	201710936455.8	一种基于同侧电极的异种材料连接装置	2017—10—10	发明
341	201710948623.5	利用辉光放电光谱法测量冷轧钢板锆化膜膜重的方法	2017—10—12	发明
342	201710948697.9	一种矿用钢绞线用钢的生产方法	2017—10—12	发明
343	201710949258.X	一种冶炼含钛铁水转炉终点的渣—铁分离的控制方法	2017—10—12	发明
344	201710949347.4	降低冷轧低合金高强钢铁素体—珠光体型偏析的制造方法	2017—10—12	发明
345	201710949343.6	一种应用于钢结构表面的消除氟碳清漆光泽的方法	2017—10—12	发明
346	201710948927.1	三层双面不锈钢复合板的焊接方法	2017—10—12	发明
347	201710949057.X	一种抗氢致裂纹 C—Mn 钢的生产工艺	2017—10—12	发明
348	201710948329.4	一种用于锰钒镍合金钢的正火工艺	2017—10—12	发明
349	201710958829.6	一种高炉喷吹煤粉的装置	2017—10—16	发明
350	201710957691.8	一种低硫低磷钢的生产方法	2017—10—16	发明
351	201710957654.7	一种制造冷轧高强钢的方法及装置	2017—10—16	发明
352	201710970225.3	碳硅锰系超高强冷轧双相钢及其制备方法	2017—10—16	发明
353	201710970221.5	一种 700MPa 级以上超高强度耐候钢板及其热连轧生产方法	2017—10—16	发明
354	201711011407.4	一种提高板坯尾坯质量的方法及装置	2017—10—26	发明
355	201711012125.6	一种减少连轧机边裂的轧制方法	2017—10—26	发明
356	201711017033.7	一种控制带钢板形的方法及装置	2017—10—26	发明
357	201711040999.2	一种自动放余煤的控制方法	2017—10—30	发明
358	201711046236.9	一种焦罐内焦炭重量获取系统	2017—10—31	发明
359	201711046240.5	一种焦罐挂料检测系统	2017—10—31	发明
360	201711040562.9	一种高炉上料料序控制方法及系统	2017—10—31	发明
361	201711041060.8	一种稀油密封气柜	2017—10—30	发明
362	201711044862.4	一种高炉富氧系统和冶炼高炉系统	2017—10—31	发明
363	201710998400.X	一种低铅镀锡板生产方法	2017—10—24	发明
364	201710998619.X	一种生产 3.0mm 规格冷轧产品的控制方法	2017—10—24	发明
365	201710998271.4	一种辊底式隧道加热炉	2017—10—24	发明
366	201710984274.2	一种热电联产系统	2017—10—20	发明
367	201710984278.0	一种优化 EI 变压器材料的方法	2017—10—20	发明
368	201710986305.8	一种确定带载辊缝凸度的方法及装置	2017—10—20	发明
369	201710986843.7	一种磨削方法及装置	2017—10—20	发明
370	201710997784.3	退火板及其生产方法	2017—10—24	发明
371	201711072124.0	一种控制铁铬铝合金细丝米电阻波动范围的方法	2017—11—3	发明
372	201711089544.X	一种自行车库	2017—11—8	发明
373	201711089545.4	一种自行车台	2017—11—8	发明
374	201710988407.3	工具式钢结构工程外墙安装定位方法	2017—10—21	发明
375	201711139078.1	内涂塑钢质管道焊口防腐处理方法	2017—11—16	发明

序号	专利申请号	专利名称	申请日	专利类型
376	201711139114.4	一种预埋件安装螺栓固定方法	2017—11—16	发明
377	201710988404.X	一种基于标记的硅钢动态质量设计方法	2017—10—21	发明
378	201711015544.5	一种计划带出品率趋近于零的中厚板补轧方法	2017—10—25	发明
379	201710899411.2	一种提高轧制过程稳定性的张应力动态补偿方法	2017—9—28	发明
380	201710900661.3	一种用于镀铝锌线的钝化涂机厚度的控制装置及方法	2017—9—28	发明
381	201711139235.9	一种燃煤电站用镍基高温合金焊丝及其制备方法	2017—11—16	发明
382	201711140865.8	一种燃煤电站用不锈钢焊丝及其制备方法	2017—11—16	发明
383	201711158526.2	一种硬币用层状金属复合材料	2017—11—20	发明
384	201711136895.1	一种热轧高强耐候钢及其制造方法	2017—11—16	发明
385	201711138749.2	一种热轧酸洗板的生产方法	2017—11—16	发明
386	201711138768.5	一种降低转炉终点钢水氮含量的方法	2017—11—16	发明
387	201711138789.7	一种高炉开炉用氧枪	2017—11—16	发明
388	201711112806.X	一种应用于热镀锌炉鼻子内部液位清洁装置	2017—11—13	发明
389	201711112729.8	一种440MPa级冷轧带钢及其生产方法	2017—11—13	发明
390	201711112746.1	低合金高强钢和镀锌带钢的生产控制方法	2017—11—13	发明
391	201711112779.6	一种应用于热镀锌环节的锌锅稳定工艺控制方法	2017—11—13	发明
392	201711107964.6	一种连铸板坯中心缺陷量化分析的方法	2017—11—10	发明
393	201711107992.8	一种生产高品质连铸板坯的结晶器喂带装置	2017—11—10	发明
394	201711138790.X	一种抗拉强度700MPa级热轧复相钢及其生产方法	2017—11—16	发明
395	201711143597.5	一种控制板坯结晶器液面波动的方法及装置	2017—11—17	发明
396	201710003185.5	公交立体车库的车辆出库管理方法及系统	2017—1—3	发明
397	201710955631.2	一种直接还原铁生石灰浆喷涂系统及工艺	2017—10—14	发明
398	201710955643.5	一种用于溜槽的可拆卸斗式料磨料衬板	2017—10—14	发明
399	201710961322.6	一种上、下组合式低NOX单蓄热烧嘴	2017—10—14	发明
400	201711004694.6	一种节能型燃烧混气炉	2017—10—24	发明
401	201711007393.9	一种带有气体均布装置的燃烧混气炉	2017—10—24	发明
402	201711007790.6	一种模块式双膜法海水淡化工艺系统	2017—10—24	发明
403	201711002116.9	一种摆动式除尘罩	2017—10—24	发明
404	201711183585.5	冷轧搪瓷用钢板及其生产方法	2017—11—23	发明
405	201711193559.0	一种非酒精性脂肪肝的miRNA标志物及其应用	2017—11—24	发明
406	201711200012.9	一种氧化镍、氧化钒直接合金化炼钢方法	2017—11—26	发明
407	201711200324.X	一种铁矿粉性价比评价方法	2017—11—26	发明
408	201711200013.3	一种基于下渣检测系统二次报警的连铸钢包终浇方法	2017—11—26	发明
409	201711185904.6	一种分段式活性焦部分循环脱硫脱硝系统	2017—11—23	发明
410	201711185967.1	一种烧结机布料工艺	2017—11—23	发明
411	201711224777.6	一种高炉炼铁称量斗	2017—11—28	发明
412	201711236560.7	一种焦炉炭化室压力调节装置	2017—11—30	发明
413	201711240454.6	一种高炉炉底满铺炭砖结构及砌筑方法	2017—11—30	发明

序号	专利申请号	专利名称	申请日	专利类型
414	201711243043.2	一种焦化脱硫废液硫磺处理装置	2017—11—30	发明
415	201711243606.8	一种焦化脱硫再生塔尾气处理系统管道	2017—11—30	发明
416	201711243874.X	一种焦化脱硫再生塔尾气处理系统	2017—11—30	发明
417	201710890154.6	一种利用建筑垃圾制备的喷锚混凝土	2017—8—31	发明
418	201710847907.5	一种烟气超净净化系统	2017—9—19	发明
419	201710506623.X	一种生活炉渣焚烧装饰砌块	2017—6—28	发明
420	201710506240.2	一种飞灰装车用除尘装置	2017—6—28	发明
421	201710557986.6	一种处理后的污染土砌块及其制作方法	2017—7—10	发明
422	201710734702.6	一种修复土配置的二灰土	2017—8—24	发明
423	201711299231.7	一种真空炉坩埚打结方法	2017—12—8	发明
424	201711299253.3	一种连铸工艺生产锻造用高合金钢夹杂物控制的方法	2017—12—8	发明
425	201711299296.1	一种连铸板坯锻造生产高品质塑料模具钢锻件的方法	2017—12—8	发明
426	201711302955.2	一种连铸工艺生产高合金钢的方法	2017—12—8	发明
427	201711296811.0	一种保障防弹钢板焊接接头防弹性能的焊接方法	2017—12—8	发明
428	201711297253.X	一种激光共聚焦显微镜原位观察疲劳裂纹的方法	2017—12—8	发明
429	201711288259.0	一种热轧带钢轮廓局部高点的识别方法及装置	2017—12—7	发明
430	201711285601.1	一种处理脱硫渣铁的方法	2017—12—7	发明
431	201711287162.8	一种热轧表面质量检测系统边部干涉的检测方法	2017—12—7	发明
432	201711287164.7	一种确定轧辊磨损量的方法及装置	2017—12—7	发明
433	201711287175.5	一种钢包渣改质剂及改质处理方法	2017—12—7	发明
434	201711322054.X	一种测量热镀锌板表面锌花尺寸的方法及装置	2017—12—12	发明
435	201711320420.8	一种耐二氧化碳腐蚀管线钢及其制造方法	2017—12—12	发明
436	201711320464.0	一种提高锌铝镁合金镀层钢板胶粘性能的方法	2017—12—12	发明
437	201711322068.1	一种确定水口堵塞的方法及装置	2017—12—12	发明
438	201711318921.2	一种对冷轧带钢板形质量进行评价的方法及装置	2017—12—12	发明
439	201711392868.0	一种成品球中 SiO2 含量的控制方法	2017—12—21	发明
440	201711415500.1	一种楼宇制冷系统控制方法	2017—12—22	发明
441	201711344609.0	适用于棒线材生产线热送热装和直接轧制的推钢式加热炉	2017—12—15	发明
442	201711345151.0	一种热膜耦合海水淡化预处理组合方法	2017—12—15	发明
443	201711329712.8	一种带有隔热装置的全管风冷式固定筛	2017—12—13	发明
444	201711332799.4	一种自上而下的炉体三维设计方法	2017—12—13	发明
445	201711337185.5	基于永磁体磁链滑膜辨识的无差拍直接转矩控制方法	2017—12—13	发明
446	201711397248.6	一种大型轧机牌坊安装和拆除的施工方法	2017—12—21	发明
447	201711396467.2	一种超高清水混凝土墙体钢模板的施工方法	2017—12—21	发明
448	201711447497.1	一种箔带材焊接方法	2017—12—27	发明
449	201711456702.0	钢铁材料裂纹形成时段的 EBSD 晶粒取向判定方法	2017—12—27	发明
450	201711456684.6	钢铁材料裂纹形成时段的拉伸断口判定方法	2017—12—27	发明
451	201711449672.0	一种具有高的最大磁导率的低膨胀合金及制备方法	2017—12—27	发明

序号	专利申请号	专利名称	申请日	专利类型
452	201711471520.0	一种高弹性模量的高强弹簧丝及其制备方法	2017—12—28	发明
453	201711471516.4	一种耐极端环境高强高韧低碳马氏体铸钢及制备方法	2017—12—28	发明
454	201711431310.9	一种含磷钢板坯连铸的方法	2017—12—26	发明
455	201711433057.0	一种提高 IF 钢合金收得率的方法	2017—12—26	发明
456	201711434353.2	一种焦炉煤气脱硫废液回收硫磺处理控制装置及方法	2017—12—26	发明
457	201711463060.7	一种电除尘喷吹控制方法	2017—12—28	发明
458	201711458973.X	一种能源调配优化系统	2017—12—28	发明
459	201711461032.1	一种漏钢预警方法	2017—12—28	发明
460	201711498702.7	一种混凝土构件与填充墙柔性连接的方法	2017—12—29	发明
461	201711102997.1	空调室外机机壳及其生产方法	2017—11—9	发明
462	62/519,646	AV drawn seat with integrated check valve	2017—6—14	发明
463	62/519,390	AV with lip seal, extended drawn seat & annular or orifice flow	2017—6—14	发明
464	15/607,343	STRUT ASSEMBLY INCLUDING A BEARING SLEEVE HAVING A RADIAL PROTRUSION	2017—5—26	发明
465	62/456,784	A Pneumatic Valve For Air Suspension Systems	2017—2—9	发明
466	15/490,840	Hydraulic Compression Stop Without Stroke Reduction	2017—4—18	发明
467	15/471,275	HYDRAULIC DAMPER WITH A HYDRAULIC STOP ARRANGEMENT	2017—3—28	发明
468	15/584,896	A PROCESS OF MANUFACTURING AN EXTERNAL TUBE OF A DAMPER, A DAMPER EXTERNAL TUBE PRODUCED IN THIS PROCESS, AND A DAMPER PROVIDED WITH SUCH AN EXTERNAL TUBE	2017—5—2	发明
469	15/611,679	CONTROL SYSTEM FOR AN ACTIVE POWERTRAIN MOUNT	2017—6—1	发明
470	15/623,859	HYDRAULIC DAMPER HAVING SELF-ADJUSTING WEAR BAND	2017—6—15	发明
471	15/588,573	MULTI-STAGE DAMPING ASSEMBLY	2017—5—5	发明
472	62/454,094	HYDRAULIC DAMPER WITH A HYDRAULIC COMPRESSION STOP ARRANGEMENT	2017—2—3	发明
473	15/856,322	HYDRAULIC DAMPER WITH A HYDRAULIC COMPRESSION STOP ARRANGEMENT	2017—12—28	发明
474	15/425,022	Vehicle Suspension Control System With Trans-Axle High Flow Exhaust Mechanization	2017—2—6	发明
475	201710149308.6	具有高流量排气机械化的车辆悬架控制系统	2017—3—14	发明
476	2017—049460	VEHICLE SUSPENSION CONTROL SYSTEM WITH HIGH FLOW EXHAUST MECHANIZATION	2017—3—15	发明
477	15/430,868	TOP MOUNT ASSEMBLY HAVING ADJUSTABLE DAMPING CHARACTERISTICS	2017—2—13	发明
478	62/456,283	HYDRAULIC DAMPER WITH A HYDRAULIC STOP ARRANGEMENT	2017—2—8	发明
479	15/615,787	TWIN—TUBE HYDRAULIC DAMPER WITH A VIBRATION SUPPRESING DEVICE	2017—6—6	发明
480	15/671,135	Amplitude Decoupling Feature for Airspring Modules	2017—8—7	发明

序号	专利申请号	专利名称	申请日	专利类型
481	201710754819.0	HYDRAULIC DAMPER WITH AN X-FLOW PISTON ASSEMBLY	2017—8—29	发明
482	201710957941.8	vehicle suspension control system and method for eliminating manifold exhaust noise on compressor start	2017—10—16	发明
483	15/787,693	DUAL MODE HYDRAULIC DAMPER	2017—10—18	发明
484	62/441,648	Vertical Decoupler Module	2017—1—3	发明
485	15/821,648	Vertical Decoupler Module	2017—11—22	发明
486	201711210788.9	用于液压悬置的垂直解耦器	2017—11—28	发明
487	62/456,701	Vehicle Suspension Control System And Method Of Operation Thereof	2017—2—9	发明
488	62/443,834	A DAMPING STRUT	2017—1—9	发明
489	201711202993.0	阻尼支柱	2017—11—27	发明
490	62/449,640	TWIN-TUBE HYDRAULIC DAMPER WITH A VIBRATION SUP-PRESING DEVICE	2017—1—24	发明
491	62/489,314	Twin Tube Damper Including a Pressure Rate Sensitive System	2017—4—24	发明
492	62/489,275	Hydraulic Damper Having A High Frequency Valve Assembly	2017—4—24	发明
493	15/490,840	Hydraulic Damper With A Hydro-Mechanical Compression Stop Assembly	2017—4—18	发明
494	15/487,370	Hydraulic Damper With Hydraulic Stop Arrangement	2017—4—13	发明
495	62/521,965	Vehicle Suspension Control System and Method of Operation Thereof	2017—6—19	发明
496	17001138.1	CONTROL SYSTEM FOR AN ACTIVE POWERTRAIN MOUNT	2017—7—4	发明
497	2017—131295	CONTROL SYSTEM FOR AN ACTIVE POWERTRAIN MOUNT	2017—7—4	发明
498	62/556,948	HYDRAULIC MOUNT APPARATUS	2017—9—11	发明
499	62/556,924	MAGNETICALLY DYNAMIC DAMPING APPARATUS	2017—9—11	发明
500	62/574,195	7 and 8-Valve Concurrent Leveling Pneumatic Circuit Designs for Vehicle Air Lift Systems	2017—10—18	发明
501	62/591,019	Shock Absorber With Hydraulic Compression Stop Valve	2017—11—27	发明
502	62/590,083	Shock Absorber Assembly Including Hydraulic Stop Mechanism With Stabilizer Pins	2017—11—22	发明
503	15/843,546	HYDRAULIC DAMPER WITH A HYDRAULIC COMPRESSION STOP ASSEMBLY	2017—12—15	发明
504	201720418502.5	垂直升降式立体车库的导向柱	2017—4—19	实用新型
505	201720504805.9	升降同步装置	2017—5—8	实用新型
506	201720128604.3	一种用于电子探针试样的水平定位台装置	2017—2—13	实用新型
507	201720128643.3	一种压溃吸能试验用夹具平台	2017—2—13	实用新型
508	201720128694.6	一种激光拼焊板杯突试验焊缝定位装置	2017—2—13	实用新型
509	201720005188.8	一种菌体蛋白分离系统	2017—1—3	实用新型
510	201720004087.9	一种硫化钠的再生装置	2017—1—3	实用新型
511	201720011609.8	一种可主动转向的自行驶钢卷运输车	2017—1—5	实用新型
512	201720013330.3	一种竖冷器出风装置	2017—1—5	实用新型
513	201720017425.2	一种板坯位置检测装置	2017—1—8	实用新型

序号	专利申请号	专利名称	申请日	专利类型
514	201720018280.8	一种柜体变频器电容电压检测的装置	2017—1—8	实用新型
515	201720018279.5	一种检测接近开关有效性的装置	2017—1—8	实用新型
516	201720012258.2	一种间隙自动调节控制系统及丝杠传动结构	2017—1—5	实用新型
517	201720014179.5	一种燃机余热锅炉过热器护套管装置	2017—1—6	实用新型
518	201720014172.3	一种量具	2017—1—6	实用新型
519	201720014171.9	一种衬板	2017—1—6	实用新型
520	201720018044.6	一种高炉炉前泥炮机回转机构设备整体更换装置	2017—1—6	实用新型
521	201720028942.X	一种干熄炉内部监测装置	2017—1—10	实用新型
522	201720023914.9	一种钢包包嘴	2017—1—10	实用新型
523	201720023399.4	一种钢包引流砂投放伸缩平台和系统	2017—1—10	实用新型
524	201720023400.3	一种旋转的电刷研磨装置	2017—1—10	实用新型
525	201720021113.9	车轮快换装置	2017—1—9	实用新型
526	201720021114.3	矫直辊拆装工具	2017—1—9	实用新型
527	201720162937.8	一种矫直机过盈配合装置	2017—2—22	实用新型
528	201720166656.X	一种混合料加水装置	2017—2—23	实用新型
529	201720161137.4	一种高压变频配电冷却系统	2017—2—23	实用新型
530	201720160842.2	一种低热值点火爆发筒	2017—2—22	实用新型
531	201720160854.5	一种热轧平整钢卷尾部防撞装置	2017—2—22	实用新型
532	201720160843.7	一种拉马	2017—2—22	实用新型
533	201720160841.8	一种手持式热轧钢钢卷内径测量装置	2017—2—22	实用新型
534	201720167755.X	一种焦杆顶部刮刀座	2017—2—23	实用新型
535	201720167951.7	一种衬板和焦罐	2017—2—23	实用新型
536	201720167794.X	步进式加热炉汽化冷却系统	2017—2—23	实用新型
537	201720167856.7	防撞支撑装置	2017—2—23	实用新型
538	201720167910.8	一种监控系统	2017—2—23	实用新型
539	201720167952.1	一种防穿透装置和分子筛吸附塔	2017—2—23	实用新型
540	201720167920.1	一种防带水装置、阻雾器及空冷塔	2017—2—23	实用新型
541	201720197034.3	一种电机绕组的定型模具	2017—3—2	实用新型
542	201720200113.5	一种分矿器调整装置,分矿装置以及选矿装置	2017—3—2	实用新型
543	201720221996.8	一种人工类卵石的制备系统	2017—3—8	实用新型
544	201720310380.8	一种螺母保护装置	2017—3—29	实用新型
545	201720315026.4	一种超声波流量在线比对测试装置及流量检测系统	2017—3—28	实用新型
546	201720312815.2	一种高炉喷煤枪防颤动兼调枪装置	2017—3—29	实用新型
547	201720315615.2	一种空气预冷系统	2017—3—29	实用新型
548	201720314298.2	一种直流系统充电模块保护装置	2017—3—29	实用新型
549	201720320907.5	一种鼓风热效应控制装置	2017—3—29	实用新型
550	201720319873.8	一种炉喉钢瓦检修装置	2017—3—29	实用新型
551	201720260121.9	一种绞旋龙门架	2017—3—16	实用新型

序号	专利申请号	专利名称	申请日	专利类型
552	201720377903.0	一种金属材料析出相萃取过滤装置	2017—4—12	实用新型
553	201720310689.7	一种密封装置及环冷机台车	2017—3—28	实用新型
554	201720311062.3	一种固定装置及回辊车	2017—3—28	实用新型
555	201720311044.5	一种门勾装置及天车	2017—3—28	实用新型
556	201720314845.7	一种排水装置	2017—3—29	实用新型
557	201720313101.3	一种开卷机防松卷装置	2017—3—29	实用新型
558	201720312861.2	一种精轧机活套编码器安装支架	2017—3—29	实用新型
559	201720313546.1	一种加热炉端出料液压炉门装置	2017—3—28	实用新型
560	201720312856.1	一种平整机轧辊吊装工装	2017—3—29	实用新型
561	201720331035.2	一种接油盒	2017—3—30	实用新型
562	201720329487.7	一种断带接带机构	2017—10—17	实用新型
563	201720329031.0	一种用于溜槽的控制装置	2017—3—29	实用新型
564	201720383910.1	一种带钢光整机延伸率冗余检测装置	2017—4—12	实用新型
565	201720386705.0	一种解体逆变器的装置	2017—4—13	实用新型
566	201720391167.4	一种炼钢转炉倾角仪固定装置	2017—4—13	实用新型
567	201720361018.3	一种高炉用煤粉控制系统	2017—4—7	实用新型
568	201720363973.0	一种风口装置	2017—4—6	实用新型
569	201720371092.3	一种炼焦试验用捣固机	2017—4—10	实用新型
570	201720370830.2	一种清除筛体梁上结圈的装置	2017—4—10	实用新型
571	201720376506.1	一种降低环冷机漏风量的装置	2017—4—11	实用新型
572	201720342354.3	一种低温裂纹尖端张开位移试验装置	2017—4—1	实用新型
573	201720342581.6	一种热交换水冷装置	2017—4—1	实用新型
574	201720343252.3	一种凸焊螺母受力状态检测装置	2017—4—2	实用新型
575	201720554535.2	一种石油产品酸值测定装置	2017—5—18	实用新型
576	201720557610.0	一种结晶器盖板的密封装置	2017—5—18	实用新型
577	201720554012.8	一种辊道电机防护装置	2017—5—18	实用新型
578	201720548263.5	一种在线酸洗装置	2017—5—17	实用新型
579	201720490608.6	一种基于称重传感器的称重装置	2017—5—4	实用新型
580	201720706324.6	一种轧机活套压力检测冗余装置	2017—6—18	实用新型
581	201720431674.6	一种钢梁加固专用装置	2017—4—21	实用新型
582	201720454332.6	一种吊装倒运装置	2017—4—26	实用新型
583	201720538774.9	一种可调节式防护栏杆固定架	2017—5—12	实用新型
584	201720538781.9	一种TSC300—250千斤顶自动控制装置	2017—5—12	实用新型
585	201720559826.0	一种装配式多用途安全防护装置	2017—5—18	实用新型
586	201720559131.2	一种条形基础锚栓群预埋固定装置	2017—5—18	实用新型
587	201720559802.5	一种预制墙板支撑装置	2017—5—18	实用新型
588	201720639638.9	一种预制式电梯井操作平台	2017—6—2	实用新型
589	201720586699.3	一种薄板对接焊工装卡具装置	2017—5—24	实用新型

序号	专利申请号	专利名称	申请日	专利类型
590	201720676468.1	一种精轧机轧制力监测装置	2017—6—12	实用新型
591	201720671792.4	一种仪表保护箱	2017—6—9	实用新型
592	201720668814.1	一种新型除尘设备及液压站	2017—6—9	实用新型
593	201720668096.8	一种密封扎带	2017—6—9	实用新型
594	201720668285.5	一种焦炉机车用走行装置	2017—6—9	实用新型
595	201720671501.1	一种油田伴生气的回收系统	2017—6—9	实用新型
596	201720431688.8	一种烧结矿竖冷余热利用装置	2017—4—21	实用新型
597	201720432009.9	一种熔融还原炉本体自动控制系统的信号采集装置	2017—4—21	实用新型
598	201720426727.5	一种封闭母线的防结露装置	2017—4—21	实用新型
599	201720705872.7	一种高炉气密箱水冷装置	2017—6—17	实用新型
600	201720708193.5	压力容器多级除尘的煤气均压放散装置	2017—6—17	实用新型
601	201720705920.2	带缓冲罐的压力容器煤气均压放散装置	2017—6—17	实用新型
602	201720705953.7	一种压力容器煤气的均压放散装置	2017—6—17	实用新型
603	201720709784.4	一种多点支承钢仓的支座装置	2017—6—18	实用新型
604	201720706405.6	一种行人过街天桥	2017—6—18	实用新型
605	201720706427.2	一种既能加热圆坯又能加热方坯的步进梁式加热炉	2017—6—18	实用新型
606	201720706477.X	一种燃煤气加热炉烧嘴点火装置	2017—6—18	实用新型
607	201720706448.4	一种左右组合式低 NOX 空气单蓄热烧嘴	2017—6—18	实用新型
608	201720794556.1	一种钢水真空精炼用可切换机械泵抽气装置	2017—7—3	实用新型
609	201720798474.4	一种由斜向 45 度停车位组成的立体停车装置	2017—7—3	实用新型
610	201720793996.5	一种免维护地上立体车库	2017—7—3	实用新型
611	201720794575.4	石灰浆等厚均化喷涂及浆液回收装置	2017—7—3	实用新型
612	201720794495.9	一种高炉喷吹焦炉煤气装置	2017—7—3	实用新型
613	201720748950.1	一种立窑布料器	2017—6—26	实用新型
614	201720749206.3	一种可调间距型拉伸试验原始标距标记器	2017—6—26	实用新型
615	201720749457.1	一种冷轧连续退火线出口剪设备	2017—6—26	实用新型
616	201720748947.X	一种波纹补偿器	2017—6—26	实用新型
617	201720753924.8	一种高炉炉喉波纹器及其漏气保护装置	2017—6—26	实用新型
618	201720755323.0	一种烧结机轨道检测装置	2017—6—26	实用新型
619	201720753915.9	一种用于板坯中间包铸余测量的装置	2017—6—26	实用新型
620	201720893918.2	一种工业光源表面灰尘清扫装置	2017—7—22	实用新型
621	201720893936.0	一种摄像机防护罩	2017—7—22	实用新型
622	201720893941.1	一种可移动的振动传感器检测装置	2017—7—22	实用新型
623	201720898869.1	一种管式炉入口煤气快切阀保护装置	2017—7—22	实用新型
624	201720940007.0	一种刚性控制焊接变形的门形板	2017—7—31	实用新型
625	201720946552.0	一种钢筋笼制作卡具	2017—7—31	实用新型
626	201720969372.4	一种高炉铁样模具	2017—8—4	实用新型
627	201720969859.2	一种插板阀装置	2017—8—4	实用新型

序号	专利申请号	专利名称	申请日	专利类型
628	201720969120.1	一种背衬轴承密封性能检测装置	2017—8—4	实用新型
629	201720975436.1	一种炉辊打摆调整指示装置	2017—8—4	实用新型
630	201720975504.4	一种打捆机机头气动控制系统	2017—8—4	实用新型
631	201720975320.8	一种密封式搅笼水下轴头	2017—8—4	实用新型
632	201720829846.5	一种稀油密封煤气柜密封油回收再利用系统	2017—7—10	实用新型
633	201720830286.5	一种拔出机构	2017—7—10	实用新型
634	201720827617.X	一种防脱钩吊挂装置及废钢斗	2017—7—10	实用新型
635	201720832339.7	一种托辊存放装置	2017—7—11	实用新型
636	201720832346.7	一种带压封堵装置	2017—7←11	实用新型
637	201720833094.X	一种自动切换控制装置	2017—7—11	实用新型
638	201720838245.0	一种托辊防窜辊装置	2017—7—11	实用新型
639	201720838773.6	一种热轧层冷护板装置	2017—7—11	实用新型
640	201720838267.7	一种新型的超快冷侧喷供水管路	2017—7—11	实用新型
641	201720838774.0	一种层冷内冷水辊道的供水管道	2017—7—11	实用新型
642	201720838775.5	一种电动机找正打表辅助装置	2017—7—11	实用新型
643	201720838817.5	配电室储物柜	2017—7—11	实用新型
644	201720838588.7	一种塑料泵的冷却装置	2017—7—11	实用新型
645	201720855762.9	一种炉门升降链条调整装置的保险装置	2017—7—14	实用新型
646	201720855287.5	一种基于水电联产的海水淡化集中监控及联锁保护系统	2017—7—14	实用新型
647	201720856938.2	一种高炉鼓风机逆流保护装置	2017—7—14	实用新型
648	201720846845.1	水质在线监测硅酸盐系统防堵疏通装置	2017—7—14	实用新型
649	201720860564.1	一种抑制轧机震动的液压控制系统	2017—7—14	实用新型
650	201720860784.4	一种皮带助卷器	2017—7—14	实用新型
651	201720860842.3	一种液位检测装置	2017—7—14	实用新型
652	201720860705.X	一种气动双阀板闸阀	2017—7—14	实用新型
653	201720860777.4	一种钢铁厂多方式蒸汽锅炉富氧燃烧系统	2017—7—14	实用新型
654	201720860531.7	一种发电机组富氧燃烧系统	2017—7—14	实用新型
655	201720860532.1	一种热法海水淡化进主体蒸汽精确控制及联锁保护系统	2017—7—14	实用新型
656	201720860781.0	火检探头保护装置	2017—7—14	实用新型
657	201720860534.0	电镀废水蒸发循环处理装置	2017—7—14	实用新型
658	201720861800.1	磨矿设备	2017—7—17	实用新型
659	201720866539.4	一种升降除尘罩控制装置	2017—7—17	实用新型
660	201720863806.2	新型冷却方式的电磁振动给料器	2017—7—17	实用新型
661	201720888151.4	一种试验用可视烧结杯	2017—7—20	实用新型
662	201720921383.5	一种顶装焦炉装煤口密封装置	2017—7—27	实用新型
663	201720892953.2	一种用于板材胀形试验的压边模具	2017—7—21	实用新型
664	201720898814.0	一种气电立焊焊枪摆动装置	2017—7—21	实用新型
665	201720893380.5	一种用于液压叉车夹持货物的辅助夹具	2017—7—21	实用新型

序号	专利申请号	专利名称	申请日	专利类型
666	201720888266.3	一种浆体冲蚀磨损试验机	2017—7—21	实用新型
667	201720893845.7	一种帽形梁压溃吸能试验用夹具	2017—7—22	实用新型
668	201720893884.7	一种实现金属薄板预应变的抗凹性测试装置	2017—7—22	实用新型
669	201720992871.5	一种油桶吊运装置	2017—8—9	实用新型
670	201720992844.8	一种拆装装置	2017—8—9	实用新型
671	201720989649.X	一种轧辊砂轮吊运辅助装置	2017—8—9	实用新型
672	201720995222.0	一种钢卷偏移报警装置	2017—8—9	实用新型
673	201720995204.2	一种防堵塞装置	2017—8—9	实用新型
674	201720995202.3	多点锁紧机构	2017—8—9	实用新型
675	201721000270.8	剪刃安装基准面修复工具	2017—8—11	实用新型
676	201720989428.2	一种工件斜槽加工装置	2017—8—9	实用新型
677	201721026820.3	一种使钢梁定位安装的焊接支撑件	2017—8—16	实用新型
678	201721088761.2	激光焊机焊缝质量在线采集装置	2017—8—28	实用新型
679	201721088448.9	一种编码器的保护装置	2017—8—28	实用新型
680	201721088745.3	一种钢卷贴标签控制装置	2017—8—28	实用新型
681	201721088699.7	一种废油储存桶液面监测装置	2017—8—28	实用新型
682	201721088831.4	一种冷却系统	2017—8—28	实用新型
683	201721096011.X	一种炉辊辊面保护套	2017—8—29	实用新型
684	201721182812.8	导流装置、烧结机风箱及烧结机	2017—9—14	实用新型
685	201721182848.6	一种煤杯清理工具	2017—9—14	实用新型
686	201721170420.X	一种钢包长水口用密封垫圈	2017—9—12	实用新型
687	201721165879.0	一种提高钢包自开率的装置	2017—9—12	实用新型
688	201721184141.9	一种大型焦炉四大机车远程操控系统	2017—9—15	实用新型
689	201721179708.3	一种烧结脱硫系统	2017—9—14	实用新型
690	201721182296.9	一种转炉冶炼系统及转炉粗灰入炉装置	2017—9—14	实用新型
691	201721185316.8	一种钢卷吊具装置	2017—9—15	实用新型
692	201721185310.0	一种废料收集装置	2017—9—15	实用新型
693	201721184625.3	一种锅炉富氧燃烧系统	2017—9—15	实用新型
694	201721184751.9	一种粉料气力输送集流分配装置	2017—9—15	实用新型
695	201721184116.0	一种精轧机工作辊轴向定位装置	2017—9—15	实用新型
696	201721185293.0	一种隔热装置	2017—9—15	实用新型
697	201721184642.7	一种新型并联控制张力计励磁信号的设备	2017—9—15	实用新型
698	201721188053.6	一种变频器直流母线电容组电压监控系统	2017—9—15	实用新型
699	201721188050.2	一种双层辊筛控制装置	2017—9—15	实用新型
700	201721188052.1	一种皮带上物料混合器	2017—9—15	实用新型
701	201721188083.7	一种电镀锡机组远程输入输出柜电源装置	2017—9—15	实用新型
702	201721188049.X	一种冷轧辊涂机安全拉绳装置	2017—9—15	实用新型
703	201721188051.7	一种平整机延伸率调节系统	2017—9—15	实用新型

续表

序号	专利申请号	专利名称	申请日	专利类型
704	201721188881.X	一种锌锅液位控制装置	2017—9—15	实用新型
705	201721188847.2	一种测量管道液体流量的测量装置	2017—9—15	实用新型
706	201721189062.7	一种管道升降装置	2017—9—15	实用新型
707	201721189047.2	一种焙烧机台车箅条翘起检测装置	2017—9—15	实用新型
708	201721188864.6	一种轧制系统	2017—9—15	实用新型
709	201721237455.0	一种维氏硬度试验辅助装置	2017—9—25	实用新型
710	201721237451.2	一种高炉液压泥炮油路旋转装置	2017—9—25	实用新型
711	201721237424.5	一种伺服阀测试控制装置	2017—9—25	实用新型
712	201721237512.5	一种测量装置	2017—9—25	实用新型
713	201721237513.X	一种清洗装置	2017—9—25	实用新型
714	201721237576.5	一种轴封供汽装置及供气调节机构	2017—9—25	实用新型
715	201721237463.5	一种防护装置	2017—9—25	实用新型
716	201721255989.6	一种浓密装置	2017—9—27	实用新型
717	201721217182.3	一种可重复使用的砌墙摊灰工具	2017—9—21	实用新型
718	201721195348.6	一种铁水罐铁水脱磷预处理混合顶吹装置	2017—9—18	实用新型
719	201721324874.8	一种并罐式无料钟布料偏析装置	2017—10—16	实用新型
720	201721309227.X	一种金相试样预磨机	2017—10—10	实用新型
721	201721309274.4	一种用于感应炉的炉嘴成型工具	2017—10—10	实用新型
722	201721314816.7	一种涂层试样盐雾试验保护装置	2017—10—12	实用新型
723	201721314296.X	一种剪板机进料导向装置	2017—10—12	实用新型
724	201721314971.9	一种加强型半挂车纵梁	2017—10—12	实用新型
725	201721314995.4	一种对摩擦实验磨痕形貌实时观测的装置	2017—10—12	实用新型
726	201721305321.8	一种钢卷自动入库装置	2017—10—11	实用新型
727	201721394970.X	一种带钢纠偏系统电动推杆加油装置	2017—10—26	实用新型
728	201721389959.4	一种沟渠摆动阀门	2017—10—26	实用新型
729	201721390305.3	一种用于烧结机的风箱装置	2017—10—26	实用新型
730	201721390488.9	一种捅料机	2017—10—26	实用新型
731	201721391039.6	吊钩防脱器打开装置	2017—10—26	实用新型
732	201721390627.8	一种改善带钢板形的装置	2017—10—26	实用新型
733	201721407472.4	一种步进梁升降缸活塞杆连接装置	2017—10—26	实用新型
734	201721394968.2	一种冷连轧机第一机架辊型配置结构	2017—10—26	实用新型
735	201721395046.3	一种轧机润滑控制系统	2017—10—26	实用新型
736	201721395047.8	一种低速拉矫板型改善装置	2017—10—26	实用新型
737	201721396246.0	一种煤气取样管在线安装装置	2017—10—26	实用新型
738	201721396260.0	焙烧机台车滑板刮油装置	2017—10—26	实用新型
739	201721396273.8	一种应用于轧辊车床带箱车削轧辊装置	2017—10—26	实用新型
740	201721396275.7	镀液锡泥含量在线检测装置	2017—10—26	实用新型
741	201721397165.2	一种高炉机械探尺重锤高度计	2017—10—26	实用新型

序号	专利申请号	专利名称	申请日	专利类型
742	201721397338.0	一种组合式螺栓紧固装置	2017—10—26	实用新型
743	201721397521.0	一种振动筛控制装置	2017—10—26	实用新型
744	201721398428.1	一种托辊式输送机	2017—10—26	实用新型
745	201721398430.9	一种间隙测量装置	2017—10—26	实用新型
746	201721399861.7	一种压缩空气综合管网调节及控制系统	2017—10—26	实用新型
747	201721399874.4	一种溜槽装置	2017—10—26	实用新型
748	201721422827.7	一种焦炉熄焦车轨道防沉降装置	2017—10—31	实用新型
749	201721425862.4	一种锤头组件及破碎机	2017—10—31	实用新型
750	201721424089.X	一种 RH 真空槽环流管砖	2017—10—31	实用新型
751	201721422591.7	一种输送带清扫装置	2017—10—31	实用新型
752	201721428897.3	一种杠杆输送带粘补压力板装置	2017—10—31	实用新型
753	201721428922.8	烧结机混合料仓闸门驱动装置	2017—10—31	实用新型
754	201721421804.4	一种钢包包底工作层砖	2017—10—31	实用新型
755	201721421912.1	一种高炉直吹管安装液压紧固拆卸工具	2017—10—31	实用新型
756	201721364924.5	冷轧带钢热处理机组穿带棒调节装置	2017—10—20	实用新型
757	201721364938.7	一种水渣排渣机	2017—10—20	实用新型
758	201721372712.1	一种刮渣器及刮渣系统	2017—10—23	实用新型
759	201721372715.5	一种自冷却蒸汽流量计导压装置	2017—10—23	实用新型
760	201721373839.5	一种料仓料位监测装置	2017—10—23	实用新型
761	201721311940.8	一种纵剪机组	2017—10—11	实用新型
762	201721311492.1	一种带材退火用装料架	2017—10—11	实用新型
763	201721329159.3	嵌入式对拉螺栓	2017—10—13	实用新型
764	201721375075.3	一种超大基坑内沉箱排水装置	2017—10—23	实用新型
765	201721397775.2	一种用于预制空调板的安装支撑工具	2017—10—27	实用新型
766	201721540682.0	一种装修砖、石材勾缝工具	2017—11—16	实用新型
767	201721403091.9	一种三维监控井盖装置	2017—10—27	实用新型
768	201721260239.8	一种共享充电智能灯杆装置	2017—9—28	实用新型
769	201721450848.X	一种造球盘控制加水装置	2017—11—2	实用新型
770	201721538726.6	一种搅笼加湿机	2017—11—16	实用新型
771	201721538729.X	一种用于轴承座的锁紧装置	2017—11—16	实用新型
772	201721538730.2	一种压力表的在线泄压装置	2017—11—16	实用新型
773	201721538768.X	一种高炉用炉缸内渣铁液面监测装置	2017—11—16	实用新型
774	201721538816.5	一种环冷机保护装置	2017—11—16	实用新型
775	201721538819.9	一种液压缸测量装置	2017—11—16	实用新型
776	201721538943.5	一种高炉中套测量装置	2017—11—16	实用新型
777	201721531774.2	一种阀门更换装置	2017—11—16	实用新型
778	201721532577.2	一种炉渣快速筛选装置	2017—11—16	实用新型
779	201721532599.9	一种用于定宽机的锤头	2017—11—16	实用新型

序号	专利申请号	专利名称	申请日	专利类型
780	201721511369.4	一种激光焊机夹钳吹扫装置	2017—11—13	实用新型
781	201721511370.7	一种连续退火炉露点控制装置	2017—11—13	实用新型
782	201720708217.7	电热合金冷加工材料的热处理装置	2017—6—19	实用新型
783	201721322119.6	一种输出稳定气质的煤气柜进出气管	2017—10—14	实用新型
784	201721325167.0	一种柔性长材无头轧制装置	2017—10—14	实用新型
785	201721329424.8	一种用于溜槽的可拆卸斗式料磨料衬板	2017—10—14	实用新型
786	201721322237.7	一种水冷喷嘴	2017—10—14	实用新型
787	201721331121.X	一种上、下组合式低NOX单蓄热烧嘴	2017—10—14	实用新型
788	201721322263.X	一种用于铁矿氧化球团卸料的耐磨溜槽	2017—10—14	实用新型
789	201721372562.4	一种用于焦化尾气处理的三段式洗净塔	2017—10—24	实用新型
790	201721380113.4	一种节能型燃烧混气炉	2017—10—24	实用新型
791	201721380129.5	一种生球分级装置	2017—10—24	实用新型
792	201721384721.2	一种带有气体均布装置的燃烧混气炉	2017—10—24	实用新型
793	201721378862.3	一种煤化工行业用牵车台	2017—10—24	实用新型
794	201721378971.5	一种摆动式除尘罩	2017—10—24	实用新型
795	201721379020.X	一种用于二氧化碳和氧气的管式混合器	2017—10—24	实用新型
796	201721379046.4	一种转炉煤气立式湿式负压电除尘器的旁路装置	2017—10—24	实用新型
797	201721583047.0	不同标高生产线之间的钢卷运输装置	2017—11—23	实用新型
798	201721583121.9	一种应用于高速线材生产线的精整收集装置	2017—11—23	实用新型
799	201721584831.3	一种分段式活性焦部分循环脱硫脱硝系统	2017—11—23	实用新型
800	201721626117.6	一种高炉炼铁称量斗	2017—11—28	实用新型
801	201721638152.X	一种焦炉炭化室压力调节装置	2017—11—30	实用新型
802	201721640594.8	一种高炉炉底满铺炭砖结构	2017—11—30	实用新型
803	201721642007.9	一种焦化脱硫废液硫磺处理装置	2017—11—30	实用新型
804	201721643132.1	一种焦化脱硫再生塔尾气处理系统管道	2017—11—30	实用新型
805	201721642355.6	一种脱硫再生槽或塔用气液混合装置	2017—11—30	实用新型
806	201721649949.X	一种熔融还原炉旋风除尘灰闭式余热回收利用装置	2017—11—30	实用新型
807	201721649968.2	一种焦化污水恶臭气体处理系统	2017—11—30	实用新型
808	201721210796.9	一种烟气超净净化系统	2017—9—19	实用新型
809	201720763073.5	一种复合微生物缓释系统	2017—6—28	实用新型
810	201720763073.3	一种飞灰伸缩卸料结构	2017—6—28	实用新型
811	201720763074.8	一种飞灰运输用运输罐结构	2017—6—28	实用新型
812	201720763084.3	一种飞灰装车用除尘装置	2017—6—28	实用新型
813	201720768943.8	一种飞灰装卸系统	2017—6—28	实用新型
814	201720762966.8	一种污染土壤高温微波修复设备配套碳化硅台车	2017—6—28	实用新型
815	201721710315.0	一种耐候钢锈层稳定化处理溶液喷淋装置	2017—12—8	实用新型
816	201721702241.6	一种模拟覆盖件抗凹性试验用夹持装置	2017—12—8	实用新型
817	201721700919.7	一种简易金相制样夹具	2017—12—8	实用新型

序号	专利申请号	专利名称	申请日	专利类型
818	201721729610.0	一种实时监测热风炉炉壳安全状态的装置	2017—12—12	实用新型
819	201721729609.8	一种用于从链箅机自动取球团矿试样的装置	2017—12—12	实用新型
820	201721724561.1	一种烧结箅条	2017—12—12	实用新型
821	201721750288.X	适用于棒线材生产线热送热装和直接轧制的推钢式加热炉	2017—12—15	实用新型
822	201721750255.5	一种焦炉烟气的有机胺脱硫装置	2017—12—15	实用新型
823	201721750492.1	一种用于喷雾洗涤塔水及蒸汽系统冲洗排污的装置	2017—12—15	实用新型
824	201721750423.0	一种布袋除尘器大气反吹清灰装置	2017—12—15	实用新型
825	201721750605.8	一种布袋除尘器袋口密封装置	2017—12—15	实用新型
826	201721762606.4	一种钢卷开卷辅助装置	2017—12—15	实用新型
827	201721735319.4	一种带有隔热装置的全管风冷式固定筛	2017—12—13	实用新型
828	201721736311.X	一种装配式桥梁抗震锚栓装置	2017—12—13	实用新型
829	201721734885.3	城市综合管廊内部运输、安装、检修及巡检一体化装置	2017—12—13	实用新型
830	201721742385.4	一种分段加热焦炉废气循环孔结构	2017—12—13	实用新型
831	201721734945.1	一种顺向剥离喷嘴导槽	2017—12—13	实用新型
832	201721736059.2	一种逆向剥离喷嘴导槽	2017—12—13	实用新型
833	201721742126.1	一种可调间隙逆向剥离喷嘴导槽	2017—12—13	实用新型
834	201721742157.7	一种可调间隙顺向剥离喷嘴导槽	2017—12—13	实用新型
835	201721812378.7	一种在皮带拉料运行过程中防止皮带跑偏的装置	2017—12—21	实用新型
836	201721812764.6	一种钢梁下翼缘板开孔装置	2017—12—21	实用新型
837	201721874855.2	一种在真空铸造合金过程中使用的振动装置	2017—12—27	实用新型
838	201721883725.5	一种用于吹氧脱碳的氧枪	2017—12—28	实用新型
839	201721856416.9	一种出入口管理控制系统	2017—12—26	实用新型
840	201721926162.3	一种反应设备	2017—12—29	实用新型
841	201730018291.1	抱夹搬运器	2017—1—17	外观设计
842	201730382762.7	住宅楼	2017—8—18	外观设计
843	201730382739.8	楼房	2017—8—18	外观设计
844	201730425311.7	用于电脑的图形用户界面	2017—9—8	外观设计
845	201730442880.2	用于手机的图形用户界面	2017—9—18	外观设计
846	201730485489.0	露天长廊	2017—10—12	外观设计
847	201730485487.1	观景平台	2017—10—12	外观设计
848	201730530011.5	灯杆	2017—11—1	外观设计
849	201730529674.5	井盖	2017—11—1	外观设计

2017 年首钢专利授权项目

序号	专利申请号	专利中文名称	申请日	专利类型
1	201310064046.5	超高强热连轧家具用钢及其生产方法	2017—2—8	发明
2	201310228447.x	一种基于动态语言与事件处理机制的工作流引擎实现方法	2017—2—8	发明
3	201310464089.2	连铸扇形段喷嘴工作状态判定系统及判定方法	2017—1—11	发明
4	201310481191.3	一种 420MPa 级正火态特厚规格结构用钢板及其制造方法	2017—1—18	发明
5	201310497333.5	一种 450MPa 级抗氢致开裂压力容器用钢板及其生产方法	2017—4—5	发明
6	201310547790.0	一种低碳高 Cr 高 N 强耐腐蚀性用钢及其生产方法	2017—4—12	发明
7	201310560029.0	一种双层卷焊管用冷轧钢板及其生产方法	2017—2—15	发明
8	201310551923.1	一种去除高硅类高强汽车板红锈缺陷的方法	2017—2—8	发明
9	201310741740.6	高 Ti700MPa 级工程机械用宽厚钢板及生产方法	2017—1—25	发明
10	201410070278.6	一种精轧机固定块拆卸方法	2017—4—5	发明
11	201410082073.X	激光焊机退火选择方法及系统	2017—1—18	发明
12	201410045911.6	防止液体储槽污染的一种设计方法	2017—1—4	发明
13	201410124072.7	预测纯钙包芯线熔化及气化过程温度变化规律的方法	2017—2—1	发明
14	201410138073.7	一种烧结矿的制作方法	2017—3—29	发明
15	201410134057.0	一种改善带钢连退炉内跑偏的工艺优化方法及装置	2017—4—12	发明
16	201410130867.9	一种板坯宽度的自动测量装置及方法	2017—1—18	发明
17	201410173919.0	一种用于煤气—煤粉混烧电站锅炉的富氧燃烧系统及工艺	2017—1—18	发明
18	201410207199.5	一种检测高炉用含铁原料软熔性能的方法	2017—7—14	发明
19	201410214956.1	一种高阻尼锰铜减振合金及其制造方法	2017—7—4	发明
20	201410057804.5	一种刷辊的控制方法及系统	2017—2—8	发明
21	201410254943.7	用于净化处理冷轧有机废水的微生物的驯化方法	2017—3—1	发明
22	201410318083.9	一种扇形段机冷水水道气压水冲洗装置及方法	2017—1—25	发明
23	201410345593.5	在立式升降铣床上加工工件圆弧面的装置及方法	2017—1—11	发明
24	201410338920.4	一种焦炭反应性和热态强度测定装置及检测方法	2017—5—3	发明
25	201410335926.6	一种 225MPa 级别低屈服点建筑抗震用钢的制造方法	2017—3—29	发明
26	201410336037.1	一种 160MPa 级别低屈服点建筑抗震用钢的制造方法	2017—4—12	发明
27	201410336060.0	一种 100MPa 级别低屈服点建筑抗震用钢的制造方法	2017—3—1	发明

序号	专利申请号	专利中文名称	申请日	专利类型
28	201410341670.X	高压水除磷喷嘴打靶试验装置及方法	2017—5—17	发明
29	201410395222.8	厚窄规格冷轧带钢稳定通板的控制方法	2017—1—11	发明
30	201410402869.9	一种热轧卷取机切换方法	2017—1—11	发明
31	201410442427.7	一种卷取机侧导板压力控制方法	2017—2—15	发明
32	201410448625.4	一种基于GPS和北斗系统的能源对时系统	2017—6—16	发明
33	201410448262.4	一种带钢轧制方法	2017—10—10	发明
34	201410469991.8	一种倒角面结晶器窄面铜板	2017—2—8	发明
35	201410468843.4	一种高强度薄钢板边缘裂纹敏感性的评价方法	2017—5—3	发明
36	201410466697.1	一种汽车用高加工硬化指数热镀锌钢板及其生产方法	2017—1—11	发明
37	201410466640.1	一种测定热镀锌钢板表面锌渣位置及密度分布的方法	2017—5—17	发明
38	201410492214.5	一种改善薄规格集装箱板边部浪形的方法	2017—4—5	发明
39	201410491518.X	解决热轧酸洗板表面色差缺陷的方法	2017—1—4	发明
40	201410480139.0	一种预防带钢驱动侧浪形的工艺控制方法	2017—1—4	发明
41	201410489963.2	一种DP钢的生产方法、其用途、滚筒洗衣机及汽车	2017—12—1	发明
42	201410514267.2	一种高钛含量合金结构钢的冶炼方法	2017—1—4	发明
43	201410539888.6	一种用于齿轮钢连铸坯枝晶形貌的显示方法	2017—1—11	发明
44	201410539481.3	一种高均匀塑性变形的低成本高强度中厚钢板及其生产方法	2017—2—15	发明
45	201410539011.7	一种用于球团矿配料的控制方法	2017—7—18	发明
46	201410538245.X	一种提升粗轧节奏的方法	2017—1—11	发明
47	201410542157.7	一种提高环冷机冷却效率的烧结矿预整粒方法	2017—6—20	发明
48	201410545505.6	一种用于生产烧结矿的方法	2017—1—11	发明
49	201410542359.1	一种消除带钢表面麻坑缺陷的工艺方法	2017—1—4	发明
50	201410543374.8	一种控制转炉冶炼回硫量的方法	2017—1—4	发明
51	201410522717.2	一种冷轧生产机组带钢月牙缺陷检测系统及其方法	2017—3—29	发明
52	201410640868.8	一种量化高炉炉喉煤气分布的方法	2017—2—1	发明
53	201410641694.7	一种保护渣	2017—1—25	发明
54	201410664713.8	粗轧机机架辊定位槽的激光熔覆加在线机加工的修复方法	2017—2—8	发明
55	201410670170.0	一种热轧轧制辊期计划编制方法	2017—11—28	发明
56	201410697059.0	一种预弯机和加勒特卷取机工作时连接定位装置	2017—6—20	发明
57	201410722663.4	一种热轧卷取张应力分段控制方法及其装置	2017—4—26	发明
58	201410727515.1	一种高炉铁水脱锰方法	2017—2—1	发明
59	201410729232.0	一种森基米尔轧机超薄带钢的轧制方法	2017—8—22	发明

序号	专利申请号	专利中文名称	申请日	专利类型
60	201410742569.5	一种控制冷轧平整延伸率的系统和方法	2017—2—1	发明
61	201410742582.0	汽车结构用钢及其生产方法	2017—9—5	发明
62	201410740239.2	微碳铝镇静钢板及其生产方法	2017—6—16	发明
63	201410743830.3	耐火材料的半热态抗热震性实验装置及其方法	2017—3—1	发明
64	201410797972.8	一种基于塑形变形率的中厚板热矫直机辊缝设定方法	2017—1—4	发明
65	201410786910.7	一种单侧切下角钢坯的轧制方法	2017—1—4	发明
66	201410787378.0	一种厚度400mm连铸坯粗轧头部翘曲的控制方法	2017—1—25	发明
67	201410817794.0	一种电力管件用钢生产方法及电力管件用钢	2017—1—11	发明
68	201410815639.5	一种冷却风机变频控制方法及装置	2017—2—22	发明
69	201410815358.X	一种精轧机活套起套方法及精轧机活套起套控制装置	2017—1—4	发明
70	201410805230.5	一种工业生产过程中数据采集回放系统和方法	2017—6—6	发明
71	201410769027.7	一种蓄热式加热炉残氧含量自动控制系统及其方法	2017—2—22	发明
72	201410832209.4	一种通条性能均匀的高韧性65Mn弹簧钢的生产方法	2017—1—4	发明
73	201410838487.0	一种高碳低氮绞线用钢生产方法	2017—1—25	发明
74	201410850096.0	一种金属弹性密封环的成型工艺	2017—5—10	发明
75	201410850772.4	一种锰基合金金相组织形貌显示剂及方法	2017—5—10	发明
76	201410852372.7	一种硬玻璃封装用三层复合材料及其制备方法	2017—5—10	发明
77	201510031694.X	时效指数小于20MPa的超低碳烘烤硬化钢及其生产方法	2017—9—22	发明
78	201510031597.0	具有优异超低温CTOD性能的厚规格热连轧钢带及生产方法	2017—1—11	发明
79	201510031702.0	一种平整机工作辊弯辊力调节方法及装置	2017—1—4	发明
80	201510031383.3	一种合金化热镀锌双相钢的制备方法	2017—2—22	发明
81	201510030712.2	热镀锌超低碳烘烤硬化钢及其生产方法	2017—12—26	发明
82	201510031313.8	热轧高强低镍铜比厚规格耐候钢及其生产方法	2017—3—1	发明
83	201510031405.6	含磷高强无间隙原子钢及其生产方法	2017—1—25	发明
84	201510032657.0	一种高强冷轧耐候钢板的制造方法及高强冷轧耐候钢板	2017—5—17	发明
85	201510146452.5	一种热轧板卷力学性能预测与判定系统	2017—5—17	发明
86	201510049822.3	具有高扩孔性能的热轧酸洗带钢及其生产方法	2017—3—1	发明
87	201510091902.5	一种高炉节流阀控制角度的冗余检测控制系统及其方法	2017—5—31	发明
88	201510095322.3	一种卷取机	2017—2—1	发明
89	201510094698.2	一种打磨炉辊的方法及装置	2017—12—26	发明
90	201510133333.6	一种电解水制氢制氧循环利用装置及方法	2017—6—16	发明
91	201510117733.8	一种铬精矿球团的预热和焙烧方法	2017—9—22	发明

续表

序号	专利申请号	专利中文名称	申请日	专利类型
92	201510155695.5	一种处理生化污泥浆和焦化环境除尘灰的方法及系统	2017—5—17	发明
93	201510157835.2	X80 管线钢卷板的热轧工艺	2017—5—3	发明
94	201510158824.6	一种减少含铌钢角部横裂纹的方法	2017—3—1	发明
95	201510162019.0	耐冲蚀磨损性能优良的 X65 管线钢板及其制备方法	2017—5—3	发明
96	201510161077.1	高碳当量厚度小于 30mm 钢板的火焰预热切割方法	2017—1—4	发明
97	201510161148.8	一种降低软态铜包钢丝用钢热轧盘条抗拉强度的方法	2017—1—4	发明
98	201510162087.7	一种含铜低合金钢的加热方法	2017—3—1	发明
99	201510166786.9	一种用于连续退火炉冷却段氧含量自动检测的控制系统	2017—6—16	发明
100	201510170342.2	冷却供水系统及其缓冲供水方法	2017—1—18	发明
101	201510214237.4	一种含 Nb 高温渗碳齿轮钢的轧制方法	2017—3—29	发明
102	201510232762.9	冷轧带钢横向厚差的确定方法	2017—8—29	发明
103	201510232687.6	一种连续退火炉的控制方法	2017—5—17	发明
104	201510233139.5	一种铸余钢渣的处理方法	2017—11—28	发明
105	201510236670.8	一种基于时间的薄板成形极限确定方法	2017—11—17	发明
106	201510236743.3	一种计算高炉瓦斯灰中煤粉颗粒碳含量修正系数的方法	2017—11—17	发明
107	201510236487.8	一种冷轧热镀锌双相钢及其制备方法	2017—11—17	发明
108	201510239236.5	一种低合金高强度钢热轧板及其制造方法	2017—11—17	发明
109	201510244201.0	超低碳烘烤硬化钢板坯及其固溶碳含量的控制方法	2017—8—8	发明
110	201510244213.3	一种活套张力控制方法及装置	2017—3—15	发明
111	201510244203.X	一种防止热轧管线钢卸卷塔形的控制方法	2017—1—18	发明
112	201510159225.6	一种高炉冲渣余热回收蒸汽—烟气换热工艺	2017—4—19	发明
113	201510203217.7	连铸机浇铸区域移动式除尘设备	2017—8—4	发明
114	201510202646.2	一种末端电磁搅拌器多流同步在线自动调整位置装置	2017—1—11	发明
115	201510209639.5	粉状物料自动拆装机及使用方法	2017—1—18	发明
116	201510278410.7	一种除瘤方法	2017—7—25	发明
117	201510280571.X	一种热轧带钢边部缺陷报警方法及装置	2017—2—22	发明
118	201510249664.0	一种提高平整稳定性和产品表面质量的张力设定方法	2017—4—26	发明
119	201510322936.0	一种复合板的热处理生产方法	2017—3—1	发明
120	201510323854.8	一种转炉出钢使用低 Al 氧化铝球渣洗方法	2017—12—15	发明
121	201510344275.1	一种正火高强韧性 150mm 特厚板及其生产方法	2017—1—18	发明
122	201510323226.X	一种高韧性、布氏硬度稳定特厚耐磨钢及其制备方法	2017—1—18	发明
123	201510340119.8	一种含钛球团的生产方法	2017—10—10	发明

续表

序号	专利申请号	专利中文名称	申请日	专利类型
124	201510344372.0	一种用于防止助卷辊与芯轴碰撞的方法	2017—8—8	发明
125	201510251502.6	快速更换中间包期间铸坯生产计划的优化装置及方法	2017—3—8	发明
126	201510300991.X	基于数据挖掘的单机架冷轧轧制力模型参数优化方法	2017—7—18	发明
127	201510383013.6	一种低屈强比抗酸性海底管线钢的生产方法	2017—11—10	发明
128	201510401957.1	一种板坯轧制过程轧机扭矩的预测方法	2017—3—8	发明
129	201510401928.5	一种测量电阻点焊飞溅大小的装置及使用方法	2017—8—25	发明
130	201510401847.5	一种含硼非调质双相冷镦钢及其高线轧制方法	2017—4—12	发明
131	201510401906.9	一种控制高线尾部圈形的夹持方法	2017—2—1	发明
132	201510382401.2	一种带钢平整控制方法	2017—1—4	发明
133	201510382393.1	无间隙原子钢洁净度的控制方法	2017—3—1	发明
134	201510409067.5	高炉用共享热风炉系统及其使用方法	2017—1—18	发明
135	201510409760.2	堆取料机回转体整体顶升回转轴承滑移更换的施工方法	2017—4—19	发明
136	201510427927.8	一种降低热轧钢卷头部塔形的方法	2017—3—1	发明
137	201510428073.5	一种热轧电工钢的制作方法	2017—11—28	发明
138	201510427926.3	一种精轧机架调整方法及轧线控制系统	2017—7—25	发明
139	201510430346.X	一种精轧机侧导板对中精度的标定方法及装置	2017—2—1	发明
140	201510426810.8	一种热轧高强钢头部稳定卷取的控制方法	2017—6—20	发明
141	201510437943.5	一种管线钢板坯的叩翘头控制方法	2017—10—10	发明
142	201510465081.7	一种提高低碳微合金钢强度的方法	2017—11—17	发明
143	201510441732.9	一种与高炉连接的最后一节通廊的安装方法	2017—1—18	发明
144	201510490851.3	一种带钢表面橘皮状网纹缺陷的控制方法	2017—7—18	发明
145	201510490392.9	一种冷加工成形用桥壳钢及其制造方法	2017—7—18	发明
146	201510492927.6	预防高碳当量带钢焊缝断带的焊接方法	2017—6—16	发明
147	201510490355.8	一种冷轧带钢边折印缺陷的处理方法	2017—12—1	发明
148	201510364417.0	改善定向凝固铸件凝固散热条件的熔模精密铸造方法	2017—3—1	发明
149	201510364562.9	一种防止合金锭产生铸造缩孔的复合铸型	2017—5—10	发明
150	201510524584.7	一种镀锌板表面锌晶粒的显示方法	2017—11—17	发明
151	201510526147.9	引流砂外排装置及连铸钢包开浇方法	2017—11—28	发明
152	201510579999.4	一种飞剪剪切方法	2017—8—29	发明
153	201510575014.0	一种中低牌号无取向硅钢精炼的方法	2017—8—29	发明
154	201510575033.3	一种带钢横断面轮廓缺陷局部高点量化方法及装置	2017—3—1	发明
155	201510501964.9	一种冷轧圆盘剪挂边问题的预警方法	2017—8—29	发明

序号	专利申请号	专利中文名称	申请日	专利类型
156	201510493007.6	一种钢卷的生产方法	2017—5—17	发明
157	201510493050.2	一种加工带钢的方法及装置	2017—5—31	发明
158	201510580338.3	一种硅钢热轧板的边部优化方法	2017—3—8	发明
159	201510580324.1	一种浆体输送管线钢及其制造工艺	2017—5—3	发明
160	201510585473.7	一种刮油除泥装置	2017—6—20	发明
161	201510585471.8	一种连退产线加热输出控制方法	2017—6—20	发明
162	201510643032.8	一种高性能镍基高温合金及其制造方法	2017—10—13	发明
163	201510642658.7	一种低成本半硬磁合金及其制造方法	2017—5—10	发明
164	201510632811.8	一种渣铁精加工工艺	2017—3—1	发明
165	201510634687.9	一种烧结球团烟气吸附和下料装置	2017—9—22	发明
166	201510641520.5	一种焦炉烟道气节能减排综合净化处理工艺	2017—11—21	发明
167	201510641588.3	高效低排放高温低氧热风炉	2017—11—21	发明
168	201510674537.0	一种汽车用非调质钢的低成本制造方法	2017—11—17	发明
169	201510671690.8	一种耐候钢表面锈层稳定化处理剂	2017—11—17	发明
170	201510674486.1	一种提高特厚板坯头坯表面质量的启车提拉速方法	2017—5—3	发明
171	201510441734.8	无延伸率检测状态下平衡机轧制力控制装置及其方法	2017—4—5	发明
172	201510698025.8	一种改变凸度分配的热连轧板形控制方法	2017—7—18	发明
173	201510698459.8	一种含硫铁水脱硫方法	2017—7—18	发明
174	201510698039.X	一种提高板卷表面质量的方法	2017—8—25	发明
175	201510698457.9	一种方镁石镁铝尖晶石砖及其制备方法	2017—3—29	发明
176	201510765500.9	一种平整机延伸率波动的控制方法	2017—5—3	发明
177	201610146106.1	一种易卷取且低温性能优异的厚规格管线钢热连轧钢带及其制造方法	2017—11—17	发明
178	201510791844.7	一种KR终点硫含量的控制方法	2017—9—29	发明
179	201510685564.8	一种具备在线回收功能的线材控制冷却装置及使用方法	2017—8—4	发明
180	201510765897.1	一种板形模型反馈计算用凸度有效性的判定方法及系统	2017—10—3	发明
181	201510766204.0	一种提高平整机组换挡成功率的方法	2017—7—25	发明
182	201510765341.2	一种热连轧轧机导位排卡式阻水装置	2017—7—25	发明
183	201510766228.6	一种空气道与煤气道之间的墙体损坏的处理方法	2017—8—29	发明
184	201510766868.7	用于大型转炉钢板炉壳的热处理装置及方法	2017—11—28	发明
185	201510770173.6	一种带钢轧制控制方法及轧制控制系统	2017—8—29	发明
186	201510762056.5	一种脱硫渣铁初破碎方法	2017—8—29	发明

续表

序号	专利申请号	专利中文名称	申请日	专利类型
187	201510696960.0	一种热轧厚规格带钢卸卷的控制方法	2017—10—10	发明
188	201510695913.4	一种控制硼钢中硼含量的方法	2017—11—28	发明
189	201510698007.X	一种冶炼耐候钢的方法	2017—10—10	发明
190	201510741009.2	一种电机用轴承的油隙的调试方法	2017—11—28	发明
191	201510883083.8	一种焦炉的自动装煤方法及装置	2017—12—29	发明
192	201510843766.0	一种冷连轧机控制方法	2017—11—28	发明
193	201510849974.1	一种钢厂尾气生物发酵制乙醇有机废水处理方法	2017—8—25	发明
194	201510849971.8	蒸馏装置原位清洗系统、清洗液配制及清洗方法	2017—8—25	发明
195	201510846851.2	一种冷连轧机的原料板启车方法	2017—10—10	发明
196	201510846168.9	一种连续退火炉辐射管加热控制方法	2017—6—20	发明
197	201510886368.7	一种精轧带钢终轧温度的在线控制方法	2017—4—5	发明
198	201510890756.2	一种转炉溅渣方法	2017—10—3	发明
199	201510889489.7	一种热风炉抢修中燃烧器内导流棒修复方法	2017—10—3	发明
200	201510890796.7	一种森基米尔轧机的第二中间辊	2017—11—28	发明
201	201510891608.2	一种高炉热风炉拱顶局部修复方法	2017—8—29	发明
202	201510974132.9	四梁双小车起重机副主梁冲撞变形的在线修复方法	2017—8—25	发明
203	201510965258.X	一种高强EH40特厚钢板及其生产方法	2017—12—15	发明
204	201510965259.4	一种含硼高碳锯片用钢及其制造方法	2017—8—25	发明
205	201510970372.1	低锰高铬抗HIC管线用针状铁素体钢及其制造方法	2017—6—13	发明
206	201510967973.7	氢气在线输送及集装格充装自动控制系统及其方法	2017—11—3	发明
207	201510998706.6	管线钢板坯连铸典型中间裂纹及中心偏析的控制方法	2017—11—14	发明
208	201510997828.3	一种冷镦钢小方坯连铸矫直裂纹的控制方法	2017—11—17	发明
209	201510999292.9	提高冷轧汽车板可涂装性能表面质量的控制方法	2017—3—22	发明
210	201511001305.5	一种高炉五通球组队方法	2017—6—16	发明
211	201511021291.3	一种基于带钢横向平坦度分布的平坦度评价系统及其方法	2017—7—18	发明
212	201511020843.9	可同时生产烧结铁精粉和球团铁精粉的方法及系统	2017—11—17	发明
213	201511025074.1	一种弧形冷加工成型装置	2017—11—17	发明
214	201610040198.5	热风炉燃烧器抢修的修复方法	2017—11—28	发明
215	201610076772.2	一种冷轧薄板钢渣的改质方法	2017—12—22	发明
216	201610077000.0	一种高强度浆体输送管线用热轧卷板及其制造方法	2017—11—17	发明
217	201610080506.7	一种天然气输送管线用热轧卷板及其制造方法	2017—11—17	发明
218	201610077331.4	一种结晶器漏钢处理方法	2017—12—22	发明

序号	专利申请号	专利中文名称	申请日	专利类型
219	201610127121.1	一种利用侧导板辊缝值进行宽度模型控制的方法	2017—8—8	发明
220	201610133623.5	一种辊缝动态设定方法	2017—10—10	发明
221	201610133380.5	一种消除零位误差的方法	2017—8—8	发明
222	201610485464.5	一种定宽机出口夹送辊的抛钢方法	2017—11—28	发明
223	201610166339.8	一种低硫钢的冶炼方法	2017—12—26	发明
224	201610166049.3	一种复吹转的炉底控制方法	2017—12—22	发明
225	201610178704.7	一种高炉废油脂喷吹装置	2017—12—22	发明
226	201610201868.7	一种利用卷扬机倒装式安装转炉的方法	2017—7—7	发明
227	201610320177.9	一种双流板坯自动换水口控制方法	2017—9—29	发明
228	201610539753.9	一种冶炼硅钢的中间试验方法	2017—11—17	发明
229	201610538979.7	一种800MPa级的船舶用钢及其制备方法	2017—9—22	发明
230	201610539660.6	一种耐腐蚀爆炸复合板用基材管线钢板及其制备方法	2017—11—14	发明
231	201610539804.8	一种屈服245MPa级抗氢致裂纹容器钢的冶炼方法	2017—9—29	发明
232	201610534832.0	一种调整带钢凸度自适应值的方法	2017—9—29	发明
233	201610697565.9	一种下料精度的控制方法	2017—11—3	发明
234	201610980359.9	一种钢化玻璃炉用电热材料及其制取方法	2017—11—3	发明
235	11871770.1	A VIBROISOLATING DEVICE WITH A NONLINEAR FORCE VS. DISPLACEMENT CHARACTERISTIC AND A MOTOR VEHICLE SUSPENSION SYSTEM COMPRISING SUCH VIBROISOLATING DEVICE	2017—4—12	发明
236	14/414,553	HYDRAULIC SUSPENSION SYSTEM	2017—2—28	发明
237	14/416,160	A HYDRAULIC SUSPENSION DAMPER WITH A POSITION DEPENDENT DAMPING ASSEMBLY	2017—1—17	发明
238	14/828,673	具有多功能衬套的流体阻尼器组件	2017—3—21	发明
239	2016—079957	CLOSING ASSEMBLY FOR A MAGNETO-RHEOLOGICAL DAMPER 磁流变阻尼器的闭合组件	2017—9—1	发明
240	15/151,516	A Shock Absorber With Hydraulic Rebound System	2017—12—5	发明
241	12872749.2	AMPLITUDE SENSITIVE HYDRAULIC DAMPER	2017—12—27	发明
242	12811747.0	A HYDRAULIC MOUNT APPARATUS FOR SUPPORTING VIBRATION SOURCE 用于支承振动源的液压支架设备	2017—4—19	发明
243	12811047.5—1755	设有率降磁轨通道的基于磁流变流体的支架装置	2017—4—12	发明
244	13846023.3	A FLUID DAMPER ASSEMBLY WITH GAS CUP LUBRICATION CHAMBER 具有气杯润滑剂腔的流体阻尼器组件	2017—5—31	发明

序号	专利申请号	专利中文名称	申请日	专利类型
245	13829182.8	A MOUNT APPARATUS 悬架装置	2017—4—5	发明
246	14/511,577	MASTER CYLINDER ASSEMBLY IN BRAKE SYSTEM 具有液压止挡结构的液压阻尼器及其制造方法	2017—5—23	发明
247	11877225.0—1755	液压悬挂阻尼器及其组装方法	2017—8—16	发明
248	14/433,301	HYDRAULIC SUSPENSION DAMPER WITH A SPRING VALVE ASSEMBLY 具有弹簧阀组件的液压悬挂减震器	2017—3—14	发明
249	14/431,901	HYDRAULIC DAMPER	2017—8—1	发明
250	10—2016—7004940	HYDRAULIC SUSPENSION DAMPER 液压悬架减振器	2017—7—17	发明
251	2016—530199	ACTUATION MECHANISM FOR A CONTROLLABLE DAMPER 用于可控型阻尼器的制动机构	2017—9—15	发明
252	14/511,577	HYDRAULIC DAMPER WITH A HYDRAULIC STOP ARRANGEMENT	2017—5—23	发明
253	14/126,980	MASTER CYLINDER ASSEMBLY IN A BRAKE SYSTEM 制动系统中的主缸总成	2017—5—23	发明
254	10—2015—7014810	BRAKE CALIPER PISTON ACTUATION DEVICE 刹车卡钳活塞驱动装置	2017—3—27	发明
255	10—2014—0101900	Composite Spring Retainer And Method Of Assembly In A Brake Master Cylinder 复合弹簧座和制动主缸的装配方法	2017—2—6	发明
256	14/799,294	Disc Brake 一种盘式制动器	2017—3—7	发明
257	2016—530847	CALIPER BRACKET WITH AESTHETICALLY PLEASING NOISE TUNING FEATURES 制动器安装支架装置	2017—10—20	发明
258	2014—216287	制动主缸中的复合弹簧限位器及其装配方法	2017—5—26	发明
259	10—2016—0015746	A METHOD OF ASSEMBLING A POWER BRAKE ASSEMBLY	2017—9—11	发明
260	2016—096303	BRAKE BOOSTER ASSEMBLY 制动助力器组件	2017—10—27	发明
261	14/941,943	BRAKE PAD APPARATUS	2017—5—16	发明
262	10 2015 226 342.8	Brake Pad Back Plate Design Enabling Unconstrained Noise Insulator Shims 制动衬块设备及车辆的制动组件	2017—11—2	发明
263	201620508583.3	一种通讯电路板	2017—2—22	实用新型
264	201620176095.7	一种带钢浪高在线测量装置	2017—3—15	实用新型
265	201620335472.7	一种可回收式土钉	2017—2—22	实用新型
266	201620396213.5	一种热镀锌锌锅区域带钢抖动测量装置及热镀锌轧制线	2017—1—25	实用新型

序号	专利申请号	专利中文名称	申请日	专利类型
267	201620401540.5	一种数显压力检测装置	2017—1—25	实用新型
268	201620507713.1	接近开关安装装置	2017—2—22	实用新型
269	201620509118.1	一种夹具	2017—5—17	实用新型
270	201620557061.2	一种混合集热供热水系统	2017—3—29	实用新型
271	201620609401.1	一种用于烧结杯试验的进气装置	2017—1—4	实用新型
272	201620609426.1	取样装置	2017—1—4	实用新型
273	201620609404.5	一种矿用洒水车控制系统	2017—1—4	实用新型
274	201620668404.2	一种预制砼箱梁梁垫安装装置	2017—1—18	实用新型
275	201620662946.9	一种水平旋转的吊装架	2017—1—18	实用新型
276	201620625462.7	一种稳定辊装置	2017—1—25	实用新型
277	201620622696.6	一种手持式热轧钢钢卷卷形缺陷测量工具	2017—1—25	实用新型
278	201620624111.4	一种粘料清理装置	2017—3—15	实用新型
279	201620622670.1	一种落料清理装置	2017—3—15	实用新型
280	201620622668.4	一种轧辊轴承座卡板缸	2017—3—15	实用新型
281	201620625464.6	一种除磷水防溅装置	2017—3—15	实用新型
282	201620623952.3	大型传动柜抽屉式功率单元检修工具	2017—1—25	实用新型
283	201620622580.2	一种钢卷套筒圆度检测装置	2017—1—25	实用新型
284	201620722734.5	一种用于腐蚀评价实验的封样装置	2017—1—4	实用新型
285	201620722760.8	一种铝合金试片电阻点焊装置	2017—1—4	实用新型
286	201620790533.9	一种可控温的腐蚀电化学测试用三电极装置	2017—1—4	实用新型
287	201620715366.1	一种造球盘装置	2017—1—4	实用新型
288	201620757825.2	一种可重复利用的外架拉结件	2017—1—18	实用新型
289	201620757738.7	一种悬挑工字钢成品锚固件	2017—1—18	实用新型
290	201620793506.7	一种活套摆门导向机构	2017—1—25	实用新型
291	201620782811.6	一种试样锁紧装置	2017—2—15	实用新型
292	201620783951.5	一种虎钳装置	2017—2—15	实用新型
293	201620783934.1	一种开卷机芯轴镶块拆卸装置	2017—1—25	实用新型
294	201620783935.6	连续热镀锌生产线炉鼻子摄像系统吹扫装置	2017—1—25	实用新型
295	201620783933.7	一种激光焊机焦点调整行走装置	2017—1—25	实用新型
296	201620792365.7	一种拉矫机氧化铁皮吹扫装置	2017—1—25	实用新型
297	201620133326.5	一种可组合便携式可编程序控制器培训实验装置	2017—3—29	实用新型
298	201620978573.6	一种棘爪式止动装置	2017—6—16	实用新型

序号	专利申请号	专利中文名称	申请日	专利类型
299	201620979069.8	一种侧轴悬挂式布料溜槽及动臂装置	2017—3—1	实用新型
300	201620980091.4	一种高炉炉顶均压放散煤气回收装置	2017—4—19	实用新型
301	201620978626.4	一种高炉出铁场除尘管道任意转换连接装置	2017—4—19	实用新型
302	201620979693.8	一种确保平整度的预埋件	2017—3—1	实用新型
303	201620979865.1	一种紧凑型直角转向器	2017—4—19	实用新型
304	201620979728.8	一种旋转运输叉车	2017—3—1	实用新型
305	201621017279.5	一种炉顶设备布料溜槽悬挂臂更换装置	2017—4—12	实用新型
306	201620912971.8	一种配合钢管柱混凝土顶升施工的卡具	2017—2—8	实用新型
307	201620929791.0	一种圆形塑料保护层卡具	2017—2—8	实用新型
308	201621009214.6	一种降板组装定型模板	2017—4—19	实用新型
309	201620946415.2	逆向旋转传动机构及使用该机构的冷轧活套链传动装置	2017—3—15	实用新型
310	201620946411.4	电气柜检修安全锁	2017—3—15	实用新型
311	201620984903.2	一种轴承座组装设备	2017—3—15	实用新型
312	201620987448.1	一种热轧生产线去除锈蚀物的装置	2017—3—15	实用新型
313	201620973726.8	一种检修装置	2017—3—15	实用新型
314	201620969815.5	一种助力装置	2017—3—16	实用新型
315	201620963353.6	一种烧结机台车栏板侧密封装置	2017—4—26	实用新型
316	201620963352.1	一种取样机	2017—4—26	实用新型
317	201620969705.9	一种拆装工具	2017—3—15	实用新型
318	201620984301.7	钢包底吹支撑装置	2017—3—15	实用新型
319	201620986830.0	一种钢包底吹砖吹扫装置	2017—6—16	实用新型
320	201620984144.X	钢包包沿起吊装置	2017—3—15	实用新型
321	201620974598.9	一种切边废料回收系统	2017—3—16	实用新型
322	201620963534.9	一种渣罐	2017—3—15	实用新型
323	201620963351.7	一种清理车	2017—4—26	实用新型
324	201620968634.0	一种四辊破碎机滑道装置	2017—3—15	实用新型
325	201620968619.6	一种梭车篦子清理机	2017—4—26	实用新型
326	201620984902.8	一种热轧循环冷却水稳压控制系统	2017—8—8	实用新型
327	201620969665.8	一种抑尘装置	2017—3—15	实用新型
328	201620986720.4	一种抽屉式锅炉暖风器	2017—3—15	实用新型
329	201620946285.2	可调节式喷梁	2017—3—15	实用新型
330	201620946751.7	清洁装置	2017—4—26	实用新型

序号	专利申请号	专利中文名称	申请日	专利类型
331	201621051536.7	一种带尾卷取设备及穿带导板	2017—5—17	实用新型
332	201621051358.8	一种板坯辊道电机的更换装置	2017—5—17	实用新型
333	201621051538.6	一种拉伸试样标距测量装置	2017—7—21	实用新型
334	201621052229.0	一种拆装装置	2017—3—29	实用新型
335	201621059184.X	高炉洗气塔内部检修可调施工作业平台	2017—4—19	实用新型
336	201621035654.9	垂直升降式立体车库	2017—4—26	实用新型
337	201621035655.3	垂直升降式立体车库的回转装置	2017—4—26	实用新型
338	201621034608.7	垂直升降式立体车库的升降装置	2017—4—26	实用新型
339	201621033891.1	垂直升降式立体车库的横移装置	2017—4—26	实用新型
340	201720418502.5	垂直升降式立体车库的导向柱	2017—11—24	实用新型
341	201621035673.1	垂直升降式立体车库的安全装置	2017—4—26	实用新型
342	201621033169.8	齿轮齿条传动式车辆抱夹搬运器	2017—4—26	实用新型
343	201621032816.3	一种巷道堆垛式立体车库	2017—6—20	实用新型
344	201621032163.9	一种巷道堆垛式立体车库的行走机构	2017—4—26	实用新型
345	201621032438.9	一种巷道堆垛式立体车库的装配框架	2017—9—1	实用新型
346	201621035155.X	一种巷道堆垛式立体车库的轿厢	2017—4—26	实用新型
347	201621033315.7	一种巷道堆垛式立体车库的升降传动机构	2017—4—26	实用新型
348	201621032753.1	一种巷道堆垛式立体车库的堆垛机配重	2017—4—26	实用新型
349	201621053862.1	用于大型客车的立体车库	2017—7—28	实用新型
350	201621054196.3	用于车辆的搬运设备	2017—7—28	实用新型
351	201621053847.7	用于车辆的升降装置	2017—6—6	实用新型
352	201621053850.9	一种纠偏对中装置	2017—6—6	实用新型
353	201621054197.8	一种防坠落装置	2017—7—28	实用新型
354	201621102322.8	一种立式卷芯架装置	2017—6—16	实用新型
355	201621102093.X	一种耐高温的立式卷芯架装置	2017—9—22	实用新型
356	201621101366.9	一种双唇密封圈安装工具	2017—4—19	实用新型
357	201621101546.7	捣固焦炉装煤除尘一二次联合捕集装置	2017—4—19	实用新型
358	201621102409.5	捣固焦炉装煤除尘捕集罩与集尘干管的对接联通装置	2017—4—19	实用新型
359	201621113288.4	一种钢包、钢包精炼炉及其顶枪密封装置	2017—3—29	实用新型
360	201621114089.5	一种控制灌砂量的投砂桶	2017—5—17	实用新型
361	201621112344.2	一种带钢标签检测装置	2017—5—31	实用新型
362	201621112343.8	一种应力测量系统	2017—5—17	实用新型

序号	专利申请号	专利中文名称	申请日	专利类型
363	201621112329.8	一种环形炉机组的回气管弯头	2017—5—17	实用新型
364	201621112326.4	一种活套跑偏检测装置	2017—5—17	实用新型
365	201621112311.8	一种新型喷嘴清理装置	2017—5—17	实用新型
366	201621116508.9	一种取向硅钢钢卷内圈支撑装置	2017—8—29	实用新型
367	201621116521.4	一种薄壁套管内径检测装置	2017—5—17	实用新型
368	201621139737.2	一种钢卷塔形自动检测及控制装置	2017—4—19	实用新型
369	201621139982.3	一种氨水蒸氨稳压装置	2017—4—19	实用新型
370	201621139972.X	一种长寿导槽装置	2017—4—19	实用新型
371	201621140585.8	一种周向相位线性调整联轴器	2017—4—19	实用新型
372	201621196367.6	一种铁水脱硫喷枪	2017—5—3	实用新型
373	201720128604.3	一种用于电子探针试样的水平定位台装置	2017—9—22	实用新型
374	201720128643.3	一种压溃吸能试验用夹具平台	2017—9—22	实用新型
375	201720128694.6	一种激光拼焊板杯突试验焊缝定位装置	2017—9—22	实用新型
376	201621199691.3	一种蒸汽蓄热器及其充热装置	2017—7—14	实用新型
377	201621205565.4	一种加湿装置	2017—8—25	实用新型
378	201621202162.4	一种生球抗压强度检测系统	2017—5—17	实用新型
379	201621202105.6	一种炉缸径向温度测量装置	2017—5—3	实用新型
380	201621202324.4	一种风口焦炭样品冷却装置	2017—5—17	实用新型
381	201621202976.8	一种微观检测样品的干燥装置	2017—5—17	实用新型
382	201621165682.2	一种离合器组装装置	2017—6—20	实用新型
383	201621165684.1	一种自动给料机	2017—5—3	实用新型
384	201621165683.7	一种输送皮带扒口装置	2017—5—17	实用新型
385	201621199508.X	一种带钢精整装置	2017—5—31	实用新型
386	201621202161.X	一种高炉送风初期风口测温装置	2017—5—17	实用新型
387	201621202325.9	一种连续退火炉加湿器保护气体露点提升装置	2017—5—17	实用新型
388	201621276304.1	一种钢卷占位检测装置	2017—8—29	实用新型
389	201621286563.2	一种用于液力偶合器的拆卸装置	2017—5—31	实用新型
390	201621261317.1	一种轧辊驱动工装拆装装置	2017—6—16	实用新型
391	201621254492.8	一种步进梁鞍座	2017—9—5	实用新型
392	201621370637.0	一种吹扫冷却装置	2017—7—25	实用新型
393	201621370679.4	一种带钢输送装置	2017—7—25	实用新型
394	201621371702.1	一种检修平台	2017—7—25	实用新型

序号	专利申请号	专利中文名称	申请日	专利类型
395	201621370680.7	一种均压放散阀压板螺栓拆除装置	2017—7—25	实用新型
396	201621376955.8	擦拭组件及冷轧机擦拭辊	2017—7—25	实用新型
397	201621375771.X	一种电能表的校验装置	2017—7—25	实用新型
398	201621341541.1	一种企口式钢带加固木制圆模装置	2017—6—13	实用新型
399	201621246599.8	一种乳化液反冲洗过滤装置	2017—6—16	实用新型
400	201621246380.8	一种连轧机组,侧导板装置及其开度液压锁紧控制装置	2017—8—8	实用新型
401	201621248201.4	一种冷轧机组,冷轧压辊及压辊转动液压控制装置	2017—8—8	实用新型
402	201621262126.7	一种乳化液配液装置	2017—10—3	实用新型
403	201621262147.9	一种推钢机过载保护系统	2017—6—16	实用新型
404	201621255643.1	一种机械手夹爪机构	2017—6—16	实用新型
405	201621263465.7	一种转炉炉后除尘装置	2017—8—8	实用新型
406	201621269149.0	一种卸尾卷吊车	2017—10—3	实用新型
407	201621267371.7	一种热轧卷取机卸卷小车位移检测装置	2017—10—3	实用新型
408	201621268191.0	一种镀锌带钢钝化装置及钝化机	2017—6—16	实用新型
409	201621269373.X	连退机组立式清洗段及其膨胀节	2017—6—16	实用新型
410	201621267394.8	一种皮带撕边堵槽报警装置	2017—6—16	实用新型
411	201621267569.5	一种运输带防撕裂装置	2017—6—16	实用新型
412	201621263464.2	一种具备余能回收功能的海水脱硫系统	2017—6—16	实用新型
413	201621269246.X	一种带钢对中装置	2017—8—8	实用新型
414	201621267372.1	一种热轧板坯炉生氧化铁皮收集装置	2017—11—24	实用新型
415	201621281124.2	一种锌灰清理装置	2017—8—8	实用新型
416	201621190744.5	一种湿熄焦过程中颗粒物排放的取样装置	2017—6—16	实用新型
417	201621198381.X	步进式加热炉步进机械气压平衡装置	2017—6—17	实用新型
418	201621190891.2	一种坯料相位转换辊道输送装置	2017—6—16	实用新型
419	201621350033.X	一种渣罐隔板蒸养窑	2017—8—4	实用新型
420	201621350742.8	一种飞剪入口转辙器装置	2017—8—4	实用新型
421	201621350745.1	一种用于橡胶密封气柜导向轮的支承装置	2017—12—29	实用新型
422	201621350780.3	一种轴密封器	2017—8—4	实用新型
423	201621367729.3	一种双工位坯料运输辊子装置	2017—8—4	实用新型
424	201621365738.9	一种分段加热复热式捣固焦炉	2017—9—22	实用新型
425	201621365534.5	一种转炉烟气除尘的复合装置	2017—9—22	实用新型
426	201621365739.3	一种转炉干法除尘粗灰直接入炉回用输送装置	2017—8—4	实用新型

序号	专利申请号	专利中文名称	申请日	专利类型
427	201621365771.1	一种用于 VD 真空设备的钢水罐自动加揭盖装置	2017—8—4	实用新型
428	201621367782.3	一种用于废钢预热的汽化冷却烟道	2017—8—4	实用新型
429	201621365788.7	一种渣罐隔板堆垛机构	2017—8—4	实用新型
430	201621365748.2	苦味酸法脱除焦炉煤气中硫化氢的三塔式装置	2017—8—4	实用新型
431	201621366275.8	一种脱硫渣热态加渣装置	2017—8—4	实用新型
432	201621429299.3	一种挡渣机快速定位装置	2017—6—20	实用新型
433	201621439835.8	一种用于板材胀形试验的模具	2017—6—20	实用新型
434	201621430221.3	一种金属打标机用网格模板夹具装置	2017—8—25	实用新型
435	201621439831.X	一种不锈钢复合板晶间腐蚀试验夹具	2017—8—25	实用新型
436	201621439536.4	一种差厚板检测平台装置	2017—7—18	实用新型
437	201621439037.5	一种防止螺纹损伤的凸焊螺母	2017—7—18	实用新型
438	201621439069.5	一种耐磨试验装置	2017—7—18	实用新型
439	201621413241.X	一种活套车带钢跑偏检测装置	2017—11—24	实用新型
440	201621422900.6	一种测定高炉煤气中氯离子的取样装置	2017—7—21	实用新型
441	201621439804.2	一种单蓄热烧嘴装置	2017—11—17	实用新型
442	201621439817.X	一种连续退火炉入口处的密封装置	2017—8—4	实用新型
443	201621439819.9	一种高位水塔中支撑水箱的装置	2017—8—4	实用新型
444	201621429201.4	一种摆动式液压缸固定装置	2017—12—29	实用新型
445	201621429208.6	一种用于转炉干法除尘煤气管道内防止粉尘堆积的装置	2017—8—4	实用新型
446	201621429231.5	一种降低转炉煤气洗涤水中一氧化碳气体浓度的装置	2017—8—4	实用新型
447	201621429832.6	一种矿热炉炉顶预热料仓布料装置	2017—9—22	实用新型
448	201621429842.X	一种薄壁炉衬高炉炉腹结构	2017—8—4	实用新型
449	201621430048.7	一种组合式辊轮	2017—8—4	实用新型
450	201621436602.2	步进式加热炉步进机械自充气装置	2017—8—4	实用新型
451	201621427724.5	一种生活垃圾飞灰去除重金属的装置	2017—8—4	实用新型
452	201621445577.4	一种液压压力油自动泄压通断装置	2017—8—4	实用新型
453	201621444706.8	一种湿法熄焦中粉焦沉淀池挥发性物质的封闭装置	2017—8—4	实用新型
454	201621445258.3	轮缘润滑装置涂油导轨	2017—8—4	实用新型
455	201621444571.5	一种用于塔外氧化亚硫酸盐溶液的反应器	2017—8—4	实用新型
456	201621454242.9	一种适用于低温多效海水淡化系统的闪蒸供气装置	2017—8—4	实用新型
457	201720005188.8	一种菌体蛋白分离系统	2017—8—15	实用新型
458	201720004087.9	一种硫化钠的再生装置	2017—8—15	实用新型

序号	专利申请号	专利中文名称	申请日	专利类型
459	201720011609.8	一种可主动转向的自行驶钢卷运输车	2017—8—4	实用新型
460	201720013330.3	一种竖冷器出风装置	2017—8—4	实用新型
461	201720017425.2	一种板坯位置检测装置	2017—9—26	实用新型
462	201720018280.8	一种柜体变频器电容电压检测的装置	2017—8—18	实用新型
463	201720018279.5	一种检测接近开关有效性的装置	2017—8—18	实用新型
464	201720012258.2	一种间隙自动调节控制系统及丝杠传动结构	2017—8—29	实用新型
465	201720014179.5	一种燃机余热锅炉过热器护套管装置	2017—9—29	实用新型
466	201720014172.3	一种量具	2017—8—29	实用新型
467	201720014171.9	一种衬板	2017—8—29	实用新型
468	201720018044.6	一种高炉炉前泥炮机回转机构设备整体更换装置	2017—8—29	实用新型
469	201720028942.X	一种干熄炉内部监测装置	2017—10—13	实用新型
470	201720023914.9	一种钢包包嘴	2017—10—3	实用新型
471	201720023399.4	一种钢包引流砂投放伸缩平台和系统	2017—10—3	实用新型
472	201720023400.3	一种旋转的电刷研磨装置	2017—10—3	实用新型
473	201720021113.9	车轮快换装置	2017—10—3	实用新型
474	201720021114.3	矫直辊拆装工具	2017—10—3	实用新型
475	201720162937.8	一种矫直机过盈配合装置	2017—11—24	实用新型
476	201720166656.X	一种混合料加水装置	2017—10—3	实用新型
477	201720161137.4	一种高压变频配电冷却系统	2017—10—3	实用新型
478	201720160842.2	一种低热值点火爆发筒	2017—10—3	实用新型
479	201720160854.5	一种热轧平整钢卷尾部防撞装置	2017—10—3	实用新型
480	201720160843.7	一种拉马	2017—11—24	实用新型
481	201720160841.8	一种手持式热轧钢钢卷内径测量装置	2017—10—3	实用新型
482	201720167755.X	一种焦杆顶部刮刀座	2017—10—13	实用新型
483	201720167951.7	一种衬板和焦罐	2017—10—13	实用新型
484	201720167794.X	步进式加热炉汽化冷却系统	2017—11—24	实用新型
485	201720167856.7	防撞支撑装置	2017—12—26	实用新型
486	201720167910.8	一种监控系统	2017—11—24	实用新型
487	201720167952.1	一种防穿透装置和分子筛吸附塔	2017—11—24	实用新型
488	201720167920.1	一种防带水装置、阻雾器及空冷塔	2017—11—24	实用新型
489	201720197034.3	一种电机绕组的定型模具	2017—9—22	实用新型
490	201720200113.5	一种分矿器调整装置、分矿装置以及选矿装置	2017—12—22	实用新型

序号	专利申请号	专利中文名称	申请日	专利类型
491	201720221996.8	一种人工类卵石的制备系统	2017—11—7	实用新型
492	201720310380.8	一种螺母保护装置	2017—11—24	实用新型
493	201720312815.2	一种高炉喷煤枪防颤动兼调枪装置	2017—11—24	实用新型
494	201720315615.2	一种空气预冷系统	2017—11—24	实用新型
495	201720310689.7	一种密封装置及环冷机台车	2017—11—24	实用新型
496	201720311062.3	一种固定装置及回辊车	2017—12—26	实用新型
497	201720311044.5	一种门勾装置及天车	2017—11—24	实用新型
498	201720313101.3	一种开卷机防松卷装置	2017—11—24	实用新型
499	201720312861.2	一种精轧机活套编码器安装支架	2017—12—26	实用新型
500	201720313546.1	一种加热炉端出料液压炉门装置	2017—11—24	实用新型
501	201720312856.1	一种平整机轧辊吊装工装	2017—11—24	实用新型
502	201720331035.2	一种接油盒	2017—12—26	实用新型
503	201720329031.0	一种用于溜槽的控制装置	2017—11—24	实用新型
504	201720383910.1	一种带钢光整机延伸率冗余检测装置	2017—11—24	实用新型
505	201720386705.0	一种解体逆变器的装置	2017—12—12	实用新型
506	201720391167.4	一种炼钢转炉倾角仪固定装置	2017—11—24	实用新型
507	201720342354.3	一种低温裂纹尖端张开位移试验装置	2017—12—22	实用新型
508	201720342581.6	一种热交换水冷装置	2017—12—22	实用新型
509	201720343252.3	一种凸焊螺母受力状态检测装置	2017—12—22	实用新型
510	201630227171.8	通风井	2017—3—1	外观设计
511	201630227163.3	门卫	2017—3—1	外观设计
512	201630227167.1	水塔	2017—3—1	外观设计
513	201630397620.3	带图形用户界面的充电桩	2017—5—31	外观设计
514	201630459049.3	用于移动终端的图形用户界面	2017—3—29	外观设计
515	201630455419.6	用于移动终端的图形用户界面	2017—3—29	外观设计
516	201630453692.5	电脑的图形用户界面(1)	2017—3—29	外观设计
517	201630454033.3	手机的图形用户界面(2)	2017—6—23	外观设计
518	201630455002.X	手机的图形用户界面(1)	2017—3—29	外观设计
519	201630453499.1	电脑的图形用户界面(2)	2017—5—31	外观设计
520	201630540405.4	水塔	2017—8—4	外观设计
521	201630592205.3	格子砖	2017—4—19	外观设计
522	201730018291.1	抱夹搬运器	2017—7—28	外观设计

2017 年末首钢集团各单位职工分类构成情况

单位:人

单 位	期末人数	女性	厂处级及以上	科级	班组长	行政管理	专业技术	生产操作人员	服务人员	不在岗职工
首钢集团	89035	19386	1699	3561	5210	10808	13095	47038	5412	12682
股份公司	9724	1349	156	382	817	1202	1089	6608	53	772
钢贸公司	323	71	12	50	1	278	0	17	0	28
物贸公司	31	6	3	5	0	18	0	13	0	0
金属公司	10	2	1	0	0	5	0	0	0	5
氧气厂	450	79	3	24	45	62	51	329	4	4
京唐公司	8102	641	119	231	785	609	1820	5644	0	29
凯西公司	358	85	4	25	32	46	43	232	37	0
朗泽公司	86	6	2	3	4	23	5	55	3	0
首秦公司	2188	237	34	111	290	94	222	1824	0	48
首秦中板	146	50		5	6	7	7	25	34	73
秦机厂	199	55	2	14	18	33	19	117	12	18
矿业公司	9206	1738	82	314	424	692	962	6029	824	699
地勘院	207	35	3	16	8	50	115	25	6	11
鲁家山矿	163	25	5	24	9	57	18	50	28	10
耐材炉料公司	216	24	3	14	17	55	10	92	45	14
水钢公司	13350	4127	148	417	460	1102	897	6165	734	4452
长钢公司	8690	2137	103	77	318	485	199	4814	1391	1801
贵钢公司	2177	589	7	143	161	263	78	1130	290	416
通钢公司	12222	2071	129	188	715	405	1117	7309	131	3260
伊钢公司	1710	339	49	22	163	74	73	1452	111	0
首矿大昌	163	47	3	2	0	22	32	107	2	0
中首公司	324	95	53	31	1	239	0	0	6	79

续表

单位	期末人数	女性	厂处级及以上	科级	班组长	行政管理	专业技术	生产操作人员	服务人员	不在岗职工
股权管理公司	59	13	29	3	0	46	0	0	1	12
国际工程公司	982	255	53	0	0	51	914	0	11	6
首建公司	3716	701	76	617	263	779	1604	1156	131	46
首自信公司	1442	407	48	99	86	387	619	364	0	72
机电公司	1132	200	35	108	77	281	168	542	83	58
实业公司	1407	634	63	144	56	722	177	7	461	40
新钢联公司	102	41	2	7	0	99	0	1	0	2
微电子公司	177	60	3	13	0	55	19	103	0	0
云翔公司	8	2	1	2	0	8	0	0	0	0
城运公司	42	9	5	0	0	42	0	0	0	0
首建投公司	157	61	26	0	0	155	0	0	1	1
特钢公司	631	88	27	35	25	257	4	172	42	156
园区综合服务公司	1612	374	13	70	145	175	110	1044	240	43
曹建投公司	35	8	9	0	0	35	0	0	0	0
环境公司	480	81	25	45	19	93	150	222	10	5
房地产公司	225	78	34	0	0	96	125	0	0	4
首钢医院	1831	1397	5	90	20	145	1548	0	137	1
京西重工	474	126	11	13	28	77	118	279	0	0
首控公司	31	12	4	27	0	31	0	0	0	0
医疗公司	41	19	2	2	0	36	0	0	5	0
首钢基金公司	51	23	15	0	0	51	0	0	0	0
体育公司	194	75	5	15	4	55	98	0	40	1
文化公司	26	10	3	4	0	26	0	0	0	0
矿投公司	114	7	10	29	0	27	0	0	0	87
首黔公司	8	1	2	0	0	8	0	0	0	0
总公司直管	4013	896	272	140	213	1250	684	1111	539	429

2017 年末首钢集团离退休人员和费用构成情况

单 位	离退休人数(人)				离退休人员费用(元)				
	合 计	其中:女性	离 休	退 休	总 计	离休费(元)	企业负担(元)	退休费(元)	企业负担(元)
首钢集团	88792	38549	401	88391	4180458660	49423162	6552240	4131035498	194319114
股份公司	886	226		886	47131427			47131427	1894998
钢贸公司	1	1	1		58757	58757	1080		
物贸公司									
金属公司	3			3	273564			273564	4512
氧气厂	132	68		132	6223735			6223735	304788
京唐公司	139	32		139	8176874			8176874	180931
凯西公司									
朗泽公司									
首秦公司	60	7		60	4312081			4312081	120387
秦中板	481	274	1	480	18155866	178116	3792	17977750	536140
秦机厂	524	295	3	521	20246168	272534	19190	19973634	301609
矿业公司	11695	3889	14	11681	623007892	2725617	1492400	620282275	39234427
地勘院	481	132	4	477	24966895	490644		24476251	1086163
鲁家山矿	421	96		421	17559156			17559156	730032
耐材炉料公司	1379	618		1379	66167548			66167548	1121817
水钢公司	15209	7320	40	15169	539401874	4514171	2216395	534887703	45115051
长钢公司	9526	3930	52	9474	416488610	5703443	1723527	410785167	7436335
贵钢公司	5519	2405	30	5489	188290379	3765795	42780	184524584	1407658
通钢公司									
伊钢公司									
首矿大昌									
中首公司	229	84		229	15200990	415215	92340	14785775	505484
股权管理公司					8928			8928	

续表

单 位	离退休人数（人）				离退休人员费用（元）				
	合 计	其中:女性	离 休	退 休	总 计	离休费（元）	企业负担（元）	退休费（元）	企业负担（元）
国际工程公司	706	367		706	44610366			44610366	1662170
首建公司	8895	3539		8895	447051139			447051139	18899210
首自信公司	1359	459		1359	67087590			67087590	2574471
机电公司	5378	2961		5378	275471378			275471378	10420058
实业公司	3065	2288		3065	107095129			107095129	5220177
新钢联公司									
微电子公司	8	2		8	663954			663954	11716
云翔公司									
城运公司									
首建投公司									
特钢公司	8028	3189	44	7984	411669141	5553201	52130	406115940	20172904
园区综合服务	886	534	8	878	40159175	516106	12480	39643069	1788220
曹建投公司									
环境公司	7	2		7	290963			290963	5856
房地产公司	17	3		17	1269989			1269989	23340
首钢医院	1363	1105	16	1347	122354748	2194223	140710	120160525	3571166
京西重工									
首控公司									
医疗基金公司									
体育公司	2			2	138089			138089	1270
文化公司	1			1	1			1	
矿投公司	4	1		4	4680			4680	4680
首黔公司									
总公司直管	12388	4722	188	12200	666921574	23035340	755416	643886234	29983544

2017 年末首钢集团职工年龄和政治面貌构成情况

单位：人

首钢集团	合计	在岗职工	其中:				25岁及以下	26—30岁	31—35岁	36—40岁	41—45岁	46—50岁	51—55岁	56岁及以上
			女性	班组长	厂处级及以上	科级								
总计	89035	76353	19289	3626	1665	3543	2753	11857	13368	11972	17068	18742	10684	2591
中共党员	30344	26541	4844	1901	1554	2980	269	2630	4875	4062	5334	6792	4993	1389
中共预备党员	537	536	100	41	2	33	34	174	186	81	36	24	2	
共青团员	5780	5447	1720	58		56	1752	3540	444	41	3			
民革会员	10	9	1			2			2	1	1	2	2	2
民盟盟员	14	12	7			4				3	1	5	4	1
民建会员	6	6	2		3				1	1	2	2		
民进会员	7	6	4			1			1		1	1	4	
农工党员	6	6	3							1	3	1	1	
致公党员	2	2										2		
九三学社	16	16	7			2				2	1	7	4	2
台盟盟员														
无党派民主人士	2	2			1									
群众	52311	43770	12601	1626	105	465	698	5513	7859	7780	11686	11906	5672	1197

其中:

制度目录

2017年度首钢集团有限公司制度颁发文件目录

序号	颁发制度文件名称	发文单位	发文字号	发文日期	主责部门	制度类别
1	首钢总公司业务接待管理办法	首钢总公司	首发〔2017〕43号	2017年3月3日	办公厅	行政管理
2	首钢集团职工代表大会条例	首钢总公司委员会 首钢总公司 首钢总公司工会	首党发〔2017〕18号	2017年2月10日	工会	党群管理
3	首钢对外新闻宣传管理办法（试行）	首钢总公司委员会	首党发〔2017〕38号	2017年3月23日	企业文化部	党群管理
4	首钢职工思想动态工作管理办法（试行）	首钢总公司委员会	首党发〔2017〕39号	2017年3月24日	企业文化部	党群管理
5	首钢总公司单项奖管理办法	首钢总公司	首发〔2017〕66号	2017年4月1日	人力资源部	人力资源管理
6	首钢总公司无形资产管理制度	首钢总公司	首发〔2017〕68号	2017年4月7日	资产管理中心	资产管理
7	首钢总公司字号和商标管理办法	首钢总公司	首发〔2017〕69号	2017年4月7日	资产管理中心	资产管理
8	首钢总公司建设工程招投标管理办法	首钢总公司	首发〔2017〕70号	2017年4月10日	系统优化部	其他
9	首钢集团有限公司规章制度管理办法	首钢集团有限公司	首发〔2017〕114号	2017年6月14日	系统优化部	组织制度管理
10	首钢集团有限公司规章制度管理规范	首钢集团有限公司	首发〔2017〕117号	2017年6月15日	系统优化部	组织制度管理
11	首钢集团有限公司担保管理办法	首钢集团有限公司	首发〔2017〕140号	2017年7月10日	经营财务部	财务管理
12	首钢集团有限公司全面预算管理制度（试行）	首钢集团有限公司董事会	首董发〔2017〕6号	2017年7月11日	经营财务部	计划预算管理
13	首钢集团有限公司董事会工作规则	首钢集团有限公司董事会	首董发〔2017〕7号	2017年7月10日	办公厅	组织制度管理
14	首钢集团有限公司派出监事常驻钢铁企业实施细则	首钢集团有限公司董事会	首董发〔2017〕10号	2017年7月12日	监事会工作办公室	内部监督管理
15	首钢集团有限公司因公出国（赴港澳）管理办法	首钢集团有限公司	首发〔2017〕141号	2017年7月12日	人事服务中心	人力资源管理
16	首钢集团有限公司党委会工作规则	首钢集团有限公司委员会	首党发〔2017〕82号	2017年7月17日	办公厅	组织制度管理
17	首钢集团有限公司经理层工作规则	首钢集团有限公司	首发〔2017〕147号	2017年7月18日	办公厅	组织制度管理
18	首钢集团有限公司劳动合同管理办法	首钢集团有限公司	首发〔2017〕202号	2017年8月31日	人事服务中心	人力资源管理

序号	颁发制度文件名称	发文单位	发文字号	发文日期	主责部门	制度类别
19	首钢集团有限公司劳动合同管理实施细则	首钢集团有限公司	首发〔2017〕204号	2017年9月4日	人事服务中心	人力资源管理
20	首钢集团有限公司建设项目审计管理办法	首钢集团有限公司	首发〔2017〕208号	2017年9月11日	审计部	内部监督管理
21	首钢集团有限公司对外战略合作协议管理办法	首钢集团有限公司	首发〔2017〕209号	2017年9月11日	战略发展部	战略管理
22	首钢集团有限公司内部借款管理办法	首钢集团有限公司	首发〔2017〕211号	2017年9月11日	经营财务部	财务管理
23	首钢集团有限公司监督工作联席会制度	首钢集团有限公司委员会	首党发〔2017〕122号	2017年9月21日	监察部	内部监督管理
24	首钢集团有限公司内部审计管理制度	首钢集团有限公司董事会	首董发〔2017〕16号	2017年10月10日	审计部	内部监督管理
25	首钢集团有限公司投资管理制度	首钢集团有限公司董事会	首董发〔2017〕17号	2017年10月12日	战略发展部	投资管理
26	首钢集团有限公司税务管理办法（试行）	首钢集团有限公司	首发〔2017〕244号	2017年10月13日	经营财务部	财务管理
27	首钢集团有限公司公司章程管理办法	首钢集团有限公司	首发〔2017〕259号	2017年11月6日	办公厅	组织制度管理
28	首钢集团有限公司"三重一大"事项决策实施办法	首钢总公司委员会首钢集团有限公司	首党发〔2017〕143号	2017年11月13日	办公厅	组织制度管理
29	首钢集团有限公司效能监察管理办法	首钢总公司委员会首钢集团有限公司	首党发〔2017〕146号	2017年11月21日	监察部	内部监督管理
30	首钢集团有限公司外派人员管理办法（试行）	首钢集团有限公司委员会	首党发〔2017〕151号	2017年12月11日	人力资源部	人力资源管理
31	首钢集团有限公司人工费预算管理办法（试行）	首钢集团有限公司	首发〔2017〕305号	2017年12月25日	人力资源部	人力资源管理
32	首钢集团有限公司职业卫生管理规范	首钢集团有限公司	首发〔2017〕307号	2017年12月26日	安全环保部	社会责任管理
33	首钢集团有限公司业务活动费用管理办法	首钢集团有限公司	首发〔2017〕311号	2017年12月28日	财务共享中心	财务管理
34	首钢集团有限公司基层党组织设置管理制度（试行）	首钢集团有限公司委员会	首党发〔2017〕156号	2017年12月29日	人力资源部	党群管理
35	首钢集团有限公司"三会"管理制度（试行）	首钢集团有限公司委员会	首党发〔2017〕157号	2017年12月29日	人力资源部	党群管理
36	首钢集团有限公司党课教育管理制度（试行）	首钢集团有限公司委员会	首党发〔2017〕158号	2017年12月29日	人力资源部	党群管理
37	首钢集团有限公司生活会管理制度（试行）	首钢集团有限公司委员会	首党发〔2017〕159号	2017年12月29日	人力资源部	党群管理
38	首钢集团有限公司民主评议党员管理制度（试行）	首钢集团有限公司委员会	首党发〔2017〕160号	2017年12月29日	人力资源部	党群管理
39	首钢集团有限公司党内汇报管理制度（试行）	首钢集团有限公司委员会	首党发〔2017〕161号	2017年12月29日	人力资源部	党群管理

续表

序号	颁发制度文件名称	发文单位	发文字号	发文日期	主责部门	制度类别
40	首钢集团有限公司发展党员管理制度(试行)	首钢集团有限公司委员会	首党发〔2017〕162号	2017年12月29日	人力资源部	党群管理
41	首钢集团有限公司党员组织关系管理制度(试行)	首钢集团有限公司委员会	首党发〔2017〕163号	2017年12月29日	人力资源部	党群管理
42	首钢集团有限公司党代表任期制管理制度(试行)	首钢集团有限公司委员会	首党发〔2017〕164号	2017年12月29日	人力资源部	党群管理
43	首钢集团有限公司党费管理制度(试行)	首钢集团有限公司委员会	首党发〔2017〕165号	2017年12月29日	人力资源部	党群管理
44	首钢集团有限公司党组织工作和活动经费管理制度(试行)	首钢集团有限公司委员会	首党发〔2017〕166号	2017年12月29日	人力资源部	党群管理
45	首钢集团有限公司党员关怀帮扶基金管理制度(试行)	首钢集团有限公司委员会	首党发〔2017〕167号	2017年12月29日	人力资源部	党群管理
46	首钢集团有限公司"创先争优"活动管理制度(试行)	首钢集团有限公司委员会	首党发〔2017〕168号	2017年12月29日	人力资源部	党群管理
47	首钢集团有限公司"六好"班子活动管理制度(试行)	首钢集团有限公司委员会	首党发〔2017〕169号	2017年12月29日	人力资源部	党群管理
48	首钢集团有限公司党支部"达晋创"活动管理制度(试行)	首钢集团有限公司委员会	首党发〔2017〕170号	2017年12月29日	人力资源部	党群管理
49	首钢集团有限公司党员责任区活动管理制度(试行)	首钢集团有限公司委员会	首党发〔2017〕171号	2017年12月29日	人力资源部	党群管理
50	首钢集团有限公司联系服务群众管理制度(试行)	首钢集团有限公司委员会	首党发〔2017〕172号	2017年12月29日	人力资源部	党群管理

2017年度首钢集团有限公司废止制度文件目录

序号	废止制度文件名称	发文单位	发文字号	发文日期	主责部门	制度类别
1	首钢总公司公务接待管理办法（试行）	首钢总公司	首发〔2014〕182号	2014年6月27日	办公厅	行政管理
2	首钢总公司业务接待管理办法（试行）	首钢总公司	首发〔2014〕183号	2014年6月27日	办公厅	行政管理
3	首钢总公司单项奖管理办法	首钢总公司	首发〔2014〕94号	2014年3月28日	人力资源部	人力资源
4	首钢知识产权管理办法	首钢总公司	首发〔2007〕415号	2007年10月19日	技校研究院	资产管理
5	首钢总公司字号和商标使用管理办法	首钢总公司	首发〔2015〕49号	2015年2月28日	资产管理中心	资产管理
6	首钢总公司建设工程招投标管理办法（试行）	首钢总公司	首发〔2016〕96号	2016年4月18日	系统优化部	其他
7	首钢总公司规章制度管理制度	首钢总公司	首发〔2012〕86号	2012年3月31日	系统优化部	组织制度管理
8	首钢总公司规章制度管理制度补充规定	首钢总公司	首发〔2014〕210号	2014年7月15日	系统优化部	组织制度管理
9	首钢总公司担保管理办法	首钢总公司	首发〔2014〕325号	2014年11月6日	经营财务部	财务管理
10	首钢总公司财务预算管理实施办法	首钢总公司	首发〔1997〕323号	1997年8月27日	经营财务部	计划预算管理
11	首钢总公司董事会工作规则	首钢总公司董事会	首董发〔2013〕17号	2013年8月19日	办公厅	组织制度管理
12	首钢总公司派出监事常驻钢铁企业实施细则（试行）	首钢总公司董事会	首董发〔2016〕7号	2016年3月31日	监事会工作办公室	内部监督管理
13	首钢总公司因公出国（境）管理办法	首钢总公司	首发〔2014〕208号	2014年7月11日	人事服务中心	人力资源管理
14	首钢总公司党委会工作规则	首钢总公司委员会	首党发〔2013〕123号	2013年8月19日	办公厅	组织制度管理
15	首钢总公司经理层工作规则	首钢总公司	首发〔2013〕212号	2013年8月19日	办公厅	组织制度管理
16	首钢关于加强首钢集团外埠钢铁企业投资管理的通知	首钢总公司	首发〔2012〕148号	2012年5月28日	经营财务部	投资管理
17	首钢规避项目投资风险措施方案	首钢总公司	首发〔2008〕326号	2008年9月10日	经营财务部	风险及合规管理
18	首钢建设工程预算、结算、决算审核实施办法（试行）	首钢总公司	首发〔2000〕383号	2000年12月4日	经营财务部	其他
19	首钢建设工程预算、决算审核实施细则	首钢总公司	首发〔2001〕82号	2001年3月1日	经营财务部	其他
20	首钢总公司"事故返摊"实施办法（试行）	首钢总公司	首发〔2002〕337号	2002年9月30日	经营财务部	计划预算管理

序号	废止制度文件名称	发文单位	发文字号	发文日期	主责部门	制度类别
21	首钢委派、派驻财会人员月度考核实施细则	首钢总公司	首发〔2003〕177 号	2003 年 5 月 28 日	经营财务部	人力资源管理
22	北京首钢自动化信息技术有限责任公司有关财务结算的暂行规定	首钢总公司	首发〔2005〕266 号	2005 年 6 月 28 日	经营财务部	财务管理
23	首钢出国工作人员待遇的暂行规定(试行)	首钢总公司	首通国字〔1989〕第 238 号	1989 年 10 月 14 日	经营财务部	人力资源管理
24	首钢因公出国人员用汇管理办法	首钢总公司	首发〔1993〕84 号	1993 年 2 月 15 日	经营财务部	财务管理
25	首钢主辅分离、辅业改制企业资产评估审批办法(试行)	首钢总公司	首发〔2004〕398 号	2004 年 9 月 28 日	经营财务部	财务管理
26	关于进一步明确辅业改制企业收尾阶段有关管理工作的通知	首钢总公司	首发〔2006〕430 号	2006 年 10 月 31 日	经营财务部	战略管理
27	首钢停产实物资产盘点、核查工作安排	首钢总公司	首发〔2011〕59 号	2011 年 3 月 14 日	经营财务部	财务管理
28	首钢总公司折旧资金集中使用管理暂行办法(试行)	首钢总公司	首发〔2007〕109 号	2007 年 3 月 8 日	经营财务部	财务管理
29	关于颁发《首钢集团内部电费结算管理办法》的通知	首钢总公司	首发〔2005〕91 号	2005 年 3 月 16 日	经营财务部	财务管理
30	首钢总公司组织机构管理制度	首钢总公司	首发〔2006〕328 号	2006 年 8 月 3 日	系统优化部	组织制度管理
31	首钢总公司劳动定员管理制度	首钢总公司	首发〔2006〕329 号	2006 年 8 月 3 日	系统优化部	组织制度管理
32	首钢总公司劳动组织管理制度	首钢总公司	首发〔2006〕331 号	2006 年 8 月 3 日	系统优化部	组织制度管理
33	首钢总公司劳动定额管理制度	首钢总公司	首发〔2006〕330 号	2006 年 8 月 3 日	系统优化部	人力资源管理
34	首钢压产搬迁富余职工分流安置办法(试行)	首钢总公司	首发〔2008〕128 号	2008 年 4 月 9 日	系统优化部	人力资源管理
35	首钢北京钢铁主流程停产职工分流安置方案及相关政策实施细则、工作安排	首钢总公司	首发〔2010〕348 号	2010 年 12 月 10 日	系统优化部	人力资源管理
36	首钢总公司计量管理制度	首钢总公司	首发〔2011〕369 号	2011 年 12 月 4 日	系统优化部	信息化管理
37	关于调整保健食品票金额标准的通知	首钢总公司	首发〔1995〕79 号	1995 年 3 月 13 日	安全环保部	社会责任管理
38	首钢机动车辆进入厂房、料场、仓库、施工现场装卸货物安全管理规定(试行)	首钢总公司	首发〔1993〕132 号	1993 年 3 月 12 日	安全环保部	社会责任管理
39	关于下发《首钢改制企业董事会战略决策等三个专业委员会工作细则(试行)》的通知	首钢总公司	首发〔2009〕108 号	2009 年 4 月 29 日	办公厅	组织制度管理

序号	废止制度文件名称	发文单位	发文字号	发文日期	主责部门	制度类别
40	首钢国有及国有控股单位负责人职务消费行为监督管理实施办法(试行)	首钢总公司	首发〔2012〕201号	2012年7月28日	办公厅	内部监督管理
41	首钢总公司关于颁发《首钢总公司会议管理办法(试行)》的通知	首钢总公司	首发〔2014〕181号	2014年6月27日	办公厅	行政管理
42	首钢技能工资实施细则	首钢总公司	首发〔1996〕313号	1996年9月10日	人力资源部	人力资源管理
43	《首钢技能工资实施细则》的补充规定	首钢总公司	首发〔1997〕284号	1997年7月25日	人力资源部	人力资源管理
44	首钢优秀审计项目成果奖励实施办法(试行)	首钢总公司	首发〔1999〕190号	1999年6月4日	人力资源部	人力资源管理
45	关于颁发《关于贯彻北京市提高公有住房租金增发补贴的实施办法》的通知	首钢总公司	首发〔2000〕115号	2000年4月7日	人力资源部	人力资源管理
46	首钢经营管理者年薪和扭亏增盈责任制实施办法	首钢总公司	首发〔2001〕193号	2001年6月8日	人力资源部	人力资源管理
47	关于印发《外聘现场高级技术专家管理办法(试行)》的通知	首钢总公司	首发〔2007〕165号	2007年4月16日	人力资源部	人力资源管理
48	首钢总公司利用、处置停用(闲置)实物资产奖励实施办法(试行)	首钢总公司	首发〔2007〕231号	2007年6月7日	人力资源部	人力资源管理
49	关于颁发《首钢暑期高温津贴实施办法》的通知	首钢总公司	首发〔2007〕323号	2007年8月20日	人力资源部	人力资源管理
50	首钢2010年三支人才队伍激励机制实施方案	首钢总公司	首发〔2010〕257号	2010年9月7日	人力资源部	人力资源管理
51	首钢联合重组企业薪酬管理办法	首钢总公司	首发〔2011〕162号	2011年6月27日	人力资源部	人力资源管理
52	首钢总公司领导干部退出现职领导岗位和退休返聘薪酬待遇实施办法(试行)	首钢总公司	首发〔2014〕186号	2014年6月30日	人力资源部	人力资源管理
53	首钢总公司关于印发《首钢总公司特聘研究员管理办法(试行)》的通知	首钢总公司	首发〔2014〕178号	2014年6月30日	人力资源部	人力资源管理
54	首钢返聘离退休人员管理办法(试行)	首钢总公司	首发〔1998〕143号	1998年5月20日	人力资源部	人力资源管理
55	首钢优秀人才培养专项经费资助管理办法(试行)	首钢总公司	首发〔2003〕231号	2003年7月3日	人力资源部	人力资源管理
56	关于印发《首钢总公司评标专家和评标专家库管理暂行办法》的通知	首钢总公司	首发〔2003〕389号	2003年10月21日	人力资源部	人力资源管理
57	首钢关于设立"首钢定向人才奖"招收研究生实施办法(试行)	首钢总公司	首发〔2001〕93号	2001年3月8日	人力资源部	人力资源管理

序号	废止制度文件名称	发文单位	发文字号	发文日期	主责部门	制度类别
77	首钢总公司关于规范与有过失行为的职工解除劳动合同管理的暂行规定	首钢总公司	首发〔1999〕224号	1999年7月2日	人事服务中心	人力资源管理
78	首钢总公司关于颁发《新钢和股份公司职工内部退岗休养实施细则》《新钢和股份公司鼓励无固定期限合同职工解除劳动合同的实施细则》的通知	首钢总公司	首发〔2001〕306号	2001年9月11日	人事服务中心	人力资源管理
79	首钢优化人力资源结构完善劳动用工制度的实施意见（试行）	首钢总公司	首发〔2004〕58号	2004年2月24日	人事服务中心	人力资源管理
80	首钢总公司关于印发《关于调整补充大学本科以上学历人员劳动合同管理有关规定的实施意见》的通知	首钢总公司	首发〔2005〕468号	2005年11月3日	人事服务中心	人力资源管理
81	首钢总公司关于改进富余职工安置和再就业有关规定的通知	首钢总公司	首发〔2005〕502号	2005年12月27日	人事服务中心	人力资源管理
82	首钢总公司关于进一步完善劳动合同激励机制的规定（试行）	首钢总公司	首发〔2006〕387号	2006年9月18日	人事服务中心	人力资源管理
83	首钢总公司建设项目审计管理办法（试行）	首钢总公司	首发〔2015〕67号	2015年3月18日	审计部	内部监督管理
84	首钢总公司对外战略合作协议管理办法（试行）	首钢总公司	首发〔2014〕289号	2014年10月9日	战备发展部	战略管理
85	首钢总公司内部借款管理办法（暂行）	首钢总公司	首发〔2015〕330号	2015年12月3日	经营财务部	财务管理
86	首钢总公司监督工作联席会制度	首钢总公司委员会	首党发〔2015〕176号	2015年9月19日	监察部	内部监督管理
87	首钢改制企业党建工作若干规定（试行）	首钢总公司委员会	首党发〔2010〕3号	2010年1月12日	人力资源部	党群制度
88	首钢总公司党委关于厂处级以上领导干部收入申报的规定	首钢总公司委员会	首党发〔1995〕97号	1995年7月25日	监察部	党群制度
89	首钢集团"创先争优"评选表彰指导意见	首钢总公司委员会	首党发〔2015〕84号	2015年4月22日	人力资源部	党群制度
90	首钢内部审计管理制度	首钢总公司	首发〔2008〕167号	2008年5月7日	审计部	内部监督管理
91	首钢总公司境内对外投资管理制度	首钢总公司	首发〔2015〕318号	2015年11月23日	战略发展部	投资管理
92	首钢重大项目管理制度（试行）	首钢总公司	首发〔1997〕68号	1997年2月20日	战略发展部	投资管理
93	首钢总公司初步设计概算审查管理办法（试行）	首钢总公司	首发〔1997〕272号	1997年7月16日	战略发展部	投资管理

序号	废止制度文件名称	发文单位	发文字号	发文日期	主责部门	制度类别
94	首钢总公司投资项目后评价管理办法	首钢总公司	首发〔2014〕321号	2014年11月5日	经营财务部	投资管理
95	首钢总公司落实"三重一大"决策制度实施办法	首钢总公司委员会	首党发〔2016〕63号	2016年3月31日	办公厅	组织制度管理
96	首钢效能监察管理办法	首钢总公司委员会	首党发〔2006〕57号	2006年9月11日	监察部	内部监督管理
97	首钢总公司防尘防毒管理办法	首钢总公司	首发〔2001〕188号	2001年6月8日	安全环保部	社会责任管理
98	《首钢职业病防治管理制度（试行）》及相关办法	首钢总公司	首发〔2003〕103号	2003年3月27日	安全环保部	社会责任管理
99	首钢聘用外国专家经费开支渠道和有关外汇的管理办法（试行）	首钢总公司	首发〔1992〕376号	1992年5月3日	财务共享中心	财务管理
100	首钢聘用高级顾问费用开支标准及列支渠道的有关规定	首钢总公司	首发〔1992〕597号	1992年7月5日	财务共享中心	财务管理
101	首钢总公司差旅费、探亲费等开支标准和列支渠道暂行规定	首钢总公司	首发〔2011〕383号	2011年12月19日	财务共享中心	财务管理
102	首钢总公司业务活动费用管理办法	首钢总公司	首发〔2016〕74号	2016年3月30日	财务共享中心	财务管理

《首钢年鉴 2018》编辑人员

◎ 责任编辑：刘冰清

《首钢年鉴2018》组稿编辑名单

序号	组稿人	单位名称	联系电话
1	闫 琳	人力资源部（党委组织部、党委统战部）	010-88292773
2	郑 昕	首钢企业文化部（党委宣传部）	010-88293095
3	陈东兴	总公司纪委（监察部）	010-88293699
4	金志先	工 会	010-88294317
5	陈 宏	战略发展部	010-88293573
6	张宝龙	经营财务部	010-88296311
7	哈铁柱	系统优化部	010-88296294
8	刘军利	安全环保部	010-88293286
9	郭 佳	国际业务部	010-88292517
10	桑娟喜	办公厅	010-88295449
11	韩 蕾	法律事务部	010-88293045
12	吴亚楠	审计部	010-88292662
13	王素玲	监事会工作办公室	010-88291193
14	魏松民	总工程师室	010-88293570
15	付百林	技术研究院	010-88296039
16	郭 锋	发展研究院	010-62273213
17	师 兵	人才开发院	010-68873302
18	袁 琳	财务共享中心	010-88294872
19	张英明	人事服务中心	010-88294347
20	杨明娟	资产管理中心	010-88293223
21	董晓明	行政管理中心	010-88293757
22	朱晓未	集团财务有限公司	010-68875101
23	崔爱民	北京首钢股份有限公司	0315-7703039
24	冯超凡	首钢冷轧公司	010-81477645
25	韩广军	北京首钢氧气厂	010-52857877
26	王 萍	首钢京唐钢铁联合有限责任公司	0315-8872816
27	金品楠	秦皇岛首秦金属材料有限公司	0335-7127624
28	房胜军	首钢矿业公司	0315-7710398
29	田 甜	首钢水城钢铁（集团）有限责任公司	0858-8922868
30	张 玲	首钢长治钢铁有限公司	0355-5087581

序号	组稿人	单位名称	联系电话
31	袁昆喜	首钢贵阳特殊钢有限责任公司	0851-5595740
32	冯世勇	首钢通化钢铁集团股份有限公司	0431-88623566
33	黄紫云	首钢伊犁钢铁有限公司	0591-6852272
34	李佳	中国首钢国际贸易工程公司	010-82291111-2257
35	李佳	首钢秘鲁铁矿股份有限公司	010-82291111-2258
36	柳岩	北京首钢鲁家山石灰石矿有限公司	010-61881058
37	陈昊阳	销售公司	010-88294349
38	陈伟伟	北京首钢国际工程技术有限公司	010-88292244
39	刘晓东	北京首钢建设集团有限公司	010-88294086
40	许春阳	北京首钢自动化信息技术有限公司	010-88292815
41	郭鑫鑫	北京首钢机电有限公司	010-88294119
42	赵小璐	北京首钢实业有限公司	010-88291007
43	潘玉洁	北京首钢吉泰安新材料有限公司	010-80718153
44	冯尧刚	北京首钢建设投资有限公司	010-88291982
45	李明	北京首钢园区综合服务有限公司	010-88292185
46	郝占起	北京首钢特殊钢有限公司	010-88915870
47	孙文学	园区管理部	010-68873174
48	李佳	首钢环境产业有限公司	010-88291349
49	时彦	首钢控股有限责任公司	010-88698701
50	李征	首钢城运控股有限公司	010-88291562
51	周海涛	首钢体育公司	010-59805857
52	南志国	北京首钢房地产开发有限公司	010-88299497
53	吴妍彦	北京大学首钢医院	010-57830827
54	杜宝岐	首钢控股(香港)有限公司	010-88291111-2256
55	李梦	北京京西重工有限公司	010-57537313
56	雷宇	北京首钢基金有限公司	010-52393988
57	孙会东	北京首钢文化发展有限公司	010-88293797
58	车宏卿	首钢发展研究院史志年鉴办公室	010-88295770
59	关佳洁	首钢发展研究院史志年鉴办公室	010-88295771
60	刘冰清	首钢发展研究院史志年鉴办公室	010-88295771

索　引

续表

序号	废止制度文件名称	发文单位	发文字号	发文日期	主责部门	制度类别
58	首钢对外国记者和外国常驻新闻机构来首钢公司采访的实施办法	首钢总公司	首发〔1991〕642号	1991年11月22日	企业文化部	党群管理
59	首钢总公司关于颁发《广告管理办法》的通知	首钢总公司	首发〔1993〕182号	1993年4月5日	企业文化部	党群管理
60	首钢更换新工装的暂行规定	首钢总公司	首发〔2009〕214号	2009年8月7日	工会	党群管理
61	首钢名优产品评选管理办法	首钢总公司	首发〔2012〕95号	2012年4月10日	技术研究院	科研创新管理
62	首钢钢铁业产品产量管理办法	首钢总公司	首发〔2005〕499号	2005年12月27日	财务共享中心	财务管理
63	首钢调整高等院校毕业生工作服务期及有关违约责任的规定（试行）	首钢总公司	首发〔2001〕40号	2001年1月31日	人事服务中心	人力资源管理
64	首钢住宅公务电话管理规定（试行）	首钢总公司	首发〔1997〕270号	1997年7月16日	行政管理中心	行政管理
65	首钢总公司关于调整除四害相关人员保健津贴的通知	首钢总公司	首发〔2003〕387号	2003年10月27日	行政管理中心	行政管理
66	首钢总公司关于印发首钢扫雪铲冰工作方案的通知	首钢总公司	首发〔2004〕466号	2004年11月17日	行政管理中心	行政管理
67	首钢公共卫生安全奖惩办法（试行）	首钢总公司	首发〔2004〕509号	2004年12月17日	行政管理中心	社会责任管理
68	首钢总公司人口与计划生育管理办法	首钢总公司	首发〔2006〕289号	2006年7月20日	行政管理中心	社会责任管理
69	首钢总公司红十字会组织规程（试行）》及相关管理办法	首钢总公司	首发〔2010〕236号	2010年8月26日	行政管理中心	社会责任管理
70	首钢总公司关于对生活有特殊困难职工如何交纳租赁保证金问题的通知	首钢总公司	首发〔1996〕90号	1996年3月11日	行政管理中心	行政管理
71	关于全面贯彻国家安监总局《冶金企业安全生产监督管理规定》的通知	首钢总公司	首发〔2009〕319号	2009年12月11日	安全环保部	社会责任管理
72	首钢总公司劳动合同制实施细则	首钢总公司	首发〔1996〕336号	1996年9月27日	人事服务中心	人力资源管理
73	首钢总公司劳动合同管理办法（试行）	首钢总公司	首发〔1997〕225号	1997年6月16日	人事服务中心	人力资源管理
74	首钢总公司职工患病或非因公负伤医疗期的管理办法（试行）	首钢总公司	首发〔1998〕204号	1998年7月21日	人事服务中心	人力资源管理
75	首钢总公司富余职工自谋职业管理办法（试行）	首钢总公司	首发〔1998〕286号	1998年9月30日	人事服务中心	人力资源管理
76	关于下发《首钢总公司劳动合同管理的补充规定（暂行）》的通知	首钢总公司	首发〔1999〕65号	1999年3月5日	人事服务中心	人力资源管理

责任编辑：宋军花
装帧设计：徐　晖

图书在版编目（CIP）数据

首钢年鉴·2018/首钢集团有限公司史志年鉴编委会 编. —北京：人民出版社，2018.12
ISBN 978－7－01－019971－9

Ⅰ.①首… Ⅱ.①首… Ⅲ.①首都钢铁公司－2018－年鉴 Ⅳ.①F426.31－54

中国版本图书馆 CIP 数据核字（2018）第 243385 号

首钢年鉴·2018

SHOUGANG NIANJIAN 2018

首钢集团有限公司史志年鉴编委会　编

人民出版社 出版发行
（100706　北京市东城区隆福寺街 99 号）

北京盛通印刷股份有限公司印刷　新华书店经销

2018 年 12 月第 1 版　2018 年 12 月北京第 1 次印刷
开本：889 毫米×1194 毫米 1/16　印张：28.75
字数：902 千字　插页：13

ISBN 978－7－01－019971－9　定价：368.00 元

邮购地址 100706　北京市东城区隆福寺街 99 号
人民东方图书销售中心　电话（010）65250042　65289539